KB181301

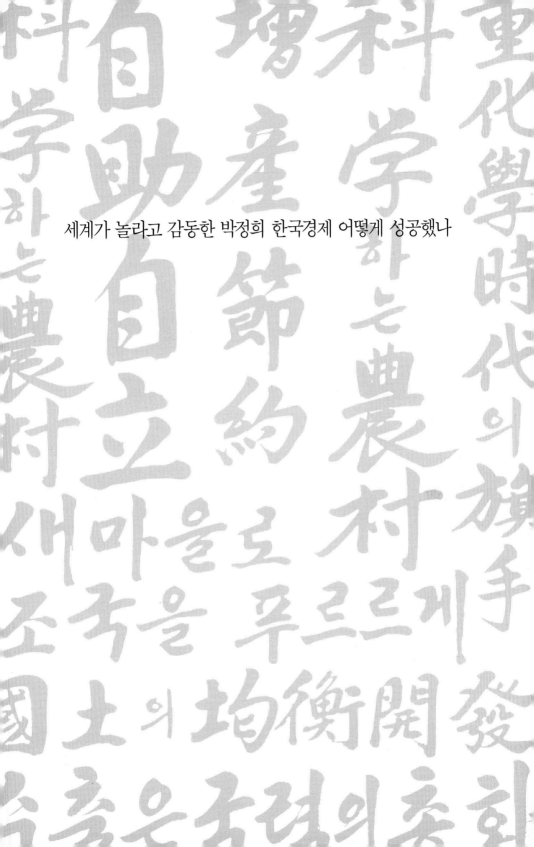

세계가 놀라고 감동한 박정희 한국경제 어떻게 성공했나

그들은 피, 눈물, 땀을 바쳤다
세계가 놀라고 감동한
박정희 한국경제 어떻게 성공했나
장경순 서장
심융택 지음

1956

동서문화사

피, 땀, 눈물을 조국에
나는 박정희를 따라 대한민국에 목숨을 바쳤다.
그의 불굴 애국 열정을 되새겨 엮는다.
장경순

1. 빈곤과 혼란에서 떨쳐 일어나자

빈곤과 혼란에서 떨쳐 일어나자

오랜 역사와 문화를 자랑해 온 우리 민족은 19세기 끝 무렵 이민족의 침략을 받아 오랫동안 신음해 왔습니다. 침략자의 소행도 괘씸하지만 망국과 굴욕을 자초한 우리의 전철은 민족적 경종이 아닐 수 없습니다. 다행히도 애국지사들의 항쟁과 연합군의 승리는 우리에게 해방을 가져다주었지만 우리가 독립의 환희에 취해 허송세월하는 동안 많은 후진국들이 우리를 앞질러 독립하고 유엔에 가입했습니다. 그러나 우리는 여전히 빈곤과 혼란 속에서 허덕이는 가운데 공산주의자들의 침략을 받아 수십만이 생명을 잃고 강산은 초토화되고 말았습니다.

우리는 그동안 서구 민주주의의 형태만을 모방함으로써 허다한 부작용을 겪었고, 위정자의 행패로 정부와 국민은 유리되고 최저생활마저 위협을 받아왔습니다. 거기에다 부패한 정치인들은 정쟁 속에 이권과 감투 싸움으로 평화로운 날이 없는 가운데 도의와 기강이 극도로 문란해지며 국기(國基)마저 흔들리게 되었습니다.

이와 같은 급박한 사태 속에서 나날이 기울어 가는 조국의 운명을 그냥 두고 볼 수 없어 비상조치를 단행한 것이 5·16 혁명입니다. 혁명의

1단계 과업은 국민 여러분의 협조 속에 빠르게 성공했습니다. 이제 우리는 과업의 성취를 위해 혁명 2단계에 돌입하고 있습니다.

첫째는 도의의 진작이요, 둘째는 경제 건설입니다. 도의의 확립은 민주 재건의 초석이며, 경제 건설은 자주독립의 요청이기 때문입니다. 우리 앞에 후퇴는 없습니다. 오직 전진이 있을 뿐입니다.

이 혁명은 국민 여러분의 혁명입니다. 애국선열의 정신을 계승하고 희생정신을 발휘하여 국가 재건에 총력을 기울여 우리 자손들에게 번영의 유산을 남겨주어야 하겠습니다. (1961년 8월 15일)

새 역사를 위하여

우리는 과거 정치인들이 단행하지 못했던 민족적인 과업들을 불과 3개월 만에 단행했습니다. 이러한 일은 조국애에 불타는 우리 군 동지들만이 할 수 있었고, 또한 혁명적인 수단으로써만 가능할 수 있었습니다. 그러나 우리가 해온 일을 스스로 비판해 볼 때 군인들의 지나친 과단성으로 말미암아 역효과를 초래한 사례도 적지 않았습니다. 이러한 점은 지체 없이 시정하겠습니다.

첫째, 공무원의 기강을 확립해야 합니다.

국정천심순(國正天心順)이요, 관청민자안(官淸民自安)이라는 말이 있습니다. 나라의 기강이 바로 서야 모든 일이 순조롭고, 관청이 맑아야 국민들이 평안하게 살 수 있다는 뜻입니다. 부정부패와 민생고도 관기가 확립되지 않은 데서 기인한 것입니다. 직권을 악용해 뇌물을 탐내거나, 교묘한 수단으로 국가 재정을 축내거나, 민폐를 끼치는 공무원들을 엄단하고 기강을 바로잡는 데 온 힘을 쏟겠습니다.

둘째, 국민들에 대한 봉사정신이 투철해야 합니다.

5·16 혁명정신의 뿌리는 국민에 대한 봉사입니다. 멸사봉공정신만이 우리나라를 구할 수 있으며 국가 재건이라는 역사적인 과업을 성취할

수 있습니다. 최근 정국이 안정되어 감에 따라 처우에 대한 불평, 지위에 대한 불만 등으로 정부 시책에 대해 비판적이거나 자기 직책을 소홀히 하는 예가 있는가 하면, 군정(軍政)을 핑계로 지극히 불친절하다는 말이 곳곳에서 들려오고 있습니다. 이들에 대한 부단한 지도와 감독이 요망됩니다.

셋째, 인사 행정에 사사로움이 없어야 합니다.

정실 인사가 과거 정치를 부패시킨 가장 큰 요소였다는 것을 잊지 말고, 이러한 일은 추호도 용납해서는 안 될 것입니다. 권력층에서 압력이 온다 하더라도 단호히 거절할 수 있어야 합니다. 아무리 여러분을 괴롭히더라도 소의(小義)를 위해 대의(大義)를 잊어서는 안 됩니다.

넷째, 정부 시책에 대한 강력한 실천력을 발휘해야 합니다.

정부는 앞으로 지방분권제를 강화하여 지방장관에게 보다 많은 권한을 부여할 것입니다. 그 대신 더 무거운 책임이 따른다는 것을 명심해야 합니다.

다섯째, 국민운동을 실천해야 합니다.

정부가 지금 무엇을 하고, 어느 방향으로 가고 있는지를 계몽하고 국민들로 하여금 자율적으로 혁명 과업에 참여할 수 있게 이끄는 것이 본 운동의 기본 방향입니다.

이상 다섯 가지 사항을 강조했습니다. 지금 우리는 5천 년 역사 가운데 가장 빛나는 역사의 한 페이지를 피와 땀으로 엮어가고 있습니다. 우리가 흘린 땀의 대가는 후손들과 역사가 평가해 주리라 기대할 뿐입니다. (1961년 8월 28일)

언론의 양식과 책임

언론이 국가의 안위와 민생의 사활, 문화의 성쇠에까지 영향력을 미치는 것을 생각할 때 언론인 여러분의 책임이 참으로 중대하다는 것을 강조하지 않을 수 없습니다. 국정 전반에 걸쳐 여론을 형성하는 책임의 중대함을 깊이 명심한다면 자유와 방종을 혼동하는 과오는 저지르지 않을 것입니다.

제약 없는 언론의 자유와 그에 다른 책임은 엄연히 구별되어야 합니다. 진실이란 주관과 객관에 따라 차이가 생기기도 합니다. 사상의 객관화는 상당히 어려울뿐더러 표현의 미묘한 차이로 선·악과 호·불호가 판가름되기도 합니다. 그러나 가치판단에는 언제나 타당성을 지녀야 합니다. 여기에 여러분의 높은 양식이 요구되며, 지성과 양식이 결여된 언론인으로 말미암아 아전인수격이고 견강부회적(牽强附會的)인 여론을 양성한다면 사회에 끼치는 해독은 막심할 것입니다.

우리나라에서 신문이 발간된 이래 세상인심을 깨우쳐 이끌어 주고 압정에 항거한 공적은 지대합니다만, 신문의 횡포와 악덕기자에 대한 비난은 유감스런 일입니다. 민주주의란 국회의원과 신문기자를 위해 존재한다는 극언까지 나오게 된 책임의 한 부분은 신문인들에게 있다고 보지 않을 수 없습니다. 더욱이 4·19 이후 사이비 언론기관이 날뛰어 사회 전반에 혼란을 가져왔습니다. 혁명정부로서는 이를 방치할 수 없어서 부득이 정비를 하는 수밖에 없었습니다.

방부제 역할을 해야 할 언론이 부패의 소용돌이에 휩쓸린 현실은 참으로 불행한 일입니다. 건설적인 비판은 혁명정부에게도 필요합니다만, 언론의 자율제도가 없는 가운데 타율적 제약 방안이 논의되고 있는 것은 불행한 일입니다. 더욱이 이러한 제약이 논의될 때마다 국제 여론을 빙자하는 태도는 결코 진정한 자율적 자세라고 보기 어렵습니다.

이런 상황에서 여러분들이 뜻을 모아 신문윤리위원회를 발족케 한 것은 우리나라 언론계에 신기원을 이룩한 것이며, 채택한 강령과 요강이 현명하게 운용되기를 기대합니다. 여러분들의 열성과 성과에 따라 정부도 언론 창달에 만전을 다할 것입니다. (1961년 9월 12일)

경제 기반 있어야 민주화도 실현할 수 있다

첫째, 우리의 지상 목표는 경제 재건입니다.

우리가 이상으로 하는 진정한 자유민주주의는 경제적 기반 없이는 실현되기 어렵다는 것은 명백한 사실입니다. 우리는 이 목표를 달성하기 위해 모든 악조건을 극복하고 총력을 경주해야 할 것입니다. 새해부터 시작되는 경제개발 5개년계획에는 공업 발전과 자원 개발, 이를 위한 자본 형성과 외자도입 문제, 세제 합리화, 국제수지 균형 등이 포함되어 있습니다. 이 계획을 강력히 추진함으로써 실업 문제가 차츰 해소되고 복지국가 건설을 기약할 수 있을 것입니다. 농촌의 부흥을 통한 농민 생활의 향상 없이는 경제 재건도 민주 발전도 바랄 수 없기에 농촌 시책에 계속 주력할 것입니다.

둘째, 국방력을 더욱 강화해야 합니다.

경제 재건과 방위력 증강이 언뜻 모순된 목표로 보일지 모르지만 우리는 공산 위협으로부터 자유를 지키기 위해 국방력이 필요하고, 그 자유를 누리기 위해 경제 재건을 이루어야 합니다. 이 두 과업을 성공적으로 수행하기 위해 우리는 인적, 물적 낭비를 줄이고 훈련을 더욱 강화해야 합니다.

셋째, 자조·자립의 정신을 확립해야 합니다.

과거 우리 민족은 너무나도 의타적이고 사대주의적이었으며 자신의 운명을 스스로 개척해 나가겠다는 자주정신이 결여되어 있었습니다. 민족이란 영원한 것입니다. 여기에는 반드시 이상이 있어야 하고, 희망과 꿈이 있어야 하며, 역경을 극복하고 발전해 나갈 생명의 약동이 있어야 합니다. 의타적인 인습과 숙명론적인 사고방식은 민족의 발전을 저해하고 진취적인 기상을 위축시키는 것입니다. 주변 국가들이 경쟁을 하고 있는 이때 우리는 눈앞의 이해타산에만 사로잡혀 파쟁과 이기적 출세주의에만 사로잡혀야 하겠습니까?

지금 우리에게는 자립·자조정신으로 후진성을 타파하고 번영된 조국 건설을 위한 강력한 의지가 필요합니다. 우리가 스스로 국가 재건이란 지상 목표를 위해 거족적인 단결로 모든 노력을 다한 뒤에야 우방의 원조를 기대할 수 있다는 사실을 거듭 강조합니다.

자유민주주의는 결코 쉽게 실현되지 않습니다. 자립경제의 기반 없이 형식상의 민주주의는 우리에게 혼란만을 가져온다는 지난날의 교훈을 반드시 기억해야 합니다. (1962년 1월 1일)

2. 다시는 나 같은 불운한 군인이 없기를

다시는 나 같은 불운한 군인이 없기를

친애하는 60만 장병 여러분! 전우들의 원한의 넋이 잠든 이 산야, 이 전선에서 나는 군을 떠나는 마지막 고별 인사를 드리려 합니다. 우리의 숙원인 통일의 전열에 서지 못한 채 군인의 길로서는 불우한 중절(中折)을 맞는 오늘, 나는 무한한 감회를 금할 길 없습니다.

민주주의국가에서 군사혁명이 얼마나 불행한 것이며, 또 그 혁명의 악순환이 종국에는 국가를 쇠망으로 이끌 것이라는 것을 나는 누구보다 뼈저리게 느껴왔습니다. 그러나 국가가 파멸에 직면했을 때, 혁명의 불가피성을 부정할 수 없을 것입니다. 5·16 군사혁명의 불가피성은 우리가 맞닥뜨렸던 국가적 위기에서 인정되어야 할 것입니다.

친애하는 전우 여러분! 다행히 하느님의 가호 아래 혁명의 초기 목적을 이루고 조국은 이제 치유 과정에서 건설의 과정으로 옮겨가고 있으며, 국민 앞에 공약한 군정의 종식과 진정한 민주 헌정의 탄생이란 역사적 전환점에 서 있습니다. 이 구국혁명은 범국민혁명으로 전개해야 할 때가 왔습니다.

이 혁명은 단순한 변혁도, 외형적 질서 정비도, 새로운 계층 형성도 아닙니다. 대립과 파쟁, 낭비와 혼란, 무위와 부실의 유산을 청산하고, 자주와 자립으로 번영된 조국을 건설하려는 것이 궁극적인 목표입니다.

나는 군사혁명을 일으킨 책임자로서 2년에 걸친 군사정부에 종지부를 찍고, 혁명의 악순환이 없는 조국 건설을 위하여 제3공화국의 민정에 참여할 결심을 했습니다. 오늘 병영을 물러가는 이 군인을 키워 주신 선배와 전우 여러분, 그리고 지난 2년 동안 '혁명'이라는 불편 속에서도 참고 협조해 주신 국민 여러분에게 감사드리며 다음의 구절로써 전역 인사를 대신할까 합니다.

다시는 이 나라에 나와 같은 불운한 군인이 없기를! 국가와 민족을 위해 기꺼이 생명을 바치겠다는 나의 사생관은 군복을 입은 오늘과 군복을 벗은 내일도 변함없을 것입니다. (1963년 8월 20일)

지금은 헐뜯고 모략할 때가 아니다

지금 우리에게 필요한 것은 국민의 땀과 내핍 그리고 근면입니다. 이 길만이 우리가 잘살 수 있는 길이라 확신합니다. 누가 정권을 잡느냐 하는 것은 문제가 되지 않습니다. 우리나라에는 여러 정당이 있습니다. 어느 정당은 혁명을 부정하고 모든 사태를 5·16 이전의 질서로 되돌리자고 주장하는 이른바 복고주의적인 정당이고, 또 한 정당은 5·16 혁명 이념을 계승하고 이것을 국민혁명으로 발전시켜 더 잘살 수 있는 나라를 만들어 보려는 건설적이고도 의욕적인 정당입니다. 이 두 정당 중에서 어느 쪽이 앞으로 더 잘살 수 있고 전진할 수 있는 정당인가 하는 것은 시민 여러분의 판단에 맡길 뿐입니다.

왜 구정치인들은 5·16 혁명을 부정하려고만 할까요? 혁명의 정당성을 인정하게 되면 그들이 과거에 저지른 부정과 잘못을 스스로 인정하게 되기 때문입니다.

시민 여러분! 역사는 전진하는 법이지 역행하는 법은 없습니다. 두 번이나 이 나라에 혁명이 일어나게끔 정치를 망쳐 놓은 구정치 집단은 마땅히 물러나야 하고 전근대적인 봉건 잔재는 없어져야 할 시기가 온 것입니다.

우리에게 필요한 것은 지성적이고 의욕적인 지도 세력입니다. 이것은 역사의 흐름이요, 민족적인 요망입니다. 역사를 전진시키자는 세력과 역행시키려 하는 세력 사이에는 대립이 있을 수밖에 없습니다.

나를 위험한 민족주의자라고 몰아세우는 사람들이 있는데, 내가 생각하는 민족주의를 확실히 밝혀두겠습니다. 먼저 구정치인들이 부르짖는 민주주의는 알맹이가 없는 껍데기 민주주의이며 사대주의적 민주주의입니다. 나는 이것을 통틀어서 가식적인 민주주의라고 말하고 싶습니다.

우리가 외국에서 양복을 사오면 그 양복이 아무리 천이 좋고 바느질이 잘되었더라도 우리 체격에는 맞지 않습니다. 이것을 줄이고 품을 맞추어서 우리 체격에 맞도록 해서 입어야 합니다. 그러나 구정치인들은 외국에서 가져온 양복이기 때문에 이것에 손을 대서는 안 되며 그대로 입고 다니자고 말하고 있습니다.

그들은 민주주의를, 자기들만이 알고 자기들의 독점물처럼 떠들고 다닙니다. 조국이 공산주의의 침략을 받았을 때 이 나라 민주주의를 지키기 위해서 목숨을 바쳐 싸운 자가 누구였습니까? 우리는 말없이 민주주의를 행동으로 실천해 온 것입니다. 그때 구정치인들은 후방으로 피란 가서 편안하게 지내고, 그들의 자제들은 적당히 군대에 가지 않고 후방에서 지냈습니다. 심지어 자기 아들을 미국에 유학 보내 병역을 기피한 증거도 있습니다.

외국 공관 앞에서만 시위하고, 사사건건 외국 사람 눈치를 보고, 외국 사람이 무엇이라고 한 마디 해야 꿈적하고, 외국 신문에 한 마디 나야 그것이 중요하고, 모든 것을 외국 사람에게 의지해서 해결하려 합니다. 시위를 하려면 중앙청이나 최고회의 앞에서 할 것이지, 왜 외국 공관 앞에서 합니까? 이것을 가리켜 사대주의적 민주주의라고 말하는 것입니다.

나는 제3공화국에서 우리 국민들이 꼭 이룩해야 할 일이 세 가지 있다고 생각합니다. 정국 안정과 강력한 지도 체계의 확립, 그리고 자립경제의 달성입니다. 이런 과업을 달성하지 못하고서는, 우리가 부르짖는 민족의 자주·자립 국가의 건설, 자유민주주의라고 하는 것은 한낱 공염불에 지나지 않습니다.

그렇다면 제3공화국에서 누가 이 과업을 수행할 수 있을까요? 여기에는 새로운 정치 지도 세력과 새로운 일꾼이 나와야 합니다. 바로 국가의 주인인 국민 여러분들이 주권 행사를 똑바로 함으로써 부정부패한 정치인을 뽑지 말아야만 제3공화국에서 우리의 민족적인 과업을 이룰 수 있을 것입니다. (1963년 9월 28일)

허리띠 졸라매고 눈물겨운 노력을

지금 경제 실정을 보면 외국 원조는 차츰 감소하고, 인구는 증가 추세에 있어, 풍작에도 식량이 부족한데 흉작이 겹쳤습니다. 나라 살림을 위해 막대한 재정이 필요하나 우리의 세수는 한정되고, 생활고에 허덕이는 국민에게 베풀어야 할 일은 많으나 예산이 따르지 못하는 안타까운 현실입니다. 이를 이겨낼 수 있는 길은 오직 검약과 증산으로 조속히 자립을 이루는 길뿐입니다.

정부는 먼저 건전 재정을 위해 적자 요인을 없애고 세수 증대로 긴축재정을 운용하겠습니다. 불요불급한 신규 사업을 중지하고 민간 기업과 자유경쟁을 할 수 있도록 공기업에 대한 세제상 특혜를 배제하겠습니다.

또 일반 경상비를 최대한 삭감하여 재정투융자금을 확보하고, 이를 집중적으로 배분함으로써 그 효율성을 높이고자 합니다. 금융 자금에 있어서도 비생산적 투자를 억제하고 수출 산업·주요 생필품·농사 자금에 집중적으로 배정하여 생산 효율을 강화하고, 긴축재정으로 인한 자금 사정 완화와 경제순환의 원활을 기하고자 합니다.

우리는 원활한 대외 거래를 위하여 적어도 1억 달러 이상 외환보유고를 유지해야 합니다. 따라서 정부는 외환 위기를 극복하고 앞으로의 발전을 위하여 당분간 소비를 과감히 규제하려 합니다. 그리고 기술교육 확충 등으로 경영 기술을 포함한 과학 기술의 진흥에 주력할 것입니다. 한편 경제 발전에 장애가 되는 인구 문제를 해결하기 위하여 가족계획 사업도 강력히 추진할 것입니다. 또 지역 경제의 균형 발전을 위하여 국토건설 종합계획을 수립하여 중소기업의 지방 분산을 꾀하고, 농수산물을 원료로 하는 가공처리 시설의 설치와 가내공업 지원 등으로 인구의 도시집중화를 방지할 것입니다.

노사 관계도 우리의 경제 실정에 비추어 상호 협조적인 분위기로 바뀌어야 합니다. 기업가는 근로조건을 개선하는 데 노력하고, 근로자도 선진국의 경제개발 초기에 보여준 선례에 따라 생산성 향상에 힘쓴다면 그에 따라 근로조건의 개선도 이루어질 것입니다. 정부도 새해부터 산업재해보험과 의료보험을 시범적으로 실시하여 근로자가 입는 재해를 보상토록 하겠습니다.

이상과 같은 시책은 국민생활에 얼마간 불편을 가져올 수도 있으나 우리 경제가 가진 구조적인 결함을 하나하나 고쳐 나가면서 자립을 이룩하게 될 것입니다. 경제 발전에는 기적이 없습니다. 위기의식에 사로잡혀 우왕좌왕하면 오히려 혼란만 있을 뿐이며 인내와 창의적인 노력을 계속한다면 자립경제에 이르는 기간은 그만큼 단축될 것입니다. 자립경제의 확립을 위해서는 정부의 혁신적인 경제정책과 함께 국민 여러분도 어려움을 감수하며 용기와 희망을 가지고 나아가야 하겠습니다.

정확한 현실 파악과 대책 수립, 그리고 굳건한 결심 앞에 위기란 있을 수 없습니다. 영광스런 역사를 창조하고 번영을 자손에게 물려주려는 대오 앞에 한 사람의 방관자도 있어서는 안 되겠습니다. 내핍과 검약으로 생산 건설에 매진하여 반목과 파쟁 없이 협동하며 단합하는 국민이 되자는 것입니다. (1964년 1월 1일)

일본을 이기는 길

민주주의국가인 이 나라에서 우국충정에 불타는 젊은 학생들이 한·일 문제에 깊은 관심을 가지고 시위에 나선 그 심정 충분히 이해합니다. 그러나 외교 문제에 있어 시위가 능사는 아니며, 이 이상의 시위는 우리나라에 도움이 되지 않습니다. 지금 학생들이 국가 장래를 걱정하는 그 심정 못지않게 우리 정부는 국가 백년대계를 생각하면서 진지하게 회담에 임하고 있다는 사실을 잊어서는 안 될 것입니다.

국민 여러분! 항간에서 말하듯이 우리 정부가 저자세나 굴욕 외교를 했더라면 한·일회담은 이미 군정 초기에 결말이 나고 말았어야지, 왜 오늘까지 상호 대립 속에 강경 협상이 계속되어야 하겠습니까? 우리는 어느 때보다도 국익에 대한 확고한 신념으로 회담에 임하고 있다는 사실을 국민 여러분은 믿어야 할 것입니다.

나는 국민 앞에 약속합니다. 한·일회담이 결말이 나면 즉시 자유당과 민주당·혁명정부 그리고 현 정부가 해온 일체의 회담 외교 문서를 국민 앞에 공개하여 누가 애국자고, 누가 위선자인가를 심판받게 할 것입니다. 나와 이 정권은 역사 앞에 맹세합니다. '우리는 오직 국가와 민족을 위하여 회담에 임할 뿐, 추호의 사심이 없다'는 것을. 이 정권의 누구든지 흑막에 관계가 있다면, 나는 그를 역적으로 규정하고 처단함에 주저하지 않을 것입니다.

오늘 우리는 큰 시련 앞에 서 있습니다. 그것은 하루바삐 헌정의 토대를 공고히 하고 정치적 정도를 확립하는 것입니다. 시위는 의사를 표시하는 수단은 될지언정, 국민의 의사로써 세운 정부를 제약하고, 그들의 뜻대로 해줄 것을 강요해서는 안 되는 것입니다. 더욱이 그 방법이 도를 넘을 경우 다수 국민의 이익과 공공의 질서를 위하여 대책을 마련하지 않을 수 없을 것입니다.

우리는 긴 안목으로 대국을 내다보아야 합니다. 우리는 국제사회에서 고립되지 말아야 하고, 냉정한 국제 정세 속에서 우리의 위치를 정확히 파악해야 합니다. 제2차 세계대전이 종결된 지 20년, 새로운 세계가 전개되고 있는 이때에 우리는 아직도 남북 대립에서 헤어나지 못하고 있습니다.

우리는 이제 새로운 세계를 추구해야 합니다. 조국을 개방하고 북한 동포를 받아들일 채비를 해야 합니다. 그것은 스스로 문을 열 수 있는 경계적·사회적·이념적 자신감을 구축한 뒤에야 가능한 일입니다. 학생 여러분의 애국적인 시위가 결과적으로는 우리가 가장 두려워하는 상대에게 환영받고 있다는 사실을 잊어서는 안 될 것입니다.

학생 여러분의 애국 시위는 일본의 반성을 촉구하고 10여 년간 계속되고 있는 한·일회담의 진전에 큰 힘이 되었다고 생각합니다. 이제 학생 여러분은 저마다의 자리로 돌아가 다시 학업에 충실해줄 것을 간곡히 당부해 마지않습니다. (1964년 3월 26일)

3. 라인강의 기적을 보며

라인강의 기적을 보며

한·독 양국은 제2차 세계대전 후 분단의 슬픔을 함께 지녀 왔으며, 통일이 되어야 한다는 데 같은 생각을 가지고 있습니다. 분단이야말로 최대 비극이며, 이 문제가 해결되지 않는 한 진정한 평화는 보장되지 않을 것입니다. 온 국민의 확고한 신념과 결의만이 통일을 앞당길 수 있을 것입니다.

민주·공산 양 진영은 세계 곳곳에서 대립 중에 있고, 아시아 지역에서는 중공의 팽창이 위협을 가하고 있습니다. 지난날 한국은 참혹한 전쟁으로 온 국토가 잿더미로 변했습니다. 그러나 우리와 같은 분단의 비운을 강요당한 독일은 오늘날 라인강의 기적을 이룩함으로써 승공의 본보기가 되고 있습니다.

통일은 서독처럼 경제적인 자립과 부흥으로 북한을 앞지를 때 가능합니다. 내가 독일을 본 소감은 그들의 부흥이 기적이 아니라는 사실입니다. 전후에 독일인이 먹을 것을 먹지 아니하고 입을 것을 입지 않으며 쓸 것을 쓰지 아니한 절약과 근면의 소산이며, 독일인의 피맺힌 노력의 결과였다는 사실입니다.

우리도 온 국민이 일치단결하여 독일 국민처럼 경제 재건을 이룩할 수 있다고 확신합니다. 남을 헐뜯고 분열과 파쟁을 일삼는 곳에 단결과 재기의 의욕이 솟아날 리 없습니다. 우리는 독일 국민에게 검소와 절약을 배워야 하고 그들의 협동심을 배워야 합니다. 우리에게는 하나의 민족, 하나의 조국을 만들어 후손에게 물려줄 책임이 있습니다. 우리가 이 일을 해내지 못한다면, 우리가 조상들을 원망하듯 후손으로부터 우리 자신이 원망받게 될 것입니다.

재독 유학생 여러분은 폐허 위에 기적을 창조한 독일인의 의지와 근면을 배워 조국 재건에 큰 힘이 되도록 최선을 다해 주길 당부하는 바입니다. (1964년 12월 9일)

독일 국민의 의지를 보라

독일 기업 지멘스를 방문했을 때 나는 150년 전 회사가 창설될 무렵 제작한 전화기 모형을 기념품으로 받았는데, 150년을 소급해 보면 1814년으로, 프랑스의 나폴레옹이 유럽을 휩쓸던 시대였습니다. 그 시절에 그들 조상은 이런 공장을 세워 온갖 기계를 제작하고 유럽 각국과 경쟁을 벌이고 있었습니다. 우리 조상들은 그때 무엇을 했습니까? 조선 끝 무렵 조정에는 외척의 행패가 극심하고 관리들은 양민 수탈에 혈안이 되어 민란으로 나라가 어지럽기 한이 없었으니, 우리는 유럽에 뒤떨어지지 않을 도리가 없었습니다.

또 놀라운 일은 이들 회사가 모두 숙련공 양성을 위한 직업학교를 가지고 있다는 점입니다. 아에게(AEG)사에서는 학생들이 15세부터 3년간 교육을 받고 있었습니다. 독일 국민은 모두가 1인 1기를 가진 숙련공이라 생각하면 틀림이 없습니다. 공업이 발달하고 산업이 부흥한 원인이 여기에 있습니다. 우리나라도 교육 방향을 다시 검토해야 하겠다는 것을 절실히 느꼈습니다.

전후 독일의 생산 시설은 완전히 파괴되고, 실업자와 상이군인들이 거리에 넘쳤으며, 식량 부족과 사회 불안이 겹쳐 있었습니다. 그러나 그들은 실망하지 않고, 재건을 위하여 내핍하고 절약했습니다. 노동자들은 독일의 경제가 부흥될 때까지 노동쟁의를 하지 않기로 결의하고, 어느 회사에서는 사장이 임금을 올려주겠다고 했는데도 노동자들이 공장이 더 건실해질 때까지 임금 인상을 미루어 달라고 요청했다고 합니다.

오늘날 독일 경제가 부흥되었음에도 검소한 생활을 통해 절약한 것을 저축해서 생산과 건설에 투자하고 있습니다. 또 그들은 독일 민족의 역사와 문화를 보존하고 자랑하기 위해 힘쓰고 있었습니다. 뮌헨 중심지에는 19세기 초 나폴레옹이 이 지역을 점령했을 때 세운 전승비가 있는데, 적장의 기념비를 무엇 때문에 남겨 두느냐고 물었더니 "후손들이 저 기념비를 볼 때마다 정신을 차려 다시는 외적에게 침략을 당해서는 안 되겠다는 교훈이 될 것이 아니냐?" 대답했습니다. 많은 전화를 입었음에도 독일 곳곳에 역사 유적들이 잘 보전되고 있는 것은 부러운 일의 하나였습니다.

독일 국민들은 질서와 규율을 존중하는 좋은 습성을 가지고 있습니다. 이러한 국민성은 준법정신이라든가 공중도덕에도 잘 나타나 일상생활에 있어서도 자율성이 매우 높았습니다. 법이 없으면 안 지키고 법이 있어도 그것을 악용하거나 법망을 빠져나가기만 하면 그만이란 사고방식이 지양되지 않고는 진정한 민주사회가 이룩될 수 없을 것입니다.

조국을 사랑하지 않는 사람이 어디 있겠습니까? 문제는 조국을 어떻게 사랑하느냐의 방법론입니다. 애국 애족이란 말로만 되는 게 아닙니다. 독일 국민들은 치마 한 치를 줄여 입고 성냥 한 개비도 절약하는 것이 애국의 실천이라 생각합니다. 독일의 부흥은 기적이 아니라 독일 국민들의 단결된 힘, 즉 그들의 피와 땀의 대가가 오늘의 독일을 이루었다는 것을 우리 국민들에게 전하고 싶습니다. (1964년 12월 24일)

우리 자신을 냉철하게 파악하자

한 나라가 운명을 개척하고 전진해 나가려면 무엇보다 국제 정세에 적응하는 결단이 있어야 합니다. 세계 대세에 역행하는 국가의 판단이 어떠한 불행을 가져왔는가는 조선 끝 무렵 우리 민족이 치른 뼈저린 경험이 실증하고 있습니다. 오늘의 국제 정세는 일본과의 국교 정상화를 강력히 요구하고 있습니다.

오늘 우리가 대치하고 있는 적은 공산주의 세력이고, 이들과 싸워 이기기 위해서는 누구와도 손을 잡아야 합니다. 우리의 자유와 독립을 수호하기 위해 도움이 될 수 있는 일이라면 과거의 감정을 참고 버리는 것이 진실로 조국을 사랑하는 길이 아니겠습니까.

더구나 중국의 위협이 증대되고 있는 이 시점에서 우리의 위치를 냉철하게 파악하고 반세기 전에 우리가 겪은 수난을 되풀이하지 않기 위해서는 현명한 판단이 요구됩니다. 지난 수십 년간 우리는 일본과 깊은 원한 속에 살아왔기에 과거만을 따진다면 일본은 불구대천의 원수가 아닐 수 없습니다.

그러나 우리는 이 각박한 국제 정세 속에서 감정에만 집착할 수 없습니다. 우리는 내일을 위해 필요하다면 그들과도 손을 잡아야 합니다. 국교를 정상화함에 있어 정부가 크게 배려한 것은 과거를 청산하고 호혜 평등을 다짐하는 기본 관계의 설정, 청구권 문제, 어업 협정 문제, 60만 교포의 처우 문제, 문화재 반환 등의 문제였습니다. 모든 문제가 우리의 희망대로 해결된 것은 아닙니다만, 우리가 처해 있는 제반 여건과 외교 관례에 비추어 볼 때 국가 이익을 확보하는 데 최선을 다했습니다. 국제 관계에 있어 외교란 상대가 있고, 상호 간에 이해해야 비로소 타결이 되는 것입니다. 이제 한국과 일본은 공동 이익을 모색하는 새로운 시대에 접어들게 되었습니다.

한일 간에 새로운 역사가 시작되는 이 순간 우리가 깊이 반성하고 다짐할 점이 무엇이겠습니까? 바로 자주정신과 주체의식이 확고해야 하겠다는 것입니다. 또 우리는 아시아에 있어서 반공의 상징적인 국가라는 자부심과 긍지를 잊어서는 안 되겠습니다.

국민 중에는 한일 교섭이 굴욕적이고, 군사적 경제적 침략을 자초한다며 비난하는 사람들이 있습니다. 심지어는 매국적이라고까지 말하는 사람들도 있습니다. 그러나 그들의 주장이 진심으로 우리가 또다시 일본에게 침략당할까 두려워하고 경제적으로 예속될까 걱정하는 것이라면 나는 그들에게 묻고 싶습니다. 그들은 어찌하여 그처럼 자신이 없고 피해의식과 열등감에 사로잡혀 일본이라면 무조건 겁을 먹느냐 하는 것입니다.

이와 같은 비굴한 생각, 이것이 바로 굴욕적인 자세라고 나는 지적하고 싶습니다. 일본 사람하고 맞서면 언제나 우리가 먹힌다는 이 열등의식부터 버려야 합니다. 한 걸음 더 나아가 일본과 대등한 위치에서 오히려 우리가 앞장서서 그들을 이끌고 나가겠다는 자신감은 왜 가지지 못하는 것입니까.

한 나라가 새로이 부흥하려면 반드시 그 민족 전체에게 자신과 용기가 있어야 하고 적극성과 진취성이 가득해야 합니다. 우리의 근대화 작업을 좀먹는 가장 암적인 요소는 우리들 마음 한구석에 도사리고 있는 패배주의와 열등의식입니다. 이러한 요소들을 과감하게 씻어 버리고 자신 있는 국민이 됩시다.

하늘은 스스로 돕는 자를 돕는 법입니다. 따라서 한일 국교 정상화가 우리에게 좋은 결과를 가져오느냐, 불행한 결과를 가져오느냐는 우리의 의식과 각오가 얼마나 굳건하냐에 달려 있습니다. 우리가 정신을 차리지 못하면 이번에 체결된 협정은 치욕적인 제2의 을사조약이 된다는 것을 명심해야 할 것입니다. (1965년 6월 23일)

자립 의지와 자활 의욕을

1965년은 국가 발전을 위한 획기적인 전환점으로 기록될 1년이었습니다. 우리는 한·일국교정상화와 국군의 베트남 파병을 통하여 국제 협력의 군건한 바탕을 마련하고, 세계 열강과 어깨를 나란히 하며 새로운 국제사회에 건설적인 역할을 담당하게 되었습니다. 뿐만 아니라 자립경제의 기반 구축을 위한 제1차 경제개발 5개년계획은 4차년도인 작년에 이미 초과 달성되었습니다. 이 사실은 노력 여하에 따라 조국 근대화 작업도 얼마든지 단축시킬 수 있다는 것을 증명해 주고 있습니다.

친애하는 국민 여러분! 오늘의 세계는 경쟁의 시대입니다. 잘사는 나라는 더 잘살기 위해 분발하고, 못사는 나라도 잘살기 위해 다투어 경쟁하고 있습니다. 세계 일등 국가이면서도 더 큰 발전을 위해 '위대한 사회 건설'을 부르짖고 있는 미국과, 폐허의 잿더미 위에 경이적인 부흥을 이룩한 독일을 보십시오. 거친 사막 위에 중동 제일의 복지국가를 건설한 이스라엘 민족, 해풍의 불모지에 눈부신 번영을 이룩한 덴마크, 빈곤의 멍에를 벗고 발전하는 아시아의 무수한 신생 국가들을 보십시오. 단결력과 협동심이 강하고 용기와 인내력이 뛰어난 민족에게는 언제나 발전이 가능한 것입니다.

자신과 용기를 가지고 일치단결하여 전진할 때가 바로 지금입니다. 이러한 정신무장으로 선진국들이 수십 년 걸려 이룩한 발전을 수년 내에 이룩해야 합니다. 그렇지 못하면 우리는 영영 빈곤에서 벗어날 수가 없습니다.

나는 올해도 '일하는 해'로 정하고 저축과 근면과 검소를 다시 우리의 행동강령으로 삼아, 건설과 수출에 매진할 것을 국민에게 호소합니다. 제1차 경제개발 5개년계획을 완결시키고, 제2차 5개년계획을 착실히 준비하여 도약의 발판을 마련하자는 것입니다. 1인당 국민소득을 작년의 100달러에서 수년 내에 2배로 끌어올리고, 우리 사회에서도 '소비가 미덕'이라는 소리가 나올 수 있도록 해야 합니다. (1966년 1월 1일)

4. 이제 한국에 기적이 일어나고 있다

이제 한국에 기적이 일어나고 있다

지난 1년은 우리가 이룩하려 했던 많은 일들이 거의 이루어진 '성공의 해'였습니다. 그동안 외교 숙제였던 한·미 행정협정이 타결되었고, 파월 국군은 국내외에 용맹을 떨쳤으며, 아시아·태평양지역 각료회의를 서울에서 개최했습니다. 또 마닐라에서 월남지원국 정상회담이 열렸고, 존슨 미 대통령의 역사적인 방한도 이루어졌습니다. 이런 노력은 우리의 국제적 지위와 우리 민족의 우수성을 만방에 과시했을 뿐 아니라, 이 지역 자유민의 결속을 촉진하여 태평양시대의 개막과 태평양 공동사회 건설의 선도적 사명을 지니게 되었습니다.

한편 제1차 경제개발 5개년계획의 성공은 빈곤으로 얼룩졌던 이 나라에 자립과 번영의 터전을 마련했습니다. 농촌 지역이 공장지대로 발전해 가고, 바다를 메워 논을 만들고, 산을 깎아 밭을 만들었습니다. 그리하여 식량·비료·석탄·시멘트·정유·전력 등 주요 물자의 대부분을 우리 손으로 만들어 쓸 수 있게 되었습니다. 우리의 공업제품이 세계로 팔려 나가, 많은 외국인들은 "한국에 기적이 일어나고 있다"고 말하고 있습니다. 그것은 결코 기적이 아닙니다. 잘살아 보겠다는 희망을 가지고 인내와 용기로 온갖 역경과 난관을 이겨낸 우리 국민의 근면·검소·저축의 결정체인 것입니다.

우리 국민들 사이에 우리도 잘살 수 있다는 자신감이 넘쳐흐르고 있습니다. 이 무형의 성과야말로 우리가 거둔 성과 중 가장 값진 성과이며, 조국 근대화의 원동력입니다.

이제 수난과 빈곤의 역사는 끝나고, 번영과 영광의 새로운 역사가 우리 앞에 펼쳐지고 있습니다. 이 얼마나 가슴 설레는 벅찬 희망입니까? 역사는 저절로 이루어지는 것이 아닙니다. 위대한 역사를 창조하기 위해서는 우리의 각오가 한층 더 새로워야 하고 노력도 한층 더 높아져야 합니다.

올해는 제2차 5개년계획이 시작되는 해입니다. 앞으로 5년 뒤인 1970년대에는 아시아에서 최우수 공업국을 건설해 보자는 것이 목표입니다. 우리에게 경험이 있고, 의욕이 있고, 인내력과 용기가 있는 한 그 목표를 이룩할 수 있다고 확신합니다.

새해를 맞이할 때마다 노예 생활을 강요당하고 있는 북한 동포를 구출해야겠다는 염원이 절실합니다. 그럴수록, 조국 근대화를 위한 우리의 노력은 더욱 줄기차야 하겠습니다. (1967년 1월 1일)

승리하는 자는 중단하지 않는다

우리 사회는 불신과 회의의 굴레를 벗어나 긍정과 참여의 사회로 발전하고 있습니다. 친애하는 의원 여러분! 그리고 국민 여러분! 지난 역사에서 우리에게 근대화의 기회가 없었던 것은 아니지만, 그때마다 기회를 놓침으로써 빈곤과 고난이 그대로 우리 세대에 계승되어 왔습니다. 이제 우리에게 다시 기회가 찾아왔습니다. 우리가 이 기회마저 놓친다면, 자주 자립의 번영된 조국을 건설할 기회는 다시 오지 않을 것입니다.

"중단하는 자가 승리하는 법이 없고, 승리하는 자는 중단하지 않는다"는 교훈을 다시 한 번 되새기면서 이 마지막 기회를 놓치지 말아야 하겠습니다.

조국의 근대화는 경제 건설만이 아닙니다. 정치적 민주화, 사회적 합리화를 이룩하는 데도 중요한 의의가 있습니다. 우리가 조국 근대화를 주장하는 것은 전진을 가로막는 비능률·비민주·비합리를 추방하자는 것입니다. 정부도 앞장서겠거니와, 의원 여러분께서도 이에 앞장서 주실 것을 거듭 당부하는 바입니다.

조국 근대화가 이루어질 70년대에는 국토 통일의 전망도 밝아올 것입니다. 통일은 염원하는 것만으로 이루어질 수 없습니다. 더욱이 막연한 감상주의나 비현실적인 통일론은 도리어 백해무익합니다. 오늘에 있어서 통일의 길은 경제 건설과 민주 역량의 배양입니다. 우리의 경제, 우리의 자유, 우리의 민주주의가 북한으로 넘쳐흐를 때, 그것이 곧 통일의 길입니다.

국민 여러분! 우리 모두가 근면·검소·저축을 행동강령으로 삼아 증산·수출·건설에 매진함으로써, 이 한 해를 우리의 위대한 '전진의 해'가 되게 합시다. 그리하여 먼 훗날 후손들이 오늘에 사는 우리 세대가 그들을 위해 무엇을 했느냐고 물을 때, 우리는 서슴지 않고 "조국 근대화를 위해 일하고 또 일했다"고 떳떳하게 대답할 수 있게 합시다. (1967년 1월 17일)

조국 근대화 상징 경부고속도로

오늘 우리의 오랜 꿈이요, 우리 민족의 숙원이던 경부고속도로의 완전 개통을 보게 된 것을 국민 여러분과 더불어 경축해 마지않습니다. 이 길은 총연장 428킬로미터로, 장장 천릿길을 이제부터는 자동차로 4시간 반이면 달릴 수 있게 됐습니다. 만 2년 5개월 만에 많은 난관을 극복하고 오늘 개통된 경부고속도로는 우리 역사상 가장 거창한 대역사(代役事)였습니다.

이 경부고속도로야말로 조국 근대화의 상징이며, 남북통일과 직결되는 도로입니다. 여기에 투입된 공사비만 429억 원이나 됩니다. 막대한 장비와 물자가 동원되고 동시에 고귀한 희생이 뒤따랐습니다. 공사 기간에 생명을 잃은 희생자가 77명이나 됩니다. 다시 한 번 그들의 명복을 빕니다.

이 공사는 국민들의 세금과 우리의 기술로 완공했다는 점을 자랑스럽게 생각합니다. 이웃 일본의 예를 보면, 도쿄~나고야 간 도메이고속도로가 총연장 340킬로미터인데, 투입된 공사비가 킬로미터당 우리 돈으로 약 10억 원이라고 합니다. 경부고속도로는 킬로미터당 1억 원이 들었습니다. 또한 공사 기간도 일본은 7년이 걸렸는데, 우리는 100킬로미터나 더 먼 거리를 2년 반 만에 완공했습니다.

특히 이 공사를 시작할 때 국내외에서 여러 비판이 있었습니다. 우리나라에 고속도로를 만든다는 것은 무모한 일이다, 심지어는 불가능하다고까지 했습니다. 남이 볼 때는 불가능하다고 했지만, 나는 과학적인 검토와 분석으로 자신을 가졌기에 착수했던 것입니다. 이 도로야말로 우리 민족의 피와 땀과 의지로 이루어진 민족적인 대예술 작품이라고 이야기하고 싶습니다.

이 고속도로를 착수할 때에는 경계 발전에 목적이 있었지만 그보다도 더 중요한 목적을 가지고 있습니다. 바로 우리 국민이 얼마만한 저력을 가지고 있는가를 한번 시험해 보고자 했던 것입니다. 과연 이 공사를 통해 남 못지않는 무한한 저력을 가진 민족이고, 강인한 의지력을 가진 민족임을 실증했습니다. 우리가 하겠다고 결심하고 노력을 총동원하면 불가능은 없다는 자신감을 얻게 되었습니다. 올 4월에는 호남고속도로를 착공하고, 제3차 5개년계획이 끝날 무렵에는 전 국도의 고속화를 추진하겠습니다.

이제부터 우리 국민들이 더욱 단결하여 이 경부고속도로에서 얻은 자신감과 용기로 조국 근대화 과업을 계속 추진해 간다면, 머지않은 장래에 우리가 대망하는 자립과 번영의 찬란한 내일이 우리 눈앞에 다가올 것입니다. (1970년 7월 7일)

새마을운동이란 무엇인가

새마을운동이란 잘살기 운동입니다. 그러면 어떻게 사는 것이 잘사는 것일까요? 의식주를 해결한 다음 인간으로서 보다 품위 있고, 보다 문화적인 생활을 할 수 있게 되어야 잘사는 것입니다. 이를 위해 무엇보다 먼저 가난을 추방해야 합니다. 잘살자면 부지런해야 하며, 자립정신이 강해야 합니다. 남에게 의존하겠다는 정신을 가진 사람은 잘살 수 없습니다.

이번 새마을운동에서 농로를 만들고, 다리를 놓는 등 여러 가지 공동 사업을 많이 했는데, 이것은 한두 사람의 힘만으로는 안 되고 마을 사람들이 협동을 해야만 될 수 있는 일입니다. 단결과 자신감, 이것을 합치면 못할 일이 없습니다. 근면·자조·자립정신이 강하고, 협동정신이 왕성하도록 하는 것이 바로 새마을정신입니다. 이러한 정신이 왕성하면 새마을운동은 반드시 성공합니다.

또 새마을운동은 국민정신계발운동이고, 정신혁명운동입니다. 농촌 근대화나 소득 증대도 정신운동이 선행되어야만 비로소 이루어질 수 있습니다. 새마을운동은 행동 철학입니다. 말만 가지고는 안 됩니다. 직접 행동하고 실천해야 합니다. 이러한 정신이 우리 농촌에 충만할 때 농촌 근대화가 이룩될 수 있다고 나는 확신합니다.

새마을운동을 잘한 마을에 대해 우선적으로 지원한다는 정부 방침에는 변동이 없습니다. 모두 골고루 도와주는 방식은 쓰지 않겠습니다. 부지런한 사람이나 게으른 사람이나 똑같이 주는 것은 불공평한 행정입니다. 우리 농촌은 앞으로 수년 내에 상당한 격차가 생기리라 봅니다. 게으르고 뒤떨어진 마을은 자극을 받아 따라올 것입니다.

새마을사업을 성공시키기 위해서 몇 가지 유의해야 할 사항이 있습니다. 먼저 너무 성급하게 생각해서는 안 됩니다. 새마을운동을 했다고 해서 하루아침에 부자가 될 수는 없습니다. 적어도 몇 년 동안 꾸준히 노력하며 끈기를 가지고 밀고 나가야 합니다. 조림 사업을 예로 들면, 지금 나무를 심더라도 용재림이 될 때까지는 적어도 3, 40년이 걸립니다. 우리가 죽고 난 뒤에 소득이 생깁니다. 그런 사업도 해야 됩니다. 우리 조상들이 이런 일을 안 했기 때문에 우리가 물려받은 산림 재산이 하나도 없습니다. 새마을운동의 철학적인 의미가 여기에 있습니다.

다음으로 새마을운동은 농민들의 자발적인 운동이 되도록 해야 합니다. 여기에 우리 공무원들의 역할이 중요합니다. 마을 사람들이 뜻을 모아 총의로 농로 사업을 결정했을 때 일선 공무원들은 농로 측량이나 설계, 농로의 지목 변경 등을 도와주어야 합니다. 마을의 힘으로 될 줄 알았는데 하다 보니까 자금이나 일부 자재가 부족할 때는 해당 군이나 도에서 잘 판단하여 도와주어야 합니다. 그래야 농민들이 의욕을 잃어버리지 않게 됩니다.

새마을운동은 우리 민족의 대약진운동입니다. 이것은 농촌에만 머물지 않고 범국민적인 운동이 되어야 합니다. 우리 국민 모두가 자발적으로 참여하여 그 누구도 방관자가 되어서는 안 되겠습니다. (1972년 5월 18일)

5. 한민족에게는 훌륭한 자산이 있다

한민족에게는 훌륭한 자산이 있다

부강하고 살기 좋은 나라를 건설하기 위해 우리가 중점을 두고 해야 할 일이 두 가지 있습니다. 하나는 국방이요, 또 하나는 경제 건설입니다. 지난 10년 동안 정부와 국민은 "싸우면서 일하고 일하면서 싸우자"고 다짐해 왔습니다.

현대전에서 국방은 경제적 뒷받침 없이는 불가능합니다. 얼마 전에 있었던 중동 전쟁을 보더라도 잘 알 수 있습니다. 따라서 나는 "경제 건설도 광의의 국방이다"라고 주장합니다. 오늘날 국가가 국가로서 제 구실을 하려면 반드시 국력이 뒷받침되어야 합니다. 나라의 독립과 주권을 수호하는 데도 힘이 있어야 하고, 공산주의 침략을 미연에 방지하고 자유와 민주주의를 수호하는 데도 막강한 국력이 있어야 합니다.

그러나 우리나라는 인구에 비해 국토가 협소합니다. 그렇다고 천연 자원이 풍부하냐, 조상으로부터 물려받은 민족 자본이 있느냐, 특수한 기술이라도 보유하고 있느냐, 그것도 아닙니다. 이처럼 어려운 바탕 위에서 우리는 경제 건설을 해야 합니다.

북으로부터 언제 침략이 있을지 모르는 불리한 여건 속에서 우리는 자주국방을 해야 하고, 경제 건설도 해야 하며, 민주주의도 발전시켜야 합니다.

74년도 우리 예산을 보면 전 예산의 4분의 1 이상을 국방비에 지출해야 합니다. 이런 우리의 절박한 사정을 이해 못하면 우리의 현실 문제를 논할 자격이 없다고 생각합니다. 이처럼 특수한 여건 아래에서 우리가 살길은 수출뿐입니다. 하지만 다행히도 우리는 교육을 잘 받은 강인하고 근면한 인적 자원을 가지고 있습니다. 그래서 우리는 외국에서 기술과 자본을 도입하고 상품 수출을 통해 외화를 벌어야 합니다.

한때는 차관망국론을 운운하며 극단적인 비판을 하는 사람도 있었습니다. 60년대 초에는 어느 나라도 우리에게 돈을 빌려주려고 하지 않았습니다. 그것은 우리에게 국제적인 신용이 없었기 때문입니다. 그러나 지금은 몇억 달러를 어렵지 않게 빌릴 수 있게 되었습니다. 그동안 해외에 나가 애써 노력한 우리 상공인들에 대한 신용, 우리 기술에 대한 믿음, 우리 국력에 대한 신뢰가 이런 결과를 가져왔다고 생각합니다.

전국의 상공인, 근로자 여러분! 그동안 어려운 난관을 극복하고 오늘과 같은 수출 한국의 토대를 마련한 데 대하여 여러분들은 높은 긍지를 가져야 합니다. 하지만 결코 여기에 만족해서는 안 됩니다. 앞으로도 국제 경쟁에서 이길 수 있도록 더욱 노력하고 분발해 주실 것을 당부합니다. (1973년 11월 30일)

8·15 해방이란 우리에게 무엇인가

제2차 세계대전의 종결로 우리와 함께 식민 통치에서 해방된 개발도상국가들은 너나없이 잘살아 보겠다고 몸부림쳐 왔습니다. 특히 우리 민족은 광복과 더불어 국토 분단의 비극을 강요당하고, 설상가상으로 공산 침략으로 엄청난 참화를 입었는가 하면, 그 뒤에도 계속되는 도발의 위험 속에 혼란과 빈곤의 악순환을 겪었습니다.

그러나 60년대 초를 기점으로 우리는 민족적인 각성과 자립 의지로 짧은 기간에 유례없는 발전을 이룩했습니다. 중화학공업 건설로 획기적인 수출 증대를 가져왔고, 새마을운동과 영농 근대화로 농어촌의 면모를 새롭게 했으며, 고속도로망 구축으로 전국을 일일생활권으로 좁혀 산업국가로서의 기반을 확고하게 다져 놓았습니다.

그리하여 대한민국은 국제사회의 떳떳한 일원으로 성장했습니다. 우리 선조들이 이루지 못했던 근대화 작업을, 남북 대결이라는 여건 속에서 우리 세대가 성공적으로 추진하고 있다는 것을 생각할 때, 국민 여러분과 더불어 무한한 긍지와 자부를 느낍니다.

우리의 역사적 사명은 평화와 번영의 터전 위에 민주복지사회를 건설하고 조국의 평화적 통일을 이룩하는 것입니다. 이에 따라 시급한 문제는 자주국방력을 확보하는 것입니다. 국가의 안전이 보장되어야 그 속에서 경제 발전을 지속할 수 있고, 민주주의도 존립할 수 있으며, 평화적 통일도 촉진할 수 있기 때문입니다.

우리는 이 땅에 전쟁 재발을 막고 민족의 생존권을 지키기 위해 향토예비군과 민방위대를 조직하고, 방위산업 육성을 비롯하여 군의 전력 증강을 위한 다각적인 계획을 꾸준히 추진하는 등 온갖 노력을 기울여 왔습니다. 그 결과 우리는 북한 공산집단이 넘보지 못할 막강한 자위력을 보유하게 되었으며, 월등한 경제력을 바탕으로 4, 5년 뒤에는 군사면에서도 그들을 제압하게 될 것입니다.

수년 동안 경제난에 허덕이고 있는 북한 동포들은 내 집과 내 농토를 가질 자유마저 빼앗기고, 광신적 우상숭배와 상상조차 할 수 없는 인권 침해와 억압을 강요당하고 있습니다. 이런 상황에서 북한 동포들이 땀 흘려 일할 리 없고, 희망을 가질 리 만무합니다.

그러나 그 어떤 무모한 도발도 우리 민족의 동질성과 민족 문화의 연면성을 결코 파괴하지는 못할 것입니다. 나는 지금 북한 동포들이 겪고 있는 비인간적인 참상에 대해 같은 동포로서 깊은 연민의 정을 느끼며, 국민 여러분과 더불어 통일 조국의 염원을 새롭게 다짐하는 바입니다. 거듭 강조하거니와 조국 통일의 바탕은 평화이고, 평화의 보장책은 바로 국력입니다.

오늘날 국제 정치의 추세는 대화를 통한 문제 해결이 주류를 이루고 있습니다. 공산국가들도 이념 투쟁보다 경제 건설에 치중하는 방향으로 나아가고 있습니다. 유독 북한 공산집단만이 시대 조류에 역행하며 대화를 거부하고 있습니다. 최근에는 국제관례를 무시하고, 공해상에 이른바 군사경계선이라는 것을 자의로 설정하고 도전을 해오고 있습니다. 그들이 아직도 무력 적화통일의 야욕을 버리지 않고 있다는 명백한 증거입니다.

그들의 어떠한 도발도 우리는 초전에 격멸, 응징하고야 말 것입니다. 우리의 국력이 북한을 압도하는 그날, 북한 공산집단은 허황된 무력 적화통일의 망상을 포기하고 남북 대화에 응해 올 수밖에 없을 것입니다. 우리는 그 시점을 앞당기기 위하여 땀 흘려 일하고 또 일해야 합니다.

8·15 해방의 감격을 맞이하여 우리 모든 국민은 민족중흥의 위대한 새 역사를 창조해 나가는 자랑스러운 세대임을 명심하고, 저마다 맡은 바 직분에 최선을 다해 나갑시다. (1977년 8월 15일)

민족의 찬연한 횃불을 밝힙시다

대망의 80년대를 바라보면서 역사의 새 장이 펼쳐지고 있는 이때, 개발의 60년대와 약진의 70년대에 쌓아올린 금자탑이 있기에 내일의 우리에게는 부강한 선진 한국의 자랑스러운 모습이 떠오르고 있습니다. 다가오는 연대는 고도 산업국가를 이룩하여 선진국 대열에 진입하고,

번영과 풍요 속에 복지사회를 이루어 다시 한 번 민족 문화의 개화기를 맞이하는 위대한 연대가 되어야겠습니다.

그리하여 민족의 숙원인 조국의 평화통일을 향한 민족사의 분수령에서 제9대 대통령의 무거운 책무를 맡게 된 나는 온 국민과 더불어 고락을 같이하면서, 우리에게 주어진 엄숙한 소명을 받들어 헌신할 것을 조국과 민족 앞에 굳게 맹세하는 바입니다.

국민 여러분! 지금부터 우리 앞길이 순탄치만은 아니할 것입니다. 한반도의 주변 정세와 국제 질서도 불안정 속에 경쟁은 갈수록 더해 갈 것입니다. 반면 국민생활이 향상될수록 국민들의 기대는 높아질 것입니다. 우리 스스로 이를 조절할 줄 알아야 하고 마음속에 싹트기 쉬운 자만과 사치 등 내부의 도전에도 이겨내야 합니다. 우리에게는 잠시의 방심도 허용될 수 없습니다.

이에 정책 지표를 자립경제 달성과 자주국방의 확립, 사회개발 확충과 정신문화의 계발에 두고 온 국민과 더불어 총력을 기울여 나가고자 합니다. 나아가 분단된 국토를 평화적으로 통일하여 민족중흥의 새 역사를 창조하는 데 신명을 바칠 것입니다.

이 벅찬 과업들을 성공적으로 추진해 나가기 위해서는 국민 모두가 창의와 헌신으로 국가 발전에 적극 참여하는 생산적인 민주정치가 국민생활 속에 뿌리내리도록 더욱 힘써야 하겠습니다.

친애하는 국민 여러분! 나는 영광된 민족의 대행진을 이끌어 나갈 엄숙하고도 막중한 책임을 절감하며, 온 국민의 협조와 분발을 당부합니다. 우리 모두 방방곡곡에 메아리치는 개혁과 전진의 우렁찬 발걸음을 더욱 재촉하고, 세계 속에 한민족의 찬연한 횃불을 밝힙시다. (1978년 12월 27일)

한민족사의 박정희

민족시인 노산(鷺山) 이은상(李殷相) 선생은 말합니다.

"박정희는 세종대왕과 이순신 장군을 합해 놓은 인물로 후세 역사가들이 평가할 것입니다. 세종은 성군입니다. 한글창제를 비롯해 훌륭한 업적을 남겼습니다. 이는 왕조시대 절대권력을 행사하는 군왕으로서 32년간 집권했기에 가능한 일이었습니다. 그때 우리나라 인구는 1000만 안팎으로 극소수 양반층을 제외한 백성들은 헐벗고 굶주리는 비참한 생활을 했습니다. 정치란 무엇입니까! 백성들을 등 따뜻하고 배부르게 해주는 것, 이것이 곧 정치의 근본입니다. 세종은 백성들의 먹고사는 문제를 해결해 주지 못했습니다. 이충무공은 성웅(聖雄)임이 분명합니다. 적과 맞서 싸워 이긴 장수이며 자기 몸을 죽임으로써 나라를 구했습니다. 《손자병법》에 이르기를 백 번 싸워 백 번 다 이김이 최상은 아닙니다. 싸우지 아니하고 이기는 것이 으뜸이라 했습니다. 오늘 남북한 체제경쟁에서 박정희는 북한의 김일성을 싸우지 않고 이긴 사람입니다. 그는 민족의 정통성을 확립할 수 있는 경제와 문화의 기초를 닦아 놓았으며 한국 민족을 세계사 중심부에 우뚝 세워 놓았습니다. 그것으로 족하지 않습니까!"

오늘날 대한민국의 1인당 국민소득이 3만 달러를 넘어섰습니다. 인구 5000만 명에 이르는 국가 중 국민소득이 3만 달러를 넘어선 곳은 우리나라가 7번째입니다. 우리나라는 무역 1조 달러를 이룩했는데, 그중 수출은 6000억 달러를 넘어 세계에서 7번째입니다.

아! 우리 한민족사에 불굴의 영웅, 그리운 박정희를 어찌 다시 만날 수 있으랴.

2019. 5. 16.

역사의 진실을 위하여

심융택

'사람들은 공업화와 경제 발전을 같은 뜻으로 여겨왔고, 지금도 발전 도상국 사람들 대부분은 공장 건설과 공장에 배치할 노동자의 훈련만 이 자신들이 해야 할 일인 것처럼 생각하고 있다. 그러나 사실은 그렇 지가 않으며, 경제적인 발전이란 도리어 다음과 같은 네 가지 측면에서 균형 잡힌 변화가 함께 이루어져야 한다. 첫째 농업문제, 둘째 도로·수 송·통신·수도·전력·학교·병원 등 공공서비스, 셋째 공업적 발전, 넷째 분 배와 신용을 위한 적절한 조직체의 발전이다.'

피터 드러커의 《현대의 경영》에 나오는 이 문장을 박정희 대통령 은 매우 좋아해 즐겨 외우며 각료회의 때 말하고는 했다.

한국근대화 산업화 시대를 이끌어 나간 박정희 대통령이 우리 곁 을 떠난 지도 40여 년이 지났다. 그의 운명이 도무지 믿어지지가 않 던 충격과 슬픔의 시간도 흐르는 강물처럼 지나갔고, 무심한 세월만 흐르고 또 흘러 그가 역사에 남긴 거대한 발자취가 온 세계 사람들 입에 오르내리며 그의 업적이 높이 평가되고, 어쩌다 혹세무민(惑世 誣民)하는 자들에게 그의 천려일실(千慮一失)이 비판을 받기도 한다.

박정희는 20세기 한국과 한국인에게 어떤 존재였는가? 과연 누가 어떤 말과 글로 이 물음에 완전하고 극명하게 대답할 수 있을까? 앞 으로 두고두고 역사가들의 연구가 필요할 것이다. 나는 국내외 역사가들의 연구에 필요한 자료를 정리해 두어야겠다는 생각으로 박정희 대통령의 사상과 정책에 대해 내가 알고 있는 사실들을 기록으로 남겨두는 작업에 착수했다.

우리는 공화국 수립 뒤 이 나라를 통치한 역대 대통령들에 대해서 별로 아는 것이 없다. 대통령 자신들이나 또는 역사가들이 그들의 업적과 실책, 공적과 과오를 모두 담은 전체 모습을 먼 뒷날까지 남아 있게 할 수 있는 역사적 자료와 기록을 보존해 놓은 것이 거의 없기 때문이다.

우리는 우리의 후손들이 우리나라 대통령들에 대해서 알기를 원할 때 그들이 읽고 연구할 수 있는 많은 자료와 기록을 남겨두어야 한다. 그런 자료와 기록이 많으면 많을수록 역대 대통령에 대한 부분적 지식도 그만큼 많아질 것이며, 여러 사람이 여러 각도에서 본 부분적 지식이 많으면 많을수록 대통령들의 전체 모습을 알 수 있는 지식도 그만큼 축적될 수 있을 것이다.

1961년부터 1979년까지 18년여 동안 한국인의 생활에는 혁명적 변화가 일어났고, 한국의 민족사에는 획기적 전환점이 마련되었다는 것은 세계적으로 공인된 역사적 사실이다. 그 역사적 시기에 나는 박정희 대통령을 보필할 수 있는 영광된 기회를 얻었다. 그리고 그 귀중한 기회에 나는 대통령의 국정운영에 대해 많은 것을 보고 들었으며, 또 많은 것을 기록해 두었다.

박정희 대통령이 어떤 여건과 상황 아래서 이 나라, 이 민족을 이끌어 왔으며, 대통령을 괴롭히고 고통스럽게 한 것이 무엇이었고, 대통령을 격려하고 용기를 준 것이 누구인지를 지켜보았다. 대통령이 국가가 직면했던 문제상황을 어떻게 규정했고, 그 문제상황을 극복하기 위해서 어떤 정책을 결정했는가를 보았다. 또한 정책을 추진하는 과정에서 정치인과 공무원, 기업인과 근로자, 농어민과 교육자, 학생과 언론인, 과학자와 문화인 등 우리 사회 각계각층 국민을 상대로 때로는 설명하고 설득하며, 때로는 교육하고 계몽하며, 때로는 칭찬하고 격려하고, 때로는 따지고 나무라며 국가건설의 역군으로 거듭나게 만들 때 대통령이 그들에게 어떤 말을 했고, 어떤 글을 남겼는가를 주의 깊게 지켜보았다.

박정희 대통령이 남긴 이런 말과 글 속에는 한국근대화와 부국강병 등에 대한 대통령의 신념과 소신이 살아 숨 쉬고 있다. 대통령의 이런 말과 글은 대통령이 여러 행사장에서 행한 연설문, 여러 공식 비공식 회의에서 천명한 유시와 지시, 여러 분야 인사들에게 보낸 공한과 사신, 국내외 인사들과 나눈 대화, 외국 국가원수와의 정상회담, 대통령의 저서, 그리고 대통령의 일기 등에 온전히 보존되어 있다.

1972년 2월 22일, 닉슨 대통령이 베이징에서 마오쩌둥 주석과 회담할 때 '마오 주석의 글들은 한 나라를 움직였고, 세계를 바꿔놓았다'고 찬사를 보내자 마오쩌둥은 '나는 그렇게 하지 못했다. 나는 다만 베이징 근처의 몇 군데를 바꿔놓을 수 있었을 뿐이다' 대답했다고 한다. 이 말은 중국인 특유의 겸양이었고, 사실은 닉슨의 말 그대로였다. 박정희 대통령도 그랬다. 18년 통치기간 동안 대통령의 말과 글은 서울 근처 몇 군데만을 바꿔놓은 것은 아니다. 대한민국 전체의 모습을 새롭게 창조했고, 우리 민족 역사의 방향을 바꾸어 놓았으며, 세계사 흐름에도 영향을 미쳤다. 대통령의 말과 행동은 한국현대사에서 가장 역동적이고 생산적이었던 그 시대에 열심히 일한 우리 국민의 말이었고 행동이었다.

박정희 대통령의 말과 글들은 대통령이 추진한 국가정책과 함께 그의 시대에 이 나라의 정치·경제·사회·문화 등 모든 분야에서 이루어진 발전과 변화의 경로를 밝혀주고 있다. 국가정책은 우리나라가 놓여 있는 특수한 상황에서 우리 국민들이 가장 먼저 풀어야 할 국가적 과제를 위해 대통령에 의해 결정되고 추진되었다. 따라서 국가정책을 올바로 이해하고 평가하기 위해서는 그것이 결정되고 추진된 그 무렵 특수상황을 정확하게 숙지하고 있어야 한다. 그래야만 국민들이 가장 시급히 해결해야 할 국가적 과제가 무엇이었고, 그 과제를 해결하기 위해 어떤 정책이 필요했던가를 올바로 이해할 수 있다.

정책을 결정할 무렵에 우리가 직면해 있던 국내외 상황을 잘 검토해 보면 박정희 대통령이 왜 그 상황에서 그 정책을 결정했는지를 이해할 수 있을 것이다. 예컨대 대통령은 왜 5·16군사혁명을 일으켰는가? 왜 공업화에 국운을 걸었는가? 왜 대국토종합개발과 경부고속도로 건설을 추진했는가? 왜 향토예비군을 창설했으며 방위산업 육성을 서둘렀는가? 왜 주한미군 철수를 반대했는가? 왜 새마을운동을 전개했는가? 왜 남북한 간의 체제경쟁을 제의했는가? 왜 국가비상사태를 선언했는가? 왜 남북대화를 시작했는가? 왜 중화학공업과 과학기술 혁신, 농촌근대화와 수출증대에 총력을 기울였는가? 왜 10월유신을 단행했는가? 왜 생명의 위험을 무릅쓰고 핵무기 개발을 강행했는가? 등의 의문에 대한 올바른 해답을 얻으려면 그런 정책들이 결정된 그 무렵의 국내외 상황을 정확하게 알고 있어야 한다.

이 정책들은 우리 민족사의 진로를 바꾼 발전전략의 핵심사업들이었으며, 또한 박정희 대통령 통치기간 내내 야당의 반정부 극한투쟁의 쟁점들이었다. 이런 정책들은 대통령이 그 정책들을 결정할 무렵의 국내외 상황에 정통해야만 올바로 이해될 수 있는 것이다. 정책 결정 때 상황을 정확하게 알고 있지 못한 사람들로서는 왜 그런 정책이 필요했으며, 또 불가피했는지를 이해하기가 어렵다. 시간의 흐름에 따라 어떤 정책이 어떻게 바뀌었으며, 새로운 정책은 어떤 시대적 연관성 속에서 결정되었는가를 올바로 파악하기 위해서는 그 시대 상황의 특수성에 대해 올바로 알고 있어야 한다.

루소는 《에밀》 제2권에서 역사적 사실에 대해 이렇게 말했다. '역사 서술은 결코 우리에게 현실의 여러 가지 사실들을 충실히 모사(模寫)해 주지 않는다. 현실의 사실들은 역사를 서술하는 사람의 머릿속에서 그 형태를 바꾸고, 그의 관심에 맞도록 변화하며, 그의 선입견에 의해서 특수한 색채를 띠게 된다. 발생 무렵 사건의 모습을 관찰하기 위해, 그 무대가 되는 장소에 정확히 다시 가서 볼 수 있게 하는 기술에 도대체 누가 정통할 수 있겠는가?

박정희 대통령이 추진한 국가정책은 그것이 결정된 무렵의 상황에서 정통하지 못한 사람들에 의해서 올바로 이해되지 못하고, 그들의 선입견에 의해서 또는 그들의 관심과 목적에 맞도록 황당하게 왜곡되었다. 대통령이 정책을 결정할 무렵의 상황에 가장 정통한 사람은 말할 것도 없이 대통령 자신이다. 그러나 통탄스럽게도 80년도 초에 은퇴 예정으로 자서전을 집필하기 위해 기본자료를 수집하고 정리하던 중에 작고했다.

박정희 대통령 말고도 그 무렵 상황에 정통한 사람들은 대통령

비서실과 특별보좌관실, 행정부 장차관, 국책연구기관, 여당간부 등 대통령의 정책결정에 직간접적으로 참여했거나 자문에 응한 사람 등 많이 있다. 그러나 이런 사람들이 그때 상황에 대해 알고 있는 것은 아주 일부분에 지나지 않는다. 왜냐하면 그 무렵 국내외 상황은 매우 복잡하게 얽혀 있어서 모든 국가정보망을 장악하고 있는 대통령을 제외한 다른 사람들은 상황의 모든 요소를 알 수 없었기 때문이다.

1963년 중반부터 1978년 끝무렵까지 거의 16년 동안 국가재건최고회의와 대통령비서실에 근무하면서 대통령의 연설문, 저술, 공한, 각종 회의록 등을 정리하는 실무자의 한 사람으로서 나는 대통령의 정책이 결정되고 추진된 그 무렵 상황에 가장 가까운 위치에서 대통령이 추진한 정책의 전후 맥락과 인과관계, 그리고 정책성과 등을 기록해 두었다. 물론 박정희 대통령의 통치철학과 대통령이 추진한 국가정책과 관련된 역사적 사실들 가운데 내가 기록해 둔 것은 부분적인 것이다. 그러나 부분적인 사실이나마 기록으로 남겨둔다면 후세 역사가들의 연구에 얼마간 보탬이 되지 않을까? 또 내가 알고 있는 부분적인 역사적 사실들이 다른 사람들이 알고 있는 부분적인 역사적 사실들과 종합적으로 연구된다면 대통령의 정치사상과 국가정책에 대해 보다 폭넓고 깊이 있게, 그리고 보다 자세하고 정확하게 이해하는 데 하나의 길잡이가 되지 않을까?

박정희 대통령은 우리나라가 나아가야 할 미래의 방향과 목표에 대해 많은 지침을 남겨놓았다. 다음 세대들은 그들 세대의 새로운 국가적 목표와 그 목표를 이룰 수 있는 새로운 실험과 창조적인 모험을 하는 과정에서 대통령의 정치사상과 국가정책, 그리고 그 지도력에서 귀중한 교훈을 얻을 수 있으리라 믿는 마음에서, 비록 부분적이고 불완전한 내용이나마 세상에 내놓기로 했다.

사람들은 박정희 대통령 시대를 우리 민족사에서 획기적인 분수령을 이룬 시기라고 말한다. 한 시대를 다른 시대와 구분하는 기준을 '변화'라고 한다면 그의 시대는 분명히 역사적 전환기였다고 할 수 있다. 확실히 대통령의 시대는 비생산적인 정치적 불안과 사회적 혼란에 종언을 고하고, 정치안정과 사회질서 속에 생산과 건설의 기풍이 진작되고, 국가발전의 목표와 방향이 뚜렷하여 국민들이 희망과 자신을 가지고 분발함으로써 조국의 근대화를 이룩한 변화의 시대였다.

박정희 대통령 시대에 우리 국민들이 이 땅에서 목격한 거대한 변화의 충격은 마치 육지와 해양의 모습을 바꿔놓은 대화산의 폭발과 같이 한반도의 남반부를 전혀 '딴 세상', '다른 나라'로 완전하게 탈바꿈시켜 놓았다. 그래서 절대다수의 국민들, 그중에서도 시골 마을의 어르신들과 농민들은 천지가 개벽했다고 놀라워하고 감탄했다.

박정희 대통령이 이 나라를 통치한 1960년대와 1970년대에 과거 선진국들이 100년 또는 200년에 걸쳐 이룩한 근대화가 20년도 채 안 되는 짧은 기간에 압축되어 이루어졌다. 그것은 전 세계의 경탄을 자아내게한 위대한 실험이었고 모험이었다. 정녕 대통령은 세계에서 가장 가난한 약소국가였던 이 나라를 세계의 경제강국 수준으로 끌어올려 놓음으로써 '기적의 나라'로 만들어 놓았다. 그리하여 우리 국민들은 선진국 국민들이 여러 세대에 걸쳐 단계적으로 겪었던 변화들을 한 세대 동안에 한꺼번에 겪었다.

우리 역사상 그토록 많은 국민들이 그토록 짧은 기간 동안에 그토록 다양한 변화를 겪은 시대는 일찍이 없었다. 그러나 박정희 대통령이 기적적인 변화를 지속시켜 나간 그 역정은 결코 순탄한 것이 아니었다. 그것은 실로 격동과 시련, 고통이 중첩된 가시밭길이었다. 대통령은 그 형극의 길을 뚫고 나와 국가건설에 몰입하여 심신을 불살랐다. 국가건설의 길은 온 국민이 함께 가는 길이었고, 이 땅에서 근대화를 태동시킨 창조적 시대로 통하는 길이었다.

박정희 대통령은 1961년 5월 16일부터 1979년 10월 26일에 이르는 18여 년 동안 자립경제와 자주국방의 과제를 해결하기 위해 개방과 개혁 등 혁신적인 정책을 추진하여 세계인들이 감탄하는 '한강의 기적'을 이룩하였다. 그러나 대통령은 한강의 기적이란 결코 기적이 아니라고 생각했다. 그것은 대통령 자신과 우리 국민 모두가 한 덩어리가 되어 흘린 피와 땀과 눈물의 결정이라고 생각했다. 대통령과 우리 국민들이 자립경제와 자주국방 건설을 위해 피땀 흘린 그 끈질기고 지속적인 노력의 과정은 한두 마디의 수사나 한두줄의 단문으로 설명될 수 있는 것이 아니다. 불신과 체념, 좌절과 절망 속에서 시작되어 각성과 용기, 희망과 자신으로 이어져 마침내 우리 민족의 무한한 저력이 분출되고, 그 저력이 가난하고 힘없는 이 나라를 번영되고 힘이 있는 부국강병의 나라로 탈바꿈시킨 18여 년의 전 과정은 실로 끝없이 이어지는 장대한 서사시(敍事詩)라 해도 과언이 아니다.

나는 1979년 대통령이 서거한 직후부터 박정희 대통령이 국민들과 함께 자립경제와 자주국방건설 완성을 위해 뼈가 가루가 되고 몸이 부서지도록 최선의 노력을 다한 헌신 봉공의 18년 기록을 30년 세월을 바쳐 써 나아갔다. 이제 《세계가 놀란 한국경제 어떻게 성공했나》로 편찬하여 역사에 남기기로 한다.

세계가 놀라고 감동한 박정희 한국경제 어떻게 성공했나
차례

제4장 중화학공업제품이 한국수출상품 대종을 이루다

제3부 과학기술개발

제1장 과학기술을 발전시켜 나가면 우리도 부강해질 수 있다

제3장 과학자, 기술자 250만 명 양성하려면 학교교육을 대대적으로 개혁해야 한다

제1부
우리도 할 수 있다

제1장 그리운 대통령

왜 박정희를 존경하나

　무릇 한 나라의 통치자들은 짧게는 그의 집권 기간 동안, 길게는 그 뒤 몇 세대 동안이라는 시차는 있어도 시간이 흐르고 세상이 바뀌면 국민의 뇌리에서 잊히게 마련이다. 그러나 이와는 반대로 한 차례 국민의 망각 속에 빠지는 고비를 넘고 나서 다시 되살아나 국민의 영원한 추모와 숭앙의 대상이 되는 통치자도 있다. 이것은 그 통치자가 국민의 마음속에 부활하고 있음을 뜻하는 것이다. 오늘날 박정희 대통령은 우리 국민의 마음속에서 부활의 영광을 누리고 있다.

　1979년 10월 26일, 대통령이 서거한 뒤 몇 달 동안은 마치 폭풍전야의 정적과도 같이 겉으로는 조용한 분위기가 이어졌다. 그러나 김대중과 김영삼 등 대통령의 정적과 그 추종세력들이 이른바 민주장정을 결성하고 민중혁명을 선동하면서 사태는 급변했다. 그들이 선동하는 대통령 공격 여론의 급류 속에 대통령에 대한 모든 진실이 영원히 묻혀 버릴 것처럼 보였다.

　대통령의 재직시에 칭찬받던 업적이 비난받고, 지지받던 정책이 비판받았다. 대통령의 정책과 사상과 업적에 대한 합리적이고 공평한 의견은 억압되고 왜곡과 거짓이 난무했다. 대통령의 정적과 그 추종 세력은 대통령이 비극적인 최후를 마친 것으로 만족하지 않았고, 그의 명예를 깎아내리고 권위를 짓밟기 위해 독재자라는 오명을 덮어씌우고 온갖 욕설과 폭언을 퍼붓기 시작했다. '적을 죽이는 것은 충분치 않다. 적은 먼저 불명예스럽게 만들어야 한다'라는 19세기 러시아 혁명가 '세르게이 네차예프(Sergei Nechaev)'의 말을 그대로 실천하는 듯했다.

그들은 대통령에 대한 개인적인 원한의 감정을 쏟아냈고, 대통령을 중상하고 모함했으며, 그런 모함과 중상의 내용을 엮어 편집한 단행본과 팸플릿을 정치적 선전물로 전국에 뿌리고 다녔다. 그들은 대통령이 쿠데타로 민주주의를 질식시켰고, 독재로 장기집권을 했다고 비난하는 것만으로는 성이 차지 않은 듯 대통령은 바로 악의 화신이었다고 비난했다. 그들은 대통령에 대해서 호의적이고, 긍정적으로 말하는 사람은 민주주의에 대한 반역자이며, 독재자의 앞잡이라고 매도했다. 그것은 마치 대통령이 피고인도 없고 변호인도 없는 궐석재판에서 원고들로부터 온갖 욕설과 비난의 화살을 맞고 있는 형국이었다. 한 마디로 대통령의 정적들의 위압적인 비난의 목소리는 대통령에 대한 찬양의 목소리를 침묵시켰다.

대통령의 정적들이 퍼붓는 공격 때문에 역사적 진실이 왜곡되고, 그들의 악의에 찬 비방 때문에 대통령의 명예와 존엄이 손상되고 있는 때에 대통령에 대한 역사적 진실을 증언해야 할 책임 있는 사람들은 공포 분위기에 질려 벙어리가 되었다.

그러나 사태는 이것으로 끝나지 않았다. 정치세력의 판도가 역전되자 대통령을 지지하고 따르던 여권 정치인들이 삼삼오오 모여 웅성대며 우왕좌왕했다. 지조와 기백이 있는 사람과 비겁하고 나약한 사람이 뚜렷하여 드러났다. 지조 있는 사람들은 자신에 대한 위해를 두려워하

내 一生 祖國과
民族을 爲하여

1974. 5. 20.

大統領 朴正熙 [印]

지 않았고, 국가를 위해 필요한 대책을 강구하거나 훗날을 도모하면서 조용히 은둔의 길을 택했다. 그러나 비겁한 자와 나약한 자들은 대통령 서거 뒤에 자신의 운명이 어떻게 바뀌게 될 것인지를 걱정하고 두려워하는 나머지 책임을 회피하는 구실만을 찾고 자기 혼자 살아남을 길을 찾아 동분서주했다. 일신의 보신(保身)이나 또 다른 영화를 위해 변절과 거짓말을 서슴지 않는 자들이 나타났다.

그들은 그들이 왜 지난날 정부와 여당에 참여하게 되었는가 하는 것을 국민들에게 어떻게 설명하는가에 따라 자신들의 정치적 운명이 좌우된다고 생각했다. 정치적 책임을 회피하기 위해서는 국민들이 고개를 끄덕이며 수긍할 수 있는 충분한 변명거리를 준비해야 한다고 생각한 듯 그들은 갑자기 유신체제를 비난했다. 강제로 여당에 동원되었다고 볼멘소리를 했다. 무덤 속에 잠들어 말이 없는 대통령에게 모든 책임을 떠넘기는 데 급급했다. 대통령이 장기집권을 했기 때문에, 대통령이 독재를 했기 때문에 암살되었고, 자기들은 낙동강 오리알 신세가 되었다고 소리내어 주절댔다. 바로 얼마 전 까지만 해도 대통령을 '세종대왕 이래 처음 나온 위대한 통치자요, 한국근대화의 아버지'라고 입에 침이 마르도록 찬양하던 바로 그 입으로 말이다.

　특히 대통령의 생존시에는 유신체제를 지지하고 홍보하는 데 누구보다도 앞장섰던 유신정우회 소속 국회의원들이 유신체제를 부정하고 자기들이 직능대표 국회의원으로 추천받은 데 대해 비루한 변명을 늘어놓았다. 즉, 자기는 십수년 전에 정치를 포기했는데 '강제징집'을 당했다느니, 자기는 피동적이었고, 협조하라고 해서 할 수 없이 협조했다느니 하는 등으로 비열하게 처신했다. 여기에 이른바 신군부와 그 추종세력이 가세했다. 유혈쿠데타로 집권한 이들은 형식과 절차로는 유신체제와 다를 게 없는 정치제도에 이름만 바꾸어 달고 '유신잔당 소탕' 운운하면서 유신체제를 부정하고 공격했다. 뿐만 아니라, 그들은 대통령의 지워질 수 없는 업적을 지워버리기 위해 해괴한 행동도 서슴지 않았다. 한 가지 예로 이들은 대통령의 친필 휘호로 제작된 당제터널 현판을 없애 버렸다. 경부고속도로의 마지막 공사였던 당제터널은 너무나 난공사여서 희생자가 많이 생겨 그 공사가 완성된 날 공사 근로자와 기술진들이 산언덕에 올라 눈물을 흘리며 대한민국 만세를 부른 뜻깊은 곳이다. 그래서 대통령은 이를 기념하기 위해 친필휘호를 써서 이것으로 현판을 만들도록 한 것이다. 80년 이후 언제인지는 정확치 않으나 이 현판이 없어져 버렸다. 일선 공무원이 5공에 대한 과잉 충성에서 저지른 행동인지 또는 5공 최고책임자의 지시로 없애 버렸는지는 확실하지 않다. 휘호현판을 없앤다고 대통령의 고속도로 건설 업적이 없어진다고 생각한 그 치졸한 행위가 바로 대통령의 집권 시기에 그를 하늘처럼 생각하던 사람들에 의해 저질러진 것이다.

이렇듯 국내에서 대통령에 대한 정적들의 비판이 고조되고 있을 때 국외에서 대통령을 평가하는 눈은 달랐다. 어떤 일본학자는 일본에서는 박정희 대통령을 높이 평가하고 있는데, 한국에서는 그를 비판하는 소리가 있다는 것은 이해할 수 없다고 말했고, 미국의 저명한 교수도 미국에서도 박정희 대통령을 비판하는 사람이 있는 것은 사실이나 그들 또한 박정희 대통령이 유능한 지도자였다는 점은 부인하지 않는다고 말한다. 이처럼 외국에서는 대통령이 한국의 위대한 통치자였다는 평가가 널리 공인되고 있었다.

그러나 대통령의 고매한 인격과 뛰어난 지도력을 누구보다도 높이 평가하고 있는 사람은 바로 절대다수의 대한민국 국민이었다. 대통령에 대한 그 누구의, 어떤 비난이나 공격도 대통령에 대한 우리 국민 절대다수의 마음을 조금도 바꾸어 놓지 못했다. 온갖 중상과 허위 사실로 대통령을 매도하는 그의 정적들의 비난이 최고조에 이르렀을 때조차도 절대다수의 국민들은 말없는 침묵 속에서 대통령의 지도력을 찬양했고, 대통령의 불멸의 업적을 기리고 있었다.

새로운 사업을 일으키고 많은 일을 성취한 위대한 통치자는 그의 생존이나 사후에 많은 논쟁을 일으킨다. 왜냐하면 많은 일이 이룩되는 과정에서 또는 그 결과로 절대다수의 국민은 이익을 얻지만 아무런 혜택을 못받거나 또는 고통을 받은 사람도 있을 수 있기 때문이다. 통치자는 많은 일을 추진하는 과정에서 성공도 하고 실패도 한다. 그는 또한 인간으로서의 장점과 약점, 미덕과 악덕, 이성과 감정을 함께 지니고 있다. 아무리 위대한 통치자도 결코 한 점 흠도 없는 완전무결한 인간이 아니며, 성취한 일이 많은 만큼 실패한 일도 많고, 잘한 일도 많지만 잘못한 일도 적지 않다. 그래서 그에게는 존경하는 동지도 많지만 원한이 맺힌 적도 적지 않기에 한편으로는 존경도 받지만 다른 한편으로는 비난도 받는다. 통치자로 인해 혜택을 본 사람은 그를 존경하고, 고통을 겪은 사람은 그를 비난하는 등으로 통치자를 다르게 평가하는 것은 너무나도 당연한 일이다.

한 나라의 최고 통치자는 재임 중에 수많은 일을 처리해 나간다. 그에게는 공인(公人)으로서의 인격이 있고 사인(私人)으로서의 인격이 있다. 수천만 국민이 보는 통치자의 얼굴이 있고, 소수 측근만이 보는 통치자의 얼굴이 있다. 동지가 보는 모습이 있고, 정적이 보는 모습이 있다. 동지와 정적은 저마다 통치자의 다른 면모만을 보려고 한다. 그들은 자신들의 생각과 관점에 적합하지 않은 사실은 지나쳐 버리고, 공정한 관점에서 보면 동등하게 중요시되어야 할 사실은 젖혀두고 특정사실에만 초점을 맞추어 통치자를 높이 평가하거나 낮게 평가한다. 그 결과 통치자에 대한 동지와 정적의 평가는 너무나 다르고 극단적인 경우에는 정반대인 것도 있기 때문에 그들이 평가하고 있는 통치자가 한 사람의 똑같은 통치자라는 것을 믿기 어려울 때도 있다. 이는 세 명의 장님이 코끼리를 만져 보고는 저마다 코끼리의 모습을 다르게 말했다는 우화를 떠올리게 한다. 통치자의 동지와 정적은 서로 다른 관점에서 통치자의 어느 한 면만을 자기 방식대로 보고 평가하기 때문이다.

대통령은 18년 통치기간 동안에 천지개벽과도 같은 엄청난 변화의 물결을 한반도 남반부에 일으켰다. 20세기 후반 어느 나라보다도 크고 빨랐던 그 변화의 힘으로 우리는 세계 10대 경제대국의 목표를 이루기 위해 계속 성장했다. 그러나 그런 급속한 성장과 발전은 불가피하게 여러 가지 부작용을 낳았다. 변화와 발전의 혜택을 남보다 더 받은 사람이 있는 반면 남보다 덜 받은 사람도 있었고, 또 지역적으로 그런 혜택을 더 받은 지역이 생겼고, 덜 받거나 못받은 지역도 생겼다. 그리하여 계층 간, 지역 간에 이른바 발전상의 격차와 소득격차가 생긴 것이다. 따라서 혜택을 많이 받은 계층과 지역의 사람들과, 혜택을 적게 받은 계층과 지역의 사람들은 대통령을 저마다 다르게 평가한다. 그러나 대통령에 대해 가장 극명하게 대조되는 평가를 하고 있는 사람들은 바로 대통령의 동지와 정적이다. 대통령의 동지들은 위대한 것이라고 인정할 만한 그의 업적만을 크게 부각시켜 이를 모두 그의 공로로 돌리고 대통령을 칭송한다. 그러나 대통령의 정적들은 그가 저지른 실책만을 부각시키며 이를 모두 그의 잘못으로 돌리고 대통령을 비난한다.

예컨대 대통령을 존경하는 동지들은 그의 시대를 정치적 안정과 경제적 번영을 이룬 시대로 기억하지만 대통령을 비판하는 정적들은 그의 시대를 정치적 탄압과 경제적 불평등의 시대로 생각하고 있다. 또한 대통령의 동지들은 대통령이 이룩한 경제발전과 자주국방의 성과는 그것을 성취하는 과정에서 불가피하게 따른 희생과 고통을 보상하고도 남는다고 믿고 있다. 그러나 대통령의 정적들은 경제발전과 자주국방의 성과가 아무리 크다고 하더라도 그 때문에 발생된 희생과 고통이 너무나 심각한 것이어서 그런 성과를 상쇄하고 말았다고 생각한다. 특히 그 시대에 정치적 자유가 제한되고 처벌의 고통을 당했던 사람들은 대통령이 추진한 경제개발과 자주국방 정책은 오직 정권욕을 위장하기 위한 것이라고까지 극언한다.

그러나 대통령의 어느 한 측면만을 보는 대통령의 동지와 정적의 눈을 통해서는 대통령의 전체 모습을 올바로 볼 수 없다. 동지와 정적이 보는 대통령의 모습은 부분적이고 일면적인 것이기에 이런 부분적인 모습만으로는 수많은 부분적 모습들로 구성된 대통령의 다양하고 복잡하며 다면적인 통일체로서의 전체 모습을 설명하거나 평가할 수 없는 것이다.

비유해서 말한다면 나무 한 그루 한 그루를 보는 데에만 역점을 두면 그 부분에 대한 평가는 정확할 수 있을지 모르나 숲 전체를 보는 눈과 판단은 그만큼 흐려지고 부정확할 수밖에 없는 것과 같은 것이다. 따라서 대통령의 전체 모습을 볼 수 있으려면 대통령에 대한 동지와 정적의 찬반시비를 넘어서는, 그 두 개의 평가를 하나로 수렴할 수 있는 눈을 가져야 한다. 그런 눈을 가지고 있는 사람들이 바로 국민들이다. 국민들은 대통령의 동지도 정적도 아니다. 국민들은 대통령의 동지들이 보는 측면도 보고, 정적들이 보는 측면도 본다. 대통령의 공적을 보고 평가하며, 그의 실책을 보고 비판한다. 국민들은 대통령이 잘한 일은 잘했다고 말하고 잘못한 일은 잘못했다고 지적한다. 그리하여 국민들은 대통령의 업적과 실책을 하나로 묶어 이를 종합한 하나의 평가를 내린다. 즉 국민들은 공정한 관점에서 보면 누구나 똑같이 중요시해야 할 사실에 중점을 두고 대통령을 평가한다.

1989년 10월 26일, 대통령의 10주년 추도식을 전후한 시기부터는 마치 오랜 장마와 태풍이 그친 뒤에 나타난 찬란한 햇빛과 같이 대통령을 기리는 국민들의 예찬의 화음이 대통령에 대한 정적들의 비난의 소음을 잠재우며 농촌과 도시에서 울려 퍼졌다.

해마다 10월 26일이 되면 전국 방방곡곡에서 비가 오나 눈이 오나 대통령 묘소를 찾아 추모 행렬을 이루고 있는 많은 국민들은 그들과 함께 고난과 영광의 길을 함께 걸어온 대통령을 추앙해 왔다. 대통령 사후에 계속 실시된 여론조사에서 대통령은 역대 대통령들 가운데 가장 많은 일을 하고 성취한 가장 훌륭한 대통령으로 꼽히고 있었다.

1987년 동아일보는 한길리서치연구소에 의뢰, 전국 유권자 3000명을 상대로 여론조사를 실시, 그 결과를 4월 1일 동아일보 창간 77주년 기념일에 발표했다. 그 조사에서 우리나라 역대 대통령들 가운데 직무를 가장 잘 수행한 대통령은 누구라고 생각하느냐는 설문에 대해 75.9%가 '박정희 대통령'이라고 응답했다는 것이다.

1989년 9월 1일과 3일 사이에 〈주간조선〉이 창간 21주년을 맞아 한국 갤럽조사연구소와 공동으로 전국 20세 이상 남녀 1500명을 대상으로 실시한 '해방 이후 각 시대별 이미지와 역대 통치자의 업적 평가'에 대한 조사 결과에 따르면 대다수 국민들은 역대 대통령 가운데 가장 많은 업적을 남긴 지도자로 박정희 대통령을 손꼽고 있는 것으로 나타났다. 대통령의 18년 통치시대에 대해서는 안정(68.1%)과 상승(45.1%), 밝음(36.4%)과 풍족(35.8%)의 시대로 평가했다.

대통령의 공과에 대해서는 잘한 것이 더 많다는 응답이 84.7%로 절대다수가 그의 업적을 긍정적으로 평가했으며, 그 가운데에서도 으뜸가는 것으로는 경제발전(47.8%)이었고, 그 다음이 새마을운동과 농촌발전(36.4%)이었으며, 그 다음이 정치사회안정(10.2%), 도로건설(9%)이 꼽혔다. 잘한 것이 더 많다는 평가는 20대가 80.6%, 30대가 83.3%, 40대가 88.1%. 50세 이상이 89.7%로 나이가 많을수록 높은 비율을 보였다. 한편 대통령이 잘못한 것으로는 독재(42.2%), 장기집권(18.5%), 유신헌법(11.3%) 순으로 대답했다.

미국 역사가들은 대통령의 위대성을 평가할 때 다음과 같은 기준을 적용한다고 한다.

대통령이 국가를 영도하던 시기가 순탄한 때였는가, 어려운 때였는가?

대통령이 사건을 지배했는가, 사건에 지배당했는가?

대통령이 그 직위와 권한을 공공복리를 증대시키기 위해 사용했는가, 사용하지 못했는가?

대통령이 정부 요직에 유능한 인재를 효과적으로 기용했는가, 기용하지 못했는가?

대통령이 외국과의 관계에서 국익을 수호했는가, 수호하지 못했는가?

대통령이 정치문제에 창조적으로 접근했는가, 접근하지 못했는가?

대통령이 국가의 장래 운명에 중대한 영향을 미쳤는가, 미치지 못했는가?

대통령이 정치적 압력에 직면할 때 자신의 기본원칙을 끝까지 지켰는가, 지키지 못했는가?

대통령이 국민을 대표했는가, 대표하지 못했는가?

이런 기준에 따라 미국의 역대 대통령들을 평가해 보면 위대한 대통령들은 모두 다 강력한 대통령이었고, 무능한 대통령은 한결같이 유약한 대통령인 것으로 평가받고 있다. 예컨대 위대한 대통령들은 링컨이나 프랭클린 루스벨트처럼 대통령의 권위와 권한을 활용하여 공공복지와 국익을 증진시키고, 유능한 인재들을 국가발전의 일꾼으로 동원하여 그 시대의 긴장과 위기를 극복했으며, 국가 운명을 개척하는 데 결정적 공헌을 했고, 민족의 역사에 지울 수 없는 영향을 미친 강력한 대통령들이라는 것이다. 그러나 무능한 대통령들은 율리시스 그랜트나 워런 하딩처럼 다른 집단에 대해 대통령 권한을 방어하지 못하여 공공복리와 국익을 증진시키지 못하고, 국가의 앞날을 위태롭게 만든 유약한 대통령들이라고 한다.

미국과 같은 대통령 책임제를 채택하고 있는 우리나라에서 위의 기준으로 박정희 대통령을 평가하면 그는 분명히 위대한 대통령이다. 즉 대통령은 우리나라가 정치, 경제, 군사 등 모든 면에서 가장 어려운 시기에 국가를 영도했고, 모든 사건을 지배했으며, 대통령직의 권위와 권한을 국민복리를 위해 사용했고, 정부 요직에 유능한 인재를 썼으며, 대외관계에서 국익을 증진, 수호했고, 정치문제에는 창조적이고 생산적으로 접근하여 개혁을 이끌었으며, 미래 국운에 결정적인 영향을 미쳤고, 국내외 정치적 압력에 굴하지 않고 자신의 원칙과 신념을 관철했으며, 장기간 동안 절대다수 국민을 대표했다.

빈곤의 고통과 전란의 위험 속에서 경제개발과 자주국방 건설을 위해서 대통령과 함께 피와 땀과 눈물을 흘리면서 같은 시대를 살아온 우리 국민들은 대통령이 국가를 위해서, 국민을 위해서 헌신하고 봉사했으며, 부국강병의 제단에 자신의 모든 것을 바쳤다는 사실을 너무나 잘 알고 있었다. 우리 국민들의 절대다수가 우리 현대사에서 가장 위대한 대통령은 '박정희 대통령'이라고 한결같이 내세우는 이유는 바로 여기에 있다.

그러나 위대한 대통령이라고 해서 모든 국민의 신뢰와 지지를 얻고 있는 것은 아니다. 아무리 위대한 통치자라고 하더라도 전체 국민의 신뢰와 지지를 받는 일은 거의 없다. 1964년 중국의 어느 국경일에 《중국의 붉은 별》을 지은 에드거 스노가 그 무렵 중국 공산당 국가주석이자 최고 통치자인 마오쩌둥 옆에서 대행진을 지켜보고 있다가 그가 어딘지 우울한 표정을 짓고 있는 것 같아서 어디가 편찮은지 물었다고 한다. 플래카드를 높이 들고 환성을 울리면서 그의 앞을 지나가는 군중을 바라보며 마오 주석은 이렇게 중얼거렸다고 한다. '저 군중은 크게 셋으로 나뉠 수 있다. 하나는 충성스러운 마오주의자, 다른 하나는 남들이 그렇게 하니까 나도 그렇게 한다는 영합주의자, 그리고 나머지 하나는 겉으로는 아무리 마오주의자인 척해도 속마음은 의심할 여지가 없는 반(反)마오주의자이다.'

또한 통치자에 대한 국민들의 신뢰와 지지는 변덕스럽다. 좋은 평가를 받던 통치자가 시간이 지남에 따라 나쁜 평가를 받기도 하고, 거꾸로 나쁜 평가를 받던 통치자가 좋은 평가를 받기도 한다. 나폴레옹은 처음에는 아주 좋게 평가를 받았다가, 나중에는 나쁜 평가를 받은 대표적인 예라고 할 수 있다. 부르봉 왕조 때 자애로운 박애주의자요 가난한 사람들의 벗으로 평가받았던 나폴레옹은 30년 뒤에는 권력을 찬탈하고 자유를 유린하며 개인적 야망을 채우기 위해 300만 명을 학살한 잔인한 전제군주로 비판받았다.

절대다수 프랑스 국민들이 나폴레옹을 영웅으로 칭송할 때에도 웰즈라는 사람은 나폴레옹을 미워했기 때문에 그를 영웅으로 인정하기를 거부하고, 허영과 탐욕으로 가득찬 교활한 인간이며 원숭이처럼 카이사르를 흉내내고 똥더미 위를 걸어다니는 숫병아리처럼 기회의 산위를 활보하는 인간이라고 혹평했다고 한다.

드골 대통령은 프랑스의 위대함을 추구할 때 가장 큰 장애물들은 프랑스인 자신들이라고 자주 말했다고 한다. 그는 조국 프랑스를 다시 한번 세계의 정상으로 끌어올리려고 안간힘을 썼지만 국민들은 그를 따르지 않았다. 1969년 그가 연설을 통해 프랑스를 휩쓸고 있던 사회혼란의 종식을 호소했을 때 국민들은 이에 호응하지 않았다. 그같은 국민들에게 넌더리가 난 드골은 측근들에게 이렇게 말했다고 한다. '프랑스인들은 소떼야, 소떼. 프랑스라는 국가에 대해서 그토록 헌신적이었던 애국적인 지도자가 프랑스 국민들에 대해서는 그처럼 언짢다는 말을 했다는 것이 이상하게 보일 수도 있다. 그러나 드골에게 프랑스는 곧 프랑스 국민들의 집합체 이상의 뜻을 지닌 것이었다. 국민들이란 저 멀리 지평선을 바라보는 것이 아니라 바로 발밑 땅바닥을 내려다보는 현세적이고 불완전한 사람들이었지만 위대한 프랑스는 그 이상의 것이었다는 것이다. 1968년 드골을 거부했던 프랑스 국민들은 오늘날에는 그를 20세기에, 프랑스가 낳은 가장 위대한 통치자였다고 찬미하고 있다.

박정희 대통령에 대한 우리 국민들의 평가는 세월이 지나도 변함이 없다. 오히려 세월이 지날수록 국민들은 대통령의 통치철학과 지도력을 더욱더 높이 평가하고 있다. 이것은 무슨 조화일까? 대통령의 18년 집권 기간은 우리 민족의 현대사에서 국민을 잘살게 만드는 것이 통치의 최대, 최고 목적이었던 시기였고, 그 시기는 절대다수 국민들이 안정과 평화 속에서 번영을 누리며 열심히 일하는 데서 삶의 보람을 찾고, 한국인이라는 사실에 긍지를 느끼며 살기 시작한 시대였다는 사실을 잘 알고 있기 때문일 것이라고 말하는 사람들이 많다. 그것은 물론 사실이다. 그러나 그보다는 1980년 이후에 집권한 후임자들이 계속 실정을 거듭하면서 국가가 쇠퇴하고 국민생활 수준이 향상되기는커녕 정체되거나 저하될 뿐 아니라 종북좌파 집단이 득세하는 불안하고 위험한 사태를 겪은 국민들이 박정희 대통령이 우리 역사와 민족에게 남긴 업적이 너무나 크고 유익하다는 사실을 새삼 깨달았기 때문일 것이다. 대통령에 대한 국민들의 신뢰와 지지와 존경의 지수가 이들 후임자들이 퇴임한 뒤에 계속 올라가고 있다는 사실은 우리 국민들의 이런 마음을 증명하고 있다.

창조적 지도자

철학자 헤겔은 역사란 칸트의 '우울한 유연성'이나 괴테의 '폭력과 무의미의 혼합'을 초월한 필연성과 규칙성을 갖고 있으며, 프랑스혁명은 그것을 분명히 보여 주었다고 말한다. 그는 다른 학자들이 역사에는 우연과 예측불가능한 요인이 작용하고 있으며 따라서 돌발사건과 일반화할 수 없는 특수한 사실들이 역사를 이루고 있다고 보고 있는 것과는 달리 역사는 미리 예정된 행로를 따라 발전하고 있다고 보았다.

헤겔은 역사는 필연적인 과정을 밟아나가지만 사람들이 마치 스스로 역사를 창조해 가는 것처럼 착각하고 있는 것은 절대정신이 이렇게 착각하게 만들었기 때문이라고 하며 이를 '역사의 간계'라고 말한다. 아무리 위대한 사람이라도 역사를 창조하거나 이끌어 갈 수는 없으며, 개인의 의지와는 비교가 될 수 없는 거대한 힘의 도움을 받을 뿐이며, 위대한 정치가는 그 자신의 능력이나 의지만으로 되는 것이 아니며, 그 시대를 움직이고 있는 힘과 그 자신을 일체화시킬 수 있기 때문이라는 것이다. 즉, 위대한 정치가는 역사의 이면에 놓여 있는 비인간적인 사회적 힘의 도구에 지나지 않으며, 그는 역사 안에서 아주 제한된 역할만을 실행할 수 있을 뿐이라는 것이다. 인간은 '시대의 정신'이나 '거스를 수 없는 역사적 흐름'이나 '개인의 마음을 사로잡고 홍수처럼 밀어닥쳐 개인을 밀고 나가는 운동'에 따라갈 뿐이라는 것이다.

이런 역사 관념에 따르면 인간의 의지나 목적은 그가 살고 있는 사회나 시대에 아무런 뜻을 갖지 못하게 되며 위대한 지도자의 결정과 행동도 역사에서는 그 영향력이 보잘것없고 미미한 것이 되고 만다. 다시 말해서 역사에서 발전이 이루어질 때 그것은 지도자의 현명한 계획과 생산적인 노력에 따라 이루어진 것이 아니고, 예정된 결과를 지향하고 있는 역사의 필연성에 따라 이루어진 것이며, 지도자는 역사의 창조자가 아니라 필연성의 도구일 뿐인 존재가 된다. 그러나 이런 역사관은 지도자의 결정과 노력이 국가를 어떻게 변화시키고, 또 역사의 방향을 어떻게 바꾸어 놓는가를 직접 보고 몸으로 겪은 사람들로서는 선뜻 수긍하기 어려운 이야기이다.

헤겔은 무엇이든 존재하는 것은 정당하고, 무엇이든 존재하는 것은 신에 의해서 예정된 것이라고 말하고 위인들의 업적과 그들이 속한 국가에 대해 평범한 윤리적 가치 기준을 적용하는 것을 거부했다. 위인들은 그들의 일이 끝났을 때 역사적 과정에 따라 폐기되는 불행한 도구이며 그들은 정복자 알렉산더 대왕처럼 요절하거나 카이사르처럼 암살되며 나폴레옹처럼 추방된다. 그것이 위인들에게는 위대성의 대가이면서 그들이 겪을 수 있는 비운이나 고난일 수도 있지만 역사는 언제나 그들을 옹호한다는 점에 유의해야 한다. 위인들은 그들의 시대를 만든 역사의 필연적인 논리에 따라 그들이 취해야 할 행동을 취하는 것 말고는 달리 방도가 없기 때문에 역사는 언제나 그들의 행위를 옹호하게 되고, 윤리적 가치를 기준으로 평가하지는 않는다는 것이다. 개인의 행동은 모두가 필연적인 역사의 논리에 지배된다고 믿는 헤겔의 철학적 관점에서 보면 이는 자연스러운 결론이다.

만일 역사가 필연적인 과정이고, 인간의 의지가 아무런 역할도 하지 못한다면 자신의 행동에 책임을 져야 할 지도자는 있을 수 없게 된다. 결국 역사의 필연성의 논리는 무도하거나 무능한 통치자가 국가를 쇠잔케하고 국민을 고통 속으로 몰아 넣었다고 하더라도 그 책임을 회피할 수 있는 도피처를 제공하게 된다. 그러나 역사는 무도하고 무능한 지도자의 행동까지 옹호하지는 않으며, 현명하고 유능한 지도자의 행동은 찬양한다.

미국 닉슨 대통령이 중공을 방문하기 전에 마오쩌둥을 잘 알고 있는 전 프랑스 문화예술부 장관 앙드레 말로에게 마오쩌둥에 대한 자문을 구하자 앙드레 말로는 이렇게 논평했다고 한다.

'마오쩌둥은 처칠이나 드골, 간디와 같은 위대한 지도자들은 다시는 이 세상에서 일어날 수 없는 악몽같은 역사적 사건을 통해 창조되었다고 믿는다.' 이것은 사실이다. 그러나 마오 자신을 포함해 그들 위대한 지도자들은 그들 자신들이 원했던 방향으로 역사의 진로를 바꿔 놓았다는 점에서 새로운 역사를 개척한 인물들이라는 것 또한 사실이다.

이렇게 보면 위대한 지도자란 그가 살고 있는 시간과 공간에서 성장한 그 시대와 사회의 산물이요 상징인 동시에 새로운 역사의 창조자이자 그 대변자이기도 한 것이다. 새로운 역사가 창조되었다는 것은 세상이 새롭고 크게 변화하고 발전했다는 것을 뜻하며, 그런 변화와 발전은 창조와 혁신의 능력을 갖고 있는 특출한 지도자가 시작하고 추진한 것이다. 이들은 인간 능력의 한계를 확대하고 기적이라고 생각되는 일을 해냄으로써 그 시대와 그 사회의 변화와 발전을 이룩한 것이다. 따라서 이른바 역사의 필연적인 흐름, 즉 역사의 밑바닥에 숨어서 흘러가고 있는 거스를 수 없는 대세라고 하는 것도 알고 보면 특출한 지도자들이 비상한 능력을 발휘하여 일으킨 변화의 파도이며 발전의 흐름이라고 할 수 있다.

이런 뜻에서 역사는 일정한 시기와 장소에서 조성된 여건에 의해 필연적으로 예정된 방향으로 흘러가게 되어 있다는 주장은 인간이 겪은 역사적 사실과는 맞지 않는 이야기이다. 한 시대의 흐름이 아무리 강력하게 전진한다고 하더라도 그것은 결코 직선적으로 이어지는 것은 아니다. 시간과 더불어 그 흐름 속에는 새로운 현상들이 생기나 흐름의 방향이 멈추거나 거꾸로 흐르기도 한다. 시대 흐름이 이처럼 유동적이기에 미래 역사는 우리가 하루하루의 결정과 행동을 어떻게 선택해 나가는 가에 달려 있고, 그런 결정과 행동은 상호 작용하면서 시대 흐름을 결정하는 것이다.

　특히, 역사가 진전되는 결정적 계기에 통치자가 어떻게 처신하느냐에 따라 역사의 결과에는 커다란 차이가 생기게 된다. 이런 뜻에서 역사는 닫혀진 것이 아니라 열려 있는 과정이며, 비록 역사의 물결이 어느 한쪽으로만 흐른다 할지라도 그 결과는 미리 필연적으로 결정된 것이 아니고 다양한 요인이 작용하고 있는 유동적인 상태에 있는 과정이라고 할 수 있다. 역사에서 통치자 역할의 중요성이 강조되고 있는 것은 바로 이런 점 때문이다.

　누가 또는 무엇이 역사 발전에 얼마나 큰 역할을 하느냐 하는 것은 그 자체가 하나의 역사적인 문제이다. 통치자나 국민들의 힘이 미치지 못하는 국제환경의 급격한 변화가 그 국가와 시대 현실을 변화시키기도 한다. 이것은 역사 발전에서 통치자의 능력이나 국민적 노력의 한계를 시사하는 것이다. 이런 뜻에서 역사는 흘러가는 것이라고 할 수 있다. 그러나 통치자와 국민이 합심단결하여 피나는 노력을 함으로써 그 시대와 사회의 상황을 근본적으로 변화시킬 때 이런 변화를 통해 역사는 발전한다는 점에서 인간이 역사를 창조한다고도 할 수 있다.

수많은 국가들의 흥망성쇠의 기록들로 점철된 인류역사에서 국가통치자들 가운데에는 역사의 흐름에 수동적으로 따라간 사람도 있고, 역사의 흐름을 능동적으로 바꾸어 놓은 사람도 있다. 역사의 흐름을 자기가 원하는 데로 이끌고 나간 통치자는 그가 존재하지 않았더라면 일어나고 말았을 국가위기를 극복하거나, 그가 없었더라면 이룰 수 없는 일을 이루어 새로운 역사를 창조한 국가지도자였다.

인류역사에서 이런 창조적인 국가지도자들이 있었다는 사실은 인간의 역사를 필연의 산물로 설명하려는 모든 시도가 역사를 올바로 설명할 수 없음을 입증하고 있다. 우리나라 5천 년 역사에서도 오욕된 역사의 흐름을 영광된 역사의 흐름으로 바꾸어 놓은 창조적인 국가지도자가 있었다. 일찍이 조선 시대에는 세종대왕이, 현대 공화국 시대에는 박정희 대통령이 가장 창조적인 국가지도자라고 국내외에서 공인되어 있다. 대통령이 성취한 업적을 연구하면 한국 현대사의 흐름을 바꾸어 놓은 것은 대통령의 창조적인 지도력이었다는 사실을 확인할 수 있다.

박정희 대통령은 단순히 역사의 산물이 아니라 역사 창조의 주역이었다. 대통령은 1961년 5월 16일 군사혁명을 통해 새로운 역사창조를 주도하게 되는 기회를 얻었다. 만약 그 무렵 혁명적 대응을 요구하는 국가위기 상황이 없었다면 그의 군사혁명은 있을 수 없었을 것이다. 이런 뜻에서 그는 그 시대의 역사적 상황의 산물이라고 할 수 있다. 그러나 그는 단순한 역사적 상황의 산물로 끝나지 않았다. 그는 새로운 대응을 요구하는 국가위기 속에서 모험과 혁신의 능력을 발휘하여 새로운 역사를 스스로 창조했다. 박정희 대통령은 개인이나 민족의 운명은 그 개인이나 민족이 무엇을 하고자 하느냐에 달려 있다고 믿고 있었다.

역사 발전이나 인간의 미래는 의지나 목적이나 소망과는 관련없고, 인간으로서는 어떻게 할 수도 없고, 알 수 없는 필연의 힘에 묶여 있는 것처럼 생각하는 역사관은 자기 발전을 위한 인간의 생명력과 창조력을 부정하고 불모의 숙명론을 부추기는 것이라고 보았다. 박정희 대통령은 역사를 움직이고 그 방향을 바꾸어 놓을 수 있는 원동력은 인간의 신념과 의지, 창조적 노력이라고 믿고 있었다. 역사를 창조하는 인간의 능력에 대한 대통령의 신념은 대통령과 다른 정치인들이 구별되는 국가지도자로서의 특성들 가운데 하나이다. 박정희 대통령은 아무리 어려운 상황이나 위급한 시기에도 인간이 생각하고 행동할 수 있는 국면이 존재하며 좌절하거나 포기하지 않고 신념을 가지고 헤어날 길을 찾는 사람에게는 반드시 길이 있다고 확신하고 있었다.

박정희 대통령은 무기력한 숙명론을 배격하고, 생산하고 건설하며 개척해 나가야 하며, 그런 창조적 노력을 통해 국가의 쇠퇴를 막고, 발전을 촉진함으로써 빈곤의 역사를 번영의 역사로, 굴욕의 역사를 영광의 역사로 바꾸어 놓아야 하고, 그렇게 할 수 있다고 확신하고 있었다. 우리 민족은 도대체 어디에 위치해 있으며, 어떻게 살아가고 무엇을 해야 할 것인지를 우리가 알게 된 때가 바로 박정희 대통령 시대였다. 그의 시대에 이르러 비로소 우리는 민족의 사명을 깨닫게 된 것이다. 민족의 사명을 깨닫고, 우리도 무엇인가 창조할 수 있다는 자신과 신념, 그리고 좌절을 모르는 줄기찬 분발과 노력이 1960년대에 이르러 이른바 '한강의 기적'으로 세계에 알려진 대한민국 발전의 원동력이 된 것이다. 어느 민족의 역사에서나 그 민족들이 자신들의 사명을 깨닫고 자신들이야말로 민족의 운명을 새로 개척하고 역사의 방향을 바꿀 수 있다고 굳게 믿었던 때가 있었으니 대통령 박정희의 시대가 바로 그런 시기였다. 그리고 그 시기는 한민족 5천 년 역사에서 참으로 오랜만에 새로운 역사가 창조된 분수령이었다.

절대빈곤의 퇴치

1960년대는 전세계적으로 '개발의 연대'로서 세계 모든 나라들은 이 념이나 선후진 구별 없이 경제성장을 추구했으며, 국민총생산의 연간 증가는 한 나라가 발전하고 있는가를 헤아리는 잣대가 되었다. 바로 그 6, 70년대 초에 우리나라는 조국근대화 과업에 착수했고 연간 10%를 넘는 국민총생산 증가를 지속시켜 나갔다. 그리하여 60년대와 70년대 에 우리나라는 전통적인 농업사회에서 현대적인 산업사회로 탈바꿈했 다. 또한 이 기간 동안 경제가 꾸준히 성장하면서 절대빈곤이 사라지고 번영과 풍요의 시대가 열리기 시작했다. 급속한 공업화와 도시화, 인구 팽창, 국민소득 증가, 수출신장 등 모든 것들이 경제발전과 번영을 웅변 으로 보여 주고 있었다. 전란이 할퀴고 간 폐허의 잿더미 위에 초고층 현대 건물이 즐비한 대도시가 건설되고, 잡초가 무성하고 인적조차 없 었던 황무지에서 생산의 굉음이 울려퍼지는 거대한 공장들이 우뚝우 뚝 솟아 올랐다.

가난과 혼란에 빠져 있던 1960년대 초 농업사회 모습과 100억 달러 수출의 공업국가로 성장한 1970년대 말 공업사회 모습은 너무나도 대 조되고 그 차이는 엄청난 것이었다. 1950년 6·25전쟁 이후 동북아시아 지역의 화약고로 공인된 가장 위험한 지역에서 가장 가난하게 살던 우 리나라는 급속한 경제발전을 통해 선진공업국가에 도전하는 경제강국 반열에 올라설 수 있는 확고한 기반을 닦아 놓았다. 그리고 경제발전을 모태로 하여 다른 분야의 성장과 발전이 이루어짐으로써 경제성장은 모든 분야에서 근대화가 이루어질 수 있는 주춧돌이 되고 바탕이 되 었다.

그러나 대통령이 근대화의 대열을 정비하는 일은 그리 쉽지 않았다. 분열과 상쟁, 나태와 안일 속에 무엇인가를 생산하거나 이루어 보겠다는 의욕이 없고 정신이 죽어 있는 국민을 일으켜 무엇인가를 생산하고 건설하고 이루어 보겠다는 의욕을 북돋우고 정신이 살아나게 하기 위해서 대통령 자신부터 노력하고 또 노력했다. 마침내 허다한 곡절과 어려움 속에서 대통령은 경제에서 시작하여 정치, 사회, 문화, 과학, 군사 등 우리 생활의 모든 분야에 근대화의 파도를 일으켰다.

드디어 우리 국민들은 조국근대화를 이룩하며 잘사는 나라를 건설하고야 말겠다는 의욕과 자신감을 가지고 밤낮없이 피눈물나게 일하고 또 일했다. 그것은 우리 국민들이 일찍이 가져본 적이 없는 의욕과 자신감이었고, 일찍이 흘려본 적이 없는 피와 눈물이었고, 일찍이 해본 경험이 없는 작업이었고 노력이었다. 그리하여 대통령의 시대에 우리 국민들은 그들이 성취하고자 갈망했던 근대화를 성취하며, 그들이 이루고자 염원했던 번영된 삶의 수준에 이르렀다. 60년대와 70년대에 조국근대화 작업에 참여했던 이른바 근대화 세대들은 그들과 그들 자손들의 삶이 과거시대와는 비교될 수 없을 만큼 향상되고 변화되었으며, 그들의 조상들이 과거에 성취하지 못한 일들을 성취했다는 사실에 비할 데 없는 보람과 긍지를 안고 살았다.

이런 뜻에서 대통령의 시대는 우리 국민들이 빈곤과 전란에 시달리면서 그토록 소망했던 번영되고 평화로운 잘사는 나라가 건설된 시대였다. 다시 말해서, 대통령의 시대에 우리 국민들은 가슴속에 맺혀 있던 가난과 굴욕의 한(恨)을 풀고 마음속으로 열망해 온 풍요와 평화의 꿈을 실현함으로써 부국강병의 시대를 열어놓았다. 그리하여 대통령의 시대는 구시대가 끝나고 새시대가 시작된 역사의 전환점이 된 것이다.

이제 우리 국민들은 국내에 살거나, 해외에 살거나, 세계 어디를 가거나 '나는 한국인이다'라고 자신과 긍지를 갖고 말할 수 있게 되었다. 가난과 전란에 찌든 조국을 떠났던 수많은 해외 동포들도 이제는 그들이 살고 있는 곳이 선진국이건 후진국이건 한국인임을 자랑스럽게 내세울 수 있게 되었다고 감격해하면서 대통령의 지도력을 높이 평가했다.

통치자는 그가 이룩한 국가발전의 업적을 상징하는 역사적 현장의 자취를 남긴다. 눈부신 업적을 많이 이룩한 통치자일수록 역사적 현장의 자취를 그만큼 크고 뚜렷하게 남긴다. 그리고 그것은 세월이 지나고 세대가 바뀌어도 더욱더 빛나는 광채를 발산한다. 그리하여 동시대 사람들이나 다음 시대 후손들은 그 역사적 현장에 남아 있는 기념비적인 업적을 금자탑이라고 부르며 기억한다.

1961년부터 1979년까지 18년 동안 이 나라의 방방곡곡에 남긴 국가발전의 금자탑은 이루 헤아릴 수 없이 많다. 그리하여 오늘날 우리 자신이나 외국인들은 이 나라의 구석구석에서 발견할 수 있는 그런 금자탑을 보면서 박정희 대통령은 국가와 민족을 위해 정말 많은 일을 해낸 애국자라고 감탄을 한다.

1960년대와 1970년대에 대통령이 이땅에 완성한 조국근대화의 업적은 한국 현대사에서 대통령의 위치를 확고부동한 것으로 만들었다. 18년 동안 이 나라를 통치한 대통령이 무엇을 잘했고 무엇을 잘못했는가 하는 문제는 보는 사람의 관점에 따라 다를 수가 있다. 그러나 그 누구도 다음 한 가지는 부정할 수 없을 것이다. 즉 1960년대와 1970년대의 18년 동안 대통령은 세계에서 가장 눈부신 경제발전을 이룩했고, '잘사는 나라', '힘 있는 나라'의 주춧돌을 마련했다는 사실 말이다.

대통령만큼 무서운 신념으로 민족사의 진로를 자기가 바라는 방향으로, 자기가 바라는 방식대로 개척한 지도자가 우리나라 역사상 과연 몇분이나 있는가? 한 개인의 반생도 안 되는 짧은 기간 동안에 국민의 생활 여건을 근본적으로 바꾸어 놓았고, 우리 사회의 모든 분야에 혁명적인 변화를 가져온 통치자를 굳이 찾아보려 한다면 아마도 세종대왕 시절까지 거슬러 올라가야 할 것이다.

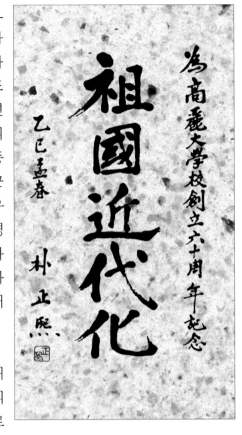

앞으로 우리의 다음 세대들이 이 나라를 더욱 번영되고 평화롭고 통일된 국가로 건설하게 되는 날이 오면 그 주춧돌인 조국근대화의 성과는 더욱 값진 것으로 기억될 것이다. 그것은 시간의 이끼가 이 땅을 뒤덮을 먼 훗날까지도 찬양의 대상이 될 것이며, 그런 의미에서 조국근대화 업적은 불멸의 성좌에 올라있다고 할 수 있다.

앞으로 이땅에서 살아갈 우리 후손들은 한국의 근대화는 한민족의 삶에 다른 어떤 역사적 사건보다 훨씬 깊고 지속적인 영향을 미쳤음을 확인하고 뿌듯한 긍지를 느끼게 될 것이다. 그리고 억척스럽고 피눈물나게 일하고 또 일했던 선조들의 노고에 진심으로 감사하게 될 것이다.

대통령이 조국근대화와 민족중흥을 위해 자신의 모든 것을 바쳤던 그의 반생은 그의 일생에서 신념이 넘치고 영감에 가득한 가장 역동적인 시기였다. 대통령은 비명에 숨을 거둔 그 순간까지도 국가와 민족에 대한 무한한 애정과 사명감을 지닌 채 성실하고 진실된 삶을 살아왔다. 그래서 많은 국민들은 그를 진정으로 위대한 대통령으로 존경하고 있으며, 시간이 흐를수록 대통령에 대한 국민의 회상과 사랑은 커지고 있다. 우리나라 현대사에서 전례없는 극적인 상황들이 폭발적이고 지속적으로 전개되었던 시련과 격동의 시대를 잊지 않는 한, 그리고 그의 통치시대에 우리 국민이 되찾은 민족적 긍지와 자신과 활력을 그대로 간직해 나가는 한, 그는 영원히 국민 마음속에 남아 있을 것이다.

지금도 국내외에는 대통령을 깊이 존경하고 흠모하는 많은 인사들이 있다. 그들은 대통령이 세종대왕 이후에 나타난 가장 위대한 인물이라고 평가하면서 선동가나 위선자들은 1년에도 수만 명씩 태어나지만 대통령과 같은 인물이 태어나려면 수세기가 걸릴 것이며, 앞으로 수세기 동안은 대통령이 우리 민족사에 남긴 업적에 필적할 공적을 남길 수 있는 인물은 나올 수 없을 것이라고 말한다.

대통령은 1978년 9월 10일에 발행된 저서 《민족중흥의 길》머리말 첫머리에서 우리 민족은 오랜 침체에서 벗어나 보람찬 새 역사의 문을 열었고 우리 국민의 얼굴은 활기와 의욕에 빛나고 있으며, 세계 어느 곳에서나 한국과 한국인의 약동하는 맥박을 느낄 수 있다는 소회(所懷)를 피력하고 있다.

'지난날 우리 선대들이 살고 간 역사의 발자취를 돌이켜보고, 우리의

후손들이 살아갈 조국의 내일을 내다보면서, 나는 오늘의 우리 세대야 말로 정녕 영욕이 무상했던 민족사의 도정에 있어서 참으로 획기적인 시대에 살고 있음을 실감하게 한다.

우리는 그간 온 국민이 땀흘려 일한 보람으로 오늘의 이 70년대를 우리 역사상 가장 뜻깊은 연대로 기록하게 되었다. 과거 그 어느 민족, 어느 국가도 당해 보지 못한 엄청난 시련을 이겨내고, 세계사의 대열에 당당한 발걸음을 내디딘 것이다. 실로 우리 민족은 이제 오랜 안일과 침체에서 벗어나 보람찬 새 역사의 문을 열었을 뿐 아니라, 5천 년 유구한 전통 속에 가다듬어 온 민족의 저력을 유감없이 발휘하기 시작했다.

오늘날 이 땅의 어디를 둘러보아도 변화와 발전의 기운은 역력하다. 빈곤과 실의 대신 풍요에의 꿈과 자신이 넘치고, 불안과 혼란 대신 안정과 질서의 반석이 다져지고 있으며, 사대와 의타의 그늘을 헤치고 자주와 자립의 기상이 용솟음치고 있다. 이제 그 어느 한국인의 얼굴을 보더라도 활기와 의욕에 빛나고 있으며, 세계 어느 곳을 가보더라도 한국과 한국인의 약동하는 맥박을 느낄 수 있다.

금세기의 여러 연대를 거치는 동안, 우리 겨레가 이처럼 밝고 떳떳한 모습을 보인 일은 일찍이 없었다. 우리 세대가 걸어온 30여 년의 가시밭길을 생각할 때, 오늘날 격세지감을 느끼는 것이 결코 나뿐이 아닐 것이다.'

대통령은 이어서 우리 민족사에서 손꼽힐 만한 중흥기였다고 할 수 있는 신라의 삼국통일 시대와 조선 세종대왕 시대에 이어 참으로 오랜만에 다시 한번 오늘의 우리 세대가 통일과 중흥을 이룩할 수 있는 귀중한 기회를 맞이하게 되었다고 말했다.

'5천 년 긴 우리 역사에서 민족의 중흥기라고 할 수 있는 시기가 과연 몇 번이나 있었던가. 우리 민족사를 회고해 보면, 국민 누구나 착잡한 심경을 금할 수 없을 것이다. 어떻게 보면 우리 겨레는 너무도 불리한 역사적 환경 아래 허리 한 번 제대로 못펴고 살아왔다. 좁은 땅에 인구는 많은 데다가, 이렇다 할 천연자원조차 없이, 천년이 하루같은 가난 속에 지내온 것이다. 조상 대대로 물려받은 논밭 몇 마지기에 온 식구가 매달려 근근이 연명하는 어려운 생활 속에서 좀처럼 발전의 여력을 축적하기 어려웠다.

거기다 우리 민족은 여러 주변강국들에 둘러싸여 하루도 마음 편한 날이 없었다. 대륙이나 해양에 새로운 세력이 대두하기만 하면 그것은 어김없이 한반도에 대한 침략으로 나타났고, 그로 인해 우리 민족이 당한 고난은 이루 형언할 수 없는 것이었다. 거듭된 난리로 국토는 짓밟히고 국민의 생명과 재산을 빼앗긴 것은 물론, 더러는 길게 더러는 짧게 외적의 압제에 시달리는 비극을 겪기도 했다.

그러나 그토록 숱한 파란과 곡절을 겪으면서도 우리 조상들은 5천 년 긴 역사와 전통을 이어왔다. 이것은 실로 우리 민족에게 숨은 저력이 있고, 불굴의 생명력이 있음을 말하는 것이라고 아니할 수 없다. 이러한 민족의 저력이 가장 찬연하게 발휘된 때에는 반드시 우리 역사에 커다란 분수령이 이루어졌다. 확실히 신라가 삼국을 통일해 단일민족 국가의 터전을 세웠던 무렵이 우리 역사에 중요한 전환기였다고 한다면, 문무가 함께 융성하여 국력이 내외로 뻗어나던 이조의 세종대왕 시절은 민족사에 손꼽힐 중흥기였다고 할 수 있을 것이다. 바야흐로 우리 세대는 근세 100년의 비운을 박차고 일어나, 참으로 오랜만에 다시 한번 통일과 중흥을 이룩할 수 있는 귀중한 기회를 맞게 되었다.'

　대통령은 이어서 저서의 마지막 부분에서 온갖 시련과 고난을 극복해 온 우리 민족은 이제 '민족의 저력'을 바탕으로 이땅에 새로운 운명을 태동시킬 창조적 시대에 살고 있다고 천명했다.

　'5천 년의 긴 역사를 통해 우리 겨레가 이처럼 크고 벅찬 도전을 맞아본 일이 과연 몇 번이나 있었는가. 이것은 실로 우리 자신에 대한 도전이며, 위대한 새 역사 창조의 기회이다. 우리가 겪고 있는 온갖 변화와 충격은 결국 낡은 껍질을 벗는 고통이며, 밝은 미래를 개척해 나가는 진통이다. 그 진통, 그 고통을 이기지 못한 채 우리의 선대들은 근세 백년의 역사에 지울 수 없는 한을 남겼다. 그러나 이제 우리는 그 뼈저린 교훈을 거울삼아 자자손손이 자랑할 민족중흥의 새 역사를 만들어 가고 있다. 참으로 오랫동안 시련과 고난을 극복해 온 우리 민족은 이제 그 저력을 바탕으로 찬연한 새 문명을 이 땅에 태동시킬 창조적 시대의 문을 연 것이다. 우리의 목표는 선명하며 우리의 길은 뚜렷하다. 누가 이 길에서 낙오하겠는가. 누가 이 벅찬 사명과 보람을 외면하겠는가.

민족중흥의 길은 실로 온 국민이 함께 가는 길이며 함께 창조하는 역사이다. 지금 우리는 모두가 이 창조의 시대에 살고 있다.'

시대적 과제 해결

어느 시대 어느 국가나 그 시대에 그 국가가 가장 시급하게 풀어야 할 국가적 과제를 안고 있다. 그런 과제는 결코 논리의 조작이나 상상의 산물이 아니라 살려고 몸부림치는 그 국민들의 급박하고 일상적인 요구와 필요, 다시 말해서 그 시대의 국민들이 추구하는 지배적인 가치와 소망을 중심으로 제기된다.

위대한 지도자를 말할 때 역사가들은 그 시대의 국가적 과제를 올바로 보고, 그 과제를 해결할 수 있는 가장 적절한 정책을 통해 그런 가치와 소망을 구현하는 데 성공함으로써 권위를 획득하게 되고 국민의 지지를 받게 된 지도자를 꼽는다.

20세기 위대한 정치 지도자로 공인된 영국의 처칠, 프랑스의 드골, 미국의 프랭클린 루스벨트는 바로 이런 지도자의 대표적인 예라고 할 수 있다. 이들은 굳센 의지와 신념으로 국가 위기에 정면으로 맞서맞서 그 시대의 국가적 과제를 풀어나갔다는 하나의 공통된 특성을 지니고 있다.

루스벨트는 그의 모든 권한을 효과적으로 행사하여 미국이 직면해 있던 경제공황을 극복했고, 제2차 세계대전에서 연합국의 승리를 이끌었다. 그 무렵 미국의 최고 지성인인 월터 리프먼은 '루스벨트는 인상은 좋지만 대통령이 될 만한 자격이 없으면서 대통령이 되려는 의욕만은 대단한 사나이'라고 혹평했다. 그러나 그 루스벨트는 미국 역사상 최초의 4선 대통령이 되었고, 가장 위대한 대통령들 가운데 한 사람으로 추앙받고 있다. 이것은 그가 독재자라는 비난을 무릅쓰고 그 시대의 과업에 대담하게 도전해서 이를 해결했기 때문이다.

처칠과 드골은 때를 만나지 못했던 지도자들이었다. 아무리 위대한 지도자 자질이 있는 인물도 때를 만나야만 큰일을 성취할 수 있다. 처칠과 드골은 한때에는 그들의 국민들 가운데 누구도 그들의 경고를 들어주는 사람이 없었고, 누구도 그들의 자질을 인정하지 않았으며, 누구도 그들의 봉사를 요청하지도 않은 외로운 인물이었다. 그러나 국가적 위기는 처칠과 드골을 역사의 무대로 끌어냈다. 제2차 세계대전과 그 후의 위기는 뛰어난 지도자를 요구했으며, 위대한 드라마로 연출될 수 있는 역사의 무대를 제공했다. 그들은 바로 이 역사의 무대에 등장해서 불후의 업적을 이룩했다. 그러고는 역사의 뒤안길로 사라지는 듯했으나 다시 정치 무대로 돌아와서 그들의 조국과 세계의 평화를 위해서 중요한 역할을 수행했다. 그들은 게임은 죽음의 순간까지 끝나지 않는다는 말로서 인간의 자유와 자기변신의 능력을 옹호한 장 폴 사르트르의 말 그대로 정치적 패배로 얼룩진 그들 자신의 과거를 극복하고 그 시대의 국가적 과제를 해결하는 데 성공한 것이다. 그래서 처칠과 드골은 그들의 국민들로부터 그들 나라의 역사상 가장 위대한 정치 지도자로 숭앙받고 있다.

우리나라의 경우 이승만 대통령은 그의 시대에 가장 시급한 과제였던 대한민국을 창건하고, 북한의 6·25남침을 격퇴하는 뛰어난 외교적 수완과 능력을 발휘하여 공화국의 공산화를 막는 데 성공했다. 장면 총리는 인격이나 지식, 교양 면에서 그 무렵의 정치 지도자들 가운데에서 손꼽히는 사람이었다. 그러나 그는 그 시대의 가장 시급한 국가적 과제였던 '빈곤'과 대결해서 이를 해결하는 데 실패했다. 그래서 무능했다는 비판을 면치 못하고 있다. 1961년 5월 16일 박정희 대통령이 군사혁명을 통해 이 나라의 최고 통치자가 되었을 때, 케네디 대통령이 집권하고 있었던 미국과 흐루쇼프 수상이 통치하고 있던 소련은 첨예한 대결을 이어 가고 있었고, 일본과 독일은 패전의 폐허를 딛고 눈부신 경제성장을 누리고 있었다. 그 후 수많은 국가와 민족들이 발전하기도 하고 또는 쇠퇴하기도 했으며, 또 많은 통치자들이 성공하거나 실패하면서 역사의 한 페이지를 장식했다.

박정희 대통령은 동서냉전 시대였고 또 개발연대였던 1960년대와 1970년대의 18여 년 동안 세 차례 개헌과 네 차례 국민투표, 세 차례 대통령 직접선거와 두 차례 대통령 간접선거를 통해 계속 집정하며 이 나라를 통치했다. 어느 누구의 이익도 대통령 이익과 같을 수 없고, 어느 누구의 지식도 대통령에게 불가결한 것이 될 수 없다는 그 고독한 대통령의 자리에서 그는 국가원수로서, 행정부 수반으로서, 집권여당 총재로서, 국군 통수권자로서 그 시대의 국가적 과제에 도전했고 이를 해결하는 데 성공했다. 박정희 대통령은 이 땅에서 가난을 몰아내고 번영을 이룩했으며, 전쟁 위험을 제거해서 평화의 보루를 구축했고, 민주화의 기반을 조성했으며, 남북 대화와 화해를 통한 평화통일의 기초를 다짐으로써 그 시대의 국가적 과제를 해결한 것이다. 대통령으로서 자신의 조국과 민족을 위해 남겨놓은 업적을 놓고 볼 때, 또 국가의 대권을 맡게 된 집권의 계기와 지도자로서의 경륜과 개성을 놓고 볼 때, 박정희 대통령은 1960년대에 '위대한 프랑스'를 재건한 드골 대통령과 비교될 수 있을 것이다.

대통령의 통치권을 강화하여 경제번영을 이룩하고, 그 바탕 위에서 국방의 자주성을 강화해 나갔으며, 국제사회에서 국익을 증진시켜 조국의 영광을 빛냈다는 점이 두 대통령의 공통점이다. 두 대통령은 또한 집권기간 중에는 정적으로부터 '제왕적 대통령'이니 '독재자'라는 공격을 받았으나 사후에는 절대다수 국민들로부터 가장 위대한 대통령이었다는 평가와 존경을 받고 있다는 점이 공통점이다. 즉 두 대통령은 자신들의 조국이 급박한 위기에 직면해 있을 때, 다른 사람들이 피하려하는 비바람 속으로 뛰어들어 다른 사람들이 이룩할 수 없는 큰일을 성취했고, 다른 사람들이 해낼 수 없는 엄청난 변화와 발전을 자신들의 조국에 가져온 구국의 지도자였다는 점이 또한 공통점이다.

제2장 기민하고 단호한 지도력

'하면 된다'

1960년대는 유엔이 정한 '개발연대'라고 해서 세계 모든 국가들이 선후진을 떠나 경제발전을 추구하여 국가적 독립과 민족의 자주성을 확보하려고 몸부림을 치고 있었다. 즉 세계는 자국의 경제발전과 위대성을 위해 적자생존의 법칙에 따라 치열한 경쟁을 벌이는 수많은 민족국가들의 각축장이었고, 이 경쟁에서 남보다 앞서 나아가는 국가는 크게 발전하고, 남보다 뒤처져 후퇴하는 국가는 국제사회의 경쟁무대에서 영원히 낙오자가 될 것은 불을 보듯 뻔한 일이었다.

국제사회는 서로 적대하는 국가들로 가득 차 있다. 경쟁과 투쟁은 국제사회에서의 생존의 조건이다. 지난 수천년 동안에도 그랬고, 1960년대에도 변함없이 냉엄한 적자생존의 법칙이 지배했다. 이런 국제사회에서 우리나라는 모든 면에서 우리보다 훨씬 앞서 있는 선진공업국들과 경쟁해야 하는 처지에 놓여 있었다. 선진공업국들은 예전에 그들의 발전과정에서 오늘날 우리가 안고 있는 종류의 문제로 고민하거나 시달린 경험이 없었다. 그들은 공업기술 발전을 계기로 급속한 경제발전을 이룩했고, 목숨을 걸고 싸워야 할 침략세력의 위협도 없었고, 피나는 경쟁을 해야 할 경제대국도 없었으며, 다른 나라의 압력이나 간섭 때문에 시달린 적도 없이 순조롭게 민주주의의 길로 들어선 나라들이다. 그리고 그들은 증강된 경제력과 군사력을 앞세워 식민정책을 강화하고 약소국가들의 부를 착취해서 그들의 경제력과 군사력을 더욱더 발전시켰다. 더군다나 시간조차도 우리에게는 불리하게 작용하고 있었다. 선진국들이 빠른 속도로 발전해 나감에 따라 우리가 경제발전을 서둘러서 급속한 성장을 하지 못한다면 시간이 흐를수록 우리나라와 선진국 간의 발전상의 격차도 크게 벌어져 우리가 그들을 따라잡는다는 것은 불가능하게 되고 만다는 것이 국내외 공통적인 중론이었다.

이런 상황에서 대통령은 모두가 안 된다고 하는 불가능한 일에 도전했다. 즉 세계적인 개발경쟁에 다른 개발도상국가들보다 한발 뒤늦게 뛰어든 우리나라가 여기서 낙오자가 되지 않으려면 선진공업국들을 따라잡아야 한다는 것이다. 이것이 불가능한 일이라고 체념하거나 자포자기한다면 우리는 낙오자가 될 수밖에 없고, 후진과 빈곤의 굴레에서 영원히 벗어날 수 없게 된다. 그러나 이것이 결코 불가능한 일이 아니며 우리의 노력 여하에 따라서는 가능한 일이라는 희망과 자신을 가지고 남보다 수십 배 희생적인 노력을 한다면 우리는 틀림없이 선진강대국을 따라잡을 수 있다는 것이다. 그러나 '희생적인 노력'은 특별한 것은 아니었다. 오늘 우리 세대는 희생하더라도 내일의 우리 후손들에게 평화롭고 번영되며 부강한 국가를 물려주기 위해서 우리가 피땀 흘리며 부지런하게 열심히 일하자는 것이었다. 지난날 외국원조에 기대어 살아온 의타와 안일의 타성을 버리고 우리의 운명은 우리의 자조와 자립정신으로 개척해 나가자는 것이다. 이런 정신과 투지로 앞으로 10년, 20년 꾸준히 일하고 또 일해 나간다면 우리는 반드시 선진공업국들을 따라잡을 수 있다는 것이다. 이것이 바로 대통령이 제1차, 제2차, 제3차, 제4차 경제개발 5개년계획을 추진하면서 기회가 있을 때마다 우리 국민들에게 강조한 '하면 된다' '할 수 있다'는 행동철학이었고 희망의 메시지였다.

그 무렵 우리 국민들은 어떤 일이 불가능한 것처럼 보이면 해보지도 않고 그대로 체념하거나 포기하는 데 익숙해져 있었다. 대통령이 어떤 정책이나 계획을 발표하면 그것은 '안 된다'거나 '불가능하다'고 말하는 사람들은 늘 있었다. 그들은 그런 일은 이전 선진국가에서도 이룬 적이 없다는 이유로 너무 쉽게 그 일을 불가능한 것이라고 단념해 버렸다. 그러나 대통령은 결코 한번 결정한 국가정책에 대해서 그것이 불가능한 일이라는 반론이 있다고 해서 그 정책을 포기하는 일은 없었다. 불가능하다고 해서 해보려고 노력도 하지 않는 사람은 가능한 일도 성취하지 못한다고 하면서 그 정책을 과감하게 추진했다.

결과는 대통령이 옳았음을 입증했다. 즉 사람들이 불가능한 일이라고 포기했던 일이 하나하나 가능한 일로 현실화된 것이다. 이 과정에서 대통령은 '하면 된다'는 생각을 확고한 신념으로 굳혔다. 그리하여 '하면 된다'는 이 한 마디는 1960년대와 1970년대의 공업화 시대에 있어서 창조적 정신과 생산적 활력을 가장 극명하게 상징하는 대통령의 행동철학이 되었다.

대통령은 '하면 된다'는 신념을 가지고, 국민의 앞장에 서서 근대화작업의 고된 일에 솔선수범했다. 대통령은 일에 대해서 놀라우리만큼 도전적이었고 적극적이었으며 정열적이었다. 자신이 가지고 있는 정력의 마지막 한 방울까지 모두 소진시키려는 사람처럼 근대화 작업에 몰입했다. 일하는 것이 바로 생활이고, 취미이자 오락인 것처럼 오로지 일에만 열중했다. 대통령은 하나의 일이 성취되면 무엇인가 그 일보다 더 커다란 분투를 요구하는 또 다른 일에 도전했다. 그것은 바로 창조적인 인간의 모습이었다. 한 마디로 대통령은 국민에게 약속한 대로 '일하는 대통령'이 되었다.

'하면 된다' 대통령은 모두가 안 된다고 하는 불가능한 일에 도전했다.

그러나 대통령은 대통령 혼자 열심히 일하는 것만으로는 충분하지 않고 우리 국민 모두가 조국근대화와 부국강병을 위해 미치도록 일을 해야 한다고 생각했다. 국민들이 잘살아보겠다는 의욕과 희망을 가지고 땀 흘려 일을 하려 하지 않는다면 아무리 유능하고 의욕이 넘치는 국가지도자라고 할지라도 그 능력을 발휘할 수 없으며, 그의 정책을 성공적으로 추진할 수 없다는 것을 대통령은 통찰하고 있었다. 조국의 근대화라는 거창한 작업이 순조롭게 추진되려면 국민 모두가 우리도 피땀 흘려 일하고 또 일하면 잘살 수 있게 된다는 생각을 가져야 하고 또 잘살아 보겠다는 의욕과 희망을 가져야 한다는 것이다. 그래서 대통령은 자신이 먼저 근대화 작업에 솔선수범하면서 국민들에게도 헌신적인 노력을 요구했다.

과거의 나태하고 안일하며 낭비하는 생활습관을 버리고, '근면·검소·저축'의 생활태도로 허리띠를 졸라매고 일하고 또 일을 할 것을 촉구했다. 조국의 근대화나 부국강병이라는 거창한 국가사업은 대통령 혼자만의 신념이나 노력만으로는 이룩할 수 없으며, 국민 모두가 개척정신과 모험정신을 발휘해야 되겠다고 호소했다. 대통령은 국민들이 하려고 하지 않는 일을 하게 했고, 하기 좋아하는 일을 하지 못하게 하면서 국민들이 나가야 할 목표로 지도해 나갔다. 국민의 욕구를 억제하고 희생을 요구하는 대통령이 국민들에게 인기가 있을 리 없다는 것을 대통령도 잘 알고 있었다. 그러나 대통령은 결코 국민의 인기나 환심을 사려하지 않았다.

대통령은 우리 국민들이 근대화를 위해 피땀 흘려 노력하면 반드시 그런 노력의 성과가 나타날 것이며 그것은 근대화를 추진하는 과정에서 따르는 피할 수 없는 국민들의 고통과 희생을 보상하고 정당화해 줄 것이라고 확신하고 있었다. 대통령은 그런 확신이 있었기에 국민들에게 일하는 국민이 되어야 한다는 것을 강조했다. 그러나 국민들은 오랫동안 외국원조에 기대어 살아온 타성을 털어 버리지 못한 채 자립을 위한 자조적 노력을 하려 하지 않았다.

대통령은 그런 국민들에게 정부와 국민이 마음을 합쳐 앞으로 이 땅에서 구현해야 할 미래의 꿈과 희망에 대해 이야기하면서 10년 또는 20년 후의 미래에 우리는 모두가 못사는 현재보다는 모든 국민이 함께 잘사는 시대를 맞이하게 되리라는 확신을 가지도록 열심히 설명하고 설득했다. 아무 일도 하지 않으려는 그들의 손을 잡고, 절망하는 그들의 눈을 들여다보면서 대통령은 잘사는 나라, 힘 있는 나라를 만들기 위해 오랜 체념과 나태의 잠에서 깨어나 땀을 흘리고 눈물을 흘리며 부지런히 일해 보자고 간곡히 호소하고 당부했다.

대통령은 우리 국민들의 정신과 가슴속에는 위대한 저력이 잠재해 있다고 믿고 그 잠재적인 저력을 계발하기 위해 국민들을 계몽하고 지도하는 데 헌신적인 노력을 계속 경주했다.

5·16 군사혁명 직후 대통령이 가장 크게 걱정한 것은 정부의 무능과 부패, 정치불안과 사회혼란, 극심한 민생고 때문에 국민들이 무엇을 해 보겠다는 의욕과 자신감을 상실한 데다, 나태하고 의존적이며 상쟁하는 정신자세와 태도가 고질화되어 있었다는 사실이었다. 모든 것을 운명이요 팔자라고 체념해 버리는 숙명론, 자기가 할 일도 남에게 미루고 남에게 기대려는 의타주의, 굿이나 보다가 떡이나 먹자는 방관주의 등 퇴영적인 정신자세와 태도가 만연되어 있어서 이것이 근대화 작업을 추진할 때 가장 큰 걸림돌이 될 수 있다고 대통령은 우려했다. 따라서

대통령은 근대화를 성공적으로 완수하기 위해서는 먼저 국민들의 정신 자세와 행동을 근본적으로 변화시켜야 한다고 생각했다. 그래서 대통령은 국민들에게 부지런히 일하는 자세, 절약하고 저축하는 자세, 스스로 돕는 자족적인 태도, 스스로의 힘으로 일어나겠다는 자립적인 태도, 그리고 근대화 과정에 따르는 희생과 고통을 참고 견디어 내겠다는 인내심, 이런 정신과 자세로 증산과 수출과 건설에 힘써줄 것을 호소했다. 그리고 체념과 좌절 속에 헛되이 세월만 보내고 있는 국민들에게 우리도 '하면 된다', '할 수 있다'는 자신감과 성취의욕을 고취하는 데 심혈을 기울였다.

그러나 국민들은 되지도 않을 일을 가지고 왜 그러느냐고 관심 없다는 표정을 짓고 있었다. 그 무렵 국민의 70%가 넘는 농민들은 해마다 춘궁기가 되면 굶주리고 있었다. 도시 소비물자의 대부분이 미국 원조 물자였다. 얼마 되지 않는 공장들은 전쟁으로 파괴되었다. 공장을 세울 수 있는 기업인도 없었고, 공장에서 일을 할 수 있는 숙련공도 없었다. 국민들이 먹는 것은 보리밥이나 꿀꿀이죽이었고, 입는 것은 물감을 들인 미군 군복이었다.

이런 상황에서 대통령이 우리도 하루속히 경제자립을 이룩해야 하고 선진공업국가를 따라잡아야 한다고 강조하였으니 그것이 가능한 일이라고 믿으려는 사람이 없었던 것이 오히려 당연했다. 실제로 1962년 1월 5일 혁명정부가 제1차 경제개발 5개년계획을 발표할 무렵 국내외 전문가들은 이 계획을 비현실적이고 무모한 계획이라고 비판했다. 더군다나 이 계획은 뜻하지 않은 자연재해 때문에 1차년도부터 큰 타격을 받았고, 또 한일회담과 월남파병 문제를 둘러싸고 2년여 동안 이어진 정치불안과 사회혼란은 이 계획을 추진하는 데 상당한 차질을 가져왔다.

그러나 대통령은 어떤 난관이나 애로라도 극복하고 기어이 이 계획을 성공시키고 말겠다는 굳센 의지로 세차게 밀고 나갔다. 제1차 5개년 계획은 공업화에 중점을 두었기 때문에 공업부문을 우선적으로 발전시켜 나갔다. 생산성이 낮은 농업부문으로부터 노동인구를 공업부문으로 이동시킴으로써 1인당 생산성이 크게 향상될 수 있기 때문이다. 공업은 도시에 집중되었으며, 농촌의 노동인구가 도시로 이주함에 따라 도시화가 급속도로 이루어졌다. 국내소비재와 수출상품을 생산하기 위해 많은 공장이 건설되었고, 발전소·철도·도로 등 수송수단과 숙련기술훈련소 등 공업 하부 구조도 건설되었다. 외자도입법(外資導入法)을 제정해서 기업들로 하여금 적극적으로 외자를 유치하여 수출산업을 일으키도록 지원했다. 이에 따라 고용과 소득이 늘어나기 시작했다. 1966년도 식량생산은 5200만 석으로 60년도에 비하면 거의 두 배였다. 그리하여 우리 농촌이 해마다 겪어 왔던 이른바 춘궁기라는 것이 자취를 감추게 되었다.

이런 경제발전은 주로 외국자본과 기술, 경영도입을 통한 근대공업 개발이 그 원동력이 되었다. 이 과정에서 미국과 서독, 그리고 일본 등의 경제원조와 외국자본과 제휴한 민간자본이 큰 역할을 했다. 또한 이 과정에서 가장 중요한 역할을 한 것은 정부였다. 외국원조와 외국차관은 우리나라의 경제계획과 경제정책 등과 깊은 관계를 가지고 있었기에 외국의 신뢰를 얻을 수 있는 경제계획을 수립하고, 일관된 경제정책을 강력하게 추진한 정부가 가장 큰 역할을 수행한 것이다. 특히 전력, 제철, 기계, 화학비료, 제당 기타 기본적인 공업부문에서 정부가 개발계획을 주도함으로써 공업발전을 촉진했다. 정부는 또한 도로, 교통, 항만시설 등의 정비와 교육 보급에도 힘썼고, 특히 전문교육 보급과 교육수준 고도화에 주력했다.

정부는 또한 1차 5개년계획 후반기에 금리현실화, 조세정책 강화, 단일변동환율제 채택, 무역자유화, 외자도입 강화, 재정안정 계획 등 체계적이고 일관된 개발정책을 강력히 추진했고, 경제의 전반적인 안정기조를 유지해 나갔다. 이런 여러 시책들이 주효해서 생산능력이 확장되고, 기존시설이 효율적으로 활용되었으며, 산업기술과 영농방법이 개선됨으로써 우리 경제의 모든 부문에 걸쳐 지속적이고 급속한 성장과 확장이 이루어진 것이다.

한 마디로 전력이나 시멘트, 석탄, 비료, 식량생산에서 짧은 기간에 큰 성과를 거둠으로써 앞으로 얼마 동안의 고비만 넘어서면 경제발전이 급속히 이루어질 수 있는 튼튼한 기초가 마련된 것이다. 그리고 국민들은 대통령의 교사와 같은 지도와 계몽에 의해 나태하고 의존적이던 누습을 박차고 일어나 스스로 돕고 서로 협동하는 생산적인 국민으로 거듭나고 있었다.

오랫동안 실업과 경기침체에 시달리던 국민들은 새로운 일자리를 얻고 소득이 증가하자 경제개발에 대한 의욕과 희망을 가지게 되었고, 정부를 믿고 생산과 건설과 수출의 현장에 적극 참여하여 피와 땀을 흘리며 일하기 시작했다. 그런 노력의 과정에서 우리 국민들은 생산과 건설과 수출의 현장에서 국내외의 많은 사람들이 절대로 불가능하다고 말하던 그 어려운 일을 거뜬히 해냈으며, 자신들의 노력으로 이룩한 괄목할 성과를 보면서 우리도 '하면 된다', '할 수 있다'는 자신감을 가지게 되었다.

경제개발의 붐이 일어나고, 제1차 5개년계획이 성공적으로 추진되는 과정에서 국민들이 과거에는 불가능한 일이라고 생각하고 있던 일들이 하나하나 가능한 일로 눈앞에 드러나고, '하면 된다'는 신념을 가지고 일하는 대통령의 모습을 보면서 국민들도 일에 눈을 떴고, 일의 의미를 깨달았다. 그리고 드디어 근대화 작업의 고된 일을 마다않고 일에 몰두하기 시작했다. '일하는 대통령'과 '일하는 국민'이 바로 대한민국의 산업화, 공업화 시대의 국가지도자의 모습이었고 우리 국민의 모습이었다. 국민들은 '하면 된다'는 신념으로 실패와 좌절을 딛고 일어나 일하고 또 일함으로써 그들이 지난날 불가능하다고 하던 일들을 가능한 일로 만들었다. '하면 된다'는 말은 60년대와 70년대에 이른바 개발도상국들의 경제개발 경쟁에서 최후의 승리자가 된 한국국민들이 성공할 수 있었던 비결 가운데 하나였다.

이 말은 우리는 아무것도 할 수 없다고 체념하는 국민들에게 우리도 남들처럼 할 수 있고, 남들보다 더 잘할 수 있다는 확신을 가지게 했고, 실패할 것을 두려워해서 새로운 것에 도전하기를 주저하는 국민들에게 성공에 대한 신념을 심어 주었다. 그리고 그런 신념으로 분발한 결과 예상되었던 성과가 성취됨으로써 '하면 된다'는 신념의 필요성이 증대되었고, 그 정당성은 더욱 강화되었다.

우리도 '하면 된다', '할 수 있다'는 말만큼 대통령의 시대를 극명하게 상징하는 말도 없을 것이다. 그것은 1960년대에 우리 국민의 정신면에서 일어난 위대한 각성이었고 자각의 메아리였다. 자포자기는 자기 힘으로는 아무것도 할 수 없다는 체념과 나태를 영혼 속에 주입함으로써 사람들을 절망의 구렁텅이로 빠뜨린다. 각성과 자각은 자기 힘으로 무엇인가 해낼 수 있다는 의식이다. 사람들은 자각을 통해 자신의 노력으로 극복할 수 없다고 생각해 온 운명을 자신의 노력으로 극복할 수 있다는 사실을 발견함으로써 오랫동안 젖어 있던 체념과 나태의 오염에서 정화되어 희망과 의욕, 자신감을 가지게 되었다. 이것이 1960년대 초반에 제1차 5개년계획을 추진하면서 우리 국민들이 겪은 정신적 체험이었다. 제1차 5개년계획이 착수된 62년 초만 해도 우리나라에서는 아무도 이런 자신을 가진 사람이 없었다.

그러나 이제 우리 국민들은 극복할 수 없을 것처럼 보이던 난관을 극복하였고, 제한된 자원으로 많은 성과를 올렸으며, 서구 선진국 전문가들이 불가능하다고 한 그런 어려운 환경 속에서 바로 그 서구의 자본과 기술을 도입하여 금세기 안에 그들을 따라 잡을 수 있다는 희망과 자신을 가지고 일에 대한 의욕에 불타고 있었다. 국민 모두가 하면된다는 그 한마디를 소리치며 두 눈에 불을 켜고, 발이 닳고, 손이 터지도록 이를 악물고 일하고 또 일해 왔다. 그래서 숨겨져 있던 민족의저력은 힘차게 용솟음쳐 솟아올랐고, 우리 자신도 미처 알지 못했던잠재력이 있음을 온누리에 증명했다.

60년대 초반 우리 국민들은 증산과 수출과 건설의 현장에서 우리도할 수 있다는 자신과 용기를 가지고 불가능에 도전하여 무(無)에서 유(有)를 창조했고, 새로운 가능성의 길을 개척했다. 특히 젊은 세대들은전통적인 규범에 구속받지 않고 낡은 인습의 껍질을 박차고 일어나 부의 축적과 물질적인 만족을 추구했고, 이를 위해 어려운 일, 더러운 일,위험한 일을 가리지 않고 하루 24시간을 3교대로 나누어 생산과 건설현장에서 살았다. 그들은 5천년 민족 역사상 어느 시대의 선조들보다부지런히 일했고, 세계 어느 나라 국민들보다 억척스럽게 일했다. 그 결과 그들의 생산성은 방대하게 증가했다. 그리고 그들의 높은 생산성은경제성장의 동력이 되었다. 우리 한국이 20년도 안 되는 짧은 기간 안에 어떻게 기적적인 경제발전을 이룩할 수 있었는가에 대한 정확한 대답은 바로 여기에 있다.

많은 외국인들은 한국이 불과 20년 안에 현대적인 공업국가로 발전한 것은 경제기적이라고 말한다. 그러나 그것은 결코 기적이 아니었다. 그것은 실로 조국근대화 작업에 자발적으로 참여한 4천만 국민의 피나는 노력과 온갖 시련을 이겨낸 용기와 인내와 희생의 결실이었다.

많은 사람들은 경제발전이 경제개발 5개년계획을 통해 이루어졌다고 생각한다. 개발계획에 따라 이루어진 사회간접자본 확충, 외자도입, 기술혁신 등 눈에 보이는 요인들이 경제발전을 촉진한 것은 사실이다. 그러나 경제발전은 그런 외형적인 계획이나 정책만으로 이루어진 것은 아니었다. 경제발전에서 가장 중요한 요인은 눈에 보이지 않는 요인인 정신자원, 국민들, 그들 가운데에서도 젊은 세대들의 헌신적이며 생산적인 정신적 태도와 자세였다.

경제발전을 위해서는 자원과 자본, 기술과 노동의 적절한 결합이 필수적인 것이라고 믿는 경제이론가나 합리적인 개발계획의 입안자들의 눈에는 국민의 의욕과 자신감 등 정신자원을 강조하는 것이 참으로 무모한 행동이며, 실패할 수밖에 없는 것으로 보였을 것이다. 그러나 자원과 자본과 기술의 부족을 극복하고 눈부신 경제발전을 이룩한 그 성장의 원동력은 대통령이 고취시킨 우리도 하면 된다, 할 수 있다는 자신감과 우리 국민들의 근면, 자조, 협동의 생산적 자세였다. 다시 말해서 그것은 우리 국민들의 정신자원이었다.

이런 정신력과 생산적인 힘이 있었기에 우리 국민들은 과거에는 도저히 극복할 수 없는 것이라고 생각하던 장애와 시련을 능히 극복할 수 있었고, 자기들의 힘으로는 도저히 해낼 수 없다고 생각했던 생산과 건설과 수출을 스스로의 노력으로 해나갈 수 있었다. 그리하여 그토록 짧은 기간 안에 한국은 산업혁명을 이룩할 수 있었던 것이다. 정부 주도의 노력에 국민들의 협조가 어우러져 경제개발 계획의 목표를 초과 달성함으로써 우리나라 경제개발 가능성이 확인되었고, 특히 경제발전에 대한 국민들의 희망과 의욕과 자신감이 창출되었다.

60년대와 70년대에 우리나라가 우리보다 앞서 있었던 세계의 모든 개발도상국가들을 제치고, 가장 급속하고 눈부신 발전을 이룩할 수 있었던 것은 바로 '근대화'의 목표를 확고히 세우고, 이를 이루기 위해 국민의 생산적인 노력을 분출시킨 대통령이 있었고, 그런 대통령의 지도에 따라 생산적이고 희생적인 정신적 자세와 노력으로 근대화 작업을 위해 피와 땀과 눈물을 쏟은 국민이 있었기 때문이었다. 그것은 50년대의 우리 사회와 비교해 보면 실로 역사적인 변화였다. 대통령은 경제성장이라는 눈에 보이는 성과보다도 우리 국민들의 자신감과 의욕이라는 눈에 보이지 않는 성과야말로 1차 5개년계획 추진과정에서 얻은 가장 값진 성과요 소득이며 자산이라고 평가하고, 그것은 근대화의 원동력이 된다고 확신하고 있었다.

대통령은 또한 조국근대화와 부국강병의 과업을 추진할 때 현장 담당자들인 공무원들이 '하면 된다'는 신념을 가다듬고 국민의 앞장에 서서 선도적인 역할을 다하도록 만드는 데 각별한 노력을 기울였다. 이를 위해서 대한민국의 어느 공직자보다 가장 열심히, 가장 많이 일하는 자세를 대통령 자신이 견지해 나갔다. 그리고 공무원들에게 기회가 있을 때마다 조국근대화의 일꾼이라는 긍지와 사명감을 고취함으로써 '일 안 하는 공무원'을 '일하는 공무원'으로, '국민 위에 군림하는 공무원'을 '국민을 위해 봉사하는 공무원'으로, 공직자의 자세를 근본적으로 바꾸어 놓았다. 그것은 우리나라 공직사회에서 실로 혁명적인 변화의 출발점이었다. 그날부터 18여 년 동안 중앙정부의 각 부처는 물론이고 지방자치단체의 모든 공무원들은 지위의 높고낮음을 떠나 그들의 일생에서 가장 열심히 피눈물나게 일했고, 또 일을 하는 데 가장 큰 보람을 느끼며 살았다. 5천년 해묵은 빈곤의 한을 씻고, 우리도 한번 잘사는 나라, 힘 있는 나라를 만들자는 근대화작업을 선도하고 있다는 긍지 때문에 자기도 모르게 신명이 나서 일했고, 그 일에 커다란 긍지를 느꼈던 것이다.

대통령은 조국을 무척 사랑했고, 우리 국민을 자랑스럽게 생각했다. 대통령이 매우 두려운 존재로 느껴진다고 말하는 사람도 없지 않았지만 그의 근엄한 모습 안의 저 깊은 곳에는 조국과 국민에 대한 따뜻한 애정이 담겨 있었다. 대부분의 우리 국민들과 같이 가난한 농부의 아들로 태어나 젊은 시절에 전장을 전전했던 대통령은 아침 일찍 일어나 하루 세끼 간단한 식사를 하는 시간을 빼고 남은 시간은 일하고 또 일했다. 그는 먼지 나는 건설현장을 돌아보았고, 기름 묻은 생산의 일꾼들과 함께 식사를 했으며, 그들이 복된 미래에 대한 희망을 갖고 일할 수 있도록 그들을 격려하고 그들의 희생과 노고를 위로했다. 농촌에 가서는 한편으로는 나태하고 낭비하는 농민들의 태도를 준엄하게 힐책했지만 다른 한편으로는 근면, 자조, 협동의 정신을 일깨워 그들에게 자립의 길을 열어주려고 심혈을 기울였다.

대통령은 나라와 국민을 이끌어 나가면서 정치가 조용한 때나 폭풍에 휩싸였던 때나 오직 경제개발과 국가안보에 모든 관심과 노력을 기울였다. 치정(治政) 18년 동안 사람을 접견하고, 현장을 시찰하며, 국민 앞에서 연설하는 등 대통령 일과의 대부분은 자립경제와 자주국방 건설에 대한 것이었다고 해도 과언이 아니다. 텔레비전이나 라디오를 이용해서 연설할 때나, 기자회견을 할 때나, 또는 9개 도청을 순시하면서 농민들과 대화할 때나 또는 수많은 공장, 발전소, 광산, 도로공사, 항만 건설 현장, 기술고등학교, 전시회, 농업협동조합, 새마을 등을 순방하면서 연설하거나 대화를 나눌 때 그 주제는 언제나 경제개발과 국가안보에 대한 것이었다. 그리고 낮이면 생산과 건설과 수출현장을 돌아보고 밤이면 서재에 앉아 관련 서적을 정독하고 계획을 구상했다. 그것도 1년 열두 달 하루도 쉬지 않고, 18년 동안 되풀이했다. 그리하여 대통령이 잘사는 나라를 건설하겠다고 동분서주하며 땀 흘리는 모습을 보면서 국민들과 공무원들은 경제건설의 현장에 합류하여 땀 흘리며 일하고 또 일했다.

자립경제 건설과 국가 안보를 위해 솔선수범하는 대통령을 보면서 공무원과 기업인, 근로자나 농민들은 희망과 자신을 가지고 저마다 맡은 일에 최선의 노력을 다 했던 것이다. 세계가 놀라워하는 이른바 '한강의 기적'은 바로 대통령과 모든 국민들의 피눈물 나는 노력의 결과였고 합작품이었다.

만약 모든 사람들이 불가능한 일이라고 단념하고 있던 그 거창한 근대화 작업을 위해서 불철주야, 동분서주하며 고생하는 대통령에게 우리 국민들이 두터운 신뢰와 지지를 보내고, 시행착오를 용인하고, 근대화의 성과를 참을성 있게 기다리면서 희생적인 노력을 다하지 않았더라면 경제의 급속한 발전과 성장은 결코 이룩될 수 없었을 것이라는 것이 대통령의 생각이었다. 그래서 대통령은 외국 국가지도자들이나 언론기관이 이른바 '한강의 기적'을 이룩한 비결이 어디에 있느냐고 물을 때마다 그 비결은 바로 '우리 국민 모두의 피땀 어린 희생적 노력'

이라고 자랑스럽게 이야기하곤 했다. 물론 그것은 사실이다. 그러나 모든 국민들로 하여금 그런 희생적 노력을 기꺼이 하게 만든 것은 국민들을 끊임없이 격려하고 설득하며, 그들과 대화하면서 그 어렵고 힘든 근대화 작업을 위해 솔선수범한 대통령이었다. 그래서 대통령은 국민들로부터 존경받는 대통령으로서, 신뢰받는 국가지도자로서 국민들의 마음속에 자리잡고 있었고, 세월이 지날수록 대통령에 대한 국민의 존경과 신뢰는 더욱 증대되고 있는 것이다.

선견지명

지도자라는 말은 안내자로서의 능력과 현재를 넘어서 계속 나가야 할 미래의 길을 선택할 수 있는 능력을 겸비한 인물을 뜻한다. 여러 갈래의 길이 갈라져 있는 황야에서 사람들이 방황할 때 하나의 바른 길을 선택해서 그들을 인도하는 사람이 바로 지도자다. 정치지도자가 국민을 어느 길로 이끌어 갈 것인가를 아는 것, 앞날의 일을 미리 아는 밝은 슬기, 그것은 바로 선견지명이며, 선견지명은 지도자의 핵심 자질들 가운데 하나이다. 대통령의 지도력 가운데 당대 정당 정치인들과 가장 분명하게 차별화되는 지도력이 바로 선견지명이다.

대부분의 정치인들이 눈앞에 보이는 당장의 이해와 국민들의 현재 요구에 얽매여 앞을 내다보지 못할 때, 대통령은 국가백년대계를 위해 언제나 긴 안목으로 앞일을 내다보았다. 정치인들이 미래에는 눈을 감은 채 현재 속에 안주하려고 할 때, 대통령은 미래를 내다보고 그것에 대비했다. 대통령은 투철한 역사관으로 우리 민족의 과거와 현재를 통찰하고 적어도 10년 또는 20년 앞을 내다보고 국가정책을 결정했다. 고속도로 건설, 방위산업 육성, 중화학공업 육성, 과학기술교육 확대, 새마을운동과 농촌근대화 정책들은 20년 뒤 그 정책들이 이룬 성과에 의해 자립경제 건설과 자주국방 건설을 위한 장기적인 미래발전 전략이 었음이 입증되었다.

1965년 제2한강교 준공식장에서 대통령이 앞으로 한강에는 이런 다리를 열 개쯤 더 만들어야겠다고 말했을 때 그 말을 곧이곧대로 믿는 사람은 없었다. 그러나 그로부터 15년이 지난 70년대 말 한강에는 얼마나 많은 다리가 세워졌는가. 자유당정권이 무너진 뒤 민주당정권이 들어서기까지 과도정부 수반이었던 허정(許政) 씨는 새로 개발된 경주를 둘러보는 자리에서 '대통령은 정말 선견지명이 있는 분이었다. 혁명을 한 분이 어떻게 그런 안목이 있었는지 모르겠다. 도로, 항만, 도시계획을 해놓은 것을 보면 우리보다 낫다'라고 회고했다.

대통령은 60년대에 성공적으로 추진된 제1차, 제2차 경제개발 5개년계획에 이어 70년대 초에 중화학공업과 방위산업, 새마을운동과 농촌근대화, 획기적인 수출증대 등을 추진해 나간다면 80년대 초반에는 자립경제 건설과 자주국방 건설이 완성될 수 있다고 내다보고 있었다. 대통령은 이런 계획들은 우리나라가 잘사는 나라가 되고 힘 있는 나라가 될 수 있는 부국강병을 위한 핵심사업으로서, 80년대 이후 10년 또는 20년까지도 우리나라가 경제대국으로 뻗어나갈 수 있는 새로운 성장동력이라고 내다보고 있었다. 즉 철강, 조선, 기계, 전자, 석유화학, 비철금속을 생산하는 중화학공업, 잠수함, 전투기, 탱크, 미사일을 생산하는 방위산업, 농수산물을 생산하고 가공하며 식량증산, 산림녹화 등 녹색혁명을 주도하는 새마을운동, 그리고 다양하고 품질 좋은 한국제품을 세계 각국에 내다파는 수출에서 방대한 국부가 창출됨으로써 우리나라는 2000년대 무렵에는 선진공업국에 버금가는 경제강국이 될 수 있다는 것이다.

대통령은 70년대 현존하는 북한의 전쟁도발 위협을 억지하고 부국강병 정책을 추진하기 위해서는 안정과 능률을 보장하는 헌정체제가 필요하다고 판단하고 유신개혁을 단행했다. 그리고 안정과 능률의 바탕 위에서 부국강병을 위한 핵심사업들을 하나하나 차질 없이 매듭지었다. 대통령이 예단한 대로 70년대에 부국강병을 위한 핵심사업들이 성공적으로 추진되었고, 그것은 20년 뒤 우리나라가 세계의 경제대국으로 발돋움할 수 있는 지속적인 성장과 발전의 원동력이 되었다. 이것은 대통령의 정책목표와 방향이 얼마나 장기적이고 선견지명이 있는 것인가를 입증하는 것이며, 국가의 흥망성쇠를 좌우하는 것은 앞일을 멀리 내다보고 이에 대비하는 국가정책을 마련하는 통치자의 통찰력과 혜안임을 보여주는 사례로 평가되고 있다.

무서운 추진력

대통령이 18년의 '계속집정' 기간 동안에 자립경제와 자주국방 과업을 추진해 온 그 과정은 순탄한 것이 아니었다. 그것은 실로 험난하고 위험한 가시밭길이었다.

하나의 장애가 제거되면 또 다른 장애가 앞을 막았고, 하나의 위기가 극복되면 또 다른 위기가 닥쳤다.

5·16군사혁명을 주도하고, 공화당을 창당하여 새로운 민주정부와 집권세력을 확립하는 과정에서 도태된 야당과 그 추종세력들은 60년대와 70년대 내내 한 해도 거르는 일이 없이 반정부 극한투쟁을 일삼았고 정부의 모든 정책에 대해 사사건건 반대하고 나서서 국가건설 작업에 훼방을 놓았다. 국교정상화를 위한 한일회담을 반대하는 시위와 파괴행위는 1년여 동안 모든 것을 마비시켰다.

68년부터 격화되기 시작한 북한의 게릴라 침투와 무력도발은 자립경제와 자주국방 건설 작업에 중대한 위협을 가중시켰다.

71년 미국은 주한미군 1개 사단을 철수시켰다.

75년 4월 말에 베트남이 공산화되자 남침용 땅굴을 파내려 오던 북한은 무력적화 통일을 위한 위협과 도발을 노골화했다.

76년 미국 카터행정부는 주한미군 완전철수 계획을 발표하고 우리나라의 인권문제를 비판하는가 하면, 우리의 핵연료 재처리시설 건설 계획을 방해하고 이를 포기하라고 위협했다.

이렇듯 야당과 반정부 세력의 반정부 정권투쟁이 일상화되고 우리의 부국강병 정책에 대한 미국의 간섭과 위협이 가중될 때 대통령은 이들에 대한 분노와 고독의 아픔을 느낀 것이 한두 번이 아니었다. 그러나 그 누구도, 그 무엇도 자립경제와 자주국방건설에 대한 대통령의 신념과 의지를 꺾지는 못했고, 대통령의 정책을 중단시키지 못했다. 대통령은 어떤 위기와 고난이 닥쳐와도 이에 굴하지 않고 목표를 향해 꾸준히 전진해 나갔다.

'잘사는 나라' '부강한 나라'를 자신의 '계속집정'의 기간 동안에 건설하고야 말겠다는 그 확고한 신념, 그 투철한 사명감, 그 무서운 추진력으로 모든 시련을 극복했고, 온갖 난관을 돌파함으로써 모든 목표 고지에 안착했다.

대통령은 국가정책을 결정하고 추진할 때 이에 대한 비판과 반대에는 설득을 통해 이해와 협조를 구했다. 그러나 대통령의 설득이 전혀 통하지 않는 세력이 있었다. 우리나라의 야당과 외국세력이었다. 특히 야당은 1961년 5·16군사혁명 직후부터 대통령이 결정한 국가목표에 대해 반대했을 뿐만 아니라 그 목표를 이루기 위해 채택한 정책에 대해서는 사사건건 결사반대를 되풀이했고, 대정부투쟁을 능사로 삼았다. 따라서 대통령이 국가정책을 성공적으로 추진하기 위해서는 설득노력만으로는 충분하지 않았다. 야당의 반대를 위한 반대와 대정부투쟁에 굽히지 않고 이미 결정된 정책을 일관되게 끝까지 밀고 나가는 기민하고 단호한 추진력을 견지해야만 했다. 야당의 결사반대를 무릅쓰고 정책을 추진하겠다는 단호한 추진력을 잃으면 국가정책은 공전될 수밖에 없었다.

대통령은 국가정책을 결정할 때 야당의 반대와 외국의 부정적 반응들을 예상하고, 이 때문에 번뇌하는 경우가 많았다. 국민들은 대통령이 무슨 일이든 다 할 수 있는 전지전능의 권능을 가지고 있는 것으로 생각하기 쉬우나, 그것은 사실과는 거리가 먼 이야기이다. 대통령은 국가정책을 결정하고 추진할 때 야당의 극렬한 반대와 외세의 간섭 때문에 기쁨보다는 고통이 더 컸고, 만족보다는 좌절이 더 큰 경우를 자주 겪었다. 국민들은 대통령이 어떤 정책을 결정할 무렵에 어떤 요인이, 어떤 세력이, 어떤 압력이, 어떤 위협이 대통령에게 작용하고 있고, 대통령의 결정을 좌우하려고 기도하고 있는지를 알지 못한다. 따라서 국민들은 대통령의 국가정책 결정과정에서 대통령을 괴롭히는 불안과 분노와 번뇌같은 정신적, 심리적인 고통이 얼마나 큰지를 이해하기 어렵다.

국민은 말할 것도 없고, 정부의 관련부처 각료나 대통령 비서실 보좌관들조차도 그것을 헤아리기가 쉽지 않다. 국가의 운명이 자신의 일거수일투족에 달려 있다는 막중한 책임감 때문에 대통령이 느끼는 고통이나 번뇌는 다른 사람들의 그것과는 비교될 수 없을 만큼 피말리는 것이다. 심약하고 의지가 굳지 못한 대통령은 이런 고통을 이기지 못하여 야당의 반대와 외세의 간섭에 굴복하고 자신이 추진하려고 했던 정책을 포기하거나 중단하고 만다. 그러나 대통령은 18년 치정 기간 중에 단 한 번도 자신이 결정한 국가정책을 야당이 반대하고 외세가 간섭한다고 포기하거나 중단한 일은 없었다. 심사숙고와 번민 끝에 일단 국가 정책을 결정한 뒤에는 야당의 반대와 외세의 위협에 개의치 않고 확고한 신념과 강인한 의지력으로 끝까지 강력하게 밀고 나갔다. 야당의 어떤 반대와 저항도 대통령의 의지를 꺾지 못했고, 외세의 어떤 압력과 협박도 대통령의 신념을 약화시키지 못했다. 만일 대통령이 그런 의지력과 신념과 추진력이 없어서 야당의 반대나 외세의 압력에 굴복해 자신이 결정한 국가정책을 포기하거나 중단하는 지도자였다면, 야당의 반대를 위한 반대가 체질화되어 있고, 외세의 영향력이 강하게 작용하는 우리나라 현실에서는 아무 일도 할 수 없었을 것이다.

수출주도 공업화정책을 비롯하여 외자도입과 한일 국교정상화, 베트남파병과 경부고속도로 건설, 3선개헌, 그리고 중화학공업 건설 등은 그 결정 과정에서도 거센 반대가 있었다. 신념이 없고 의지력 약한 지도자라면 처음부터 포기하거나 중도에 중단하고 말았을 것이다. 파도를 따라 흘러가는 것은 쉬운 일이나 그 파도가 어디로 흘러가고 있는지를 아는 것은 쉬운 일이 아니다. 이보다 더더욱 어려운 것은 뚜렷한 목표를 세우고 그 목표를 이루기 위해 풍파와 격랑에 맞서는 일이다. 그것은 누구나 할 수 있는 일이 아니다. 대통령은 폭력적인 반대와 저항의 광풍이 몰아치는 위기 속에서도 국가정책을 포기하거나 중단하는 일 없이 단호하고 기민하게 추진했고, 끝내 바라던 대로 소기의 성과를 거두었다.

오늘날 대통령의 결정을 그토록 반대했던 사람들조차 그 무렵 대통령의 정책이 옳았고, 그의 단호한 추진력이 없었다면 그 정책은 실현될 수 없었을 것이라는 것을 솔직하게 인정하고 있다. 대통령의 추진력은 이른바 '확인행정'의 현장에서 가장 극명하게 그 실체가 드러났다. 대통령은 청와대 집무실에 앉아서 보고 받고 지시하기보다는 공장건설 현장이나 댐건설 현장, 수자원개발 현장, 식량증산 현장, 농어촌 소득증대 사업현장, 식목현장, 축산현장 등 정부 정책이 추진되고 있는 현장을 수시로 방문하여 그 추진상황을 점검하고 애로사항을 즉석에서 해결해 주고 건설공사나 각종 개발사업들이 차질없이 완성되도록 관계인사들을 격려하고 지원했다.

경부고속도로나 포항제철공장은 어떻게 그토록 짧은 기간에 가장 적은 비용으로 건설될 수 있었던가? 대통령이 직접 건설현장에 자주 나타나 건설을 독려하고 애로를 해결해 주었기 때문이다. 대통령의 이런 현장확인 행정은 건설사업의 성공적인 추진을 보장했을 뿐 아니라 공무원 사회의 기강을 바로잡고, 공무원들의 생산적인 자세와 태도를 함양하는 데도 크게 기여했다.

대통령은 타고난 대중 연설가도, 현란한 몸짓이나 인상을 가진 지도자도 아니었다. 그러나 결정된 정책의 추진과정을 점검하기 위해 일하는 현장에 나가게 되면 그는 사람들의 혈관에 힘이 용솟음치게 만드는 신비로운 힘을 발산했다. 사람들이 그를 하늘이 내린 사람같다는 말을 한 것은 결코 아첨이나 거짓이 아니었다.

대통령이 야당의 반대나 외세 압력에 흔들리지 않고 국가정책을 강력하게 밀고 나가는 그 단호한 추진력은 어디서 나온 것일까? 그것은 국가의 통치자인 대통령이 야당의 반대나 외세의 압력에 굴복해서 한번 결정한 국가정책을 취소하거나 중단하면 대통령이 결정하는 정책은 공신력이 떨어져 믿을 수 없는 것이 되고 대통령의 권위는 땅에 떨어지고 보다 큰 반대와 압력을 자초하게 되므로 야당의 반대나 외세의 간섭에 절대로 굴복해서는 안 된다는 대통령의 전략에서 나온 것이라고 말하는 사람도 있었다. 그것은 또한 시련과 역경에 부딪힐 때 좌절하거나 체념하지 않고 오히려 불굴의 투지와 용기를 발휘하는 대통령 특유의 강인한 개성에서 솟아나온 것이라는 견해도 있었다. 또 그것은 대통령으로서 자신이 결정한 정책은 국가와 민족의 발전을 위해 옳은 것이라는 확고한 신념에서 분출된 것이라는 주장도 있었다. 물론 이런 주장이나 견해는 모두 일리 있는 말이었으나 대통령의 비상한 추진력은 그의 전략이나 신념, 개성보다는 한차원 더 깊은 곳에 축적되어 있었다.

그것은 역사의 심판에 대한 대통령의 확고한 믿음이었다. 대통령은 자신이 결정한 중요한 국가정책을 야당이 격렬하게 비난하고, 반대할 때마다 혹은 공개적으로 또는 사적으로 '나는 국가와 민족의 제단에 나의 생명을 바친 사람이다. 내가 결정한 국가정책에 대한 평가는 역사에 맡기겠다. 훗날 역사가 이를 공정하게 평가해줄 것이다'라는 확신을 피력했다. 대통령은 자신이 결정한 정책의 공과에 대해서는 그가 살았던 동시대인들보다는 먼 훗날의 후손들이 더 올바르게 평가해 주리라고 확신하고 있었으며, 대통령이 역사의 심판을 받겠다고 말했을 때 그것은 대통령의 이런 믿음을 표현한 것이었다.

자신의 생명을 이미 국가와 민족을 위해 바쳤기에 개인적인 영화나 당리당략을 위해 원칙 없이 양보하거나 타협하는 것을 단호히 거부하고 자신의 결정을 관철할 수 있었고, 자신의 정책에 대한 평가를 그 정책의 결과가 뚜렷한 자국을 남기게 될 먼 훗날 역사의 심판에 맡긴다고 생각했기에 당대의 반대나 저항을 두려워하거나 값싼 인기를 얻기 위해 대중에게 영합하지 않고 자신의 정책을 흔들림 없이 일관성 있게 추진할 수 있었던 것이다. 역사의 심판에 대한 대통령의 믿음은 먼 훗날이 아니라 대통령의 동시대인들이 생존해 있는 당대에 이미 옳았음이 입증되었다.

1980년대부터 이 나라를 통치한 역대 대통령들이 자신들이 결정한 정책에 반대하거나 저항하면, 설득을 하거나 강행의 의지도 없이 그 정책을 포기해 버림으로써 국가를 위기로 몰아넣는 사태가 발생할 때마다 국민들은 박정희 대통령과 같은 분이 다시 나와야 한다고 말했다.

국민들은 대통령이 자신을 사사건건 물고 늘어져 독재한다고 비난하는 야당의 반대와 투쟁에도 불구하고 국가발전을 위해 옳다고 믿는 국가정책을 확고한 신념과 의지력으로 끝까지 밀고 나간 대통령의 그 단호한 추진력을 높이 평가하고 있었던 것이다. 국민들은 연약한 지도자를 신뢰하지도 않고 존경하지도 않는다. 국민들이 신뢰하고 존경하는 지도자는 단호한 지도자이다. 당쟁과 외세에 시달리는 국민들의 마음속을 열어보라. 그들이 국가발전을 위해 꼭 해야 할 일을 해내고야 마는 단호한 지도자와 국내외 반대세력의 저항에 굴복하여 아무 일도 못하는 유약한 지도자들 가운데 누구를 신뢰하고 존경하는가를 명백하게 보여 줄 것이다.

반(反)포퓰리즘

대통령책임제 국가에서 국익에 대한 대통령의 판단이 국민여론과 일치할 경우 그것은 대통령의 행운이다. 대통령이 자신의 판단에 따라 행동하는 것이 국민여론에 따르는 것이 되기 때문이다. 그러나 국익에 대한 대통령의 판단이 여론과 다를 때, 대통령은 자신의 판단에 따를 것인가, 여론에 따를 것인가를 결심해야 할 중대한 선택 문제에 직면하게 된다. 그것은 참으로 어려운 문제이다.

민주주의를 여론정치라고 주장하는 사람들은 대통령은 여론을 수렴하고 따르기만 하면 된다고 한다. 대통령이 여론을 무시하고 자신의 판단에만 따른다면 그것은 민주주의 원칙을 훼손하는 것이 된다는 것이다. 그러나 대통령이 여론만을 따른다면 그것은 국민을 지도해야 한다는 대통령의 직무와 책임을 유기하는 것이 된다. 따라서 대통령은 국정운영을 할 때 어떤 경우에는 여론을 따르고, 어떤 경우에는 자신의 판단을 따를 것인가를 결정해야 한다.

대통령이 언론이나 텔레비전 등 대중매체에 반영되거나 또는 그것에 의해 형성된 여론을 존중하는 것은 국민주권을 존중한다는 의미에서 민주정치의 특징이며 장점이다. 그러나 대통령이 여론을 존중하는 데도 한계가 있으며, 그 한계를 무시하고 무조건 여론만을 추종하게 되면 올바른 국가정책을 결정할 수 없게 된다. 예컨대, 아침 저녁으로 발행되는 신문이나 시간마다 방송하는 텔레비전 뉴스에 나타나는 여론이나 인기에 너무 민감하게 반응하거나 영합하게 되면 중요한 국가정책을 결정하고 추진할 때 구체적이고 실제적인 요인들을 고려하여 그 정책이 필요한 것이고, 바람직한 것인가 아닌가를 판단하지 못하고, 그것이 국민들에게 인기가 있는 것인가 없는 것인가 하는 것을 기준으로 판단하게 된다.

그 결과 국가적으로 아무리 절실히 필요하고 불가결한 정책이라고 하더라도, 그 정책에 대한 여론의 반응이 나쁘거나 인기가 없다는 것이 밝혀지면 여론 악화나 인기 하락을 막기 위해서 그 정책을 유보하거나 변경하거나 포기하고 말게 된다. 국가와 국민을 위해 커다란 업적을 남기고 그런 업적 때문에 역사에 위대한 통치자로 기록되고 추앙받는 통치자들은 여론과 인기보다는 자신의 판단에 따라 자신의 소신을 관철할 지도자들이었다.

영국이 낳은 위대한 정치인인 윈스턴 처칠은 그런 지도자의 전형이다. 1920년 처칠은 '러시아의 볼셰비즘을 요람 속에서 죽여 버리지 않으면 그것은 세계의 위협이 될 것이다'라고 경고했다. 그러나 영국인들은 그를 머리가 돈 사람이라며 그의 말에 귀를 기울이지 않았다. 1933년 독일의 나치가 정권을 잡자 처칠은 '히틀러는 전쟁을 뜻한다. 영국은 군비를 증강해야 한다'라고 경고했다. 그러나 영국인들은 그를 전쟁광이라고 코웃음을 쳤다.

2차 세계대전 직후인 1946년 세계의 모든 국민들이 평화와 선린의 시대가 도래할 것이라는 희망에 들떠 있을 때 처칠은 소련의 팽창주의와 침략의 위험을 경고했다. 그러나 누구도 그의 말을 믿으려 하지 않았다. 이처럼 처칠의 경고는 그 당시에는 사람들의 희망에 찬물을 끼얹고 상식으로는 생각할 수 없는 것이었기 때문에 인기가 없었고 심지어는 비웃음거리가 되었다. 한때 영국 신문들은 처칠에게 '카산드라'라는 별명을 붙여 줌으로써 그가 영국 국민들이 경청하지 않는 예언자임을 강조하기도 했다. 카산드라는 호머의 시에 나오는 여자 예언자로 트로이의 멸망을 예언했다가 사람들에게 무시당한 사람이었다.

그러나 역사는 여론에 무시당하고 인기없던 처칠의 예언과 경고가 모두 옳았음을 입증하고 있다. 처칠은 일찍이 '인기가 없는 일을 하고, 불평을 무시할 준비가 되어 있지 않은 사람은 난세에 각료가 되는데 적당치 않다'라고 말했다. 또 프랑스의 드골 대통령은 '경륜 있는 사람은 남의 눈치를 살피는 데 너무 신경을 쓰지 않는다'라고 말했다. 변덕스러운 여론이나 대중의 값싼 인기를 추종하기보다는 자신의 판단과 신념과 소신대로 행동한 두 거인의 가르침이다.

영국 총리 체임벌린은 윈스턴 처칠과는 가장 대조되는 정치지도자였다. 그가 1938년 독일 총리인 히틀러와 이른바 '뮌헨협정'을 맺고 귀국했을 때, 그는 영국에서 가장 인기가 높은 지도자가 되었다. 왜냐하면 그는 여론에 따라 독일에 대한 유화정책을 추진했기 때문이었다. 그러나 얼마 뒤 독일의 체코 침공으로 뮌헨협정이 파기되자 영국 여론은 그를 총리 자리에서 무자비하게 내쫓았으며, 그의 이름은 무능한 통치자의 대명사로 역사에 기록되고 말았다. 무능한 지도자는 민주적으로 행동한다는 명분 뒤에 자신을 숨기고 여론을 따른다. 그러나 여론은 바로 여론을 추종했기에 발생한 국가적 재난에 대해 결코 그 지도자를 용서하지 않으며, 무능하고 무책임하다는 비난의 화살을 퍼붓는다. 이것이 바로 여론의 속성이다.

원래 여론은 변덕스럽고 일관성이 없으며, 비합리적이고 통일된 하나의 목소리로 나타나는 경우는 아주 드물고, 수시로 변화한다. 이런 성향은 오늘날에는 과거보다 더 두드러지게 나타나고 있다. 여기에는 몇 가지 이유가 있다. 첫째는 국민의 의견형성에 영향력을 미쳤던 신념들이 약화되거나 사라져 버렸기 때문에 수많은 의견들이 생겨날 수 있는 여건이 조성되었다. 둘째는 대중의 힘이 강대해지고 자제력이 없어지게 되면서 극단적인 생각이 아무런 방해도 받지 않고 나타날 수 있게 되었다. 셋째는 다양한 언론의 출현으로 하나의 의견과 반대되는 의견들이 계속적으로 대중의 주목과 관심을 끌게 되면서 하나의 지배적인 의견은 그것과 반대되는 또 다른 의견에 의해서 파괴된다. 그 결과 어느 의견도 널리 퍼지지 못하고, 오래도록 살아남지 못하게 되었다. 오늘날 그 누구의 의견도 많은 국민들이 비판적으로 수용하기도 전에 이미 자취없이 소멸되어 버린다. 따라서 국가의 통치자가 여론만을 추종하게 되면 여론의 변덕에 좌우되어 올바른 국가정책을 추진할 수 없게 된다.

우리나라의 짧은 헌정사상 통치자에게 저항하고 그를 비난하고 공격할 만큼 강력한 반대세력은 언제나 있었다. 그러나 오도된 여론에 홀로 맞서고 선동된 군중 앞에서 국가와 민족을 위한 자신의 소신과 신념을 굽히지 않고 이를 관철한 통치자는 몇분이나 있는가? 대통령은 바로 그런 지도자였다. 대통령은 동서고금을 통하여 당대에 인기를 얻어보려고 여론에 맹종한 통치자들은 거의 예외없이 아무것도 성취하지 못하고 역사의 죄인이 되고 말았다는 역사적 교훈을 깊이 통찰하고 있었다. 대통령은 하나의 신념을 갖고 있었다. 국가의 통치자는 오늘의 세대가 아니라 내일의 세대를 생각해야 한다는 신념이 그것이다. 우리 민족이 영원히 살아남으려면 오늘의 우리 세대가 미래 세대들과 동일체라는 생각을 간직하고 우리 세대의 복리뿐만 아니라 다음 세대의 복리를 생각해야 한다는 것이다.

대통령은 우리의 선대들이 그들 세대만이 아니라 다음 세대를 위해 노력했기에 오늘의 우리 세대가 존재할 수 있듯이 오늘의 우리 세대도 다음 세대를 위해 노력해야 하며, 이것이 민족의 영속성을 보장하는 길이라고 믿고 있었다. 대통령은 내일의 세대를 생각하지 않는 사람은 다음 선거밖에 생각하지 못하며, 선거만 의식하게 되면 인기만을 쫓게 되고, 인기에 매달리게 되면 시시각각 변하는 여론만을 추종함으로써 장기적인 국가정책을 생각하지 못하게 된다고 믿고 있었다.

모든 정치인에게 국민의 인기를 얻을 수 있는 정책을 내세우고 싶은 유혹은 감당할 수 없을 만큼 크다. 그래서 정치인들은 다음 선거를 생각하고 국민의 인기를 얻기 위해 실현 가능성 없는 달콤한 공약이나 정책을 남발한다. 그리고 그들은 국민을 주권자로 치켜세우며 그들에게 아첨하고, 그들의 환심을 사려고 국민의 요구라면 무엇이든지 들어

주겠다고 무책임한 발언을 일삼는다. 대통령은 이처럼 국민의 인기를 얻거나 환심을 사기 위해서 공허한 약속을 하거나 실현 불가능한 정책을 내세우는 정치인을 가장 위험시하고 경계했다. 정치인들이 국민에게 인기있는 정책만을 추진하면, 그것은 국가의 재원을 탕진하여 국가의 쇠퇴와 국민의 불행을 초래하게 되며, 이런 결과를 뻔히 알면서 국민의 인기에 영합하는 정책을 남발한다는 것은 가장 무책임하고 부도덕한 행위라고 보았기 때문이다. 특히 사회의 모든 부조리와 인간의 불행이나 고통을 하루아침에 해결할 수 있는 것처럼 큰소리치고 다니는 정치인들은 국민을 미혹시키고 속이는 사람들이라는 것이다.

대통령은 국민들에게 공허한 약속이나 헛된 희망을 가지게 하지 않았다. 정부가 할 수 있는 것은 할 수 있다고 말하고, 당장 할 수 없는 일은 할 수 없다고 분명하고 솔직하게 국민들에게 밝히고, 국민의 이해와 협력을 호소했다. 지킬 수 없는 약속이나 지키지 못한 공약은 곧바로 국민들에게 좌절감을 안겨주고 국민의 의욕을 위축시키고 정부에 대한 믿음을 파괴함으로써 국가발전의 저해요인이 된다는 것을 대통령은 누구보다 깊이 통찰하고 있었다. 그래서 대통령은 언제나 우리 여건에서 실현 가능한 일부터 하나하나 실현해 나가야 한다는 정책지침을 지켜 나갔다.

대통령은 인기가 있는 정책이 반드시 옳은 것이 아니며, 또 올바른 정책이 반드시 인기를 얻게 되는 것도 아니라는 것을 분명하게 인식하고 있었다. 대통령은 국가정책을 결정할 때 여론이 쉽게 받아들일 수 있고, 높은 인기를 얻을 수 있는 정책보다는 당장은 여론이 쉽게 받아들이기 어렵고 인기도 없지만 국가발전을 위해서는 꼭 필요한 것이라고 판단한 정책을 결정했다. 20년 앞을 내다보는 장기적인 관점에서 국가

정책의 필요성과 당위성을 중요시했으며, 그 정책이 당장 국민에게 인기가 있느냐 없느냐, 또는 여론이 그 정책을 찬성하느냐 반대하느냐에 대해서는 개의치 않았다. 국가와 국민의 앞날을 위해서 필요하다고 믿는 정책은 그것이 당장에는 인기가 없는 것이더라도 과감하게 추진해 나갔으며, 국가와 민족의 앞날을 위해서 크게 잘못되고 위험한 정책은 그것이 당장은 국민의 인기를 얻을 수 있는 것이라고 해도 그런 정책은 절대로 채택하지 않았다.

대통령은 특히 오도되고 선동된 여론은 단호하게 배격했다. 1968년 대통령이 경부고속도로를 건설할 때 먹고 살기도 힘들고 자동차도 못 만드는 나라에서 무엇 때문에 그 엄청난 돈을 들여 고속도로를 만드느냐고 여론의 반응은 싸늘했다. 일부 야당정치인들은 공사장에 드러누워 공사진행을 막았다. 1970년 7월 7일 경부고속도로가 완성되고 그 준공식을 한 뒤에도 고속도로를 주행하는 자동차가 몇 대 되지도 않는다는 비웃음 소리가 끊이지 않았다. 그러나 대통령은 그런 여론의 동향을 웃어넘겼다. 앞으로 10년도 안 되어 경부고속도로에는 승용차와 화물자동차의 물결이 넘쳐흐를 것이라고 단언했다.

대통령이 확신을 가지고 그렇게 단언한 데에는 충분한 근거가 있었다. 대통령은 앞으로 우리나라의 수출입 물량은 해마다 급속도로 팽창하여 도로수송이 늘어날 것이고, 또 국민소득이 늘어나 중산층이 증가하게 되어 승용차 수요도 증가하며, 고속도로의 유용성이 머지않아 입증된다는 것이다. 대통령은 산업화 초기에 이미 산업화가 끝난 미래의 필요에 대비하고 있었던 것이다. 그래서 대통령은 경부고속도로에 이어 호남고속도로, 영동고속도로, 남해고속도로 건설에 착수했다.

한일 국교정상화와 베트남파병, 향토예비군 창설도 이에 대한 반대 여론이 비등했고 인기가 없는 개방정책이었고 국방정책이었다. 특히 한일회담과 베트남파병을 반대하는 여론의 파고는 정권을 뒤엎을 만큼 엄청난 해일을 이루고 있었다. 그리고 향토예비군 창설은 젊은이들에게는 인기가 없었다. 그러나 대통령의 소신은 확고했다. 그 거센 반대여론에 흔들리지 않았고 젊은이들의 인기에 연연하지 않았다. 외교와 국방에 있어서 변덕이 심한 여론을 따라 우왕좌왕하다가 국가를 위태롭게 하는 일이 있어서는 안 된다는 것이 대통령의 확고한 신념이었다.

대통령은 천하가 아무리 시끄러워도 해야 할 일은 어떤 일이 있어도 해냈고, 세상 사람들이 모두 떠들어도 해서는 안 될 일은 하지 않았다. 대통령은 대통령타도 구호까지 내걸었던 한일회담 반대여론은 정권타도를 노리는 야당과 일부 운동권학생들에 의해 오도되고 선동된 여론이라고 판단하고 있었으며, 따라서 이들의 여론몰이를 강력하게 차단했다.

그리스의 페리클레스는 국민을 추종하지 않았다고 해서 참된 민주주의자가 아니라는 비난을 받기도 했지만 그는 아테네에 부강과 영광을 안겨 주었고, 인류를 위해 파르테논 신전을 남겼다.
박정희 대통령은 여론을 따르기보다는 자신의 신념을 관철하는 과정에서 정적들로부터 독재자라는 비난을 받았으나 조국의 번영과 자유와 평화의 주춧돌을 다져 놓았고, 개발도상국가들을 위해 후진국 근대화의 모형을 남겼다.

탐구정신
시대가 변함에 따라 통치자의 자질도 변했다. 옛날 봉건적인 왕조시대의 통치자들은 그들이 이 세상에 태어난 이후에 갈고닦은 역량과 지식과 인품보다도 타고나기 전부터 운명적으로 하늘처럼 생각된 사람들이었다. 그리하여 국민들은 이런 통치자들의 역량을 스스로 비판하거나 능력이나 자질을 따져 보려는 생각도 없이 그저 무조건 복종하고 순응했으며, 통치자들은 능력이나 자질과는 관계없이 세습적으로 통치자의 특권을 누렸다.

그러나 현대산업사회에 있어서 국가의 최고통치자는 고대의 농경사회의 군주와는 달리 국가경영에 필요한 기본적인 자질과 광범위한 지식을 겸비하고 있어야 한다. 즉 정치, 경제, 외교, 군사, 교육, 과학, 문화 등 국민생활의 모든 분야에 걸쳐서 현실에 대한 정확한 인식능력과 올바른 정책을 스스로 판단하고 결정하는 데 필요한 광범위한 지식을 갖추고 있어야 한다. 우리나라와 같이 대통령책임제를 채택하고 있는 국가에서 대통령은 학식이나 지식이 없어도 덕망이 높고, 청렴하면 된다고 말하는 사람이 있다. 대통령은 전문적인 지식이 있는 유능한 인재를 등용하면 된다는 것이다. 그러나 현대산업사회의 복잡한 국가적 과제들을 해결해 나가기 위해서는 대통령 자신이 많은 것을 알아야 하며, 측근 참모나 전문가들의 지식이나 학식은 결코 대통령의 무식이나 무지의 대용물이 될 수 없다. 전문가들이 건의하는 정책이 과연 필요한 것인지, 바람직한 것인지, 실현 가능성이 있는 것인지를 판단할 수 있으려면 대통령은 전문가들보다 더 많은 것을 알고 있어야 한다. 우리나라뿐만 아니라 지구 위 모든 나라의 정치, 경제, 사회, 문화, 역사에 관해서 일가견을 가지고 있어야 하고, 경제와 국방, 사회와 문화 등 각 분야가 서로 작용하고 있는 그 유기적인 상호관계까지도 알고 있어야 한다. 그래야만 국내외 현실을 올바로 인식하고 국가정책의 적절성에 대한 판단과 결정을 할 수 있다.

대통령이 판단을 하고, 결정을 해야 할 일들의 내용과 범위는 행정부 장관이나 국회의원 또는 대기업 경영자들이 판단하고 결정해야 할 일들과는 비교할 수 없을 만큼 크고 복잡하다. 대통령은 60만 공무원을 거느리고 있는 행정부의 최고책임자로서, 60만 국군의 통수권자로서, 정당의 총재로서, 그리고 100여 개 이상의 외국을 상대하는 국가원수로서, 그가 처리해야 할 과제는 수없이 많으며, 복잡할 뿐만 아니라 그 해결 또한 쉽지 않다. 대통령 아닌 어느 누구도 그처럼 다양하고 방대한 분야의 문제에 대해 최종적인 판단과 결정의 책임을 지고 있는 사람은 없다.

대통령은 국가의 최고통치자로서 국가의 존립과 발전을 좌우하는 모든 국가정책의 최종적인 결정권자다. 결정의 본질은 선택이다. 대통령은 자신이 원하거나 창조하지 않은 복잡하고 위험한 국내외 상황 속에서 국가의 활로를 찾고 긴급한 과제를 해결하기 위해 하루에도 수없이 많은 판단과 선택과 결단을 해야 한다. 따라서 대통령이 올바른 선택과 결정을 할 수 있으려면 대통령 자신이 국정에 관련된 모든 분야에 대해 많은 것을 알고 있어야 한다. 기본적으로 경국의 철학과 경륜과 지식을 갖추고 있어야 한다. 만일 경국의 철학과 경륜과 지식이 없는 사람이 대통령이 된다면 국가는 통치력의 위기를 맞게 된다. 왜냐하면 그는 올바른 판단과 결정을 요구하는 복잡하고 긴급한 국가적 과제를 해결할 수 없기 때문이다.

어떤 사람은 누구라도 대통령이 될 수 있으며, 대통령의 자리에 앉게 되면 무식한 사람도 국가경영의 경륜과 지식을 얻게 된다고 말한다. 제도 자체가 그 제도에 걸맞는 인간을 만든다는 것이다. 그러나 대통령직이라는 자리 자체가 무식한 사람을 유식하게 만드는 것이 아니다. 대

서독방문 박 대통령은 서독의 공업시설과 농촌을 살펴보고, 본~쾰른 간의 아우토반 고속도로를 160km로 달리면서 많은 것을 배우고 우리나라 고속도로에 대한 정책구상 을 하였다(1964. 12. 7).

통령의 막중한 임무와 책임을 수행하는 데 필요한 경국의 철학과 경륜 과 지식이 없는 사람이 대통령 자리에 앉는다고 해서 그 임무를 수행 할 수 있는 철학과 경륜과 지식이 하루아침에 저절로 생기는 것이 아니 기 때문이다. 그런 경륜과 지식을 쌓는 데는 상당한 시간과 노력이 필 요하다. 이 나라를 크게 발전시켜 보겠다는 원대한 꿈을 지니고, 그 꿈 을 실현할 수 있는 방책을 연구하고 다양하고 복잡한 국정의 전문야에 대해 공부하여 지식을 쌓고 또 계속 공부하는 고된 준비의 과정을 거 치지 않고는 국가통치의 경륜이나 지식이 쌓일 수는 없다. 뿐만 아니 라 그런 경륜과 지식을 지니고 있는 사람조차도 대통령의 책임과 사명 을 차질없이 수행하려면 재직 중에도 끊임없이 연구하고 공부해야 한 다. 왜냐하면 세상은 급변하고 있고, 이에 따라 새로운 국가적 과제가 등장하며, 그런 변화와 과제들은 최고통치자인 대통령에게 새로운 지식을 요구하고 있기 때문이다.

박정희 대통령은 뚜렷한 통치철학과 경륜과 지식을 겸비하고 있었을 뿐만 아니라 끊임없이 변천하는 상황에 대처하는 데 필요한 새로운 지식을 터득하고 보다 깊고 넓은 경륜을 쌓기 위해서 부단히 공부하고 연구하는 것을 한시도 게을리하지 않았다. 플라톤같이 생각하고 카이사르처럼 행동한다는 말이 있다. 대통령은 공부하는 지도자이자 행동하는 지도자였다. 대통령은 행동하는 지도자로서 공부했고, 공부하는 지도자로서 행동했다. 대통령은 놀라울 만큼 대단한 독서가였다. 하루 일과의 대부분은 손님을 만나고 회의를 하며 서류 결제로 바쁜 시간을 보내고도 저녁에 서재에 들어가면 밤늦도록 읽던 책을 완독했다. 그는 꾸준한 독서를 통해 지식을 추구하기도 했지만, 두뇌를 단련하고 마음을 가다듬었다. 그러나 그의 독서는 단순히 독서를 위한 독서가 아니었다. 정치, 경제, 외교, 국방, 문화 등 국정 전반에 대한 폭넓은 지식을 얻고 경륜을 쌓는 데 필요한 서적을 탐독하고 연구했다. 이처럼 많은 책을 읽고 깊이 생각하여 국가발전을 위한 새로운 구상과 정책을 창안했다.

특히 경제개발에 대한 국내외 학자들의 저서와 논문을 숙독했다. 반평생을 군인으로 지낸 대통령은 경제전문가로서의 교육과 훈련을 받을 기회는 없었지만, 5·16혁명 직후부터 경제개발에 대한 전문지식을 쌓기 위해 경제학자와 기업인을 초치하여 공부도 하고 자문도 구하였다. 일부에서 대통령은 군인 출신이므로 경제를 알지 못한다고 집요하게 비난하고 있을때 그는 경제를 공부하며 경제개발의 세부문제를 올바른 시각에서 볼 수 있는 높은 수준의 지식과 이론을 터득하고 있었던 것이다. 대통령의 이런 실력은 공무원들과 기업인들에게 국가의 경제정책이 올바른 방향으로 일관성 있게 추진될 수 있으리라는 신뢰감과 자신감을 심어 주었다. 대통령은 정치나 경제 이외에 문화와 교육과 예술 등 많은 주제에 대해 누구와도 유익한 대화를 나눌 수 있을 만큼 폭넓은 지식을 갖고 있었으며, 또 끊임없는 독서와 대화로 관련 지식을 넓혀 나갔다. 그리고 감명깊게 읽었던 책은 행정부 장관이나 여당 국회의원들에게 읽기를 권고했고, 또 훌륭한 저서를 낸 학자들을 초치해서 장시간 그의 의견을 경청하고 더 많은 연구를 할 수 있도록 물심양면으로 지원했다.

대통령이 열심히 공부하고 연구한 또 하나의 분야는 역사에 대한 것이다. 역사는 그 시대의 증언이며, 과거를 비추어보는 거울이라는 말이 있다. 대통령은 동서고금의 역사는 정치지도자들이 배워서 실천해야 할 교훈의 보고라고 생각했다. 대통령은 일찍이 불우했던 시절 잠 못 이루는 밤에 국가와 민족의 앞날을 생각하면서 동서양 역사에 대한 서적을 정독했고, 흥망성쇠로 점철된 인류역사에 대해 해박한 지식을 축적했다. 많은 문명이 성쇠를 거듭했고, 수많은 나라들이 흥망을 되풀이 한 동서양 역사에서 어떤 민족은 어떻게 해서 융성하고 발전했으며, 다른 민족은 무슨 결함 때문에 쇠잔과 퇴영의 길로 빠졌는가를 공부하고 연구함으로써 국가발전에 대한 안목을 키우고 지혜를 얻었다. 대통령은 또한 우리 역사를 깊이 연구했고, 우리 민족의 수난사에서 많은 교훈을 찾았다. 특히 국력 없이는 민족의 생존과 번영이 있을 수 없으며, 당쟁과 분열을 제거하지 못하고는 국력증강을 도모할 수 없다는 것을 뼈저린 교훈으로 간직했으며, 이 교훈은 그의 통치에 중대한 영향을 미쳤다. 이순신 장군의 《난중일기》, 《손자병법》, 토인비의 《역사의 연구》, 그리고 선진국의 산업혁명과 민주주의 발전 역사에 대한 서적은 대통령이 각종 회의때 자주 인용한 책들의 일부다.

대통령이 이처럼 끊임없는 학구적인 열성과 전문가와의 대화, 그리고 자문을 통해 축적한 지식과 경륜이 국가발전을 촉진하는 데 있어서 커다란 자산이 되었음은 두말할 나위 없다는 것이 대통령의 자문에 응한 전문가들의 공통된 평가였다. 그러나 대통령의 공부는 독서에 국한된 것이 아니었다. 대통령은 국내외 산업현장에서 많은 공부를 했다. 1964년 말 독일연방공화국을 국빈자격으로 방문했을 때 대통령은 서독의 공업시설, 풍요하고 아름다운 농촌을 두루 살펴보고, 특히 직선으로 끝없이 뻗어나간 넓은 고속도로를 자동차로 달려보면서 서독 안내인에게 여러 가지 질문을 하고, 보고 들은 설명을 기록해 두는 등 우리나라의 공업화와 농촌근대화를 위해 무엇을 어떻게 해야 할 것인지에 대해 많은 공부를 했고, 여러 가지 정책과제를 구상해 두었다. 그리고 귀국 직후 동아일보에 기고한 〈방독소감〉에서 우리가 배워서 실천해야 할 독일의 교훈에 대해 국민들에게 자세하게 설명했고, 또 각종 회의와 연설에서 독일을 배워야 한다는 점을 강조했다.

1965년 5월 16일부터 열흘 동안 대통령은 미합중국을 국빈자격으로 방문했다. 이 무렵 대통령은 미국 공업의 심장부인 공업도시 피츠버그(Pittsburgh)를 방문하여 공업화에 대한 견문과 관찰을 통해서 많은 것을 배웠다. 대통령은 피츠버그 시의 대표적 공장인 존스 앤 러플린(Jones&Laughlin) 철강회사의 앨리퀴파(Aliquippa) 작업장을 두루 살펴보았다. 그 당시에 대통령은 앞으로 부국강병의 목표를 이루기 위해서는 반드시 종합제철공장을 건설해야 한다는 결심을 굳혀놓고 있었다. 그래서 대통령은 각별한 관심을 가지고 이 회사 사장에게 여러 가지 문제를 물어보았다. 회사 사장은 거대한 용광로, 초현대적인 생산공정 등 공장시설과 공장운영에 대한 전반적인 사항에 대해 자세하게 설명했다.

미국방문 박 대통령은 미국 공업의 심장부인 공업도시 피츠버그를 방문하여 공업화에 관한 많은 것을 배웠다. 특히 철강회사를 살펴보고 종합제철공장 건설에 대한 결심을 굳혔다(1965. 5. 16).

대통령은 여기서 보고 듣고 배운 지식을 포항제철 건설 때 많이 활용했다. 대통령은 또한 미국의 우주기지인 케이프케네디(Cape Kennedy)에 있는 우주과학센터를 시찰했다. 이 우주센터의 디버스(Kurt H. Debus) 소장은 대통령에게 '이곳의 모든 것을 잘 보시고 돌아가시기 바란다'라는 인사를 하고는 8번 로켓 발사광경을 보여 주었다. 디버스 소장은 이곳에서 유도탄발사 광경을 직접 참관한 국가원수로서는 대통령이 최초라고 했다. 대통령은 각종 '로켓'을 시찰하고 '아틀라스' 달나라 로켓 조립현장을 두루 살펴보았다. 이곳에서 보고 배운 견문과 지식은 몇 년 뒤 대통령이 국산유도탄 개발을 계획하는 데 많은 도움이 되었다.

대통령은 1966년 2월 7일부터 18일까지 12일 동안 말레이시아, 태국, 대만 등 동남아 3개국을 순방했다. 이 순방은 대통령이 아시아태평양 공동사회 건설을 구상하고 이를 실현하기 위한 정지작업의 하나로 계획된 것이었으나 이들 3개국은 경제개발을 위해 서로에게 도움이 될 수 있는 경험과 지혜를 공유하고 있는 국가들이었다. 첫 번째 방문국인 말레이시아에서는 말레이시아 국가개발상황실을 방문하고 나지브 라자크 부총리로부터 이 나라의 제2차 경제개발 5개년계획의 추진상황과 전반적인 국가개발과 경제발전 상황에 대한 브리핑을 들었으며, 특히 외자도입과 그 활용방법에 대해 여러 가지 질문을 하고 답변을 들었다. 이 상황실에는 세계 각국의 개발계획이 비치되어 있었는데 우리나라는 경제개발 5개년계획에 의해 연간 50% 소득증가를 올리고 있는 것으로 기록되어 있어서 대통령의 눈길을 끌었다.

대만에서 대통령은 먼저 동양제일의 다목적댐인 스먼(石門) 댐을 시찰했다. 대만 북부에 있는 다쿠오칸 강을 막은 스먼 댐은 높이가 492피트, 둘레가 25마일인 인공호수로 14만 3천여 에이커의 논에 물을 대고 34만 명에게 식수를 제공하고, 8만 kW의 전기를 생
산하고 있다. 대통령은 이 거대한 다목적댐을 보면서 우리도 조만간 다목적댐을 여러 개 건설해야 되겠다는 구상을 가다듬었다. 대통령은 또한 도원근교 구산촌에 있는 한 농가를 방문했다. 농가 주인은 64세의 여문산(余文山)이라는 사람이었다. 대통령이 먼저 주인에게 질문했다. '여선생은 큰 집과 넓은 정원을 가졌고, 자손도 많은 듯한데 농사를 지어서 많은 가족을 거느리기가 어렵지 않습니까?'라고 물었다. 대통령을 안내하고 온 이 지방의 고급관리가 대신 설명했다. '3대가 한 집에 살고 있는 여문산 씨 댁에는 6명의 아들을 두고 있으며 9명의 손자와 6명의 손녀가 있습니다. 6명 아들들 가운데 막내가 군에 가고 나머지는 모두 이 집에 살며, 해마다 절약해서 모아두었던 돈으로 지난해 5월에 화물자동차 두 대를 사서 셋째와 다섯째 아들이 운수업을 하고 있어서 안정된 농가를 이루고 있습니다.'

대통령은 농사짓는 일에 대해 알고 싶다고 말하자 이 집의 장남이 설명했다. '이 대가족의 경제는 자기가 주관하고 있고 지난해 지출은 8만 원 정도인데 아직 3만 원 정도가 남아 있습니다.' 이에 대통령이 '나머지 3만 원은 자녀들의 교육비로 쓰려는 것이냐?'고 묻자 '교육비는 이미 사용한 8만 원에 포함되어 있고, 3만 원은 고스란히 남은 것입니다'라고 대답했다. 대통령은 이 농가에서 일할 수 있는 가족은 모두 부지런히 일하고 있다는 사실과, 장남이 가족을 책임지고 있는 지도자 역할을 하고 있다는 사실, 그리고 가족 모두가 근면하고 절약하며 열심히 살고 있다는 사실을 발견했다. 대통령은 이 사실에 크게 고무되었다. 대만의 이 농촌마을은 대통령이 우리나라에서 우리 농민들에게 강조해온 근면, 자조, 협동의 정신혁명운동이 우리나라 농촌근대화를 촉진할 수 있는 최선의 방책임을 확인시켜 주고 있다고 확신할 수 있었기 때문이다.

대통령은 1968년 9월 16일부터 23일까지 국빈자격으로 방문했던 오스트레일리아와 뉴질랜드의 산업현장에서도 많은 것을 보고 배웠다. 오스트레일리아에서는 농공병진정책의 성과를 보면서 많은 시사점을 발견했고, 뉴질랜드에서는 현대적인 영농기술과 경영기법에 대한 귀중한 지식을 터득했다. 특히 뉴질랜드에서는 '존스턴 목장'을 방문하여 '존스턴' 씨의 안내로 1200여 에이커에 이르는 광활한 목장을 두루 살폈다. 대통령은 홀리오크 총리와 목장주인의 안내로 종우, 면양사육장과 축사 등을 둘러보면서 면양털을 깎는 기술자에게 여러 가지를 물어보고 격려했다. 대통령은 존스턴 목장주인에게

목초재배 방법과 건초저장 방법, 뉴질랜드의 토질에 대해 물어보았다. 대통령은 그 넓은 목장에 비행기가 비료를 뿌리는 장관을 보면서 현대적인 영농기술과 경영에 대해 많은 생각을 했다. 대통령은 또한 뉴

질랜드에서 낙농이 가장 발달한 중부지방의 '코마코라우 치즈 공장'과 '리델 보로스' 낙농장을 시찰하면서 공장설립 비용, 젖소와 근무자 수송 등에 대해 자세히 묻고, 공장장의 답변을 일일이 기록했다. 대통령이 공장장에게 '우유로 치즈를 만들고 나면 무엇이 남느냐?'라고 묻자 '물밖에 없다'라는 대답이 나와 대통령은 크게 웃었다.

대통령이 낙농과 관련된 모든 부문에 대해 세밀한 문제까지 계속 묻고 설명을 듣고 기록해 두는 진지한 모습에 감명을 받은 홀리오크 총리는 대통령이 낙농에 대해 그토록 깊은 관심을 가지고 있는 줄은 미처 몰랐다고 놀라워하면서 뉴질랜드로서는 앞으로 한국낙농 발전에 적극적인 지원을 해주겠다고 약속했다. 대통령은 감사의 뜻을 표하고 빠른 시일 안에 방한하여 많은 조언을 해주기 바란다고 화답했다.

설득의 지혜

일반적으로 국가정책은 여러 단계의 과정을 거쳐 결정된다. 먼저 사실에 대한 합의를 형성하고, 국가 목표에 대한 합의를 도출하며, 문제를 정의하고, 가능한 해결방안들을 검토하며, 그 방안들로부터 얻을 수 있는 결과들을 분석, 평가한 뒤 하나의 정책대안을 선택하고 그 정책의 추진을 준비한다. 그러나 이것은 일반적으로 바람직하다고 생각되는 하나의 이상적인 과정이며, 실제로 정책이 결정되는 각 단계와 순서는 그렇게 기계적으로 지켜질 수가 없다. 사실에 대한 합의만 하더라도 그것은 결코 쉽게 이루어질 수 없으며, 사실의 존재여부가 논쟁 대상이 된다. 정책목표와 문제의 정의, 그리고 그 해결방안에 대한 합의 도출은 더욱 어렵다.

가치판단이 다름에 따라 무엇이 바람직한 것이고, 무엇이 국익이며,

무엇이 문제상황이고, 어떤 수단이 효과적인가 하는 데 대해서는 여러 의견이 있을 수 있기 때문이다. 현실적인 사람은 이상주의적인 사람과는 의견을 달리 하고, 보수적인 사람은 진보적인 사람과는 관점을 달리하며, 서로가 자신의 관점에서 다른 사람의 관점에 반대한다. 따라서 사실 검토에서부터 최종 정책대안을 선택하는 여러 단계마다 여야 정당과 국회, 언론과 학계 심지어는 행정부 안에서도 의견이 갈리게 마련이다. 그 결과 실제로 결정된 정책은 모든 단계에서 완전한 합의가 이루어진 것이 아니며 하나의 정책이 결정되어 추진되는 과정에서도 이에 대한 반대가 이어지고, 여러 제약과 압력이 가해진다. 대통령책임제 정부에서 대통령의 권한은 막강하고 그의 권위는 거의 절대적이며, 따라서 대통령은 정부의 모든 정책을 자신의 신념과 소신대로 결정하고 밀고 나갈 수 있을 것이라고 생각하는 사람들이 많다. 그러나 실제에 있어서는 그렇지가 못하다.

미국의 트루먼(Harry S. Truman) 대통령은 '나는 하루 종일 여기 백악관에 앉아서 사람들에게 내가 설득하지 않아도 마땅히 해야 할 일들을 그들이 스스로 하도록 설득하는 일을 하고 있다. 그것이 바로 대통령 권한의 전부이다'라고 말했다고 한다. 케네디 대통령은 백악관을 방문한 한 손님에게 그의 집무실 책상을 가리키면서 이렇게 말했다고 한다. '저기 여러 개 단추들이 보이지요. 나는 그것들을 다 누를 수 있습니다. 그러나 아무 일도 일어나지 않습니다' 대통령은 단추를 눌러서 상하 양원의 정치인들이나 행정부 각료들 그리고 군 수뇌부들을 대통령 집무실로 불러들일 수 있고, 외국 국가원수들과 대화를 할 수 있으나 그 이상의 일은 하기 어렵다는 것이다. 의회는 의회대로 해야 할 중요한 일이 있으며, 행정부 각료들은 그들대로 수호해야 할 부처 이익을 갖고 있다. 외국의 국가원수들도 그들대로 증진시켜야 할 국익을 갖고 있다. 따라서 대통령이 어떤 정책을 결정하고 이것을 추진하려고 한다고 해서 대통령 뜻대로 쉽게 추진할 수 있는 것이 아니다. 그래서 대통령이 어떤 정책을 수립해서 이를 성공적으로 추진하기 위해서는 의회와 여야 정치인. 행정부관료, 외국의 지도자들과 협의도 해야 하고, 논쟁도 해야 하며, 감언도 해야 하고, 아부도 해야 하며, 설득도 해야 하며, 협박도 해야 하며, 보상도 해야 하고 보복도 해야 한다. 미국 역대 대통령들이 자기의 정책을 반대하는 상원과 하원 의원들에게 반대를 철회하도록 하기 위해 연방수사국(FBI)에서 조사해 놓은 이들 의원들의 비리를 폭로하겠다고 위협하거나 또는 이들 의원의 지역구에 재정지원을 제공하겠다고 회유하는 일은 널리 알려진 비밀 아닌 비밀이다. 이것은 미국뿐만 아니라 대부분의 서구 민주주의 국가에서는 흔히 있는 일이다. 이것은 미국과 비슷한 삼권분립제도를 채택하고 있는 우리나라 대통령의 경우도 마찬가지이다.

대통령은 국가의 복잡한 권력구조의 정상에 앉아 있지만, 대통령의 자유로운 행동과 결정을 제약하는 많은 세력들에게 포위되어 있다. 대통령은 행정부 수반이다. 그는 행정부 관료들에게 지시하고 명령하고 이들을 지휘한다. 그러나 행정부처 관료들은 여러 가지 방법으로 대통령의 행동이나 결정을 제한하고 방해한다. 대통령은 여당 총재이다. 그는 여당의 당권을 장악하고 당을 지배한다. 그러나 대통령은 여당 정치인들의 이익이나 요구를 무시할 수 없으며, 여당 정치인들은 당과 국회에서 독자 행동을 함으로써 대통령의 행동과 결정을 견제하고 제약한다. 대통령은 야당의 정적이다. 야당은 대통령을 적대시하며, 국회에서 또는 국회 밖에서 대통령을 비판하고 공격한다. 대통령은 또한 대법원장을 비롯한 법관 임명권자이다. 그러나 사법부는 독립을 유지하면서 대통령의 정책에 제동을 건다. 따라서 대통령이 결정한 국가정책이 시대의 필요성을 반영한 것이고, 국민들이 지지하고 협력해야 할 명분과 논리가 아무리 훌륭한 것이라고 하더라도 이에 대한 찬반 논란과 비판과 제약은 따르기 마련이다. 결국 대통령은 이러한 반대와 비판의 목소리를 내는 국가기관과 여야 정당, 언론계와 학계와 종교계 등의 이해와 협조를 얻기 위해 이들을 설득해야 한다.

대통령이 국가의 목표와 정책에 대해서 가장 먼저 설득해야 할 대상은 국가공무원이었다. 대통령은 국가목표와 이 목표를 달성하기 위한 수단인 정책에 대해서 국가공무원들에게 철저하게 주지시키는 것이 무엇보다도 중요하다고 생각했다. 대통령이 행정부처 연두순시 때 간부급 공무원들에게 국가의 목표가 무엇인가? 여러 가지 국가목표들의 우선순위는 무엇인가? 그런 목표를 달성할 수 있는 정책대안들은 어떤 것이 있는가? 라는 질문을 하면 놀랍게도 그것을 올바르게 알고 있는 사람은 얼마 안 된다. 심지어는 엉뚱한 대답을 하곤 한다. 그렇다면 대부분의 공무원들은 업무시간의 상당 부분을 국가정책을 추진하는 일보다는 시급하지도 않고 중요하지도 않은 일을 하는 데 허비하고 있다는 결론이 나온다. 이것이 공무원사회에 있어서 이른바 '정책과 실천 사이의 간극'이다. 이래서는 국가정책이 성공적으로 추진될 수 없다. 따라서 대통령은 국가정책을 차질없이 추진하기 위해서는 국가목표와 정책에 대해 공무원들이 대통령과 인식을 같이하도록 훈련하고 설득할 필요가 있다고 생각했다.

공무원 한 사람 한 사람이 국가목표와 정책을 올바르게 이해하고 이런 목표를 이루기 위한 정책을 추진하는 데 그들의 잠재력을 발휘하도록 그들의 사명감과 책임감을 고취해야만 국가의 공무원 조직이 큰 힘을 낼 수 있고, 그런 힘이 국가목표 달성에 가장 큰 원동력이 된다는 것이 대통령의 생각이었다. 한 마디로 대통령은 모든 공무원들에게 일하는 동기를 부여함으로써 국가정책의 추진력을 공무원 조직 내부에서 이끌어내려 한 것이다. 그래서 대통령은 각종 회의에 국가정책을 실무적으로 추진하는 행정부처 각료와 고위관료들을 참석시켜 국가정책에 대한 참여의식과 지적분발, 그리고 사명감을 고취하기 위해 고된 설득의 노력을 기울였다.

대통령이 국가의 목표와 정책에 대해서 설득의 노력을 기울여야 할 또 다른 대상은 여당 당원, 특히 여당 국회의원들이었다. 여당 국회의원들은 대통령이 결정한 국가정책을 추진하는 데 필요한 법률제정이나 예산배정 때 국회에서 주도적인 역할을 맡는 집권세력이다. 국가정책에 대한 이들의 이해와 협조는 그 정책의 성패에 결정적인 영향을 미친다. 따라서 대통령은 이들의 협력이 필요한 중요한 국가정책에 대해서는 그때그때 정부와 여당 연석회의를 청와대 대접견실에서 직접 주재하고 이들을 설득했다.

일반국민들이 간직하고 있는 대통령에 대한 이미지 가운데 사실과 가장 거리가 먼 것은 대통령이 겁에 질린 행정부 각료나 여당 간부들에게 불호령을 내리는 제왕같은 대통령이라는 것이다. 대통령은 자신이 결정하고 추진하고자 하는 국가정책에 반대하는 행정부 각료나 여당 국회의원에게 결코 자신의 결정을 무조건 지지하고 그것을 실행하는 데 협력하라고 명령조로 말하거나 압박하지 않았다. 대통령은 반대한 각료나 국회의원을 회의가 끝난 뒤 따로 불러 직접 설득하거나 그들과 친분이 두터운 동료들에게 설득해 줄 것을 당부했다. 베트남파병 때, 여당인 공화당의 한 중진의원은 국회와 언론을 통해 공공연하게 파병을 반대했다. 대통령은 정부와 여당 연석회의에서 그 국회의원의 이름을 거명하면서 그처럼 당당하게 자신의 의견을 개진하는 것이 바로 민주정치의 장점이라고 말하고, 동료의원들에게 그 의원을 설득해서 이해와 협조를 얻도록 힘써 줄 것을 부탁했다. 대통령은 그 여당의원의 당당한 논리전개를 높이 평가하고, 대통령 앞에서는 찬성하고 밖에 나가서는 반대하고 다니는 사람보다는 더 믿음직스럽고 존경할 만하다고 그 의원의 자세에 대해 칭찬했다. 그 의원은 공화당의 원내부총무인 서인석이었다.

대통령중심제 국가에서 대통령에 선출되는 사람은 그 직위와 함께 헌법에 규정된 권력을 인수받게 된다. 그러나 모든 대통령이 똑같은 권력을 행사하는 것은 아니다. 권력을 행사하는 데 능숙한 대통령은 그렇지 못한 대통령에 비해 자신의 권력을 신장시킬 수 있다. 권력은 명령을 내릴 수 있는 능력이라고 알려져 있다. 그러나 명령이 권력의 전부는 아니다. 설득의 노력을 다 하는 대통령은 명령보다도 더 효과적으로 사람들로 하여금 그가 바라는 행동을 하도록 할 수 있으며 이런 경우 대통령은 헌법이 대통령에게 부여한 권력 이상의 영향력을 행사할 수 있다. 대통령은 국가정책에 대한 설득방법에 의해서 헌법상의 고유 권한보다는 더 많은 영향력을 행사하여 많은 일을 성취할 수 있었다. 대통령은 여당 국회의원들을 설득해서 국회에서 그의 정책을 지지하고 입법화하도록 함으로써 대통령의 권한 이외에 헌법이 국회에 부여한 권한의 일부분까지도 자신의 정책 추진에 이용했고, 또 대법관들을 설득해서 법원이 대통령의 정책수행을 돕도록 할 수 있도록 함으로써 헌법이 대통령에게 부여한 권한조차도 다 행사하지 못하고 우유부단하게 행동해서 국가를 혼란과 위기로 몰아 넣은 다른 대통령과 박정희 대통령의 차이는 바로 이런 권한 행사에 대한 능력 차이에도 나타나고 있다.

대통령이 각별한 설득의 노력을 기울여야 할 또 다른 대상은 국민의 여론을 형성하거나 지도하고, 또 국민의 여론을 반영하는 사회 각계각층의 지도적인 인사들이었다. 대통령은 공식 또는 비공식으로 이들을 만나서 국가정책에 대해 협의도 하고 설득도 함으로써 이들의 이해와 협력을 이끌어냈다. 대통령은 그의 정책을 신랄하게 비판하는 학자나 언론인들을 자주 청와대 집무실로 초치해서 그들의 의견을 들었고 자신의 입장을 밝혔다. 그때마다 학자들과 언론인들은 한결같이 국정에 대해 진지하고 열정적으로 설명하는 대통령의 모습을 보고 있노라면 다른 사람에게는 느껴보지 못한 경외감과 존경심을 느끼게 된다고 말했다.

그들은 대통령이 국가와 민족의 발전을 위해 자신의 모든 것을 바친 신념과 헌신의 지도자이며, 참을 수 없는 비난과 공격을 정면으로 받아넘기면서 자신이 추진하는 정책에 대해 사람들을 승복시키는 설득의 명수라고 생각했다. 그리고 그들은 대통령에 대한 그들의 비판과 공격이 오해와 곡해에서 비롯되었음을 알게 되고, 대통령이 추진하는 정책을 새로운 각도에서 볼 수 있게 되었다고 말했다. 실제로 재야에 있을 때 대통령과 그의 정책을 그 누구보다도 가장 혹독하게 비난했던 학자와 언론인과 재야 인사 가운데에는 대통령의 설득으로 행정부 각료의 중책을 맡았고, 그들은 재직 기간에 가장 열렬하게 대통령을 존경하고 가장 충직하게 대통령을 보필했다.

대통령은 국회의원, 사법부 간부, 행정부 장·차관, 군 지휘관, 여·야 정당의 지도자들, 언론계 대표들, 학계 대표, 각종 민간기관의 대표, 외교 사절 등 각계각층의 지도적인 인사들과 정기적으로 또는 부정기적으로 자주 만나 나랏일을 협의한다. 그런 접촉 과정에서 대통령은 국가정책에 대해 설명하고, 그들은 대통령의 지도자로서의 자질을 알게 되고, 대통령을 평가한다. 그들이 대통령을 어떻게 평가하느냐에 따라 그들에 대한 대통령의 영향력이 늘어나기도 하고 줄어들기도 한다. 대통령이 국정을 운영할 때 국가발전에 필요한 정책을 훌륭하게 추진하여 큰 성과를 거둔다면 그들은 대통령의 지도력을 높이 평가하고 대통령을 신뢰하고 지지한다.

사회의 지도적인 인사들은 대통령을 평가할 때, 대통령의 업적이나 지도자로서의 자질과 개성 등을 고려하기도 하지만, 대통령이 일반국민들 사이에서 얼마나 신뢰받고 있느냐 하는 것도 고려한다. 따라서 대통령이 국민들의 절대적인 지지와 신뢰를 받고 있을 경우에 사회의 지도적인 인사들은 대통령이 원하는 대로 따르고 지지하며, 반대로 대통령이 국민의 지지를 잃었을 경우에는 그들도 대통령에 대한 지지를 철회한다. 즉, 그들은 대통령에 대한 국민의 지지를 가늠하면서 대통령에 대한 자신들의 지지 여부를 결정한다. 결국 사회의 지도적인 인사들로 하여금 대통령을 신뢰하고 지지하게 만드는 중요한 요인은 대통령에 대한 국민들의 신뢰와 지지였다. 따라서 대통령이 국가정책의 필요성과 그 유용성에 대해서 가장 중점적으로 또 가장 큰 정성을 기울여 설득해야 할 대상은 국민이었다. 실제로 대통령은 국가정책에 대해 국민의 이해와 협조를 얻기 위해 국민을 설득하는 데 많은 시간과 지속적인 노력을 기울였다.

동서고금의 역사를 통해 모든 창조적 행위는 특출한 지도자나 창조적 소수에 의해 이루어졌다. 서구 선진국가에서 민주주의와 산업화라고 하는 새로운 신조도 사실은 창조적 소수가 일으킨 횃불이며 대다수 국민들은 실제로는 여전히 저 거대한 민주화나 산업화의 물결이 일어나기 이전의 지적, 도덕적 수준에 계속 머물러 있었다. 창조적인 지도자나 그의 소수 추종자들이 이 무기력한 국민들을 동반자가 되게 하는 방안을 강구해 내지 못할 때 국민들은 뒤로 처지고 만다. 따라서 한 사회가 발전하기 위해서는 두 차원에서의 노력이 필요하다. 즉 국가의 정책을 국민에게 설득하는 지도자의 노력과 이것을 이해하고 지도자에게 협력하는 국민의 노력이다. 지도자가 설득을 통해 국민의 협력을 얻게 될 때 국가지도자와 국민들은 같은 방향, 같은 목표, 같은 변화를 향해 나아갈 수 있으며, 그 국가는 발전할 수 있다.

대통령은 국민들 가운데에는 국가정책을 올바로 이해하지 못하는 국민도 있고, 또 국가정책에 의해 유익한 영향을 받는 국민도 있는 반면 불리한 영향을 받는 국민들이 있다고 보고 국가정책에 대해서는 자세하고 충분한 설명을 통해서 국민들의 이해를 돕고, 적극 협력할 수 있도록 설득해야 한다고 생각했다. 대통령은 자신이 대통령으로서 무엇을 하고 있으며, 왜 그것을 하고 있는지, 그리고 왜 그것이 바람직한 일인지를 국민에게 자상하게 설명하고 이에 협력해 주도록 국민들을 설득하는 것이 가장 중요한 일이라고 생각한 것이다. 왜냐하면 아무리 훌륭한 정책이나 현명한 결정을 내린다고 해도 그것을 국민들이 머리로 이해하고 가슴으로 감동을 느끼고 기꺼이 지지하고 협력하도록 성의를 다해 설득하지 않으면 그런 정책이나 결정은 성공적으로 추진하기 어렵다고 생각하고 있었기 때문이었다. 대통령은 중요한 국가정책을 결정할 때마다 반드시 그런 결정과 관련된 모든 사실을 그대로 밝히고 왜 그런 결정을 하게 되었고, 그 정책의 목표가 무엇이며, 그 정책이 국가와 국민들의 앞날에 어떤 영향을 미치게 되리라는 점 등을 솔직하고 자상하게 국민들에게 설명하고, 이런 국가정책이 성공적으로 추진될 수 있도록 국민들이 적극 협력해 줄 것을 호소했다.

어떤 사람들은 대통령이 군대식으로 명령하고 지시했기 때문에 비민주적이었다고 말한다. 그러나 정책결정 과정에서 대통령은 그 어느 민주국가 대통령 못지않게 민주적이었다. 그는 서로 이해를 달리하는 국민들의 의견과 희망을 사전에 경청해서 이를 정책에 반영하고 결정된 정책의 당위성과 예상되는 효과에 대해서 설득의 노력을 기울였다. 대통령은 이런 설득을 통해 국민들의 마음속에 대통령이 결정한 국가목표와 정책을 지지하고 여기에 공명하고 참여하며 협조하려는 의욕을 불러일으켰으며, 국민들의 이해와 협력의 힘을 바탕으로 정책을 추진해 나갔다. 다시 말해서 대통령은 국가정책에 대한 대국민 설득을 통해 국민들이 그들의 생활에 영향을 미치게 될 정책을 이해하고 그 정책 추진에 참여하고 협력하도록 지도함으로써 국민들의 마음속에 참여자로서의 긍지와 우리도 할 수 있다는 자신감, 그리고 일을 성취해내는 활력을 불어넣었다.

대통령은 특히 국민들이 새로운 일이나 힘든 일을 하는 데 거부감을 보이는 어려운 고비마다 국민들을 설득하는 데 심혈을 기울였다. 그런 설득을 통해 대통령은 게으른 사람을 부지런하게 만들었고, 상쟁하는 사람들을 협동하게 만들었으며, 의타적인 사람들을 자조자립하게 만듦으로써 국민들이 스스로의 힘으로 새로운 일과 어려운 일을 추진하여 성과를 거둘 수 있도록 했다. 각종 공장건설, 고속도로 건설, 다목적 댐 건설, 향토예비군 창설, 새마을운동, 중화학공업 건설, 방위산업 육성 등을 추진할 때 그런 사업들이 필요한 까닭과 국가발전과 국민생활 향상에 이바지하게 될 파급효과에 대해 대통령이 기회가 있을 때마다 국민들을 설득하는 것을 기억하는 사람들은 대통령이 중요한 국가정책에 대해서 국민들을 설득하여, 국민들의 협조와 지지를 얻는 데 얼마나 많은 노력과 정성을 쏟았는지 잘 알고 있을 것이다.

대통령이 국가정책에 대해 국민들을 설득할 때 가장 많이 활용한 수단은 해마다 연초에 있었던 연두기자회견이었다. 대통령은 청와대 출입 기자들과 오찬을 하거나 기자실에 들러서 비공식 회견을 하는 경우도 많았지만 해마다 있는 연두기자회견은 대통령의 정례행사로 제도화되었다. 민정 이양 뒤인 63년 연초부터 67년 연초까지는 대통령이 직접 국회에 출석해서 새해에 추진할 국가시책을 담은 연두교서를 발표했는데, 68년 초부터는 연두교서 대신에 연두기자회견을 열어 국민들에게 국정 운영에 대해 설명했다.

텔레비전은 대통령이 국민의 안방을 향해 자신의 견해를 전달하는 데 있어서 엄청난 힘을 지닌 설득 수단이 되었다. 대통령은 이 문명의 이기를 이용해서 기자회견 때마다 2시간 넘게 국가정책의 필요성과 앞날의 성과에 대해 국민들에게 직접 설명하고, 필요한 행동을 취할 수 있도록 국민들을 설득했다. 연두기자회견은 대통령과 기자 사이에 국가의 정책에 대해 질문하고 답변하는 대화 형식을 통해 국민을 계도하는 교실 역할을 했다. 대통령의 기자회견을 보면 마치 교실에 앉아 있는 국민들에게 강의를 하고 있는 것 같기도 하고 국민들에게 직접 접근해서 마치 사랑방에 앉아 나랏일을 의논하는 것과 같이 자연스럽게 편안한 분위기가 감돌았다. 기자회견은 대통령과 직접 만날 수 없었던 수많은 국민들에게 대통령이 국정에 대한 자신의 소신을 피력하고 회견 뒤 국민들의 반응을 들어서 국민들의 뜻을 살피는 기회였다는 점에서, 그것은 대통령과 국민들의 간접적인 대화의 광장이었고 소통의 통로였다.

대통령의 기자회견에서 가장 특이한 일은 회견내용을 준비하는 과정이었다. 비서실에서는 회견이 열리기 한달 전부터 예상질문서를 작성하고 그 답변자료를 관계부처와 협의해서 마련했다. 그러나 대통령은 이 자료에만 의존하는 것이 아니었다. 예상질문과 이에 대한 답변을 대통령 자신이 직접 구상하고 필요한 자료를 준비하도록 지시했다. 그리고 이 기간 중에 많은 외부인사들과 점심이나 저녁을 함께하면서 대통령이 예상하는 질문에 대한 조언과 의견을 청취했다. 대통령은 연말연시 휴가 때 조용한 사색의 시간을 가지고 최종 답변안을 세부내용까지 일일이 줄을 쳐 가면서 정리했다. 1960년대 후반까지는 청와대 회의실에서 여당 간부와 관계부처 장관 몇 사람이 배석한 가운데 회견이 진행되었지만 그 뒤부터는 중앙청 대회의실에서 무대장치도 정교하게 준비하고, 배석하는 사람도 국무위원 전원과 여당 간부, 각급 기관장들로 늘어났다.

이처럼 대통령은 국가정책에 대한 대국민 설득의 광장으로서의 연두 기자회견을 대단히 중시하고 있었다. 한 마디로 대통령은 자신이 결정하고 추진하는 국가정책의 필요성과 유용성에 대해 일반국민을 비롯해서 사회지도층 인사, 여당 정치인, 공무원 등을 설득하는 국가최고지도자의 꾸준한 노력이 국가정책의 성공적인 추진을 위해 얼마나 중요한 것인가를 입증해 보인 '설득하는 대통령'이었다.

경청의 슬기

통치는 결정의 연속이다. 정책수립과 실행, 조직과 인선, 지휘, 통제, 개혁 등은 모두 중요한 결정이다. 중요한 정책을 결정할 때 통치자는 여러 대안 가운데에서 하나를 선택한다. 그러나 통치자가 선택해야 할 여러 가지 대안들은 확인된 사실로 구성된 것이 아니라는 데 난점이 있다. 일반적으로 정책결정은 확인된 사실에서 출발하는 것이 아니다. 따라서 정책결정 과정의 특징은 불확실성에 있다. 정책은 선례를 기준삼아 결정될 수도 없다. 왜냐하면 상황은 고정불변의 것이 아니며 상황변화에 따라 같은 문제의 해결 방안도 다를 수 있기 때문이다. 또 정책결정에 필요한 '정보'에도 한계가 있으며 그것은 결과의 예측을 불확실하게 만든다. 중대한 정책결정일수록 회의를 통한 결정이 필요한 이유가 여기에 있다. 통치자는 회의에서 중요결정에 대한 충분한 의견교환과 협의를 통해 선입견으로부터 벗어날 수 있고 반대의견을 하나로 모아 정책에 대해 선택 가능한 다른 정책을 준비해 둘 수 있다.

대통령은 중대한 정책을 결정할 때 정부 관계기관의 정책협의회의를 중요시하고 회의를 직접 주재하는 경우가 많았다. 대통령은 국무회의나 행정 각 부처의 정책협의회에서 자신의 정책구상에 대해 각료들과 고위공무원들에게 소상하게 설명했다. 대통령은 자신의 의도를 분명하게 전달했으며, 각료들은 자신들의 주장을 개진할 수 있는 기회가 주어졌다. 대통령은 어느 분야에서도 관계 장관보다도 훨씬 더 많이 알고 있는 전문가였지만 관계장관들이 그들의 소견을 충분히 밝히도록 종용했고, 그들의 대화에서 많은 것을 배우고, 그들의 토론과 협의과정을 지켜보면서 많은 정보와 의견을 청취하고 정책입안과 그 집행과정에까지 깊은 관심을 보였다.

대통령과 정부의 각료와 고위공무원들이 참석하는 정책협의회는 자유롭고 개방적인 분위기에서 진행되었다. 각료들과 고위공무원들은 그들이 보고 느낀 대로 문제상황을 진단하고 필요한 정책대안을 제시하고 옹호했으며, 대통령은 이들에게 문제점을 지적하고 질문을 하고 답변을 듣는 과정에서 그 정책의 타당성을 검토했다. 대통령은 정책대안을 설명하는 공무원에게 의표를 찌르는 날카로운 질문을 했고, 그의 눈을 똑바로 보며 경청하면서 깊은 관심과 주의를 기울였다. 비록 대통령이 조용히 듣고 있지만 언제 어떤 질문을 던져 어떤 말을 이끌어 내려는지를 알 수 없게 만들었으므로 공무원들은 계속 긴장했고, 열심히 공부하고 연구해야 되겠다는 각오를 새로이 했다.

대통령은 각종 회의 때나 현장답사 때 관련공무원들에게 많은 질문을 했다. 그때마다 대통령은 실무공무원들이 잘하고 있는 점, 잘못하고 있는 점, 시정해야 할 문제, 계속 밀고나가야 할 과제 등에 대해 구체적으로 강평했다. 대통령은 이처럼 공무원들에게 질문하고, 그들의 답변을 경청하고, 대통령 자신의 생각과 소신을 밝히는 소통의 과정을 통해 대통령이 추진하는 국가정책에 대해 공무원들이 공명하고 사명감을 가지고 열심히 할 수 있는 동기를 부여했다. 그리고 대통령과 공무원들의 소통의 과정에서 공무원들은 끊임없는 연찬(研鑽)의 필요성을 절감했다. 왜냐하면 대통령이 실무담당자보다 더 많은 것을 알고 있기 때문이었다. 대부분의 공무원들은 대통령이 젊은 시절 한때 교사생활을 했지만 반평생을 군에서 보냈기 때문에 국방이나 안보 분야 외에는 그다지 아는 것이 없을 것이라고 보는 경향이 있었다.

특히 5·16혁명 직후 각 행정부처의 이른바 엘리트 공무원들은 반생을 군대에서 잔뼈가 굳은 대통령이 국가정책에 대해서 무엇을 얼마나 알겠느냐고 무시했고, 국정운영에 대해서는 자기들이 대통령을 '교육'해야 한다는 생각을 가지고 있었다. 그러나 그것은 그들의 오판이었다. 그들이 국정운영에 대해 대통령으로부터 '교육을 받는 처지'에 놓이는 데는 그렇게 많은 시간이 걸리지 않았다, 대통령은 혁명 직후부터 경제개발을 가장 시급한 당면과제로 파악하고 개발정책과 관련된 모든 분야에 대해 대학교수와 전문가들을 공관으로 초치해서 많은 공부를 하기 시작했다. 얼마 지나지 않아 대통령은 경제개발과 여기에 관련된 다른 분야에 이르기까지 광범위한 지식을 터득했고, 꾸준한 공부와 연구, 그리고 실천을 통해 더 많은 지식과 경험을 쌓았다.

그리하여 대통령이 주재하는 각종 정책협의회에 참석한 고위공무원들은 자기 부처의 정책대안을 설명하는 과정에서 대통령이 정곡을 찌르는 질문을 하는 데 한 번 놀라고, 자기의 답변을 들은 대통령이 그 답변의 문제점을 지적하는 데 두 번 놀랐다. 그리고 그 정책대안은 시간을 두고 좀 더 연구해서 다듬어 보라는 지시를 받고는 그만 주눅이 들고 말았다. 대통령이 그 정책대안을 재검토해야 하는 이유를 조목조목 설명하고 나면, 관계공무원들은 대통령으로부터 많은 것을 배웠다는 생각과 앞으로 좀 더 연구하고 공부하는 자세를 견지해 나가야겠다는 생각을 가지고 회의장을 나왔다.

　　대통령이 자립경제와 자주국방 건설을 위해서 여기에 관련된 모든 분야에 대해 끊임없이 깊이 있게 연구하고 공부하고 있다는 사실 앞에 고개 숙인 공무원들은 정부가 마련해 주는 국내연수나 해외연수과정에 참여하여 자신들의 전문능력을 향상시키는 데 각별한 노력을 기울였다. 이런 연찬을 통해서 뛰어난 공무원들이 배출되었고, 그들이 근대화 작업의 선봉으로서 국민을 계몽하고 지도해 나갔다. 대통령은 유망한 공무원들을 자극하여 끊임없는 공부와 연구를 통해 능력향상에 힘쓰게 함으로써 이들은 국가발전의 동량으로 키워낸 것이다.

　　대통령은 각종 회의 때마다 국가정책의 우선 순위를 정해서 가장 우선적인 정책부터 중점적으로 추진할 것을 당부했다. 그러나 행정부처들은 그들이 맡는 분야에 따라서 그 임무와 책임이 다르기 때문에 현실판단과 정책의 우선 순위에 대해 의견을 달리할 때가 적지 않다. 예컨대 국방부는 북한의 남침위협이 증대하고 있으므로 국군의 전력증강을 위한 자주국방 정책을 최우선적으로 추진해야 한다고 주장하면서 국방예산 증액을 요구한다. 그러나 경제기획원은 경제성장이 이루어져서 국력이 증강되어야만 국방력을 강화할 수 있으므로 경제의 고도성장 정책을 최우선적으로 추진해야 한다고 주장하면서 많은 예산을 생산시설과 사회간접자본의 확충을 위해 투자해야 한다고 강조한다. 이처럼 행정부처 간에 정책의 우선 순위에 대해 관계부처의 정책협의회에서도 합의를 이루지 못하면 최종적으로는 대통령이 결정을 내린다. 이때 대통령은 어느 한 부처의 주장이나 두 부처의 주장을 절충한 제3의 정책을 선택하기도 한다. 대통령은 최종결정 과정에서 어느 한 부처의 주장을 받아들이지 않은 경우에는 그 부처 관계자들을 불러 위로하고 그들이 긍지와 사명감을 잃지 않도록 격려했다.

대통령은 범할 수 없는 위엄을 갖추고 있었지만 회의참석자들 간에 격렬한 논쟁이 벌어지면 부담 없는 농담으로 회의분위기를 부드럽게 유도해 나갔다. 대통령은 회의 때 어떤 강렬한 감정을 느낄 때조차도 억양을 높이는 일이 없었고 조용하고 차분한 투로 자신의 견해를 천명했다. 그는 결코 적당히 얼버무리려는 태도나 언동을 하지 않았다. 명쾌한 사고와 판단으로 문제를 여러 각도에서 분석해서 자신의 생각과 견해를 논리정연하게 표현함으로써 다른 사람들이 받아들이지 않을 수 없게 만드는 설득력을 발휘했다. 대통령은 회의 중에는 자신의 발언을 신중하게 했다. 만약 대통령이 회의과정에서 그 자신의 생각에 대해서 너무 일찍 암시를 주면 대통령의 권위, 회의 참석자들의 충성심과 '이기는 편'에 서려는 욕망 등이 자유로운 토론을 막아버릴 수 있기 때문이었다.

대통령은 행정부처 장관들의 자주성과 창의성을 존중하고 공로와 책임소재를 분명히 했으며, 그들의 국정수행에 지나치게 간섭하지는 않았다. 장관들보다도 대통령이 모든 일에 더 열성적이고, 부지런했던 것은 사실이었지만, 대통령이 직접 해야 할 일이 무엇이며, 행정부 관계 장관에게 시켜야 할 일이 어떤 것인가를 분명하게 구별하여 정책결정과 그 집행 과정에 혼란이나 차질이 없도록 했다. 대통령은 해마다 연초에 행정 각 부처를 순시했는데, 그때마다 각 부처가 추진해야 할 정책의 청사진을 제시하고 그에 대한 세부사항은 장관에게 일임해서 추진하도록 했다. 그러나 대통령이 모든 행정부처의 일선업무에 이르기까지 소상히 알고 있었기에 관계부처 장관들은 늘 긴장하고 열심히 일하지 않고는 견디어 내기가 어려웠다.

과거 행정부와는 전혀 다른 분야에서 교육훈련과 경험을 쌓은 사람이 장관에 임명될 때 그는 공무원들과의 관계에서 많은 문제에 직면한다. 그래서 대통령은 행정부처에서 일한 경험이 없는 외부인사를 장관으로 임명할 때면 그 부처의 업무를 정확하고 신속하게 파악하고 부처 공무원들의 장점을 살펴 행정의 능률을 올리고 정책의 성과를 거두도록 힘써 줄 것을 당부했다. 각 행정부처 장관실에는 대통령 집무실과 이어진 직통전화가 있었다. 대통령은 이 전화로 각료들에게 국정운영에 대해 지시도 하고 협의도 했다. 그리고 대통령에게 화급히 보고할 일이 생기면 직통전화로 연락하고 당부했다.

대통령은 말하고 있는 때가 아니라 다른 사람의 말에 귀기울일 때 더 많은 것을 배우고 지혜를 얻는다고 믿고 있었다. 대통령의 가장 특징적인 품성을 몇 가지만 말하라고 한다면 침착, 냉철, 과묵을 들 수 있으며 그 가운데에서도 가장 으뜸가는 것은 과묵이다. 과묵은 자신이 말하고 싶은 유혹을 이겨내는 힘이며 상대방의 말을 경청하는 능력이다. 국무회의나 정부여당 연석회의나 국가안전보장회의 그리고 경제장관회의 등에서 국가의 중요한 정책을 결정할 때, 대통령은 언제나 참석자들의 의견을 요청하고, 이를 진지하게 경청했으며, 토론을 종용해서 여러 가지 의견을 제시하도록 했다. 모든 의견이 제시되어 토론이 끝나면 대통령은 스스로 기록해둔 내용을 바탕으로 자신의 소신을 피력한 뒤 결정을 내렸다. 그는 중대한 정책결정을 회피하거나 부하에게 미루지 않았으며, 최종 결정의 책임을 스스로 졌다.

대통령은 행정부 장관이나 국회의원이나 보좌관이나 언론인이나 학자 등 다양한 사람들로부터 다양한 조언과 자문을 얻고 있으며 그런 조언과 자문은 대통령이 필요로 하는 정보와 정책대안을 제공할 뿐만 아니라 대통령이 할 수 있는 일과 할 수 없는 일이 무엇인지를 알 수 있게 한다. 그러나 조언과 자문을 할 수 있는 사람이 아무리 많을지라도 최종 결정의 순간에는 다수 조언자는 없어지고 오직 대통령 혼자만 남게 된다. 그래서 결정의 순간에 있는 대통령은 고독하며, 홀로 단안을 내려야 한다.

'국가의 어려운 문제가 있을 때, 제일 마지막에 가장 어려운 결심을 해야 할 사람이 바로 대통령입니다. 특히 국가 장래에 큰 영향을 미칠 문제라든지, 국가백년대계를 위해서 어려운 문제를 결정할 때에는 밑에 있는 참모나 여러 사람 의견을 듣기는 하지만 최종 결단을 내리는 것은 대통령이 자신인 것입니다.'

이것은 1967년 5.3 대통령 선거를 앞두고 4월 17일 대전유세장에서 한일 국교정상화와 베트남파병에 대해 설명하면서 대통령이 한 말이다.

대통령 중심제를 채택하고 있는 우리나라에서 대통령은 전체 국민의 대표자이다. 대통령은 특정 계층이나 집단이나 지역의 이익을 대변하지 않으며 모든 국민의 이익과 국가의 이익을 대변한다. 특정 계층이나 집단이나 지역은 자기들에게 유익한 일은 국가를 위해 유익하다고 주장한다. 그런 그들의 주장도 일면의 진실을 내포하고 있다. 그러나 그런 주장보다 훨씬 더 진실에 가까운 것은 대통령에게 유익한 일은 국가에도 유익한 일이라는 주장이다. 대통령은 이처럼 국가와 전체 국민의 관점에서 국가발전과 국민복리를 증진하는 독특한 위치에 있다. 그러나 대통령의 자리는 독특한 만큼 고독한 자리다. 왜냐하면 모든 계층과 집단과 지역들은 예외없이 국가와 전체 국민의 이익보다는 자기들의 이익을 위해 대통령에게 압력을 가하고 자기들 편에 서주기를 요구하지만 대통령은 그런 압력과 요구에 초연한 태도를 견지해야 하기 때문이다.

대통령은 국민의 생명과 재산을 보호하고 국가를 보위할 책임을 지고 있다. 그는 행정부 수반으로서 국민에 대해 책임을 지고 있으며, 국가원수로서 외국과의 조약을 이행할 책임을 지고 있다. 대통령의 책임과 의무와 봉사 대상은 이처럼 국가의 다른 기관의 책임자나 사회지도층 인사들과는 다르다. 그 어느 누구도 대통령이 져야 할 책임을 대신할 수 없으며, 대통령 권한을 대신 행사할 수 없다.

대통령은 국가권력의 정상에 있다. 권력의 정상에 있다는 것은 대통령이 그 어느 누구보다도 국내외 모든 방향에서 불어오고 있는 바람의 속도와 그 강도를 가장 정확하게 감지할 수 있는 위치에 있다는 것을 뜻한다. 다시 말해서 대통령은 국내외에서 펼쳐지고 있는 상황의 움직임에 대해 측근이나 정부각료, 외부 조언자보다 더 빠르고, 더 많이 알수 있는 위치에 있다. 그 누구도 대통령이 알고 있는 모든 것을 알고 있는 사람은 없다. 따라서 대통령은 국가정책에 대한 최종 결정을 내리는 것은 오직 대통령의 권리이며 책임이라고 생각했다.

대통령은 국가정책을 결정할 때 필요한 자료들과 세부사항을 살펴보고 그 정책에 대해 알아야 할 모든 것을 파악하고, 그러고 나서 좀 더 깊이 검토하기 위해 측근들을 물리치고 혼자 심사숙고했다. 그는 국가의 최고지도자가 생각할 시간을 가진다는 것은 참으로 중요하다고 생각했다. 대통령이 외부인사와의 면담이나 비서실 측근과의 접촉을 제한한 때는 대통령이 중대한 정책을 결정하기 전에 홀로 생각하는 시간과 일치했다. 대통령은 해마다 정초나 여름휴가 때, 시골의 한적한 곳에서 조용한 사색의 시간을 보냈으며, 이때 중요한 국가정책을 결정하는 경우가 많았다.

대통령은 국내외 전문가나 야당의 반대와 저항이 너무 격렬하여 누구도 정책결정이 이루어지리라고 기대할 수 없는 어려운 상황 속에서 국가발전을 위해 필요하다고 생각하는 정책을 결정했다. 밤 늦게까지 집무실에 홀로 남아 담배꽁초가 수북히 쌓인 재떨이를 몇 번씩 비울 만큼 오랜 시간 동안 생각하고 또 생각한 끝에 결단을 내리는 경우가 한두 번이 아니었다. 잠못 이루는 밤 고독한 사색 끝에 이루어진 결단은 해결 전망이 없어 보이던 중대한 문제를 해결하는 데 있어서 결정적인 열쇠가 되었다. 한일 국교정상화와 베트남파병, 경부고속도로 건설과 향토예비군 창설, 대통령 3선개헌과 주한미군 철수, 남북대화와 10월유신, 중화학공업 건설과 방위산업 육성은 그 대표적인 몇 가지 예다.

인재발굴의 혜안

통치자를 알려면 그 측근을 보라는 말이 있다. 어떤 통치자의 두뇌의 우열을 측정하려면 먼저 그의 측근을 보면 된다. 측근이 유능하고 성실하면 그 통치자가 총명하다고 평가해도 틀림없다. 통치자가 그들의 실력을 알아내고 그들로 하여금 능력을 발휘하고 충성을 다하게 하기 때문이다. 측근이 무능하면 그 통치자는 우둔하다고 평가해도 틀림없다. 그 통치자는 측근 인선에서 이미 잘못을 저질렀기 때문이다. 따라서 통치의 성패는 통치자가 어떤 사람을 쓰느냐에 달려 있다고 해도 과언이 아니다. 그러나 사람을 안다는 것은 어려운 일이고, 사람을 쓴다는 것은 더더욱 어려운 일이다.

　인재등용이라는 관점에서 보면 통치자는 두 개의 부류로 크게 나뉜
다. 하나는 개인적인 친분이나 같은 당파에 속한 사람들을 중용하는
통치자로, 이런 통치자는 반드시 통치에 실패하게 된다. 왜냐하면 그들
은 국가발전이나 국민의 행복보다는 자기들 개인이나 도당의 부귀영화
를 챙기는 데 국가권력을 악용하고 국고를 낭비하기 때문에 국가는 쇠
퇴하게 되고, 국민생활은 어렵게 된다. 다른 하나는 개인적 친분이나
파당에 대한 고려는 배제하고 통치의 효율을 높일 수 있는 능력을 보유
한 사람들을 등용하는 통치자로, 틀림없이 통치에 성공할 수 있다. 유
능한 사람들이 그 능력을 발휘하여 국가를 발전시키고 국민의 행복을
증진시킬 수 있기 때문이다. 이런 인재들은 통치자의 통치능력을 증대
시킬 수 있는 인간자본을 형성한다.

　능력이라는 커다란 장점을 가지고 있는 사람은 또한 커다란 약점을
갖고 있다. 따라서 통치의 효율을 중시하는 통치자는 인재의 약점은 덮
어두고 장점을 보고 쓴다. 미국의 남북전쟁에서 링컨 대통령이 북군 총
사령관으로 그란트 장군을 임명한 것이 효과를 나타냈다. 링컨 대통령
이 장군의 인사를 결정할 적에 장군이 술을 즐긴다는 등 약점에 구애
되지 않고, 오직 전투에서 승리한다는 이미 실증된 능력에 착안했기
때문이다. 대통령은 또한 자신을 고릴라 같다고 조롱하고 비난하는 정
적인 스탠턴 변호사를 국방장관으로 기용하여 그의 사명감과 추진력
을 국난을 극복하는 데 활용했다.

　대통령이 5·16혁명 직후부터 1979년까지의 18년 집정기간 중에 정부
에 인재를 등용할 때 그 선정기준은 '능력'이었다. 따라서 믿고 맡길 수
있을만한 능력을 보유한 사람이면 여당과 야당과 재야를 가리지 않았
고, 과거 자유당이나 민주당 정권 시대의 인물이건, 5·16혁명을 반대한

▲ 조국근대화를 이룩한 박 대통령의 부국강병 정책을 보좌하며 9년 3개월 동안 비서실장을 역임한 김정렴

▶ 1978년 12월 22일 국무회의를 끝으로 물러나는 남덕우 경제기획원장관(오른쪽)이 신임 신현확 부총리(왼쪽)의 배웅을 받고 있다.

KIST에서 개발한 FM무선기를 시연해 보는 김종필 총리, 오른쪽이 최형섭 과기처장관(1972. 5. 19)

인물이건 전혀 차별을 두지 않고서 발탁했다.

　대통령은 개발도상국인 우리 나라는 비단 경제뿐만 아니라 정치, 외교, 군사, 교육, 과학, 기술, 문화 등 모든 분야에서 급속한 발전을 이룩해야 한다고 생각했으며, 이를 위해서는 모든 분야에서 새로이 성장하여 활동하는 참신한 인재들이 국가발전을 위해 상호작용하고 상호협조할 수 있도록 정부가 이들을 활용해야 한다고 생각하고 정치인, 언론인, 학자, 직업외교관, 직업군인, 경제인 등 사회 각계각층에서 유능한 인재를 찾아 적재적소에 등용했다.

　대통령은 행정부처 장관이나 대통령 특별보좌관을 등용할 때는 대통령 자신이 반드시 그 능력을 검증하는 과정을 밟았다. 즉 마음에 두고 있는 인물을 경제과학심의위원회 상임위원으로 임명한 뒤에 일정기간 동안 그의 능력을 평가하고, 대통령의 기대에 부응할 때 행정부처 장관이나 특별보좌관 등으로 기용했다.

　정부의 장관이나 대통령 특별보좌관이 된 사람들 가운데에는 정부정책에 관해 토론하는 공식회의에서 대통령을 눈앞에 마주 보면서 대통령과 정부를 신랄하게 비판하고 국가원수 앞에서 입에 거품을 물고 차마 입에 담기 민망스러운 욕설을 했던 사람도 있다. 그 당시 많은 사람들은 그 사람이 정신이 나간 사람이고, 정보부에 불려가 혼이 날 것이라고 수군거리는 소리도 있었다. 그러나 대통령이 그런 사람을 장관 또는 특별보좌관으로 등용했을 때, 그 당사자가 놀란 것은 말할 것도 없고, 많은 사람들은 한편으로는 크게 놀라면서도 다른 한편으로는 그토록 비판적인 사람을 측근으로 삼은 대통령의 용인술에 혀를 차며 감탄하였던 일도 있다. 대통령은 유능한 인재들의 비판과 힐책에 위험을 느끼기보다는 무능한 측근의 아부와 부패가 자신과 국가에 더 큰 해악을 가져온다고 생각하고 재야의 유능하고 청렴하며, 활력이 넘치는 인재들을 중용했던 것이다. 그런 인재들은 자신들의 비판적 태도에도 아랑곳하지 않고 자신들의 능력을 높이 평가하여 국가건설에 기여할 수 있는 귀중한 기회를 마련해 준 대통령에 대해 그들이 과거에 지녔던 생각을 바꾸고 가장 헌신적이고 열성적으로 국정을 수행함으로써 대통령의 기대에 부응했다.

대통령은 행정 각 부처의 장차관급 고위직 인선을 할 때에는 각 부처의 국장급 간부를 오랜기간 관찰하고 검증한 뒤에 발탁했다. 대통령은 중앙부처나 지방자치단체에 대한 연두순시 때나 수출진흥 확대회의나, 또는 정부여당 연석회의 등에서 관계부처 국장이나 기획조정실장이 브리핑을 할 때 이들을 눈여겨 보고 유능하다고 생각되는 공무원은 반드시 대통령이 언제나 지참하고 다니는 수첩에 따로 기록해 두었다. 이것이 대통령의 인사명단 수첩이었다. 이 명단에 오른 공무원은 2년 정도 청와대 관계부서에 파견 근무하게 함으로써 대통령의 국정운영 철학과 국가정책에 대한 학습과 경험을 쌓도록 했다. 이들 가운데 상당수가 4, 5년 뒤에는 도지사나 차관, 장관 등으로 기용되었다.

대통령은 한번 중용한 유능한 인재는 그 지혜와 능력을 장기간 동안 발휘할 수 있도록 신임함으로써 국가정책의 일관성과 지속성, 효율성을 유지했다. 김정렴은 상공부장관과 재무부장관을 거쳐 대통령 비서실장까지 10여년 이상 대통령의 신임을 받았고, 남덕우도 재무부장관, 경제기획원장관, 대통령 특별보좌관까지 9년, 최형섭은 1972년 과학기술처장관으로 임명된 뒤 78년 말 개각 때까지 재직했다. 이 세 사람은 1970년대 중화학공업으로 우리 경제가 비약적으로 발전하는 데 있어서 가장 헌신적으로 대통령을 보필했고, 특히 최형섭은 우리나라 방위산업과 과학기술과 원자력발전의 획기적인 성장기반을 구축해 놓는 데 크게 기여했다.

제3장 잘사는 나라 힘 있는 나라를 위하여

한강의 기적

한 국가의 흥망성쇠를 좌우하는 요인은 여러 가지가 있지만 가장 결정적인 것은 역시 그 국가의 통치자다. 확실히 국가의 통치자가 그 나라가 처한 국내외 상황을 올바로 진단하느냐 못하느냐, 그리고 처방한 정책을 성공적으로 추진하기 위해 국민의 호응과 지지를 확보하느냐 못하느냐 하는 데에 따라 그 나라의 성쇠와 흥망이 좌우된다.

한 나라의 통치자가 상황판단과 정책결정, 그리고 정책수행의 능력을 갖추고 있지 못해 그 나라를 혼란의 나락으로 몰아 넣거나 심지어는 망국의 구덩이로 떨어뜨리는 비극적인 사례들은 세계 역사와 우리의 역사에 생생하게 기록되어 있다.

특히, 통치자가 국가정책을 결정할 때 국내외 상황의 변화에 대한 예측을 잘못하거나 오판을 할 경우에는 그 정책이 달성하려한 목적은 달성될 수 없을 뿐 아니라 국가는 중대한 위험에 빠질 수도 있다.

통치자가 결정하는 국가정책에는 언제나 이러한 위험이 따른다. 왜냐하면 국내외의 상황변화는 언제나 불확실성 속에 가려 있는 경우가 많기 때문에 이에 대한 예측은 아무리 신중을 기해도 정확할 수가 없기 때문이다. 그러나 이러한 위험에도 불구하고 통치자는 하루에도 많은 정책결정을 해야 하며, 그러한 결정에 국가의 존립과 발전이 좌우되는 것이다.

통치자의 정책은 명백하고 확정적인 것일 수도 있고, 불분명하고 유동적인 것일 수도 있으며, 합리적이고 과학적인 올바른 분석의 결과일 수도 있고, 불합리하고 옳지 못한 과대망상의 소산일 수도 있다.

통치자의 정책결정은 그의 권위에 긍정적 또는 부정적 영향을 미친다. 현명한 결정은 그의 권위와 지지기반을 강화하고, 무모한 결정은 그의 권위와 지지기반을 약화시킨다.

미국의 위대한 대통령 가운데 한 사람으로 꼽히는 프랭클린 루스벨트 대통령은 그의 친구에게 국가의 정책결정에 대해 이렇게 말했다고 한다.

"나는 밤에 베개를 베고 누우면 낮에 내 앞에 닥쳤던 일들과 내가 내린 결정에 대해 생각한다. 나는 내가 할 수 있는 최선을 다했다고 스스로 다짐한다. 그러고 나서 나는 몸을 뒤척이며 잠이 든다."

한편 무능한 대통령으로 지목되고 있는 하딩(Harding)은 자기 친구에게 이렇게 말했다고 한다.

"한편에 귀기울이면 그들이 옳은 것 같고, 다른 편의 이야기를 들어보면 그들이 옳은 것 같다. 마침내 나는 처음의 원위치에 있는 나 자신을 발견한다. 하느님, 이게 무슨 직업입니까?"

루스벨트는 대통령이 결정해야 할 정책을 최선을 다해 결정한 뒤 그것이 잘한 결정인지 아닌지를 놓고 고민하는 모습을 보여 주고 있고, 하딩은 여러 사람의 의견을 듣고 어떻게 해야 할지를 몰라 대통령이 결정해야 할 정책을 결정하지 못한 자신의 신세를 한탄하는 모습을 보여 주고 있다.

셰익스피어의 희곡 '끝이 좋으면 모두 좋다'의 1막 1장에는 이런 대목이 있다. '우리가 하늘에 달렸다고 생각하는 구제책도 때로는 우리 인간 자신 안에 있지.'

어느 국가, 어느 사회나 현재의 모습을 형성한 것은 신의 섭리나 운명이 아니라 그 국가의 지도자와 국민의 선택과 결정이다. 19세기 말 미국과 아르헨티나는 광활한 땅, 풍부한 천연자원, 급증하는 이민자 등 아주 비슷한 여건에 놓여 있었다. 그러나 20세기 후반 미국은 세계 제1의 초대강국으로 발전한 데 반해 아르헨티나는 국가채무 불이행(디폴트 ; default)을 걱정해야 할 만큼 빈약한 나라로 정체되어 있다. 이것은 두 나라의 지도자와 국민의 현명한 선택과 잘못된 선택이 가져온 결과라고 인식되고 있다.

1961년 11월 5·16혁명 뒤 케네디 미국대통령의 초청으로 미국을 방문한 대통령은 11월 17일 뉴욕유학생에 대한 격려사에서 국가의 흥망은 지도이념과 목표의 유무에 달려 있다는 점을 강조했다.

"현대의 가장 위대한 역사 철학가인 '아널드 토인비'는 일찍이 '한 국가의 흥망은 단결, 근면, 성실에 달려 있다'고 갈파하였는데 본인은 여기에 국가의 방향, 목표를 추가하고 싶습니다. 지도이념이 없고 근본원리가 서 있지 않는다면 단결, 근면, 성실도 별무효과일 것입니다."

어느 시대 어느 국가에 있어서나 국가가 융성하고 발전하려면 그 국가가 추구하는 이념이 원대하고 그 국가가 지향하는 목표가 뚜렷하며 이러한 이념과 목표를 이루고야 말겠다는 국민들의 강인한 의지와 단결의 힘이 있어야 한다. 이것이 인류역사의 교훈이다.

이념은 사람들의 열정을 불러일으켜 행동하도록 유도하는 상징과 표상의 체계다. 그것은 어떤 목표에 대해 진술하고 있고 그 목표를 이루기 위한 행동의 체계와 양식을 제시하며 사람들을 결합하고 그들의 단합된 힘을 목적달성을 위해 집중하도록 한다.

따라서 국가의 최고지도자는 그 국민들이 추구해야 할 이념과 목표를 설정하고 이것을 달성할 수 있는 정책을 수립해 추진해야 한다. 국민들이 목표와 방향 없이 방황하고 표류할 때 그 국가는 발전할 수 없다.

특히 국민들이 무엇을 위해서 어떠한 자세로 얼마나 노력해야 하는

지를 알지 못하고 서로 상쟁하고 방황한다면 불투명하고 불확실한 격동의 세계에서 국가는 쇠퇴하고 국민은 도탄에 빠질 수밖에 없다.

실제로 8·15 해방 뒤 이 나라의 정치지도자들은 국가의 이념과 목표를 설정하지 못하고 우선 당장 하기 쉬운 일이나 눈앞에 보이는 작은 성과를 노리고 그것에 국민의 관심을 집중시켜 인기를 얻으려 했다. 그 결과 국민들은 당장의 안일이나 불로소득을 좋아하고 작은 이익에 만족하고 외국의 원조나 얻어먹으려는 의타적인 생활에 익숙해져 있었다.

국가의 목표가 없었기 때문에 국민들은 미래에 대한 희망을 갖지 못하고 좌절했으며, 그들이 자신과 국가의 앞날을 위해 해야 할 일이 무엇인지를 몰라 방황하고 사대사상에 경도되고, 개인들이나 집들은 이기적인 목표를 위해 서로 상쟁을 일삼아 이 나라는 희망 없는 나라로 전락했다.

1961년 5월 16일 대통령이 군사혁명을 일으켰을 무렵 우리나라는 경제적으로 너무나 낙후되어 빈곤 속에 허덕이고 있었으며, 군사적으로는 공산주의 침략자의 군사적 위협을 저지할 수 있는 국방력이 없어서 경제와 국방을 모두 미국의 경제 및 군사원조에 의존하고 있었다. 이러한 절박한 상황에서도 이 나라의 정치지도자들은 국가건설의 이념과 목표를 세우고 국민의 분발을 촉구하지 못하고 허송세월을 보내고 있었던 것이다.

일찍이 역사상 인간이 이룩한 위대한 사업들은 모두가 원대한 목표와 신념을 공유하고 있는 국민들에 의해 성취된 것이다.

목표가 분명하고 신념이 확고할 때 사람들은 새로운 세계에 도전할 수 있는 개척정신과 모험정신을 발휘할 수 있고, 성취하고자 하는 일에 대한 헌신과 노력을 집중할 수 있으며, 앞을 가로막는 장애와 시련을 뛰어넘을 수 있은 용기와 감투정신을 굳게 지켜 나갈 수 있는 것이다.

대통령은 이러한 사실을 통찰하고 있었다.

뚜렷한 목표와 이것을 달성하고야 말겠다는 불굴의 신념은 산을 움직이는 힘이 있고 세상을 바꾸어 놓는 위력이 있으며 현실을 혁신하고 미래를 창조하는 동력을 창출해 낼 수 있다는 것이다.

그래서 대통령은 국가의 이념과 목표를 세우고 이것을 반드시 달성하겠다는 신념으로 스스로를 무장한 다음에 국민의 마음속에 이러한 목표와 신념을 불어넣음으로써 국민의 힘을 분출시켜야 한다고 생각했다. 이러한 판단에 따라 대통령은 3단계의 국가목표를 세웠다. 우리의 궁극목표는 평화통일이고, 중간목표는 조국의 근대화이며, 당면목표는 경제건설이라는 것이 그것이다. 즉 경제건설을 촉진하여 근대화를 이룩하고 여기서 축적된 부국강병의 막강한 국력으로 평화통일을 이룩한다는 것이다.

이것은 우리 국민 누구나가 공명하고 있는 이념이었고 목표였다.

8·15광복 뒤 이 나라에는 격동과 시련이 거듭되었고, 이 때문에 한동안 우리의 전국토에는 검은 먹구름이 끼어 있었다. 해방의 감격과 환희는 국토분단의 충격으로 절망과 좌절로 뒤바뀌었다. 번영에 대한 희망과 기대는 동족상잔의 참혹한 전란 속에 사라져 버렸다. 분별없이 모방한 서구민주정치제도는 무질서와 혼돈을 가져왔다. 그리하여 이 땅에는 빈곤과 불안의 악순환이 되풀이되고 있었다.

그러나 그 혹독한 시련과 고난 속에 우리 국민들은 간절한 소망을 키우고 있었다. 국토분단과 동족상잔의 상처가 너무나 깊었기에 평화와 통일에 대한 염원이 절실했고, 가난과 불안 속의 생활이 너무도 뼈아팠기에 번영과 안정을 향한 열망도 더욱 뜨거워지고 있었다.

5·16혁명 직후 대통령 자신과 우리 국민들의 가장 절실한 소망은 빈곤이 없는 번영이었고 전쟁이 없는 평화였으며 분단이 없는 통일이었다.

너무나 가난하게 살아온 우리 국민에게 있어서 번영 속에 풍요롭게 산다는 것은 하나의 꿈이었고, 소망이었다. 또 6·25전쟁으로 전쟁의 참화를 겪은 우리 국민들에게 있어서 전쟁의 위험이 없는 평화 속에 산다는 것은 간절한 염원이었고 희망이었다. 그리고 국토의 인위적인 분단으로 하나의 민족이 분열되어 살아온 우리 국민에게 있어서 남북한의 통일은 역사적 소명이었고 사명이었다.

그래서 대통령은 우리 국민들이 그토록 열망하고 있는 번영과 평화와 통일은 우리 세대가 반드시 구현해야 할 국가적인 이념과 목표로 삼아야 한다고 생각한 것이다.

대통령은 번영과 평화와 통일에 대한 우리 국민들의 소망과 염원을 실현하기 위해 우리가 무엇보다도 가장 우선적으로, 또 가장 중점적으로 온 힘을 기울여야 할 과업은 바로 경제건설과 근대화작업이라고 생각했다.

지난 수천년 이어져 내려온 그 찌든 가난은 이 나라의 모든 분야에 정체와 쇠퇴의 먹구름을 드리우고 있었다. 절대빈곤, 그것은 우리를 괴롭히고 있는 모든 문제의 근본원인이었다. 따라서 우리가 안고 있는 모든 문제를 풀 수 있는 열쇠는 바로 이 빈곤을 몰아내는 데 있고 이 절대빈곤을 퇴치할 수 있는 길은 바로 경제건설과 근대화작업을 성공적으로 추진하는 데 있다는 것이다.

대통령은 우리가 경제건설과 근대화작업을 꾸준히 추진해 나간다면 번영을 이룩하고 국력을 증강할 수 있으며, 가난한 이 나라를 잘사는 나라로 탈바꿈시키고, 힘없는 이 나라를 힘이 있는 강국으로 성장시킬 수 있다고 확신하고 있었다. 한 마디로, 오랫동안 가슴속에 간직해 온 자립경제 건설과 자주국방 건설을 통해 부국강병의 꿈을 실현할 수 있고, 그러한 국력으로 조국의 평화통일을 추구해 나갈 수 있다는 것이다.

대통령은 하나의 확고한 신념을 갖고 있었다.

아무리 가혹한 시련이 밀어닥친다고 하더라도 우리의 운명은 우리들의 용기와 노력으로 우리가 원하는 방향으로 개척해 나갈 수 있다는 믿음이 그것이다. 대통령은 인간이 이룩한 모든 업적들은 그것이 실현되기 이전에는 모두가 하나의 꿈이었다는 사실을 강조하고 자립경제와 자주국방은 이룰 수 없는 꿈이라고 체념하는 국민들에게 그것을 이룩할 수 있다는 희망과 용기를 일깨워 나갔다. 대통령은 자립경제와 자주국방 과업의 추진을 위해 전국의 생산과 건설의 현장을 누비고 다니며 참다운 국민의 지도자가 없다고 한탄하던 바로 그 암울한 시기에 국민들이 밝은 앞날에 대한 희망과 꿈을 갖게 함으로써 국민들 스스로 각성하고 분발하여 피땀 흘려 일하게 만든 국민의 정신적 지주가 되었다.

대통령은 전쟁으로 불타고 파괴된 절망적인 가난 속에서 나태하고 안일한 국민을 일깨워 생산과 건설과 수출을 지도하여 자신의 집정기간에 자립경제와 자주국방 과업을 완수하였으며, 부국강병을 통한 평화통일의 토대를 마련해 놓았다.

외국인들은 이것을 '한강의 기적'이라고 했다. 60년대 초에 우리나라에는 경제자립이나 자주국방이 이루어질 수 있는 여건이라고는 아무것도 없었는데 이러한 일이 이루어졌으니 참으로 놀라운 기적이라는 것이다.

1945년 해방 뒤 우리의 국토가 남북으로 분단되고, 1950년 북한 공산주의자들의 남침으로 수백만의 남북동포가 생명을 잃고 피를 흘렸으며, 휴전 뒤 굶주리고 헐벗은 우리 국민들은 스스로를 엽전이라고 자기비하하고 남의 나라에 구걸하고 의존하고 주눅들어 살아왔다.

60년대 초 우리나라의 가장 큰 문제는 빈곤의 악순환이었다. 원시적 영농, 식량부족, 공업의 빈약, 동력에너지의 부족, 상업의 비대화, 국민소득의 저하, 사회구조의 전근대성, 중산계층의 결여, 도시와 농촌의 생활방식의 격차, 높은 문맹률, 높은 출생률과 사망률 등 때문에 우리 국민들이 먹고 입을 것이 절대적으로 부족했다. 게다가 자생적인 경제 발전의 여건이라고는 어느 한 가지도 없었다.

한 마디로 1960년대 초 우리가 제1차 경제개발 5개년계획에 착수할 당시 우리나라는 아시아의 다른 개발도상국가에 비해 여러 가지 면에서 가장 어려운 상태에 있었다.

그러나 그 처참했던 전란과 빈곤의 멍에를 벗어던지기 위해 조국의 근대화작업에 착수한지 20년도 안 되는 그 짧은 기간에 우리는 이른바 '한강의 기적'이라는 경제발전을 이룩한 무서운 민족으로 재기하는 데 성공했다.

우리는 네 차례의 경제개발 5개년계획을 성공적으로 추진하여 급속한 공업화를 이룩하고 고도의 경제성장을 지속시켜 왔다.

우리나라의 경제발전은 그 성장의 속도와 발전의 규모에 있어서 유례가 없는 것이었다. 그처럼 짧은 기간 내에 그처럼 거창한 근대화과업들이 완수되어 그처럼 많은 국민들에게 개발의 혜택이 골고루 돌아간 일은 일찍이 산업혁명에 성공한 선진공업국가에서도 찾아보기 어려운 일이었다.

그리하여 우리나라는 2차대전 후 많은 개발도상국가들이 실패한 근대화와 경제개발의 모험에 뛰어들어 눈부신 성공의 금자탑을 쌓아올림으로써 20세기 후반에 후진국 경제개발의 모범국가가 되었고, 60년대 초 우리를 앞섰던 아시아의 다른 나라들을 훨씬 앞질러 나가게 되었다.

그래서 외국인들은 세계에서 가장 가난한 나라의 하나였던 한국에서 '한강의 기적'이 일어났다고 감탄한 것이다.

70년대 '세계의 기적'

대부분의 경제학자들은 경제 발전에 필요한 기본적인 요소로 자원, 자본, 기술 그리고 높은 교육수준 등을 꼽고 있다.

60년대 초 인도, 인도네시아, 말레이시아, 태국, 필리핀 등은 이러한 기본요소들을 우리나라보다 훨씬 많이 가지고 있었다.

우선 자원면에서 보면 인도네시아는 없는 것이 없는 자원부국이었고, 한국은 아무것도 없는 자원빈국이었다. 자본이나 기술축적의 면에서 보면 60년대 초 한국은 말레이시아와는 비교도 안 될 만큼 그 수준이 낮았다.

교육열과 교육수준 그리고 일하려는 의욕에 있어서도 다른 아시아 국가들은 우리나라보다 뒤지지 않았다.

그러나 지난 60년대와 70년대에 세계에서 유래가 없는 고도의 경제성장을 꾸준히 이룩한 나라는 대한민국이었다.

자원, 자본, 기술, 높은 교육수준이 앞섰던 다른 나라들은 제자리 걸음을 하고 있었는데 아무것도 가진 것이 없던 한국이 오히려 눈부신 경제발전을 이룩할 수 있었다는 이 사실은 무엇을 뜻하는가? 그것은 한국경제발전의 결정적인 요인 가운데에는 학자들이 말하는 기본적인 요소와는 다른 요인이 있었다는 것을 말해 주는 것이다.

국내외의 학자들이 그 다른 요인이 무엇인가를 구명하고 노력했다. 결론은 분명했다. 한국에는 60년대와 70년대에 다른 나라들에는 없었던 지도력이 뛰어난 통치자가 있었다는 것이다.

즉 우리나라가 경제발전을 이룩할 수 있었던 가장 결정적 요인은 바로 대통령의 지도력이었다는 것이다.

우리나라는 제1차 5개년계획 때부터 정부가 국가의 경제개발을 계획하고 집행하는 정부주도의 경제개발을 하고 있었다.

정부가 경제개발 계획을 수립한다는 것은 먼저 개발의 목표를 정하고 성장의 속도를 정하는 것이며, 국가의 필요성에 비추어 발전을 장려하고 촉진해야 할 분야와 지역을 정하는 것이다.

그리고 정부는 그러한 경제개발 계획을 성공시키기 위해 필요한 법령을 제정하고 예산을 확보해야 한다.

정부는 필요에 따라 법의 테두리 내에서 세금을 가볍게 또는 무겁게 징수하고 기업에 융자를 해주거나 제한한다. 정부는 철도와 도로, 항구와 비행장, 통신과 주택건설을 담당해야 하며, 에너지의 원천인 전기, 석탄, 석유, 원자력도 확보해야 한다. 국가의 공공기관으로 하여금 연구사업을 추진시키고 공장과 기업체를 국토 전역에 균형 있게 분산 배치해야 한다. 사회보장제도와 기술교육을 통하여 국민들이 산업화로 인한 직업상의 변화에 적응할 수 있도록 배려해야 한다.

다시 말해서 정부가 주도하는 경제개발에 있어서 정부는 국가의 재정적, 기술적 자원을 가지고 다양한 생산과 서비스 활동에 직접 개입하는 거대한 생산자이며 민간투자에 필요한 하부기반을 마련해 주기 위해 도로와 항만, 철도와 같은 사회간접자본을 확충하는 건설자이며, 산업구조의 고도화에 필요한 외국자본의 도입을 교섭하고 외자를 효율적으로 운영하는 관리자다. 따라서 생산자로서, 건설자로서, 관리자로서의 기능을 능률적으로 수행하기 위해서는 행정수반의 '단호하고 기민한 지도력'이 필요하다는 것이다. 대통령은 네 차례의 경제개발 5개년 계획을 추진하면서 바로 그러한 지도력을 제공했고 그것이 '한강의 기적'을 이룩한 원동력이 되었다는 것이다.

버마 정부에서 2년간 근무한 바 있는 미국 MIT대학의 경제학자인 헤이건은 버마의 관리들이 경제발전을 위한 그들의 강렬한 욕망을 공언했지만, 그들은 그 목적을 위해 그들이 마음대로 이용할 수 있는 자원을 효과적으로 이용하지 못했다고 지적하고 그 원인은 개발정책을 효과적인 방법으로 강력히 추진해 나가는 지도력의 부재라는 연구결과를 발표한 바 있다.

경제발전에 대한 강력한 욕구를 공유하고 있으면서도 버마에는 확고한 신념과 단호한 추진력을 갖춘 통치자가 없었기 때문에 버마는 경제

발전에 실패했다는 것이다.

《아시아의 드라마(Asian Drama)》의 저자이며 후진국 개발문제에 탁견을 가지고 있는 뮈르달(Karl Gunnar Myrdal)은 가난한 나라의 정부의 연약성 그 자체가 빈곤의 한 원인을 이루고 있다고 말했다. 즉 가난한 나라의 그 가난과 연약한 정부 사이에는 밀접한 관계가 성립된다는 것이다.

부강한 나라에는 국가를 효과적으로 다스릴 수 있는 재원이 있으며, 따라서 가난한 사람들의 결사적인 정치압력이 존재하지 않는다.

그리고 정부가 잘못을 저지르거나 실수를 해도 큰 문제가 되지 않는다. 부강한 나라에는 그럴만한 여유가 있기 때문이다.

그러나 가난한 나라의 정부는 정치적으로 결정적인 취약점을 가지고 있다. 정부는 가난한 사람들을 책임지고 돌봐야 하지만, 그들의 빈곤을 해결할 수 있는 재원을 가지고 있지 못하며, 강력하고 능률적인 행정사무를 감당할 인적, 물적 자원도 가지고 있지 않다.

따라서 가난한 사람들은 정부에 대해 감당할 수 없는 정치적 압력을 가하고, 이 압력 때문에 정부의 기능은 마비되고, 빈곤상황은 더욱 악화된다는 것이다.

오늘날 아시아·아프리카의 개발도상국가들이 빈곤의 질곡에서 벗어나지 못하고 있는 가장 큰 원인은 바로 그들의 정부가 무력화되고, 경제개발을 추진할 지도력이 없는 데 있다는 사실은 잘 알려진 일이다.

한 나라의 경제발전 성패를 좌우하는 것이 통치자의 지도력이라는 사실은 비단 개발도상국가뿐만 아니라 선진국가의 경험의 의해서도 입증되었다.

2차 세계대전 후 서독과 일본이 폐허의 잿더미 위에서 세계 최대의 경제대국으로 성장한 것은 그들의 통치자들이 단호하고 기민한 지도력을 발휘하여 국민의 저력을 경제발전에 결집시킬 수 있었기 때문이었던 것이다.

또 1950년대 후반에 프랑스가 제4공화국의 정치적 혼란과 무정부 상태에서 벗어나 제5공화국에서 정치안정을 바탕으로 근대화와 자주국방 건설에 성공하여 이른바 '프랑스의 영광'을 회복한 것도 프랑스인들이 구국의 영웅으로 숭앙하고 있는 드골 대통령의 단호한 지도력이 그 원동력이 되었던 것이다.

그러나 우리나라의 야당정치인들은 한 나라의 경제발전과 자주국방을 이룩하는 데 있어서 가장 결정적인 요소는 국가지도자의 뛰어난 지도력이라는 사실을 부정한다.

그들은 대통령이 아닌 다른 사람이 집권했더라도 60년대와 70년대에 우리나라는 경제발전과 자주국방을 이룩할 수 있었을 것이라고 주장한다. 다시 말해서 한국의 자립경제와 자주국방 건설은 대통령의 지도력에 의해 이루어진 것이 아니라는 것이다.

대통령은 누구나 대통령이 되면 할 수 있는 일을 했을 뿐이다. 대통령은 경제개발을 성공적으로 추진하는 데 매우 유리한 시대에 대통령의 자리에 있었다. 대통령이 경제개발을 추진한 60년대는 세계적으로 개발의 연대였으며, 그는 단지 그 개발의 붐을 탈 수 있는 행운이 있어서 경제발전을 이룩하는 데 성공한 것뿐이다. 특히 그 무렵 우리 국민의 높은 교육수준과 65년 한일 국교정상화 후 일본으로부터 받은 유·무상원조 8억 달러, 일본과 미국으로부터 도입한 상업차관과 정부차관 20여 억 달러의 외국자본 그리고 우리의 기업인과 근로자들의 피땀어린 노력이 원동력이 되어 경제발전이 이루어진 것이다. 수천만 우리 국민들이 기뻐하고 있고, 많은 외국인들이 찬사를 보내고 있는 것은 대통령의 집권시에 운좋게 이루어진 경제발전과 자주국방 그자체일 뿐이지 그의 뛰어난 지도력이 아니다. 따라서 대통령이 아니었으면 그러한 발전이 불가능했을 것이라고 주장하는 것은 말이 안 되는 소리이며 그가 아닌 다른 사람이 대통령 자리에 있었더라도 그러한 발전을 이룩할 수 있었을 것이라는 것이다.

그렇다면 우리나라뿐만 아니라 다른 개발도상국가들도 우리나라만큼의 경제발전을 이룩했어야 할 것이다. 그러나 많은 개발도상국가들이 경제개발과 민주화를 추진했으나 되풀이되는 정변 속에 경제발전도 못 하고 민주화도 이룩하지 못한 채 쇠퇴의 길로 빠져들었다.

확실히 1960년대는 경제개발을 위한 절호의 기회였다. 그러나 기회가 있다고 해서 모든 개발도상국가들의 지도자들이 경제발전과 자주국방을 이룩한 것은 아니었다. 그 기회를 포착하고 활용할 줄 아는 유능한 지도자들만이 그러한 큰 업적을 성취할 수 있었던 것이다.

동서고금의 역사에 기록된 위대한 업적들을 보더라도 그것은 뛰어난 지도자들이 그 시대에 있었던 큰 기회를 놓지 않고 비상한 지도력을 발휘했기 때문에 이루어진 것이다. 위대한 업적이란 누구나 같은 시기에 국가지도자의 자리에 있기만 했으면 저절로 이루어질 수 있는 '직위의 산물'이 아니다. 그것은 실로 비상한 능력과 의지와 개성을 지닌 통치자의 '지도력의 산물'인 것이다.

대통령 이전의 이 나라 통치자들이 경제발전과 자주국방을 이룩하지 못했고, 또 대통령 이후의 역대 집권자들이 대통령이 이룩해 놓은 자립경제와 자주국방의 기반을 약화시켜 국민들을 불안과 고통속에 빠뜨리고 말았다는 사실은 바로 집권자의 뛰어난 지도력이야말로 경제발전과 자주국방의 결정적 요인이라는 사실을 입증하고 있다.

경제발전과 자주국방을 이룩하는 데 있어서 대통령의 지도력을 부정하는 사람들은 한일 국교정상화 후 도입된 외국자본이 큰 원동력이 되었다고 주장한다. 물론 그것은 사실이다. 그러나 그들은 중요한 사실을 잊고 있다. 즉 그들은 바로 한일 국교정상화와 외자도입을 결사반대한 장본인들이라는 사실과 한일 국교정상화와 외자도입은 그들의 결사적인 저항을 무력화 시킨 대통령의 '단호하고 기민한 지도력'이 있었기 때문에 가능하게 되었다는 사실을 까맣게 잊어버리고 있는 것이다.

대통령이 아닌 다른 사람이 통치자였더라도 과연 그토록 저항이 격렬했던 한일 국교정상화와 외자도입 정책을 끝까지 밀고 나갈 수 있었겠는가? 대통령이 아니었다면 한일 국교정상화 자체가 이루어지지 못했을 것이며 개방과 개혁도 성사되지 못하여 외자도입에 의한 경제건설과 자주국방 건설은 불가능해졌을 것이다.

그 무렵 야당의 대통령 지망 정치인들은 모두 한일회담을 '매국'이라고 규탄했고 외자도입 정책을 '외자망국'이라고 반대하지 않았는가?

대통령의 지도력의 중요성을 부정하는 사람들은 누구나 대통령이 되면 그의 능력과는 관계없이 주위환경과 도전이 그로 하여금 필요한 응전을 하게 만든다고 주장한다.

예컨대 빈곤의 고통이 심하면 경제개발을 하게 되고 침략의 위험이 있으면 국방력을 강화하게 된다는 것이다. 그러나 이러한 주장도 역사적 사실과는 거리가 멀다.

국가지도자가 무능하여 필요한 응전을 하지 못하여 나라를 망치고 국민을 도탄에 빠뜨린 실례가 동서고금의 역사에 얼마나 많은가? 또 2차대전 후 빈곤과 침략의 위협 속에 살면서도 경제건설과 자주국방을 이룩하지 못하고 있는 나라들이 얼마나 많은가?

중대한 도전에 대한 효과적인 응전과 문제해결은 저절로 이루어지는 것이 아니다. 그것은 강인한 의지를 지니고 새로운 상황에 효과적으로 대처할 수 있는 능동적이고 창조적인 지도자가 있을 때 가능한 것이다. 국민의 의욕과 희망을 북돋아 주고 닥쳐올 도전에 대처할 수 있는 국민의 능력과 자신감을 신장시켜 나갈 수 있는 유능한 지도자가 있을 때 시련과 도전은 성공적으로 극복되고 발전이 이루어질 수 있는 것이다.

일부 야당인사는 박정희 대통령이 없었더라도 다른 누군가가 경제발전을 이룩했을 것이라고 주장했다. 김영삼은 이런 말을 했다.

"그때 시대상황이 경제적으로 좋아질 수 있는 여건에 있었다. 만일 박 대통령이 아니고 민주주의 정권이었으면 경제적으로 굉장히 커질 수 있었다. 박정희 때문에 경제가 발전되었다고 할 수는 없다. 경제인들의 말을 들어보면 군사쿠데타가 일어나 경제가 6년 후퇴했다고 하였다."

5·16군사혁명 후 우리 경제는 연평균 10% 이상의 고도성장을 18년간 지속해 왔는데 우리 경제가 6년 후퇴했다니 이 말을 믿을 사람이 어디 있는가? 민주주의 정권이었으면 경제적으로 크게 발전할 수 있었을 것이라고 주장한 김영삼 자신이 1990년대에 민주화의 파도에 실려 대통령이 되었을 때 이 나라의 경제는 과연 그의 말대로 굉장히 커졌는가? 경제가 파탄되어 국제통화기금에서 구제금융을 받아 오지 않았는가?

김영삼과는 오랫동안 정치적 앙숙이며, 대통령의 정적인 김대중조차도 한국의 경제발전을 이룩한 대통령의 공적은 인정한다고 공언하고 있는 마당에 유독 김영삼은 이것을 부정하고 있었다.

오늘날 우리 국민 가운데 대통령이 없었더라도 한국은 세계인들이 놀란 경제발전을 할 수 있었을 것이라고 믿는 사람은 거의 없다는 엄연한 사실에 대해서도 김영삼은 눈을 감고 귀를 막고 있는 것이다.

우리 국민의 절대다수는 한국의 경제발전을 이룩한 것은 바로 국민의 잠재적인 저력을 생산과 건설과 수출의 동력으로 분출시킨 대통령의 그 기민하고 단호한 지도력이었다고 믿고 있다. 즉, 조국의 근대화라는 뚜렷한 국가목표를 제시하여 국민들의 마음속에 그것을 위하여 피땀 흘려 일할 만한 가치와 보람이 있다는 확신을 심어주고 잠자던 민족을 일깨우고 우리도 할 수 있다는 자신감을 갖고 분발케 한 대통령의 지도력이 경제발전의 기폭제가 되고 추진력이 되었다고 생각하고 있는 것이다.

우리나라가 비약적인 경제발전을 이룩할 수 있었던 것은 우리 국민들의 자질이 우수했고, 훈련된 인적자원이 풍부했기 때문이라고 말하는 사람이 적지 않다. 그 말이 일면의 진실을 담고 있는 것은 사실이다.

그러나 국민들이 그렇게 훌륭한 자질과 잠재력을 가지고 있는데도 불구하고 5·16혁명 이전에는 왜 경제발전을 이룩하지 못했는가?

그러한 국민의 우수한 자질과 저력을 생산적인 힘으로 분출시킬 수 있는 국가지도자가 없었기 때문이다.

대통령은 60년대와 70년대에 조국의 근대화작업을 추진하면서 우리나라가 모든 부문에서 국내외의 예상을 뒤엎고 지속적인 성장과 발전을 이룩할 때마다 그 원동력은 피땀 흘려 일한 우리 국민들의 노력이라는 점을 강조하고 국민들의 노고를 치하했다.

그러나 우리 국민들에게 그들이 우수한 자질과 저력을 지니고 있음을 자각케 하고 그 자질과 저력을 거대한 생산적인 힘으로 분출시켜 이 나라를 근대화한 것은 바로 대통령 자신이었다.

대통령은 또한 경제정책에 정통한 경제각료들과 공무원들의 헌신적인 봉사가 경제발전의 큰 힘이 되었다고 그들의 공헌과 수고를 높이 평가했다.

그러나 그러한 인재를 적소에 등용하여 자유롭게 수완과 능력을 발휘하도록 독려하고 근대화작업과 경제건설에 헌신할 수 있도록 지도하고 보호한 것은 대통령 자신이었다.

대통령은 기회 있을 때마다 우리 기업인들이 경제발전의 견인력이 되었다고 그들의 공로를 인정했다.

그러나 기업과 기업인들을 육성하고 격려하여 수출전선의 용사로 만든 것은 바로 대통령 자신이었다. 국가와 민족의 필요가 조국근대화작업을 탄생시킨 어머니였다면 대통령의 지도력은 근대화작업을 추진한 역군들을 성장시킨 유모(乳母)였다고 비유될 수 있을 것이다.

일제강점기에 일본인들은 한국인은 게으르고 더럽고 협동심이 없는 민족이라고 경멸했다. 해방 후 구미인들은 한국에서 민주주의를 기대하는 것은 쓰레기통에서 장미꽃이 피기를 기대하는 것과 같다느니 한국의 경제부흥은 불가능한 일이라는 등 멸시하는 발언을 서슴치 않았다.

그러나 1970년대 후반에 이르러 세계는 대한민국과 한국인을 다시 보기 시작했다. 그들은 '한국인은 일하기 위해서 세상에 태어났는가? 어떻게 그토록 열심히 일할 수 있느냐? 어떻게 노사가 하나로 뭉쳐 일할 수 있느냐?'고 반문하면서 한국인의 민족적 저력에 대해 찬사를 보냈다.

대통령이 서거한 뒤 1980년대에 자유세계에 속한 많은 개발도상국가와 러시아와 중국 등 사회주의국가의 지도자와 학자들은 우리나라의 학자와 대통령시대의 고위관료들을 초청하여 한국의 경제발전에 대한 자문과 조언을 경청했다.

그들의 공통되고 한결같은 질문은 '한국이 경제적 기적을 성취할 수 있었던 비결이 무엇이었느냐?' 하는 것이었다. 그들이 얻은 대답은 다음 한마디였다. '박정희 대통령의 지도력과 국민들의 단합된 힘이었다.'

대통령은 부국강병을 위해 가장 필요한 전략산업을 정선하여 정부의 전폭적인 지원으로 중점육성하여 단기간 안에 공업화의 단계를 높여 그 효과가 국민경제 전반에 파급되도록 했다. 제1차 5개년계획 수립 무렵에는 이 계획이 불가능한 계획이고 따라서 실패할 것이라고 비판한 국내외의 이른바 전문가들은 이 계획이 그 목표를 초과달성하자 선뜻 믿지 못하겠다는 태도를 보였다. 그러나 이 계획이 성공한 데는 분명한 비결이 있었다. 그것은 한 마디로 대통령의 지도력이었다.

즉 경제개발의 목표화 전략을 분명하게 국민 앞에 제시하고 이 목표를 달성하겠다는 국민의 개발의지를 고취하고 국민을 이끌고 나간 대통령의 지도력이 바로 그 비결이었던 것이다.

대통령은 경제개발 초기부터 기민하고 단호한 지도력을 선보였다.

대통령은 안정적인 정치체제, 능률적인 행정조직, 엄격한 법치주의, 유능한 공무원의 육성보호와 철저한 신상필벌, 창의적인 기업에 대한 특별지원 등을 통해 공업화를 촉진하고 국력증강을 지속시켜 나갔다.

대통령은 특히 5·16혁명 직후 경제기획원을 신설하여 경제정책을 입안하고 집행하는 선도적 기관으로서의 책무를 부여하고 정치권이나 각종 사회집단의 압력에 초연할 수 있는 자율성을 보호해 주었으며, 유능하고 사명감 있는 엘리트를 충원했다.

그리하여 경제기획원은 제1차 경제개발 계획을 성안하고 우리나라의 현실에서 가장 우선적으로 개발해야 할 산업을 선정하여 이러한 산업들을 발전시킬 수 있는 방책을 강구했고 전략산업 분야에 있어서 기업들 간의 경쟁과 마찰을 조정하고 기업들의 경제활동을 지도하는 역할을 수행함으로써 우리 경제의 지속적인 고도성장을 선도했다.

대통령은 주어진 여건을 최대한으로 활용하였을 뿐 아니라 필요한 제도를 새로 창설하여 가장 실용적인 접근방식과 가장 효율적인 전략으로 조국의 근대화작업에 국민의 힘을 집중시켜 그 누구도 예상하지 못한 급속한 경제성장을 이룩함으로써 자립경제와 자주국방, 즉 부국강병의 목표를 달성한 것이다.

대통령의 이러한 비범한 지도력이 1970년대 후반에 이르러 대한민국을 가장 성공적인 신흥공업국가로 도약시킨 원동력이 된 것이다.

우리나라는 세계 역사상 가장 짧은 기간 내에 눈부신 공업화를 달성했다. 자본형성률, 공업화율, 중화학공업화율, 공업발전의 단계 이행속도에 있어서 선진공업국가들의 역사적 경험을 앞섰다.

우리나라의 국민소득 통계의 기점인 1953년에 자본형성률은 7%에 지나지 않았다. 그러나 제2차 경제개발 5개년계획 기간인 1967년부터 1971년까지의 연평균 자본형성 증가율은 28%에 이르렀고, 이 기간 중에 자본형성은 가속화되었다.

이 증가율을 1956년부터 1962년까지의 기간에 대규모 기술혁신 투자와 민간설비 투자가 이루어졌던 일본의 연평균 자본형성 증가율 18%보다 훨씬 높은 것이다.

이처럼 높은 자본형성 증가에 힘입어 급속한 공업발전과 고도의 경제성장이 지속되었다.

제조업의 연평균성장률은 1953년부터 1961년까지는 12%였지만 제1차 경제개발 5개년계획 기간인 1962년에서 1966년까지는 15%로 늘어났고, 제2차 경제개발 5개년계획 기간인 1967년에서 1971년까지는 22%로 꾸준히 늘었다. 그리하여 1972년 이후 두 차례의 석유위기를 겪으면서도 제조업은 연평균 18%의 고도성장을 유지해 왔다.

그 결과 우리나라의 공업화율은 1953년의 9%에서 1962년에는 14%, 1972년에는 22%, 1980년에는 28%였다. 이것은 1980년 일본의 공업화율 29%와 거의 같은 수준인 것이다.

공업화율뿐만 아니라 중화학공업화를 통해 공업구조를 심화(深化)시켜 나간 속도에 있어서도 우리나라는 선진공업국가보다 앞섰다. 중화학공업화에 있어서 우리나라는 서구의 선진공업국가나 일본에 비해 훨씬 빨랐다.

중화학공업화의 지표인 이른바 호프만 비율 즉 경공업 부문의 부가가치에 대한 중화학공업 부문의 부가가치의 비율이 5.0에서 3.5의 범위인 공업화 제1단계에서 그것이 3.5에서 1.5의 범위인 공업화 제2단계로 이행하는 데 주요 선진공업국가들은 20년에서 30년이 걸렸다.

그러나 한국은 1960년 초의 몇 년 사이에 이 비율이 4.0에서 2.0으로 떨어졌고, 이 비율이 1.50에서 0.5인 공업화 3단계에 들어선 것은 1970년 초였다.

따라서 우리나라는 공업화의 제2단계에서 제3단계로 이행하는 데 겨우 몇 년밖에 안 걸린 것이며, 선진국의 경험과 비교할 때, 3배 내지 4배의 빠른 속도를 보인 것이다.

특정공업 부문의 수입기(輸入期)에서 수입대체기(輸入代替期)로, 수입대체기에서 수출기(輸出期)로 성장하는 산업발전 단계 이행의 시간적 속도를 보더라도 우리나라의 공업화 속도는 선진국의 그것에 비해 수십 년의 시간이 단축되었음을 알 수 있다.

즉 섬유, 전기, 전자, 조선, 석유화학, 철강산업의 수입의존도의 감속 속도와 수출의존도의 상승속도는 일본의 경험보다 빨랐다.

우리나라의 철강산업이 본격적인 생산을 한 것은 1973년 7월 포항종합제철의 제1기 공사가 완공되면서 시작되었다.

그 후 우리나라의 철강공업의 수입대체가 크게 이루어졌고 조강생산(粗鋼生産) 베이스에서 본 수출의존도가 1970년 중반에는 30%를 넘어섰다. 철강산업에서는 수입의존도의 감소와 수출의존도의 상승이 거의 함께 이루어진 것이다. 산업발전 단계의 이행기간이 그만큼 단축된 것이다.

과학자들은 공업수준을 표시할 때 공산품의 부품수가 3에서 30에 이를 때를 10^1, 30에서 300에 이를 때를 10^2, 300에서 3000에 이를 때를 10^3, 3천에서 3만에 이를 때를 10^4, 3만에서 30만에 이를 때를 10^5라고 한다.

이러한 관점에서 보면, 해방 전후의 우리 공업은 가내공업 또는 수공업의 수준을 벗어나지 못하였고, 공산품의 부품은 어린이 장난감이나 부엌의 주방용구 등 기껏해야 10~20개 정도에 지나지 않았기 때문에 우리의 공업수준은 10^1이었다고 할 수 있다. 1950년대에 들어서서야 우리는 공산품의 부품이 고작 2백 개 정도인 자전거를 만들었고, 60년대에는 부품 8백 개의 흑백TV를 양산하기에 이르렀다. 따라서 자전거를 양산한 50년대는 10^2의 공업수준이었고, 흑백TV를 만든 60년대를 10^3의 공업수준이었다고 볼 수 있다.

그리고 70년대에 들어와 우리는 부품이 최소한 1만 개 내지 2만 개 수준인 자동차를 양산하는 10^4의 공업수준에 이르렀다.

자동차공업 즉 10^4 공업수준까지를 공업화사회라 부른다면 우리나라가 농업사회로부터 공업사회로 탈바꿈한 공업화 과정은 해방 후부터 계산하면 40년만에, 1962년 제1차 5개년계획 때부터 공업화가 시작했다고 본다면 불과 20여 년 사이에 완성되었다고 볼 수 있다.

서구 선진국들의 공업화 과정은 최소한 2백년의 긴세월을 거쳐 완성되었고, 일본만 하더라도 공업화는 1백년이 걸렸다.

우리나라는 중화학공업을 바탕으로 85년에는 부품규모가 10만 개 안팎인 제트엔진, 헬리콥터, 탱크 등도 조립생산을 하게 되었고, 90년대에는 부품규모가 15만 개 내지 60만 개인 64KD램이나 2백 56KD램의 양산체제에 들어갔다.

근대화나 공업화란 모든 나라가 쉽게 이룩할 수 있는 것은 아니다. 어떤 나라는 오랜 기간이 걸리기도 하고, 어떤 나라는 중도에서 좌절하기도 했으며, 또 어떤 나라는 계획조차도 세우지 못한 경우가 허다하게 있다. 우리도 옛날에는 근대화의 꿈조차 갖지 못했지만, 60년대에 들어서면서 비로소 공업화를 통해 근대화를 이루어 보려는 뜻을 세우게 되었다.

1964년 8월 3일, 국방대학원 졸업식 때 대통령은 앞으로 5년 내지 10년은 우리 민족에게 주어진 '근대화의 마지막 기회'라고 천명했다.

—전략

"친애하는 졸업생 여러분!

오늘 이 자리에서 꼭 여러분들에게 하고 싶은 말이 있습니다. 여러분과 같은 세대에 이 나라 국민으로 태어나서 우리 다 같이 평생에 소원이 있다면 우리들 세대에 우리의 조국을 근대화해서 선진열강과 같이 잘사는 나라를 한번 만들어 보자는 것입니다.

서구라파인들이 그들의 조국을 근대화하기 위해서 산업혁명으로부터 20세기 초엽에 이르는 동안 피땀 흘려 노력할 때에 우리 조상들은 케케묵은 당파싸움이나 하고 양반이라는 것을 자랑하느라고 세월을 다 보내고 말았습니다. 또 제2차 세계대전 후 지난 20년 동안 패전의 고배를 마신 패전국가들이 잿더미 속에서 피눈물을 흘리며 그들의 조국을 재건해서 오늘날 그들은 전쟁 전보다 더 부강한 나라를 만들었습니다.

그러나 우리는 해방 후 20년 동안 아직도 정신 차리지 못하고 여야가 정치싸움만 하다가 또다시 기회를 놓치고 말았습니다. 앞으로 어떻게 할 것이냐, 앞으로 5년 내지 10년은 우리 민족에게 주어진 마지막 기회라고 생각해야 합니다. 이 기회를 또다시 놓친다면 우리에게는 다시는 기회가 없다고 생각해야 합니다. 이번 기회를 또다시 놓친다면 우리는 영원히 후진국가란 낙인을 벗지 못할 것입니다. 확실히 명심해야 하겠습니다.

모든 것이 생산과 건설에 집중되어야 하겠습니다. 이 기간 동안 우리는 모든 것을 참고 이겨나갈 수 있는 용기와 결심이 필요한 것입니다.

앞으로 여러분들이 맡을 모든 분야에서 이런 용기와 결심을 가지고 분투해 주실 것을 간곡히 당부하는 바입니다."

그날로부터 우리는 겨우 20년도 안 되는 짧은 기간 내에 지난날 서유럽에서 가장 능률적인 나라가 50년 이상 집중적인 공업화를 추진한 끝에 달성했던 발전수준에 이르렀다. 그것도 오늘날 선진공업국가들이 공업화 초기에 국민에게 강요했던 그 엄청난 희생과 고통을 겪지 않고 달성했다. 우리의 공업화는 그들과 같이 국민들을 뼈가 부서지도록 괴롭히지 않았고, 인간 이하의 생활을 인내하도록 요구하지도 않았다. 그들처럼 공업발전을 위해 농업을 희생시키지도 않았고, 중공업과 군수산업을 위해 소비산업을 소홀히 하지도 않았다.

그리하여 오늘날 우리나라는 1960년대 초에 우리 국민들이 선망의 눈으로 쳐다보면 부러워하던 아시아와 남미대륙의 다른 나라들이 우리나라를 선망의 눈으로 쳐다보며 부러워하는 세계 10대 경제대국의 반열에 올라 있다.

대통령은 18여 년의 통치기간에 1인당 국민소득 87달러를 1644달러로 끌어올렸다. 이를 바탕으로 우리는 일본이 100년, 미국이 180년, 영국이 200년 걸린 국민소득 1만달러를 30년만에 달성했다.

유엔이 정한 개발의 연대였던 60년대에 공업화를 추진하여 성공한 나라가 과연 몇 나라나 되는가. 2차 세계대전 후 독립한 많은 개발도상국가들의 통치자들도 자국의 공업화를 위해 노력했지만, 대통령만큼 성공한 통치자는 달리 찾아볼 수 없다. 1960년대를 전후하여 후진국에는 독립투쟁을 성공적으로 이끈 개성이 강한 지도자들이 많았지만, 경제건설을 통해 국가를 부강하게 만드는 데 성공한 사람은 거의 없었다.

인도네시아의 수카르노, 중공의 모택동, 이집트의 나세르는 경제적인 번영이 아니라 이념적인 투쟁으로 가난한 국민을 부추기려 했다.

그러나 대통령은 빈곤을 먼저 정복함으로써 빈곤이 인간을 지배하는 비극적인 불행을 제거했다.

勤勉 自助 協同

一九七五年十二月十日

大統領 朴正熙

　　우리는 그간 우리의 피땀어린 노력으로 이룩한 경제발전을 바탕으로
많은 나라와의 교류와 협력을 더욱 확대함으로서 세계의 경제문제를
해결하는 데 상당한 공헌을 할 수 있게 되었다. 우리의 입장도 '받는 나
라'에서 '주는 나라'로 바뀌었으며, 앞으로는 경제원조나 기술협력 등을
통해 후진국의 노력을 보다 적극적으로 도울 수가 있게 되었다.

　　그러나 대통령은 우리가 줄 수 있는 원조는 물질적인 것보다는 정신
적인 것이 되야 한다고 생각했다.

　　우리의 경제발전 자체가 많은 후진국들에게 희망과 격려의 원천이
될 수도 있지만, 우리는 눈에 보이는 가시적인 결과보다는 이를 위해
흘린 우리의 피땀어린 노력의 과정을 보여 주어야 한다는 것이다.

　　특히 근면, 자조, 협동의 새마을정신은 아직도 혹심한 가난에 허덕이
는 후진국들에게 자조의 노력을 일깨우는 데 도움이 될 수 있을 것이
라고 생각하고 있었다.

　　물론 한 나라가 발전해 온 과정은 그 민족의 특수한 역사적 경험을
반영하는 것이기 때문에, 우리의 문제를 해결해 온 우리의 제도나 생활
태도가 반드시 남에게도 적용될 수 있다고 보기는 어려울 것이나, 우리
의 경험이 국경을 넘어 지난날의 우리와 비슷한 처지에 있는 다른 이웃

의 문제해결에 도움이 되었으면 좋겠다는 기대를 갖고 있었다. 대통령의 이러한 기대는 대통령이 생존시에 생각하고 있던 것보다 훨씬 많은 나라에서 현실화되고 있다.

외국의 석학들은 대통령이 60년대에 성취한 경제발전에 대해서는 '한강의 기적'이라고 평가했는데 70년대에 성취한 지속적인 성장과 발전에 대해서는 '세계의 기적'이라고 경탄해 마지않는다.

세계은행을 비롯해 후진국 개발문제를 다루는 연구기관들은 2차 세계대전 후에 생긴 신생독립국가로서 경제개발에 성공한 나라로 우리나라를 손꼽고 있었으며, 후진국 경제개발의 표본으로 삼고 있다.

그리고 소련과 중국을 비롯한 사회주의 강대국들도 미국이나 일본과 같은 선진공업국가보다는 오히려 우리나라의 경제발전 모델이 자기들에게 훨씬 더 적절한 것이라고 평가하고 우리 경제의 많은 것을 연구하고 있다. 그리하여 한국은 자유세계와 공산세계의 구별 없이 또 선진국과 후진국의 구별 없이 세계의 모든 나라들이 깜짝 놀라고, 부러워하고, 배우려 하는 경제기적의 나라가 되었다.

대통령의 이러한 업적을 세계에 널리 '홍보'한 사람은 놀랍게도 브루스 커밍스(Bruce Cumings)였다.

커밍스가 누구인가? 그는 김일성을 찬양하고 6·25북침설을 강변하며 대한민국을 미국의 괴뢰정권이라고 주장하고 있는 사람이 아닌가? 그는 현대사 해석에 있어서 이른바 좌파논리를 대변하고 있으며 우리나라 좌파학자들의 스승으로 인정받고 있다.

그 커밍스가 한국의 경제발전은 위대한 성공이고, 한국의 독립선언이기도 했다고 평가했으며, 중국에 보급된 한국적 발전모델은 발전의 모형으로서의 스탈린주의를 북한에서뿐만 아니라 전세계에서 깨어 버렸으며 바로 이것이 박정희를 전후의 가장 인기 있는 지도자로 만들고 있다고 주장했다.

"박정희는 경공업 중심의 개발정책 단계의 한계성 때문에 경제적 침체가 생기고 있다고 보고, 이에 대한 근원적인 해결책으로서 한국의 산업국조를 중화학공업 단계로 심화시켰다. …… 한 가지 성공은 또 다른 성공으로 축적되어 나갔다. 그러나 그 누구도, 심지어 슘페터(Schumpeter)도 한국이 첨단전자기술 분야에서 미국이나 일본과 어깨를 겨루리라고 예상하지는 못했다. 1980년대 중반까지 한국은 세계에서 286비트 실리콘칩을 제조하는 세 번째의 국가가 되었으며, 저렴한 286칩 가정용 컴퓨터로서 미국의 할인매점 진열대를 점령해 버렸다. …… 1950년 소련의 T-32 전차로 손쉽게 유린당한 조그마한 옛 한국이 할 수 있는 일을 왜 소련이나 동독의 기술자들이 하지 못할까? 동남아에 그리고 중국에 보급된 한국적 모델(Korean model)은 발전의 모형으로서의 스탈린주의(Stalinism)를 북한에서뿐만 아니라 전세계적으로 깨어 버렸다. …… 가장 풍자적인 것은 86% 종속적(dependent)이던 한국이 세계경제의 속박으로부터 산업적 자립(industrial self-reliance)을 얻어낸 것이다. 이 대추진(big push) 후 한국은 종합적인 산업구조를 발전시킬 수 있는 기초를 확보한 것이다. 그것은 위대한 성공이었고 한국의 독립선언이기도 했다. 한국인들은 이후로 어깨를 펴고 자신만만하게 걸어다니게 되었으며, 바로 이것이 박정희를 전후의 가장 인기 있는 지도자로 만들고 있는 것이다."

중화학공업 시대의 개막
중화학공업 선언과 전국민 과학화운동

대통령은 73년 1월 12일 연두기자회견에서 중화학공업 정책을 선언하고, 전국민의 과학화운동 전개를 제창했다.

과학기술의 발달 없이 우리는 선진국가가 될 수 없다, 80년대 초에 100억 달러 수출과 중화학공업 육성이라는 목표를 달성하기 위해서는 초등학생부터 대학생, 성인까지 남녀노소 구별 없이 기술을 배워야 되겠다, 80년대 초에 100억 달러 수출을 하려면 전체 수출 상품 가운데에서 중화학제품이 50% 이상을 차지해야 한다, 그래서 지금부터 철강, 조선, 기계, 석유화학 등 중화학공업 육성에 힘써서 이 분야의 제품수출을 강화해 나가겠다는 것이다.

"나는 오늘 이 자리에서 우리 국민 여러분들에게 경제에 대한 하나의 중요한 선언을 하고자 합니다.

우리나라 공업은 이제 바야흐로 '중화학공업 시대'에 들어갔습니다. 따라서, 정부는 이제부터 '중화학공업 육성' 시책에 중점을 두는 '중화학공업 정책'을 선언하는 바입니다.

또 하나 오늘 이 자리에서 우리 국민들에게 내가 제창하고자 하는 것은, 이제부터 우리 모두가 '전국민의 과학화운동'을 전개하자는 것입니다. 모든 사람들이 '과학기술'을 배우고 익히고 개발을 해야 되겠습니다. 그래야 우리 국력이 급속히 늘어날 수 있습니다. 과학 기술의 발달 없이는 우리가 절대로 선진국가가 될 수 없습니다.

80년대에 가서 우리가 100억 달러 수출, '중화학공업'의 육성 등등 이러한 목표달성을 위해서 범국민적인 '과학기술'의 개발에 총력을 집중해야 되겠습니다. 이제부터 초등학교 아동에서부터 대학생·사회 성인까지 남녀노소할 것 없이 우리가 전부 기술을 배워야 되겠습니다.

그래야만 국력이 빨리 신장하는 것입니다. 80년대 초에 우리가 100억 달러의 수출목표를 달성하려면, 전체 수출상품 가운데에서 중화학제품이 50%를 훨씬 더 넘게 차지해야 되는 것입니다.

그러기 위해서, 정부는 지금부터 철강·조선·기계·석유화학 등 중화학공업 육성에 박차를 가해서 이 분야의 제품수출을 강화하려 하고 있습니다."

대통령은 이어서 80년대 초에 가서 우리나라가 보유하게 될 중요한 중화학공업 부분의 생산시설 능력에 대해 설명했다.

"참고로, 80년대 초에 가서 우리 정부가 구상하고 있는 중요한 중공업 부문의 생산시설 능력을 몇 가지만 예를 들어서 말씀드린다면, 제철능력은 지금 현재의 100만 톤에서 80년대 초에 가서는 약 1000만 톤까지 끌어올리고, 조선능력은 현재 약 25만 톤 되는데, 이것을 약 500만 톤까지 끌어올리며, 정유시설은 일산 39만 배럴에서 약 94만 배럴까지 끌어올릴 계획입니다.

울산정유공장이 처음에 준공되었을 때, 일산 3만 5000 배럴이라고 나는 기억을 하고 있습니다. 석유화학 원료가 되는 '에틸렌'생산은 지금 10만 톤인데, 80년대 초에 가서는 80만 톤 수준까지 끌어올리며, 전력은 지금의 380만 킬로와트에서 1000만 킬로와트까지 끌어올리고, 시멘트는 지금의 800만 톤에서 1600만 톤까지 연산수준을 올려야 되겠으며, 자동차는 현재 연산 약 3만대가 되는데, 그때에 가서는 약 50만대 정도의 생산능력으로 올라갈 것입니다. 그 외에 전자공업 등 여러 가지 부문이 많이 있습니다만, 중요한 것만 몇 가지 얘기를 했습니다. 이러한 대규모의 공장들을 수용하기 위해서, 정부는 지금부터 동해안·남해안·서해안 지방에 여러 가지 대단위 국제규모의 공업단지 또는 기지를 조성해 나갈 생각입니다.

첫째는, 포항제철과 같은 제2의 '종합제철공장 건설'을 앞으로 추진해야 하겠고, 또 '대단위 기계종합 공업단지'도 만들어야 되겠습니다. 지금 울산에 있는 '석유화학 공업단지'와 같은 제2의 '종합화학 공업단지'를 또 만들어야 되겠습니다.

또, 100만 톤급의 '대규모 조선소'를 앞으로 하나 내지 두 개를 더 만들어야겠고, '대단위 전자부품 생산단지'도 지금 추진하고 있고, 마산에 있는 '수출자유지역'과 같은 단지를 앞으로 제2, 제3을 더 만들어야 되겠습니다. 이런 것을 다 했을 때에 100억 달러 수출이 되는 것입니다.

이것을 하기 위해서 전국민들이 과학기술 개발에 총력을 기울여야 되겠다는 것입니다. 정부는 앞으로 중공업·중화학공업 정책을 선언하고 이 방면에 중점적인 지원과 시책을 펴나갈 것입니다."

대통령은 73년 1월 15일 경제기획원 연두순시 때에 이제 대한민국 국민은 모두 기술을 습득해야 하며, 입만 살아 떠드는 사람은 대한민국에 필요없다고 천명했다.

"요전에 전국민의 과학화운동을 해나가자는 것을 선언한 바 있습니다. 최근 국제시장에서 관세장벽이라든지 자국상품에 대한 보호무역정책이라든지 여러 가지 어려운 점이 많습니다.

경제전문가들은 이것을 걱정하고 있는데, 큰 문제는 아니라고 봅니다.

중요한 것은 우리가 자체의 기술혁신을 이룩하여 품질 좋고 값싼 제품을 만드는 데 보다 더 노력하는 일입니다. 우리가 기술개발을 해서 좋은 제품을 값싸게 만들어서 국제시장에 들고 나가면 아직도 100억 달러 내지 120억 달러 정도의 수출고를 올릴 수 있다고 생각합니다.

이를 위해서 경제기획원, 과학기술처, 문교부, 상공부 등 모든 관계부처가 협력해서 공동노력을 해야 하겠습니다.

그리고 우리 군에서도 장병들에게 앞으로의 국내산업 개발과 기술혁신을 위해서 과학기술교육을 시켜야 하겠습니다.

이제 대한민국 국민은 모두가 기술을 습득해야 합니다. 아무런 기술도 없이 입만 살아 떠드는 사람은 대한민국에 필요없다, 나는 이렇게 생각합니다.

입만 살아 있는 사람 가지고는 선진국가로 발전할 수 없습니다. 말도 잘해야 되겠지만 기술이 있어야 합니다. 앞으로 세계를 지배하는 민족은 땅덩어리가 큰 민족도 아니요, 인구가 많은 민족도 아닙니다. 과학기술이 더 앞서고 빨리 발달한 민족이 금세기 말부터 다음 세기에 세계를 지배하리라고 봅니다.

따라서 우리는 땅이 작다, 지하자원이 없다 하고 한탄할 것이 아니라 이를 극복하고, 과학기술을 빨리 발전시켜 여건 좋은 다른 민족보다도 우리가 더 비약해서 앞설 수 있도록 남다른 노력을 해야 합니다.

우리나라가 잘사는 선진국가가 되려면 정치도 필요하고 철학도 필요하고 문학도 필요하고 예술도 필요하고 다 잘해야 하겠지만, 그것도 하면서 기술 한 가지씩 습득해서 국가건설에 무엇인가 이바지할 수 있어야 하겠다는 것입니다.

따라서 과학기술은 전국민이 모두 필요한 것이며 초등학교 아동, 농민 심지어는 정치인이나 문화 예술인도 기술 하나씩은 가지고 있어야 할 것입니다.

100억 달러 수출은 몇 기업가나 기술자들만이 하는 것이 아닙니다. 전 국민이 100억 달러 수출에 무엇인가 일부분 직접적으로 또는 간접적으로 기여해야 합니다. 이것이 총화체제입니다.”

대통령은 73년 3월 23일 전 국민의 과학화를 위한 전국교육자대회에서 중화학공업의 육성과 전 국민의 과학화운동은 국력배양의 기본이 된다는 사실을 강조했다.

“지금 우리 조국이 당면하고 있는 현실은 그 어느 때보다도 우리에게 국력 배양의 가속화를 촉구하고 있습니다.

우리를 둘러싼 국제정세가 그러하고, 분단의 역사에 종지부를 찍으려는 민족의 소명이 또한 그러합니다.

이러한 현실 속에서 나는 국력배양의 기본은 중화학공업의 육성 발전에 있으며, 이것은 또한 국민의 과학화운동에 있다는 것을 명백하게 지적하지 않을 수 없습니다.

그렇기 때문에, 나는 오늘 이 대회가 ‘전 국민의 과학화’를 위한 교육자 대회로 그 목적을 뚜렷이 설정한 것은 시의에 알맞는 것이라고 생각합니다. 그러나 이것이 처음이고 새삼스러운 것은 결코 아닌 줄 압니다.

이미 오래전부터 국민의 과학화는 우리의 뚜렷한 지표로 되어 왔습니다. 다만, 이번 기회에 이 지표를 다시 한번 강조하고 새롭게 그 의의를 인식하자는 것으로 압니다.

지금 우리는 농촌의 획기적 발전과 중화학공업의 육성, 그리고 수출의 대폭신장이라는 3대 목표를 내세우고 국력배양에 매진하고 있습니다.

나는 이 3대 목표를 달성하는 데 있어서는 과학과 기술의 진흥이 무엇보다도 긴요하다고 믿습니다.

다시 말해서, 과학과 기술의 뒷받침 없이는 이 3대 목표를 앞당겨 완수할 수는 없다고 믿고 있습니다.

그 한 가지 예증으로서, 우리는 앞으로 울산공업센터보다 규모가 훨씬 더 큰 공업지구를 여섯 개 더 건설할 예정인 바, 이 공업 지구에서만 필요로 하는 유자격 기술자의 수는 무려 84만 명에 이르게 됩니다.

이 84만 명의 기술자들이 바로 우리나라 GNP의 50% 이상을 만들어내고, 수출 100억 달러의 50% 이상을 맡게 될 중화학공업의 역군들입니다.

이것만 보더라도 과학과 기술의 뒷받침이 조국근대화의 3대 목표를 달성하는 데 있어서 얼마나 긴요한가를 쉽게 알 수 있을 것입니다."

대통령은 이어서 국민의 과학화운동은 우리 사회의 각계각층이 자기의 직종에서 생산과 직결되고, 국력배양과 직결되는 과학기술의 생활화를 뜻하는 것이라고 말하고, 이 운동은 다음 두 개의 기본 방향에서 유기적인 연관성을 맺고 추진돼야 한다는 점을 강조했다.

즉 첫째는 과학을 일상생활에 활용할 줄 아는 과학적 생활풍토를 조성해야 한다는 것이다.

둘째는 과학과 기술교육제도를 대폭 개선해야 한다는 것이다.

生活의科學化
1969년 1월 9일
대통령 박정희㊞

우선 공업고등학교의 증설을 통해 실기능력을 갖춘 기술자를 많이 양성해야 하고 기능장제를 실시해 공업기술교육의 내실을 뒷받침해야 한다. 국가고시제에 의한 자격제를 실시해 직장인이 상급자격을 획득할 수 있게 하고 학생의 경우는 이론연구를 위해 진학할 학생과 생산직종에 취업할 학생을 이 고시제에 의해 적기에 구분하여 앞길을 보장해 줘야 할 것이다. 그리고 공업기술 분야에 있어서는 자격증소지자만이 취업 가능하게 함으로써 취업기회를 보장하고 생산성 향상을 기해야 한다. 이러한 제도적 개선과 생활풍토의 개선이 병행할 때 전 국민의 과학화운동은 그 성과를 거두게 된다는 것이다.

"그러면, '국민의 과학화'란 무엇이냐?

우리는 '과학'하면 흔히들 연구실과 정밀한 고급 기기를 떠올리게 됩니다만, 여기서 말하는 과학화는 반드시 그것만을 뜻하는 것은 아닙니다.

그보다는 오히려 사고방식과 생활습성을 과학화해서, 비록 간단하고 초보적인 과학지식이라 할지라도 이것을 새마을운동과 식목, 조림사업에 유용하게 활용할 줄 아는 그러한 국민을 만들자는 것입니다.

다시 말해서 어느 특정한 연구실에서만이 아니라, 우리 사회의 각계각층이 모두 자기의 직종에서 생산과 직결되고 국력배양과 직결되는 과학기술의 생활화를 말하는 것입니다.

그렇기 때문에, 나는 국민의 과학화운동이 다음과 같은 두 개의 기본방향에서 서로 유기적인 연관성을 맺고 강력히 추진되어야 한다고 믿습니다.

그 첫째는, 과학을 앞세우고 과학을 일상생활에 활용할 줄 아는 과학적 생활 풍토를 조성하는 일입니다.

우리 선인들은 이미 오래전부터 '실사구시'를 장려해 왔습니다.

이것은 '사실에서 진리를 찾아라. 진리가 다른 곳에 있는 것이 아니라 우리의 생활 속에 있다. 즉, 사실에 있다'는 말입니다.

이것은 요즈음 우리가 쓰는 '산학협동'과 똑같은 말이라고 생각합니다.

우리는 이 전통적인 생활기풍을 오늘에 재현시켜 과학적 생활풍토를 조성하는 데 적극 힘을 기울여야 할 것입니다.

그리고 둘째는, 과학 및 기술교육제도의 대폭적인 개선이 있어야 할 것입니다.

나는 이 제도적 개선이 이론위주의 연구교육과 생산위주의 기술교육이 서로 구분 파악되어야 한다는 것을 먼저 지적하면서, 몇 가지 정책적 과제를 제시해 두고자 합니다.

우리는 우선 공업고등학교를 대폭증설해서 우리 국가가 요구하는 실기 능력을 착실하게 갖춘 성실하고 자격 있는 기술자를 풍족하게 양성해야 하겠습니다.

그리고 체력장제와 마찬가지로 기능장제를 실시해서 공업기술교육의 내실을 제도적으로 뒷받침해야 할 것입니다.

또한, 국가고시제에 의한 자격제를 실시해서 직장에서 일하면서도 상급자격을 획득할 수 있게 하고, 학생의 경우는 이론 연구부문으로 진학할 학생과 생산부문의 직장에 취업할 학생을 이 고시제에 의해서 적기에 구분하여 앞길을 보장해 줌으로써, 정신적 내지는 물질적 낭비가 없도록 해야 할 것입니다.

그리고 공업기술 분야에 있어서는 자격증 소지자만이 취업이 가능하도록 조처함으로써 정당한 취업기회의 보장과 생산성의 제고를 기해야 할 것입니다.

나는 이러한 제도적 개선과 생활풍토의 개선이 병행할 때, 우리가 제창하고 있는 전 국민의 과학화운동도 훌륭히 그 성과를 거둘 수 있게 된다고 믿습니다."

대통령은 1973년 11월 30일 제10회 수출의 날에 우리는 81년에 100억 달러 수출을 한다는 목표를 세우고 중화학공업 건설에 박차를 가해 나가고 있다는 사실을 밝혔다.

"지난 10년 동안 우리 수출은 매년 40% 이상 신장을 해 왔습니다. 이것은 세계에서 유례를 볼 수 없는 고도의 신장인 것입니다.

더욱이 금년에는 작년에 비해 약 78%의 성장을 보이고 있습니다. 금년 초 우리가 수출목표를 23억 5천만 달러로 책정했는데, 지

금 현재 전망으로서는 연말까지 약 33억 달러를 무난히 넘을 것으로 보는 것입니다.

이것은 작년 18억 달러에 비해 약 17%가 성장한 것으로써 세계에서도 전례가 없는 가장 높은 신장률이라고 할 수 있습니다.

이미 다 아는 바와 같이 제3차 5개년계획이 끝나는 1976년의 우리 수출목표는 35억 달러로 되어 있습니다.

그렇다면 수출 분야에 있어서는 제3차 5개년계획을 약 3년 앞당겨 이룩할 수 있다는 결과가 되리라고 봅니다.

1981년에 우리는 100억 달러 수출을 목표로 세우고 있습니다. 이것은 매우 벅찬 일이 아닐 수 없습니다. 그러나 이것도 우리의 노력 여하

에 따라서는 충분히 가능한 목표라고 나는 보는 것입니다.

그렇기 때문에 우리는 수출산업의 구조를 지금부터 차츰 개편해 나가고 있습니다.

우리는 지금 중화학공업 육성에 눈을 돌려 더욱 박차를 가해 나가고 있습니다.

앞으로 100억 달러 수출이 이루어지는 시기에는 중화학제품이 우리나라 수출상품의 대종을 점하게 될 것입니다.

머지않아 석유화학제품을 비롯해 전자제품, 각종 기계류, 선박, 철강제품 등 중화학 제품들이 우리 수출의 대종을 이룰 시기가 옵니다.

따라서 중화학공업 건설은 기필코 이룩해야 할 과업입니다. 지금까지의 모든 중화학공업 건설은 매우 순조롭게 진행되고 있습니다. 내년 하반기부터는 거창한 중화학공장들이 하나둘씩 완공되기 시작할 것입니다.

울산에 건설 중인 현대조선은 벌써 착공 2년만인 내년 초에는 우리나라에서 처음으로 26만 톤 대형선박의 진수식을 가질 수 있는 정도까지 되었습니다."

새로운 도약

대통령은 우리가 지난 1960년대에 발휘한 그 저력과 활력을 바탕으로 1970년대에는 앞으로 30년 앞을 내다보고 추진해야 할 새로운 국가발전 정책을 창안할 필요가 있다고 생각했다.

급격한 기술진보가 이루어지고 그에 따라 급격한 혁신이 이루어지고 있는 국제경제환경을 지켜보면서 대통령은 앞으로 중대한 변화가 일어날 가능성이 있는 분야와 그 변화의 성격과 방향을 예측하고 그 변화를 새로운 도약의 기회로 활용할 수 있는 정책의 전환이 필요하다고 생각한 것이다. 이러한 필요에서 탄생된 것이 중화학공업 정책과 전 국민의 과학화운동이었다.

예고 없이 정수직업훈련원 실습실에 들러 원생들을 격려하는 박 대통령 박 대통령은 기계·금속·화공 등 19개 분야의 기술자격 검정제도를 실시, 자격취득자를 우대하도록 했다(1975. 11. 13).

대통령은 적어도 20년, 30년 앞날을 내다보는 선견지명과 확고한 신념을 가지고 중화학공업과 과학기술 진흥에 공업입국의 완성과 부국강병의 미래를 걸었다.

대통령이 중화학공업 건설과 과학기술 발전에 총력을 기울이기로 결심한 것은 다음 두 가지 목적을 달성하는 데 그것이 필수적이라고 생각했기 때문이다.

첫째 목적은 수출증대와 경제성장을 지속시키려는 데 있었다.

1971년 수출이 10억 달러를 초과한 후 73년에 대통령은 중화학공업 정책을 선언했다. 그것은 80년대 초에 수출 100억 달러, 1인당 GNP 1000달러 달성을 목표로 하고 있었다. 10억 달러 수출에 기여한 경공업

제품만으로는 수출을 꾸준히 증대시키는 것이 거의 불가능한 일이므로 이 한계를 극복하기 위해서는 반드시 중화학공업을 육성해야 한다는 것이다.

우리나라는 경제개발에 있어서 자본과 기술의 부족을 선진공업국가들과의 경제협력에 의해 충당해 왔으며 비교적 우수하고 풍부한 노동력을 활용하여 노동집약적 산업을 육성하여 수출증대에 힘씀으로서써 국제경쟁에서 우위를 확보해 고도성장을 지속시켜 왔다.

1960년대에 우리나라의 농촌과 도시, 농업과 공업 및 각종 서비스업에는 완전실업자, 불완전실업자, 잠재실업자 등의 여러 가지 형태의 과잉노동력이 존재하고 있었다. 특히 우리나라의 농촌에는 제도적 임금률보다 낮은 한계 생산력을 갖고 있는 위장실업자들이 대량으로 존재하고 있었다.

따라서 공업부문이 제도적 임금률보다 조금 높은 임금수준을 보이면 고정적인 임금률로 농촌의 노동력을 무제한으로 공급받을 수 있었다.

이 시기는 공업부문의 실질임금률이 조금만 상승해도 대량의 노동이 공급되어 임금의 노동공급탄성치(彈性値)가 매우 높았던 시기였다.

이러한 저임금의 단순노동력은 노동집약제품의 수출지향 공업화를 촉진하는 가장 중요한 동력으로 활용되었다.

도시의 기존 유휴노동력과 농촌으로부터 유입되는 대량의 과잉노동력이 공업과 사회간접자본 부문에 흡수되고 이들 저렴한 노동력은 국제경쟁력 강화의 원천이 되어 수출신장에도 크게 기여했다. 그러나 1960년대 후반부터는 거의 모든 공업 부문에서 기술자, 특히 숙련공의 부족현상이 심화되었고, 단순노동 집약산업인 경공업 분야에서조차 기술자와 기능공의 부족현상이 나타났다.

과잉노동력이 해소되고 실질임금이 올라가는 전환점에 다다른 것이다. 제조업 부분의 노동수요가 농업부문의 위장실업 인구를 대부분 흡수하였고 또 근로자들의 한계생산력이 제도적 임금보다 높아짐에 따라 제조업부문은 높은 한계 생산력을 웃도는 높은 임금을 제공하지 않고는 농업부문에서 노동력을 공급받을 수 없게 되었다.

따라서 제조업부문의 실질임금은 농업부문의 한계생산력을 반영하여 계속 상승국면에 들어섰다.

그것은 급속한 공업발전에 수반하여 생긴 농업과 공업부문 간의 자원 이전의 귀결이었으며, 저임금에 의한 노동집약적 수출지향 공업화의 황금시대가 지나갔음을 뜻하는 것이었다.

그리하여 그동안 우리가 추진해 온 경공업 위주의 수출증대는 그 한계에 이르렀다. 즉 우리나라의 임금수준이 향상됨에 따라 노동력이 저렴하였던 우리의 이점이 없어졌고, 값싸고 풍부한 노동력을 보유하고 있는 후발 개발도상국가들이 노동집약적인 경공업부문에서 우리나라를 추격해 옴에 따라 우리 상품의 가격경쟁력이 약화되어 우리의 경공업제품 수출은 더 이상 신장되기가 어렵게 되었다.

게다가 우리는 경쟁력의 한 축을 이루고 있는 기술을 선진국에 의존하고 있었기 때문에 새로운 기술과 상품을 개발하기 위한 혁신을 이룩하지 않고서는 경제성장과 수출증대를 지속시킬 수가 없었다.

따라서 노동집약적 제품의 수출이 한계에 부딪친 상황에서 지속적인 수출증대와 경제성장을 이룩하기 위해서는 기술과 자본집약제품을 생산하는 중화학공업의 육성이 필요했다.

그리고 공업구조의 고도화를 촉진하여 우리나라 경제구조의 자립강도를 높이기 위해서도 중화학공업의 발전은 불가결했다. 뿐만 아니라 급격하게 변화하고 있는 국제경제환경에 대응하기 위해서도 중화학공업 건설은 필요했다.

1960년대에 우리나라가 외자도입에 의한 수출지향 공업화로 수출을 획기적으로 증대시킬 수 있었던 것은 그 당시의 국제여건이 우리나라에 유리하였기 때문이기도 했다.

즉 선진국들이 기술혁명을 통해 비약적인 경제발전을 이룩함에 따라 최대의 호황을 누려 상품시장이 확대되고 값싼 자본시장이 형성되었고, 게다가 우리나라는 개발도상국가로서의 예외적 대우를 인정받아 정부가 수출에 대한 직접보조 등 여러 가지 특혜 조치를 우리 기업에 공여할 수 있었기 때문이었다.

그러나 1970년대에 들어서면서 미국 등 선진국가들 간에 자국의 고용과 국제수지를 방어하려는 신보호주의가 확산되기 시작했고 우리나라는 후진국을 졸업하고 중진국으로 성장한 것이 공인되어 선진국과의 거의 같은 조건에서 국제경쟁에 참여해야 했다.

이러한 상황에서 우리나라가 국제경제의 침체와 보호주의 장벽을 뛰어넘어 수출증대와 고도성장을 지속할 수 있으려면 경공업 위주의 수출구조를 중화학공업 위주의 수출구조로 재편성하여 새로운 수출활로를 개척할 필요가 있었던 것이다.

다행히 1960년대 중반부터 선진공업국가들은 우리나라를 비롯한 신흥공업국에 중화학공업을 이전하기 시작했다.

즉 선진공업국가들은 그들이 비교 우위를 잃은 노동집약적인 조립공정을 가진 산업과 석유화학공업 등 공해 배출이 심한 산업을 해외로 이전하고 있었던 것이다. 그 무렵 선진공업국가에서는 중화학공업이 중노동에 대한 취업기피와 고임금과 공해문제 등으로 인해 애로에 봉착하고 있었다.

즉 우리나라는 선진공업국가들에 비해 노동인구가 연평균 3% 늘어날 것으로 예상되어 취업인구의 증대를 기대할 수 있었고 우리의 노동생산성 수준은 선진국에 비해 크게 뒤떨어지고 있어 교육의 확대와 강화를 통해 노동생산성을 계속 빠른 속도로 증가시킬 수 있는 여지가 충분히 있었다.

그리고 창의적이고 의욕적인 우리나라 기업들은 계속 민간 설비투자를 늘리고 이와 같은 자본축적을 뒷받침하는 국내저축도 확보될 수 있을 것으로 보였다. 또한 기술진보에 있어서도 아직 우리는 자체기술 개발이 초기단계에 있었고 선진국으로부터 기술을 도입하여 이를 충분히 활용하지 못하고 있는 실정이었으므로 중화학공업을 중심으로 투자가 확대되면 기술개발이 크게 향상될 것으로 예상되었다. 그리고 고도성장과 공업화는 그 자체가 규모의 경제에서 오는 이익을 촉진시키고 그 것은 전반적인 생산성 향상을 가져올 것으로 기대되었다.

또 공해도 큰 문제가 안 되었고, 공업입지도 충분하였기 때문에 선진공업국가의 자본과 공장을 유치하는 데 유리한 입장에 있었다. 뿐만 아니라 우리나라는 성능이 좋은 최신시설과 기술을 도입하여 새로 중화학공업을 건설하는 것이기 때문에 선진공업국가의 경우처럼 신구시설의 혼재로 인한 비능률과 생산성 애로를 극복할 수 있는 이점도 있었다.

특히 자본과 기술집약도가 비교적 낮은 중화학공업의 업종 등 선진국에서 차츰 사양화되고 있는 업종을 육성한다면 성공할 가능성이 컸다.

그리고 세계시장에서의 중화학제품에 대한 수요는 꾸준히 증가하고 있으나 공급이 부족한 형편이었기 때문에 시장전망도 밝았다.

대통령이 중화학공업 육성과 과학기술 발전을 결심하게 된 두 번째 목적은 자주국방력 강화에 필수적인 방위산업을 일으키자는 데 있었다. 미국의 무상원조가 종료되고 있고, 주한미군이 철수하는 등 안보상황이 급변하고 있는 상황에서 방위산업 육성은 자주국방의 핵심과제이며 방위산업 육성을 위해서는 중화학공업, 특히 기계공업의 성장이 필수적이다. 따라서 중화학공업 육성은 경제의 지속적 발전은 물론이고 자주국방을 위해서도 더 이상 시간을 끌 수 없는 문제라는 것이다.

근대역사에 있어서 공업화는 전쟁에 대한 대비책으로 인식되어 왔다.

일찍이 중상주의 시대부터 국가의 군사력은 공산품의 생산에 달려 있다는 주장이 영국을 비롯한 모든 나라에서 보편화되어 있었다.

애덤 스미스가 영국의 돛배와 화약생산에 보조금을 지급하고 항해조례를 인정함으로써 자신의 자유방임이론에 예외를 만든 것은 유명한 이야기다. 1791년 미국의 재무장관이던 알렉산더 해밀턴은 하원에 제출한 한 보고서에서 공업화의 중요성을 다음과 같이 강조하고 있다.

"국가의 경제적 부(富)뿐만 아니다, 그 독립과 안전까지도 제조 공업의 번영과 밀접한 관련을 가지고 있다. 모든 국가들은 이러한 목적에 대한 고려와 함께 그 자체 내에 모든 필수품을 보유하려고 노력해야 한다. 제조공업의 공급능력 부족으로 빚어진 지난 전쟁(독립전쟁) 동안의 당혹은 아직도 강렬한 기억으로 남아 있다. 시기적절하고 적극적인 행동에 의해 그러한 입장이 바뀌지 않는다면 앞으로 일어날 전쟁은 공급능력의 부족으로 인해 빚어질 엄청난 재앙과 위험의 상황을 예증해 줄 것이다."

그로부터 50년이 지난 뒤 독일의 리스트는 "독일 국민의 존립과 독립, 그리고 미래는 독일의 보호무역제도의 발전에 달려 있다"고 주장했다.

19세기 후반 프러시아가 거둔 몇 차례의 군사적 승리는 고도로 발전된 공업화와 군사력 간의 밀접한 관련성을 입증해 주었다.

역사적으로 전쟁에서 굴욕적 패배는 국력증강을 위한 근대화개혁과 공업화의 계기가 되었다.

프러시아가 예나 전쟁에서 프랑스의 나폴레옹군에게 패배하자 그것은 프러시아 국가의 후진성과 폐쇄성 때문이라는 인식이 확산되었다. 그리하여 프러시아에서는 국민개병제를 핵으로 하는 병제개혁에 이어서 나폴레옹법전을 도입하였는데, 그것은 독일 근대화의 도래를 예고하는 사건이었다.

러시아에서도 군사적인 패배는 근대화와 공업화 노력을 촉발시켰다. 특히 러시아의 근대화는 러시아를 유럽적인 근대 군주국으로 바꾸려고 한 '표트르 대제'의 노력으로부터 시작되었다. 그는 러시아를 서구의 무기로서 서구인의 침략에 맞설 수 있도록 훈련하여 러시아가 힘에 의한 서구의 지배에 굴복하는 것을 막아낸 전제주의적인 서구화 개혁가의 전형이 되었다.

17세기와 18세기의 전환점에서 '표트르 대제'는 서구인의 침략에 맞서기 위해 서구의 공업기술을 흡수하고 서구와의 기술경쟁에 나섰다. '표트르 대제'와 그의 18세기의 후계자들은 러시아가 그 시대의 서구에 맞설 만한 힘을 길렀으며 그 힘으로 1709년의 스웨덴의 침략과 1812년의 프랑스 침략을 패배시켰다.

그러나 19세기의 서구산업혁명은 러시아를 다시 한 번 서구에 뒤떨어지게 만들었으며 그 결과 제1차 세계대전에서 러시아는 산업화된 독일의 침략에 패배했다. 그 뒤 공산주의 독재 정부는 전제 정부를 몰아내고 230여 년 전에 러시아를 위해 '표트르 대제'가 했던 것처럼, 1928년부터 1941년까지 다시 한 번 러시아를 앞질렀던 서구기술을 따라잡기 위해 같은 일을 했다. 기술을 서구화하려는 스탈린의 전제주의적 방침은 '표트르 대제'의 개혁처럼 전쟁의 시련을 통해 정당화되었고, 이러한 공산주의자들의 기술혁명은 2차 세계대전 중 독일침략을 패배시켰다.

일본에서도 페리 제독이 이끄는 미국 군함의 위협은 개국과 근대화만이 일본이 살아남을 수 있는 길이라는 것을 깨닫는 계기가 되었다. 그리하여 일본의 새로운 지배층은 '부국강병'이라는 표어를 내걸고 국가가 운영하는 의무교육제도를 도입했고, 농민을 모집해 거대한 군대를 편성하고 전국적인 징세, 금융, 통화제도를 구축하였다.

메이지유신기에 일본은 청나라처럼 유럽의 식민지 정책에 굴하여 국가의 독립을 잃지 않으려면 서양의 기술을 흡수해야 한다고 판단하고 국가적 권력을 중앙집권화하고 국가지원 아래 공업화를 추진했다.

1880년대에 엥겔스는 전쟁은 기본적으로 전반적인 국민경제생활을 바탕으로 하고 있다고 말했으며, 그의 말은 1차 세계대전 때 충분히 입증되었다.

적국의 경제체제를 마비시키는 것이 적국의 군대와 함대를 물리치는 것에 못지않은 전쟁목표가 되었다. 국가가 국민경제를 통제하는 이른바 계획경제는 1차 세계대전의 소산이었다.

전력(戰力)은 바로 경제력의 별칭이 되었다. 군사력에서 경제적 이익을 증대시키고 다시 경제적 이득을 군사력으로 탈바꿈시킨 것은 제국주의적인 강대국들의 특기였다.

경제력과 군사력의 상호보완적 관계는 현대의 총력전 시대에 있어서는 더욱 불가분의 관계가 되었다. 그리고 그 경제력의 핵심은 말할 것도 없이 그 국가의 공업력이다. 그리고 공업력에 있어서도 군사력 증강에 필수적인 것은 바로 중화학공업이다.

대통령은 이처럼 지속적인 수출증대에 의한 경제성장과 방위산업 육

창원공업기지 안의 방위산업체 현장을 둘러보는 박 대통령과 근혜 양(1977. 4. 13)

성에 의한 자주국방력 강화를 위해 중화학공업과 과학기술 발전을 촉진하기로 한 것이다.

　대통령은 우리 민족의 밝은 앞날에 대해 확고한 신념을 간직하고 있었다. 대통령은 우리 민족은 탄력이 강한 민족이며 그 무엇도 우리 민족의 저력과 활력을 억누를 수 없다는 확신을 가지고 있었다. 이러한 민족의 저력과 활력으로 종합제철공장, 종합석유화학공장, 대형조선소, 전자공업, 기계공업, 자동차공업 등 기술집약적인 핵심산업을 이 땅에 일으킴으로써 노동집약적인 경공업구조를 중화학공업 구조로 개편하고 이를 위해 과학기술과 기술인력의 육성에 총력을 기울인다는 것이 중화학공업 정책과 전국민 과학화운동의 목표였다.

오늘의 선진국들이 지난날 수십년 또는 백년 이상의 장기간에 걸쳐 이룩한 산업구조의 변화를 우리는 10년 내외의 짧은 기간에 이룩해 내자는 것이었다. 그것도 1972년 현재 1인당 국민소득(GNP)이 320여 달러에 지나지 않은 상황에서 말이다. 그것은 12년전 1차 경제개발 5개년계획에 착수할 무렵 공업화의 여건이 전무했던 상황에서 공업화를 추진했던 것보다 훨씬 더 대담하고 엄청난 계획이었다. 소요자본이나, 소요기간에 있어서 중화학공업은 경공업에 비해 비교할 수 없을 만큼 방대한 자금과 오랜 기간이 필요한 것이었다.

야당은 물론이고 학계와 언론계에서도 이를 비판했고 외국의 일부 경제학자와 언론도 그러한 비판에 가세했다. 한국의 경제수준에서 중화학공업을 일으킨다는 것은 불가능한 일이다, 또는 착수해도 성공하기 어렵다, 경제자원을 낭비할 뿐이다는 등 비판과 반대의 이유가 다양했다.

1960년대 초 1차 5개년계획을 추진할 때나 68년 경부고속도로 건설때나, 4대강유역 등 국토개발 정책에 반대했던 일부 경제학 교수들은 외국교수의 연구결과를 인용해 우리의 중화학공업은 실패할 것이라고 주장했다.

일찍이 개발도상국 경제에 대해 괄목할 만한 연구업적을 쌓은 미국하버드 대학의 경제학 교수인 허쉬만에 의하면 개발도상국가들의 경제개발 계획은 헛된 꿈과 허세와 우둔함으로 가득 차 있으며, 미국의 TVA

를 꿈꾸며 강 계곡에 무모한 투자를 흉내내고 있으며, 빈약한 국내시장의 수용능력을 초과하는 방대한 철강공장과 자동차공장을 세웠으나 그것들은 실패로 끝났거나 기대에 어긋난 결과를 초래했다는 것이다.

또 일부 진보적인 지식인들은 우리가 중화학공업을 육성하여 방위산업을 일으킨다면 남북한 간에 군비경쟁을 유발하고 군비경쟁은 긴장을 고조시켜 한반도의 평화정착을 저해할 위험성이 크다고 주장하면서 중화학공업 건설과 방위산업 육성을 반대했다. 이들의 이러한 주장은 한반도의 긴장완화와 평화정착에 대한 대통령의 기본구상과 전략과는 정반대되는 것이었다. 대통령은 중화학공업 건설의 목적은 수출증대를 통해 경제성장을 지속함으로서 국력을 증강하자는 데 있으며, 우리의 국력이 북한의 국력을 압도해야만 한반도에 긴장완화와 평화정착이 이루어질 수 있다고 생각하고 있었다. 다시 말해 중화학건설과 방위산업 육성에 의한 우리의 국력증강은 바로 긴장완화와 평화정착을 가져올 수 있는 최선의 방책이라고 확신하고 있었다.

새로운 국가정책이나 개발계획을 발표할 때마다 우리 야당과 일부 언론과 지식인들로부터 비판을 받아왔고 또 외국의 정부나 언론으로부터도 견제를 받아온 대통령으로서는 이들이 중화학공업 정책에 대해서도 비판하고 반대하리라는 것은 예상하고 있었다.

그러나 대통령은 야당이 반대해도 이 계획을 절대 미룰 수 없다고 생각하고 있었다. 중화학공업 육성계획이 일부 경제학자들이 주장하는 것처럼 현재의 우리나라 재정형편상 다소 무리한 사업이라는 것은 대통령도 잘 알고 있었다.

정부 내에서도 자금조달 문제를 제기하는 각료가 없지 않았다. 그러나 대통령의 결심은 확고부동했다. 시기적으로는 지금이 우리나라가 중화학공업을 건설할 수 있는 최적의 기회고, 또 세계시장에서 최신설비를 최저가격으로 도입할 수 있는 이 기회를 놓치면 중화학공업 건설은 더 어려워지고, 앞으로 언젠가 건설하려면 그때는 지금보다 훨씬 더 많은 부담과 희생을 감수하게 된다, 기회가 자주 있는 것이 아니다, 찾아온 기회는 반드시 잡아야 하고 그것을 최대한 활용할 줄 알아야 한다, 그래야 경제가 발전할 수 있다, 따라서 다른 분야를 조금씩 희생하고 또 외자를 도입해서 중화학공업 건설에 필요한 자금을 확보하면 된다는 것이다.

대통령은 청와대에 제2경제수석비서관실을 신설하고 중화학공업 개발계획과 방위산업 육성계획을 맡도록 하였다.

그리고 정부에는 중화학추진위원회를 설치, 국무총리가 위원장을 맡고 관계부처 장관과 전문가들로 위원회를 구성하도록 했으며, 실무추진기구로 중화학공업기획단을 만들어 대통령의 제2경제수석비서관이 기획단장을 맡아 운영하도록 하였다.

중화학공업 추진에 있어서는 정부의 모든 경제부처가 참여했다. 기본계획의 수립은 경제기획원이 맡았고 부문별 투자사업 계획은 상공부가 맡았으며, 공장용지건설 계획은 건설부가 맡았다.

과학기술처, 문교부, 보사부는 인력개발 계획을 맡았고, 기술 및 연구개발 계획은 경제기획원과 과학기술처가 맡았으며, 재정조달

계획은 경제기획원과 재무부가 맡았다.

우리나라의 중화학공업은 1968~76년과 1977~79년의 두 시기에 걸쳐 촉진되었다. 첫 번째 시기의 투자계획은 시멘트, 제철, 제강, 석유화학 등 기본적인 중간투입재를 생산하는 산업에 중점을 두어 선별적으로 이루어졌다. 이들 산업은 수출을 위해서라기보다는 국내수요 즉 수입대체를 위한 것이었고 낮은 기술수준에 의존하고 있었다.

반면에 1977년에서 1979년 사이에는 창원에 조성된 중화학공업단지에 철강, 기계, 화학, 조선, 자동차공업, 전자공업 등 중화학공업 건설을 위해 2조 8천 60억에 이르는 엄청난 투자가 정부주도 아래 이루어졌다.

이러한 투자는 경공업에 대한 투자의 4배에 이르는 것이었다.

정부는 선택과 집중의 원칙에 따라 각 분야별로 하나 또는 두 개의 민간기업을 엄선하여 공장부지와 도로, 자금 등을 전폭적으로 지원했다.

1973년부터 81년까지 중화학공업 건설에 필요한 자금은 외자 58억 달러 내자 38억 달러 총 96억 달러에 이를 것으로 추산되었다. 이러한 엄청난 자금을 조달하기 위해 중화학공업 건설에 참여하는 기업은 총 투자의 30% 정도는 자기자금으로 확보하도록 하였다.

IT 강국의 꿈 실현

중화학공업 정책의 목표는 대단위 공업기지 위에 최대규모, 최신시설, 최고기술을 접목시킨 중화학공업을 육성함으로써 우리나라의 공업구조를 경공업 중심에서 중공업 중심으로 탈바꿈시키고 공산품 수출 총액에서 차지하는 중화학공업 제품의 비중을 72년의 27%에서 81년에는 65%로 늘린다는 것이고, 수출공산품의 구조도 의류, 합판, 신발, 가발, 잡제품의 경공업제품 중심에서 기계류, 선박, 전자, 자동차, 석유화학 등 중화학공업 제품으로 전환시킨다는 것이다.

이러한 목표달성을 위해 중화학공업은 다음의 원칙에 따라 추진되어다.

첫째, 경제성과 경쟁력을 확보하기 위해 국제단위 규모로 대형화한다.

둘째, 중화학공업을 전략적인 수출산업으로 육성함으로써 시장애로를 타개하고 규모의 이익을 확보할 수 있도록 한다.

셋째, 전 국민의 과학화운동을 전개함으로써 기술 및 기능인력을 확보하고 개발을 위한 두뇌개발과 기능숙련체제를 혁신하고 기능자격제, 기능장제를 확립하여 국민 1인 1기를 실현한다.

넷째, 선박, 기계, 석유화학, 전자, 해양 등 5대 전략산업기술연구소를 설립하여 중화학공업 발전을 기술면에서 뒷받침한다.

다섯째, 중화학공업은 용수, 전력, 교통망 등 대규모의 사회간접자본이 요구되고 또 일부는 공해유발산업이므로 그 특성에 따라 적절한 입지에 집단적으로 건설한다.

이러한 원칙에 따라 전반적인 산업성장에 대한 기여도가 많고 부가가치의 효과가 높으며 국제적 수준에 이를 수 있는 내재적 능력을 가지고 있는 철강, 비철 금속, 조선, 기계, 화학, 전자 등이 중화학공업의 6대 산업으로 선정되었다.

철강부문에서는 1973년 7월 완공된 103만 톤 규모의 포항종합제철을 2, 3, 4기 확장을 통해 연산 850만 톤 규모로 늘리는 사업을 추진하였으며 특수강에 있어서는 고급특수강 등 25만 톤 규모의 생산능력을 갖춘 시설을 1977년 말까지 완공하는 사업에 착수했다.

비철금속공업에 있어서는 온산공업단지에 연산 5만 톤의 아연제련소와 연산 8만 톤의 동(銅)제련소를 1978년과 79년에 각각 완공시키기로 했다.

석유화학공업에 있어서는 기존의 울산석유화학단지의 시설능력을 에틸렌기준 연산 10만 톤을 15만 톤으로 확장하고 여천에 제2석유화학단지의 시설능력을 에틸렌기준 연산 35만 톤으로 신설하기로 했다.

조선공업에 있어서는 연산 2백 톤 규모의 현대울산조선소, 연산 120만 톤 규모의 대우옥포조선소, 그리고 연산 30만 톤 규모의 삼성죽도조선소의 건설을 추진하기 시작했다.

기계공업에 있어서는 국제수준의 품질과 국제적 가격경쟁력을 갖춘 기계공업을 육성해 기계류와 플랜트의 국산화, 기계류공업의 수출주력산업화, 방위산업의 모체 등을 위해 창원에 대규모 기계공업단지를 건설하기로 했다.

전자공업에 있어서는 국제수준급의 부품생산과 기술집약적 고급제품을 개발해 수출산업화한다는 전략 아래 반도체와 컴퓨터산업을 중점 육성하고 최첨단기술의 전자기기를 생산하고자 구미에 전자공업 제1, 2, 3단지의 건설을 본격적으로 추진하기 시작했다.

정부는 중화학공업의 본격적 추진을 위해 공업입지 조건을 최대한 활용하고 또 지역 간의 균형발전을 이룩한다는 목표 아래 동남해 지역에 대단위 공업단지를 건설하기로 했고 이름도 공업기지로 부르기로 했다. 중화학공업 6개 공업기지가 바로 그것이다.

정부는 이를 위해 1973년 12월 24일 '산업기지개발촉진법'을 제정하여 한국수자원개발공사를 산업기지개발공사로 개편했으며 산업기지개발공사는 기존의 수자원개발사업과 함께 창원, 여천, 온산 등에 공업기지 건설과 공업단지의 지원시설인 항만·용수·도로·주거개발지구의 주거시설 건설을 맡았다.

산업기지개발공사의 초대사장으로는 67년 수자원개발공사 사장으로 임명된 후 7년간 많은 성과를 거둔 안경모 씨가 임명되었다.

대통령은 일찍부터 전자공업의 중요성을 인식하고 있었다. 2차 세계대전 무렵 일본의 군함, 잠수함, 항공기들이 미국의 전파기술이 만들어낸 레이다망에 걸려 모두 격파되고 마침내 일본의 패전은 '전파전쟁'에서의 패배에서 시작되었다고 보고 있었다. 따라서 우리도 전자공업을 빨리 육성해야 되겠다는 생각을 갖고 있었다.

대통령은 5·16혁명 직후인 1961년 9월 국가재건최고회의 의장 당시 국내 최초의 국산라디오를 생산 판매하고 있는 금성사(현 LG전자)의 부산 연지동공장을 예고 없이 방문했다. 임원들이 자리를 비웠기 때문에 라디오 설계책임자가 대통령을 안내하여 생산공정을 설명하며 밀수로 들어오는 일제와 미제라디오가 많이 유통되어 공장이 적자를 보고 있다고 보고했다. 대통령이 우리나라 전자산업이 살아나려면 어떻게 해야 되겠느냐고 묻자 그 설계책임자는 일제밀수품과 미제면세품의 유통을 막으면 전자산업이 살아날 수 있다고 대답했다. 그 뒤 일주일이 지난 어느날 대통령은 '밀수품근절에 대한 포고령'을 발표하고 전국농어촌에 라디오보내기 운동을 전개하라고 지시했다. 연 1만 대도 안 되던 금성라디오 판매량은 1962년 13만 7천 대로 늘어났고 금성사는 자금이 돌면서 65년에는 냉장고와 전기밥솥, 66년에는 흑백 TV, 68년에는 에어컨, 69년에는 세탁기를 선보였다. 69년에 삼성전자가 가전사업을 시작하면서 우리나라는 중요한 가전제품의 세계적인 생산기지로 부상했다.

이보다 앞서 대통령은 65년 미국방문 때 재미교포들과 환담하는 자리에서 세라믹공학의 권위자로 수십 개의 전자관련 특허를 가지고 있는 김기형(金基衡) 박사를 만나 귀국하여 한국전자산업 발전을 도와줄 것을 간곡히 당부했다.

김 박사는 66년 8월에 귀국, 청와대에 와서 대통령에게 전자공업과 세라믹공업은 노동집약적인 산업이어서 유휴노동력이 많은 우리나라에 유리하다고 말하면서 그 육성 필요성을 강조했다. 김 박사는 자신이 개발한 손톱만한 반도체집적회로(IC)를 대통령에게 선사하며 한 개에 1달러짜리이며 주로 전자제품을 만들 때 쓰이는 것이라고 설명했다.

대통령은 이 손톱만한 물건을 박충훈 상공부장관에게 넘겨주며 잘 검토하라고 지시했고 그해 12월 박 장관은 전자산업을 수출전략산업으로 발표했다. 그리고 대통령은 67년 1월 17일 국회에서 발표한 연두교서에서 제철, 기계, 정유, 석유화학, 자동차공업 등 기간산업 건설을 추진하며 전자공업과 도자기공업의 개발에도 힘쓰겠다는 뜻을 밝혔다.

대통령은 4월 31일 개청된 과학기술처의 초대장관에 김기형 박사를 임명했다. 대통령은 김 장관이 추천한 미국 컬럼비아대학 전자·컴퓨터공학과 주임교수인 김완희(金玩熙) 박사를 초청했다. 9월 4일 귀국한 김 박사는 국내전자업계를 둘러본 뒤에 9월 16일 '전자공업진흥을 위한 건

장충공원에서 열린 한국전자전람회에 참석하여 진열된 제품을 둘러보는 박 대통령(1975. 10. 8)

의서'를 들고 청와대로 와서 대통령에게 브리핑을 했다. 대통령은 김 박 사에게 그해 3월에 한국에 진출한 미국 모토로라사가 제공한 트랜지스 터회로세트를 보여 주며 우리도 이런 것을 만들어 수출해야 되겠다고 말했다. 우리나라의 주력수출상품인 섬유는 창고 가득 찬 것을 수출해 봐야 10만 달러 받기도 힘든데 이 회로세트는 손가방 하나만큼만 팔아 도 30만~50만 달러를 받는다는 것이다.

김 박사는 귀국해서 도와달라는 대통령의 요청을 가족들의 반대로 고사했지만 방학 때마다 귀국해서 대통령을 정성껏 도왔다.

대통령은 1969년 1월 전자공업진흥법을 제정, 공포하고 잇따라 전자 공업 육성 8개년계획을 수립하여 발표했다. 대통령은 또한 전자공업 의 특성상 공장을 한곳에 모아놓아야 집적효과가 크다는 점에 착안하 여 전문공단을 조성했다. 전자공업은 공해, 특히 염분이 없는 내륙지방

이어야 하고 임해공업단지인 창원, 포항과 삼각축을 이룬다는 점을 고려해 경부선철도와 고속도로가 지나가고 낙동강이 중앙으로 관통하고 있는 구미가 적지로 선정되었다. 그리하여 구미전자공단은 71년 11월 제1공구단지 26만 평이 착공되어 그 이듬해 5월에 완공되었고, 제2공구 60만 평, 제3공구 140만 평 등 총 200여만 평 규모로 그 확장공사가 73년 10월에 완공되었다. 미국의 실리콘밸리와 일본의 쓰꾸바를 능가하는 한국의 테크노폴리스로서 전자산업의 메카가 되었다.

구미공단은 대통령이 전자강국의 꿈을 실현하기 위해 만든 전략기지였다. LG전자(옛 금성사), 삼성전자, 대우전자를 비롯한 한국

전자공업의 대표 브랜드가 이곳에서 자리잡고 성장했으며, 280여 개에 이르는 전문계열 부품공장들이 들어서 있다.

한국전자산업은 삼성전자가 반도체산업에 참여하며 제2도약의 길로 접어들었다. 삼성전자는 1986년에 256KD램칩을 월(月) 1백만 개 정도 양산할 수 있는 능력을 갖춤으로써 일본 경쟁사들의 사업 일정에 2년 반으로 추격하였고, 그 추격전은 88년도의 1메가 D램의 경우는 1년 반, 91년의 4메가 D램의 경우는 반년의 시간차로 단축되었고 급기야 93년의 16메가 D램의 양산기술에 있어서는 삼성전자가 선행주자로 나서게 되었다.

이것은 한국전자산업과 한국과학기술에 있어서 획기적인 쾌거였다. 그것은 최첨단기술과 장비를 최적화된 양식으로 융합시켜 운영할 수 있는 조직력과 사업능력을 입증하고 과시한 것으로 그 의의는 지대했다. 삼성전자에 이어 LG전자와 현대전자도 메모리 사업에 가세함에 따라 우리나라는 세계 메모리 시장의 30%를 점유하는 반도체강국이 되었다. 그리하여 메모리반도체는 1995년도에 단일품목으로는 처음으로 1백억 달러 수출을 이룩하는 빛나는 실적을 올렸다.

그동안 축적된 반도체공정기술은 94년도에 삼성전자와 현대전자가

구미공단 삼성전자 내 〈통신혁신의 요람〉이라는 휘호

거의 동시에 세계 최초로 256메가 D램 기술을 개발하는 데 성공함으로써 그 우수성이 입증됐다.

이러한 반도체산업의 성장은 우리나라가 지식사회와 정보사회로 앞서 나가도록 하는 원동력이 되었다.

2000년대에 들어 한국의 전자산업은 국가기간산업으로 자리를 굳혔다. 2001년부터 2005년까지 반도체, 전자제품, 영상·음향·통신기기의 국내총생산(GDP)에 대한 기여도는 각각 19.4%와 12%이다. 주력품목은 TV와 가전제품에서 반도체, 휴대폰, LCD패널 등으로 넓어졌다. 2004년 말 현재 IT산업체 수는 2만 5백 개, 종사자는 65만 명이며, 전 산업 수출비중은 30%, 생산액은 226조 원으로 국내실질성장기여율이 48.2%다. 고유가나 환율하락 등 여건이 불리해져도 반도체와 휴대폰, LCD와 HDD 등의 전자부문 수출은 꾸준히 증가추세를 이어가고 있다. 오늘날 우리나라는 국제적으로 공인되어 있는 IT강국이며 전자대국이다.

대통령의 '전자산업 개인교수' 역할을 했던 김완희 박사가 훗날 회고한 바에 의하면 '1960년대 말 세계의 전자공업은 막 출발하려던 기차와 같았다. 1970년대를 지나면서 기차의 속도는 빨라졌고 이제 후진국들이 아무리 흉내내며 따라오려 해도 불가능하게 됐다. 우리는 막차의 맨 끝칸을 탔던 것이다.' 그러나 지금 우리는 그 당시 첫차의 맨 앞칸을 탔던 선진국들보다 앞서 나가고 있다. 이러한 한

국전자공업의 성장과 발전은 큰 영애를 서강대 전자공업학과에 진학시킬 만큼 전자공업 육성에 대한 강한 애착과 집념을 가지고 있던 대통령이 구미전자공단에서 꽃피운 전자공업입국의 결실이었다.

중화학공업 건설은 여러 가지 우여곡절을 겪었다.

대통령이 중화학공업 정책을 선언한 1973년에는 이스라엘과 아랍국가 간에 이른바 중동전쟁이 발발하여 중동의 산유국들이 석유를 무기화함으로써 세계경제는 자원파동을 겪게 되고 이로 인해 세계경제는 극심한 불황의 늪에 빠졌다. 그래서 우리나라에서는 중화학공업 정책을 포기해야 한다는 반대의 목소리가 나왔다.

특히 70년대 중반부터 중화학공업 건설에 박차를 가하자 과잉 중복투자라는 우려의 목소리가 있었고 회수불능의 대출로 인한 금융붕괴를 경고하는 목소리도 있었다.

그러나 70년대 후반의 중화학공업 건설은 우려했던 금융붕괴를 유발하지 않았으며 수출회복의 원동력이 되었다.

정부가 중간재, 자본재의 국내생산을 대폭 지원함에 따라 중화학공업제품의 수출이 급격히 늘어난 것이다.

70년대 말에는 중화학공업이 경공업보다 더 빠르게 성장했다.

1965년에서 1980년까지 전반적인 제조업생산에 대한 중화학공업의 생산비율은 34.2%에서 53.2%로 늘었고, 수출 또한 15.3%에서 47.6%로 늘었다.

1965년 우리나라의 1인당 국민소득(GNP)은 106달러로 필리핀의 절반밖에 안 되었으나 1979년 우리의 1인당 국민소득은 1745달러로 필리핀의 3배가 되었다.

중화학공업 건설의 성과가 나타나기 시작한 것이다.

구미공업단지

1973년 9월 30일
대통령 박정희

1991년도에 우리나라 중화학공업 생산을 보면, 철강생산은 13만 톤에서 2615만 톤으로, 자동차생산은 생산이랄 것도 없는 상태에서 150만 대로 늘어나 세계 10위를 기록하였고, 자동차보유대수는 440만 대나 되어 인구 1백 명당 1대꼴이 되었다.

80년에 국내보급이 시작된 컬러TV는 90년에 1350만 대를 생산(세계 2위)하기에 이르렀으며, 현재 보급률은 인구 1천 명당 3백 대 수준으로 이탈리아와 대만을 훨씬 앞지르게 되었다.

조선부문은 4천 톤에서 443만 톤(세계 2위)으로, 섬유는 5만 톤에서 150만 톤(세계 7위)으로, 신발은 8300만 켤레에서 4억 6천만 켤레(세계 3위)로 각각 늘어난 것이다.

수출액은 719억 달러로 늘어나 91년 기준으로 세계 12위를 기록하게 되었고 1인당 수출액은 불과 2달러에 지나지 않던 것이 1654달러로 급신장했으며 수출대상국은 33개국에서 202개국으로, 수출품목은 69개에서 8천 개로, 무역업체는 7백 개에서 2만 7577개로 늘어났다.

이에 따라 세계수출에서 차지하는 우리나라 수출 비중은 거의 존재조차 없었던 것이(1300억 달러 가운데 4천만 달러) 이제는 2%대를 넘는 수준으로 껑충 뛰어올라서게 된 것이다.

중소기업의 기반도 뚜렷이 확대되어 60년대 초 1만 8천 개에서 7만 3천 개로 4배나 늘어나게 되었다.

우리나라의 1인당 GNP는 91년에 6493달러로 늘어나(90년 기준으로) 세계 26위를 기록하게 되었고 제조업 비중은 이 기간 동안에 14.4%에서 29.2%로, 그리고 제조업 가운데 중화학공업의 비중은 26.3%에서 63.1%로 각각 늘어났다.

민주화 여건 조성

중화학공업은 우리 경제의 고도성장을 지속시켜 나가는 새로운 동력이 됨으로써 이 땅에 민주주의가 뿌리내릴 수 있는 가장 핵심적인 여건을 조성해 놓았다.

70년대에 중화학공업과 새마을사업, 방위산업과 과학기술교육 확대 등 부국강병을 위한 핵심사업이 성공적으로 추진되면서 경제 발전의 혜택이 우리 사회의 각계각층으로 골고루 빠르게 파급되었으며, 모든 계층의 소득과 생활수준이 꾸준히 향상되었다.

또한 교육이 확대 강화되었으며, 농촌인구 감소와 도시근로인구 증가로 도시화가 촉진되었다. 그 결과 우리 사회에도 높은 수준의 기능과 지식을 겸비한 중산층이 두텁게 형성되기 시작했다.

대통령은 빈곤 속에서는 민주주의가 성장할 수 없으므로 민주화를 위해서는 먼저 경제발전을 이룩해야 한다고 판단하고 '선경제건설 후민주발전' 정책을 추진했다.

또한 국민복지를 향상시키기 위해서는 먼저 경제성장을 이룩하여 이른바 '파이'를 키워야 한다고 보고 '선성장 후분배' 정책을 추진했다.

그리고 국토통일을 위해서는 먼저 우리의 국력을 증강해야 한다는 판단에 따라 '선경제건설 후평화통일' 정책을 추진했다.

민주주의가 발전할 수 있는 여건을 조성하는 것도 경제발전이고 국민의 소득과 복지를 향상시키는 것도 경제 발전이며, 평화통일을 할 수 있는 국력을 증강하는 것도 경제건설이다, 따라서 민주화, 국민복지, 평화통일을 이룩하려면 먼저 경제발전을 성취해야 한다는 것이다. 다시 말해서 경제발전 없이는 민주화도 국민복지도 평화통일도 있을 수 없다는 것이다.

과거 서구선진국가들의 근대화와 민주화 과정은 100년 이상의 장기간에 걸쳐 완만하게 이루어졌다. 따라서 국민통합이나 공업화, 국민복지와 재화의 재분배 그리고 정치참여와 같은 근대화에 수반되는 어려운 과제들이 오랜 기간에 걸쳐서 하나하나 서서히 순차적으로 해결됨으로써 국가의 기반을 뒤흔드는 정치적 사회적 혼란 없이 민주화가 이루어졌다.

그러나 2차 세계대전 후 서구민주주의 정치제도를 도입하고 급속한 근대화를 추진한 개발도상국가에 있어서는 권력집중과 국민통합, 사회동원과 경제발전, 사회복지와 정치참여 등 근대화에 수반되는 어려운 과제들이 한꺼번에 터져 나옴으로써 어느 하나도 해결되지 못하고 정치불안과 사회혼란이 만성화되었다.

그 이유는 개발도상국가들이 서구국가들의 근대화와 민주화 과정을 이해하지 못하고 서구민주주의를 도입하면 근대화가 이루어질 수 있다고 잘못 판단하고 민주주의가 뿌리내릴 수 있는 여건이라고는 아무것도 없는 상태에서 서구민주주의의 정치제도를 무비판적으로 도입하여 이식시켰기 때문인 것으로 인식되고 있었다.

제2차 세계대전 후 우리나라도 서구선진국들을 근대화된 사회의 모형으로 생각하고 우리의 근대화를 위해서는 서구의 과학기술이나 경영방법뿐만 아니라 서구의 정치체제까지도 도입해야 한다고 믿고 있었다.

그래서 건국 초에 민주헌법을 만들어 입법부와 사법부의 독립, 복수정당제, 보통선거제 등 자유민주주의의 필수적인 형식을 모두 갖추었다. 그러나 그것은 해방 직후 정치적인 격동기에 전승국인 미국군정의 포고령에 의해 하루아침에 갑자기 이식된 한낱 수입품에 지나지 않았고, 제도적 법적 차원에서 서구민주주의 형식을 모방한 것이었다.

한동안 우리는 이른바 대통령책임제만 도입하면 금방 미국식 민주주의가 이 땅에 꽃피울 것처럼 생각한 때도 있었고, 내각책임제를 채택하면 영국식 민주주의가 이루어질 것으로 기대한 적도 있었다. 한마디로 우리는 서구민주사회의 정치제도를 그대로 모방하는 것이 곧 민주정치를 하는 것이라고 안이하게 생각했다.

그것은 마치 5백년 묵은 조선왕조라는 고목에 민주주의라는 새로운 수종을 강제로 접목시킨 것과 같은 것이었다. 그러나 이것은 빈약한 정치적 재능이 낳은 서투른 모방의 산물임이 곧 드러났다.

민주주의제도는 필요한 조건이 구비되어 있을 경우에는 모든 정치제도 가운데에서 가장 좋은 제도라는 것이 널리 인정되고 있다. 그러나 민주주의제도는 결코 언제 어디서나 최선의 제도는 아니며, 그것이 생명력과 정상 활동을 유지하려면 특정한 경제조건, 사회구조, 역사적 전통, 정치풍토 및 국내외의 정치적 여건을 필요로 한다.

그러나 우리나라에는 그러한 조건과 구조, 전통과 경험이 없었다.

그리하여 그것은 이 땅에 뿌리내리지 못하고 정치불안, 사회혼란, 부정부패, 빈곤의 악순환 등을 가져왔으며, 급기야 1960년대 초에는 학생들이 선도한 민중혁명과 군부가 주도한 군사혁명의 격동과 시련을 겪었다.

우리나라가 본격적으로 경제성장을 이룩하기 시작한 것은 5·16군사혁명 직후에 추진된 제1차 경제개발 5개년계획 때부터였다. 박정희 대통령은 60년대 초부터 '선경제건설 후민주발전' 정책을 추진했는데 이

정책은 공업화를 통한 경제발전으로 민주주의가 성장할 수 있는 여건을 조성하는 데 그 목표를 두고 있었다. 이 정책은 대통령이 계획한 대로 서서히 그러나 착실하게 성과를 거두고 있었다.

즉 제1차, 2차, 3차, 4차 5개년계획이 추진된 18여 년 동안 우리나라는 세계에서 가장 높은 경제성장을 지속해 왔으며, 그 결과 안정된 민주주의 토대라고 할 수 있는 중산층이 우리 사회에도 형성되기 시작했다.

우리는 공업화를 위해 선진공업국가들로부터 근대적 생산에 필요한 자본과 기술, 그리고 경영기법을 도입했다.

수백년 전, 기술의 진보가 선진국 역사에서 전혀 새로운 형태의 생산과 경제조직을 창출해 낸 것과 같이 우리가 도입한 선진국가의 기술과 자본은 우리의 낙후된 농경사회를 근대적인 산업사회로 탈바꿈시키는 원동력이 되었다.

우리는 네 차례에 걸친 경제개발5개년계획으로 사회간접자본을 확충하고, 기간산업을 육성했으며, 기술인력을 양성하고 전략산업을 발전시킴으로써 짧은 기간 내에 급속한 공업화를 이룩해 나갔다.

이러한 성장과 발전이 이루어진 것은 바로 정치참여 확대와 분배 확대를 요구하는 사회집단들의 압력과 야당의 반체제투쟁을 억제할 수 있는 강력한 정부형태를 유지했던 유신체제의 시기였다.

10월유신 후 정부는 경제성장의 기본 전제가 되는 정치안정과 사회질서를 파괴하는 정치적 요소를 없애고, 안정과 질서의 바탕 위에서 기업을 육성하여 생산과 수출면에서 그 역할을 크게 넓혔으며, 국제자본의 투자를 유치해 경제개발을 추진했다. 중화학공업화로 경제는 고도성장을 지속했고, 국민들의 생활수준은 꾸준히 향상되고 있었다.

경제발전의 초기단계에서는 소득분배에 격차가 생겼으나, 그 후의 꾸준한 경제발전은 대량의 숙련 노동력에 대한 거대한 수요를 낳았으며, 이들 숙련공들은 소득이 늘어나 중산층으로 성장했다. 즉 공업화가

고도화함에 따라 교육수준이 높은 숙련된 노동자, 관리직, 기술자, 지식인에 대한 수요가 폭발했고 이에 정부는 대중교육의 보급과 고도의 전문적인 교육에 대한 기회를 넓혔으며 그 결과 교육수준이 높고 경제적 부를 소유한 중산층이 대량으로 창출된 것이다. 그리하여 수백년 동안 빈곤에 한을 품고 운명에 묵종해 온 우리의 전통적인 농업사회는 급속한 공업화에 의해 높은 교육수준과 생활수준에 도달한 중산층사회로 발전하기 시작했다.

중화학공업화를 통한 지속적인 고도의 경제성장에 따라 계속 늘어나는 두터운 중산층은 이 땅에 민주주의가 뿌리내릴 수 있는 바탕이 되었고 우리 사회에 질서와 안정을 보장하는 구심력이 되었다. 그리하여 60년대 초까지도 빈곤과 전란의 위험에 시달려 온 우리나라는 공업화에 착수한 지 4반세기만에 민주주의 발전의 핵심적인 여건을 조성하는 데 성공한 것이다.

박정희 대통령은 61년 5·16군사혁명 때부터 자유민주주의는 서구민주주의제도를 모방한다고 해서 하루이틀에 뿌리내릴 수 있는 것이 아니며, 적어도 20년 또는 30년 이상의 경제성장으로 정치, 경제, 사회, 문화 등 여러 분야에서 그 여건이 성숙된 후에야 비로소 성장, 발전할 수 있다는 소신을 천명해 왔다. 80년대 초반은 바로 그 20년에 해당되는 시기였다.

박정희 대통령이 72년 10월유신을 단행하면서 추구한 국가목표는 세 가지였다.

첫째는 경제건설로 빈곤을 몰아내고 경제자립을 이룩하는 것이었다.

둘째는 자주국방으로 전쟁의 위험을 제거하고 평화를 정착시키는 것이었다.

셋째는 사회개발로 복지사회와 민주발전의 여건을 성숙시키는 것이었다.

대통령은 이러한 목표들이 70년대 후반에 상당 부분이 달성되었다고 판단하고 있었으나 이러한 목표들은 제4차 경제개발 5개년계획이 완수될 때 비로소 달성될 수 있다고 보고 있었다.

즉 중화학공업 건설과 농어촌근대화, 사회개발 계획과 자주국방사업이 대충 끝날 때, 특히 새마을운동으로 우리 농촌이 독일 등 서구선진국가의 농촌 수준으로 발전하고, 또 방위산업 발전으로 미사일 등을 보유하게 될 때, 안정된 민주주의 발전의 여건이 성숙될 수 있다는 것이며 그때가 80년대 초반 무렵이라는 것이다.

그때가 되면 지속적인 경제성장으로 다양하고 복합적인 거대한 산업사회가 건설되고 다원적이고 자율적인 시민사회가 출현하며, 특히 교육받은 중산층이 지배적인 사회계층으로 자리잡게 됨으로써 민주화의 확고한 토대가 마련되고 또 우리 힘으로 전쟁을 억지할 수 있는 자주국방력을 갖추게 된다는 것이다.

그것은 불과 20년도 안 되는 짧은 기간에 이루어지는 일이었다.

그래서 외국학자들은 이것을 '한강의 기적'이니 '세계의 기적'이라고 놀라워했고, 우리 한국인들은 그 '기적'을 자랑스럽게 생각했다. 그것은 박정희 대통령에 대한 국내외의 신뢰와 지지를 크게 신장시켰으며, 유신체제와 대통령의 계속 집정의 필요성과 정당성을 뒷받침했다.

그러나 야당은 민주화가 먼저 돼야만 경제발전이 이루어질 수 있다고 '선민주화 후경제건설' 정책을 주장했다.

야당은 또한 복지를 먼저 증진시켜야 경제성장이 촉진될 수 있다고 하면서 '선분배 후성장' 정책을 주장했다.

그리고 먼저 통일을 해야 남북이 힘을 합쳐 경제발전을 이룩할 수 있다고 '선통일 후경제발전' 정책을 주장했다.

그동안 박정희 대통령과 야당은 우리가 추구해야 할 국가목표들 가운데 어떤 것을 우선적으로 선택하느냐 하는 정책의 우선 순위에 대해 대립해 왔는데, 특히 경제건설과 민주화의 우선 순위에 대한 대통령과 야당의 논쟁은 대통령의 집정기간 내내 계속되었다.

야당은 대통령이 경제건설이라는 명분을 내세워 민주주의를 말살했다고 비난했다. 그러나 1960년대에 이 나라의 어디에 말살할 민주주의가 있었는가? 서구민주주의제도를 형식적으로 모방한 껍데기 민주주의만 있었지 알맹이 있는 진정한 민주주의가 싹틀 수 있는 여건은 하나도 없었던 것이 그 당시 이 나라의 현실이었다.

대통령의 18년 통치기간 동안 야당은 하루도 쉬지 않고 이른바 '민주화' 투쟁을 전개했고, 재야의 반정부세력도 민주화 압력을 줄기차게 가해 왔다. 그 투쟁의 격렬함, 그 압력의 중압감 앞에 유약한 대통령이라면 맥없이 굴복하고 '선경제건설 후민주화' 정책을 포기하고 말았을 것이다.

그러나 박정희 대통령은 그 모든 도전과 시련을 꿋꿋하게 이겨내고 그 정책을 일관성 있게 추진했다.

그리하여 과거에 서구선진국들이 100년 또는 200년의 오랜 기간에 이룩한 산업화를 18년이라는 짧은 기간 동안에 이룩할 수 있었고, 또 민주주의 발전의 여건들을 성숙시킬 수 있었다. 그것은 70년대의 10월 유신과 '계속 집정'의 기간에 대통령이 '선경제건설 후민주발전' 전략에 따라 경제와 국방과 과학기술교육 등 모든 분야의 근대화작업에 집중적인 노력을 기울여서 성취한 결실이었다.

미국 하버드 대학의 '배로'(R. Barro) 교수는 '민주주의가 경제성장의 비결인가?'라는 논문에서 '경제성장 정책을 우선적으로 추진한 나라는 경제발전을 이룩하고 민주화의 토대를 마련했지만 생활수준이 낮은 상태에서 민주화를 먼저 추진하거나 또는 경제건설과 민주화를 병행한 나라는 시간이 갈수록 국민은 자유를 잃고 독재국가로 전락하고 말았다'고 지적했다.

실제로 2차 세계대전 후 민주화를 먼저 추진했거나 또는 민주화와 경제건설을 동시에 추진했던 개발도상국들은 민주화도 실패하고 경제발전도 하지 못하고 빈곤과 혼란 속에 정변을 거듭하는 가운데 군부독재나 공산독재의 질곡을 벗어나지 못하고 있었다.

만일 야당의 주장대로 우리나라가 60년대 초부터 민주화를 먼저 추진했거나 또는 민주화와 산업화를 동시에 추진했더라면 우리나라도 예외없이 빈곤과 혼란과 정변의 악순환에서 헤어나지 못했을 것이다.

그러나 80년대 후반에 이르러 국내외의 많은 전문가들은 우리나라의 산업화와 민주주의 발전의 전개과정을 지켜보면서 그것은 박정희 대통령이 추진해 온 '선경제건설 후민주발전' 정책의 성공이라고 평가했다.

대통령의 이러한 민주화 전략과 그것의 철학적 기반인 현실주의는 1990년대 이후 많은 개발도상국가의 정치지도자들과 선진민주국가의 학자들로부터 개발도상국들이 민주주의를 발전시키는 가장 건설적인 접근으로 높이 평가를 받고 있다. 즉 이 정책은 민주화의 여건이 전혀 없기 때문에 민주화와 경제발전을 동시에 추진할 수 없는 개발도상국가들이 경제개발에 성공하고 민주화도 이룩할 수 있는 올바른 길이 어디에 있는가를 밝혀 주고 있다는 것이다. 그래서 세계 여러 나라 지도자들은 급속한 산업화와 민주화의 여건조성을 성공적으로 이룩한 박정희 대통령의 지도력을 높이 평가하고, 그의 정책을 연구하고 있다.

대통령의 이러한 국가발전 전략을 벤치마킹하여 중국의 경제를 일으킨 사람이 덩샤오핑이다.

1960년 초반 미국의 '아이젠하워'와 '케네디' 행정부는 우리 정부에 민주주의 정치체제를 채택하라고 공개적으로 압력을 가했다. 그것은 바로 미국 정치학자들이 개발도상국가에 있어서 정치안정과 경제발전을 이룩할 수 있는 최선의 제도는 서구민주주의제도라고 주창하던 시기와 때를 같이하고 있었다.

그러나 1960년대 중반을 고비로 미국의 정치학자들은 서구민주주의의 교과서식 이상형을 개발도상국가에서 성공적으로 구현하는 것은 불가능한 일이라는 사실을 인정하고 개발도상국가에서 바람직한 정치체제가 어떤 것인가에 대한 연구를 하면서 현실적인 대안으로 제안했다. 그것은 개발도상국가의 현실을 평가하는 미국 정치학계의 시각이 변화하였음을 보여 주는 것이었다.

미국의 닉슨 행정부나 인권문제에 그토록 강경했던 카터 행정부가 우리나라의 정치제도에 대해서는 반대하거나 간섭하지 않은 것도 미국 정치학계의 이러한 판단을 반영한 것이었다.

1972년 10월유신 이후 미국의 정치학자들 간에는 그 당시에 한국이 당면하고 있던 국내외의 위기상황에서는 유신체제가 불가피한 것이라는 데 대해 많은 공감이 형성되어 있었다.

그런데 우리나라의 야당정치인들은 이러한 사실을 부정하고 대통령은 10월유신을 단행함으로써 이 나라의 민주주의를 말살했다고 주장했다.

즉 10월유신은 대통령선거제도를 직선제에서 간선제로 바꾸어 대통령이 '장기집권', 다시 말해서 '계속집정'을 할 수 있는 길을 열어 놓고 민주주의가 발전할 수 있는 길을 막아 놓고 있다는 것이다.

그러나 야당정치인들의 이러한 주장은 역사적 사실과 거리가 먼 이야기다.

대통령의 '계속집정'은 10월유신과는 아무런 상관관계나 인과관계가 없는 것이었다. 대통령의 '계속집정'은 1969년에 국민투표에 의해 확정된 '대통령의 3차연임제도'에 의해 제도적으로 보장되어 있었다.

제4장 중단하면 성공할 수 없다

여당 내 개헌투쟁

1967년 5·3 대통령선거 유세 때 야당이 내각책임제 개헌과 정당법 개정을 주장하면서 개헌문제가 제기되었고, 6·8 총선 직후 여당인 공화당 내의 이른바 친김종필 세력과 반김종필 세력이 71년도 대통령선거 후보자 문제로 대립하면서 대통령 3선을 허용하는 개헌문제가 당내 권력투쟁의 쟁점으로 떠올랐다.

6·8 총선 후 김종필이 공화당의 당의장에 취임하자 당내의 친김세력은 71년 대통령선거 때 그 후보로 김종필을 추대하기 위해 세력 규합을 시작했다.

김종필계의 최영두 전 국회문공위원장과 송상남 당중앙위원은 '한국 국민복지연구회'라는 단체를 만들고 김용태 의원을 회장으로 추대하고 전국의 공화당청년당원에게 회원가입을 권유하고 있었다.

이들은 금융계, 경제계, 언론계 할 것 없이 광범위한 포섭대상자 명단과 시국판단서라는 비밀문서를 작성했다. 앞으로 대통령의 3선을 위한 개헌공작은 반드시 가시화될 것이고 우리는 이를 막기 위해 지지세력을 확보해야 하며 1971년 선거에 있어 우리의 대안은 오직 김종필 당의장이라는 것이 그 핵심내용이었다. 이들은 한때 대통령의 충성스런 지지자였고 그래서 당의 요직에서 일하기도 했다. 특히 김용태 의원은 5·16군사혁명의 계획단계에서부터 민간인으로 참여하여 대통령의 신임이 두터운 측근이었고, 당의 실세 당무위원이었다.

그러나 이들은 대통령의 3선을 위한 개헌이 꼭 필요한 것은 아니며 그것은 민주주의 발전에 대한 저해요인이 될 수 있다는 주장을 공개적으로 피력하고 다녔다. 그것이 그들의 정치적 신념에서 나온 것인지 아니면 그들이 지지하는 김종필을 대통령으로 추대하려는 모험을 시도하기 위한 정치적 음모에 연유한 것인지에 대해 그들은 침묵했다.

시간이 지나자 한국복지회는 공화당 내의 별도조직으로 당원들을 포섭하고 있었고 김종필을 대통령의 후계자로 옹립하여 71년 대통령선거에 출마시키기 위한 당의 변형된 이원조직이라는 사실이 알려졌다.

반김종필세력은 이 조직을 71년 김종필의 대권승계 작전계획을 수행하기 위한 속칭 '김종필사단의 사조직'이라고 보았다.

공화당 총재인 대통령은 이러한 사실의 진위를 조사하도록 관계기관에 지시했고, 조사결과 그것이 사실임이 확인되었다.

그것은 분명히 파당을 형성하여 당의 분열을 조장하고 당의 지도체제와 기강에 도전하는 해당행위였다. 창당 초부터 당의 지도체제와 단결을 강조해 온 대통령으로서는 이들을 용납할 수가 없었다.

그들은 당기위원회에서 당내당(黨內黨)을 만드는 해당행위를 했다는 이유로 68년 5월 25일 제명당했다. 그리고 5월 30일 당무회의를 주재하던 김종필은 모든 공직에서 물러나겠다고 선언하고 당의장직을 사퇴했다.

김종필이 한국복지회사건으로 공화당 당의장직을 사퇴한 후에도 친김세력은 대통령의 중임임기가 끝나는 71년에 김종필의 대권인수를 추진하는 계획을 포기하지 않았다. 그들은 우선 반김세력이 기도하려고 하는 3선개헌을 반대하는 데 힘을 모으기로 했다. 반김세력은 김종필이 대권을 승계하게 되면 자신들은 정치적 몰락을 면할 수 없게 될 것으로 보고 자신들의 정치생명을 유지하기 위해서는 대통령의 계속적인 집권이 필요하다는 전제 아래 그동안 여러 가지 개헌방안을 검토해 왔으므로 조만간 3선개헌문제를 제기할 것이 분명하다는 것이다. 이들의 예상대로 1969년 정초부터 반김세력은 3선개헌문제를 언급하기 시작했다. 반김세력의 주축을 이루고 있는 것은 백남억, 김성곤, 김진만, 길재호 등 이른바 4인체제였다. 당사무총장인 길재호가 1월 6일 개헌을 검토 중에 있다고 말한 데 이어 그다음 날 7일에는 윤치영 공화당 의장서리가 대통령연임 금지조항 삭제 등 개헌문제를 연구할 수 있다는 발언을 했고, 드디어 1월 8일에 공화당은 3선개헌을 검토하고 있다는 것을 공식발표했다.

공화당이 연구검토하고 있다는 개헌안은 길재호 사무총장과 함께 당을 운영해 온 4인체제의 한 사람이고, 당재정위원장이었던 김성곤의 이른바 이원집정제 개헌구상이었다. 공화당에는 대통령의 대안이 될 만한 후계자가 없으므로 근대화와 국가안보를 위해서는 대통령의 계속 집권이 필요하지만, 그렇다고 이승만 대통령의 전철을 밟아서는 안 된다, 따라서 내각책임제 개헌이 바람직하다, 다만 순수 내각제가 아니라 대통령은 외교와 안보를 맡고 비상시에 국정을 주도하며 평상시의 내정은 내각에 맡겨 공화당과 야당이 국회에서 정권경쟁을 하는 헌정제도를 신설한다는 것이 그 핵심내용이었다. 그는 야당도 내각책임제 정부형태를 주장해 왔기 때문에 이러한 이원집정제를 반대하지 않을 것이며 따라서 개헌은 여야합의로 이루어질 수 있다는 의견도 피력했다.

그러나 김성곤은 이 제도가 대통령의 3선을 보장하는 최선의 길이라는 명분을 내세웠으나, 그러한 명분 뒤에는 그 자신을 중심으로 하는 구정치인들이 실질적으로 정권 담당세력이 되겠다는 정략이 숨겨져 있었다. 김종필세력이 대통령의 3선을 막고 김종필을 대권승계로 전면에 내세우는 데 비해 김성곤 등 반김세력은 대통령의 3선을 추진하고 그 뒤에서 실권을 장악하려는 것이었다. 그들은 대권승계라는 같은 목표를 추구하며 다만 그 방법을 달리하였을 뿐이었다.

이원집정 정부는 대통령제와 의원내각제의 요소를 혼합한 절충형 정부형태다. 즉 행정부의 실제적인 권력은 대통령과 총리 사이에 이원적으로 나뉘어져 있으며 행정권 가운데 긴급명령권이나 외교국방에 대한 권한은 대통령에게, 일반행정권은 총리에게 속한다. 비상시에는 대통령이 행정권을 전적으로 행사하지만 평상시에는 의원내각제와 비슷하게 운영된다. 국가원수의 지위는 대통령이 지닌다. 대통령은 직선(直選)하기도 하고 간선(間選)하기도 한다.

이원제의 장점은 국가비상시에 대통령이 긴급명령권을 발동하여 이에 빠르고 효과적으로 대처할 수 있으면서도, 일반행정권은 총리가 가지므로 대통령제의 단점인 독재화 가능성을 배제할 수 있다는 데 있다.

또 총리가 이끄는 내각은 국회에 대해 책임을 지기 때문에 의원내각제의 장점인 책임정치가 가능하다. 내각과 국회가 대립하는 경우 대통령의 중재역할이 기대될 수 있으며, 의회의 내각불신임권과 대통령의 의회해산권으로 재빨리 해결할 수도 있다.

이처럼 이원제는 잘되면 대통령제와 의원내각제의 장점을 고루 살릴 수 있지만 잘못되면 두 가지 제도의 단점이 함께 나타날 수도 있다.

즉 대통령이 긴급명령권과 국회해산권을 가지므로 대통령제의 단점인 독재화의 위험성이 오히려 높을 수도 있다. 또 국회가 내각불신임권을 가지므로 의원내각제의 단점인 정국불안정의 위험이 있다.

대통령은 1963년 민정이양을 위해 제3공화국 헌법을 제정할 당시부터 우리나라의 현실에서는 대통령중심제도가 알맞다는 소신을 갖고 있었다. 그 당시에 헌법학자들과 정치학자들은 영국식 내각책임제, 미국식 대통령책임제, 이른바 이원집정제 등을 검토하여 최고회의 법사위원들과 협의하였는데 민주당 시대에 그 결함이 드러나 실패한 내각책임제도나 이원집정제보다는 대통령책임제가 낫다고 판단하고 이를 채택하기로 결정했던 것이다.

대통령은 사색당파의 당쟁 악습이 아직도 남아 있어서 여야 정당들의 극한 투쟁이 체질화되어 있는 우리의 현실에서 의원내각제나 이원집정제는 정치안정보다는 정치불안을 심화시켜 국정을 무정부상태로 몰아 넣을 위험성이 크다고 보았던 것이다. 특히 무력적화통일을 획책하고 있는 북한의 전쟁도발을 막고 경제개발도 추진해야 하는 우리나라로서는 오히려 강력한 대통령제가 필요하다고 생각했다.

모든 정부에는 분명히 최고의 통치권이 존재하며, 최고 통치권은 나누어 가질 수 없는 것이다. 누군가가 최종적인 결정권을 가지고 있어야 하며, 이 결정권을 장악하고 그 권한을 훌륭하게 행사할 수 있는 사람은 대통령이든, 총리든, 통치권을 보유하고 있는 것이다. 따라서 대통령제와 의원내각제를 혼합한 절충형 정부형태인 이원집정제 정부는 실제로는 존재하지 않는다. 분할된 통치권은 존립할 수 없기 때문이다. 문제는 대통령과 총리 가운데 누가 통치권을 소유하고 있느냐 하는 데 있다. 우리나라가 처해 있는 상황에서 우리의 국가적 과제인 경제건설과 자주국방 건설을 추진하기 위해서는 대통령이 최고의 통치권을 보유하는 대통령제가 바람직하다. 그것이 단임제냐, 중임제냐, 또는 3선제냐 하는 것은 부차적인 문제이고 우리나라에 알맞은 정부형태는 대통령제가 돼야 한다는 것이 대통령의 소신이었다.

그래서 대통령은 김성곤이 이원집정제 방안을 연구하고 있다는 말을 하면서 대통령의 의중을 떠보았을 때 자신의 평소 소신을 분명히 밝혔다. 그 후 공화당은 4인체제 주도를 3선개헌을 추진하기로 방침을 정하고 이것을 공식 발표한 것이다.

그리하여 3선개헌문제는 공화당의 친김세력과 반김세력 간의 권력투쟁에 있어서 핵심쟁점으로 떠오르고, 두 세력의 격돌은 피할 수 없게 되었다. 대통령은 여당의 양대세력이 개헌문제로 갈라져 파쟁을 하는 것은 시기적으로 적절치 않다고 판단하고 제동을 걸었다.

공화당이 3선개헌 검토를 공식발표한 이틀 뒤인 1월 10일 대통령은 연두기자회견에서 기자가 "최근 개헌문제가 크게 거론되고 있는데 현행 헌법을 운영해 본 결과에 견주어 개헌문제에 대해 어떻게 생각하고 있느냐"고 질문하자 대통령은 다음과 같이 답변했다. "특별한 사유가 없는 한 내 임기 중에는 헌법을 고치지 않았으면 하는 것이 나의 솔직한 심정입니다."

현행헌법은 5·16혁명 직후 개정한 것으로 우리 실정에 맞지 않거나 여건의 변화로 고쳐야 할 점이 있는 것도 사실이나 운영을 잘하면 된다고 본다, 싸우면서 건설해야 할 새해의 연초부터 개헌문제로 시간을 낭비하는 것은 바람직하지 않다, 설사 헌법개정의 필요가 생긴다고 하더라도 연말이나 내년 초쯤에 논의해도 늦지 않다고 본다는 것이다.

"오늘 여러분들 질문 가운데 아마 그 문제에 대해서 제일 관심이 있는 것으로 알고 있는데, 제3공화국 헌법이 1962년 가을 국민투표에 의해 제정되어 약 5, 6년 동안 운영을 해왔습니다.

그 결과 내가 느낀 바로서는 현행 헌법은 과거의 제2공화국의 헌법이라든지, 그전에 우리나라의 어느 헌법보다도 잘되어 있는 헌법이라고 나는 생각합니다.

물론 그 가운데는 여러 가지 결함이 없는 것은 아닙니다.

우리 실정에 맞지 않거나 우리 국가가 크게 발전해 나가고, 여러 가지 여건이 달라짐으로써 또 고쳐야 될 점, 모순이 드러난 점, 이런 점이 몇 가지 있는 것도 사실입니다.

그러나 내가 늘 말한 바와 마찬가지로 이 법이라는 것은 우리 사람이 만드는 것이고 이것을 운영하는 것도 우리 사람입니다.

따라서 이것을 사람들이 어떻게 잘 운영을 하느냐, 어떻게 운영의 묘를 기하느냐 하는 것이 가장 중요한 일이라고 생각합니다. 더구나 현행 헌법은 여러분들이 아시는 바와 같이 혁명정부 때 나와 우리 혁명주체

싸우며 건설하자

1969년 1월 1일
대통령 박정희

들이 주동이 되어 개정한 헌법이므로 앞으로 만약에 어떠한 특별한 사유가 없는 한 적어도 내 임기 중에는 이 헌법을 고치지 않았으면 하는 것이 나의 솔직한 심정입니다.

더구나 여러분들이 아시는 바와 같이 금년은 우리가 싸우면서 건설하자는 해인데 연초부터 이 개헌문제를 가지고 왈가왈부해서 시간을 낭비하는 것은 이 시점에 있어서 그다지 현명한 일이 못되지 않겠습니까. 특히 우리가 추진하고 있는 제2차 5개년계획은 금년이 3차년도입니다.

현재 추진하고 있는 계획을 우리가 계획대로 추진한다면 금년 연말에 가서 두서너 가지 사업을 제외하고는 5개년계획을 거의 달성하리라고 보고 있습니다.

따라서 우리는 우리 국민들이 합심해서 북한으로부터의 침략과 대결하고, 국내적으로는 제2차 5개년계획 3차년도 사업을 강력히 밀고 나가자, 건설에 보다 더 힘을 발휘하자는 것이 나의 희망입니다.

만약에 헌법을 꼭 개정해야 할 필요가 있다거나 그러한 필요가 생긴다 하더라도 지금 이 시기에 이러한 문제를 들고 왈가왈부하는 것보다는 금년만은 전 국민이 힘을 합쳐서 공산당과 대결하고 건설을 해야 하며, 이러한 문제가 꼭 논의될 필요가 있다면 금년 연말이나 내년 초쯤 가서 논의하더라도 시기적으로 늦지 않다고 봅니다.

지금 이 시기에 이런 문제를 가지고 우리의 여러 가지 해나가는 일에 지장을 가져와서는 곤란하지 않겠느냐 하는 것이 내 생각입니다."

1969년 4월 25일, 기자회견에서 기자가 "개헌문제는 공화당 의원총회에서도 논의되고 있고, 야당은 개헌반대투쟁위원회를 구성했으며, 일부 사회단체는 3선금지조항 철폐와 개헌촉진운동을 하고 있는데, 이에 대해 어떻게 생각하느냐"고 질문하자 대통령은 "내 임기 중 될 수 있으면 헌법을 고치지 않았으면 하는 나의 솔직한 심정에는 변함이 없다"고 말했다.

개헌을 반대하거나 찬성하는 것은 국민의 자유에 속하는 것이나, 공화당은 이 문제로 시간과 정력을 낭비해서는 안 되겠다고 생각해서 당으로서는 공식거론을 하지 말라고 지시했다는 것이다.

"정초 기자회견 때에도 여러분들로부터 이러한 질문을 받고, 이 문제에 대한 내 개인적 견해와 또 솔직한 심정을 말씀드린 바 있습니다.

지금 이 문제에 대한 나의 심정은 그때나 조금도 변함이 없습니다. 그때에도 말씀을 드렸지만, 헌법이라는 것은 될 수만 있다면 자주 고치지 않는 것이 좋다고 이야기했고 지금도 나는 그렇게 생각하고 있습니다.

그러나 헌법이라는 것은 꼭 고쳐야 할 필요성이 있으면 고칠 수도 있는 것입니다. 다만 그 절차가 우리나라의 헌법에 규정되어 있는 절차를 합법적으로 밟아서 국민들의 의사를 물어 결정을 하면 되는 것인데, 꼭 필요하다는 그 필요성, 또 고쳐야 될 정당한 이유 이러한 것이 문제가 되겠지만, 나로서는 전에 이야기한 바와 마찬가지로 내 임기 중에는 될 수 있으면 헌법은 고치지 않았으면 하는 것이 내 솔직한 심정이라는 것에는 조금도 변함이 없다는 것을 다시 말씀드립니다.

그 밖에 개헌찬성 서명을 하는 일부 사회단체가 있다, 또는 야당에서 개헌반대투쟁위원회를 구성했다는 이야기는 지상을 통해서 나도 듣고 있습니다. 그러나 이것은 법이 허용하는 테두리 안에서 하고 있는 그들의 자유에 속하는 문제이기 때문에, 찬성도 할 수 있고 반대도 할 수 있는 문제라고 생각합니다. 그러나 단 우리 집권당인 공화당은 수권의 대임을 맡고 있는 집권당이기 때문에, 그보다도 더 중요한 당면문제가 산적해 있는 이 시기에 있어서, 이런 문제에 대해서 우리가 귀중한 시간과 정력을 낭비해서는 안 되겠다 하는 생각으로 당에 대해서는 앞으로 공식적인 거론을 하지 말라는 지시를 한 바가 있습니다.”

그런데 69년 1월 13일, 신민당은 개헌안 발의의 저지계획을 세웠고 29일에는 대통령에게 개헌의사를 묻는 질문서를 국회에 제출했으며 2월 3일에는 재야 정치인들이 3선개헌반대 범국민투쟁위원회발기준비위원회를 구성했다. 결국 3선개헌문제는 여당과 야당 간에 정치쟁점으로 부상했다. 이에 대통령은 여야 간에 개헌문제가 쟁점이 되는 것은 국정운영에 도움이 안 된다고 판단하고 2월 4일 공화당 간부들에 대해 개헌문제를 거론하지 말라고 지시했다. 그러나 공화당과 신민당의 개헌 찬반논쟁은 수그러지지 않았다. 유진오 신민당 총재는 2월 22일 나주 재선거유세장에 내려가 헌법수호 책임은 대통령에게 있으며 신민당은 당의 운명을 걸고 개헌저지투쟁을 벌이겠다고 선언했다. 이에 맞서 윤치영 공화당의장서리는 2월 25일 나주에 내려가 여당후보 지지연설을 하면서 국내외 정세에 따라 개헌은 얼마든지 할 수 있는 것이라고 언명했다. 이러한 상황에서 공화당은 우선 당론을 통일하기로 하고 협의했으나 끝내 당론통일이 안 되어 3월 6일로 예정돼 있던 전당대회를 무기 연기했다. 반김세력은 친김세력과 좀 더 협의하기로 했다. 그러나 당론통일은 협의에 의해 이루어지지 못하고, 끝내 친김세력과 반김세력이 격돌하는 사건이 발생했다. 세칭 4·8항명파동이 그것이다.

1969년 4월 8일, 국회에서는 야당이 제출한 권오병 문교부장관 불신임안에 대한 의결이 예정되어 있었다. 대통령은 국회표결에 앞서 공화당 지도부에 권장관의 거취문제는 대통령이 알아서 잘 처리할 터이니 불신임안은 일단 부결시키라고 지시했다. 그러나 친김세력은 이 기회에 반김세력에 대해 자신들의 힘을 보여 주고 일격을 하기로 하고 득표공작을 했다.

개헌을 반대한 김종필계 의원은 33명이었고, 여기에 평소에 권오병에 대해 좋지 않은 감정을 가지고 있던 공화당의원 15명이 합세해 총 48명의 여당의원이 찬성표를 던짐으로써 불신임 결의안은 찬성 89표 대 반대 57표로 가결되었다. 이날 대통령은 해군사관학교졸업식 참석차 진해에 머물고 있었으나 예정을 앞당겨 이날 밤으로 귀경했다.

대통령은 10일 오후 청와대에서 공화당의 확대간부회의를 소집하고 전례 없이 강경하고 단호한 투로 선언했다. "당의 명령을 어기는 사람들과는 절대로 당을 같이할 수 없다"는 것이다. 그리고 "항명 관련자가 몇십 명이 되더라도 모두 제명하라"고 지시했다.

대통령 자신의 임기가 얼마 남지 않았다고 해서 이렇게 항명을 하는 것이냐고 힐문하고, 만일에 당기위원 가운데 이번 반당행위에 가담했거나 이에 동조하는 자가 있어서 징계처분을 제대로 하지 못하는 경우가 생기면 당총재직을 그만두면뒀지 절대 용납하지 않겠다는 확고한 결의를 표명했다.

대통령은 이날 권오병의 사표를 수리하고, 공화당원내총무에 김택수 의원을 임명했다. 4월 15일 공화당의 당기위원회는 항명을 주도한 것으로 판명된 김종필계 의원 5명을 제명했다.

그들은 양순직, 예춘호, 정태성, 박종태, 김달수 등이었다. 4·8항명사건은 당의 지도체제에 도전하고 당의 분열을 조장하는 당원에 대해서는 그 지위의 높고 낮음을 막론하고 당헌에 따라 처벌한다는 당총재인 대통령의 확고한 방침이 가장 뚜렷하게 드러난 사건이었다. 대통령으로서는 그렇게 하지 않으면 안 될 충분한 이유가 있었다.

그것은 이른바 '권력의 누수현상'을 차단해야 할 필요성이었다. 중임 제도 아래에서 대통령은 그가 재선되는 순간에 다음 대통령선거에 참여할 기회가 박탈된 대통령이 되어 임기말년에는 소위 '절름발이 대통령'이라고 해서 아무런 영향력을 행사하지 못하고 통치의 효율성이 떨어져 중요한 국가정책을 추진할 수 없게 된다.

왜냐하면 정부의 권력과 영향력은 다음에 대통령이 될 사람으로 옮겨가기 때문이다. 이러한 권력의 누수현상은 현직대통령의 지도력에 따라서 또 후계자의 존재여부, 후계자의 행동에 따라서 현직대통령의 재선 초기에 생길 수도 있고, 임기말년에 생길 수도 있으며, 또 임기종료 때까지 전혀 생기지 않을 수도 있다.

권력의 누수현상이 재선초기에 생기면 중임대통령은 두 번째 임기에는 아무런 일도 할 수 없게 된다.

대통령은 김종필의 대권승계공작을 주도한 한국복지회사건과 4·8항명은 대통령의 중임 초반에 권력의 누수현상을 가져올 중대한 사태로 보고 그 주모자를 제명처분하여 그러한 현상을 미리 막은 것이다.

야당반대와 국민투표

공화당의 4·8항명사건 후 북한의 무력도발로 한반도에 군사적 긴장이 고조되자 여야의 개헌논쟁은 한동안 잠잠해졌다.

즉 4월 15일 북한 전투기는 동해공해상공에서 미해군정보기 EC-121을 격추시켰고, 주한미군은 비상대기하고 있었으며 우리 해군도 임전태세에 돌입함으로써 전운이 감돌기 시작했던 것이다.

그러나 이 사건의 충격이 가시자 여야의 3선개헌논쟁은 다시 불붙었다.

5월 21일, 신민당전당대회에서 당총재에 다시 추대된 유진오는 그 수

락연설에서 3선개헌은 민주주의의 "돌아오지 않는 다리"라고 말하고 3
선개헌저지투쟁에 나설 것을 촉구했다. 이에 대해 6월 3일 길재호 공화
당 사무총장은 대통령의 연임금지조항을 삭제하는 데서 한 걸음 더 나
가 대통령에게 위기극복에 필요한 비상대권을 부여하는 조항을 신설
하는 개헌을 해야 한다고 대응했다. 그러자 6월 5일 신민당은 재야세력
과 3선개헌반대 범국민투쟁준비위원회를 결성하고 나섰다. 뿐만 아니
라 6월 12일부터는 대학에서 개헌반대운동이 일어나기 시작했다. 처음
에는 서울대와 고대에서 헌정수호 선언문 채택, 개헌반대 성토, 철야농
성을 하더니 급기야 6월 27일부터는 고대생들이 처음으로 가두데모를
시작했고, 7월 3일에는 3선개헌반대 학생데모가 전국으로 확산되었으
며, 7월 4일 유진오 신민당 총재는 대통령에게 3선개헌문제에 대한 결
단을 촉구하는 공개서한을 발표했다. 이 서한에 대해 대통령은 7월 7일
공개답변을 통해 국회에서 개헌이 합법적으로 발의되면 이를 적법조치
하는 것이 정부의 의무라고 말했다. 이 무렵 신민당과 재야 반정부세력
들은 개헌반대 전국유세를 하면서 개헌반대의 차원을 넘어 대통령에
대해 인신공격을 하고 그의 실정을 공격했다. 그것은 말이 3선개헌반대
운동이지 실제로는 대통령의 퇴진운동이었고 정권투쟁운동이었다. 정
국은 혼란에 빠졌고, 정부는 아무일도 할 수 없는 상황에 직면했다.

그것은 대통령으로서도 더 이상 결단을 미룰 수 없는 상황이었다. 대
통령이 임기만료 때까지 국정을 차질없이 수행할 수 있으려면 3선개헌
문제를 둘러싼 여당의 분열이나 야당과 재야세력의 정권투쟁으로 야기
된 정치적 위기를 하루속히 타개할 필요가 있었다.

5·16군사혁명 직후부터 69년까지 8년 동안 대통령은 야당정치인으로
부터 독재라는 비난을 받아왔다.

군정 때는 군사독재라고 비난받았다. 그때는 혁명정부가 입법 사법
행정의 3권을 독점하고 있었으니 독재라는 야당의 비난은 쉽게 납득될

수 있는 일이었다. 그러나 민정이양 후 3권분립이 보장된 제3공화국에서도 야당은 자유롭고 공명한 선거에서 그들을 패배시킨 대통령에 대해 계속 독재라는 비난을 했다. 특히 제3공화국의 초기인 64년 한일 국교정상화를 반대한 야당은 대통령을 친일매국노라고 인신공격을 하면서 학생들을 선동하여 폭력으로 새 정부를 타도하려고 했다. 그 당시 대통령은 계엄령이라는 비상수단을 통해 야당의 정권투쟁을 저지했다. 67년 대통령선거 때도 압도적인 득표차로 재선된 대통령에 대해서 야당은 독재자라는 비난을 멈추지 않았다.

야당은 67년 6·8총선거 때 일부지역에서 일어난 공화당후보자의 선거부정사건을 확대하여 이것을 변칙적인 정권쟁취의 기회로 만들어 보려고 했다. 그들은 이번에는 대통령 3선개헌반대를 구실로 또다시 상투적 정권투쟁을 하고 있었다.

대통령은 이 위기를 민주주의 원칙에 따라 종식시키기로 결심했다. 대부분의 민주국가에 있어서 헌법개정과 같은 중대한 사안은 먼저 국회에서의 다수결 원칙에 의한 의결과 그 다음에 국민투표를 통해 최종적으로 확정된다.

그 당시 3선개헌에 대한 찬반 양론은 큰 차이를 보이고 있었다. 반대론자들은 3선개헌으로 장기집권이 계속될 경우 독재와 부패가 심화되고 평화적 정권교체의 정치전통이 확립될 수 없고 민주주의의 발전이 저해된다고 주장했다.

그러나 찬성론자들이 주장하는 논리는 달랐다.

정권을 자주 바꾸는 것이 반드시 좋은 것은 아니며, 대통령이 일을 잘하지 못하면 바꿔야 하겠지만 일을 잘하면 계속 일할 수 있도록 하는 것이 국가발전을 위해 바람직한 일이다.

따라서 그동안 경제건설과 자주국방 건설에 있어서 괄목할 만한 성과를 거두고 있는 현직 대통령이 그 일을 계속할 수 있는 기회를 제도적으로 마련하는 3선개헌은 필요하며 문제삼을 일이 아니라는 것이다. 또 3선개헌을 하더라도 국민들이 중임대통령의 3선을 원하지 않는다면 선거 때 낙선시킬 수 있으므로 굳이 3선을 금지할 필요가 없다는 것이다. 3선금지는 일 잘하는 대통령이 더 일할 수 있는 기회를 박탈하게될 뿐이라는 것이다. 이들은 또한 '계속집정'이 곧 독재라는 등식도 모든 경우에 반드시 성립되는 것은 아니라고 주장했다. 단기집권자도 독재할 수 있고 장기집권자도 독재로 흐르지 않을 수 있다는 것이다.

찬성론자들은 또한 우리나라와 같은 개발도상국가에 있어서 근대화와 경제발전은 유능한 정권이 계속 집권해야 가능하고 한 외국학자들의 이론을 인용하여 3선개헌의 필요성을 강조했다. 즉 개발도상국가들은 장기적인 발전전략이 있어야만 발전할 수 있다는 것이다.

정권이 자주 바뀌고 정치가 국가조직을 흔들어 놓으면 장기적인 발전계획을 세워 실행할 수 없게 된다. 정권이 바뀔 때마다 국가정책이 바뀌다 보면 정책혼란이 생기게 되고 국민은 방향을 잃고 흔들리게 된다.

적어도 10년 또는 20년이 걸리는 장기발전 계획을 세워서 이것을 일관성 있게 추진해야 한다.

따라서 그렇게 할 수 있다고 믿을 수 있는 정권의 계속적인 집권이 필요하고 바람직하다는 것이다.

헌법개정문제에 대한 이러한 찬반양론에 있을 때 이에 대한 최종 결정은 전체 국민들의 판단에 맡겨야 한다는 취지에서 제3공화국 헌법은 국민투표제도를 채택했고, 대통령은 이러한 헌법규정에 따라 3선개헌문제를 마무리짓기로 결정했다.

국민투표를 실시하게 되면 여기에는 반드시 대통령이 추진하고 있는 경제건설과 자주국방 건설에 대해 국민들이 어떤 생각을 하고 있는지, 이 일을 대통령으로 하여금 계속 추진할 수 있도록 하는 기회를 제공하게 될 3선개헌에 대해 국민들이 어떤 판단을 하고 있는지, 또 대통령이 독재한다는 야당의 비난에 대해 국민들이 어떤 평가를 하고 있는지, 이러한 국민의 생각과 판단과 평가가 뚜렷하게 밝혀질 것이며, 그 결과에 따라 3선개헌문제와 이로 인해 조성된 정치적 위기를 해소하려고 한 것이다.

대통령은 우리 국민들이 그 어떠한 선택이 국가이익에 기여할 수 있을 것인가를 현명하게 판단하는 역량을 갖추고 있고, 따라서 국가와 민족의 장기적 이익이라는 거시적 안목과 냉정한 판단에 입각해서 이 문제를 종결지어 주리라고 확신하고 있었다.

1969년 7월 17일 제21주년 제헌절에 대통령은 개헌은 국민 각자의 기본적 자유권의 행사로 결단돼야 할 문제이며, 이 자유와 권리를 보장하는 것이 대통령의 책임을 수행하는 길이라고 믿는다고 천명함으로써 개헌문제를 국민투표로 결정하겠다는 뜻을 분명히 했다.

"그동안 조국의 현실도 크게 변모했습니다. 우리의 생활조건, 우리의 의식구조, 우리의 행동양식이 급격히 변화하고 있으며, 제반 문물제도도 변천하는 사회환경과 여건에 적응할 수 있도록 부단히 조정되고 개혁되고 있습니다.

변혁이 있는 곳에는 언제나 다양한 이론이 있는 것이고 다변적인 대립이 있게 마련입니다. 그러나 이론과 대립이 반드시 발전의 장애가 되는 것은 아닙니다.

오히려 이론과 대립은 일을 좀 더 잘해 보려는 선의와 의욕에서 나오는 것이며, 이론을 대화로 통일하고 대립을 이해로 지양할 때 사회발전은 더욱 촉진될 수 있는 것입니다.

근자에 우리 국민들 간에 오가는 개헌논의는 이러한 관점에서 이해될 문제라고 하겠습니다. 헌법을 고치자는 생각이나, 헌법을 고쳐서는 안 되겠다는 생각이나, 다 같이 국가와 민족의 앞날을 생각하는 선의에서 나온 줄 압니다.

개헌은 곧 과거의 불행을 되풀이하는 것이요, 조금도 국가발전에 도움이 되지 않는 것이므로 절대로 해서는 안 된다고 하는 것이나,

또는 우리 국민의 고양된 의식수준과 변모된 사회현실에 맞도록 헌법의 일부를 적절하게 고치는 것이 나라와 민족의 이익이 된다고 하는 것이나, 모두가 애국적인 동기에서 출발한 것일 것입니다.

나는 지난번에 이 문제에 대한 나의 소신이나 정부의 입장을 천명, 강조한 바 있습니다. 개헌은 어느 특정인의 주관적인 가치판단이나 개인적인 호불호에 좌우될 문제이기 전에, 헌법에 명시된 민주시민 각자의 기본적인 자유권의 행사로 결단되어야 할 문제인 것입니다. 이 자유와 권리를 보장하는 것이 헌법의 참된 정신을 구현하는 길이고, 또 헌법이 나에게 부과한 책임을 수행하는 길이라고 확신합니다.”

1969년 7월 25일, 대통령은 개헌문제와 자신의 진퇴문제를 국민투표로 결정하겠다고 선언하는 특별담화문을 발표했다. 여기서 대통령은 먼저 야당이 주요도시 유세에서 개헌반대의 한계를 넘어 적국의 정부를 규탄하듯이 대통령에 대한 인신공격과 반정부선동을 하고 있다는 사실을 지적했다.

“친애하는 국민 여러분!

작금 개헌문제는 정계에서 열띤 논제가 되고 있고, 그 시비의 소리는 자못 사회를 시끄럽게 하고 있습니다. 야당은 범야세력을 규합하여 개헌저지와 반대투쟁에 안간힘을 다할 기세에 있으며, 이미 수차에 걸친 주요도시 유세에서는 그 도를 넘어 반정부선동까지 나오고 있습니다.

개헌에 대한 나의 소신과 입장에 대해서는 이미 연초 기자회견을 비롯해서 여러 차례 국민 앞에 분명히 밝힌 바 있습니다.

즉 헌법은 국가의 기본법인만큼 될 수 있으면 자주 고치지 않는 것

이 좋겠다는 것과, 적어도 내 임기 중에는 고치지 않았으면 하는 것이 내 희망이라는 것과, 그리고 굳이 정치인들이 개헌을 거론해 보겠다면 연말이나 내년 초에 가서 거론을 하더라도 늦지 않지 않다는 내 의견을 말한 바 있습니다.

이것은 내 개인이 개헌을 원하지 않고 있으며, 또 개헌문제로 당장 시급한 경제건설이나 정부의 과업수행에 지장이 있어서는 안 되겠다는 나의 충정을 단적으로 표현한 말이었습니다. 그럼에도 불구하고 야당은, 지난 제70회 임시국회에 있어서 개헌과는 직접 관계가 없고, 또 답변할 위치에 있지도 않은 국무위원들을 거의 날마다 전원 출석시켜, 바쁜 국사는 제쳐 놓고 개헌문제만을 가지고 "하겠느냐 안 하겠느냐"고 짓궂게 따져 왔는가 하면, 심지어 야당 당수는 나에게 규탄형식의 공개서한을 보내와 "개헌 안 하겠다"는 약속을 하라고 강요해 왔고, 전국적 유세를 하면서는 있는 말, 없는 말로 마치 적국 정부라도 규탄하듯 온갖 욕설을 나와 이 정부에 퍼붓고, 국민을 선동하고 있습니다.

국민 여러분!

나 개인으로서 개헌에 대한 나의 견해는 분명히 앞에서 말한 바와 같습니다.

그러나 대통령으로서 개헌을 하겠다, 안 하겠다고 말할 권한은 없습니다. 개헌과 대통령과의 관계를 말한다면 우리 헌법상, 대통령은 개헌을 발의할 권한조차 없으며, 대통령은 합법적으로 발의된 개헌안을 적법 조치하여, 국민의 의사로 결정짓도록 하는 의무만이 있을 뿐 이를 막을 권리는 없는 것입니다.

개헌은 오로지 국회의 의사와 국민의 의사만으로 할 수도 있고, 안 할 수도 있는 것입니다. 사리가 이러할진대, 대통령이 개헌을 하겠다 또는 안 하겠다 하는 것은 분명히 위헌적 처사가 되는 것입니다. 이러한 사리를 뻔히 알면서도 나에게 "개헌을 안 하겠다"는 약속을 하라는 야당의 주장은, 실로 무리한 생트집이라 아니할 수 없습니다.

개헌에 대한 발의권마저 없는 대통령에게 "개헌을 안 하겠다"는 약속을 하라, "만약 그렇지 않으면 끝까지 반대투쟁을 벌이겠다"는 야당의 정략은, 앞으로 나에게 남은 임기 2년의 정국을 혼미와 암담의 연속으로 몰아넣고 말 것이 뻔합니다.

야당의 유세는 한갓 개헌반대의 한계를 넘어서 반정부선동의 양상을 띠고 있으며, 그 도는 날이 갈수록 더 극심해질 것이 예상됩니다. 최근 야당인사들의 나에 대한 인신공격과 정부에 대한 욕설은, 국민의 신임에서 선출된 대통령으로서 도저히 참고 넘길 수 없는 말들이라 아니할 수 없습니다.

박 대통령은 이승만 대통령보다 더 지독한 독재자다.

이 정부는 민주주의를 완전히 짓밟고 민주주의를 파괴하는 독재 정치를 하고 있다.

박정권의 경제시책은 완전히 실패했고 며칠 안 가서 파탄이 된다. 부정부패가 극도에 이르러 이대로 가다가는 머지않아 김일성에게 먹히고 만다.

민심은 정부와 완전히 이탈되고 있는데 대통령 혼자 독주를 하고 있다.

등등 헤아릴 수 없는 욕설을 퍼붓고 있습니다.

만약 야당이 말한 이러한 욕설들이 사실이라면, 국민의 신임으로 진퇴를 결정해야 할 민선대통령으로서는 중대한 문제라 아니할 수 없습니다."

대통령은 이어서 만일 야당이 주장하는 것처럼 대통령과 정부가 무능하고 실수가 많아서 경제파탄을 가져오고 모든 것을 망쳐 놓아 나라가 당장 망할 지경이라면 대통령과 정부는 곧바로 물러나는 것이 국민의 신임으로 진퇴를 결정해야 할 민선대통령의 기본자세라고 생각한다

청와대 대접결실에서 '3선개헌에 관한 특별담화'를 발표하고, 국내외 기자들과 회견하고 있는 박 대통령(1969. 7. 25)

고 말하고, 개헌문제에 대한 국민투표를 통해 대통령 자신에 대한 국민의 신임을 묻겠다고 천명했다. 즉 개헌안이 국민투표에서 통과되면 그것을 대통령에 대한 국민의 신임으로 여기고 개헌안이 부결되면 대통령은 곧바로 물러나겠다는 것이다.

"친애하는 국민 여러분!

두 차례에 걸친 여러분들의 신임으로 대통령에 취임한 이후 오늘까지, 나는 오로지 성실과 근면으로서 일하여, 이 나라를 잘살게 만들어보겠다는 일념 이외에는 아무것도 없었습니다. 더구나 나 개인의 영화를 위한 독재란 생각도 못해 본 일이며, 더더군다나 국민 경제를 파탄으로 몰아가고 있다는 말은, 정녕 나에게 놀라운 사실이라 아니할 수없습니다. 이처럼 정부가 무능하고 실수가 많아서 모든 것을 망쳐 놓고 당장에 국가가 망할 지경이라면, 이 정부는 일각도 지체함이 없이 곧 물러나야 마땅할 것입니다.

이것은 개헌문제 이전의 정치윤리의 기본문제인 것이며, 따라서 이 정부가 물러나야 하느냐 아니냐를 주권자인 국민에게 물어봐야 한다는 것은 집권자의 기본자세이며 책임인 것입니다. 따라서 나는 이왕에 거론되고 있고 또한 여야 정치인들의 논쟁의 초점이 되고 있는 개헌문제를 통해서, 나와 이 정부의 신임을 국민에게 물어 봐야 하겠다는 결심하에 다음과 같이 여야 정치인들에게 제의하는 바입니다.

1. 이왕에 거론되고 있는 개헌문제를 통해서, 나와 이 정부에 대한 신임을 묻는다.

2. 개헌안이 국민투표에서 통과될 때에는, 그것이 곧 나와 이 정부에 대한 국민의 신임으로 간주한다.

3. 개헌안이 국민투표에서 부결될 때에는, 나와 이 정부는 야당이 주장하듯이 국민으로부터 불신임을 받고 있는 것으로 간주하고 즉각 물러선다.

4. 이에 따라, 여당은 빠른 시일 안에 개헌안을 발의해 줄 것을 바라며,

5. 야당은 합법적으로 개헌반대운동을 전개하여 지금까지 정부를 공격해 온 사실이, 정녕 민의에 근거를 두었다는 것을 국민투표 결과에서 입증토록 노력해야 할 것이다.

6. 개헌에 대한 찬반은 반드시 합법적 방법으로 표현해야 할 것이며, 폭력과 불법은 배제되어야 한다.

7. 정부는 중립을 지켜, 공정한 국민투표의 관리를 할 것이다."

대통령은 끝으로 개헌이 국민의 의사에 의해 결정될 때 곧 합법적 개헌인 것이며, 개헌은 위헌이다고 말하는 그 자체가 위헌이라는 점을 강조했다.

"친애하는 국민 여러분! 그리고 여야 정치인 여러분!

임기 도중에 이러한 결심을 하지 않으면 안 될 나의 심경과 입장을 십분 이해해 주실 것으로 믿습니다.

정권은 평화적으로 교체되어야 하며, 여기에는 정권을 잡고 있는 사람이나 또 정권을 잡아 보겠다는 사람이나 다 같이 공동의 책임과 의무가 있는 것입니다.

아직 오지도 않은 정권을 억지로 눈앞에 온 것처럼 착각하여 무도횡포하게 날뛰는 정치인이나,

무능한 집권자로 무위도식하면서 남은 임기만 채워 보겠다는 정치인이나,

국민의 신임은 도외시하고 부정 불법으로 정권을 유지해 보겠다는 정치인들은,

우리 모두가 경계해야 할 정치인들인 것입니다.

정권은 오로지 국민의 신임에서 주어지는 것이며, 이것이 바로 평화적 정권교체인 것입니다.

또 개헌으로 말하자면, 개헌은 국민의 의사에서 결정될 때 곧 합법적 개헌인 것입니다. 국민의 의사를 무시한 개헌이나 개헌반대는 다 같이 민주헌정에 누를 끼치는 일입니다.

개헌 자체가 위헌이 아니라 개헌을 법절차에 따르지 않고 불법적으로 개헌을 한다든지, 또는 개헌을 억지로 반대하는 나머지 "개헌은 위헌이다"라고 말하는 그 자체가 바로 위헌인 것입니다.

신임을 물어 보겠다는 나와 이 정부에 대해, 국민 여러분은 기탄 없는 의사표시를 해줄 것을 빌어 마지않습니다.

그리고 그 과정에 있어서, 정치인 여러분들은 선의의 투쟁으로서 이 나라 민주정치의 앞날을 위한 참된 규범을 남겨줄 것을 간곡히 당부하는 바입니다."

대통령은 3선개헌에 대한 국민투표에 자신의 진퇴문제를 결부시켰다. 즉 개헌안이 부결되면 곧바로 사퇴한다는 것이다. 왜 그랬는가? 대통령은 3선개헌은 바로 자신에 대한 국민들의 신임 여부를 판단할 수 있는 사안이라고 생각했기 때문이었다.

3선개헌은 특정인을 염두에 두지 않고 순전히 대통령의 임기제도를 바꾸려는 일반적인 제도개혁의 문제가 아니었다. 그것은 바로 중임대통령인 자신의 3선 출마문제를 결정하게 될 개헌이었다. 따라서 국민투표에서 개헌안이 가결된다면, 그것은 국민들이 대통령을 신임하고 있고 대통령의 계속적인 집권을 바라고 있다는 것을 뜻하는 것이고, 개헌안이 부결되면 그것은 국민들이 대통령을 신임하지 않고 있고 대통령의 계속적인 집권을 원하지 않고 있다는 것을 의미하는 것으로 봐야 한다. 따라서 국민투표가 부결되면 곧바로 사퇴할 결심을 한 것이다. 3선개헌안이 국민투표에서 부결되어 대통령이 국민의 신임을 얻지 못했다는 사실이 확인되면 그날부터 이른바 권력의 누수현상이 급격히 진행되어 대통령은 남은 임기 동안에 국정을 수행할 수 있는 권위와 능력을 더 이상 유지할 수 없게 된다는 것은 뻔한 일이었다.

이때부터 1971년 대통령선거에서 대권을 잡겠다는 여야 정치인들은 앞다투어 지지세력규합을 위한 이합집산을 거듭할 것이고 그들 간의 때 이른 경쟁으로 정치가 과열될 것도 짐작하기 어려운 일이 아니었다. 이러한 상황에서 하는 일 없이 그럭저럭 남은 임기나 채우고 나가겠다고 한다면, 그것은 너무나 구차하고 무의미한 일이라고 생각한 것이다.

대통령이 특별담화의 끝부분에서 "무능한 집권자로 무위도식하면서 남은 임기만 채워보겠다는 정치인은 우리 모두가 경계해야 할 정치인이다"라고 말한 것은 권력의 누수현상 때문에 아무일도 할 수 없게 무능화된 대통령은 국가와 국민을 위해서나 그렇게 된 대통령 자신을 위해서 물러나는 것이 바람직하다는 뜻을 함축하고 있는 것이었다.

대통령은 조국의 근대화, 민족의 중흥, 부국강병의 꿈을 실현하기 위해 탱크를 앞세워 정권을 쟁취한 혁명가다. 그리고 지난 8, 9년 동안 초인적인 노력 끝에 머지않아 그 푸른 꿈을 국민 앞에 실현해 보일 수 있다는 자신과 신념을 가지게 되었다. 이러한 상황에서 갑자기 하는 일 없이 국민의 세금을 축내며 권좌나 지키고 있다는 것은 대통령으로서는 있을 수 없는 일이었다.

따라서 대통령은 대통령 3선제도를 위해서뿐만 아니라 남은 임기 동안 국정을 성공적으로 수행하기 위해서도 개헌안은 국민투표에서 반드시 통과되야 한다고 생각했고, 이를 위해 자신의 진퇴를 거는 배수진을 쳤던 것이다. 그리고 대통령이 이러한 결단을 할 수 있었던 것은 우리 국민들이 국민투표에서 자신을 신임하고 개헌안을 찬성해 줄 것이라는 확신을 가지고 있었기 때문이다.

대통령은 전쟁에서 순리와 역행에 따른 성공과 실패의 원리를 터득한 전략가다. 어리석은 자는 먼저 전쟁을 하고 승리를 추구하지만, 지혜로운 자는 먼저 승리를 확신한 다음에 전쟁을 한다는 것을 대통령은 누구보다 잘 알고 있었다. 대통령은 국민투표에 있어서 승리를 굳게 믿고 자신의 진퇴문제를 개헌에 결부시켰던 것이다.

7월 25일, 3선개헌문제를 국민투표에 붙이겠다는 내용의 특별담화를 발표한 후 대통령은 공화당소속 의원들의 당론통일을 촉구했다. 4·8항명파동 직후 임명된 김택수 원내총무와 7월 11일 사퇴한 길재호 사무총장 후임으로 사무총장에 임명된 김종필계의 오치성의원을 중심으로 의원총회에서 개헌찬반 논의를 충분히 한 뒤 결론을 도출하도록 했다. 그리하여 7월 25일부터 29일까지 나흘에 걸쳐 18시간 동안 토론 끝에 당론을 통일했다. 7월 30일 의원총회는 대통령 3선제도와 대통령 및 국회의원의 임기를 5년으로 연장하는 개헌안을 의결하고 이에 서명했다. 그러나 대통령과 의원의 임기는 대통령의 권고로 4년으로 환원되었다.

미국 역사상 처음으로 4선 대통령으로 선출되어 장기집권한 대통령은 바로 민주당의 루스벨트였다. 이에 대해 불만을 가지고 있던 공화당은 그들이 지배하고 있는 의회에서 1947년에 대통령의 3차연임을 금지하는 수정헌법 제22조를 통과시켰다.

그런데 그 후 대통령의 3선을 금지한 데 대해서 미국 국민들은 애매모호한 태도를 보이고 있었다. 4선에 출마한 프랭클린 루스벨트 대통령을 압도적인 다수로 당선시킨 바로 그해에 전국적인 여론조사에서 응답자의 57%는 대통령의 3선을 금지하는 헌법개정을 찬성한다고 말했다는 것이다. 그런데 그 헌법개정안이 통과된지 8년이 지난 뒤의 여론조사에서는 응답자의 63%가 3선 금지조항에는 찬성한다고 말하고 있으나, 아이젠하워 대통령이 3선에 출마한다면 그에게 찬성투표를 하겠다는 응답자도 58%나 되었다는 것이다. 미국 국민의 대부분이 특정인의 대통령 3선 출마는 찬성하면서도 헌법의 3선 금지조항은 지지하고 있는 그 주된 이유는 권력의 남용에 대한 공포로 알려져 있다. 즉 대통령이 계속 재선되면 너무 강력해질 것이며, 그러한 권력의 집중과 강화는 권력의 독점이나 독재를 낳을지도 모른다는 우려 때문이라는 것이다. 그러니까 미국 국민들이 3선 금지조항을 지지하면서도 아이젠하워 대통령이 3선에 출마한다면 찬성하겠다고 한 것은 바로 그가 유능했기 때문이라기보다는 그가 장기간 집권해도 권력 남용 가능성이 없고 또 독재자가 되려고 하지 않을 것이라고 믿었기 때문인 것이다. 결국 미국 국민들은 대통령의 권력남용 가능성을 우려, 권력행사에 시간적 제한을 설정하려 한다는 것이다.

다시 말해서 대통령의 임기제한은 그의 강력한 권력이 무책임하고 독재적인 권력으로 변질되는 것을 막을 수 있는 제도적 장치라고 생각한다는 것이다. 이러한 생각은 얼핏보기에는 매우 논리적인 것처럼 보인다. 그러나 권력의 남용은 대통령 임기의 길고 짧음과는 전혀 관계가 없는 것이다.

대통령에 따라서는 1년, 2년 내에도 권력을 남용할 수 있으며, 10년, 12년 되어도 권력남용을 안 할 수도 있는 것이다. 따라서 임기제한은 권력남용을 막는 장치가 되기는커녕, 제한된 기간에 개인적 욕망을 채우려 하거나 당파적 이익을 도모하려는 대통령의 경우에는 오히려 권력남용을 자극하는 장치가 될 수도 있는 것이다. 따라서 권력남용 여부는 대통령의 임기에 좌우되는 것이 아니라, 대통령의 개성과 그 무렵의 국내외 상황에 달렸다고 보는 것이 사실에 보다 가깝다는 것이다.

미국의 역사가들은 수정헌법 22조의 대통령 3선 금지규정은 문제가 있다고 보고 있다. 즉 3선 금지는 현직 대통령의 장기집권을 봉쇄했지만, 국민들이 중임 대통령에게 책임을 추궁할 수 없게 만들 뿐만 아니라, 중임제 아래에서의 대통령은 그가 재선되는 순간에 앞으로는 선거에 참여할 기회가 박탈된 대통령이 됨으로써 임기 말년에 이른바 '절름발이 대통령'으로서 권력의 누수현상이 생겨 아무런 영향력도 행사하지 못하게 되는 단점도 있다는 것이다. 그래서 일부 학자들은 대통령의 3선 문제는 현직 대통령과 유권자인 국민들에게 위임되어야 하며, 국민들이 원하지 않는다면 현직 대통령의 3선을 얼마든지 막을 수 있으므로 굳이 헌법으로 3선 금지를 제도화할 필요가 없다, 따라서 3선을 금지한 수정헌법 22조는 철폐되어야 한다고 주장한다.

우리나라는 1960년 이승만 대통령이 하야한 이래 3선개헌은 누구도 다시 거론하거나 시도할 수 없는 금기가 되었다. 3선 운운하는 사람은 독재를 감싸는 반민주적인 사람으로 치부돼 버리기 때문이었다. 대통령은 이 금기에 도전한 것이다.

여야 찬반토론
야당인 신민당은 3선개헌 저지투쟁의 일환으로 9월 6일 '박정희대통령 탄핵소추결의안'을 국회에 제출하고, 9월 7일 당을 일단 해체했다.

그 당시 헌법규정에 따르면 국회의원은 소속된 정당을 탈당하거나 소속정당이 해체되면 의원직을 상실한다. 다만 그 정당해체 전에 제명이 되면 의원직에는 아무 영향이 없도록 되어 있었다. 신민당은 이 절차를 이용, 당에서 이탈하여 3선개헌을 지지키로 변절한 세 의원을 제외한 모든 의원을 제명한 뒤 당을 해체하여 변절자의 의원직을 상실케했다. 그 후 9월 20일 다시 창당을 했다.

3선개헌안 표결을 앞두고 9월 11일 여야는 질의, 토론, 표결이라는 평화적이고 합법적인 국회운영에 합의를 보았다. 그리하여 우리나라의 의정사상 보기 드물게 여야는 정정당당하고, 조리 있고, 용기 있는 개헌안 질의 토론을 전개했고, 그 찬반 토론은 한국 의회정치가 한 단계 성숙했음을 보여 주었다.

이날 여야가 집중적으로 논의한 것은 개헌안 가운데 대통령의 '계속 재임 3기(期)'라는 문구의 해석 문제였다. 야당은 다음 세 가지 가능성 여부에 대해 질의했다. 첫째 대통령이 3차 연임(連任) 임기 만료 직전에 사퇴할 경우 4선 출마가 가능한가? 둘째 3기 재임 후 1기를 쉬면 다시 3선이 가능한가? 셋째 현대통령이 헌법개정시부터 3선이 가능한가? 하는 것이었다. 이에 대해 공화당 정책위원회의장인 백남억이 가능하다고 답변하자 여야 간에 격론이 벌어졌다. 그러나 이날 오후 회의에서 백남억 의장이 오전 회의 때의 발언을 번복함으로써 이 문제는 일단 봉합되었다. 백남억은 오전 회의에서 자기의 답변에 대한 야당의 반발이 거세자 개헌안의 기본정신과 취지는 2기를 재임한 대통령을 1기만 더 재임할 수 있게 하는 것이라고 말을 바꾼 것이다.

개헌안에 대한 여야의 평화적이고 질서 있는 질의와 답변과 토론은 오래 지속되지 못했다. 그것은 잠시 동안의 해프닝이었다. 국회는 개헌안표결에 앞서 삽시간에 극한투쟁의 난장판이 되고 말았다.

그 당시 여당과 야당이 극한투쟁의 악순환을 지양하고 생산적인 국회운영을 하기로 합의한 것은 여당은 여당대로 개헌안 통과에 필요한 의원수를 확보하고 있다고 믿고 있었고, 야당은 야당대로 개헌안 통과를 막는 데 필요한 의원수를 확보하고 있다고 믿고 있었기 때문이었다.

그러나 개헌안표결 직전에 표점검을 해본 결과 승산이 없다고 확인되자 야당은 개헌안철회권고결의안을 제출했고, 동결의안이 부결되자 국회의 의정 단상을 점거하고 농성을 시작했다. 야당이 국회의 본회의장을 점거하자 9월 14일 새벽, 여당은 국회 제3별관에서 회의를 열고 국민투표법안과 함께 개헌안을 전격적으로 가결시켰다. 야당의 극한투쟁과 여당의 단독강행의 악순환이 되풀이된 것이다.

공화당 107명, 정우회 11명, 무소속 4명이 개헌안에 찬성했다. 개헌안은 중임임기를 마친 현직 대통령은 1기만 더 출마할 수 있다는 제한규정을 부칙에 두지 않았다. 따라서 헌법상 현직 대통령도 자신이 원한다면 개정헌법에 의해 세 번 더 출마할 수 있게 되었다.

대통령의 소망

1969년 10월 8일, 정부는 헌법 제121조 1항에 의한 개헌안의 국민투표를 10월 17일에 실시한다고 공고했으며, 대통령은 10월 10일 국민투표 실시에 즈음하여 발표한 특별담화에서 대통령 3차연임제도의 필요성과 목적에 대해 설명했다.

대통령은 먼저 이번 국민투표는 3선개헌 국민투표인 동시에 정부에 대한 신임투표라고 설명했다.

"친애하는 국민 여러분!

정부는 헌법 121조 1항에 의한 개헌안의 국민투표를 10월 17일에 실시하기로 결정하고, 이를 지난 8일 공고하였습니다.

이 개헌안에 대해서는 그동안 많은 논란과 시비로 세론이 분분하였으나, 이제 주권자이신 국민 여러분의 의사로서 그 가부를 결정지을 최종단계에 이르렀습니다.

개헌에 대한 나의 소신을 이미 여러 차례 국민 앞에 밝힌 바 있으며, 또 이 개헌 여부를 앞당겨 빨리 국민에게 직접 물어봐야 하겠다는 나의 솔직한 심경은 이미 7·25 담화에서 충분히 밝혀진 것으로 생각합니다.

이번의 국민투표는 단적으로 말해서, 누구든지 두 번 이상 대통령을 할 수 없는 현행 헌법조항을 고쳐서, 세 번까지 할 수 있는 길을 열어 줄 것이냐, 아니냐 하는 개헌국민투표이며, 아울러 또 한편으로는 지난 6년 동안 이 정부가 해온 일들이, '잘한 것인가' '못한 것인가'를 국민 여러분이 저울질하여, 앞으로 남은 임기 동안 계속해서 이 정권에 일을 맡길 것인가, 아니면 즉각 이 정권을 물러나게 할 것인가 하는 이 정부에 대한 신임투표이기도 한 것입니다."

대통령은 이어서 자신이 평소에 생각하고 있는 점, 그리고 체험을 통해서 느끼고 있는 점을 허심탄회하게 국민들에게 털어놓고 몇 가지 문제에 대한 자신의 견해를 확실히 해둔다고 말하고 개헌문제, 야당의 자세문제, 독재문제, 영구집권문제, 민주주의 문제, 부정부패문제에 대해 자신의 소신을 밝혔다.

"친애하는 국민 여러분!

이 중대한 국민투표를 실시함에 즈음하여, 나는 내가 평소에 생각하고 있는 점, 그리고 체험을 통해서 느끼고 있는 점을 허심탄회하게 국민 여러분 앞에 털어놓고, 몇 가지 문제들에 대한 나의 견해를 확실히 해 둘까 합니다."

첫째, 개헌문제에 대해 : 필요하면 헌법도 격변하는 국내외 현실에 알맞게 국민의사로서 적시에 개정될 수 있다는 것이다.

"우리가 살아가는 여건들은 국제정세의 변동과 국가안보상의 긴박성, 그리고 성장해 가는 경제규모와 사회적 변천 등에 따라 날로 달라지고 있으며, 이 변동되어 가는 현실에 따라, 필요하다면 헌법도 그 현실에 알맞게 국민의 의사로서 적시 개정될 수 있다는 것이 나의 소신이며, 또 이것은 진정 헌법을 존중하고, 헌법을 지키는 민주 호헌정신이라고 확신합니다.

선진 여러 나라들이 오늘날 잘살 수 있게 된 것도, 바로 그들이 그들의 헌법을 그 현실에 알맞게 보완, 개정해 나간 데 있었던 것입니다.

헌정과 민주주의 발전과정이란 대하의 조류와도 같이, 사회적 환경과 시대적 여건에 순응하면서 흘러가는 것입니다. "헌법은 절대 고칠 수 없다"는 옹고집은 진정한 의미에서 헌법정신에 위배되는 사고방식인 것입니다.

조국근대화의 길은 만사 현실에 알맞는 수정과 보완의 노력에 있다고 믿습니다."

둘째, 야당의 자세에 대해 : 야당은 지금까지 대통령이 하는 모든 일에 대해 비방과 중상, 모략과 악담을 일삼으며 반대만 해왔으며, 야당의 반대에 못 이겨 국정과제를 중단 또는 포기했더라면 오늘날 대한민국이 설 땅이 어디겠느냐는 것이다.

"내가 해 온 모든 일에 대해서, 지금까지 야당은 반대만 해 왔던 것입니다.

나는 진정 오늘까지 야당으로부터 한 마디의 격려나 지지도 받아 보지 못한 채, 오로지 극한적 반대 속에 이 막중한 국정을 이끌어 왔습니다.

한일 국교정상화를 추진한다고 하여, 나는 야당으로부터 '매국노'라는 욕을 들었으며, 월남에 국군을 파병한다고 하여, "젊은이의 피를 판다"고 그들은 악담했으며, 없는 나라에서 남의 나라 돈이라도 빌려와서 경제건설을 서둘러 보겠다는 나의 노력에 대해, 그들은 '차관망국'이라고 비난했으며, 향토예비군을 창설한다고 하여, 그들은 "정치적 이용을 꾀한다"고 모함, 반대하여 오는 등등 대소사를 막론하고 내가 하는 모든 일에 대해서, 야당은 오로지 비방·중상·모략·악담 등을 퍼부어 결사반대만을 해 왔던 것입니다.

만일 우리가 그때 야당의 반대에 못이겨 이를 멈추거나 포기하였더라면, 과연 오늘 우리 대한민국이 설 땅은 어디겠습니까?

지금 이 시간에도 방방곡곡 도처에서 개헌반대를 빙자한 야당 유세에서는, 나에 대한 온갖 인신공격과 중상모략이 꺼리낌없이 마구 쏟아져 나오고 있음을, 국민 여러분은 잘 듣고 있을 줄 믿습니다. 이것이 바로, 우리 야당의 언필칭 민주주의한다는 그들의 자세인 것입니다."

셋째, 독재문제에 대해 : 국가와 민족을 위한 일이라면 야당의 반대를 무릅쓰고 소신껏 일해 온 나를 독재자라고 야당은 비방하고 있으나 반대를 위한 반대만을 하는 야당한테 독재자라고 불리는 대통령이 진짜 국민을 위한 대통령이라고 생각한다는 것이다.

"야당은 또 언필칭, 나를 독재자라고 비방합니다.

내가 만일 야당의 반대에 굴복하여 '물에 물탄 듯' 소신 없는 일만 해 왔더라면, 나를 가리켜 그들은 독재자라고는 말하지 않았을 것입니다.

야당의 반대를 무릅쓰고라도 국가와 민족을 위해 도움되는 일이라면, 내 소신껏 굽히지 않고 일해 온 나의 태도를 가리켜 그들은 독재자라고 말하고 있습니다.

야당이 나를 아무리 독재자라고 비난하든, 나는 이 소신과 태도를 고치지는 않을 것입니다.

또 앞으로 누가 대통령이 되든, 오늘날 우리 야당과 같은 '반대를 위한 반대'의 고질이 고쳐지지 않는 한, 야당으로부터 오히려 독재자라고 불리는 대통령이 진짜 국민 여러분을 위한 대통령이라고 나는 생각합니다."

넷째, 영구집권에 대해 : 집권은 개헌안 통과가 보장하는 것이 아니라 71년도 대통령선거에서 결정된다. 4년마다 대통령선거를 하게 되어 있고 우리 국민의 주권이 살아 있는 한 영구집권이란 있을 수 없다는 자신을 가져야 되겠다는 것이다.

"야당은, 이 정권이 영구집권을 꾀하고 있다고 비방하고 있습니다. 남은 임기마저 채우지 않고, 국민의 의사가 그러하다면 혼연히 미련 없이 물러서겠다는 생각으로 나는 이 국민투표에 임하고 있습니다.

솔직히 말해서, 다사다난할 1970년대를 맞이함에 있어, 국민이 허용한다면 70년대의 전반기만은, 정권의 변동 없이 현 체제를 그대로 밀고 나가는 것이 국가발전에 도움되는 일이며, 국가안보와 경제의 기초를 다지는 길이 된다고 믿어, 이 개헌안은 발의된 것입니다.

그것도 개헌통과가 바로 집권을 보장하는 것이 아니라, 다시 71년도 대통령선거에서 결정되는 일입니다.

이것이 과연 영구집권이겠습니까?

매 4년마다 대통령선거를 하게 되어 있는 우리 국민의 주권이 살아 있는 한, 우리 앞에 영구집권이란 있을 수 없다는 분명한 사실을 우리는 잊지 말아야 할 것입니다."

다섯째 민주주의 문제에 대해 : 민주주의는 야당만이 아는 특수지식이 아니라 누구나 다 아는 상식이고 보편적 행동규범이다. 국가원수에 대해 욕설을 하고 화형식을 하며 국회의 단상을 점거하고 폭력으로 의사진행을 방해하고 중상모략으로 국민을 선동하는 것을 능사로 삼고 있는 야당의 행동이 과연 민주주의인가? 야당은 이런 식의 민주주의를 어디서 배웠느냐는 것이다.

"야당은 언필칭, 민주주의가 어떻다고 말합니다.

민주주의는 야당만이 알거나 정치인만이 아는 특수지식이 아니라,

농민이나, 상인이나, 누구나 다 알고 있는 상식이며, 우리의 보편적 행동규범인 것입니다.

현직 대통령인 국가원수에 대해서도 마구 욕설을 퍼붓고,

자기들 주장이 관철되지 않으면 독재자라고 규탄하고,

마음에 들지 않으면 화형식으로 다루고,

소수의 의견이 관철 안 되면 단상을 점령하여, '맥주병'과 폭력으로 의사진행을 방해하고,

있는 말 없는 말로 마구 중상모략하여 국민을 선동하는 일만을 능사로 삼고 있는,

이러한 야당의 행동이 과연 우리가 알고 있는 민주주의이겠습니까?

이러한 식의 민주주의를 우리나라의 야당은 어디서 배웠는지 나는 모르겠습니다.

민주주의는 소수의 '의견'을 존중하되, 다수의 의사로 '결정' 짓는 것이며,

선의의 경쟁으로 국민의 심판을 묻되, 허위·중상을 삼가야 하며,

또 민주주의는 창달되어야 하되, 이로 인하여 우리 고유의 윤리와 도덕이 파괴되어서는 안 된다는 것이, 민주주의에 대한 나의 기본 관념인 것입니다."

여섯째 부정부패문제에 대해 : 그동안 부정부패 척결을 위해 많은 노력을 했으나 아직 일소하지 못해 가슴 아프게 생각한다. 이 문제의 근본적 해결방법은 경제건설을 촉진하여 빈곤을 몰아내고 풍요한 사회를 건설하는 데 있다는 것이다.

"국민 여러분과 더불어 내가 가장 가슴 아프게 생각하는 것은, 아직도 우리 사회의 부정·부패를 일소하지 못하고 있다는 사실입니다.

그동안 부정·부패의 축출을 위해 온갖 노력을 다해 왔으나, 그 일소를 위해서는 아직도 더 시간이 필요하다는 것이 숨김없는 현실입니다.

앞으로 나는 이 부정·부패를 없애기 위한 노력에 더욱 역점을 둘 것이나, 보다 근본적인 문제, 적극적인 방법은, 하루바삐 경제건설을 서둘러, 보다 풍요한 사회를 만들고, 빈곤을 구축하는 것이, 부정·부패를 없애는 첩경이라고 생각합니다."

대통령은 끝으로 왜 3선개헌을 결심하게 되었는지 그 동기와 목적에 대해 설명했다.

60년대의 안정을 70년대 초반까지 좀 더 굳히고 다지고, 내 손으로 벌려놓은 방대한 건설사업을 내 책임으로 매듭지어 보자는 뜻에서 이 길을 택했다는 것이다.

"친애하는 국민 여러분!

돌이켜보면 1950년대는 우리에게 걷잡을 수 없었던 혼란과 불안의 시대였으며, 1960년대는 겨우 그 혼란과 불안을 정돈·일소하여 안정을 되찾은 시대이며, 이제 앞으로 맞이할 1970년대는 겨우 되찾은 안정을 항구화시켜야 할 '사명의 시대'라고 나는 내다봅니다.

이 70년대를 우리가 어떻게 맞이하고 어떻게 보내느냐에 따라서, 우리 국가의 운명은 좌우될 것입니다.

이 70년대를 성공적으로 맞이하여 보낼 때, 우리의 민주주의는 확고히 우리에게 토착화할 것이며, 또 우리의 경제는 보다 착실한 토대를 구축하게 될 것이며, 우리의 안정은 영구적인 안정으로 고착될 것입니다.

그렇지 못할지에는, 우리는 다시 1950년대의 혼란과 불안의 원점으로 되돌아가고 말게 될 것임을 나는 단언합니다.

값싼 인기에 영합하고 나만 편안한 길을 가려면, 나에게도 얼마든지 쉬운 길이 있다는 것을 나는 잘 알고 있습니다.

영광의 후퇴가 얼마나 아름다운 것인가도 나는 잘 알고 있으며, 또 이때 수많은 동정을 나에게 쏟아 줄 국민 여러분의 두터운 인정도 나는 잘 알고 있습니다.

그러나 다가오는 70년대를 깊이 생각한 끝에, 나는 나를 버리고 국가를 위해 한 번 더 십자가를 지겠다는 결심에서 이 길을 택한 것입니다.

그러나 나는 지금도 내가 아니면 안 된다는 자만심은 추호도 없습니다. 다만, 60년대 후반기에서 모처럼 되찾은 이 안정의 분위기를, 변동 없이 70년대 초반까지 좀 더 굳히고 다져 보자는 것이며, 내 손으로 벌려 놓은 이 방대한 건설사업들을 내 책임으로 매듭지어 보자는 생각에서 그런 것이며,

또 모처럼 움직이기 시작한 우리의 전진대열을, 쉬었다가 다시 짜기는 쉬운 일이 아니기 때문에, 그대로 좀 더 전진을 계속해 보자는 뜻에서 그러한 것입니다.

친애하는 국민 여러분!

나의 이러한 생각들은 추호도 나를 위주로 한 생각에서가 아니라, 오직 국가민족의 앞날을 생각한 일념에서 이루어진 것을 믿어 주시기 바랄 뿐입니다."

대통령은 왜 자신의 '계속집정'이 필요하다고 생각했나?

10월 17일 실시된 국민투표에서 3선개헌안은 찬성 755만 665표, 반대 363만 6369표로 가결되었다.

10월 18일, 대통령은 국민투표 실시결과에 대한 담화문을 발표하고 국민투표에서 국민 여러분이 전폭적인 지지로 정부를 신임해 준 데 대해 감사의 뜻을 표명하고 무거운 책임을 통감한다고 천명했다.

대통령으로서 국민의 여망에 부응하기 위해 국정을 쇄신하고 질서와 안정을 확보해 우리의 목표를 좀 더 멀게 설정한 하나의 초점을 향하여 전진해 나아가겠다는 것이다.

"친애하는 국민 여러분!

이번 국민투표에서 국민 여러분이 다시 전폭적인 지지로 이 정부를 신임해 주신 데 대하여, 나는 먼저 주권 시민 여러분에게 깊이 감사를 드리며, 동시에 나에게 지워진 무거운 책임을 통감해 마지않습니다.

나는 다시 새로운 기분으로 국민 여러분의 여망에 부응하기 위한 국정쇄신에 노력을 다할 것이며, 질서와 안정을 굳게 확보한 속에 조국 근대화의 전진 대열을 더욱 더 줄기차게 전진시켜 나갈 것입니다.

여기에는 여·야가 없고, 관·민이 없다고 생각합니다.

오로지 우리의 '목표를 좀 더 멀게 설정한 하나의 초점'을 향하여 전진하는 온 국민의 단결만이 있을 뿐입니다.

모든 공무원은 국민의 두터운 신임에 보답할 결의를 새로 가다듬어야 할 것이며, 여당은 오늘의 승리에 도취됨이 없이 집권정당으로서 국리민복을 위한 정책정당의 자세를 더욱 충실히 해야 할 것이며, 우리 야당은 오늘의 패배에 실망하지 말고 더욱 정책대결의 투지를 굳게 해야 할 것이며, 그리고 국민 여러분은 이들의 노력을 격려, 감시하면서 각자의 직장에 더욱 근면·성실해야 할 것입니다.

우리의 태도와 노력이 이러할진대, 조국근대화의 길은 예상보다 단축될 것임을 나는 믿어 의심치 않습니다.

끝으로 이번 국민투표 과정에서 보여 준 국민 여러분의 민주역량에 대하여 높이 치하하며, 선거관리위원회 여러분들의 공정한 관리 노력에 대하여 그 수고를 치하해 마지않습니다."

대통령은 3선개헌안 통과를 계기로 우리 국민들이 무엇을 가장 걱정하고 있고, 또 무엇을 가장 소망하고 있는가를 확인했다.

즉 우리 국민들이 가장 염려하고 두려워하는 것은 빈곤과 북한의 전쟁도발 위협이며, 국민들이 가장 원하는 것은 경제건설과 자주국방이라는 사실이다. 그리고 국민들은 대통령이 착수한 이들 과업을 그 자신이 완수하고 싶다는 자신의 희망과 결의를 전폭적으로 지지하고 있다는 사실도 확인했다.

이제 대통령은 자신이 착수하여 추진해 온 자립경제 건설과 자주국방 건설을 자신의 손으로 끝낼 수 있는 기회를 얻었다.

대통령은 압도적 다수의 국민이 마련해 준 이 귀중한 기회에 반드시 자립경제 건설을 완수하고 자주국방 건설을 매듭지음으로써 부국강병의 꿈을 실현하고야 말겠다는 결심을 굳혔다.

대통령이 10·18 담화문에서 '목표를 좀 더 멀게 설정한 하나의 초점'을 향하여 전진한다고 천명했을 때 그 목표는 바로 '부국강병'이었다.

그리하여 대통령은 자신의 정치적 생애의 길이를 부국강병의 목표를 달성하는 시기까지로 설정했다.

다시 말하면, 대통령 자신이 부국강병의 목표를 달성할 수 있다고 내다보고 있는 80년대 초까지 '계속집정'을 할 필요가 있다고 생각한 것이다.

그러면 대통령은 왜 자립경제 건설과 자주국방 건설을 위해서는 자신의 계속집정이 필요하다고 생각했는가?

무엇 때문에 1971년도에 중임임기를 마치고 자립경제 건설과 자주국방 건설의 과업을 여야의 정치인들에게 넘겨주지 않고 계속집정의 무거운 짐을 스스로 지기로 결심을 했는가?

2차 세계대전 후 수많은 개발도상국가들은 근대화와 경제개발에 착수했으나 대부분이 실패하고 말았다. 특히 정권의 교체가 잦고 집권자가 무능하거나 부패한 나라들은 모두 실패했다. 근대화와 경제건설은 결코 '단기간'에 이루어질 수 있는 성질의 과제가 아니었기 때문이다.

그래서 개발도상국가의 발전문제를 연구하는 구미학자들 간에는 후진국이 경제개발에 성공하기 위해서는 적어도 20년 이상의 장기간 동안 개발계획을 일관성 있게 중단 없이 추진해 나갈 수 있는 강력한 지도력이 필수적이라는 견해가 있었다.

대통령은 이러한 견해가 일리 있는 것이라고 공감하고 있었다.

대통령은 제1차 경제개발 5개년계획을 성공적으로 마무리짓고 제2차 5개년계획에 착수하면서 앞으로 제3차, 제4차 5개년계획이 끝나는 80년대 초에 가면 우리의 근대화작업이 대충 완성단계로 올라설 수 있다고 전망하고 있었다.

즉 우리가 공업화를 통한 경제개발에 착수한지 20여 년만에 중화학공업국으로 성장함으로써 공업국가의 면모를 갖추게 된다고 내다보고 있었다.

그러나 대통령이 개발도상국가의 발전전략에 대한 일부 구미학자들의 견해에 공감하고, 또 우리나라 공업입국의 기간은 20년으로 전망하고 있다고 해서 이것이 대통령으로 하여금 자신의 '계속집정'이 필요하다고 생각하게 만든 근거나 이유가 된 것은 결코 아니었다.

대통령이 '계속집정'의 결심을 하게 된 결정적인 이유는 우리나라의 정당정치 현실 때문이었다.

대통령은 자신의 개인적인 안녕과 영광을 원했다면 국민의 갈채와 박수를 받으며 은퇴할 수 있는 적절한 시기를 선택할 수 있었다.

그러나 대통령은 그 길을 택할 수가 없었다. 왜냐? 여당이건 야당이건 정당정치인들을 믿을 수 없다고 생각하고 있었기 때문이다. 대통령은 아직은 정당정치인들에게 이 나라의 막중한 국정을 믿고 맡길 수 있는 그런 시기가 아니라고 생각하고 있었던 것이다.

대통령은 우리나라의 정치현실을 생각할 때 자신이 1971년도에 중임임기를 마치고 은퇴한다면 여야정치인들이 주도하게 될 이 나라의 정치는 자립경제 건설과 자주국방 건설이 더 이상 진전될 수 없는 쪽으로 흐르고 말 것이라는 것을 예측하고 이를 크게 우려하고 있었다.

대통령은 우리나라의 정당정치인은 무능과 부패와 당쟁의 장본인들이고, 이들이 정부의 실권을 장악하게 된다면 부정부패와 당쟁 때문에 이제 겨우 성장의 본 궤도에 올라선 자립경제와 자주국방 건설은 멈추고, 조국근대화의 꿈은 물거품이 되고, 이 나라는 또다시 5·16 이전의 상태로 후퇴하게 된다고 예단하고 있었다.

그 당시 대통령은 자기가 은퇴한다면 그가 이룩해 놓은 모든 것이 하루아침에 무너지고 말 것이라고 예단하고 이를 걱정하고 있었다.

왜냐하면 대통령은 그의 통치 기간 중 그의 모든 정책에 대해서 그토록 반대를 위한 반대만을 일삼던 야당정치인들에게 이 나라의 운명이 맡겨진다면 그들이 무엇을 어떻게 할 것이며 어떤 사태를 야기시킬 것인지에 대해서 투명하게 내다보고 있었기 때문이다.

그 당시 대통령은 자신이 은퇴한 후 야당이 집권하게 된다면 우리나라는 또다시 60년대 초의 민주당 정권 때와 같은 국가존망의 위기에 직면할 가능성이 크다고 내다보고 있었다.

1971년에 우리나라는 제1차, 제2차 경제개발 5개년계획을 매듭지었지만, 아직도 공업은 경공업수준에서, 농업은 원시영농상태에서 벗어나지 못하고 있었으며, 국민소득과 생활수준은 북한보다 뒤떨어져 있었다. 북한은 군사력에 있어서도 우리보다 우위에 있었고, 67년부터는 본격적으로 대남게릴라전을 감행하고 있었다.

이러한 상황에서 71년에 대통령이 은퇴할 경우 우리나라의 정치와 경제, 그리고 사회는 심각한 격동 속으로 빠져들게 된다고 대통령은 판단하고 있었다.

대통령이 물러나면 김영삼, 김대중, 김종필 등 이른바 3김이 정권 투쟁에 나설 것이다. 대통령의 재임기간 동안 줄곧 5·16혁명을 부정하고 대통령을 군사독재자라고 비난해 온 야당의 두 김은 이제 박정희 군사독재자가 물러나고 민주주의가 회복되었다고 전국에 민주화 열풍을 일으켜 김종필과 공화당을 휩쓸어 내고 김영삼이나 김대중 가운데에서 누가 먼저이든 간에 차례로 집권하게 될 것이다.

1960년대에 1, 2차 경제개발 5개년계획에 의해 겨우 절대빈곤을 탈피하고 제3차 5개년계획과 방위산업 육성정책을 추진하여 자립경제와 자주국방 건설에 본격적인 노력을 경주해야 할 중차대한 시기에 소위 민주화 투사를 자처하는 사람들이 잇따라 국정을 맡게 되는 것이다.

김영삼이든 김대중이든 제3공화국헌법을 폐기한 후 4·19 직후의 민주당정권 때와 같은 이른바 '민주헌법'을 제정할 것이다. 그것은 60년초 민주당정권 시절처럼 정치인에 의한, 정치인을 위한, 정치인의 헌법으로서 이 나라의 국방과 경제 등 모든 분야에서 정당과 정치인이 활개치고, 개입하고, 간섭하는 정치만능과 정치인 전횡의 시대를 열어 놓을 것이다. 그리고 그들은 60년대에 대통령이 추진한 모든 정책을 반대하면서 이에 대한 대안이라고 주장해 온 그들의 정책을 추진할 것이다.

김영삼과 김대중은 야당 시절에 향토예비군 창설을 극렬하게 반대하고 그 폐지를 주장해 왔다. 이들은 또한 새마을운동은 대통령의 정권 연장 수단에 지나지 않는 것이라고 비난해 온 사람들이다. 한마디로 이들은 대통령이 추진해 온 모든 정책을 반대해 왔다. 따라서 이들은 대통령이 추진해 온 자립경제와 자주국방 정책들을 소위 개혁이니 민주화니 하는 명분을 앞세워 중단 또는 폐기하고 대통령의 정책과는 정반대의 정책, 특히 대중영합적인 인기정책을 추진할 것이다.

대통령이 통일 후에도 존속시키려고 한 향토예비군은 폐지될 것이다. 대통령이 농어촌근대화의 동력으로서, 또 정신혁명의 기조로 삼았던 새마을운동도 그 새싹이 잘려 나갈 것이다.

또 대국토건설사업도 사장되고 말 것이다. 그리고 철강, 석유화학, 전자, 조선, 기계공업 등 중화학공업 정책과 이것을 뒷받침할 과학기술교육 정책은 구상이나 계획조차 할 수 없을 것이다.

국군전력증강 계획이나 방위산업 육성은 생각조차 하지 않을 것이다. 그들은 외자도입을 망국적인 것이라고 금지시킬 것이며, 이제 막 황무지에서 성장하기 시작한 수출기업을 매판자본이라고 그 명맥을 끊어 놓을 것이다. 그리고 경제성장과 수출촉진을 위해 사용하기로 예정되어 있던 국가예산을 복지와 민주화와 통일사업에 전용할 것이다.

대통령이 추진해 온 자립경제와 자주국방 건설계획과 사업들은 모두가 70년대 초부터 본격적으로 시작되어 우리의 경제와 국방을 지속적인 성장과 발전의 궤도에 올려놓기 위한 부국강병의 핵심사업들이었다. 따라서 이러한 계획과 사업들이 모두 멈추거나 폐기되면 우리의 경제와 우리의 국방력은 더 이상 성장, 강화되지 못하고 60년 초의 수준으로 후퇴하고 말 것이다.

특히 경제는 성장을 멈추고 불황에 빠질 것이다. 도시와 농촌에는 실업자가 넘치고, 만성적인 인플레는 물가의 폭등과 소득의 감소를 가져와 국민들은 도탄에 빠질 것이다.

수출의 둔화와 외화의 고갈은 국가부도 사태를 유발할 것이다.

빈번한 각종 선거와 정치인들의 발호로 부패가 만연하고 정치불안과 사회혼란이 만성화될 것이다. 이러한 상황을 노리고 있던 북한 공산주의자들은 특수훈련을 받은 간첩을 대량 남파하여 폭동을 선동하고 이른바 인민민주주의 혁명을 획책할 것이다. 군부는 공산화의 국난을 막는다는 명분을 내세우며 군사혁명을 불사할 것이다. 이것은 61년 5·16 군사혁명 전야에 민주당정권 말기의 상황과 일치하는 사태이다.

결국 김영삼과 김대중이 차례로 이 나라를 통치하는 동안 우리나라는 경제적으로는 또다시 빈곤국으로 전락하고, 군사적으로는 북한의 위협에 속수무책이 되고, 정치적으로는 자유와 평등의 이름으로 위장한 방종과 폭력의 난무로 인해 만성적인 불안과 혼란이 이어질 것이다.

대통령에게 있어서 그것은 5·16혁명 이전의 상황으로 후퇴하는 것이며, 또한 5·16혁명의 이념과 목표가 완전히 수포로 돌아가는 것을 뜻하는 것이었다.

대통령은 우리나라가 자립경제와 자주국방이라는 부국강병의 목표를 이루지 못하고 또다시 민주당정권 시대와 같은 국가위기에 직면하게 되는 일이 있어서는 안 된다고 생각했다. 이 땅에서 그러한 재앙이 되풀이된다면 우리나라도 민주화를 먼저 시작했던 다른 개발국가와 마찬가지로 빈곤과 혼란과 정변의 악순환에서 빠져 나올 수 없다고 판단했기 때문이다.

따라서 이러한 사태가 재연되는 일은 어떠한 일이 있더라도 막아야 한다는 것이다. 어떻게 막느냐?

한 마디로, 모든 분야에서 우리의 국력을 길러야 한다는 것이다.

정치인들의 당쟁과 낭비와 무능으로 국정이 문란해진다고 하더라도 이를 충분히 감당할 수 있을 만큼 우리의 국력을 크게 증대시킨다면 그러한 사태는 재연되지 않을 수 있다는 것이다.

대통령은 60년대 말부터 준비하여 70년대 초부터 착수하게 될 부국강병을 위한 핵심사업들이 완성될 80년대 초에 이르면 우리의 국력이 크게 뻗어나게 된다고 내다보고 있었다.

즉 철강, 조선, 기계, 전자, 석유화학, 비철금속제품을 생산하는 중화학공업에서, 잠수함과 전투기와 탱크와 미사일을 생산하는 방위산업에서, 농수산물을 생산·가공하고 녹색혁명을 주도하는 새마을운동에서, 그리고 다양하고 품질 좋은 한국제품을 국제시장에 내다 파는 수출에서 방대한 국력이 창출될 수 있다는 것이다.

대통령은 우리의 국력이 이만큼 증강되면 분열하여 당쟁을 일삼는 정당정치인들이 유발하는 국회의 불안정과 비능률과 낭비 등 비생산적인 폐해를 그 국력으로 감당할 수 있을 뿐 아니라 중화학공업의 성장과 새마을운동과 방위산업의 발전을 새로운 동력으로 삼아 우리 경제는 80년대 이후에도 10년 이상 고도성장을 지속할 수 있게 된다고 확신하고 있었다.

그래서 대통령은 이러한 장기적인 국가발전을 위한 새로운 성장동력이 될 국책사업들을 중단하거나 폐지해야 한다는 주장으로 국민을 오도하는 정당정치인에게 국정을 맡긴다면 국가의 앞날이 위험하게 된다고 판단했고, 그러한 사업들을 자신이 완수하는 것이 불가피하다고 생각했다. 그리고 그렇게 하는 것이 진정으로 자신을 희생하여 조국과 민족을 위하는 길이고 후손을 위하는 길이며, 8년 전의 5·16구국혁명의 이념과 목표를 구현하는 길이라고 확신하고 있었다.

대통령은 이처럼 순수하고 애국적인 동기와 확신이 있었기 때문에 자신의 '계속집정'의 결단과 부국강병을 위한 핵심사업의 추진 결과에 대해서는 당대가 아닌 후대 역사가의 평가에 맡기겠다는 뜻을 피력했다.

야당은 3선개헌은 대통령이 영구집권을 하려는 것이라고 비난하면서 극렬한 반대투쟁을 했다.

그러나 압도적 다수의 우리 국민들은 국민투표에서 대통령 3선개헌안을 지지하여 대통령의 '계속집정'의 길을 열어 놓았다. 국민의 선택은 옳았다. 만일 대통령이 71년에 2차연임을 마치고 물러났다면 대한민국은 결코 오늘날과 같은 세계 10대 경제대국의 하나로 성장·발전할 수 없었을 것이다.

대통령의 기민하고 단호한 지도력과 '계속집정' 그리고 혁신적인 정치제도를 창설한 10월유신의 합작으로 부국강병의 꿈이 실현되기에 이른 것이다.

국민들은 왜 대통령의 '계속집정'을 지지했나?

야당은 3선개헌안에 대한 국민투표일 하루 전까지 전국유세를 하며 개헌반대운동을 전개했다.

그들은 다음의 두 가지 주장으로 대통령을 비난했다.

첫째 주장은 대통령이 '계속집정'을 추구한 진짜 이유는 대통령의 '권력욕'에 있다는 것이다.

야당은 집권자는 누구도 자진해서 권력을 내놓지 않으며 다만 어쩔 수 없어서 내놓는다는 것은 정치의 철칙이라고 주장하면서 대통령은 권력욕 때문에 3선개헌을 통해서 계속집정의 길을 열어 놓았다고 비난했다. 그동안 야당은 대통령이 추진한 중요 정책에 대해 그것은 모두 대통령의 개인적 권력욕을 채우고, 또 집권연장을 위한 포석이었다고 주장해 왔다.

즉 자립경제와 자주국방을 위한 여러 가지 사업들, 예컨대 국토종합개발 계획, 전천후 농업개발사업, 고속도로 건설, 향토예비군 창설, 방위산업 등 중요한 국책사업들은 모두가 장기집권을 위한 권력욕 때문이라는 것이다.

그러나 대통령이 지하에 묻힌 후 20여 년이 지나고 그의 정적들이 집권한 뒤에도 그 정책들은 계속 국가정책으로 남아 있다.

그 정책들은 특정 정권이나 집권자와는 관계없이 우리나라의 경제발전과 자주국방을 위해 필요하고 바람직한 장기적인 국가정책으로 계속 추진되고 있는 것이다.

정권투쟁 이외의 다른 것에 대해서는 관심이 전혀 없는 야당의 투사형 정치인의 눈에는 대통령이 하는 일 모두가 권력유지를 위한 것으로 보였을 것이다. 그러나 국가의 운명을 책임지고 있는 대통령은 정치인들과는 달랐다. 국가의 정책결정 과정에 정치인들이 생각했던 것처럼 권력유지에 도움이 되는가를 저울질하는 따위의 권력욕을 개입시킨다는 것은 대통령으로서는 생각조차 할 수 없는 일이었다.

국가의 정책을 국민의 입맛에 맞고 국민의 인기를 모을 수 있도록 조작하여 권력을 획득해 보려는 정치인들의 인기영합적 행태를 가장 경멸하고 개탄해 온 사람이 바로 대통령이다.

대통령은 통속적 의미의 정치인이 아니다. 그는 국가존망의 위기에 있는지를 명을 걸고 구국을 위해 몸을 일으킨 혁명가다.

그는 결코 자기 한 몸의 부귀영화를 위해 권력을 추구하지 않았다. 또 권력을 위한 권력을 유지하기 위해 구차한 명분을 내세우지도 않았다. 그는 권력을 추구하고 이를 유효하게 행사하는 데 있어서 솔직하고 당당했다. 그는 그의 시대에 조국이 처한 어려운 상황 아래에서 자신이 시작한 자립경제와 자주국방의 건설을 자신의 손으로 완수하고 싶고, 그 일이라면 다른 사람에 비해 자신이 더 잘 할 수 있다고 믿기에 자신의 계속집정이 필요하다는 소신을 밝히고 3선개헌에 대한 지지를 호소하여 국민들의 동의와 지지를 확보했다.

5·16혁명 직후부터 대통령이 결정한 모든 국가정책의 궁극목표는 자신의 권력유지가 아니라 국가의 장기적인 경제발전을 통한 국민의 생활향상과 자주국방력 강화를 통한 국가의 안전보장이었다. 그것은 한마디로 부국강병이었다. 대통령은 자신의 권력유지를 위해 부국강병 정책을 추진한 것이 아니라 부국강병을 위해 권력을 유지한 것이다.

대통령은 자기 개인을 위해서는 아무것도 원하지 않았다. 오직 국가와 민족 그리고 우리 후손들의 번영과 평화만이 대통령의 소망이었고 계속집정의 유일한 목적이었다. 만약 대통령이 권력을 위한 권력을 추구했거나 개인적 영화를 생각했다면 자립경제와 자주국방 건설을 위해서 자신의 정신과 육체를 그토록 치열하게 불사를 수는 없었을 것이다.

대통령이 일상생활의 모든 번뇌로부터 벗어나 자신의 혼과 육신을 남김없이 불태울 수 있었던 것은 오로지 국가와 민족의 생존과 발전을 위해 자신의 모든 것을 바치겠다는 지극한 애국심이 있었기 때문이다.

대통령은 못사는 이 나라를 잘사는 나라로 근대화하고 외세에 짓밟혀 온 유약한 조국을 강력한 국가로 탈바꿈시키는 데 자신의 모든 것을 바쳤다.

어떻게 보면 대통령은 부국강병을 하나의 신앙으로 승화시켜 그것을 위해 사심없이 헌신해 온 고독한 구도자였다. 거의 종교적 신앙이 한결같이 궁극적이고 완전한 축복의 세계를 예정하고 있듯이 그가 간직해 온 부국강병의 신앙도 평화롭고 번영되고, 통일된 조국을 자신의 시대에 자신의 세대들이 건설해야 할 새로운 한국으로 예정하고 있었던 것이다.

야당의 두 번째 주장은 대통령의 '계속집정'은 정권교체를 막는 것임으로 비민주적이라는 것이다.

원래 민주주의의 본질은 국민들이 선거를 통해 정권의 선택에 참여하는 데 있는 것이며, 선거 때마다 반드시 정권을 교체하는 데 있는 것이 아니다. 정권의 교체는 국민이 원하면 할 수도 있고 하지 않을 수도 있으며, 교체의 시기도 길 수도 있고 짧을 수도 있으며, 교체의 방법은 직접선거로도 할 수 있고 간접선거로도 할 수 있는 것이다. 이것이 국민의 결정으로 성립된 헌법이나 기타 법률에 따라 이루어지는 것이 바로 민주주의의 본질이고 원칙인 것이다.

민주주의는 정권획득을 위해 경쟁하는 두 개 이상의 정당들이 공천한 인물 가운데에서 국민들이 집권자를 선출하는 정치제도다. 따라서 국민들은 선거 때마다 같은 인물을 계속 집권자로 선출할 수도 있고 다른 정당이 공천한 새로운 인물을 새로운 집권자로 선출할 수도 있는 것이다. 만일 같은 인물이 계속 선거에서 승리하게 되면 그는 계속집정을 할 수 있는 것이다. 따라서 계속집정 그 자체가 무조건 비민주적이라는 말은 성립될 수 없다. 계속집정이 민주적인 것이냐 비민주적인 것이냐 하는 것은 그것이 합헌적인 절차에 따라 이루어진 것이냐의 여부에 따라 판단할 문제다. 따라서 국민들은 헌법에 따라 현재의 집권자를 교체할 수도 있고 그의 계속집정을 보장할 수도 있다.

한 사람의 집권자에게 절대적인 신망과 권력이 장기간 모아지고 그의 지도력에 의해 국가가 발전하고 역사의 방향이 바뀌어지는 것이 바람직한 것이냐 아니냐 하는 것은 어떤 도덕적 가치를 기준으로 한 가치판단의 문제가 아니다. 그것은 그 국가와 그 시대가 처해 있는 상황에서 그 국민들이 결단하는 정치적 선택의 문제다.

미국의 루스벨트 대통령은 4년제 대통령에 네 번 당선되었으며, 프랑스의 드골 대통령은 7년제 대통령선거에 두 번 당선된 뒤 임기 전에 실시한 신임국민투표에서 자신이 제출한 개혁입법안이 부결되자 곧바로 물러났다. 이처럼 선진민주주의 국가에 있어서도 계속집정이 반드시 비민주적인 것이 아니며, 또 잦은 정권교체가 민주주의 원칙이 아님을 잘 보여 주고 있는 것이다.

이들은 오늘날 장기간 집권하면서 국가와 민족을 위해 불후의 업적을 남긴 가장 위대한 대통령으로 그 국민들의 추앙을 받고 있다.

야당과 재야 반정부인사들은 3선개헌안에 대한 국민투표일 하루 전날까지 전국에 유세를 다니며 3선개헌은 대통령이 장기집권과 독재를 하기 위한 획책이라고 격렬하게 비난하고 반대했다. 그러나 우리 국민들은 65%의 압도적인 찬성투표로 3선개헌안을 지지했다.

국민들로 하여금 3선개헌을 지지하고 대통령을 신임하게 만든 요인은 무엇인가? 다음 세 가지 사실이 작용한 것으로 인식되고 있었다.

첫째는, '현존하는 명백한 안보위기'였다.

1968년부터 북한은 무장게릴라를 대량 남파하여 이 땅에서 월남에서와 같은 게릴라전을 획책하고 있었으며, 이러한 북한의 무력도발이 우리의 생존과 생활을 위협하는 중대한 안보위기를 조성하고 있다는 대통령의 위기상황 진단과 자주국방 정책에 대해 국민들 간에 폭넓은 공감대가 형성되어 있었다.

전쟁재발 위험성에 대한 불안은 북한의 6·25 남침을 겪은 우리 국민의 마음속에 강력한 경계심과 투지를 불러일으켰고, 이 안보위기를 극복하는 데 있어서는 그 누구보다도 군사전략가인 대통령이 가장 믿을 수 있는 적임자라는 국민들의 믿음을 강화시켰다.

전쟁이나 이에 준하는 위기의 먹구름이 밀려오기 시작하면 국민들은 무엇보다도 생명과 재산의 안전을 갈망하게 되며, 위기를 극복할 수 있는 강력하고 현명한 지도자를 요구한다는 사실은 인류역사에서 수없이 되풀이되어 왔다.

막스 호르크하이머는 "위기는 맹종하는 심리적 태도를 낳는다"고 갈파한 바 있다. 낯익은 세계가 허물어지고 예측할 수 없는 위기에 빠졌을 때 사람들은 공포에 사로잡힌 어린이가 어머니를 향해 울부짖는 것처럼 본능적으로 그들이 믿고 의지할 수 있고, 위기에서 그들을 구출해 줄 수 있는 강력하고 특출한 지도자에게 귀속하려 한다는 것이다.

전쟁이나 내란이나 무정부상태 또는 그에 준하는 국가적인 위기에 국민들이 국가위기라는 큰 악을 막기 위해 작은 악으로서의 독재적인 통치를 요구하거나 환영하는 것은 바로 그러한 심리적 경향 때문이라는 것이다.

특히 통치자의 위기상황 진단이 적절하고 그의 정책이 설득력이 있는 것일 때 그 통치자는 불안을 느끼는 국민들의 마음속에 그 국가가 직면하고 있는 국가위기를 극복해 줄 수 있는 구세주로 비치게 되며 국민들은 그러한 통치자를 열광적으로 지지하게 된다는 것이다.

위기는 통치자의 능력을 시험한다. 위기는 통치자가 뛰어난 용기와 헌신과 결단력을 지니고 있는지 없는지를 쉽게 가늠할 수 있게 하는 기회를 제공한다. 따라서 통치자의 특출한 지도력은 평시보다도 위기에 더 분명하게 식별된다.

통치자가 국가를 통치함에 있어서는 정치적, 외교적, 군사적으로 중대한 모험적인 결정을 해야만 하는 위기가 예고 없이 찾아온다. 통치자의 그러한 결정에 따르는 위험부담은 매우 크며, 그 결정은 국가의 운명에 커다란 영향을 미치게 된다.

통치 경험이 없는 정치인들이나 일반국민들은 국가의 통치자가 직면하는 위기의 본질과 이에 대응하는 통치자의 모험적인 결정의 독특한 성격을 잘 이해하지 못한다.

사업을 경영하는 기업가도 중요한 경제적인 결정을 해야 할 위기에 직면한다. 그러나 기업가의 경우에는 그러한 결정의 결과를 예측할 수 있는 경제적인 정보와 과학적인 방법이 마련되어 있기 때문에 그러한 결정의 위험부담은 그렇게 크지 않다. 그러나 국가통치자의 경우에는 정치적, 외교적, 군사적인 결정의 결과를 예측할 수 있는 정보와 방법이 매우 제한되어 있다. 따라서 통치자는 하나의 결정을 내리기 전에, 그것이 가져올 중요한 결과를 판별해 낼 수 있는 직관력이 있어야 한다. 직관력이란 사물을 본능적으로 이해하는 능력을 말한다. 중대한 결정을 해야 하는 결정적 순간에 천재가 되는 통치자도 있고 바보가 되는 통치자가 있는 것은 이러한 직관력의 유무 때문인 것이다.

대통령은 타고난 직관력을 지니고 있었으며, 그것은 대통령이 국가적으로 어려운 일에 직면하거나 또는 위기에 봉착했을 때, 그 해결의 실마리를 푸는 결단의 원천이 되어 왔다.

대한민국의 역대 대통령 가운데에서 대통령처럼 크고 심각한 위기에 직면했던 통치자는 없었다. 생명을 걸고 결행한 군사혁명은 말할 것도 없고 한일 국교정상화, 국군의 월남파병 등 개방정책을 둘러싼 정치적 위기, 북한의 무력도발로 인한 안보위기 등 국가의 운명을 좌우하는 중대한 위기들이 꼬리를 물고 이어졌다.

대통령은 결코 그 위기들을 두려워하거나 피하지 않았다.

그 어떤 위기가 닥쳐와도 결코 흔들리거나 초조해하는 일이 없었다.

대통령은 그 모든 위기에 정면으로 도전했고 자신의 능력을 스스로 시험하고 단련했다.

행동이 필요한 결정적 순간에는 누구의 눈치를 보거나 망설임 없이 자신의 소신대로 위기를 예방하고, 극복할 수 있는 대응책을 기민하고 단호하게 실행해 나감으로써 그 모든 위기를 극복해 냈다. 뿐만 아니라 대통령은 그 위기들을 오히려 자신이 그토록 목마르게 갈구했던 '부국강병'의 꿈을 실현하는 기회로 전환시켰다. 국민들은 이러한 사실들을 잘 알고 있었기 때문에 대통령은 국가위기에 신뢰할 수 있는 강력한 지도력을 갖추고 있는 지도자라는 믿음을 간직하고 있었던 것이다.

둘째는 '경제발전과 번영에 대한 희망과 자신'이었다.

6·25전쟁과 50년대와 60년대 초의 정치적불안과 사회적 혼란 때문에 국민들은 빈곤의 악순환에서 벗어나지 못한 채 식량난과 전력난 등 생활고에 시달리고 있었다.

민정이양 후에도 2, 3년 동안은 이러한 어려움이 계속되었다.

한일 국교정상화와 월남파병을 둘러싼 정치불안과 사회혼란 등 시련이 중첩되었다. 데모학생들은 정권타도를 외치며 청와대 정문 앞까지 몰려와 투석을 하고 난동을 부렸다.

그 당시 야당과 반정부 지식인들은 대통령에 대해 최소한의 예의조차 지키지 않고 있었다.

정국은 여러 차례 파국으로 치달았다. 대통령에게 있어서 집권 초기는 위기의 시기였고 어렵고 고통스러운 시기였다.

그러나 상황은 곧 역전되기 시작했다.

야당과 일부 반정부 지식인들의 저항과 반대 속에서 모두가 불가능한 일이라고 체념했던 경제개발의 성과가 전국의 황무지에서 하나하나 나타났다.

집권 후 7년 동안 대통령은 그의 모든 권한을 경제개발을 추진하는 데 활용하여 지속적인 고도의 경제성장을 이룩했으며, 그 결과 5천 년 동안 찌든 가난의 때가 벗겨지고 번영의 새싹이 돋아나기 시작한 것이다. 급속한 경제개발이 계층 간, 지역 간에 발전상, 또 소득상의 격차를 가져온 것은 사실이나, 국민들의 생활조건은 전반적으로 크게 나아졌고, 특히 근로자들의 근로조건에도 많은 개선이 이루어지고 있었다. 오랫동안 빈곤에 시달려 오면서 무엇 하나 성취해 본 경험이 없는 국민들은 자신들의 피땀으로 성취한 경제개발의 성과에 대해 긍지와 자부심을 갖게 되었고, 보다 큰 발전과 번영에 대한 희망과 자신감을 갖게 되었다.

우리의 급속한 경제발전과 우리 국민들의 자조적인 노력에 감명을 받은 외국인들은 몇 년 전만 해도 일언지하에 거절했던 차관을 제공하고 투자를 하겠다고 자청하고 나섰다.

국민들은 이 모든 것이 가능하게 된 것은 대통령이 정치안정을 확립하고 그 권한을 효과적으로 행사하여 근대화작업과 경제개발에 총력을 기울였기 때문이라고 생각하고 대통령의 지도력을 신뢰했다.

대통령에 대한 국민의 신뢰와 외국의 경제개발 참여는 국내외의 대통령 비판자들을 혼란에 빠뜨렸고, 대통령에 대한 그들의 공격을 약화시켰다. 정국의 안정과 경제발전의 진전과 더불어 학원과 언론계 등 지식인들의 반정부성향도 완화되기 시작했고 정부가 하는 일에 시시비비를 일삼던 60년대 초기의 방관적 자세에서 참여의 자세로 바뀌기 시작했다. 그리하여 대통령에 대한 국민들의 지지는 크게 증가했고, 통치권의 정통성은 확고해졌으며, 대통령의 권위는 크게 증대했다.

1963년 대통령에 취임했던 그 당시만 해도 많은 국민들은 군복을 벗고 민정에 참여한 이 과묵하고 무뚝뚝한 무명의 장군 출신 대통령을 촌뜨기 정치 초년병으로 보았고 그의 권위를 인정하지 않았다.

그러나 시간이 지남에 따라 그의 권위와 그에 대한 국민의 지지는 증대되기 시작했다. 그 이유는 여러 가지를 들 수 있겠지만, 가장 결정적 요인은 대통령이 그 시대의 가장 중요한 국가적 과제인 경제와 국

'개헌안 국민투표서 가결'이라는 제호의 1969년 10월 18일자 〈조선일보〉 호외

방의 문제를 해결할 수 있는 뛰어난 지도력을 갖추고 있는 통치자라는 데 대한 국민들의 믿음이었다. 대통령이 "나는 이 문제를 이러한 정책으로 해결하겠다"고 결정하고 그 정책을 추진해 나가면, 국민들의 당초 예상과는 달리 그 문제가 해결되었고, "하면 된다"는 신념을 가지고 무엇인가 새로운 계획을 세우고 실천하면 국내외 전문가들조차도 불가능하다고 말렸거나 비웃었던 일들이 기적처럼 하나하나 가능한 일로 나타났다.

어떤 일이든지 하려고 결심하고 나면 반드시 성사시키고야 마는 대통령의 그 성취능력과 그러한 지도력으로 이룩한 성과들은 국민들에게 감명을 주고 믿음을 주었으며, 그래서 대통령의 권위는 크게 향상되었던 것이다. 대통령의 권위가 높아지면서 정치, 경제, 외교, 군사 분야에서 어려운 문제가 일어날 때마다 국민들은 대통령이 어떻게 해서든지 이를 해결해 낼 것이라는 믿음을 가지게 되었고 그러한 문제들이 해결될 때마다 대통령의 권위는 그만큼 더 증대되고 국민의 지지기반도 그만큼 더 확대되어 나갔다.

대통령의 권위가 증대됨에 따라 그의 영향력은 강화되었고 영향력이 강화됨에 따라 통치의 효율성은 더욱 증대되고 통치의 효율성이 증대됨에 따라 국민의 신뢰는 더 증가하고 신뢰의 증가는 대통령의 권위를 더욱 높이는 선순환이 계속되었다.

그리하여 대통령이 성취한 경제개발의 성과와 그의 기민하고 단호한 지도력에 대한 국민의 신뢰는 대통령 자신이 헌신적인 봉사로 얻은 천만금의 정치적 자산이 되었다.

1967년의 대통령선거에서 4년 전보다 훨씬 많은 표차로 재선됨으로써 경제발전이라는 실적을 통해서 국민들의 신뢰와 지지를 받고, 집권의 정당성을 입증하려던 대통령의 노력이 결실을 보고 있다는 사실이 확인된 것이다.

그리고 경제개발의 혜택이 확산되면서 통치자의 권력에 대한 국민의 인식도 크게 변화했다는 사실도 확인되었다.

즉 통치자의 권력은 국민을 지배하기 위한 수단이 아니라 국민의 복지와 행복을 증진하는 수단이라는 생각이 정착되기 시작했다는 것이다.

수백년 동안 봉건적인 왕조체제에서 살아왔고, 특히 20세기 초의 36년 동안 일제강점기 식민치하에서 시달리는 과정에서 통치자의 권력은 국민의 복지와 행복을 증진하기 위한 수단이 아니라 국민을 지배하기 위한 강제수단으로 인식해 온 우리 국민들에게 있어서 이것은 획기적인 정치의식의 전환이었다.

통치자의 권력에 대한 국민의 긍정적인 사고와 대통령의 지도력에 대한 국민들의 신뢰는 오랫동안 금기시되어 온 대통령의 3선개헌 문제에 대한 국민들의 태도를 긍정적인 것으로 바꾸어 놓았다. 즉, 지속적인 경제성장으로 번영을 이룩하기 위해서는 경제개발을 성공적으로 추진하고 있는 대통령에게 이 과업을 계속 추진할 수 있는 길을 열어 주는 것이 필요할 뿐 아니라, 바람직한 일이라고 생각하게 된 것이다.

"좋은 학교를 만들려면 선생을 없애서는 안 된다." 이것은 영국의 철학자 존 스튜어트 밀의 말이다. 하나의 학교를 훌륭한 학교로 만드는 일에는 훌륭한 선생이 필요하듯이 가난한 대한민국을 부유한 국가로 발전시키는 일에는 대통령과 같이 그 능력이 검증된 유능한 지도자가 필요하다는 데 대해 절대다수 국민들이 공명하고 있었던 것이다.

셋째는 '야당의 집권능력에 대한 국민의 불신'이었다.

원래 정치란 여당과 야당 사이의 힘의 대결장이며, 집권능력의 시험장이다.

정당의 힘은 뚜렷한 이념과 견고한 조직, 그리고 국민에게 희망을 안겨주는 정책이 있을 때, 강해질 수 있는 것이다.

그러나 국민들은 우리나라의 야당이 정권담당 능력이 없다고 믿었으며, 특히 야당의 지도자가 대통령을 대신할 수 있는 인물이라고 믿는 사람은 야당 내에서도 없었다.

영국에서 야당이 합법적 존재로서 경쟁적인 양당정치의 한 구성원으로 인정된 것은 쟁점을 만들어 내고 그 쟁점을 기획과 정책의 수준으로 승화시키기 시작한 1860년대 후반기부터이며, 야당의 성장·발전에 기여한 주요한 요인은 야당이 연립내각에 참여하여 쌓아올린 '통치경험'이었다.

그 당시 우리의 야당정치인들은 당쟁과 무능으로 5·16혁명을 자초한 민주당 시대의 짧은 기간을 제외하고는 정권담당의 경험이 없었다. 그것은 우리 야당이 책임 있는 야당의 구실을 할 수 있는 능력을 갖추지 못한 원인의 하나가 되었다.

그리하여 우리 야당은 극한투쟁을 능사로 삼았으며 허세를 부리고 허황되고 무책임한 공약을 남발함으로써 통치능력을 가지고 있는 정당이라는 믿음을 국민에게 주는 데 실패했다.

대통령이 60년대에 착수한 경제개발과 자주국방 과업을 70년대에 계속 추진하여 자신의 통치시대에 완수하고야 말겠다고 약속하면서 3선 개헌안에 대한 지지를 호소할 당시에 국민들은 대통령의 과거 업적과 능력에 비추어 볼 때, 그 약속이 실현될 수 있다고 믿었고, 또 그 과업을 완수하는 데 있어서 대통령을 대신할 수 있는 대안적인 정치지도자가 야당에는 없다고 생각한 것이다.

어떠한 군사적 위기 속에서도 국민의 생명과 재산을 지켜줄 수 있고 어떠한 정치적·사회적 혼란 속에서도 법과 질서를 유지하고 그 바탕 위에서 근대화와 경제개발을 추진할 수 있는 지도력에 있어서 우리의 야당에는 대통령에 필적할 만한 인물이 없다는 믿음이 국민의 마음속에 각인되어 있었던 것이다.

다시 말해서 국민들은 통치의 경험과 능력이 한 번도 검증된 적이 없는 야당의 투사형 정치인에게 국가와 그들 자신의 운명을 위탁한다는 것은 너무나 불안하고 위험하다고 생각하고 이미 괄목할 만한 업적으로 그 능력의 뛰어남이 입증된 현직 대통령의 계속적인 집권을 받아들이는 것이 보다 안심할 수 있고, 안전하다고 생각한 것이다.

한 마디로 국민들이 국민투표에서 압도적인 찬성투표를 한 것은 경제건설과 자주국방력 강화 분야에서 대통령이 이룩한 업적과 대통령의 지도력에 대한 국민의 신뢰와 지지를 반영한 것이었고, 야당의 집권능력에 대한 국민들의 불안과 불신을 반영한 것으로 공인되고 있었다.

그리고 우리 국민들의 이러한 투표성향은 우리나라와 같은 개발도상국가에 있어서는 독립투쟁의 지도자와 같은 투쟁적인 국가지도자보다는 국가발전의 비전과 계획을 제시하고 이를 추진할 수 있는 '성취능력'을 갖춘 국가지도가 필요하다고 생각하는 국민의 의식변화를 반영하

총력안보

1972년 임자 원단
대통령 박정희

고 있는 것으로 인식되고 있었다.

급속한 공업화와 농촌개발로 경제성장과 생활향상의 속도가 빨라지고 그 규모가 확대됨에 따라 이 나라에 필요한 국가지도자에 대한 국민들의 생각도 과거와는 크게 달라졌다는 것이다.

결국은 이러한 국민의 존재가 대통령의 '계속집정'의 기회를 보장한 3선개헌안이 국민투표에서 압도적인 지지로 통과될 수 있었던 대통령의 정치적 기반이었던 것이다.

주한미국대사 포터는 70년 2월 24일부터 26일까지 미국상원외교위원회에서 열린 비밀청문회에서 우리나라의 3선개헌 결과와 관련하여 한국의 민주주의, 한국의 야당, 박정희 대통령의 지도자로서의 위상에 대해 다음과 같이 증언했다.

"박정희 대통령은 군부지도자의 위치에서 선거민의 압도적인 지지를 받는 국가적 지도자로 탈바꿈하고 있다. 최근 헌법을 개정하여 3선이 가능하게 되어 71년 대통령 선거에 출마할 수 있게 되었다. 헌법개정은 국민투표에서 65%의 지지를 받고 있다. 이에 비해 한국의 야당은 문제가 어떤 것인가에 관계없이 덮어놓고 반대를 위한 반대만 하고 있다. 언론도 대부분 반대의 입장을 취한다. 현재의 민주제도는 아직 미숙하지만 실천력 있는 민주주의를 지향해서 끊임없이 정진하고 있다."

대통령 3차연임제도가 국민투표에서 국민의 압도적 지지로 통과됨으로써 대통령은 한낱 군부지도자에서 국가지도자로서 그 위상과 권위가 격상되었으며, 대통령이 원한다면 앞으로 세 번 더 대통령선거에 출마할 수 있게 되었고, 선거에서 당선되면 '계속집정'이 가능하게 되었다.

따라서 대통령이 장기집권을 위해서, 다시 말해서 '계속집정'을 하기 위해 10월유신을 단행했다는 야당의 주장은 전혀 사실과 다른 이야기였다.

3선출마가 이미 제도적으로 보장되어 있는 마당에 대통령으로서는 그렇게 할 필요가 전혀 없었다.

대통령이 10월유신을 단행한 동기와 목적은 다른 데 있었다.

서구정치제도 6대 폐해 혁파

10월유신은 70년대 초반에 국내외에서 밀려오는 국가위기를 극복하고 자립경제와 자주국방의 건설을 위한 핵심사업을 완수하기 위해 기존의 정당과 의회와 선거제도에서 유발되고 있는 여러 가지 폐해를 혁파하고 우리나라의 특수한 현실이 요청하는 혁신적인 정치제도를 창설하고자 하는 데 그 원인과 목적이 있었다.

혁신은 낡은 것을 버리고 새로운 것을 추구하는 창조적 파괴 과정이다. 대통령은 70년대에 새로 제기된 국가과제를 차질 없이 해결하기 위해 우리는 낡은 제도를 버리고 새로운 제도를 창설하고, 또 낡은 행동양식을 지양하고 새로운 행동양식을 제도화할 필요가 있다고 생각했다. 이것이 바로 10월유신에 의한 정치제도 혁신의 핵심이었다.

10월유신은 72년 11월 21일 실시된 국민투표에서 국민의 지지와 찬성을 받은 헌법개정에 의해 확정되었다.

그러나 10월유신에 의해 창설된 정치제도들은 71년의 4·27 대통령선거 직후에 대통령이 서구민주주의 국가들의 정치제도를 검토해 손수 창안한 것이다. 즉 대통령은 72년의 헌법개정에 의해 10월유신에 의한 정치제도 개혁이 확정된 시기보다 1년 이상 앞선 시기에 정치제도의 혁신을 구상하고 기획했다. 대통령은 이 시기에 우리가 북한의 전쟁도발을 억지하고 부국강병을 위한 핵심사업들을 차질 없이 추진해 자립경제와 자주국방의 건설을 매듭짓자면 우리가 모방해 온 서구민주주의 정당제도와 의회제도 그리고 선거제도에서 유발되고 있는 폐해들을 혁파하고 우리나라의 현실에서 우리의 국가정책을 추진하는 데 가장 적합하고 유용하다고 판단되는 새로운 정치제도를 창출해야 되겠다는 결심을 했다. 대통령은 60년대 후반에 정당과 의회와 선거제도에서 촉발되고 있는 각종 폐해들이 우리의 자립경제와 자주국방의 건설노력을 가로막는 요인으로 작용하고 있다고 보고 있었고, 그래서 이 폐해들을 서둘러 혁파할 필요가 있다고 생각해 왔다. 그것은 다음과 같은 여섯 가지였다.

첫째, 직업적인 정당정치인의 재생산.

둘째, 일상화된 여야정당의 극한투쟁.

셋째, 대통령의 무능화와 무력화.

넷째, 영호남의 지역 대립과 국론 분열.

다섯째, 지역대표 국회의원의 지방이기주의.

여섯째, 부정·부패의 복마전이 된 '돈 선거.'

제5장 정치제도개혁의 구상

서구민주주의 위기

대통령은 중요한 국가정책을 결정할 때는 언제나 사전에 그 필요성, 그 가능성, 그 예상효과 등을 면밀하게 검토했으며, 이를 위해서 외국의 성공과 실패의 사례, 저명한 학자들의 이론 등을 습득하여 필요한 지식을 축적했다. 그리고 이러한 지식을 바탕으로 해서 정책의 입안에서부터 그 집행과 성과를 거두는 전 과정에 걸쳐서 단계별 실천계획을 세워 추진해 나갔다. 경제개발 5개년계획사업이나 국토종합 개발사업, 고속도로 건설계획이나 포항종합제철 건설, 방위산업 육성사업이나 새마을사업 등 한국의 자립경제와 자주국방의 상징적 사업은 그 구상과 계획과 실행에 이르기까지 대통령이 직접 주도했다.

대통령은 앞으로 우리가 북한 공산주의자들의 침략적 도발을 억지하고 농어촌근대화와 중화학공업건설, 과학기술교육확대와 방위산업육성 등 부국강병을 위한 핵심사업을 성공적으로 완수하기 위해서 정당제도와 의회제도 그리고 선거제도의 폐해를 없앨 수 있는 제도개혁을 손수 준비했다.

대통령은 영국, 미국, 프랑스 등 선진민주국가들에 주재하고 있는 한국대사들로부터 그 나라들이 과거에 전쟁, 내란, 경제공황 등의 국가위기를 극복하기 위해서 도입했던 위기정부제도와 그들 나라에서 운영되고 있는 정당제도와 의회제도, 선거제도의 실태, 그리고 서구민주주의의 위기설 등에 대한 여러 학자들의 연구자료를 받아보았다. 그리고 이러한 자료들을 검토, 연구하여 우리나라 정치제도혁신의 기본계획에 대한 구상을 정리했다.

대통령이 각별한 관심을 가지고 검토한 것은 서구민주주의의 발상지인 서구에서 이른바 서구민주주의의 위기론이라는 것이 확산되고 있고 정치제도의 개혁문제가 제기되고 있는 현상이었다.

1960년대와 1970년대에 선진민주국가에서는 정치권위의 실추와 행정수반의 무력화 또는 무능화의 현상이 심각한 수준에 이르렀고, 그러한 현상은 일시적이고 우발적인 현상이 아니라 민주주의 정치제도의 구조적인 취약성의 산물이라는 점에서 그것은 서구민주주의의 위기로 인식되고 있었다.

"민주정치가 근대적인 형태로써 문명세계에 도입된 이래의 그 현실적 역사는 민주정치의 앞길에는 끝없이 양양한 장래를 가지고 있다는 예상을 갖게 하는 아무런 실적도 보여 주지 못하고 있다. 그런 실적을 보이기는커녕 도리어 우리들의 경험은 민주정치에는 매우 허약한 점이 있는 관계로 그것이 출현된 뒤부터는 모든 정치형태가 종전보다도 훨씬 더 불안정하게 되었다는 것을 보여 주고 있다."

이것은 일찍이 헨리 메인 경(Sir Henry Maine)이 한 말이다.

메인 경이 지적한 허약성의 원인은 행정권의 무력화(無力化)에 있다. 민주정부는 강하다기보다는 단지 팽창했을 뿐이며 각 부처의 관료주의와 특수한 이익단체의 압력에 맞서기에는 너무나 허약한 존재라는 것이다. 이러한 현상은 의원내각제를 채택하고 있는 나라에서 두드러지게 나타났다.

의회제도는 다수결의 원칙에 기반을 두고 있지만, 산업사회가 이루어지고, 다양한 사회집단이 형성됨에 따라 다양한 이익과 의견들이 대립하여 자기들의 특정이익이나 의견만을 주장하고 다른 이익이나 의견을 배격하는 비타협적인 경향이 늘어났고 그들의 이익이나 의견을 수용하지 못하는 기존 정당들을 불신하고 반정당운동을 일으키거나 새로운 정당을 창당했다. 그 결과 어느 국가도 선거에서 안정세력을 확보하지 못한 채 심각한 정치불안에 시달리고 있는가 하면, 심지어는 공산주의와 좌파세력의 득세로 민주주의 존립자체가 위협받고 있는 나라도 있었다.

결국 소수파의 지지를 받는 정당들의 연립정권이 들어섰고, 이들은 동요하는 연합에 의하여 겨우 지탱되고 있었다.

이처럼 불안정한 연립정부로부터 안정성과 효율성을 기대할 수는 없었다. 연립정부가 관심을 갖는 것은 오로지 보다 오래 버티는 것이었다. 따라서 정파 간의 대립과 분열을 야기할 수 있는 쟁점을 회피하는 데 급급했고, 해야 할 중대한 국사는 처리되지 못했다. 국회는 무능한 존재가 되었고, 국회의 무능은 정부의 무능으로 이어졌다.

이러한 국회의 불안정과 무능 못지않게 중대한 문제는 국회의 비능률이었다. 국회가 어떤 결정이나 입법을 하는 경우에 필요한 절차를 밟는 데 많은 시간이 걸렸다. 이념과 정책을 달리하고 있는 정당들 간의 타협과 절충은 장기간의 토론과 논쟁을 거쳐 이루어졌다. 따라서 국회에서 하나의 결정이 이루어지고 중요한 입법이 확정되는 그 과정은 시간 소모적이고 비능률적이었다. 이러한 국회의 비능률은 행정수반이 필요한 국가정책을 적시에 신속하게 처리할 수 없게 만들었다.

오늘날 지구의 거리는 단축되었고 사건은 너무나 빠르게 전개되고 있고, 사회적 변화도 가속도적으로 빨라지고 있으며, 이런 것이 또한 행정수반에게 신속한 결정의 압력을 가하고 있다. 교통통신의 발달에 의해 시간과 거리가 단축된 결과, 현대의 행정수반은 과거의 행정수반이 겪은 것보다 엄청나게 많은 사건과 분쟁과 정보를 경험한다. 따라서 오늘날의 행정수반은 하루에도 여러 차례 중요한 결정을 내려야 한다. 비능률은 결코 허용될 수 없는 시대가 되었다. 국회의 불안정과 무능과 비능률은 전쟁이나 내란이나 경제공황과 같은 위기에는 국가의 생존을 위태롭게 한다.

독재체제를 상대로 싸우는 민주주의 체제는 1940년 6월 프랑스의 패전이 입증하듯이 비참한 모습을 보였던 것이다.

19세기 말과 20세기 초의 20여 년 동안에도 그랬지만, 20세기 후반에 서구의 의회민주주의제도가 낳은 병폐와 위기는 단순히 그러한 병폐와 위기에 대한 국민들의 실망과 불만을 유발하는 데 그치지 않고 의회제도 자체에 대한 불신으로 이어졌다.

기존 의회제도와 조직은 현대사회보다 훨씬 느리고 단순했던 사회에 적합하게 만들어졌기 때문에 변화의 속도가 빠르고 정치적, 경제적, 사회적으로 다양하고 복잡한 사회에 대응하기에는 너무나 느리고 잘 맞지 않게 되어버렸다. 그리고 선거주민들의 구성에 있어서 다양화가 진전된 결과 의회의원은 '대표'로써 선출되어도 이미 선거민 전체의 일치된 여론을 대변하고 있다고 공언할 수 없게 되어 지역대표의원제도는 개념 그 차체가 문제된다는 것이다. 다시 말해서 13세기의 대의제가 20세기의 사회에 적합할 수 없게 되면서 지역대표제 민주주의제도만이 아니라 그 근저를 지탱하고 있는 사상자체가 시대에 뒤떨어졌다는 것이다.

토인비는 그의 저서 《역사의 연구》에서 산업혁명 뒤 참다운 선거구는 지역단위가 아니라 직능단위가 되고 말았다고 지적하고 정치제도에 있어서 미지의 세계에 속하는 직능대표제를 의회의 모체인 영국은 탐구하려 하지 않고 있으며, 따라서 새로운 시대가 요구하는 새로운 정치제도의 창시자는 그 어떤 '의회모체'의 숭배자는 아니라고 다음과 같이 예단했다.

"의회의 구조를 연구해 보면 그것은 지역별 선거구 대표자의 집합이라는 것을 알 수가 있다. 이것은 그 제도가 생긴 연대와 장소를 보면 능히 짐작할 수 있다. 즉 중세 서구세계의 왕국은 작은 도읍이 산재해 있었던 촌락공동체의 한 집합체였으며, 이러한 사회의 정치조직에 있어서 사회적, 경제적 목적을 위한 중요한 집단은 인근지역 집단이었고 그것들이 자연스러운 정치조직의 단위가 되어 있었다. 이와 같은 중세 대의제의 기초는 산업주의의 충격에 의해 그 기초가 무너지고 말았다.

오늘날 산업화된 영국의 유권자에게 그의 이웃이 누구냐고 묻는다면 아마도 전국 어느 곳에서 살고 있든 그의 이웃동료는 동업의 철도원이 아니면 동업의 광부라고 대답할 것이다. 진짜 선거구는 지역단위가 아니라 직능단위가 되고 말았다. 그러나 직능대표제는 정치제도상 미지의 세계에 속해 있으므로 안온한 노후의 생을 누리고 있는 '의회의 모체'는 새삼 그와 같은 미지의 세계를 탐구할 마음을 먹지 않고 있다.

영국인이 다시 한 번 새 시대가 요구하는 새로운 정치적 제도의 창조자가 되어서 17세기의 업적을 능가할 수는 없으리라고 생각된다. 새로운 제도가 발견되어야만 할 때 그것을 발견해내는 길은 두 가지뿐이다. 하나는 창조의 길이고 다른 하나는 모방의 길이다. 그런데 누군가가 모방의 대상이 될 수 있는 창조적 행위를 수행하지 않는 한 모방은 불가능하다.

이미 그 막이 열린 서구사회 역사의 제4기에 있어서 누가 새로운 정치제도의 창조자가 될 것인가? 현재로서는 이 목표달성을 위한 그 어떠한 특정 후보자가 존재하고 있다는 유력한 증거가 눈에 띄지 않고 있다. 그러나 다소의 확신을 가지고 예견할 수 있는 것은 새로운 정치제도의 창시자는 그 어떤 '의회 모체'의 숭배자는 아니라는 점이다.″

대통령은 직능대표제가 우리나라의 정당제도와 의회제도 그리고 선거제도에서 유발되고 있는 폐해의 상당부분을 해소하는 데 필요하고 유용한 제도가 될 수 있다고 판단하고 있었다.

행정수반의 무력화현상은 대통령중심제를 채택하고 있는 미국에서도 심각한 문제가 되고 있었다.

1960년대의 10년 동안에 미국에서는 다음과 같은 경향들이 나타났다. 기존의 정치, 경제, 사회기구의 권위는 도전을 받았고, 행정부의 권력집중에 반발하여 의회 및 지방정부와 그 행정관서의 권한 확대를 주장하는 경향이 크게 증대되었다.

정치인과 공무원의 오직(汚職)이나 추문을 폭로하는 진보주의자들의 논리가 바로 1960년대의 사상적 흐름에 담겨진 주제들이었다. 그 시기는 민주주의의 물결이 하늘로 치솟아 오르고 평등주의의 파도가 대지를 뒤덮은 시기였다.

그 무렵 민주주의의 물결은 정부의 활동을 실질적으로 증대시킨 반면 정부의 권위는 실제로 감소시키는 결과를 가져왔다.

정부가 국민의 소리에 민감해야 한다는 민주사상은, 정부는 국민의 요구를 들어주어야 한다는 기대를 낳았다.

개인이나 집단들이 정부에 대해 요구하는 사례가 증대했다.

모든 사회집단, 모든 지역집단의 사람들은 자기들의 이익을 증진하고 보호하기 위해 정부의 지원을 당연한 권리처럼 요구하고, 압력을 가했다. 그 결과 정부는 '과중한 부담'을 지게 되고 경제적인 면에서나 사회적인 면에서 정부의 역할은 증대되었고 정부지출은 뚜렷하게 늘어났다. 이러한 정부활동의 증대는 정부의 힘을 증대시켜주었다기보다는 무능과 취약성을 가져왔다. 개인이나 집단들이 그들의 목적달성을 위해 쓰는 정치적 수단이나 전술도 다양화되어 가두시위, 동맹파업, 폭력행사가 일상화되었다. 그 결과 정부의 기능은 마비되고, 국가의 재정은 팽창되어 인플레가 유발되었으며, 사회적 혼란은 생산과 건설을 정체시켜, 경제는 침체의 수렁에 빠지게 되었다.

의회나 언론계에는 새로운 세대들이 출현했는데 이들은 대통령 또는 의회의 기성권위에 도전했다. 특히 월남전에서 패색이 짙어지면서 반전 여론에 민감한 의회가 사실상 권력을 독점함에 따라 의회와 여론의 압력으로 말미암아 대통령은 무력화되었다.

행정부와 의회의 두 권력 간의 균형관계가 깨지고, 행정부의 권력은 약화되고, 의회의 권력은 강화되었다.

국가의 가장 중대한 문제는 전쟁과 평화, 치안과 폭력, 질서와 반란에 대한 문제이며, 이러한 문제를 해결하는 책임과 권한은 행정부 수반에게 귀속되어 있으며 의회는 이러한 권한을 행사할 수 있도록 조직되어 있지 않다.

따라서 대통령이 의회의 지배적인 영향력의 증대로 인해 그 권한을 행사할 수 없게 되면 국가는 중대한 위기에 직면할 수밖에 없다.

이처럼 민주정부를 무력하게 만드는 가장 커다란 요인은 외부의 침략위협이나 좌익이나 우익에 의한 내부의 전복위협뿐만 아니라, 절제의 한계를 모르고 극단으로 치닫는 과잉정치참여와 민주주의 열풍이 거센 사회에 있어서 민주주의의 내부적 역학(力學) 그 자체에 1차적인 요인이 있는 것으로 공인되고 있었다. 즉 민주주의 정치제도는 본디부터 안정을 해치는 힘의 요소를 그 자체 내에 내포하고 있기 때문에 자기 파괴적인 경향이 있다는 것이다.

민주주의의 덕목들인 자유와 평등과 개인주의, 민주주의의 본질적 요소인 정치참여와 정치경쟁 등 민주주의의 고유기능에서 민주정부를 취약하게 만드는 여러 가지 경향들이 파생된다는 것이다. 권위 부정, 지도층에 대한 불신, 정당의 약화와 분열, 정부활동의 균형 잃은 확대로 인한 인플레이션 경향 등은 민주주의의 자기 파괴적 요인 때문에 필연적으로 나타난다.

따라서 민주적 정부는 반드시 자신을 존속시키고 자신을 교정하는 방식으로만 기능하는 것이 아니라, 이러한 경향을 대두시킴으로서 외부의 어떤 기관이 견제를 하지 않을 경우 이 경향이 결과적으로는 민주주의를 붕괴시키게 된다는 것이다.

다시 말해서 민주주의는 그 과정에서 그 어떤 제한을 가하는 것이 어렵기 때문에 민주주의 과정만 끝없이 되풀이될 때 그것은 국가의 통치권을 지나치게 약화시켜 정치체제의 안정을 파괴하고 사회혼란을 야기하여 정부의 통치 그 자체를 불가능하게 만듦으로써 결국은 국가를 쇠퇴와 파멸의 길로 빠뜨리게 된다는 것이다.

그래서 고대 그리스의 철학자들은 가장 안정된 국가체제는 모든 정부형태의 좋은 요소들을 종합한 혼합형태의 정부라고 생각했다.

플라톤은 군주정은 자의적 권력에 의해 멸망했고, 방종한 민주주의는 자유의 남용에 의해서 파멸했던 사실을 설명하면서 군주정이 중용을 지키고, 지혜로 권력을 절제하거나 민주정이 질서로 자유를 절제하는 데 만족했더라면 번영을 계속했을 것이라고 말했다. 다시 말하면 군주정이 아닌 국가는 군주정의 원리, 즉 법률에 복종하는 현명하고 정열적인 정부의 원리를 수용하고, 민주정이 아닌 국가는 민주적 원리, 즉 자유의 원리와 대중이 참여하는 권력의 원리를 수용하는 혼합형태의 정부체제를 수용했다면 국가가 멸망하지 않고 꾸준히 발전할 수 있었으리라는 것이다.

아리스토텔레스(Aristoteles)는 그의 저서인 《정치학》에서 과두정과 민주정의 경험에서 나타난 문제점을 검토한 뒤 최선의 정부형태는 과두정과 민주정의 요소를 현명하게 결합한 혼합형태의 정치체제인 폴리티(polity)라는 결론을 내렸다.

과두정이 과두화하면 할수록 그것은 더욱 억압적인 도당에 의해 통치되는 경향을 띠게 되며, 민주정이 더욱 민주화되면 될수록 그것은 폭민에 의해 지배되는 경향을 띠게 된다, 그리하여 과두정이나 민주정은 모두 폭군정으로 타락하는 경향을 지니고 있으며 폭군정은 그 자체가 나쁠 뿐만 아니라 성공할 가능성도 없으며 파멸의 위기로 치닫게 된다,

가장 단순화된 정치체제는 한 사람의 개인에 의존하는 체제이며 독재는 모두 실제에 있어서 '절대단명'하다. 단순한 형태의 정부는 가장 퇴화하기 쉽다. '혼합국가체제'가 보다 안정화할 가능성이 많다는 것이다.

20세기 후반 서구민주국가들의 학자들도 고대 그리스의 철학자들과 마찬가지로 최상의 국체는 그 조직에 있어서 몇 가지 다른 통치원칙을 결합한 것이라는 견해를 피력했다.

엑스타인(Harry Eckstein)은 《안정된 민주주의의 이론》이라는 논문에서 민주정치체제는 적당히 비민주적인 요소를 내포함으로써 안정성을 유지할 수 있으며, 너무나 민주적일 때 그 체제는 오래 유지될 수가 없다고 강조하고, 영국의 민주정치가 가장 안정성을 갖는 이유는 '대중정치'와 '엘리트정치' 그리고 '법치주의'가 혼합되어 있기 때문이라고 보고 있다.

하버드(William Harvard)는 미국의 헌법도 선출된 군주제도(대통령제도), 귀족정치제도(상원제), 민주정치제도(하원제)의 혼합이라고 보고 있다.

어빙 배빗은 그의 저서 《민주주의와 지도자》에서 미국에 있어서의 민주주의의 횡포를 경고하고 전통적인 선거로써 구성되지 않는 대법원과 같은 부분적으로 귀족적인 제도를 찬양하면서, 직접민주주의와 헌법에 의한 민주주의를 구별했다. 즉 직접민주주의는 루소나 제퍼슨에 의해 시작된 것으로서, 이들은 인간성에 대해서 환상을 가지고 있었다고 지적하고 헌법에 의한 민주주의는 민중의 의지를 제한하고자 하는 에드먼드 버크와 조지 워싱턴에서 시작된 것이라는 것이다.

직접민주주의는 민중의 일시적 감정적인 반응을 억제하고 유예시키는 것이 불가능함으로 이를 억제하고 유예시키는 제도가 필요하다는 것이다.

미국의 건국초기에 존 애덤스(John Adams)는 "민주주의는 결코 오래 이어지지 않는다. 민주주의는 곧 스스로를 낭비하고 탕진하고 살해한다. 이제까지 자멸하지 않는 민주주의는 한 번도 없었다."

"민중은 국왕과 마찬가지로 폭군적이다"라고 갈파했는데 미국의 헌법을 만든 '건국의 아버지'들은 애덤스의 가설을 승인하고 헌법을 보수적인 것으로 만들었다.

미국에서는 1913년까지 만 해도 하원의원만 직접선거에 의해 선출되고 대통령, 상원의원, 사법부 판사는 각각 선거인, 주정부, 임명 등에 의해 간접적으로 선출되었다.

특히 사법부의 대법관들은 선거로 선출되지 않으며, 민주주의적인 다수에게 책임을 지지 않는다. 그러나 사법부는 선거에 의해서 선출된 상하양원의 민주주의적 다수가 가결한 법안을 위헌(違憲)이라고 판결한다. 존 애덤스는 헌법과 상원은 민주정치에 대한 문지기라고 강조했고, 워싱턴은 직접민주주의를 주창한 제퍼슨에게 상원의 역할에 대해 다음과 같은 명언을 남겼다.

"커피를 식히기 위해서는 이를 쟁반에 붓는 것이 좋고, 법안의 열을 식히기 위해서는 이를 상원이라는 쟁반에 붓는 것이 좋다."

프랭켈(E. Fraenkel)은 '민주적인 헌법국가에 있어서의 대표적 구성요소들과 국민투표적 구성요소들'에 대한 그의 연구에서 특히 순수한 국민투표체제와 마찬가지로 순수한 대표체제의 위험들을 구명했다. 그에 의하면 대의기관은 부패에 의해서 도당으로 굳어져 버릴 위험을 자초하여 대표적 성격을 잃을 가능성이 있으며 국민투표체제에는 독재로 타락할 경향이 있다는 것이며, 따라서 현대 헌법국가에로의 발달은 국민투표적, 국민대표적인 민주통치체제의 요소들을 혼합시킴으로써 이루어졌다는 것이다.

대통령은 70년대에 일어나고 있는 국제정세에 급격한 변화와 이에 편승한 북한의 전쟁도발 위험의 증대, 그리고 국내에서 점증하고 있는 산업평화의 위협 등에 대비하고, 제3차, 제4차 5개년계획을 추진하여 부국강병을 위한 핵심사업들을 매듭짓기 위해서는 무엇보다도 사회질서와 정치안정을 유지하는 것이 긴요하다고 판단하고 있었다.

따라서 가장 단순한 민주주의 정치제도의 파괴적인 폐해를 혁파하고 사회질서와 정치안정을 장기적으로 유지할 수 있는 혼합형태의 정부가 우리나라의 실정에서는 바람직한 국가체제가 될 수 있다고 생각했다.

프랑스 제5공화국의 본보기

19세기 후반부터 20세기 초반까지 오랜기간 동안 민주주의의 자기 파괴적인 요인들 때문에 정부의 통치가 불가능상태에 빠져 있었던 프랑스는 1950년대 후반에 민주주의의 정당제도와 의회제도 그리고 선거제도에서 유발되는 폐해를 혁파하고 혁신적인 정치제도개혁을 통해 안정되고 능률적이며, 강력한 정부를 수립했다. 그것이 바로 프랑스 제5공화국이었다.

대통령은 프랑스 제5공화국의 정치제도에 대해 깊은 관심을 가지고 집중적으로 검토했다.

프랑스는 바로 1789년 대혁명을 통해 민주주의를 탄생시킨 나라다.

1870년부터 70년 동안 이어진 프랑스 제3공화국은 의회만능의 내각책임제였다. 상하양원의 국회는 정부를 마음대로 만들기도 하고 갈아치우기도 했다. 난립된 군소정당들이 내각불신임결의권을 시도 때도 없이 남용함으로써 내각의 평균수명은 6개월밖에 안 되었다. 2차 세계대전 뒤 수립된 제4공화국도 12년 동안 22개의 정부가 수립되었다가 붕괴되었다. 특히 제4공화국에서는 공산당이 의회 내에서 원내다수당이 되었다. 이러한 국내적 혼란의 와중에 1958년 해외령(海外領)인 알제리아 주둔군과 식민자들이 폭동과 내란을 일으켜 정부전복을 기도했다.

프랑스 국민의회는 이 국가위기를 타개할 수 있는 유일한 인물로 드골 장군을 지목하고 수상에 임명하고 새로운 헌법을 제정하는 권한을 포함한 비상대권을 부여했다.

1958년 9월 드골은 국민투표로 새 헌법을 확정했다. 이것이 이른바 '드골 헌법'이다. 이 헌법에 의해서 대통령중심제의 프랑스 제5공화국이 탄생했다.

드골은 프랑스에는 국가의 성격과 국가가 구체화해야 할 가치들에 대한 근본적인 문제들에 대해 정당들이 너무나 깊이 분열되어 있기 때문에 그들은 꾸준한 연정을 형성할 수 없다. 공화국이 이 문제를 해결하기 위해서는 정당을 뛰어넘어 존재하는 '국민적 조정자'로서 행정권을 구체화하는 대통령이 필요하며 행정권은 의회로부터 독립해야 한다는 점을 강조했다.

드골은 자신의 소신에 따라 과거 군소정당의 난립으로 정권교체가 극심하여 국정을 마비시켰던 의원내각책임제를 지양하고 국민적 조정자로서의 강력한 대통령중심제도를 채택했다.

이 제도는 다당제 아래에서 의회의 다수를 구성하는 것이 곤란한 상황에서 늘 붕괴될 위험에 노출되어 있는 불안정한 정부를 의회에서 독립한 안정되고 강력한 정부로 만든다는 데 그 목적이 있었다.

그리하여 프랑스 제5공화국의 드골 헌법하에서는 국가의 최고 영도자인 대통령의 지위와 권한이 강화되고, 정치의 안정과 국정의 능률을 보장하는 제도적 토대가 마련되어 대통령의 능력과 예지에 의하여 국가와 국민의 앞날이 결정되게 되어 있었다.

일찍이 프랑스정정의 위기에 대해 버크는 "변화의 수단을 가지지 못한 국가는 보존의 수단을 가지지 못한 국가와 다름이 없다"고 갈파한 바가 있는데, 프랑스 제5공화국은 국가보존의 수단이 될 수 있는 변화의 수단을 강력한 대통령중심제에서 구한 것이다.

드골 헌법 제5조부터 제19조에서는 대통령의 권한을 규정하고 있다. 공화국의 대통령은 그의 조정에 의하여 국가의 계속성과 정부기구의 정상적인 기능을 보장한다. 그는 국가의 독립, 영토의 완전상태, 프랑스연방의 협정과 조약의 보호자가 되어야 한다. 대통령에게는 '조정자'로서의 기능을 수행할 수 있도록 방대한 새로운 권한이 부여되었다. 대통령은 의회를 해산할 수 있고, 행정부와 상하양원의 제의에 따라 정부기구 조직에 대한 법률안을 국민투표에 회부할 수 있다.

또 제3, 4공화국에서 행정부를 무력화시켰던 의회를 약화시키기 위해 의회의 권한은 축소되고 행정부의 권한은 상대적으로 강화되었다. 의회의 회기는 가을에 2개월 반, 여름에 3개월을 초과할 수 없었다. 다만, 수상은 필요에 따라 비정기회의소집권을 가지고 있으며, 의회도 다수결에 의해 특별회의를 소집할 수 있었다. 의회의 모든 제안은 정부나 의원들이 제출할 수 있었으나, 의원의 제안은 세금삭감이나 경비증가문제를 포함할 수 없었다.

드골 헌법에 있어서 가장 중요한 것은 동헌법 제16조에 의해 마련된 대통령의 비상대권제도다.

드골 헌법의 기초자로 알려진 미셸 드브레(Michel Debré)는 1958년 8월 27일 상원에서 행한 연설에서 "이 조문은 최악의 상황이 도래하여 공권력의 정상적인 운영이 중단될 경우, 국가의 정통성과 권위를 보장하는 데 그 목적이 있다. 우리는 오늘날 정치적, 기술적 이유로 날로 늘어나는 공권력 운영의 급작스러운 중단위험을 눈앞에 두고 있다"고 말하고, 최고의 위험시에는 프랑스의 독립성, 영토의 보전, 공화국의 안녕을 책임지고 있는 국가원수인 대통령이 다른 구속을 받지 않고 자율적으로 행사할 수 있는 비상대권이 필요하다는 점을 강조했다.

즉 과거의 긴급권 이론에서는 국가원수 또는 행정수반은 사전예방적이며 자율적인 권한을 갖지 못하고 입법부의 사전 혹은 사후통제를 받게 되어 있었으나, 드골 헌법 제16조는 대통령이 국민적 영도자로서 국가위기에는 국가이익의 판단자가 되어 비상대권을 자율적으로 행사할 수 있게 해야 한다는 것이다.

드골은 1958년 10월 4일 한 연설에서 제5공화국 헌법 제16조는 1940년 6월 프랑스 국민이 겪은 국가위기상태와 핵무기와 같은 현대무기의 발달로 국가의 모든 제도가 완전히 멈출 수 있는 가능성에 대비하기 위한 것이라고 비상대권제도를 설치한 이유를 밝혔다. 드골이 말한 1940년 6월의 국가위기란 바로 2차 세계대전 때 프랑스가 독일군에 유린되는 국가존망의 위기를 뜻하는 것이다. 따라서 드골은 이 비상대권제도가 서구민주주의국가들이 제1차, 제2차 세계대전 때 전체주의 침략세력과 대결하는 과정에서 정착시켜 온 이른바 '위기 정부'를 제도화한 것임을 강조한 것이다.

세계대전 때 영국과 프랑스는 전쟁을 막을 수 없었을 뿐만 아니라, 전쟁수행에 필요한 준비를 하는 데도 비능률적이었고 사태를 유리하게 이끌어가지 못하고 자유롭고 민주적인 국가로서 살아남게 되리라는 가망조차도 보증할 수 없는 무능의 병에 걸려 빈사상태에 빠지고 말았다.

이러한 국가존망의 위기에서 그들은 전쟁 등 국가의 비상사태는 평시의 민주주의제도로는 극복할 수 없으며, 따라서 국민의 안전과 자유를 보호하기 위해서는 정부가 단호하고 책임 있는 조치를 빨리 취할 수 있도록 입헌적 구조를 변경할 필요가 있다고 판단했다. 이러한 판단에 따라 그들은 행정부수반의 권한을 강화하고, 의회의 구조와 운영을 개선하여 빠르고 능률적인 정책결정과 집행의 능력을 보유한 강력한 정부를 구성했다.

이것이 바로 그들이 전쟁에서의 승리와 민주주의체제의 존립을 위해 꼭 필요하거나 불가피한 것이라고 생각해서 채택한 '위기정부제도'였다.

위기정부제도의 핵심은 행정부수반에게 비상조치를 취할 수 있는 비상대권을 부여하고 있다는 데 있었다.

서구의 위기정부들은 국가위기를 극복하기 위해 전통적인 평시의 민주주의 기준이나 원칙에 비추어 보면 비민주적인 것이라고 할 수 있는 독단적인 절차와 강압적 수단에 호소했다.

즉 전쟁에서의 승리를 얻기 위해 여러 제도들의 기능을 정지시켰다.

의회가 정부의 결정에 참여하는 일은 거의 없었으며, 민간지도자들은 사실상 군부에 의해 지배되고 있었다. 사회 각 방면에서 규율과 기강이 설득과 토론과 비판적 정신을 압도하였고, 국민의 기본권은 제한되었다.

모든 선진민주국가들은 전쟁뿐 아니라, 내란이나 경제공황과 같은 국가적 위기에서도 예외 없이 위기정부제도를 채택했다.

내란은 파괴적인 폭동을 일으키는 폭도들이 정부의 권위에 공공연히 도전하거나 또는 정부를 비합법적으로 탈취하려던가 정부를 전복시키려할 때 일어나는 현상이다. 따라서 사회의 분열과 파괴를 막고 사회 통합과 공공질서를 유지하기 위해 정부가 폭도를 진압할 수 있는 강력한 권한을 행사하는 것은 불가피하다는 것이다.

또한 경제침체로 인한 경제적 재난은 전쟁이나 반란과 마찬가지로 국가의 존립과 민주정치제도의 정상적인 운영에 직접적인 위협임이 입증되었다. 특히 1929년과 1930년 사이에 있었던 세계적인 경제위기는 국가의 최고 통치자가 혁신과 통합의 기능을 수행해 줄 것을 요구하였고 그것은 곧 행정부수반의 권한을 크게 강화하는 결과를 가져왔다.

한 마디로 국가가 적국의 침략을 받든가 혹은 불만을 품은 일부 시민의 반란이 일어난다든가 또는 세계적인 경제불황과 같은 국가적 위기에 직면하면 정부는 위기를 극복하고 국가와 국민을 구할 수 있는 조치들을 재빨리 취하기 위해 보다 많은 권한과 폭넓은 재량을 가지고 심지어는 독재적으로 행동할 수 있다는 것이 바로 위기정부제도다.

의원내각제에 있어서는 입법부와 행정부의 통합이 당연한 것으로 받아들여졌고, 내각독재는 대통령독재보다 더 쉽게, 더 확실하게 확립될 수 있었다. 대통령중심제에 있어서는 대통령의 지위와 권한이 크게 강화되었다.

오늘날 모든 민주국가들은 헌법으로 국가의 최고 통치자에게 국가위기를 극복하는 데 필요한 비상권한을 부여하고, 필요에 따라 국민의 일부 자유를 유보하거나 제한할 수 있다고 규정하고 있다. 국가위기에서 국가를 보존하기 위해서는 3권의 분립보다는 그 통합이 필요하고, 개인 기본권의 일부 제한이 불가피하다는 것이다. 그리하여 행정부는 단순히 3권 가운데 하나가 아니라 정치체제 그 자체의 핵심체로 등장했다.

현대의 모든 국가의 헌법과 정치체제를 비교분석한 듀커섹크는 선·후진국을 막론하고 전쟁의 영향, 경제와 사회계획의 필요성, 제 결정과 법규 증가 등의 이유 때문에 권위구조, 즉 행정부 우위체제가 지배적이라는 결론을 내리고 있다.

정치체제는 권위구조와 정치경합구조로 이루어져 있다. 권위구조는 통치기구 또는 정부를 뜻하며 정치경합구조는 정당체제를 뜻한다.

구미선진국의 경우, 통치기구와 정당체제의 관계에 따라 정치안정과 정치변화의 성격과 방향이 좌우된 나라는 바로 프랑스다.

즉 프랑스 제3, 제4공화국의 경우처럼 통치기구에 비해 정당체제가 상대적으로 우위를 차지하여 불균형상태를 초래할 때에는 걷잡을 수 없는 정치적 불안과 무정부상태의 혼란을 겪었다.

그러나 제5공화국의 드골 헌법하에서는 정당체제에 비해 통치기구가 우위를 차지함으로써 정치안정이 이루어지고 짧은 기간 내에 정치, 경제, 군사, 과학기술, 문화예술 등의 모든 분야에서 전면적인 변화와 비약적인 발전이 촉진되었다.

드골은 확고한 정치안정의 토대 위에서 과거의 섬유공업과 경공업위주의 산업구조를 중화학공업을 주축으로 하는 현대적인 산업구조로 바꾸는 산업혁명을 주도했다.

드골은 정치개혁에 의한 '프랑스의 영광'과 산업혁명을 통한 '21세기의 프랑스'를 국가발전의 지표로 내세웠다.

드골은 그가 집권한 10년 내에 현대적인 산업을 일으켰고, 독자적인 핵개발을 통해 자주국방의 힘을 비축함으로써 '프랑스의 영광'을 되찾았다.

한때 일부 정치학자와 정치인들은 드골의 정치체제는 드골이라는 특출한 지도자에게 꼭 맞는 맞춤형 정치체제로서 드골 이후에는 지속되지 못할 것이라고 예단했다. 그러나 안정된 행정부에 대한 프랑스 국민의 요구가 변함없이 이어지고 있고, 강력한 대통령의 일관성 있는 지도력을 요청하고 있는 현대 민주국가의 국내외 위기가 상존함에 따라 드골 체제는 드골 이후에도 존속되고 있다. 드골은 갔으나 드골 헌법과 그가 만든 정치제도는 살아 있는 것이다.

드골 헌법의 핵심내용은 정당의 분열과 당쟁으로 인해 안정된 정부를 형성하지 못하고 있는 고질적인 병폐를 혁파하기 위해 정당과 의회가 지배하는 의원내각제를 폐지하고 정당과 의회의 분열과 당쟁에 초연하여 안정의 바탕 위에서 국정을 능률적으로 수행할 있는 강력한 대통령중심제도를 채택하고, 전쟁, 내란, 경제공황 등의 국가위기에 대비하기 위해 위기정부제도의 핵심요소인 긴급초치권을 대통령에게 부여한 것이다.

한 마디로 기존의 정당 지배체제를 약화시키고 통치기구 지배체제를 강화한 것이다.

드골 대통령이 이러한 제도개혁을 단행한 목적은 그 무렵 핵무기로 무장한 미·소양국의 핵전쟁에 대비해서 핵개발 등 자주국방력을 강화하고, 뒤떨어진 산업을 일으켜 공업화를 촉진하려는 데 있었다.

대통령은 오늘날 우리나라의 현실에서 가장 필요하고 유용한 제도개혁을 하는 데 있어서는 프랑스 제5공화국의 정치제도가 적절한 본보기가 될 수 있다고 생각했다.

그 하나는, 우리나라와 프랑스는 정당과 정당정치인들의 분열과 당쟁으로 국력을 탕진, 외세의 침략을 당하여 나라를 잃었고, 또한 나라가 혼돈과 쇠퇴의 나락에서 헤어나지 못한 불행한 역사적 경험을 공유하고 있었으며, 드골 대통령의 정치제도개혁은 바로 이러한 쓰라린 과거와의 완전한 단절을 상징하고 있었다.

그래서 우리의 불행한 과거와의 단절을 이룩하려는 대통령은 프랑스 제5공화국의 정치제도야말로 우리가 본받을 가치가 있는 것이라고 생각했기 때문이었다.

다른 하나는, 프랑스 제5공화국의 강력한 대통령중심제도는 바로 대통령이 오래전부터 우리나라에 필요한 것이라고 생각해 온 강력한 대통령중심제도와 큰 차이가 없는 것이라고 보고 있었기 때문이었다.

1961년 5·16군사혁명 직후 대통령은 제2공화국의 몰락을 가져온 가장 큰 원인의 하나는 제도적인 면에서 의원내각제도, 상하양원제도, 지방자치제도 등 세계의 최빈국인 우리나라의 현실에서는 도저히 실현될 수 없는 서구민주주의 정치제도를 그대로 본뜬 데 있었다고 판단하고 있었다. 그중에서도 가장 중요한 원인은 4·19혁명에 편승하여 집권한 민주당이 제1공화국의 대통령중심제도를 폐지하고 내각책임제도를 채택한 데 있었다고 생각했다. 그래서 제3공화국에서는 대통령중심제도를 채택하는 것이 바람직하다고 생각했다.

그러나 그 무렵 대통령이 생각한 대통령중심제도는 행정부와 입법부와 사법부가 엄격하게 분립된 미국식 대통령중심제도가 아니었다. 그것은 행정수반인 대통령의 권한을 크게 강화하고 의회와 정당의 권한과 활동을 약화시키고 축소시킨 강력한 대통령중심제였다. 절대빈곤과 북한과의 휴전상태에서 시급한 경제건설을 추진하고 국방력을 강화하기 위해서는 강력한 대통령중심제가 불가결한 것이라고 판단하고 있었기 때문이다.

대통령은 서구민주주의 정치제도는 그것이 내각책임제든 엄격한 3권분립의 대통령중심제든 그 무렵의 우리나라 현실에서는 성공적으로 뿌리내릴 수 없다고 판단하고 있었다. 왜냐하면 우리나라에는 민주주의가 성장, 발전할 수 있는 경제적, 사회적, 정치적 여건이라고는 아무것도 없다고 보고 있었기 때문이다.

서구민주주의제도의 모방은 최상의 경우라 해도 결코 찬미할 수 없는 원작의 서투른 모작에 지나지 않았으며 최악의 경우에는 서로 상용(相容)할 수 없는 요소의 결합으로 조화를 이루지 못한 불량한 조립체가 되고 말았다는 것이며, 민주주의제도가 제대로 기능을 발휘할 수 있는 정치적, 경제적, 사회적, 문화적 조건이 없는 상태에서는 의욕이나 희망만 가지고는 민주주의가 이루어질 수가 없다는 것이 입증되었다는 것이다.

따라서 우리가 해야 할 일은 서구민주주의 정치제도를 형식적으로 본뜰 것이 아니라 그것이 이 땅에서 성장하고 뿌리내릴 수 있는 여러 가지 여건을 조성하는 데 우선순위를 두고, 우리나라의 현실에 기반을 두고 우리의 국가적 과제를 해결하는 데 필요하고 유용한 정치제도를 마련해야 한다는 것이 대통령의 소신이었다.

그러나 대통령은 이러한 자신의 소신을 관철할 수가 없었다. 우리의 미약한 국력과 한미동맹에 대한 고려 때문이었다. 그 무렵 미국은 한국을 아시아에 있어서 민주주의의 진열창(show window)을 만들겠다는 계획을 세우고 경제·군사원조를 제공하고 있었으며 미국식 민주주의 정치제도가 정착되기를 바라고 있었다. 따라서 우리나라가 유럽식 의원내각제나 미국식 대통령중심제와 다른 강력한 대통령중심제를 채택할 경우, 미국으로서는 한국도 동남아시아에서 유행하고 있는 권위주의체제를 선택하는 것 아니냐는 의혹을 갖게 될 것이며, 그렇게 되면 한미 동맹관계에 긴장이 생기고 미국이 경제·군사 원조의 중단을 고려할 가능성을 배제할 수 없었다.

만일 정치제도문제로 미국이 경제·군사원조를 중단한다면, 우리는 그것을 감당할 국력이 없었다. 따라서 미국의 경제·군사원조가 이어지는 동안 이것을 최대한 활용해서 자립경제와 자주국방 건설을 완수해야 되겠다는 구상을 갖고 있는 대통령으로서는 우리나라 정치제도의 자주적인 선택문제로 미국과 대립하는 것은 바람직하지도 않고, 현명한 일이 아니라고 판단했다.

그래서 대통령은 1961년 11월 중순에 케네디 미대통령과의 정상회담을 위해 방미했을 때 약속한 바도 있고 또 62년 헌법개정안에 대한 공청회와 전문가들의 토론에서 압도적인 지지를 받은 대통령중심제를 채택했다. 그리하여 이것이 제3공화국의 헌정체제가 된 것이다.

그러나 그렇다고 해서 대통령이 강력한 대통령중심제도에 대한 소신을 포기한 것은 아니었다. 앞으로 우리나라가 근대화과업을 하루속히 완수하여 부국강병의 목표를 이루기 위해서는 지난날 많은 부작용을 가져온 바 있는 서구민주주의 정치제도를 우리 실정에 맞게 개혁해야 한다는 소신을 간직하고 있었다.

대통령은 5·16혁명 직후 출간된 〈지도자 도(指導者道)〉라는 소책자에서 서구민주주의제도가 우리 현실과 맞지 않아 부작용을 초래했다는 사실을 지적하고 새로운 제도를 만들어야 한다는 점을 강조했다.

"서구민주주의제도가 우리 한국과 같은 후진국 사정과 조화되지 못하고 갖가지 부작용을 초래하였음은 이미 우리가 절실히 통감하여왔던 사실이다. 겨우 봉건사회의 범위를 벗어나자 급작스럽게 완전한 민주사회로 전환하자니 순치(馴致)될 리가 없다. 따라서 우리는 어떠한 형태이던 하나의 새로운 제도를 설정하여야 할 것이다."

대통령은 1963년 9월에 출간된 저서 《국가와 혁명과 나》에서 미국은 서구식 민주주의가 우리의 실정에서 실현될 수 있을 것으로 기대하거나 한국의 미국화를 기대해서는 안 된다는 점을 지적하고, 자유라는 이상과 미국의 경제원조를 밑거름삼아 한국 고유의 주체성과 확고한 자아의식을 확립하고 그 위에 자율적 사회가 이루어져야만 한국 민주주의에 대한 미국의 희망이 성취될 수 있다고 천명했다.

"미국은 서구식 민주주의가 우리의 실정에는 맞지 않는다는 것을 이해하여야 한다. 백보를 양보하여 하나의 민족사회가 현대 민주주의제도를 받아들일 수 있는 정도의 제반여건을 갖추고 있다고 하더라도 자주국가인 이상 무조건 동화될 수는 없으며 그 사회의 전통과 문화와 조화를 이루어야 한다.

하물며 경제적으로 정치적으로, 사회적으로 충분한 여건을 갖추지 못한 우리의 현실에서 서구민주제도가 실현될 수 있을 것으로 기대하는 것은 무리한 일이 아닐 수 없다. 그것은 마치 연륜을 무시하고 하루아침에 성인이 되기를 바라는 것과 같다. 그리고 이러한 과정을 거치지 않는다면 유해한 부작용만 자초하는 것이 되고 말 것이다.

우리는 미국의 민주주의의 이상과 경제원조의 의욕을 높이 사는 바이나 그렇다고 이를 통해 한국사회의 미국화를 기대해서는 안 된다. 자유라는 이상과 미국의 경제적인 원조를 밑거름으로 하여 한국 고유의 주체성과 확고한 자아의식을 확립하고, 그 위에 자율적인 사회가 이루어져야만 비로소 미국의 참된 희망은 성취되는 것이요, 또한 외적과도 대결할 수 있는 견고한 방파제가 구축될 수 있을 것이다."

1963년 제5대 대통령선거유세 때 대통령은 민족적 민주주의 또는 한국적 민주주의를 강조하면서 서구민주주의 정치제도는 우리의 실정에 맞게 고쳐야 한다는 신념을 피력했고 그 뒤에도 제헌절이나 광복절 등 기회 있을 때마다 계속 우리나라의 현실에서는 강력한 대통령제도가 바람직하다는 것을 강조해 왔다.

이제 70년대 초에 우리가 직면한 국가위기에 대비하기 위한 제도개혁을 구상하면서 대통령은 그동안 강조해 온 강력한 대통령중심제보다는 프랑스 제5공화국의 강력한 대통령중심제도가 국가위기를 극복하는 데 있어서 훨씬 더 효과적인 것이라고 평가하고 이것을 우리나라 제도개혁의 본보기로 삼는 것이 바람직하다고 생각한 것이다.

제도개혁의 기본계획

대통령은 그 시대의 국가적 과제를 해결하는 데 있어서 기존의 제도가 유용하지 못한 것으로 판명되었을 경우 이것을 개혁하여 새로운 제도를 창출하는 것은 국가지도자의 중요한 책무라고 생각하고 있었다. 즉 국운을 책임지고 있는 통치자에게 있어서 지도력과 창조력의 궁극적 형태는 새로운 가치와 제도를 창출하는 데 있다고 믿고 있었다.

한 사회가 추구하는 가치는 그 사회의 발전을 자극하고, 한 사회가 선택한 제도들은 그 사회의 발전을 관리한다.

사회의 가치는 국민의 의지와 행동을 바람직한 방향으로 인도하며, 사회의 제도는 국민들을 발전과 성장의 길로 이끌어간다. 따라서 한 사회가 어떤 가치를 추구하며, 그 가치를 실현하기 위해 어떤 제도를 선택하느냐 하는 것이 바로 그 사회의 발전을 좌우하게 된다.

사회의 가치는 논리의 조작이나 상상의 산물이 아니다. 그것은 잘살아보려고 몸부림치는 국민들의 가장 급박하고 일상적인 필요와 요구를 반영한 것이며, 이러한 가치를 실현하기 위한 수단이 바로 제도다. 즉 제도는 선험적으로 생겨난 것이 아니라 그것들이 생겨난 사회와 국민들이 공통적으로 추구하는 가치를 구현하려는 실천적인 노력의 과정에서 형성되고 발전하는 것이다.

따라서 모든 제도는 그 시대와 특수한 역사적 상황의 산물이다. 세계의 모든 나라와 국민들은 그들이 타고난 국민성, 그들의 삶의 터전인 지리적 조건, 그들이 성취한 경제발전, 그들이 도달한 지적수준, 그들이 이루려는 국가목표, 그들이 소중하게 생각하는 가치, 그들이 영위하고자 하는 삶의 방식, 그들이 공유하는 인생관, 이 모든 것에서 서로 다르다. 이처럼 나라와 국민이 서로 다르기 때문에 지금도 나라마다 다양한 제도를 유지하고 있다.

서구사회가 민주주의 발상지라고는 하지만 나라마다 정치제도가 다르며, 그것은 바로 나라마다의 특수성이 반영되고 있기 때문이다.

또한, 한 사회의 모든 제도는 그 사회가 추구하는 가치와 목표를 가장 효과적으로 이룰 수 있을 때 가장 좋은 제도로 평가되고 그 사회의 가치와 목표의 실현을 불가능하게 할 뿐 아니라 여러 가지 부작용을 낳음으로써 국가발전과 생활조건의 향상을 저해할 때, 가장 나쁜 제도로 평가된다. 다시 말해서 모든 제도는 그것이 채택된 구체적인 역사적 상황과 시대에 그것이 국가의 발전과 국민의 안녕과 복지에 얼마나 기여하였는가를 기준으로 그에 대한 평가가 이루어진다. 그리고 이러한 평가에 따라 그 제도가 존속되기도 하고 또는 개혁되기도 하며 새로운 제도에 의해 대체되기도 한다.

대통령은 1970년대 초 행정수반인 대통령이 수호해야 할 최고의 가치는 국가와 국민의 '생존'이라고 판단하고 있었다.

북한의 김일성이 70년대 초반에 무력적화통일을 하겠다고 국내외에 공언하면서 전쟁도발의 기회를 노리고 있는 위기상황에서 대통령이 수호해야 할 가치 가운데에 국가와 국민의 생존보다 더 높고 더 큰 가치는 있을 수 없다고 믿고 있었기 때문이다.

그리고 국가와 국민의 생존을 수호하기 위해서는 대통령의 직무수행 능력을 마비시키거나 무력화시킬 수 있는 정당제도, 의회제도, 선거제도의 폐해를 혁파하고 새로운 제도를 창출해야 한다고 생각했다.

기존 정치제도의 폐해를 그대로 방치해둔다면 시도 때도 없이 당쟁과 극한투쟁을 일삼고 있는 무책임한 정치인들이 대통령의 직무수행능력을 마비시키거나 무력화시키는 사태가 언제나 일어날 수 있다고 믿고 있었기 때문이다.

대통령이 기존의 정당제도, 의회제도, 선거제도의 폐해를 혁파하고 새로 창출할 필요가 있다고 구상하고 있는 정치제도는 '위기정부제도'와 '직능대표의원제도' 그리고 국회의 상위기관인 '대의기구' 등이었다.

이 세 가지 제도가 대통령이 구상한 제도개혁 기본계획의 핵심내용이었다.

첫째, 위기정부제도의 도입이다.

대통령은 우리가 70년대에 직면한 국내외 위기를 극복하고 부국강병을 위한 핵심사업을 중단 없이 완수하기 위해 대통령의 지위와 권한을 강화할 필요가 있다고 판단하고 있었으며 이를 위해 무엇보다도 먼저 위기정부제도를 채택하고 대통령에게 강력한 긴급조치권을 부여해야 한다고 생각했다.

즉 천재지변 또는 중대한 재정, 경제상의 위기에 처하거나, 국가의 안전보장, 또는 공공안녕질서가 중대한 위협을 받거나 받을 우려가 있어서 신속한 조치를 취할 필요가 있다고 판단될 때 대통령은 내정, 외교, 국방, 경제, 재정, 사법 등 국정전반에 걸쳐 필요한 긴급조치를 할 수 있도록 해야 한다는 것이다.

대통령은 국가비상사태에 필요하다고 인정할 때에는 헌법상의 국민의 자유와 권리를 잠정적으로 정지하는 긴급조치를 취할 수 있고, 또 정부나 법원의 권한에 대한 긴급조치를 할 수 있으며, 이러한 긴급조치는 사법적 심사대상이 되지 않고, 국회의 사전 또는 사후통제를 받지 아니하며, 사전예방책으로 대통령이 자율적으로 취할 수 있게 해야 한다는 것이다.

국가위기에 국가보위와 국민의 생명과 재산을 보호해야 하는 헌법상의 책임을 수행하기 위한 대통령의 권한 행사는 국회에서의 정치적 논쟁이나 법원에서의 법적 시비 대상이 되어서는 안 된다는 것이다. 이것은 과거에 대통령의 긴급권에 대한 국회의 사전, 사후 통제와 법원에서의 사법적 심사에 따른 여러 가지 폐단을 없애기 위한 것이었다.

오늘날 모든 선진민주국가들은 전쟁이나 내란 또는 경제공황과 같은 국가위기를 극복하기 위해 행정수반에게 비상대권을 부여하고 있다.

지금 우리나라는 무력적화통일을 공언하는 북한의 침략위협 때문에 6·25 이후 최대의 전쟁위기에 직면해 있다.

뿐만 아니라, 이 나라의 자유민주주의체제와 자본주의경제체제를 부정하고 북한공작원들의 인민민주주의 혁명에 동조하고 있는 좌파성향의 지식인과 종교인들이 반체제 민중운동을 조직하여 정부전복을 획책하고 있다.

따라서 국가의 안전보장, 사회질서확립, 공공복리증진을 위해서는 위기정부제도를 도입하고 대통령에게 긴급조치권을 부여하는 것이 절대로 필요하다는 것이다.

대통령은 또한 대통령에게 국회해산권과 중요한 국가정책에 대한 국민투표부의권을 부여할 필요가 있다고 생각했다.

즉 대통령이 중요한 국가정책을 추진하는 데 필요로 하는 예산안이나 법률안을 심의 의결할 수 없을 만큼 국회가 분열하여 극한투쟁을 일삼는다든가 국회의원들의 등원거부로 국회가 오랜 기간 문을 닫고 있다든가 또는 국회가 대통령의 지위나 권능을 변경하거나 무력화시키기 위한 개헌을 추진할 때 대통령은 국회를 해산하거나 국가정책이나 개헌문제를 국민투표에 부의하여 이에 대한 국민의 판단과 의사에 따르도록 한다는 것이다.

이것은 국회의 독단이나 횡포, 또는 국회의 지배적인 영향력으로 인해 대통령이 그 직무를 수행할 수 없거나 무력화되는 사태를 막고, 행정부와 입법부 간의 대립과 분쟁을 해결하기 위한 것이다.

둘째, 직능대표국회의원제도의 신설이다.

대통령은 과거 10여 년 동안의 국정운영과정에서 직접 겪은 정당제도와 의회제도 그리고 선거제도의 폐해는 그 상당부분이 국회가 4년마다 직접선거로 선출되는 여·야 정당의 지역대표국회의원만으로 구성되어 있는 것에 그 원인이 있다고 보고 있었다. 즉 직업적인 정당 정치인의 재생산, 지역분열과 지역이기주의, 돈선거로 인한 부정부패, 여야 정당의 극한투쟁, 국회의 불안정과 비능률 등의 폐해가 정당의 지역선거구와 지역대표의원제도에서 유발되고 있다는 것이다. 따라서 이러한 폐해를 최소화하기 위해서는 지역대표국회의원의 수를 줄이고 그 선거의 빈도도 줄일 필요가 있다. 즉 국회의 구성과 국회의원선거제도를 개혁할 필요가 있다는 것이다.

대통령은 토인비가 현대산업사회에서는 국회의원의 선거구가 지역단위에서 직능단위로 바뀌었다고 지적한 사실에 주목하고 국회의 구성과 국회의원선거제도를 개혁하는 데 있어서는 직능대표제도가 유용한 것이라고 생각했다.

이를테면, 정당에 소속되지 않고 지역연고와 관계 없는 직능대표국회의원제도를 신설하고, 지역대표와 직능대표를 2 : 1의 비율로 해서 국회를 구성한다. 그러면 국회에서 계속 군림해 온 정당의 지역대표국회의원과 그 선거구가 상당수 줄어들게 되고 사회 각 분야의 전문적인 인재들이 직능대표로 국회에 진출할 수 있는 길이 열릴 수 있다. 그리고 지역대표국회의원과 그 선거구가 줄어들면 지방이기주의의 발호현상이나 돈선거로 인한 부정부패도 상당히 줄어들 수 있다는 것이다.

또 지역대표의 임기를 현재의 4년에서 6년으로 연장한다. 그러면 선거의 빈도가 줄어들어 빈번한 선거로 인한 여러 가지 폐해가 크게 해소될 수 있다는 것이다.

그리고 하나의 지역선거구에서 1위, 2위 득점자 2인이 당선되도록 한다. 그러면 여야정당이 지배적인 지역선거구에서 여야정당의 후보자가 함께 당선될 수 있는 길이 열려 여야정당이 지역적으로 분열되는 위험성이 완화되고 여야 정치투쟁은 지역대결의 구도에서 벗어날 수 있으며 선거과열에 따르는 여러 가지 폐해가 많이 해소될 수 있다는 것이다.

그리고 직능대표국회의원은 대통령을 선출하는 선거인단에서 대통령이 추천하는 각 분야 전문 인재들을 일괄 선출하도록 한다.

그러면 직능대표들은 제3의 원내교섭단체를 구성하여 여야 양대 정당의 극한투쟁을 조정할 수도 있고, 또 여당과 협조하여 원내안정다수 의석을 형성함으로써 여야정당의 당쟁이나 국회의 지배적인 영향으로 인해 대통령이 그 직무수행능력이 마비되거나 무력화되는 위험에서 벗어나 국정을 소신대로 강력하게 추진해 나갈 수 있게 된다는 것이다.

그리고 직능대표의 임기는 3년으로 한다. 그러면 3년마다 변화하는 산업사회의 요구를 반영할 수 있는 인재들을 국회에 진출시킴으로서 지역대표 임기를 6년으로 연장한 데서 생길 수 있는 국회의 정체화를 막을 수 있다는 것이다.

그리고 국회의 회기를 1년에 150일 정도로 제한하고, 국무총리 및 국무위원 출석요구는 본회의나 위원회의 과반수의결로 하게 한다. 그러면 행정부처의 업무처리지연과 국회의원과 공무원의 결탁에 수반되는 부정부패 등 이른바 만년국회의 여러 가지 폐해를 막을 수 있다는 것이다.

셋째, 국회의 상임기관인 대의기구의 창설이다.

대통령은 또한 직능대표국회의원제도를 신설한 데 이어 국회의 상위기관으로 가칭 '통일주체국민회의'라는 새로운 대의기관을 창설한다는 구상을 갖고 있었다.

통일주체국민회의는 그 대의원의 정당가입이 금지되고 국민의 직접선거에 의해 선출되는 국민의 주권적 수임기관으로서 대통령을 선출하고, 국회의원 3분의 1의 직능대표를 대통령의 추천에 따라 선출한다.

그러면 대통령의 직접선거에서 유발되는 대중선동, 정치불안, 사회혼란, 지역분열, 국론분열, 정경유착, 국력낭비 등 이른바 선거망국의 폐해를 없앨 수 있다는 것이다. 그리고 대통령이 추천한 직능대표국회의원은 정당의 배경이나 지역연고가 없는 사회 각 분야의 전문 인재들로서 정당과 지역이익이 아니라 국민과 국가 전체의 이익을 대변하고 국회의 안정과 능률을 높일 수 있다는 것이다.

그리고 통일주체국민회의는 조국의 평화통일을 추진하기 위해 온국민의 총의에 의한 국민적 조직체로서 통일에 대한 중요정책을 심의하고 국회가 의결한 개헌안에 대한 최종 확정권을 갖도록 한다. 그러면 가장 중대한 국가정책인 평화통일문제와 또 가장 중요한 정치문제인 개헌문제에 대한 정당의 분열과 정치적 논쟁으로 인한 국론의 분열과 혼란을 막을 수 있다는 것이다.

제도개혁의 역사적 배경

대통령은 정치제도혁신에 대한 기본계획을 완성한 뒤 가장 신뢰하고 있는 측근인 신직수 법무장관을 청와대로 불러 내년도 후반에 정치제도혁신을 위한 개헌을 단행할 생각이라고 말하고, 개헌안 준비작업을 맡아줄 것을 당부하면서 왜 개헌을 하기로 결심했는지 그 역사적 배경과 제도개혁의 목적에 대해 다음과 같이 소상하게 설명했다.

"미국은 주한미군과 주월미군을 철수시키면서 아시아에서 발을 빼고 있다. 미국의 군사원조도 조만간 종료된다. 따라서 앞으로는 군사 분야뿐만 아니라 경제 분야에 있어서도 모든 것을 우리의 자원과 우리의 노력으로 해결해 나가야 한다.

김일성은 앞으로 몇 년 내에 미국이 월남주둔미군을 완전 철수시키면 월남은 공산화될 것이고, 주한미군도 5년 내에 완전 철수하면 무력적화통일의 기회가 올 것이라고 생각하고 기습남침이나 남조선에서의 인민민주주의 혁명을 획책하고 있다. 북한의 직접, 간접 침략의 위협은 다음 대통령선거의 해인 75년경까지 그 어느 시기보다도 극심해질 것이다. 그리고 국내적으로는 최근 심화되기 시작한 급진적인 노조들의 파업과 폭력투쟁으로 생산현장에서 산업평화가 파괴되는 현상이 더욱 악화될 것으로 예상된다. 게다가 지난 71년 대통령선거에서 더욱 심화된 지역분열, 계층 간 대립, 국론분열, 국력낭비 등의 폐해는 더 이상 방치할 수 없는 수준에 이르고 있다. 지금 이 땅에는 국가위기의 징후들이 국내외에서 밀려오고 있다. 그래서 이러한 국가위기의 요인들에 대처하기 위해 지난 8월 5일 71년도 '을지연습'에서는 북한의 기습남침에 대응할 수 있는 실전훈련을 했고, 연말에는 국민들에게 우리가 미증유의 국가위기에 직면한 사실을 알리는 국가비상사태를 선언하고 위기극복에 필요한 입법조치 등 대비책을 마련할 생각이다.

나는 북한의 전쟁도발에 대비하여 만반의 준비를 하는 한편 70년도에 8·15선언에서 밝힌 대로 북한에 대해서 무력적화통일 야욕을 포기하고 조국의 평화통일을 위해 우리와의 대화에 응해 올 것을 내년에도 계속 촉구할 생각이다.

지난 9월 20일부터 남북한적십자사회담이 진행되고 있는데 이 회담 대표를 통하여 우리 정부는 남북한정부 당국자 간의 회담을 비밀리에 제의하여 11월 20일부터 남북한실무자들이 판문점에서 비밀접촉을 하고 있다. 이 비밀접촉에서 북측이 우리의 제의를 받아들이면 새해에는 남북정부 간에 한반도 평화문제 등에 대한 대화의 문이 열릴 것이다. 그러나 대화를 하게 된다고 해서 김일성이 무력적화통일 야욕을 포기할 것이라고 속단해서는 안 된다. 70년대에는 반드시 무력적화통일을 하겠다고 벼르고 있는 김일성으로서는 이 대화를 이용해서 또 다른 흉계를 꾸밀 가능성이 있다고 봐야 한다.

남북대화를 하게 되면 국민들은 이제 전쟁위험은 없어지고 평화가 정착되고 곧 통일이 이루어질 것이라고 생각하는 성급하고 들뜬 분위기가 조성되어 반공정신이 해이해지고 승공태세가 이완될 것이다. 야당은 대화를 하고 평화가 정착되고 있으니 반공법이나 국가보안법, 예비군이나 대학교련 등은 당장 폐지해야 한다고 주장할 것이다.

북한은 우리 내부의 이러한 내부변화를 이용하여 간첩을 대량 남파, 이 땅에 심어놓은 지하 공산당과 연대해 사회혼란을 조성할 것이다.

우리는 앞으로 이러한 사태발생을 예상하고 이에 대한 대비도 해야 한다. 앞으로 우리와 북한과의 전쟁이나 대화에 있어서 가장 중요한 것은 북한을 압도하는 우리의 국력이다. 전쟁에서 승리할 수 있는 것도 절대우위의 국력이며, 대화를 성공적으로 이끌어 나갈 수 있는 것도 그러한 국력이다.

우리는 이 70년대에 북한에 대해 모든 분야에서 절대우위의 국력을 길러야 한다.

72년부터는 제3차, 제4차 5개년계획을 추진한다. 이 기간 동안에 중화학공업육성, 방위산업육성, 새마을운동, 과학기술교육확대, 수출의 획기적인 증대 등 부국강병을 위한 핵심적인 사업들을 매듭지을 계획이다.

이 핵심사업은 군사적으로는 북한을 압도하는 절대우위의 국력을 배양하여 자주국방력을 강화하고, 정치적으로는 숙련된 기술자와 기능인과 각 분야의 전문가 등 중산층을 육성함으로써 민주주의 발전의 기본

여건과 토대를 구축하며, 경제적으로는 앞으로 10년 이상 지속적인 고도성장을 이룩하여 80년대에 선진공업국가권에 진입한다는 국책사업이다.

그러나 한 가지 명심해야 할 일이 있다. 우리가 북한의 직접, 간접의 침략적인 도발을 억지하면서 부국강병을 위한 핵심사업을 완수하여 획기적인 국력증대를 이룩하기 위해서는 기존의 정당제도와 의회제도 그리고 선거제도에서 유발되고 있는 여러 가지 폐해를 혁파하고 새로운 정치제도를 창출할 필요가 있다는 것이다.

지난 60년대에 자립경제 건설과 자주국방 건설을 추진하는 과정에서 행정부가 추진하는 정책을 둘러싸고 여야정당들은 당쟁과 극한투쟁을 일삼아왔다. 그 결과 행정부는 아무일도 할 수 없는 마비상태에 빠지는 일이 빈번히 발생함으로써 국책사업들이 지연되고 중단되거나 폐기되었다. 자립경제 건설과 자주국방 건설에 필요불가결한 외자도입 정책이 야당의 반대투쟁과 저지로 지연되거나 저지된 일을 생각하면 지금도 가탄할 일이었다는 생각을 금할 수 없다.

특히, 야당은 한일회담 반대투쟁을 계기로 학생들의 반정부저항운동에 편승하여 정부전복을 획책했다. 그들은 국군의 월남파병, 경부고속도로 건설, 포항제철 건설 등 정부가 추진하는 중요한 정책이나 건설사업마다 계속 결사반대하면서 반정부투쟁을 계속했다.

야당은 정부가 추진한 중요한 국가정책에 대해서 어느 하나도 찬성한 것이 없고 반대투쟁을 하지 않은 것이 없었다.

나는 이러한 폐단이 되풀이되고 있는 근본적인 원인은 우리가 채택하고 있는 서구민주주의의 정당제도와 의회제도 그리고 선거제도에 있다고 보고 있었다.

우리나라는 제1공화국에서부터 제3공화국에 이르기까지 이른바 정당국가체제를 유지해 왔다. 제3공화국 헌법하에서는 대통령과 국회의원에 출마하려면 정당에 가입하고 정당의 공천을 받아야 하고, 특히 국회의원이 당적을 이탈하면 의원직을 상실하게 되어 있었다. 다시 말하면 국민들은 정당을 통해야만 국회의원이 될 수 있고, 국회는 정당의 지역선거구에서 당선된 지역대표 국회의원들만으로 구성하도록 되어 있었다. 무소속출마를 금지하고 복수정당을 육성함으로써 정당정치를 구현한다는 것이 그 근본취지였다.

그러나 정당제도, 의회제도, 선거제도는 그것이 도입된지 20여 년이 지났으나 민주주의 발전에 기여하기는커녕 오히려 정부의 국책사업추진을 저해하는 여러 가지 폐해를 유발했다.

지난날 망국을 자초한 그 고질적인 당파투쟁이 무색할 정도로 당파싸움에 영일이 없었고, 여야정당들은 국회에서 모든 문제에 대해서 대립각을 세우고 극한투쟁을 했다. 여야정당의 극한투쟁은 국회의 불안정과 비능률과 무능화를 초래했다.

여야정당은 선거 때마다 부정부패, 지역분열, 정치불안, 사회혼란을 조장했다. 그리하여 우리의 정당제도와 의회제도, 그리고 선거제도에서 유발되는 온갖 폐해는 우리의 국가건설과 민주주의 발전에 커다란 걸림돌이 되고 저해요인이 되고 있었다.

그것은 부강하고 경험 있는 선진국가의 정치적 수완이나 경제적 재원을 가지고도 쉽게 해결하기 어려운 우리의 국가건설과업을 추진하기에는 너무나 불안정하고 비능률적이며 또 너무나 낭비적이고 소모적인 제도였다. 한 마디로 말하면 그것은 '우리나라의 현실과 처지에는 안 맞는 제도'라는 것이 내 생각이었다.

이러한 정당국가체제의 폐해들을 그대로 두고 과연 우리가 무력적화통일을 획책하고 있는 북한의 침략적인 도발을 효과적으로 억지할 수 있겠는가, 또 우리의 자립경제 건설과 자주국방 건설을 능률적으로 신속하게 추진할 수 있겠는가, 정당제도와 의회제도 그리고 선거제도에서 유발되고 있는 여러 가지 폐해를 혁파하고 우리나라의 현실에 맞고 우리의 국가적 과제들을 해결하는 데 필요하고 유용한 새로운 정치제도를 창출할 필요가 있지 않은가하는 생각을 해왔다.

나는 70년대 초에 국가위기를 직감케 하는 여러 가지 징후들이 국내외에서 나타나고 있는 것을 보면서 늦기 전에 정치제도의 혁신을 단행해야 되겠다는 결심을 굳혔다.

70년대에 들어서면서 우리의 앞길에는 국제적으로나 국내적으로나 국가위기의 요인들이 중첩되기 시작했다.

주한미군 1개 사단 철수, 미·중공 접근 움직임, 미국의 월남포기 등 미국의 새로운 아시아 정책 때문에 우리의 국가안보를 과거처럼 미국에만 의존할 수 없을 정도로 주변정세가 급격하게 변화하고 있었다. 그 무렵 나는 이른바 '닉슨 독트린'에 따른 미국의 신고립주의 정책을 우려하였고, 특히 주월미군의 철수를 보면서 동맹국에 대한 방위공약을 준수할 미국의 의지와 능력에 대해 의구심을 갖고 있었다. 이러한 우려와 불신은 그 무렵 아시아에 있어서 미국의 지원을 받고 있던 동맹국들의 지도자들도 모두 공유하고 있었지만, 북한 공산주의자들과 지척에서 대결하고 있는 우리의 경우 나의 우려와 불신은 비할 데 없이 컸다.

국제적 긴장완화와 동서화해의 추세가 진전되고 있었으나 그것이 한반도의 평화를 보장하는 것은 아니었다. 오히려 미·소 긴장완화로 생긴 한반도의 힘의 공백상태를 이용해서 적화통일 야욕을 달성해보려는 북한의 침략음모와 준비는 결코 단순한 상상의 산물이 아니라 현존하는 명백한 위협이었다.

우리는 북한의 단독남침에 대해서는 우리 단독의 힘으로 이를 억지하기 위해 자주국방력을 강화하고 있었으나, 아직은 그러한 자주국방력을 갖추지 못하고 있는 상황에서 미국은 주한미군을 철수시키면서 아시아에서 손을 떼고 있었다.

무력적화통일을 위해 주한미군철수를 집요하게 주장해 온 북한의 김일성은 전쟁준비에 광분하고 있었고, 남한에 무장공비를 침투시켜 양민을 학살하고 파괴활동을 강화하고 있었으며, 간첩을 남파하여 지하공산당을 조직, 이른바 인민민주주의 혁명을 획책하고 있었다.

한편, 국제시장의 변화는 우리의 수출에 어두운 그림자를 던져주고 있었다. 1967년부터 신보호주의 정책을 추진해 온 미국은 71년 8월에는 10%의 수입과징금을 부과하고 섬유류의 수입규제 조치를 강화했으며, 이것이 캐나다, 호주, 덴마크 등에 연쇄반응을 일으켜 우리의 수출에 큰 타격을 주고 있었다. 뿐만 아니라 영국의 구주공동시장기구 가입과 블록경제권의 확장과 강화, 국제통화의 불안, 다른 개발도상국가들의 성공적인 공업화 등으로 국제시장은 변화하고 국제경쟁은 치열해지고 있었다.

설상가상으로 이러한 냉혹한 국제여건 속에서 우리 국내에서는 급속한 경제성장에 수반하여 빈부갈등과 노사투쟁, 지역분열과 국론분열 현상이 나타나기 시작했다.

그 결과 정당 간, 계층 간, 지역 간에 첨예화된 대립이 발생하였으며, '분파적 이기주의'와 계급귀속주의와 지역할거주의라는 위험한 분열요인이 국론분열을 심화시키고, 만성적인 정치적 불안과 폭력적인 사회적 소요사태, 그리고 산업평화파괴의 위험성을 가중시키고 있었다.

따라서 70년대에 우리가 직면하고 있는 이러한 국내외의 위기상황은 우리가 60년대에 극복해 온 국내외의 위기상황보다는 훨씬 더 위험하고 심각한 국가위기였다.

이러한 국가위기상황에서 야당의 정치지도자라는 사람들은 개인의 자유가 억압되고 있다고 주장하면서 제한 없는 자유를 허용하면 국가안보도, 경제건설도, 민주발전도 저절로 이루어질 수 있다고 국민을 오도하고 있다.

무제한의 자유만 허용되면 안보도, 정치도, 경제도 모두 잘될 수 있다는 야당정치인들의 주장은 나라를 망치는 위험하고 무책임한 궤변이다. 어떻게 자유의 간판 하나 들고 침략자를 무찌르고 경제를 일으킬 수 있다는 말인가?

그들은 민주당정권 때 개인의 자유는 법률로도 제한할 수 없는 신성불가침의 권리라고 주장하면서 무제한의 자유를 허용하고 '자유의 신천지'가 도래했다고 큰소리쳤다. 그 결과 어떻게 되었나? 이 나라는 방종과 무법과 폭력이 난무하는 무정부상태에 빠졌고, 이틈을 타고 북한의 남파간첩들과 이 땅의 용공세력이 합세하여 정부타도를 획책함에 따라 국가는 존망의 위기에 처했고, 결국 구국을 위해 군부가 나섰던 것 아닌가?

이러한 사태가 또다시 이 땅에서 되풀이되어서는 안 된다.

그렇게 되면 우리는 후진국의 굴레에서 영원히 벗어날 수 없다.

야당정치인들은 우리 역사에 있어서 망국의 치욕을 자초했던 당파싸움의 악습만을 되풀이하고 있다.

오늘날 우리나라의 야당정치인들이 국가안보문제까지도 당리당략으로 악용하고, 위험천만한 주장으로 국민을 선동하며 정부의 국정수행능력을 마비시키는 작태는 반드시 바로잡아야 한다.

오늘날 모든 민주국가의 국민들은 위기에 국가를 보위하기 위해 그들의 자유를 어느 정도 희생하거나 포기할 준비가 되어 있음을 경험을 통해 입증해 주고 있다.

그들은 장래의 어떤 위기, 예컨대 경제불황이나 내란이나 전쟁 등의 위기를 극복하기 위해 그들의 통치자들이 내리는 비상조치에 대해 불안을 느끼지만, 그보다는 국가의 존립과 국민의 생존을 위협하는 위기에 대해 보다 큰 불안을 느낀다.

그들은 그러한 재난으로부터 국가를 보위하고 국민의 자유를 수호하고 보장하는 것은 통치자의 제1차적 책임이며, 통치자는 이 책임을 수행하기 위해 비상조치권에 호소하지 않을 수 없다는 것을 충분히 납득하고 있다. 즉 통치자의 비상조치권은 국민의 자유를 침해할 위험성이 있지만, 자유수호를 위해서는 그것이 불가피하고 불가결한 것이라고 이해하고 있는 것이다.

그들은 강력한 비상권한을 지닌 정부지도자가 민주적이고 합헌적인 정부와 지도자일 수 있고, 또 민주주의 수호를 위해서는 그 어떠한 희생도 결코 지나친 것이 아니며, 민주주의 그 자체의 잠정적인 희생조차도 당연히 감수해야 한다고 믿고 있다.

오늘날 위기에 있어서 민주국가들의 중요한 관심사는 정부의 비상권한을 강화하느냐의 여부가 아니라, 행정수반이 강력한 비상권한을 효과적으로 사용하느냐 못하느냐 하는 그 능력과 책임에 관한 것이다.

왜냐하면 비상권한의 사용을 주저하거나 두려워하는 행정수반을 가졌던 국가들은 중대한 위기에서 살아남지 못했기 때문이다.

다시 말해서 위기에 처한 민주국가들은 정부의 비상권한을 강화할 뿐 아니라 그러한 권한을 유효하게 사용할 수 있는 결단력과 용기와 지도력이 있는 행정수반의 존재가 필요하다는 것을 인정하고 있는 것이다.

우리나라는 국토가 협소한 데다 휴전선을 사이에 두고 북한과 대치하고 있어서 국가의 안전과 국민의 생명과 자유가 항상 북한의 군사적 위협에 노출되어 있다. 우리는 준전시하에 살고 있다.

지난 20여 년 동안 준전시상태가 지속되어 왔고, 또 앞으로 평화통일이 되기까지는 10년 또는 20년 이상 그러한 준전시상태가 일상화될 수밖에 없는 것이 우리의 현실이다.

해방 뒤부터 오늘에 이르기까지 무력적화통일을 획책하고 있는 북한의 침략위협은 건설과 생산과 자유의 힘으로 평화통일을 추구하고 있는 대한민국에 있어서 항시적인 국가위기의 근원이 되고 있다.

그 어느 때보다도 6·25남침과 같은 북한의 전면적인 기습공격이나 서울점령을 위한 국지전 도발이나 게릴라투입에 의한 공공의 안녕질서파괴, 그리고 침투간첩 등 공산당지하조직의 폭동선동의 위험이 상존하고 있다.

그러나 우리는 전쟁, 내란, 경제공황 등의 비상사태에 효과적으로 대비할 수 있는 제도와 정신자세를 갖추지 못하고 있을 뿐 아니라 서구민주국가들이 평화시의 이상형이라고 생각하는 고전적인 자유민주주의 정치제도를 그대로 유지하고 있다. 이러한 정치제도를 그대로 두고는 전쟁을 억지할 수 없다.

이러한 상황에서 여야정당의 극한투쟁으로 인해서 국회의 불안정과 비능률과 무능화상태가 지속된다면 그것은 곧바로 행정수반인 대통령의 직무수행능력을 마비시키거나 무력화시키는 사태로 이어짐으로써 유사시 국가존망의 위기가 발생할 위험성이 있다.

전쟁이나 내란 또는 경제공황 등으로 인해 파괴적이고 망국적인 사태의 발생이 분명하게 예감되는 국가위기상황에서 그 위기를 극복할 수 있는 제도와 체제를 갖추는 것은 국가통치자의 제1차적인 의무이며 책임이다. 그것은 국가와 국민의 생존을 위해서 그렇게 하지 않을 수 없다는 점에서 불가피한 것이며, 반드시 그렇게 해야 한다는 점에서 당위적인 것이다.

지금 북한의 전쟁도발 위협은 날로 가중되고 있다. 만일 우리가 북한의 6·25남침 전야처럼 설마 설마하면서 북한의 전쟁도발을 억지할 수 있는 대비책을 미리 준비하지 않고 있다가 또다시 북한의 기습남침을 당한다면 이번에는 우리가 공산당한테 먹히고 말 것이다. 부국강병을 위한 핵심사업은 공염불이 될 것이다.

그래서 나는 우리의 정당제도, 의회제도, 선거제도의 폐해들을 혁파하고, 북한의 전쟁도발을 억지할 수 있고, 또 부국강병을 위한 핵심사업들을 추진하는 데 필요한 새로운 정치제도를 창설해야 되겠다는 결단을 내리고 제도개혁의 기본계획을 내 나름대로 정리해두었다.

직업적인 정치인들은 정치란 권력투쟁의 세계라고 생각하고 있는데 나는 그렇게 보지 않는다.

국토의 분단과 절대빈곤 그리고 전쟁의 위험 속에 살고 있는 우리나라의 특수한 현실에서 정치의 목적은 국가의 안전과 국민의 복지이며, 정치의 실체는 창조와 생산이 되어야 한다고 생각한다. 즉 우리나라에 있어서 정치는 단순히 사회적, 경제적 현상을 유지하거나 그 변화를 뒤따라가는 것이 아니라, 민족의 생존과 안전, 조국의 번영과 통일이라는 국가목표를 달성하기 위해 창조적이며 생산적인 노력을 지속해 나가야 한다는 것이다.

이처럼 창조적이며 생산적인 정치의 바탕 위에서 침략자에 희생되고, 가난에 굶주리며, 강대국에 농락당해 온 이 나라와 이 민족을 부강한 나라, 부강한 민족으로 성장, 발전시키고, 이를 자손만대에 유산으로 남긴다는 것, 이것이 바로 10년 전 우리가 주도한 5·16구국혁명의 목적이었고, 또 내년도 후반기에 헌법개정을 통해 구현하고자하는 정치제도혁신의 목적이다."

대통령은 이 제도개혁 기본계획과 그동안 정리해두었던 관련 자료들의 복사본을 신직수에게 넘겨주면서 철저한 보안을 유지하고 믿을 만한 헌법학자의 조언을 얻어 헌법개정안을 만들라고 지시했다.

그리고 이 개헌안이 국민투표에서 확정되면 그동안 우리가 모방해 온 서구민주주의의 정당제도와 의회제도 그리고 선거제도에서 유발된 폐해들이 상당부분 혁파됨으로써 우리는 북한의 전쟁도발을 억지할 수 있고 부국강병을 위한 핵심사업들을 성공적으로 마무리할 수 있다는 확신을 피력했다.

신직수는 법무부의 엘리트 실무자들로 작업반을 구성하고 서울대 교수인 한태연과 갈봉근 등 공법학자의 자문을 얻어 대통령의 제도개혁 기본계획을 토대로 헌법개정안을 만들어 대통령의 재가를 받았다.

국민의 신뢰에 대한 확신

대통령은 유신헌법에 대해서 야당이 격렬한 반대투쟁을 전개할 것으로 예상하고 있었다. 자신들의 정치생명에 중대한 영향을 미칠 것이 분명한 새 헌법에 대해 그들이 사생결단의 기세로 나오리라는 것은 뻔한 일이었다.

그리고 미국의 진보주의적인 정치인과 언론인들도 민주화 운운하면서 압력을 가해올 것이라고 내다보고 있었다. 그러나 대통령은 야당의 반대투쟁이나 미국 진보주의자들의 압력에는 개의치 않고 제도개혁을 위해 기민하고 단호한 결단을 내렸다.

그러면 무엇이 대통령으로 하여금 10월유신을 결행할 수 있게 만들었는가? 몇 가지 요인이 있었다.

첫째는, 제도개혁의 필요성과 개혁동기의 순수성에 대한 대통령의 확신이다.

대통령은 자신의 개인적인 욕망을 채우기 위한 불순한 동기가 아니라 자신이 착수한 조국의 근대화와 부국강병의 목표를 국민의 뜻에 따라 자신이 계획한 시간 내에 달성하겠다는 애국·애족의 순수한 동기에서 시대가 요구하는 제도개혁을 단행한다는 믿음을 간직하고 있었다.

둘째는, 대통령의 군인정신과 혁명가의 정신이다.

군인의 사명은 외적의 침략으로부터 조국과 민족을 수호하는 일이며, 이 막중한 사명을 수행하기 위해서 목숨을 초개(草芥)와 같이 버릴 수 있는 희생정신과 애국심이 군인정신의 정수인 것이다. 대통령은 이러한 군인정신에 투철한 군지휘관으로 반평생을 군에서 보냈다. 대통령은 또한 반대세력의 저항이나 반대를 피해 안이한 길을 택하는 직업정치인이 아니라, 국가존망의 위기에 구국의 대의를 위해 생명을 걸고 몸을 일으킨 혁명가였다.

대통령은 혁명가로서 직업적인 정치인들과는 근본적으로 다른 시간관념을 갖고 있었다.

정치인들은 오늘의 세대에 자기들의 부귀영화를 누리는 것을 목표로 삼았으나, 대통령은 내일의 세대에 후손들의 평화와 번영과 자유를 보장해줄 수 있는 부강한 복지국가를 건설하는 것을 목표로 삼고 있었다.

정치인들은 '임기'라는 단기적인 시간관념에 사로잡혀 있었으나, 대통령은 '시대'라는 장기적인 시간관념을 지니고 있었다.

따라서 정치인들은 다음선거에서 당선되기 위해 정치에 '시간을 소모'했으나 대통령은 부국강병의 시대를 열기 위해 생산과 건설과 수출에 '시간을 활용'했다.

대통령은 60년대에 혼신의 힘을 다해 근대화작업을 추진하여 이른바 '한강의 기적'을 이룩했다. 그리고 이러한 성장과 발전의 추세를 70년대에까지 지속시켜 나간다면 80년대 초에는 대망의 새 시대를 열 수 있다는 자신과 신념을 가지고 대통령 3선개헌을 결심하고 국민투표를 통해 이에 대한 국민들의 지지를 확보했다.

대통령은 이러한 국민적 지지의 바탕 위에서 70년대의 국내외 위기를 극복하고 부국강병을 위한 핵심사업을 추진하기 위해 정치제도 개혁을 결단했다.

그것은 '임기'만을 생각하고 정치와 선거에 시간을 허비하는 정치인들로서는 상상조차 할 수 없는 일이었다.

그것은 50년 또는 100년 뒤의 후손들을 생각하며 조국근대화와 부국강병의 꿈을 실현하기 위해 압축된 시간을 활용해온 혁명가만이 할 수 있는 결단이었다.

셋째는, 자신의 결정에 대해 절대다수의 국민들은 반드시 지지해줄 것이라는 대통령의 믿음이다.

대통령은 그의 전생애를 통해 언제나 안전보다는 위험을 택하여 그것에 도전했다.

어떠한 상황에서나 그는 모험이 걸린 쪽을 선택했고 자기 스스로 위험에 가까이 다가서서 자신의 모든 것을 걸고 승부를 결판냈다.

5·16군사혁명이 그렇고, 민정참여 결정이 그러하며, 한일 국교정상화가 그러했고, 국군의 월남파병이 그러했으며, 대통령 3선개헌이 또한 그랬다. 대통령은 이처럼 자신의 정치생명이 걸린 절체절명의 위기에 정면으로 도전하여 그것을 극복했으며, 그 과정에서 자신의 신념을 관철했고, 국가발전의 실적을 쌓아올렸다.

위기를 극복하고 업적을 성취할 때마다 그의 자신감은 증가하였고, 그에 대한 국민의 신뢰와 지지도 상승하였다.

모두가 두려워하는 위기에 감연히 맞서 이를 극복해냈다는 그 성취감 속에서 그는 확고한 자신감을 얻게 되고 국민들은 그에게 신뢰와 지지의 박수를 보낸 것이다. 그것은 위기로부터 몸을 도사려 피하거나 결단의 순간을 미루는 우유부단한 지도자로서는 결코 누릴 수 없는 신뢰였고 지지였다.

대통령은 국민들의 이러한 신뢰와 지지는 유신헌법에 대한 국민투표에서도 변함없이 반영될 것으로 확신하고 있었다. 대통령의 이러한 확신은 1969년도의 3선개헌 국민투표와 71년도 4·27대통령선거에서 국민들이 보여 준 대통령의 '계속집정'에 대한 변함없는 신뢰와 지지에 그 근거를 두고 있었다. 즉 대통령의 지속적인 통치의 정통성이 확고부동하다는 것이다.

일찍이 막스 베버(Max Weber)는 사람들이 별다른 저항감 없이 받아들일 수 있는 지배형, 즉 통치자의 정통성을 세 가지로 분류했다.

신성시되는 전통적 질서나 가치관으로부터 도출된 '전통적 지배'와 현존하는 안정된 법질서에 바탕을 둔 '합법적 지배' 그리고 통치자의 비범하고 초인적인 재능과 능력 등을 사람들이 우러러보는 데서 성립되는 '카리스마적 지배'다.

'전통적 지배'는 전통적인 관습에 의해서 국민의 인정과 지지를 받는 정통성을 뜻하는 것으로 통치자의 기원에 대한 신화를 통해 강화된 것이다.

'합법적 지배'는 합법적으로 형성된 국민의 합의에 따라 국민의 이익과 공익을 대표함으로써 국민의 인정과 지지를 받는 정통성으로 선거에 의해 보장된다.

'카리스마적 지배'는 통치자의 뛰어난 능력과 인격에 대한 신뢰에 의해 국민의 인정과 지지를 받는 정통성이다.

그러나 20세기에 들어와서는 정통성에 대해 막스 베버의 세 개 유형과는 다른 개념이 등장했다. 립셋(Lipset)은 경제발전을 이룩할 수 있는 통치자의 능력과 그에 대한 국민의 지지 사이에는 깊은 관계가 있다고 주장했다. 즉 오늘날 통치자의 가장 중요한 책무는 경제발전을 성취하는 것이며, 이러한 책무를 잘 수행하는 통치자는 국민의 지지를 얻음으로써 정통성을 갖게 되고, 그러한 능력이 없는 통치자는 정통성을 상실한다는 것이다. 그는 정통성을 상실한 구체적인 실례로 가나(Ghana)와 나이지리아(Nigeria)등을 지목했다.

이른바 '발전국가'라는 개념을 처음 소개한 찰머스 존슨(Chalmers Johnson)은 성공적인 발전국가에 있어서 그 지도자들이 가지는 정통성은 막스 베버가 말하는 전통적, 합법적, 카리스마적 지배 중의 어느 하나의 근원에서 비롯되는 것이 아니라고 주장하고, 그것은 오히려 국가의 업적에서 발생하는 것이지 권력을 장악하게 된 방식에서 비롯되는 것이 아니라는 지론을 피력했다.

발전국가 지도자의 정통성은 그가 집권하는 형식적 규칙에서가 아니라 그가 국민을 위해 이룩해낸 업적에서 생긴다는 것이다.

일반적으로 '공동체의 보이지 않는 정신'이라고 하는 정통성은 권력을 신성화하며, 국민들은 정통성 있는 집권자에 대해 자발적으로 복종한다. 국민들은 그들이 집권자를 신뢰하고 그의 정통성이 확고할 때 자신들의 희생과 고통을 요구하는 국가정책을 수용하고 이를 추진하는 데 수반되는 희생과 고통을 참고 견디어 낸다. 이러한 국민의 신뢰와 협력을 바탕으로 집권자는 새로운 국가정책을 수립하여 추진할 수 있다. 그리고 그러한 정책이 성공적으로 추진되어 국가발전이 이루어지면 통치자에 대한 국민의 신뢰와 지지는 더욱 두터워지고, 집권자의 국가정책 수행능력은 더욱더 증대된다. 이처럼 집권자가 국가발전의 성과를 이룩하면 국민들은 통치자를 신뢰하고 집권자는 이러한 국민의 신뢰를 바탕으로 더 큰 국가발전을 이룩해 내는 집권자의 성취능력과 국민의 신뢰 증대의 선순환 과정이 지속될 때 국가발전은 지속될 수 있다는 것이다.

2차 세계대전 뒤 빈곤과 문맹에 시달리고 있는 대부분의 개발도상국가에 있어서는 국민들이 근대화와 국가건설 등 국가적 과제해결의 열쇠를 독립투쟁의 경력과 공로가 있는 카리스마적인 지도자에게서 찾는 경향이 강했다.

그러나 개발도상국가들이 안고 있는 경제개발과 정치안정의 과제들을 카리스마적인 지도자가 해결하지 못하자 그에 대한 국민의 신뢰와 지지는 의외로 급속하게 소멸되고, 빈곤과 정치불안과 사회혼란 속에 민중혁명과 이에 대응하는 군부쿠데타의 악순환이 되풀이 되었다.

우리나라도 1960년대 초에 4·19혁명과 5·16군사혁명을 겪음으로써 다른 개발도상국들과 다를 바가 없었다.

그러나 5·16군사혁명을 계기로 우리나라는 다른 개발도상국가들과는 전혀 다른 길을 걸어왔다.

▲ 김성진 청와대 대변인이 이른 바 10월유신이라 이름지어진 박정희 대통령의 특별선언 및 계엄령선포를 발표하고 있다(1972. 10. 17).

▶ 전국에 비상계엄령선포를 보도한 〈조선일보〉 지면

경제개발 5개년계획을 추진하는 과정에서 대통령의 업적성취능력과 국민의 신뢰와 지지의 선순환이 지속적으로 이루어진 것이다.

1961년 5·16군사혁명 뒤 대통령은 조국의 근대화작업에 착수했다. 그것은 경제발전을 이룩하여 빈곤의 고통을 없애고, 국력을 증강하여 전란의 위험을 예방하자는 데 1차적인 목적이 있었다. 대통령이 제1차 경제개발 5개년계획을 성공적으로 완수함에 따라 대통령에 대한 국민의 신뢰는 높아졌고, 이러한 국민의 신뢰와 지지를 바탕으로 대통령은 제2차 5개년계획을 추진해 이것을 성공적으로 마무리 짓고, 제3차 경제개발 5개년계획을 준비하고 있었다. 그리고 그 무렵 우리나라는 세계 각국으로부터 '한강의 기적을 이룩했다'는 높은 평가를 받고 있었다.

사실 야당정치인들이나 지식인들은 이름 없는 한 장군 출신인 대통령이 경제개발과 국방력증강에 있어서 그토록 짧은 기간 내에 그토록 엄청난 성과를 거둘 수 있으리라고는 상상조차 하지 못했다. 그들은 그것이 불가능한 일이라고 비판했고, 사사건건 반대하고 훼방했다. 그러나 그들이 불가능한 일이라고 성토해 온 일들이 모두가 가능한 일이 되었다.

경제개발과 자주국방 건설이 순조롭게 진행되고 그 성과가 가시화되자 대통령의 집권초기에 그의 능력에 대해 다소 회의적이었던 사람들은 대통령과 그의 정책에 대한 열렬한 지지자로 돌아섰다. 그의 집권초기부터 줄곧 대통령을 독재자라고 비판해 온 정치인이나 지식인들조차도 대통령이 성취한 업적과 기적이 자신들의 눈앞에서 전개되고 있는 것을 보고는 자신들이 생각하고 있는 것이 그릇된 것이 아닐까, 자신들의 평가척도가 잘못된 것이 아닌가 하고 자문하지 않을 수 없게 되었다.

대통령이 없었더라도, 다른 누가 집권했더라도 그런 성과가 가능했으리라고 생각하는 사람은 야당지도자를 자처하는 사람 말고는 이제 찾아볼 수 없게 되었다. 그리하여 절대다수의 국민들은 대통령의 지지자가 되었다.

그것은 선동이 아니라 업적을 통해서 성취된 것이다. 만일 대통령이 대중연설가로서 최면적인 웅변이나 선동으로 대중을 그저 취하고 열나

▲ 개헌안을 심의하기 위해 박정희 대통령 주재로 청와대에서 열린 비상국무회의(1972. 10. 27) 비상국무회의에서는 이날 오전 전문 및 12장 126조 부칙 11조의 헌법개정안을 이날 자로 공고했다.

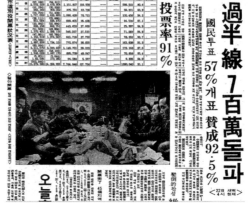

「維新憲法」확정

過半線 7百萬突破

投票率 91%

國民投票 57% 개표 贊成 92.5%

〈22日 새벽 4時 현재〉

▶유신헌법 확정을 보도한 신문지면(1972. 11. 22)

게 만드는 재주밖에 없었다면 그는 결코 지속적으로 국민의 절대적인 지지를 얻지는 못했을 것이다.

　1969년도의 대통령 3선개헌안에 대한 국민투표의 결과와 71년도의 제7대 대통령선거의 결과는 우리 국민들이 왜 대통령에게 '계속집정'의 기회를 열어 주었는가 하는 것을 분명히 보여 주고 있었다.

우리 국민들은 대통령이 자기가 시작한 조국의 근대화작업과 부국강병과업을 자기의 손으로 매듭짓고 싶다는 결의를 표명했을 때 대통령이라면 능히 그러한 일을 해낼 수 있으리라는 것을 신뢰하고 이에 대해 지지와 성원을 보냈던 것이다.

대통령은 이러한 국민의 지지는 유신헌법에 대한 국민투표에 있어서도 변함이 없으리라고 확신하고 있었다.

대통령은 이러한 확신에 따라 유신헌법개정안을 확정했다. 이것이 바로 1971년 12월 6일 대통령이 국가비상사태를 선언하기 직전에 이루어진 일이었고 그로부터 11개월 뒤인 1972년 11월 22일 국민투표에서 국민의 적극적인 지지로 결정된 유신헌법개정안이다.

10월유신과 정치제도 개혁의 결실

우리나라가 중화학공업 시대로 진입하여 종합적인 산업구조를 발전시킬 수 있는 기초를 확보한 시기는 70년대 10월유신의 시기와 일치한다.

10월유신에 의한 정치제도 개혁으로 대통령의 지위와 권한이 강화되고 국회의 구성과 운영이 혁신됨으로써 정치안정이 제도적으로 확립되었다.

여야정치인들의 사고방식과 행태가 건설적인 방향으로 전환되었고 생산적인 정치풍토가 조성되었다.

정치인들의 부정부패도 감소되었다. 정치가 활개쳐 경제를 망치는 폐해도 축소되었다. 공무원의 기강은 확립되고 국정의 능률은 향상되었다. 국민들의 생산적인 힘은 분출했고 우리 경제의 국제경쟁력은 강화되었다. 그리하여 우리는 유신개혁이 없었더라면 도저히 극복할 수 없었을 국내외 위기를 극복하였고, 해결하지 못한 채 중단했을 많은 국가적 과제들을 해결했다.

무엇보다도 중요한 것은 우리가 심각한 전쟁의 위협을 막고 민족의 생존과 안전을 수호할 수 있었다는 사실이다.

우리는 월남의 공산화에 고무된 북한 공산주의자들의 무력적화통일 획책으로 야기된 국가의 위기를 극복할 수 있었고, 경제의 고도성장을 지속시킬 수 있었다. 석유위기로 2차 세계대전 후 가장 큰 경제위기라고 지적되었던 70년대 전반기의 세계적 불황속에서도 우리는 매년 11%라는 놀라운 성장률을 과시했고, 더욱이 많은 선진국들의 경제가 답보 또는 축소되었던 1974~75년에도 8%라는 높은 성장을 이어 갈 수 있었다.

즉 60년대에 이루어진 제1차, 제2차 5개년계획의 개발성과를 토대로 제3차 경제개발 5개년계획이 추진된 72년부터 78년에 이르는 기간은 자립경제와 자주국방 건설에 있어서 경이적인 성장과 발전이 이루어진 역동적이고 생산적인 시기였다. 이 시기에 공업화는 도시를 중심으로 촉진되었으며 도시에서 발전한 공업화의 여력은 농업발전의 재원이 되어 우리 농촌의 마을마다 새로운 생산력과 소득을 창출했다.

대통령은 이 8년 동안의 유신시대에 경제성장의 기본 전제가 되는 정치안정과 국법질서를 확립했다. 특히 정치참여의 확대와 분배 확대를 요구하는 강성 노조와 사회집단들의 반정부폭력투쟁과 이 땅에서 소위 인민민주주의혁명을 획책하고 있는 북한 지하당에 포섭된 좌파성향 운동권 학생들의 준동에 대해 헌법과 법률이 정하는 바에 따라 단호하게 응징함으로써 사회질서와 정치안정을 유지했다. 이러한 안정의 바탕 위에서 중화학공업 건설과 과학기술 발전, 방위산업 육성과 새마을운동 그리고 수출증대 등 부국강병을 위한 핵심사업들을 차질 없이 추진해 나갔다.

그 결과 우리 경제는 20여 년의 짧은 기간에 지속적인 고도의 압축

성장을 이룩해 선진국 경제를 따라 잡기 시작했다. 경제발전이 촉진됨에 따라 우리의 국력은 크게 신장되었다. 북한 공산주의침략세력과 사활이 걸린 투쟁을 하고 있는 위기의 시대에 우리의 가장 화급한 과제는 국력의 증강이었다. 이것은 10월유신의 가장 중요한 목표였다. 이 목표를 추구하는 과정에서 우리의 국력은 벌써 모든 면에서 북한의 국력을 압도하는 규모와 수준으로 증강되었다.

1945년 8월 15일 해방 당시 북한은 남한보다 거의 2배나 잘살고 있었다. 북한은 훌륭한 공업지역이었다. 해방 당시 전기생산량은 수풍발전소에서 70만 _kW_, 부전강, 장진강 발전소에서 20만 _kW_였다. 진남포에는 공업지대가 있었고, 흥남에는 비료공장이 있었으며 성진에는 정어리공업단지가 있었다. 또 1인당 소득도 남한의 2배가 넘었다. 1960년도만 해도 북한의 1인당 소득은 남한의 2배가 넘었다. 우리나라의 1차, 2차 5개년계획이 끝난 1972년도까지도 북한은 남한보다 잘사는 편이었다. 그러나 우리의 제3차 5개년계획이 시작되면서부터 상황은 역전되기 시작했고 제3차 5개년계획이 끝난 1978년경에는 모든 면에서 우리의 국력이 북한의 국력에 월등히 앞섰다.

그리하여 남북한 간의 이른바 체제경쟁은 남한의 승리로 끝났다. 즉 민주주의와 공산독재의 그 어느 체제가 국민을 더 잘살게 할 수 있고, 더 잘살 수 있는 여건을 가진 사회인가를 입증하는 개발과 건설과 창조의 경쟁에서 북한은 영원히 남한의 경쟁상대가 될 수 없게 되었다. 그리고 시간이 지날수록 점점 커지는 국력의 격차 때문에 김일성이 그의 무력적화통일 야욕을 채울 수 있는 기회도 사라지게 되었다. 그리하여 5·16혁명 직후부터 대통령이 총력을 기울여 온 남북대결은 대한민국의 완승으로 귀결되었다.

2차 세계대전 후 대부분의 개발도상국들은 정치적 불안정의 고질을 해결하지 못하고 지금까지도 빈곤과 혼란을 거듭하고 있었다. 그러나 대통령은 정치 안정 없이는 경제성장도 없고 자주국방도 없다는 확고한 신념과 의지를 지니고 정치안정을 보장할 수 있는 제도개혁을 통해 자신의 통치시대에 달성하려고 결심하고 있던 자립경제와 자주국방의 목표들을 달성함으로써 부국강병의 꿈을 이루게 되는 단계에 도달했다.

그런데 상당수의 우리 국민들은 대통령이 자립경제와 자주국방을 건설한 것은 '잘한 일'이고 큰 업적이라고 생각하지만, 대통령이 10월유신과 계속집정을 한 것은 '잘못한 일'이고 큰 실책이라고 생각한다는 말을 하고 있다. 이러한 사실은 국내언론기관에서 10년 주기로 실시하는 여론조사에서도 확인되고 있다.

그러나 우리 국민들이 10월유신과 대통령의 계속집정은 자립경제와 자주국방 건설과 서로 원인과 결과라는 인과관계로 연결되어 있는 하나의 과정이라는 사실을 이해한다면 원인과 결과를 따로 떼어 놓고 정반대의 평가를 하는 것은 사리에 맞지 않는다는 것을 알 수 있을 것이다.

10·26 이후 5명의 대통령이 이 나라를 통치했다. 이들은 1961년부터 1979년까지의 18여 년에 걸쳐 대통령이 정치, 경제, 군사, 외교, 교육문화, 과학기술 등 모든 분야에 다져놓은 발전의 기반을 뒤흔들어 놓았다. 그러나 대한민국은 굳건하게 버티고 있다. 그 힘은 어디서 나오는 것인가? 그것은 세계 10대 경제대국으로 성장한 우리의 경제력에서 나오고 있다. 그것은 잠수함과 탱크와 전투기를 우리 손으로 생산하는 우리의 국방력에서 나오고 있다. 그 경제력, 그 국방력은 언제 어떻게 이루어졌는가? 72년부터 착수된 제3차 경제개발 5개년계획과 이어서 계속 시작된 제4차 5개년계획이 성공리에 추진되는 기간에 중화학공업과 새마을사업, 방위산업과 과학기술교육의 획기적인 발전이 이루어져 방대한 국력이 축적되었고, 이것이 우리 경제와 국방력의 지속적이고 급속한 성장과 발전을 가능하게 만드는 새로운 동력이 됨으로써 이루어진 것이다.

그리고 이러한 새로운 성장동력은 80년대는 물론이고 그 뒤 10년 이상 우리 경제의 꾸준한 고도성장과 발전을 이끌어 온 민족의 큰 자산이 되었다.

　이것을 가능하게 만든 제도적 토대가 바로 10월유신에 의해 창출된 새로운 정치제도와 대통령의 '계속집정'이었다.

　10월유신은 60년대에 끊임없는 당쟁과 비능률과 낭비의 폐해를 유발하여 정상적이고 안정적인 국정운영을 가로막아 온 서구민주주의 정치제도를 혁신하여 국정의 안정과 능률과 생산성을 보장할 수 있는 새로운 정치제도를 창출하는 것이었다.

　60년대와 70년대에 우리나라와 같이 놀라운 경제발전을 이룩한 나라로는 홍콩, 대만, 싱가폴 등이 국제적으로 공인되어 있었다. 이들은 모두 유능한 집권자가 안정되고 생산적인 정치를 가능케 하는 제도적 토대 위에서 계속집정을 한 나라들이라는 공통점을 갖고 있었다.

　결국, 20세기 후반에 한국에서 이루어진 '세계의 기적'은 대통령의 지도력과 계속집정 그리고 10월유신에 의해 새로 창설된 안정적이며 생산적인 정치제도의 합작품이었던 것이다.

　"박정희 대통령의 경제정책과 정치개혁은 만약 그것들이 없었을 경우 처해 있을 빈곤과 혼란을 극복하는 데 유용한 것이었고, 결정적인 것이었다. 그리고 그것은 한국인들을 대통령의 찬양자로 만들었다."

　이것은 1980년대 초에 한국을 방문한 미국의 한 경제학자가 남기고 간 말이다. 그의 이 말은 대통령 업적의 본질을 가장 간결하고 극명하게 표현하고 있다.

　즉 대통령이 중화학공업 등 부국강병을 위한 경제정책을 추진하고 서구민주주의 정치제도의 폐해를 혁파하고 새로운 정치제도를 창설했기 때문에 우리는 빈곤과 혼란을 극복하고 번영과 안정을 이룩할 수 있었고, 그래서 국민들은 대통령을 칭송하고 있다는 것이다.

미국의 외교전문잡지인 〈포린어페어스(Foreign Affairs)〉 1977년 10월호에 발표한 기고문에서 프랑크 기브니(Frank Gibney)는 한국의 경제발전상을 소개하면서 절대다수의 한국인들은 치유불가능한 당쟁을 혐오하고 강력한 지도력을 강조한 대통령의 한국정치에 대한 진단과 처방에 전적으로 동의했다고 다음과 같이 논평했다.

"지금까지 대통령의 국내 억압은 선택적이고 절제하는 편이었다. 일부 한국인들은 이를 우려하고 있는 것이 사실이다.

그러나 한국의 지배적인 분위기는 경제발전에 대한 낙관주의다.

절대다수 국민들의 생활은 10년 전과는 비교도 안 될 만큼 향상되었다.

지금 당장 선거가 실시된다면 박 대통령은 서울을 제외하고는 전국에서 압도적인 다수표로 당선될 수 있을 것이다.

서울의 거리는 한국산 자동차가 홍수를 이루고 있으며 하루가 다르게 고층 건물들이 서울의 중심부와 변두리에서 신축되고 있다. 서울과 울산, 창원, 포항의 공업단지, 그리고 그곳에 들어선 중화학 공장들은 경제의 성장과 번영을 상징하고 있다.

수출은 1960년의 4천만 달러에서 1970년 초에는 100억 달러를 달성했고, 성장률은 10년간 연평균 11%를 웃돌았다.

오늘날 한국의 성공적인 경제개발은 제3세계 경제개발의 모델이 되고 있다.

금년 초 세계은행의 조사팀은 다음과 같은 결론을 내리고 있다.

즉 과거에 농업에 의존해 왔고, 재정이 빈약해 재정을 거의 외국 원조에 의존해 왔던 가장 가난한 개발도상국의 하나인 한국은 최근 15년 동안에 걸쳐 지속적인 높은 소득증가율을 보이고 있으며, 이러한 소득증가는 외채상환능력을 날로 증가시켜 앞으로 5년 또는 10년 안에 현재의 외채를 해소할 전망이 밝은 산업화된 중진국으로 성장했다는 것이다.

박 대통령은 한국의 치유불가능한 당쟁을 혐오했으며, 강력한 지도력의 필요성을 강조했다. 절대다수의 한국인들은 박 대통령의 한국정치에 대한 이러한 진단과 처방에 전적으로 동의했다."

이러한 평가들은 대통령의 정체제도개혁에 대한 정적들의 공격이 아무리 되풀이되어도 그것이 왜 대통령의 권위와 업적에 손상을 입히는데 그토록 무용한 것인가를 잘 설명해 주고 있다.

일찍이 우리의 선조들은 민족중흥의 새 역사창조에 대한 염원을 유신(維新)이라는 말로 표현하는 예가 많았다.

1127년 고려 인종(仁宗) 5년에 국력배양을 위한 '유신지교'(維新之敎) 15조가 내려졌다. 조선조 이태조 6년에는 권양촌(權陽村)이 정삼봉(鄭三峰)이 지은 경제문감(經濟文鑑)을 위한 서문 속에서 이태조의 성덕(聖德)과 신공(神功)을 기리며 '유신(維新)의 다스림을 일으켜 만세의 기초를 세웠다'고 했다. 그 뒤 영조(英祖)는 즉위 직후 교서(敎書)를 내려 비록 옛 나라나 유신(維新)의 새 출발 기회를 맞이하여 티를 벗기고 때를 씻어 공생(共生)의 인정(仁政)을 펴는 바라고 했다.

고종이 즉위하던 해인 1863년 음력 12월 그믐날 조대비(趙大妃)는 교서에서 구방유신(舊邦維新)의 대명(大命)이라고 하며 새로운 정신자세를 밝힌 데 이어 열흘 뒤인 음력 정월 초 10일에 내린 교서에서는 풍습이 날로 그릇되고 생민국계(生民國計)가 형편없음을 통탄하고 모두가 함흥유신(咸興維新)의 뜻을 마음에 지니고 국민 각자가 그 직책에 충실하기를 간곡히 타이르고 있다.

이것이 바로 1868년 일본의 명치원년(明治元年)보다 5년 또는 4년 전의 일이다.

그러나 조선은 유능한 지도자와 주체세력이 없어서 함흥유신에 실패하여 국력이 쇠퇴했고, 일본은 강력한 지도자와 주도세력이 메이지유신에 성공하여 국력을 크게 증강시켰다.

역사적으로 군사적인 위협에 직면하여 일련의 개혁을 했다는 이른바 '방위적 근대화'가 수없이 많다. 루이 13세 치하의 프랑스와 필립 2세 치하의 스페인 등은 16세기부터 17세기에 걸쳐 강력한 중앙집권제를 확립하고 이웃나라와의 전쟁에 필요한 자금을 확보하기 위해 영토 전역에 걸쳐 권력을 통합하고 강화했다.

군대의 육성을 위한 엄청난 경제적 수요에 응하려고 한 것이, 중앙정부가 봉건적인 지방정권을 타파하여 '근대적인' 국가구조를 만들어 낸 계기가 되었다.

일본도 그랬다. 19세기에 서구국가들이 압도적으로 우월한 근대산업과 군사력을 앞세워 일본으로 침투해 왔을 때 유신정권은 단시일 내에 국내의 다원적인 봉건세력을 해소하여 이들을 천황의 권위 아래 통합하고 동양에서는 처음으로 중앙집권적 민족국가를 수립하고 부국강병정책을 추진했다. 그들은 메이지유신에 앞장섰던 대정인을 정치와 경제의 중심무대에 등장시켜 국가자본주의를 육성했으며, 제국주의 체제를 확립했다.

그들은 일본을 해외열강과 어깨를 같이하는 지위에 올려놓는다는 목표를 세우고 이를 달성하기 위해 확고한 주체성 위에서 정치적인 혁신과 경제적인 성장 그리고 사회적인 개혁을 수행하여 서구세력의 침탈을 막아 냈을 뿐 아니라 세계를 깜짝 놀라게 할 속도로 서구 열강과 어깨를 겨루는 제국주의 국가로까지 급성장했다. 그리하여 제국주의 일본은 급격히 증강된 국력과 근대화된 군사력을 동원하여 이른바 '대동아공영권' 운운하며 동북아와 동남아 침략에 나섰고, 태평양전쟁을 도발했다.

대통령은 우리나라가 지난날 제국주의 일본의 식민지로 떨어진 근본 이유는 그 중요한 시기에 우리 선조들이 근대화에 실패했기 때문이라고 믿고 있었다. 따라서 오늘의 우리 세대와 내일의 우리 후손들이 또다시 외세의 침탈을 당하지 않으려면 우리 세대에 조국을 근대화하여 국력을 기르고 그 국력을 바탕으로 국가와 민족을 수호할 수 있는 강력한 군사력을 보유하고 있어야 한다는 생각을 가슴 깊이 간직하고 있었다.

한 마디로 조국근대화를 통해 부국강병을 이룩해야 한다는 것이다.

1961년 5·16군사혁명 후 대통령은 4대 혁명과업을 결정했다.

그 첫째는, 반공을 제1의 국시(國是)로 삼는다는 것이었고, 둘째는, 국가기강과 사회질서를 바로잡는다는 것이었으며, 셋째는, 자립경제건설에 총력을 기울인다는 것이었고, 넷째는, 평화통일의 국력을 기른다는 것이었다.

대통령은 미국의 경제원조와 군사원조가 있는 동안 우리는 이것을 최대한 활용하여 하루속히 자립경제와 자주국방의 건설을 매듭지어 놓아야 한다는 신념을 확고히 가다듬고 공업화를 통한 부국강병의 꿈을 실현하기 위해 경제건설에 착수했다.

대통령은 60년대와 70년대의 18여 년 동안 네 차례의 경제개발 5개년 계획을 추진하여 자립경제와 자주국방의 건설을 매듭지음으로써 부국강병의 꿈을 실현할 수 있는 단계에 이르렀다.

그것은 실로 조선왕조의 함흥유신으로부터 근 100년만에 실현된 우리 민족의 염원이었고 대통령의 꿈이었다. 대통령이 세상을 떠난 지 어언 40여 년이 지난 21세기의 오늘에 이르기까지 우리나라는 대통령이 10월유신과 계속집정의 시기에 이룩해 놓은 자주국방의 힘으로 북한의 침략을 억제하고 있고, 대통령이 그 기반을 닦은 중화학공업의 제품을 수출하여 국민소득과 국부를 증대시키고 있으며, 보다 큰 발전과 복지를 추구하며 세계열강과 맞서 당당하게 경쟁하고 있다.

박정희 대통령은 10월유신 후 우리 정치인들에게는 가난과 혼란과 전란의 어려운 여건 속에 처해 있는 우리나라가 추구해야 할 국가적인 과제와 가치를 제시했고, 침략자와 대치하고 있는 준전시하에 우리가 누릴 수 있는 자유의 한계를 깨닫게 했으며, 그러한 상황하에서 국가적 과제를 가장 능률적으로 해결할 수 있는 정치제도가 어떤 것인가를 인식시켰다.

대통령은 또한 세계의 선후진국가들의 지도자들에게는 개발도상에 있는 나라에는 선진공업국의 제도와 가치가 맞지 않으며, 특히 침략자와 대결하고 있는 나라는 평화와 안전을 누리고 있는 국가의 가치와 제도를 모방할 경우 자칫 잘못하면 국가적 재앙을 자초하게 된다는 역사적 사실을 깨달을 수 있게 하였다.

박정희 대통령의 통치철학은 과거의 것이 되고 말았다고 말하는 사람이 있다. 그러나 대통령의 통치철학은 오늘날 많은 개발도상국가의 정치진로에 큰 영향을 미치고 있다. 개발도상국가에 있어서 서구민주제도의 부적합성, 정치와 경제와의 관계, 정부 형태와 선거제도, 자유와 질서의 관계, 그리고 정치인들의 정신적 자세에 대한 대통령의 철학은 시대에 뒤떨어져 쓸모없게 된 것이 아니다. 그것은 오늘날 많은 개발도상국가에서 유용하고 현실적인 것으로 평가되고 있다.

특히 중국과 동구권 국가들은 대통령이 정치의 안정과 정치인의 생산적인 자세가 경제발전의 결정적 전제요건임을 체험을 통해 실증한 사실을 높이 평가하고 이러한 체험을 배워 실천하고 있다.

한 마디로 대통령의 통치철학은 여러 개발도상국가에서 근대화와 민주화를 위한 실천적 철학으로 수용되어 우리가 생각하고 있는 것보다는 훨씬 큰 영향을 미치고 있다.

제2부
수출입국 드라이브

제1장 기업과 기업인에 대한 '특혜지원'으로 수출을 일으키다

수입대체산업을 수출산업으로 발전시켜 공업입국의 꿈을 실현하다

제1차 5개년계획에서 정부가 주력한 부분은 수입대체공업이었다. 즉 우리나라 국민의 의식주를 해결하는 데 필요한 물건을 생산하는 공장을 세우는 것이었다. 수력발전소를 비롯하여 비료공장, 정유공장, 시멘트공장, 종이제조용 펄프공장, PVC공장, 판초자 제조에 사용되는 소다회공장 등 공업개발이 광범위하게 추진되었다. 1950년대와 1960년대 초에 걸쳐 대규모 외자부담을 일으켜 왔던, 정유, 시멘트, 철강재, 비료, 화섬제품, 전기기구, 약품 등을 국내에서 생산할 수 있게 됨에 따라 상당한 규모의 수입대체 효과가 나타나게 되었다.

이들 제조공업의 발달은 우리나라의 공업화에 선도적인 역할을 했으며, 이 과정을 통하여 많은 공업 분야에서 수입대체 효과가 촉진되었고, 시멘트, 화학잡화공업은 수출산업으로 성장하기 시작했다. 그때까지 가장 많은 외화를 들여서 수입해 오던 정유, 시멘트, 비료를 생산할 공장이 국내수요를 충당하고 외국으로 수출하여 외화를 벌어들인 것이다.

그래서 1964년부터는 당초 수입대체산업으로 건설된 공장들은 그 공산품을 국내에서 팔면서 국제시장에 내다 팔아서 외화를 획득하는 수출산업으로 육성·지원하기로 했다. 이것은 수입대체공업화 전략을 수출지향공업화 전략으로 전환시키는 것이었다. 이것은 그 당시 개발도상국가의 경제개발 경향에 역행하는 발전전략이었다. 그 당시 농수산업과 광산업 등 1차산업 위주의 산업구조를 가지고 있던 인도와 일부 중남미의 개발도상국가들은 수출지향공업화를 추진했다가 실패하여 수입대체공업화를 추진하고 있었던 것이다.

그래서 일부 국내학자와 해외 원조기관들은 수출지향공업화로 정책방향을 전환하는 데 대해 반대했다. 기술과 자본이 부족한 상태에서 수출지향공업화를 추진하는 것은 좋게 봐 주어서 위험한 모험이고, 결국은 실패하게 될 전략이라는 것이다.

특히 당시 일부 경제학자와 경제를 안다는 지식인들은 대놓고 코웃음을 쳤다.

젊은 장군 출신 대통령이 경제도 모르면서 되지도 않을 일을 벌이려고 한다는 것이다. 사실 그 당시 우리가 공장을 건설할 자본이 없어서 외국에 몇 백만 달러의 차관을 얻으러 가면 차관을 줘봤자 본전도 못 건질 희망 없는 나라라고 거절당하고 피눈물을 흘려야만 했던 시절이라 상식적으로 본다면 수출지향공업화가 불가능하다는 주장이 틀린 것은 아니었다. 그 당시에는 누가 보아도 공업화가 될 수 있다고 믿을 만한 조건이라고는 없었기 때문이다.

64년 수입대체공업화 전략에서 수출지향공업화 전략으로 전환했을 당시 국내학자들과 외국 원조기관이 이를 반대하고 실패할 것이라고 주장한 그 근거는 한 마디로 우리나라가 자본과 기술이 빈약한 후진국이라는 것이었다. 우리가 제1차 5개년계획에서 수입대체공업의 주요 사업으로 정유, 시멘트, 비료공장의 건설을 결정했을 때에도 국내외에서 반대가 많았다. 특히 이 계획을 수립하는 데 도움을 주었던 미국은 부정적인 반응을 보였다. 세계에서 제일 가난한 나라의 하나인 한국이 무슨 돈, 무슨 기술로 그렇게 큰 공장들을 당장 짓겠다는 것이냐, 이 계획은 성공하기 어렵다는 것이다. 이들이 지적한 가장 큰 문제는 돈이었다. 즉 공장 건설에 필요한 외화가 없지 않느냐는 것이었다. 사실 그 당시 우리나라는 외화를 빌려올 수 있는 처지가 못 되었다. 미국은 무상원조를 받고 있는 한국에는 차관을 제공할 수 없다는 것이다. 일본은 국교가 없는 한국과의 차관협정을 체결할 수 없다는 것이다. 당장 화급하게 된 것은 울산공업단지에 제1차 5개년계획의 핵심사업의 하나인 대한석유공사의 울산정유공장을 건설할 외화가 없었다.

가령 우리가 빈약한 자본과 저수준의 기술을 가지고 공산품을 만든다고 해도 풍부한 자본과 고도의 기술을 갖고 있는 선진국의 공산품과는 국제시장에서 가격과 품질면에서 경쟁해서 살아남기 어렵기 때문에 수출이 될 수 없다. 따라서 수출지향공업화는 실패하게 되어 있다. 그러니 국민들의 의식주 생활에 필요한 물건을 생산하는 수입대체공업화를 그대로 밀고 나가는 것이 가장 현실적인 정책이라는 것이었다.

그러나 대통령의 생각은 달랐다. 대통령은 실패를 두려워하지 않고 위험하다는 그 험난한 모험의 길로 나서기로 한 것이다.

제1차 5개년계획의 3년차 년도인 64년에 들어서면서 대통령은 수출지향공업화 정책은 성공할 수 있다는 확신을 굳혔다.

국내 일부학자와 외국 원조기관이 무리한 것이라고 반대하던 시멘트, 비료 등 수입대체공업이 내수를 충당하고 해외수출에 성공하고 있다는 고무적인 사실에서 대통령은 우리의 노력 여하에 따라서 수출지향공업화는 성공적으로 지속될 수 있다는 가능성을 내다보고 있었다. 10년, 20년의 앞날을 생각할 때 국내시장이 협소한 우리나라로서는 해외시장을 겨냥하는 수출지향공업화가 장차 경제가 지속적으로 성장하고 발전해 나갈 수 있는 최선의 길이라고 생각한 것이다.

세계를 향해 문호를 개방하고 우리 스스로 국제무대로 나가 남들과 당당히 경쟁해서 이겨야 한다는 것이다.

수출은 국제시장에서 많은 나라들이 상품을 가지고 대결하는 전쟁이나 다름없다. 그래서 수출전쟁이니 무역전쟁이니 하는 말이 생겨난 것이다. 천연자원이 부족한 우리나라로서는 전세계를 대상으로 하는 이 수출전쟁에서 승리해야만 외화를 획득할 수 있고, 국민의 의식주 문제를 해결할 수 있는 물적 자원을 확보할 수 있다. 따라서 수출지향 공업화정책은 대한민국의 국운과 한국인의 생로(生路)를 새로 개척하는 최선의 길이다. 그것은 또한 우리 경제가 폐쇄경제에서 개방경제로, 원조경제에서 자립경제로 탈바꿈하고 우리 국민들의 의식과 생활이 근대화되는 역사적인 전기가 될 수 있다는 것이다.

대통령의 판단과 예단은 시간이 지나면서 그대로 현실화되었다. 즉 대통령이 제1차 경제개발5개년계획에 착수하면서 잡초가 무성한 황무지에 공업단지를 조성하고, 공장을 건설한 후 공업화의 횃불이 전국의 주요도시에서 타오르고 건설의 굉음이 지축을 흔들기 시작했다. 그리하여 대통령의 그 대담한 모험은 대통령 자신과 그를 도와 공업화에 참여했던 기업인들이 기대할 수 있었던 가장 낙관적인 목표조차 뛰어넘는 성과가 나타나기 시작했다. 공업제품의 수출이 급격히 증가했고 고도의 경제성장이 지속되었다.

특히 1964년부터 경제정책의 기본방향을 수출제일주의로 확정한 후 모든 국가자원을 수출산업에 집중 투입한 결과 64년 말에는 1억 달러의 수출목표를 목표연도보다 2년 앞당겨 달성했다. 1차 5개년 기간 동안 경제성장률은 당초의 목표인 연평균 7.1%보다 높은 7.8%를 기록했다.

1961년 11월 중순 박 의장이 케네디 대통령과의 정상회담을 위해 방미했을 때, 동행한 경제기획원의 송정범 부원장이 미국무부의 해밀턴 해외개발처장을 만나 1차 5개년계획에 관해 설명하자 해밀턴은 깜짝 놀라며 "지금 경제성장률은 7.1%라고 했느냐"고 반문하면서 7.1%의 성장률 목표는 선진국에서도 어려운 것이니 좀 낮추라고 종용했던 그

7.1%를 초과 달성한 것이다. 그것은 바로 44%의 신장률을 기록한 획기적인 수출증대의 결과였다. 즉 수출이 경제성장의 동력이 된 것이다. 공업제품의 수출이 공업화율의 상승을 이끌고 높은 공업화율이 경제성장을 주도한 것이다.

우리의 공업화는 이처럼 최종 소비재의 수입대체공업에서 출발하여 단기간 내에 수출지향공업으로 이행했으며, 수입대체와 수출확대가 거의 동시에 이루어질 정도로 그 이행 기간이 단축되었다. 그 결과 초기에는 국내수요가 확대되고, 다음 시기에는 수출이 증대하여 총수요가 급속하게 확대됨으로서 국내 생산이 계속 증대하였다.

그리고 최종 소비재 생산이 확대됨에 따라 생산재 수요가 증가했고, 그러한 생산재 수요 압력을 극복하기 위해 정부는 생산재의 국내생산을 서둘러 촉진하였다. 즉 최종 소비재 수출증대에 따른 생산재 수요 압력을 극복하기 위해 제2차 수입대체인 중화학공업화를 추진하였으며 그 결과 단시일 내에 유기적인 공업구조가 형성되었다.

예컨대 합성섬유와 합성수지 제품이 우리나라 수출의 대종을 이루게 되자 수입에 의존하던 그 생산재를 국산화하기 위해서 석유화학공업을 일으켰으며, 전기제품, 조선과 같은 철강소비산업의 수출이 크게 증대하자 포항종합제철을 건설하여 철강생산을 국산화했다.

이처럼 우리나라는 노동집약적인 최종 소비재 생산과 자본집약적인 생산재 생산을 동시적으로 발전시켜 왔다.

이것이 바로 우리나라가 다른 개발도상국가와 다른 점이다. 다른 개발도상국가들은 최종 소비재의 수입대체산업이 국내시장의 한계에 부딪쳐 정체되었을 때 생산재 생산에서 새로운 대체 기회를 얻기 위해 중화학공업을 추진했던 것이다. 그러나 우리나라는 증대되는 최종 소비재의 수출확대를 더욱 촉진하기 위해 중화학공업을 최종 소비재 산업과 거의 동시에 발전시킨 것이다.

요약해서 말한다면 한국의 공업화 과정은 수입대체산업에서 수출산업으로 발전하였고, 저임금의 방대한 노동력을 활용하여 소비재를 생산하는 노동집약적인 경공업과 잡화 공업의 단계에서 탈피하여 고도의 기술인력을 활용하여 생산재를 생산하는 자본집약적인 중화학공업의 발전단계로 진입하였다. 그리고 정부가 전략산업을 엄선하여 국가적 지원으로 적극 육성한 결과 모든 공업 수준이 한 단계 상승하였고, 투자효과가 경제 전반에 폭넓게 나타났으며, 그 시간도 크게 단축되었다.

이러한 공업화 과정을 거치면서 우리 경제는 고도성장을 지속하고 전근대적인 농업국가에서 현대적인 공업국가로 탈바꿈하는 구조 변화를 빠른 속도로 이룩할 수 있게 될 것으로 전망되고 있었다.

공업화는 국민들의 생각, 정신, 생활에 획기적인 변화를 가져왔다. 가장 중대한 변화는 심리적인 것이었다. 일에 대한 의욕, 생산에 대한 열의가 사회 전반에 확산되기 시작했다. 그것이 수출주도 공업화의 추진력에 동력을 제공했고, 경제성장의 성과는 일에 대한 의욕과 생산에 대한 열의를 더욱 가열시키는 선순환의 과정이 되풀이 된 것이다.

특히 민족주의 열정에 불타고 있던 젊은 세대들은 급속한 공업화를 경제적 자립과 정치적 독립이라는 관점에서 정당화하고 지지하였다.

그리하여 그들 젊은 세대들은 부강한 새로운 조국이 그들의 뼈 위에 건설된다고 하더라고 주저하지 않겠다는 사심 없는 희생정신으로 갯벌에 공장을 세우는 궂은일에 기꺼이 자원했다.

경제건설이 일자리가 없는 젊은 세대들을 괴롭혀 온 실업을 해결해 주리라는 경제적인 실리보다는 새로운 조국을 건설한다는 고결한 이상이 젊은 세대들의 피를 끓게 하고 의욕을 돋우었던 것이다.

대통령은 우리국민들이, 특히 젊은 세대들이 경제성장을 그 시대의 중요한 가치로 받아들이고, 사고방식과 행동양식을 수출지향공업화에 적응시켜 나가는 새로운 현실 속에 지속적인 경제발전과 근대화의 길이 있다고 보고 있었다.

그리하여 대통령은 우리가 민족의 중흥을 이룩할 수 있는 최선의 방책은 수출지향공업화에 있다는 확신을 한층 더 굳히고 스스로 철두철미한 수출제일주의자가 되었다.

대통령은 일 년 열두 달 자나 깨나 수출을 생각했고, 수출을 위해 자신의 혼과 열정을 불태웠다.

대통령에게 있어서 수출은 직장의 창조자였고, 소득의 창출자였으며, 산업자본의 형성자였다. 수출은 또한 농촌근대화의 동력이었고, 국방재원의 조달자였다. 한 마디로 수출은 국부(國富)의 원천이었고, 국력의 척도였다.

1억 달러 외환보유 수준유지를 위해 수출진흥에 최대 노력을 기울여야 한다

1964년 1월 10일, 연두교서에서 대통령은 1억 달러의 외환보유 수준유지를 위해 수출진흥에 최대의 노력을 기울여야 한다는 점을 강조했다.

"경제의 안정과 자립은 국제수지의 개선으로 달성되는 것입니다. 우리나라는 만성적인 국제수지의 역조에 시달려 왔으며, 이제까지는 대부분 미국의 원조에 의하여 이것을 충당하여 왔던 것입니다마는 아시는 바와 같이 이제 우리는 과거와 같은 수준의 원조를 기대할 수는 없는 실정에 있는 것입니다.

그러면서 우리는 원활한 대외거래를 위하여 적어도 1억 달러 이상의 외환보유 수준을 유지하여야 할 것인 바, 이를 메우기 위해서는 궁극적으로 외화획득력을 적극적으로 증대하는 길밖에는 딴 도리가 없을 것이므로 정부는 수출진흥에 최대의 노력을 경주하고자 하는 것입니다.

먼저 수출제도를 과감하게 개선하여 상품수출 및 관광사업을 위시한 용역수출을 더욱 촉구하여 기존시설을 가능한 한 수출산업으로 전환하도록 하는 한편 수출산업용 원자재 및 시설재의 도입을 원활히 하기 위하여 이에 소요되는 외환을 우선적으로 배정할 것입니다.

한편 수출보상제도 및 수출금융제도를 개선 확대할 것이며, 또한 조세제도를 활용하여 수출가능품목의 국내소비를 억제할 것입니다. 이와 아울러 무역행정의 간소화 등 지원정책을 강화할 것입니다.

그러나 수출진흥에 아무리 노력한다 하더라도 단시일 내에 외환사정을 호전시킬 수는 없는 것입니다.

그러므로 우리는 당면한 외환난(外換難)을 극복하고 앞으로의 발전을 위하여 당분간 우리의 경제능력 범위 내에서 소비를 과감히 규제하려 합니다.

현재 국민생활에 있어서의 긴요도가 적은 물자의 수입을 대폭 삭감하여 국민생활에 긴요한 물자를 생산하는 시설이나 수출산업을 위한 원자재 확보에 충당할 것입니다.

따라서 수입원료에 크게 의존하고 있는 기업은 이를 국산원료로 대체하는 방안을 강구하고, 또 기존 생활시설을 가급적으로 수출산업으로 전환하도록 하며, 이로 인하여 파생되는 문제점에 대하여는 합리적인 대책을 강구할 것입니다.

보유 외환에 의한 시설투자는 실질적으로 어려운 형편이므로 정부는 국제수지 효과를 최우선적으로 고려하며, 그 조건이 우리의 경제 능력에 비추어 수긍할 수 없는 것은 이를 규제하고, 철저한 경제적 기술적 타당성 검토에 입각한 건전한 사업계획을 발전시켜 재정차관 같은 유리한 조건의 외국자본을 획득하도록 노력할 것입니다."

원화가치 안정, 수출증대를 위해 환율을 현실화하다

1964년 5월 3일을 기하여 정부는 지금까지 실시해 오던 '외환매상집중제도'를 예치 및 매상의 양 제도를 혼합한 체제인 '외환증서 제도'로 개편하는 동시에 대미화공정환율 '130 대 1'을 '225 대 1'의 기준 환율로 개정하였다. 이 기준율은 국제통화기금(IMF)과의 거래율이 되었고 정부 및 유엔군 거래, 미국 원조 달러를 비롯한 모든 외환거래에 적용될 환율은 국내외환시장에서 자유로이 형성되는 현실적인 실세 환율로서 이루어지게 되었다.

민정 이양 후 정부는 우리나라의 경제체질을 개선하기 위하여 몇 가지 어려운 현실화 정책을 단행하였는데, 제일 먼저 단행된 것이 환율의 현실화였다. 이 단일변동환율제는 당초에는 많은 잡음이 있었다. 그러나 이 제도는 환율과 국내물가의 안정에 크게 이바지하였을 뿐 아니라 종래의 비현실적인 고정환율제로 인해 파생됐던 갖가지 폐단을 없애고 수출 진흥에도 기여했다.

대통령은 단일변동환율제가 실시되는 64년 5월 3일보다 하루 앞선 5월 2일 '환율제도 개혁에 관한 담화문'을 발표하고 이러한 개혁을 결행하게 된 4가지 이유에 대해 설명했다.

"정부가 이번에 환율제도의 개혁을 결행하게 된 데 있어서는 몇 가지의 이유가 있습니다.

그 첫째의 이유는 원화의 대외가치를 실세에 부합시키는 동시에 새로운 기준에서 앞으로의 안정을 기하는 데 있습니다. 공정환율과 실세환율과의 현격한 차는 그 폭을 더욱 넓히는 작용을 해 왔습니다. 따라서 앞으로의 안정을 기하기 위해서는 그것을 실세화할 것이 전제가 되었던 것입니다.

그 둘째의 이유는 우리나라 경제의 자립도를 높이기 위한 작업과정에서 요구되는 하나의 정지공사를 하자는 데 있습니다. 공정환율과 실세환율과의 심한 차는 수출의욕을 저상시키고 여타 부문에서의 외화수입을 감소케 하는 작용을 해 왔습니다.

오늘날 우리가 당면하고 있는 경제적 여건 밑에서는 수출의 증진을 비롯한 외환획득면에서의 모든 노력이 효과를 거두지 못하게 되면 경제자립이란 기대할 수 없는 것입니다. 따라서 우리에게는 환율 현실화의 필요성이 제기되었던 것입니다.

그 셋째의 이유는 외화자원의 낭비를 막자는 데 있습니다. 저환율은 수출의욕을 저상시키는 반면에 수입수요를 촉진시키는 작용을 해 왔습니다. 그것은 우리들에게 분에 넘치는 낭비를 증대시키는 자극을 주었고 그로 말미암아 외화자원의 낭비를 가져다주었습니다.

여기에서 외화자원의 낭비를 억제하는 역할을 하는 환율의 현실화 조치가 필요하였던 것입니다.

그 넷째의 이유는 특혜와 그에 따른 부패를 근절하자는 데 있습니다. 비현실적인 환율은 외화를 사용할 수 있는 권리의 부여가 특혜를 주는 결과를 가져오는 일면이 있었고 또 그것을 둘러싸고 부정부패가 생기는 요인이 된 바도 있었습니다. 부정부패를 불식하겠다는 본인의 염원을 달성하기 위해서는 그 요인의 하나가 되는 특혜의 근원을 없애야 하겠다고 생각했고 따라서 환율의 현실화가 필요하다고 인정하였던 것입니다."

울산정유공장 준공은 공업화를 위해 지불한 희생과 노력의 결정(結晶)이다

1964년 5월 7일, 울산공업단지에서 울산정유공장의 준공식이 거행되었다.

1950년대에 우리나라는 전략물질인 석유공급을 미국에 의존하고 있었는데, 미국은 이 석유공급을 우리 정부에 압력을 가하는 무기로 사용했다. 즉 1954년 미국의 환율인상 요구에 대해 이승만 대통령이 이를 거부하자 미국은 즉각 우리나라에 대한 석유공급을 중단했다.

약 2개월 동안 석유공급이 중단되자 교통기관이 마비되고, 공장의 기계가 가동되지 못해 경제가 무너질 위기가 닥쳤다. 이 대통령은 할 수 없이 미국의 환율인상 요구에 굴복했다.

석유를 얻어 쓰느라고 미국에 수모당하는 것이 얼마나 서럽고 분했던지 이 대통령은 기름을 안 쓰는 자동차를 만들어 보라는 주문을 하기도 했다.

결국 석유는 우리가 그것을 생산하느냐, 아니면 미국에 계속 의존하느냐에 따라 우리가 경제적으로 자립할 수 있느냐 아니면 미국에 예속되느냐를 좌우하는 중요한 요소가 되어 있었다. 따라서 우리나라가 정유공장을 가진다는 것은 경제자립의 첫 단계 출발점이었다. 대통령은 이 점을 잘 알고 있었다.

그래서 정유공장 건설을 제1차 경제개발5개년계획의 중추적인 사업으로 책정하고 세계의 주요 정유회사에 투자의사를 타진했다. 미국 걸프오일(Gulf Oil)에서 합작의사를 밝혀 왔다.

우리나라가 75%, 걸프 측이 25%의 지분을 갖는 좋은 조건이었다. 이 공장은 1962년 초 우리나라에 처음으로 조성된 울산공업단지 내에 첫 번째로 기공식을 올렸고 2년 반이 지난, 이날 그 준공식을 보게 된 것이다.

대통령은 이날의 준공식에서 이 정유공장은 궁색한 경제여건 속에 공업화를 위해 우리 모두가 지불한 고귀한 희생과 노력의 결정(結晶)이며, 앞날의 희망을 기약하는 상징적 업적이라고 평가하고, 이 공장 가동의 의의와 제1차 5개년계획의 추진 과정에서 얻은 성과와 문제점에 대해 설명했다.

"우리들의 오랜 염원이었던 이 울산정유공장이 오늘 뜻깊은 준공을 보게 된 것을 나는 온 국민과 더불어 충심으로 경축해 마지않는 바입니다.

우선 이 자리를 빌려 나는 공장건립에 이르기까지 온갖 노력과 정성을 기울인 관계자 여러분과 우방 미국의 기술진 여러분의 노고를 높이 치하하는 바입니다.

이제 이 정유공장의 정상가동으로 석유제품의 국내 민간수요를 충족할 뿐 아니라, 군수요량까지 공급할 수 있는 능력을 보유하게 되므로 연간 약 2500만 불의 석유제품을 우리 힘으로 생산 공급하게 되고, 국내외 석유시장을 널리 개척하여 외자획득의 길도 트이게 되는 것입니다.

또한 석유반제품을 이용한 석유화학공업의 발전이 크게 기대되고 있는 것입니다.

오늘 이 공장의 준공을 경축하는 우리는 벅찬 감회 속에 이 식전의 참된 의의를 되새기면서 이 나라 경제재건을 위한 새로운 결의를 가다듬어야 할 것입니다.

지난 2년여에 걸쳐 우리는 자립경제의 달성에 온갖 힘을 기울여 왔습니다. 궁색한 재원에도 불구하고 공업화를 위한 자재의 도입을 서두른 나머지 많은 외화를 사용치 않을 수 없었고, 또한 이 막대한 출혈은 결과적으로 외환의 부족에 따른 물가의 앙등(仰騰)과 민생고라는 경제적 시련을 불가피하게 만들었던 것입니다.

그러나 공업화의 과정에서 필연적으로 요청되는 이 벅찬 시련과 희생의 대가로써 우리는 그간 전력을 비롯한 기간산업의 토대를 구축할 수 있었으며, 오늘 이 정유공장도 이러한 우리들의 고귀한 희생과 노력의 결정인 것을 나는 명백히 선명(宣明)해 두고자 하는 것입니다.

5개년계획을 '낭비'와 '실패'로만 규정하려는 일부 왜곡된 견해가 제기되는 이 나라의 현실에 우리는 뼈저린 각성을 새로이 하여야 할 것입니다.

경제를 재건하고 번영의 기틀을 바로잡는 도정(道程)에 결코 안일과 요행이 있을 수 없으며 오직 피땀어린 노력과 인내와 과도적인 희생이 요구되기 때문인 것입니다.

울산정유공장 준공 하루 3만 5천 배럴의 원유처리 능력을 갖춘 우리나라 최초의 정유공
장(1964. 5. 7)

　확실히 오늘의 경제적 현실은 침체적 곤경이 아니라 발전적 과정의
불가피한 진통이며, 전진을 위한 전환적 시련으로서 그 전도는 희망적
인 전망을 점차로 나타낼 것을 나는 확신해 마지않습니다.

　민생난의 각박한 생활여건하에서도 우리는 결코 희망과 자신을 잃지
말아야 할 것입니다.

　낭비를 억제하는 데서 오는 일시적 시련을 참고 이겨내는 강인한 정
신적 자세로써 꾸준히 생산건설을 서둘러 나가야 하겠습니다.

　실로 오늘 이 정유공장의 준공은 자립을 지향한 우리 경제 역사에
길이 남을 경사이며, 우리의 앞날에 희망을 기약하는 상징적 업적이라
아니할 수 없습니다.

나는 이 뜻깊은 식전이 앞으로의 경제건설을 위한 분발의 계기가 되고, 내일의 번영을 위한 '전진의 지표'가 될 것을 확신하는 바입니다.

경제적 자립의 진척을 역력히 입증하는 이 보람찬 '결실의 순간'이 앞으로 생산의 역군인 여러분의 앞날에 자신과 용기를 안겨다 주고 증산을 위한 굳은 결의를 북돋워 줄 것을 기대하는 바입니다."

중소기업을 수출산업으로 전환하고 다각적으로 지원할 것이다

1964년 5월 21일, 제1회 중소기업인대회에서 대통령은 중소기업을 수출산업으로 전환시키고 다각도로 지원하겠다는 방침을 천명했다.

"우리 경제가 당면한 긴급한 과제는 자립경제의 달성인 것입니다. 그것은 점감(漸減)되는 외원(外援)의 수혈을 우리 스스로의 피와 땀으로 대치시켜 공업화의 굳건한 터전을 구축하고 그 위에 복지국가의 이상을 구현하는 것으로 요약되는 것입니다. 최근의 물가앙등도 총 공급의 부족을 자력으로 해결하지 못하는 데서 오는 불가피한 시련임은 말할 나위도 없겠으나, 이 국민경제의 불균형을 개선하지 않는 한 빈곤으로부터의 자유와 내일의 번영은 이룩될 수가 없을 것입니다.

정부는 자립경제의 기반형성을 위한 중요목표를 수출산업과 수입대체산업의 육성에 두고, 이에 따른 산업구조의 개선에 주력하고 있으며, 또한 이 경제건설의 지표는 장차 보다 고차적으로 실현되어 나갈 것을 명백히 해 두고자 합니다. 따라서 광공업 전체 사업수의 97%를 점하면서 수출산업과 생활필수품산업, 그리고 고용면에서 큰 비중을 차지하고 있는 중소기업의 위치와 사명은 매우 중요한 것이라 아니할 수 없는 것입니다.

정부로서는 이러한 중소기업의 위치를 감안하여, 우선 중소기업의 독자적 실력배양과 대기업과의 계열적 제휴를 조장, 육성, 지도할 것이며, 중소기업이 수출산업으로 전환할 수 있도록 최대한의 행정적 지원을 다할 것입니다.

중소기업의 생산성 향상을 위해서는 적절한 보조조치를 고려할 것이며, 특히 수출산업에 대하여서는 세율면의 특혜와 필요한 융자로써 국제시장 진출을 적극 조장할 방침입니다.

또한 정부는 시설의 근대화, 경영 및 생산기술의 개선책과 세제의 개혁과 행정기구의 강화 또는 계열화의 조성 등과 같은 일련의 종합정책의 추진을 위하여 중소기업기본법의 제정을 서둘러 나갈 것입니다.

아무쪼록 여러분들은 이와 같은 정부의 노력과 충정을 깊이 이해하여 기업태세의 정비와 경영의 합리화를 통하여 하루속히 우리나라 제품을 국제수준까지 향상시키도록 합심협력 있기를 바라는 바입니다.

지난날처럼 일부 기업인들이 사리사욕에만 치우쳐 국민경제를 교란시켜 정상적인 발전을 저해하는 폐해가 재현되지 않도록 각별한 자숙의 기운을 진작시켜야 할 것입니다. 모든 기업인이 창조적인 기업가 정신을 발휘하여 이 어려운 경제적 시련기를 조속히 극복하여 자립경제의 기반을 조성할 수 있도록 적극적인 협조를 기대하여 마지않습니다."

정부는 64년 7월 24일 경제 각의에서 중소기업육성책을 대폭 수정하여 중소기업을 수출업체로 전환시키는 계획을 추진하기로 했다. 모든 중소기업을 대상으로 하는 것은 아니고 우선 긴급대책으로 1년 6개월을 기한으로 잡고, 이것을 다시 3단계로 나누어 각 단계마다 목표를 세우고 지원토록 했다.

제1단계(64년 8월부터 12월까지)에는 수출업체로 전환 가능한 업체 150개만 골라서 우선 집중지원한다. 수출실적을 750만 달러에서 1천 5백만 달러로 증가시키며 가동률도 8월 현재의 46.8%에서 58.3%로 향상시킨다.

이렇게 해서 서울 48, 부산 34, 경북 25, 경남 18, 전북 5, 전남 9, 경기

10, 충북 5, 충남 4, 강원 2, 제주 1, 중앙회 6, 합계 167개 업체가 제1차로 선정되었다.

제2단계(65년 1~6월)에는 제1차 선정 167개 업체를 더욱 지원하여 수출을 2천만 달러로 증가시키고 가동률도 63.6%로 향상시킨다.

제3단계(65년 7~12월)에는 상기 167개 업체에다 133개 업체를 추가로 선정하여 수출전환 업체를 3백 개로 늘려 수출은 3천 2백만 달러로 하고 가동률은 74.2%로 높인다. 이렇게 해서 선정된 업체를 집중 육성하고 차차 그 수를 늘려나가는 정책을 추진해 나갔다.

한일시멘트공장의 준공은 우리나라 공업발전의 희망을 상징한다

1964년 6월 20일, 한일시멘트공장 준공식에서 대통령은 연산 40만 톤의 생산능력을 보유한 제4시멘트 공장의 가동은 우리나라 공업발전의 희망적인 계기를 상징하는 것이라고 경축했다.

"오늘 이 뜻깊은 한일시멘트공장 준공식에 참석하여 여러분과 함께 우리나라 경제발전의 기간(基幹)을 이룰 수 있는 또 하나의 거대한 생산 공장의 가동을 경축하게 된 것을 나는 매우 기쁘게 생각하는 바입니다.

이제 정부와 국민이 한결같이 합심·노력한 보람이 있어 오늘 우리는 연산 40만 톤의 생산능력을 보유한 제4시멘트공장의 준공을 보게 된 것입니다.

전 국민과 더불어 나는 이 벅찬 기쁨을 함께 나누면서 이 공장건설에 온갖 노력을 기울인 관계자 여러분의 노고를 높이 치하하는 바입니다.

오늘날 시멘트의 수요는 어느 나라를 막론하고 일익 격증해 가는 경향을 보이고 있거니와, 우리나라의 시멘트 수요도 그 용도나 수량에 있어서 엄청난 증가일로를 걷고 있는 것입니다.

이제 내월 초에 또 다른 시멘트공장의 준공을 보게 될 예정인 바, 그

1년에 40만 톤 생산능력을 갖춘 한일시멘트 단양공장 준공식에 참석한 박 대통령(1964. 6. 21)

현대 단양시멘트공장 시업식에 참석한 박 대통령 왼쪽이 박충훈 상공부 장관, 오른쪽이 정주영 현대건설 사장(1964. 9. 15)

제1장 기업과 기업인에 대한 '특혜지원'으로 수출을 일으키다 347

렇게 되면 해마다 4만 톤 내지 30만 톤의 시멘트를 수입했던 지난날과는 달리 우리는 금년의 시멘트 수요 130만 톤을 자급자족하고도 약 7만 톤가량의 여유를 갖게 됨에 비추어, 이 공장의 가동은 이 나라 공업 발전을 위한 희망적 계기를 상징하는 것이라 아니할 수 없습니다.

돌이켜보건대, 19년 전 8·15 당시만 해도 삼척에 8만 5천 톤 규모의 양회공장 하나가 있었을 뿐이었다는 것을 생각하면 오늘의 이 경사는 격세의 감회를 자아내게 하며, 아울러 근면과 노력의 줄기찬 도정에는 반드시 이와 같은 보람 있는 결실이 맺어진다는 고귀한 교훈을 일깨워 주고 있는 것이라 아니할 수 없습니다.

확실히 1964년은 우리의 시멘트 생산능력이 일약 100만 톤이나 늘었다는 고무적인 공업화의 진전을 입증하는 해로서, 이와 같은 결과는 일찍이 세계 시멘트공업 사상 희유(稀有)한 일임을 자부하고 싶을 따름입니다.

앞으로 우리의 손으로 만들어진 시멘트는 조국근대화의 앞날에 다시없는 촉진제가 될 것이며, 수리사업을 비롯한 각종 토목사업 등 건설에 긴요하게 사용되어 국민생활 향상과 복지사회 건설에 크게 이바지하게 될 것을 확신해 마지않습니다.

아무쪼록 여러분들은 오늘날 생산 분야에 부하된 시대적 사명을 깊이 인식하여 분발과 창의를 다하여 계획된 목표량의 달성과 품질의 우수성 확보에 헌신적인 기여 있기를 간곡히 당부해 마지않습니다."

1억 달러 수출달성은 자립경제의 근간이 되는 수출증대의 앞날을 위해 뜻 깊은 일이다

1964년 11월 30일, 이날 우리나라는 드디어 우리의 오랜 숙원이었던 1억 달러 수출을 달성했다. 11월 말 현재 정확한 수출실적은 1억 139만 2000달러였다.

1억 달러 수출달성　1964년 11월 30일, 이날을 '수출의 날'로 정하였다. '수출의 날' 기념식에서 공로자들을 격려하는 박 대통령

1962년부터 착수한 제1차 경제개발5개년계획이 성공적으로 추진됨에 따라 농업생산의 증대는 물론 에너지산업 및 각종 기간산업의 건설과 철도, 도로, 통신 등 사회간접자본의 기반조성에도 많은 성과가 나타났고, 특히 수출은 목표연도보다 2년 앞당겨 달성된 것이다.

상공부는 1억 달러 수출목표를 달성한 11월 30일을 '수출의 날'로 정하고 우리의 수출증대와 경제자립 달성을 위한 이정표로서 매달 기념하기로 하고, 64년에는 12월 5일에 제1회 수출의 날 기념식을 거행하기로 하였으며, 이 사실을 12월 2일에 발표했다.

수출의 날을 알리는 현수막이 전국의 곳곳에 내걸렸다. 서울의 명동에 있는 중앙우체국 앞에는 '수출실적 1억 달러 돌파', '늘어나는 수출에 밝아오는 나라살림'이라는 표어가 적힌 기념탑이 세워졌다. 모두가 불가능한 일이라고 생각하던 수출 1억 달러 돌파에 온 나라가 열광했다.

12월 5일의 제1회 수출의 날 기념식에서 대통령은 1억 달러 수출의 달성은 자립경제의 근간이 되는 수출증대의 앞날을 위해서 뜻깊은 일이라고 천명했다.

"친애하는 국민 여러분!

오늘 평소에 우리들의 숙원이던 억대 수출의 달성을 보게 됨에 즈음하여, 나는 수출증진이라는 국가지상의 과제를 이룩하기 위하여 제일선에서 애써 노력한 수출업자와 생산업자 여러분은 물론 온 국민 여러분과 더불어 충심으로 기뻐해 마지않는 바입니다.

더욱이 우리나라 수출무역에 있어서 역사적인 기점을 마련한 오늘을 '수출의 날'로 정하여 널리 기념하게 된 것은 자립경제의 근간이 되는 수출증대의 앞날을 위하여서는 참으로 뜻깊은 일로 여기는 바입니다.

돌이켜보건대, 우리나라는 과거 반세기 일제강점기하에서 산업구조가 기형화되었고, 2차 세계대전 종전과 함께 해방을 맞았으나, 불행히도 국토가 양단되어 공업적 입지조건이 유리한 북한 땅을 상실한 데다가 설상가상으로 6·25전쟁으로 인한 참혹한 전쟁의 피해로 그나마 산업시설이 회진되어 선진제국에 대비할 때, 국민소득 수준은 저위에 머물고 또 국제수지는 만성적인 역조현상을 면치 못하여 상품수입이 수출의 10배를 넘는 실로 엄청난 불균형을 나타나게 되었고, 이로 말미암은 부족한 외화를 외원에 의존하면서 자립경제와는 너무나도 동떨어진 환경 속에서 살아왔던 것입니다.

그러나 최근 수년간 정부나 경제계의 여러분, 그리고 일반국민이 비상한 각오로써 자립경제 달성의 요체가 되는 수출증진에 온갖 정력을 경주함으로써 국제수지의 개선을 시도한 보람이 있어서 그간 눈부신 성과를 거둘 수 있게 된 것입니다.

특히 고질화된 국제수지의 역조현상을 개선하는 데는 허다한 난문제가 있었습니다만 수출업자와 생산업자 여러분은 물론 모든 국민이 수출 진흥에 적극 노력한 결과, 수출가 증가추세는 계속 유지되어 오늘에 이르러서는 우리나라 수출규모가 억대 돌파라는 새로운 과정을 확립하기에 이른 것입니다.

한편 수출무역에 있어서 양적인 면에서만 진전을 보았을 뿐만 아니라, 근래에 와서는 국내산업이 발전함에 따라 공업제품 수출이 현저하게 증대되어 후진적인 수출구조에서 점차로 고도화된 수출구조로 개선되어 가고 있어, 우리나라 수출무역의 장래를 밝게 해주고 있음은 매우 고무적인 사실이 아닐 수 없습니다."

대통령은 이어서 우리국민의 타고난 재질과 또 저렴하고 풍부한 노동력을 활용하여 노동집약적인 산업을 육성하여 공산품수출을 증대시키는 데 힘써 줄 것을 기업인들에게 당부했다.

"오늘날 세계 각국은 무역자유화의 경향과 함께 판로의 개척과 확대를 위하여 실로 불을 뿜는 치열한 경쟁을 하고 있음에 비추어, 우리나라에 있어서도 수출업 또는 생산업에 종사하고 있는 여러분들은 경영을 보다 합리화하고 기술을 개선함으로써 품질과 가격면에서 국제 간의 경쟁에 뒤지지 말아야 소기의 성과를 기할 수 있다는 점을 재삼 명심해야 할 것입니다.

정부에서도 여러분의 노력에 못지않게 국제경제의 환경에 적응되는 효과적인 시책으로 적극 여러분들을 지원할 것을 다짐해 두는 바입니다.

또한 우리나라는 천연자원이 아직 미개발 상태에 있으나 반면에 인적 자원은 풍부합니다.

그러므로 앞으로 우리는 지난날과 같이 농수산물 및 광산물과 같은 자연자원 수출에만 치중할 것이 아니라 우리민족이 선천적으로 타고난 재질과 저렴하고 풍부한 노동력을 최대한으로 활용하여 다각적인 생산 활동을 더욱 활발케 하고, 특히 노동집약적인 산업을 육성케 하고 여기서 제조되는 공산품 수출을 진흥시키는 데 가일층 노력할 것을 아울러 요망해 두고자 합니다.

끝으로 오늘 제1회 '수출의 날' 기념식에 즈음하여 상공당국이나 대한무역진흥공사가 이룩한 업적을 높이 찬양하고, 또 관계관 여러분의 노고를 치하하면서 이 뜻깊은 날이 자립경제를 촉성하는 또 하나의 계기가 될 것을 기원하는 바입니다."

우리도 국제수출 경쟁에서 이겨나갈 수 있다는 자신을 가지게 되었다

1965년 1월 16일, 대통령은 국회에 출석하여 발표한 연두교서에서 우리도 국제수출 경쟁에서 이겨나갈 수 있다는 자신을 가지게 되었다고 천명했다.

"정부는 증산과 더불어 수출을 대지표로 삼았습니다.

공업원료의 수입의존도가 높은 나라에서 수출은 경제의 생명입니다.

2차 세계대전 직후, 영국의 처칠 수상의 '수출 아니면 죽음'이란 호소가 결코 과장이 아닐 것입니다.

한 가정은 주인의 수입 내에서 살고, 정부는 세수입 내에서 경비를 지출하고 국가는 대외수입 범위 내에서 대외지출을 하는 것이 바로 자립의 초보적인 목표인 것입니다.

실로 우리나라는 과거에 수출이라는 것을 모르고 살아왔다 해도 과언이 아닙니다.

해방 전에는 예속경제, 해방 후에도 원조경제하에 자국의 수입 수요를 자력으로 충족시켜야 한다는 각성이 부족하였고 수출시장을 개척하려는 의욕도 거의 없었던 것입니다.

여러 해를 두고 년 2000~3000만 달러의 수출이 고작이었으며, 그것도 중석(重石) 등을 빼면 더욱 보잘것없었습니다.

그러나 지난 수년래(數年來) 정부와 민간이 잠을 깨고 노력한 결과, 수출은 급속히 신장하게 되었던 것입니다.

작년에는 드디어 1억 2000만 불을 돌파하기에 이르렀습니다.

아직 무역수지 균형까지에는 상당한 거리가 있으나 우리도 국제수출경쟁에서 이겨나갈 수 있다는 자신을 가지게 된 것만은 확실합니다.

작금 양년(兩年)의 수출 '템포'로 보면 금년의 목표가 1억 7000만 불은 물론 내후년 67년의 3억 불 목표도 능히 돌파할 것으로 예측됩니다.

한국의 잠재적인 수출경쟁력에 대한 국제사회의 인식도 점차 높아가고 있는 이때야말로 우리가 투입한 교육투자의 과실을 거둘 때가 왔다고 생각합니다.

앞으로 수년간만 국내정치가 안정되고 경제시책을 수출무역에 집중한다면 우리나라도 국제적인 수출입면에서 자립할 수 있게 될 것입니다.

정부는 경제시책의 방향이 무역진흥에 집결될 수 있도록 할 것이며, 무역에서 출발하여 무역에서 안정될 수 있도록 전력을 다할 것입니다.

증산과 수출의 2대 과업을 수행하여 가면서, 이를 뒷받침할 각종 공장건설을 비롯하여 국토종합개발과 전력·철도·주택 등의 건설도 정부는 그야말로 꾸준하고 치밀한 계획으로 이를 실천해 나갈 것입니다.

올해에는 이미 착공한 모든 댐 공사가 완성될 것이며, 또 정선선·경북선·진삼선의 개통을 비롯하여 240여 km의 철도 부설이 있을 것이고, 통신사업에 있어서는 '마이크로 웨이브'의 신설과 자동전화 3만 7000회

선의 확충, 그리고 해군에 있어서는 4만여 메트릭톤(M/T)의 외항선도 입 등이 이루어질 것입니다."

대통령은 이어서 증산, 수출, 건설의 목표를 달성하기 위한 통화안정, 외자도입, 중소기업 육성, 농수산물 가격유지 등에 관해 설명했다.

"위에서 밝힌 3대목표의 달성을 위하여 정부는 먼저 통화의 안정을 기할 것입니다.

65년도의 재정안정 계획은 현재 검토 중에 있으므로, 금융·통화·외환 등의 기본지표는 아직 결정을 보지 못하고 있으나, 64년도의 체험에 비추어 우리나라의 경제규모에 가장 적절한 안정목표를 책정하여 안정된 바탕 위에서 증산과 수출이 가능하도록 뒷받침할 것입니다.

금융면에 있어서는 한정된 통화량 범위 내에서 치밀 주도한 자금계획을 수립하고 주로 증산 수출 중소기업 등 부문에 집중적으로 지원되도록 조치할 것입니다.

금년 정부는 획기적인 시책으로 외환에 대한 단일변동환율제를 채택하여 자유시장의 수요공급에서 환시세가 형성되도록 하고, 동시에 국제시장 가격과 국내시장 가격의 상호작용에 의한 자동적인 수입조절 기능을 대폭 회복케 하겠습니다.

이는 증산과 더불어 물가안정을 뒷받침하는 2대지주입니다.

다음은 우리나라 경제의 성장을 돕고 발전을 촉진시키는 데 있어서 더욱 많은 우방국가와의 경제협력을 강화하겠습니다. 우리는 우리의 눈을 밖으로 돌려야 합니다.

우리는 우리가 낙후된 것을 아는 동시에, 우리가 전진할 수 있는 잠재능력을 가진 것도 인식하여야 하고, 또한 우리를 도울 수 있는 많은 우방국가가 있다는 것도 알아야 할 것입니다.

금년에는 미국·서독을 비롯하여 서구 제국(諸國)과 일본 등으로부터의 차관 가능액이 상당한 크기에 달하고 있습니다.

필요한 것은 수원(受援)태세의 정비입니다.

외자를 신속하고 올바르게 받아들이기 위하여 일부 경제행정기구를 능률적으로 개편 강화할 생각입니다.

그다음으로 일찍이 밝힌 바 있거니와, 중소기업에 대하여는,

첫째 수출산업에의 전환을 적극 지원하겠습니다.

그리고 당분간은 대기업과의 경합을 완화시키고 그 산업성을 높이기 위하여 중소기업을 계열화·조직화하는 동시에, 중소기업의 소요자금과 원료공급을 대폭 증대할 방침입니다.

끝으로 농업·수산업에 있어서는 농수산물가격 유지에 더욱 주력하기 위하여 각종 공업원료·수출상품의 계약재배를 계속 확대 지원하며, 이 방면에 대한 도시자본의 투입을 환영할 것입니다.

또한 농업, 수산금융에 있어서도 계층별로 지도금융에 중점을 두어 실시해 나갈 방침입니다.

그러나 5단보(段步) 미만이 100만 호가 넘는 우리나라에서 중농정책의 성공은 농민의 자발적인 협동조직 위에서만 이루어질 수 있는 것입니다.

이 산 예로, 거의 자발적으로 현재 진행 중에 있는 경상북도의 경지정리사업을 들 수 있습니다.

나는 경상북도의 예를 전국에 펼쳐서 농업협동정신을 앙양하는 동시에, 농업경영합리화의 기반을 마련코자 전국으로 동 사업을 계획 실시할 방침입니다."

수출하는 기업과 기업인에 대한 '특혜지원'이 시작되다

대통령은 연두교서를 발표한지 1주일이 지난 1월 22일 전국산업인대회에 참석하여 수출증대를 위한 정부의 각종 지원 대책을 밝히고 기업들

의 창의적인 노력과 분발을 촉구했다. 이날 대통령이 천명한 수출기업지원 방침은 한 마디로 수출을 하는 기업과 기업인에 대해서는 무엇이든지 다 도와주겠다는 '특혜'의 시작이었다. 그것은 실로 파격적이었다.

대통령은 먼저 우리나라와 같은 어려운 여건하에서 수출한다는 것이 어려운 일이지만, 기업인이 앞장서고 정부가 뒤를 밀고 온 국민이 합심 협력한다면 단시일 내에서 성과가 오를 것이라는 확신을 피력했다.

"오늘 여러분들이 이렇게 모처럼 한자리에 모여 우리나라 산업의 여러 가지 문제에 대하여 서로 자유로이 의사를 교환하고 앞날의 발전을 위하여 토의할 수 있는 기회를 갖게 된 것을 매우 반갑게 생각합니다.

또한 이 대회가 여러분에게는 물론 국가경제의 발전을 위하여도 뜻 깊은 회의가 될 것을 믿어 마지않습니다.

그런데 우리는 아직도 경제자립의 바탕을 갖추지 못하고 있습니다.

다시 말하면 수출을 증대시켜 원조 없이도 국제수지가 균형되고, 많은 공업원료와 기계시설이 국내에서 생산되어 물가등귀 없이 산업발전이 이루어지도록 되어야 하겠습니다.

지난날 우리가 겪은 쓰라린 경험에 비추어 우리와 같은 어려운 환경하에서 한 나라의 산업이 발전한다는 것이 결코 용이한 일이 아님을 나는 잘 알고 있습니다.

오늘에 이르기까지의 여러분의 고충도 이만저만이 아니었을 줄 압니다. 전기가 끊어진다, 원료가 달린다, 환율이 2배로 뛴다는 등등 어려운 일이 한두 가지가 아니었던 것이 사실입니다.

그러나 그러는 사이에 수출도 늘기 시작하고, 공장도 건설되어 가고 있고, 전기사정도 크게 좋아졌습니다.

그러나 우리 경제가 자립하려면 아직도 한고비 더 넘어야 하겠습니다. 이제 우리는 우리의 나아가야 할 방향이 무엇인가를 민관이 다 같이 뼈저리게 인식하게 되었습니다.

첫째, 수출을 늘려야 하겠습니다.

차관상환이나 수출용 원료수입 증가 등을 생각하면 수출면에 있어서 여러분이 담당하여야 할 일이 얼마나 벅찬 일인가가 짐작됩니다.

어려운 일이지만 여러분이 앞장서고, 정부가 뒤를 밀고, 또 온 국민이 합심 협조하면 단시일 내에 성과가 오를 것으로 확신합니다. 우선 우리는 눈을 밖으로 돌려서 세계도처에서 우리의 고객을 찾아야 하겠습니다.

정부도 여러분을 돕기 위하여 정부의 모든 노력은 물론 무역진흥공사와 해외공관의 경제활동을 일층 강화하겠습니다.

나는 여러분이 수출시장을 확대하기 위하여 세계 각국에 그 활동을 넓히는 데 대하여 전적으로 뒷받침해 드릴 작정입니다. 수출실적이 있는 분에게나, 수출이 유망한 업체에서 해외여행을 희망할 경우에는 비행기표나 초청장이 있어야 한다는 조리에 맞지 않는 행정을 금년에는 일소토록 하겠습니다.

그 대신 여러분도 자발적으로 외화를 절약해 주어야 할 것입니다. 외화는 온 국민의 피와 땀이 어린 노력의 결정입니다.

또한 나는 지난 연말부터 실시된 수출용 원자재 수입시의 신용장 개설보증금문제와 수출금융의 이자 및 제반수수료 인하문제 등을 즉각 재검토하여 이를 시정하도록 지시했습니다.

기타 행정의 복잡성도 계속 시정하도록 조치하고 있습니다.

다만 여러분 가운데 목전의 이익추구에 조급한 나머지 국제적 신용을 추락시키는 일은 절대로 있어서는 안 되겠습니다.

정부는 그런 일이 발생하지 않도록 금년부터 검사제도의 일층 강화를 꾀할 것입니다. 만약에 고의로 상품의 질을 속이는 경우가 있다면 단호한 처벌을 받아야 될 것입니다."

대통령은 이어서 우리는 우리의 자원을 개발하고, 인류의 지식과 기술을 소화하며, 실업자를 활용함으로써 자본 부족을 보충해야 한다는 점을 강조하고, 이를 위해서 정부는 기업인들의 활동에 도움이 될 수 있는 여러 가지 방책을 취하겠다는 뜻을 밝혔다.

"지혜와 용기를 가진 민족에는 활로가 있습니다.

우리는 수출과 아울러 풍부치는 못하나 우리가 가진 자원을 개발하는 데 전력을 다하여야 하겠습니다.

우리는 수많은 실업자를 활용하여야 하고, 이로써 자본부족을 조금이라도 보충할 수 있어야 할 것입니다.

이를 위하여 정부는 여러분에게 무엇을 어떻게 해 드려야 하겠느냐를 생각해 보았습니다.

첫째, 여러분이 믿을 수 있는 정부가 되어야겠다고 생각했습니다.

근본정책이 조석으로 변하지 말아야겠습니다. 여러분이 판단기준으로 삼을 수 있는 각종 정책을 사전에 제시하는 방향으로 행정을 시정해 가겠습니다.

예를 들면 단일변동환율제도만 하여도 그 실시 시기의 불투명으로 수출활동이 저해되고 있음을 알고 있습니다. 이러한 일이 없도록 노력하여야겠으며, 또한 일부의 반대만 있으면 근본정책을 쉬 변경하는 흔들리는 행정이 되풀이되어서도 안 되겠다는 것입니다.

이런 방침에서 정부는 각종 공업의 목표와 육성방침을 성안하여, 여러분이 지침으로 삼고 투자활동을 할 수 있게끔 지도할 작정입니다. 중소기업에 있어서도 마찬가지입니다. 각 업종별로 그 나아갈 방향을 제시해 볼 생각입니다.

또한 산업시설 도입을 위한 외국자본의 도입면에 있어서도 외자도입법의 취지를 살리면서 행정을 능률화해 갈 방침입니다. 자금면에서도 새로이 서구지역의 협력을 얻을 수 있게 될 것이며, 중소기업에 대하여도 2000만 달러의 차관자금이 우선적으로 배당될 것입니다.

그러나 뭐니 뭐니 해도 산업건설의 관건은 내자조달에 있습니다. 이 점에 있어서 여러분의 협조가 무엇보다도 중요하다고 생각하는 것입니다. 절약할 수 있는 사람은 바로 여러분들입니다.

일부의 내자는 외자에 의하여 마련하는 방법도 연구 중입니다. 그것도 결국 상환하여야 한다는 사실을 생각할 때, 역시 내자는 어디까지나 국내자본의 동원에 의하여야 한다고 절실히 느껴지는 것입니다.

물론 정부는 금융면에서도 소요자금의 일부를 공급할 계획입니다. 그러나 물가안정을 무엇보다도 중요시하여야 할 정부입장으로서 덮어놓고 자금을 공급할 수 없다는 어려움이 있음을 여러분도 이해해 주어야 하겠습니다.

따라서 정부는 재래의 가족회사를 탈피하여 여러분이 상호협조하여 큰 자본을 조달할 경우에는 우선적으로 지원할 방침입니다.

이러한 관점에서 주식분산이라는 것이 더욱 절실히 요망되며, 정부 측에서도 국영기업체의 주식을 꼭 공매토록 하여 주식대중화의 사회적 분위기를 조성하는 동시에 내자를 조달해 나가겠습니다.”

대통령은 끝으로 역사와 민족과 국가 앞에 기업인으로서의 사명의식을 간직해 줄 것을 당부했다.

“다시 한 번 가능성의 세계로 우리의 머리를 돌려 봅시다. 싼 노임과 세계 최신의 기술이 결합된 상태를 상상해 봅시다. 우리에게도 반드시 비약의 날이 가까운 장래에 올 것입니다.

이웃나라 일본도 결코 자원이 풍부한 것이 아닙니다. 그들의 석유화학공업이나 방직업·철광업도 그 원료의 대부분을 외국에 의존하고 있지 않습니까? 우리와 다를 것이 무엇입니까? 노임이 싼 만큼 우리는 그들보다 유리합니다. 방직업계에는 이미 그런 기운이 싹트고 있습니다.

여러분! 더욱 용감하게 전진합시다. 그러면 더 많은 분야에서 우리가 그들을 능가할 수 있을 것입니다.

좋은 착상과 그것을 실현하려는 불굴의 의지와 노력만 있으면 반드시 우리 사회에도 번영의 꽃이 피게 될 것입니다.

전국의 공업·광업·농림·수산업 그리고 무역업을 경영하는 산업인 여러분!

여러분의 의욕에 넘친 사업을 정부로서는 최선을 다해 지원할 것을 다시 한 번 다짐하면서, 마지막으로 당부할 것이 하나 있습니다.

그것은 조국근대화라는 민족적인 과업에 임해서, 역사와 민족과 국가 앞에 사명의식을 깊이 간직해 달라는 것입니다. '기업활동의 자유'가 과거 사회에서와 같이 왜곡되거나, 또 윤리성을 저버리는 일이 없어야 하겠다는 것입니다. 더욱이 아직도 불우한 환경 속에 사는 많은 불쌍한 동포들을 한시도 잊지 말아야 하겠습니다.

여러분들의 왕성한 사업의욕과 함께 국가, 민족에 향하는 불타는 사랑이 있기를 간곡히 당부해 마지않습니다.

나는 이 뜻깊은 대회에 나와서 여러분의 새로운 결의 찬 모습을 보고 마음 든든하게 생각하며, 여러분의 온갖 노력이 참되게 결실되기를 바라는 바입니다."

대통령은 한국의 경제발전을 이룩하는 데 있어서 기업인의 필요성과 중요성을 누구보다도 잘 알고 있었다. 기업과 기업인은 투자를 담당하고 경제성장을 주도하는 주체로서 국가의 번영과 국민의 복지를 위해서 불가결한 존재라고 믿고 있었다.

기업인은 특이한 상상력과 특출한 결단력과 추진력을 가진 사람들로서, 항상 과거 질서를 파괴하고, 과거의 관습과 고정관념을 거부하면서, 끊임없는 혁신을 통해 새로운 미래의 가치와 질서를 창조한다.

기업인은 위험을 무릅쓰고 회사를 설립하여 새로운 상품의 생산을 위해 아직 시도되지 않은 기술적 가능성을 이용하고 원자재의 새로운 공급원이나 생산물의 판로를 개척하며, 산업의 재조직을 통해 생산양식을 혁신한다.

기업인들은 사용되지 않은 저축을 공장과 사무실, 농장과 연구실로 전환시키고 상품과 일자리를 창출해 부를 창조한다.

경제의 고도성장은 기업인들의 모험정신과 혁신능력에 절대적으로 의존한다.

따라서 경제를 살리려면 먼저 기업을 살려야 하고, 기업을 살리려면 기업인들의 기업가 정신과 혁신과 모험의 정신이 살아나야 한다. 시대 변화를 꿰뚫어보는 통찰력과 위험을 무릅쓰고 새로운 가능성에 도전하는 개척정신, 해야 할 일은 반드시 해내고 마는 추진력을 겸비한 젊고 패기에 찬 기업인들이 등장해야 한다.

그래서 대통령은 기업의 급속한 성장과 발전을 위해서 정부가 여러 가지 방법과 수단으로 기업을 지원하고 보호하도록 했다.

대통령은 정부가 기업을 지원하는 데 있어서 정부의 관계부처와 지원 대상 기업이 반드시 지켜야 할 원칙을 정하여 이를 철저하게 실행하도록 했다.

첫째, 정부는 지원 대상 기업과 사업을 선정함에 있어서 철저하게 경제논리에 따라 결정하고 일체의 정치적 고려를 배제한다.

둘째, 지원 대상 기업은 사업의 타당성과 경제성을 입증하고 선진국의 자본과 기술을 도입하도록 한다.

셋째, 정부는 공장의 부지로 최적의 입지조건을 갖추고 있는 지역에 공업단지를 조성하여 연관성 있는 공장들은 입주시킨다.

넷째, 지원 대상 기업은 수출증대에 집중적인 노력을 기울이도록 한다.

다섯째, 정부의 관계부처는 지원 대상으로 선정된 기업과 기업인에 대해서는 과감하고 파격적인 지원을 한다.

이러한 원칙에 따라 시멘트공장, 제철공장, 비료공장, 정유공장과 같은 기간산업 건설과 사회간접자본 확충사업을 추진하도록 선정된 기업과 기업인에 대해서 대통령은 과감하고 파격적인 지원이 어떤 것인가를 각종 건설현장에서 보여 주었다. 1962년 2월 3일 울산공업지구건설 기공식을 시작으로 1979년 10월 26일 세상을 떠난 그 순간까지 대통령은 전국의 공업단지를 수시로 방문하여 근로자들을 격려하고 경영진을 만나서는 애로사항을 물어서 그 애로를 현장에서 해결하도록 특단의 조치를 해 주었다.

일찍이 역대정권 시대에는 어떤 집권자도 하지 않았던 일이 일어나고 있는 광경을 보고 있던 정부관계부처의 고위관료들은 "저러시면 안 되는데" 하고 당황하고 놀라는 기색이 역력했다. 그러나 특단의 지원을 받은 그 기업의 경영진은 기뻐할 사이도 없이 놀라고 감동했다. 문제의 애로사항을 해결하기 위해 관계부처에 여러 번 찾아가서 지원을 요청했으나 이런저런 규정을 내세우며 차일피일 미루어 왔는데 대통령이 직접 챙기고 도와주니 정말 열심히 일해야겠다는 마음이 앞선다는 것이다.

대통령은 기업다운 기업이나 기업인다운 기업인이 없는 우리나라가 공업화를 하려면, 부모가 자식을 낳아서 키우고 교육시켜서 그 자식을 훌륭한 인재로 성장하는 그날까지 무한한 사랑과 정성으로 보살피고 보호하고 격려해 주는 그러한 부모의 마음가짐으로 우리의 기업과 기업인을 하나하나 착실하게 키워나가야 한다는 생각을 갖고 있었다.

제1차 5개년계획부터 제4차 5개년계획이 완성되는 20년 동안 우리가 그렇게 노력해 나간다면, 1980년대에 가면 세계적인 한국기업과 세계적인 한국기업인이 많이 생기게 된다는 것이다.

대통령이 예단한 이러한 밝은 전망은 제1차 5개년계획 추진 과정에서 이미 엿보이기 시작했다. 기간산업 건설과 사회간접자본 확충사업을 맡아서 추진한 기업과 기업인들은 그러한 사업을 추진하는 과정에서 새로운 기술을 습득하고 자본을 축적함으로써 해마다 성장을 지속했다.

사실 1960년대 초 대통령이 우리나라가 경제발전을 이룩할 수 있는 최선의 길은 수출주도 공업화에 있다고 선언했을 때 대부분의 기업인들은 그들이 국제시장에 나가서 수출을 증대시키는 것은 거의 불가능한 일이라고 체념하고 있었다. 그러나 대통령은 우리 기업인들도 창의력을 가지고 노력하면 국제 경쟁에서 이길 수 있다고 믿고 있었다.

대통령은 자신의 신념을 기업인들에게 인식시키고, 그들이 국제 경쟁에 뛰어들어 수출을 증대할 수 있도록 정책적인 지원을 해줌으로써 마침내 자신감을 상실했던 기업인들에게 수출에 대한 자신감을 가질 수 있게 만들었다.

그러나 정부의 육성과 지원과 보호 속에 성장한 기업과 기업인들은 정상적인 경영활동의 영역을 벗어나 해서는 안 되는 일을 되풀이함으로써 기업인에 대한 국민들의 기대를 저버리는 사례도 적지 않았다.

기업인들 중에는 수단과 방법을 가리지 않고 이윤극대화만을 추구하여 돈벌이에만 급급한, 천박한 장사꾼과 부동산투기꾼이 생겨났고 심지어는 밀수와 탈세로 축재를 일삼는 자들도 있었다.

대통령은 지속적인 고도의 경제성장을 위해서 기업이 투자재원을 확보하기 위해 부를 축적하는 데 대해서는 이를 규제하지 않았다.

그러나 기업인이 개인적으로 부를 축적하는 데 대해서는 이를 반사회적인 행위라고 단정하고 기업인의 사회적 책임을 강조하였으며, 기업윤리를 실천하는 데 솔선수범할 것을 강력히 촉구했고, 악덕 기업인에 대해서는 법이 정하는 대로 준엄하게 다스렸다.

정부는 무역정책, 외환정책, 조세정책, 관세정책 그리고 금융정책의 5가지 측면에서 수출촉진 정책을 추진하여 경제개발계획의 초기단계에 있어서 수출을 통한 경제 성장추구에 대한 정부의 의지를 분명히 했다.

1960년대 초 이래로 정부가 실시한 각종 수출지원 정책은 수출에 대한 강력한 지원, 합리적인 환율유지, 수출산업에 대한 금융 및 세제상의 지원 등이었다.

정부는 수출장려에 있어서 다음과 같은 원칙을 정하여 전략품목을 집중 지원했다.

첫째, 모든 업종을 골고루 도와주는 것이 아니고, 품목의 성격상 우리나라에 유리한 품목을 골라 집중적으로 지원한다. 즉 특화산업의 육성이다. 그리고 그것도 일시에 하는 것이 아니고 몇 개 업종씩 단계적으로 골라서 실시한다.

둘째, 선정된 특화업종이라도 다 도와주는 것은 안 된다. 그 업체가 수출하느냐, 안 하느냐, 많이 하느냐, 적게 하느냐에 따라서 도와주기도 하고 안 도와주기도 해야 한다. 따라오는 업체는 도와주고 방관하는 업체는 도와주지 않는다. 따라서 업종이 아니라 업체를 지원 대상으로 한다. 업체 수도 처음부터 많이 하는 것이 아니고 단계별로 수를 늘려 나간다.

셋째, 선정된 업체에 대해서는 수출을 제대로 하는 한 힘껏 도와주어야 한다. 관민이 일체가 되어야 한다. 구식기계는 최신 것으로 교체한다. 자금이 필요하면 달러든 원화든 지원한다. 수출용 기자재 도입은 관세도 면제한다. 금리도 싸게 해준다. 운영자금도 필요한 만큼 준다. 기술지도도 공짜로 해준다. 외국시찰도 허가한다.

넷째, 수출목표를 달성하면 표창한다. 훈장도 준다.

정부의 수출진흥책은 수출품 제조업체에 대한 지원책과 무역업무에 대한 애로타개와 장려책 등 다양했다.

60년대 초부터 정부가 실시한 수출진흥책의 하나는 적자가 나는 수출업체를 보상해 주는 수출보상 정책이었다. 수출보상 수단으로는 수출장려금도 있었고, 수출입링크제도도 있었다. 이 제도는 수출업자에게 수출을 한 액수만큼 자기가 마음대로 달러를 쓸 수 있는 권리를 주는 제도로 꼭 필요할 때만 일정기간을 정하고 일정비율 한도에서 이 수출입링크제도를 활용하였다. 즉 새로운 품목을 수출하기 시작할 때의 자극제로 활용하였다. 이 제도의 활용으로 그동안 약간의 적자 때문에 수출을 못하던 제품들의 수출이 늘어나기 시작하였으며, 특히 아직 수출 기반이 약한 공산품의 수출에 도움을 주었다.

1964년 5월 3일 환율인상으로 공정환율이 달러당 130원에서 2배인 255원으로 올라가 거의 실세에 가깝게 되고, 고정환율도 변동환율로 바뀌어 시세에 따라 환율이 변동되는 정상적 길이 마련됨으로써 수출입링크제도는 수출증대에 크게 기여하게 되었다.

또 하나의 수출장려책은 소요량증명에 의한 기술소득제도이다.

이것은 어떤 원료를 들여다 제품을 만들어 수출할 때 거기에 드는 원자재 수입을 인정하고 관세를 면제해 주는 제도이다. 원자재 10개가 들겠다고 해서 들여왔는데 알뜰하게 쓰다 보니 2개가 남았을 때, 그 2개에 대해서 기술소득이라 하여 관세를 면제해 주는 것이다. 다시 말하면 원자재 수입을 좀 후하게 해주고 수출하고 남은 원자재는 이를 제품화해서 국내시장에 팔아도 된다는 것이었다. 예를 들면, 텔레비전 1백 대를 만드는 데 TV부품 110대분을 들여다가 1백 대만 수출하고 10대는 국내에 팔아도 되었다. 관세를 물지 않아도 되고 구경도 못하던 신제품을 국내에서 팔면 돈을 벌 수 있기 때문에 수출업체에 큰 이익이 돌아갔다. 이 제도도 수출진흥에 큰 도움을 주었다.

정부는 기업에 보조금에서부터 특혜관세와 면세조치에 이르기까지 많은 것을 지원했고, 물품구입 등을 통해 기업의 자본수요액의 상당량을 떠맡았다. 정부는 기업에 고속도로, 항만, 철도, 통신 등을 마련해 주었고, 재정난에 빠진 기업을 구제하기도 했다. 정부는 또한 관세를 통해 기업을 외국과의 경쟁에서 보호해 주었고 어려운 기업에 대해 세금을 면제하거나 경감해 주었다. 뿐만 아니라 정부는 기술개발 비용이 기업의 능력 이상으로 방대한 경우에는 그 비용을 기업 대신 부담했고, 필요한 과학기술 지식의 획득을 위해 자금을 지불하고 기업으로 하여금 그 지식을 이용하게 했다. 현대 기술의 특징은 새로운 기술을 연구개발하는 데 엄청난 시간과 자금이 소요된다는 데 있다. 따라서 새로운 제품의 생산에 필요한 기술을 개발해야 할 경우에는 소요시간이나 비용은 크게 늘어나며 실패했을 때 부담해야 할 손실도 적지 않다.

그리고 이러한 위험은 기술이 고도로 발달하면 발달할수록 개별적인 기업의 능력으로는 감당할 수 없게 된다. 그래서 정부가 기업을 위해서 그 위험을 부담하기로 한 것이다.

정부는 또한 인적 자원 육성, 총수요의 조정, 임금과 물가의 안정 등을 통해 기업의 성장을 지원했다.

정부는 또한 선진공업국가들로부터 외자를 도입하여 자본형성과 공업화에 필요한 수입재를 조달했고, 외국의 기술을 도입하고 기술교육을 확충했으며, 경제행정과 경제외교를 강화했다.

경제개발 초기에 있어서 기업인들은 현재와 미래에 사회질서와 정치안정을 보장하는 강력한 통치를 필요로 한다. 정치안정과 사회질서가 보장 안 되면 기업인들은 이윤을 창출하지 못하고 미래의 경제전망에 대해서도 확신을 가질 수 없게 되기 때문이다.

따라서 대통령은 기업이 경제성장에 기여할 수 있는 정치안정과 사회질서를 유지하기 위해 강력한 조치를 취했고, 기업인들은 대통령을 믿고 생산투자에 전념함으로써 경제 성장의 견인차 역할을 다했다.

한편 정부는 두 가지 형태의 금융정책으로 기업을 지원했다. 그 하나는 저금리정책이었다.

60년대 초 우리나라는 개인가계저축이나 법인기업저축이 아주 빈약한 상태에 있었다. 일인당 국민소득이 낮은 데다가 개인저축을 동원하는 금융기관이 불충분했기 때문이다.

그래서 정부는 제1차 경제개발5개년계획을 추진하면서 정부 주도로 각종 금융기관을 창설하고 이들을 통해 수출산업에 대해 금융지원을 강화했다. 경제개발의 상당기간 동안 시중 은행들은 국유화 상태로 유지됐고 정부의 지시에 따라 저리자금을 기업에 빌려주는 기능을 수행했다.

금융기관들은 시장의 실제금리보다 낮은 조건으로 기업에 대출을 해 주고, 기업은 유리한 대출로 투자수익을 올리게 되고, 확대투자를 위해 더 많은 대출을 요청하고, 금융기관들은 기업의 확대수요를 충당해 주는 식으로 금융기관과 기업 사이에 확장적인 대응관계가 발전되어 왔다.

그리고 예금을 통한 금융저축이 빈약했기 때문에 정부는 중앙은행의 신용대출을 통해 금융기관에 필요한 자금을 지원해 주었다.

이러한 금융의 팽창은 공업화를 촉진하고 경제의 고도성장을 지속시킨 원동력의 하나였다. 이러한 고도성장은 인플레를 수반하는 이른바 인플레적 성장이었다.

인플레는 기업의 반제부담을 경감하고, 인플레 이익을 통해 사업 확대를 촉진하고 그 결과로 취업기회의 증대와 임금상승을 가져와 국민의 생활이 향상되었다.

또 하나의 정부의 금융정책은 정책금융이었다.

정책금융은 정부가 경제개발계획 등 특정정책 목표를 달성하기 위하여 금융면에서 일반상업 금융을 질적 또는 양적으로 보완함으로써 자본유입을 의도적으로 증대시켜 당해 부분을 육성시키기 위한 선별적 금융정책 수단이었다. 그것은 정부가 은행을 통해서 조성한 국내외의 저축을 경제개발계획에 입각한 사업의 우선순위에 따라 특정의 산업과 기업에 유리하게 배분하는 것이었다.

60년대와 70년대에 정책금융을 통한 대출금이 전체 대출금에서 차지하는 비중은 항상 50% 이상을 차지했다. 정책금융의 자금배분은 주로 수출산업 등 외화획득산업과 중화학공업 및 주요기간 산업의 지원을 위한 자금이 총정책금융의 과반수 이상을 차지했다.

정책금융은 60년대 전반에는 섬유공업과 경공업에 대한 지원, 60년대 후반에는 전자공업에 대한 지원, 70년대 전반에는 수출산업과 중화학공업에 대한 지원, 70년대 후반에는 중화학공업에 대한 지원에 집중되었다.

그 당시 야당과 일부 경제학자들은 정부의 금융에 대한 개입을 비판했다. 특히 정책금융을 통한 특정산업과 대기업에 대한 편중된 금융자원의 배분은 시장경제의 효율적 기능을 왜곡하고 낭비와 부패를 가져온다고 주장했다. 금융자원의 배분을 자유시장의 기능에 맡겨두면 투자자원의 낭비와 부패를 막고 효율적인 경제성장이 가능하고, 중소기업을 중심으로 하는 균형잡힌 경제구조가 형성될 수 있다는 것이다. 이들의 비판이나 주장은 그 당시 우리나라의 경제현실을 무시하고 선진국에서 이루어지고 있는 시장경제의 원리를 무조건 우리도 도입해야 한다는 것이었다.

그러나 그 당시 우리나라에는 금융자원을 배분할 수 있는 시장 자체가 형성되어 있지 못했다. 직접금융의 기능을 하는 자본시장은 1956년 증권거래소가 개설되면서부터인데 주로 국채를 거래한 유통시장으로 존재하였고, 상장기업도 1960년대까지 한전을 비롯한 국영기업 중심의 고작 10여 개에 불과하였다. 기업의 설립자금을 조달하는 발행시장이 시동된 것은 1967년 한국투자개발공사 설립부터이며 그것은 정부가 창업투자회사의 역할을 대신하여 기업이 발행하는 주식을 인수하는 것이었다.

이어서 1972년 기업공개촉진법이 제정된 후에야 자본시장이 본격적으로 가동되었다. 그리고 간접금융의 기능을 담당하는 은행시장은 만성적인 자금부족과 대출의 초과수요에 시달리고 있었다. 그 당시 생계금융이나 상업금융의 역할을 하고 있던 사채시장의 이자율은 최저 50% 최고 100%의 고율이었다.

따라서 은행들은 이러한 고금리 유혹을 뿌리치고 수익성도 낮고, 불투명하고 위험한 기업대출을 하려고 하지 않았다. 이러한 상황에서 기업들은 정부에 특단의 조치를 호소했고, 정부는 정책금융을 통해 경제성장에 기여할 수 있는 기업에 금융자원을 집중적으로 배분한 것이다. 따라서 정책금융이나 저금리정책은 60년대 초의 상황에서 공업화를 밀고 나가기 위해서는 불가결한 것이었다.

이러한 금융정책은 수출지향 공업화를 통해 우리 경제의 지속적인 고도성장에 중요한 동력이 되었다.

야당과 일부 경제학자들은 정책금융이 자원의 낭비와 부패를 가져왔다고 비판했지만, 그들의 말대로 금융자원이 낭비되고 부패가 만연했다면 우리 경제는 절대로 장기간 동안 고도성장을 지속할 수가 없었을 것이다.

우리 경제의 고도성장은 금융자원 배분에 있어서 그 기본방향과 원칙을 정부관계 부처의 담당공무원들이 사심 없이 철저하게 준수했기 때문에 가능했던 것이다. 그 당시 대부분의 공무원들은 근대화의 주도집단이라는 긍지와 사명감으로 분발하여 자기들의 권한을 개인적인 치부수단으로 악용하지 않았다.

그것은 대통령이 항상 공무원의 정직과 청렴을 강조하고 신상필벌의 원칙에 따라 부정한 공무원은 엄벌하고 청렴한 공무원에 대해서는 포상을 한 결과였다.

정책금융에 부정과 부패가 수반된 것은 1987년 이른바 민주화 시대에 집권자들이 부정부패한 시기였다.

1980년대 이후에는 우리나라에 자본시장을 포함한 금융시장이 크게 성숙하였기 때문에 정책금융은 완화할 필요가 있었다. 그러나 80년대 이후의 집권자들은 주택건설이나 농어촌 구조조정, 또는 사회 정책적 요구 등에 금융자금을 배분하는 과정에서 부정부패를 조장했다.

정부의 공무원들이 부정문제로 사법처리되는가 하면 대통령과 대통령의 자제까지 부패사건에 연루되어 모두 사법처리되었다. 이것은 한마디로 집권자 자신들이 청렴하지 못했고, 자신의 가족과 추종자들이 개인적이 축재에 눈이 멀었기 때문이었다.

대통령은 범정부 차원에서 수출확대와 수출기업에 대한 체계적이고 신속한 지원을 해주기 위해 정기적인 회의기구를 설치했다. 1964년 12월 말에 서독을 국빈방문한 후 귀국한 대통령은 65년 1월부터 무역진흥회의를 시작했다. 이 회의에는 관계국무위원과 경제 4단체장이 참석하여 매달 수출증대 문제를 논의했다.

1966년에는 무역진흥회의를 무역진흥확대회의로 개편하고 중앙청 제1회의실에서 대통령 주재하에 매달 회의가 열렸다. 이 회의에는 국무총리를 비롯한 모든 경제관계 각료와 경제 4단체장, 수출업계 대표 그리고 정계대표 등 수출관련 모든 인사들이 총집결된 대규모 확대 회의였다.

상공부 장관이 사회를 보는 이 회의에서는 먼저 외무부로부터 해외시장의 정보보고와 애로사항을 듣고 상공부에서 지난달의 실적과 전월대비 증가율, 전년대비 실적을 분석 보고하였으며, 수출목표 달성을 위한 대비책도 보고하였다. 이어서 경제계로부터 수출목표 달성을 위한 애로사항을 건의케 하여 관계 장관들이 즉석에서 답변토록 하였다. 그리고 수출유공자에 대하여 포상하였고 포상업체에 대하여는 세제상 우대조치도 시행하였다.

이 회의는 완전한 공개회의였고, 항상 수출기업에 유리한 결정을 했고 결정된 사항은 지체 없이 집행되었다.

대통령은 매달 무역진흥확대회의를 직접 주재하고 기업인들과 경제

정책에 관하여 많은 대화를 나누었고 회의가 끝나면 오찬을 같이하면서 기업인들과 관계부처의 장관들로부터 수출의 진척상황과 애로사항에 관한 보고를 들었으며, 기업인이 지적한 애로사항이나 문제점에 대해서는 시정조치를 그 자리에서 지시하여 즉각 해결해 주었다.

이 회의는 우리나라가 달성해야 할 수출목표를 정하고 그 목표를 달성하기 위해서 정부와 기업인들이 어떻게 하면 우리나라의 수출고를 보다 더 많이 올릴 수 있고, 우리나라의 수출산업을 보다 더 발전시킬 수 있고 또 우리의 해외시장을 더 개척해 나갈 수 있는가 하는 문제와 관련하여 그동안, 정부와 경제계에서 추진해 온 여러 가지 일들을 반성해 보고, 앞으로 어떻게 노력해 나가야 되겠는가 하는 문제에 관해 격의 없는 토론을 하는 대화의 광장이었다.

이처럼 대통령이 매달 무역진흥회의를 직접 주재하고 수출전략을 진두지휘한 예는 다른 나라에서는 찾아볼 수 없는 일이었다. 그 당시 수출에 있어서 우리나라와 경쟁관계에 있는 대만, 홍콩, 싱가포르도 수출확대를 위해 힘쓰고 있었으나, 국가원수가 직접 수출 진흥 회의를 주재하지는 않았다. 이것은 다른 나라의 지도자들이 따라올 수 없을 정도로 수출에 대한 대통령의 열정과 집념은 넘치고 확고했음을 보여주는 것이었다.

이 회의는 1979년 대통령이 운명하는 날까지 대통령이 한 번도 거른 적이 없을 정도로 중요시한 수출입국의 산실이었고 지휘소였다.

외국자본의 수용태세를 확립하고, 경제체질 개선에 힘써야 한다

1965년 5월 12일, 제2회 상공인의 날에 대통령은 외국자본의 수용태세확립과 우리 경제의 체질개선에 힘쓸 것을 촉구했다.

"오늘 제2회 '상공인의 날'을 맞이하여 나는 상공인 여러분과 자리를 같이하게 된 것을 매우 기쁘게 생각하는 바입니다.

지난해에는 여러 가지 어려운 경제여건에도 불구하고 정부의 시책에 힘껏 협조하시고 또한 생산증대와 수출진흥을 위해 온갖 심혈을 기울여 주신 여러분의 노고를 치하해 마지않는 바입니다.

오늘날 우리나라의 경제는 안정된 기조 위에 착실한 성장을 거듭하고 있거니와 다각적인 국가 간의 경제협력은 우리의 대내적인 경제체질의 개선과 수용태세의 확립을 요구하고 있는 것입니다.

한편 이와 같은 경제협력은 작년에 여러분이 이룩한 1억 2000만 달러의 수출업적을 더욱 촉진시킬 것이며, 또한 외화획득의 극대화와 생산성의 향상으로 국민의 소득수준을 높이는 데도 커다란 도움이 될 것이며, 이에 따라 여러분 기업인은 자발적인 국민 저축을 통한 내자조달과 타당한 사업의 발견 및 적절한 기술검토 등 효율적이고 새로운 외자의 수용태세를 조속히 갖추어야 할 것입니다.

여러분도 아시는 바와 같이 정부는 금년을 '일하는 해'로 정하고 모든 행정력을 증산과 수출 그리고 건설이라는 3대 목표에 집중하여 총체적인 노력을 경주하고 있으며, 특히 국제수지의 만성적인 역조를 개선키 위한 수출산업과 중소기업 육성에 중점적인 배려를 하고 있는 한편 단일변동환율제도의 실시를 계기로 무역의 자유화와 자유경제의 대원칙에 입각한 준개방체제를 지향하고 있는 것입니다.

그러나 이와 같은 정부의 시책을 수행하는 데는 너무나 어려운 문제들이 가로놓여 있으며, 이러한 문제들의 해결을 위해서는 그 어느 때보다도 상공인 여러분의 적극적인 협조가 요구되는 것입니다.

친애하는 상공인 여러분!

나는 여러분에게 몇 마디 부탁의 말씀을 드리고자 합니다.

여러분은 마음의 자세를 새로이 하고 기업의 체질개선을 통한 경영의 합리화로 국가가 요청하는 증산과 수출에 기여해 달라는 것입니다.

기술향상과 철저한 품질관리로써 신용도를 높여 국제무대에서의 경쟁력을 강화해 달라는 것입니다. 선의의 자유경쟁을 통해서 적정이윤을 모색하는 기업인의 사회적 책임과 기업적 책임을 다해 달라는 것입니다.

후손만대에 다시는 '가난'과 고통을 물려주지 않을 경제적 번영을 이룩하여, 보다 밝은 복지사회를 건설하는 데 상공인 여러분이 앞장서서 합심 협력하여 달라는 것입니다. 자신과 희망을 가지고 전진해 달라는 것입니다. 아무쪼록 여러분들의 앞날에 행운과 발전이 같이 하기를 축원합니다."

해운기업 발전을 위한 노력을 새로이 해야 되겠다

1965년 8월 3일, 해운공사의 '동명호' 취항식에서 대통령은 해운기업은 여러 나라에서 외화획득의 방편으로 큰 역할을 하고 있다는 사실을 지적하고, 우리도 해운기업 발전을 위한 노력을 새로이 해야 되겠다는 점을 강조했다.

"오늘 해운공사의 제1차 도입선인 동명호의 취항식을 가지게 되었음을 나는 매우 기쁘게 생각하는 바입니다.

오늘날 해운기업은 수입초과로 인한 국제수지의 불균형을 타개하기 위한 하나의 방편으로서 커다란 비중을 차지하고 있으며, 한 나라의 해운기업의 발달이 그 나라의 국제수지 개선에 이바지해 오고 있는 실례는 여러 나라에서 찾아볼 수 있습니다.

그 한 예로, 수출에 비해 수입이 3배나 되는 노르웨이가 1300만 톤이상의 선박으로 벌어들이는 외화로 수입초과로 인한 외화수요를 충당하고 있음은 물론 국부의 증강에 크게 기여하고 있음은 널리 알려진 사실입니다.

그리스의 경우도 마찬가지입니다. 또 일본만 하더라도 근 1000만 톤이상의 선박에 의한 해운기업을 통해 막대한 외화를 벌어들이고 있는 것입니다.

그러나 그 어느 나라보다도 수입초과로 인한 외화부족으로 곤란을 겪고 있고, 또 생산과 건설에 상당한 외화를 필요로 하는 우리나라는 그 해운기업면에 있어서, '노르웨이'나 일본에 비하면 100분의 1도 안 되는 16만여 톤의 선박밖에 없는 실정인 것입니다.

이것은 우리가 못사는 원인이 어디에 있으며, 또 우리가 잘살 수 있는 활로가 무엇인가를 깨우쳐 주는 반성의 자료가 아닐 수 없으며, 이 것은 또한 해운기업의 발전을 위한 우리의 결의와 노력을 촉구하는 경종이기도 한 것입니다.

특히 오늘날의 국제정세가 이념적으로나 정치적으로는 적대관계에 있는 나라들조차도 통상과 무역을 통한 국가이익의 추구에 주저함이 없는 '교역의 시대'로 접어들고 있음을 생각할 때 우리의 이 취항식은 정녕 우리나라의 해운기업의 발전을 위한 획기적인 계기가 되어야 할 것입니다."

대통령은 이어서 조선기술의 습득과 최신시설을 도입해서 동명호보다 더 빠르고 더 큰 선박을 만드는 데 총력을 기울여야 되겠다는 점을 강조했다.

"오늘 취항을 보게 되는 이 동명호는 해운공사 도입분 4척과 65년도 무역계획에 따르는 자가자본에 의한 도입량 9척, 그리고 국내 건조 4척을 포함하는 65년도의 선박건조와 도입계획의 일환으로 독일에서 사들이 것인데 앞으로 국내화물의 운송에 의한 외화절약과 외국화물의 운송에 의한 외화획득에 많은 공헌을 할 것으로 기대되고 있습니다.

내가 오늘의 이 자리를 빌려 한 가지 더 강조하고 싶은 것은 조선사업을 하루속히 발전시켜 나아가야 하겠다는 것입니다.

내가 알기로는 우리나라의 유능한 선원이 국내선박의 부족 때문에

할 수 없이 외국에 고용된 수가 무려 700여 명이나 된다고 하거니와, 이것은 그들 개개인을 위해서나 국가의 장래를 위해서 커다란 손실이 아닐 수 없습니다.

조선기술의 습득과 최신 시설의 도입을 서둘러, 이 동명호보다도 더 크고 빠른 선박을 만들어 내는 데 총력을 경주해야 하겠습니다.

조선사업의 발달은 곧 해운기업 발전의 선행요건이며, 해운기업의 발전은 국부증강에 직결되어 있기 때문입니다.

오늘을 계기로, 관계요로(要路) 당국은 물론 해운관계인사 여러분은 기간산업으로서의 해운기업 발전에 가일층 분발해 줄 것을 당부하는 바입니다."

금리현실화로 저금리의 문제점을 해결하다

1965년 9월 24일, 정부는 금리현실화를 단행했다.

금리는 경제의 투자재원이 되는 저축을 동원하는 유인이 되는 동시에 기업에 있어서는 투자를 위한 자본조달 비용이 된다는 의미에서 대단히 중요하다. 일반적으로 자본주의 경제체제에서 금리는 화폐시장에서의 수요와 공급에 의해서 결정된다.

선진국의 경우는 금융시장의 이자율을 직접 규제하는 것이 아니라 통화량의 증가를 통해 간접적으로 낮은 수준에 묶어 두기 때문에 금융시장의 이자율이 자금의 대출과 수요를 일치시키는 균형이자율에서 벗어나지 않는다.

그러나 2차 세계대전 후 일본과 개발도상국에서는 경제개발을 위한 투자를 촉진시키기 위하여 정부가 은행 등 공식 금융기관의 대출이자율을 직접 규제하여 균형이자율보다 훨씬 낮은 수준으로 묶어두는 저금리정책을 취했다.

우리나라도 금융기관의 금리가 자율적으로 금융기관에 의하여 결정되지 않고 정부에 의해 정책적으로 결정되었다.

정부가 금리를 결정함에 있어서 목표로 삼았던 것은 기업으로 하여금 보다 많은 투자를 하도록 하는 유인을 제공하는 것이었다. 따라서 정부에 의해서 결정된 금리는, 그것이 예금금리든 대출금리든 시장에서 결정될 수 있는 균형이자율보다 낮은 수준으로 묶여 있었다.

1954년 5월부터 65년 8월까지 우리나라의 여수신금리는 1년 이상 만기정기예금이 연 12~15%였고 일반대출은 연 14.6~18.25% 수준이었다. 명목금리가 낮은 수준으로 계속 유지되고 같은 기간의 도매물가 상승률은 연평균 22.3% 수준이었기 때문에 저축하면 제 돈을 깎아 먹는 결과를 가져왔다. 예금하는 것은 곧 손실을 의미하고 대출받으면 그것은 곧 이익을 의미하는 것이 되어서 대기업에 대한 대출이 곧 대기업에 대한 특혜로 인식되었다.

이러한 금리 구조 때문에 시중의 자금은 제도권 금융보다 이자율이 높은 지하시장에 많이 몰리게 되었고, 그에 따라 지하시장이 크게 발달하기도 하였다. 이것은 투자재원의 부족을 가져왔고, 해외저축에 대한 의존을 증대시켰다.

이러한 저금리에서 나타난 문제점을 극복하기 위하여 정부는 금리현실화를 시행한 것이다. 이자제한법을 개정하여 금리의 법정 최고한도를 연 20%에서 26.5%로 상향조정했다.

9월 30일의 금융통화운영위원회는 1년 만기 정기예금 이자를 연 15%에서 30%로 두 배나 올렸다. 일반대출이자도 연 16%에서 28%로 끌어올렸다. 이른바 역금리체제가 이루어져 은행에서 돈을 꾸어다 예금하면 저절로 돈을 버는 현상이 빚어졌다. 금리현실화와 함께 금융통제 방식을 종래의 직접통제에서 간접통제로 전환시켰다. 역금리에 따른 금융기관의 수지악화를 완화하고 저축추진 의욕을 높여주기 위하여 예금지급준비금에 대하여 이자를 붙여주기로 했다.

고금리정책은 국내저축의 증가를 가져와 내자동원이나 자금배분에서는 상당한 효과를 거두었다. 특히 수출금융에 대한 우대금리는 인상치 않아 수출업자에 대한 상대적 유인을 크게 높이는 데 기여했다.

자립경제 건설을 위해서는 밀수를 뿌리뽑아야 한다

1965년 11월 10일, 밀수단속을 위한 군, 검찰, 경찰, 세관관계관의 연석회의가 있었다.

대통령은 이날 회의에서 자립경제 건설을 위해서는 밀수를 뿌리뽑아야 한다는 점을 역설했다.

"밀수입과 밀수출이 국가경제를 좀먹는 악질적인 범죄행위이며, 밀수범이 국가사회를 해치는 암적 존재라는 것은 재론의 여지가 없는 것으로서, 어느 나라 어느 시대를 막론하고 밀수행위가 성행하며 밀수범이 활개치는 곳에서는 항상 쇠잔과 퇴폐만이 있을 뿐입니다.

특히 우리나라의 경우 일찍이 외세의 착취로 말미암아 국내산업이 크게 뒤떨어져 있었고, 아직도 경제적 사회적인 후진성을 극복하지 못한 실정이기 때문에, 이 밀수행위의 해독(害毒)이야말로 실로 치명적인 것이 아닐 수 없습니다.

우리의 국내시장이 밀수입된 사치품과 PX 등을 통해 들어온 각종 외래품으로 범람하던 지난날의 병적인 현상은 바로 그것을 실증하고 있는 것입니다.

사치품이 지배하는 곳에 국내산업의 진흥이 있을 수 없고, 사치품이 범람하는 곳에 생산적인 사회기풍이 진작될 수 없다는 것을 우리는 지난날의 경험을 통해 뼈저리게 느끼고 있습니다.

전 국민이 총력을 집중하여 하루속히 자립경제를 이룩해야 할 이 마당에, 그 어느 때보다도 밀수근절을 위해 힘을 기울여야 할 이유가 바로 여기에 있는 것입니다.

밀수행위를 뿌리뽑고 국내산업을 보호하는 이것이 자립경제 달성을 위한 가장 중요한 정지(整地) 작업이라는 사실에 나는 특히 여러분의 주의를 환기시키고자 하는 것입니다."

대통령은 이어서 밀수단속에 있어서 큰 성과를 거두고 있는 이 기회에 밀수사범을 발본색원하여 산업발전의 기틀을 확고히 하고 국산품애용 사상을 고취해야 되겠다는 점을 역설했다.

"정부는 그동안 밀수방지를 위해 온갖 정력을 기울여 왔거니와, 지난 6월 18일에는 군·검·경 등 각 수사기관으로 구성된 밀수사범특별합동수사반을 편성함으로써 강력하고도 효율적인 밀수단속을 꾀하게 되었던 것입니다.

다행히 이와 같은 적극적인 노력은 최근에 이르러 많은 실적을 올리게 되었고, 건국 이래 어느 정권 때에도 방지하지 못했던 남해안 밀수 '루트'를 봉쇄함에 있어서도 큰 성과를 거두고 있습니다.

특히 밀수사범특별합동수사반이 편성된 지 5개월 동안에, 쾌속정에 의한 소위 '특공대 밀수'를 일망타진한 것을 비롯하여, 상습적이며 조직적인 밀수행위를 분쇄하게 되었다는 것은 흔쾌한 일이 아닐 수 없습니다.

또한 밀수단속에 있어서의 성과가 커짐에 따라 일반 국민들이 밀수방지를 위한 인식을 새로이 하게 되었고, 국내상품에 대한 매기가 상승하여 생산공장들도 활기를 띠게 되었다는 사실은 국가장래를 위해 지극히 다행한 일이라 생각합니다.

그러나 소수의 몰지각한 자들은 아직도 망국적인 밀수행위를 시도하고 있고 또 특정외래품의 사용을 꾀하는 자들도 우리 주변에 적지 않게 남아 있다는 점에 비추어 볼 때 그와 같은 행위를 일선에 나가 뿌리뽑고 국산품애용 사상을 고취해야 할 여러분의 사명은 그 어느 때보다도 더욱 막중하다는 것을 깊이 인색해야 하겠습니다.

밀수행위의 근절단계에 들어선 지금 이 시기가 가장 중요한 때이며, 이 기회를 놓치지 않고 밀수사범을 완전히 뿌리뽑아 산업개발의 기틀을 확고히 할 수 있느냐 없느냐 하는 관건이 여러분의 분발과 노력 여하에 달려 있다는 것을 명심해야 한다는 것입니다.

소기의 목적을 성공적으로 달성하기 위해서는 무엇보다도 관계 각 기관 상호 간의 긴밀한 협조가 요구되는 것이며, 따라서 밀수사범특별합동수사반을 비롯한 군·검·경 및 세관당국은 혼연일체적인 노력을 통해서 임무수행에 정진하여야 할 것입니다.

서로 긴밀한 유대를 가지고 협조함으로써 밀수행위를 발본색원하여야 할 관계기관들이 책임전가를 한다거나, 부질없는 공명심과 경쟁심에 사로잡혀 불협화를 초래하는 일이 절대로 있어서는 안 된다는 것을 나는 특히 강조해 두는 바입니다.

아무쪼록 여러분들은 국가사회의 발전과 경제재건을 위해 선도적 역할을 담당해야 할 자신의 위치를 재확인하고 긴밀한 공동의 노력으로 더욱 분발해 줄 것을 당부합니다."

해외공관장들은 악덕 수출업자에 대해 엄중하게 충고해야 한다

1965년 11월 18일, 대통령은 해외공관장들에게 보낸 친서에서 주재국에 드나드는 악덕 수출업자들에 대해 엄중하게 충고하고, 이 사실을 대통령에게 보고하라고 지시했다.

"여러 가지 어려운 여건하에서 국위선양과 외교신장을 위하여 주야로 노고하시는 귀하에게 충심으로 경의를 표하는 바입니다.

조국근대화와 자립경제 건설을 위해서 국내국외를 막론하고 온 국민이 총매진함으로써, 국내정국은 안정과 발전의 일로를 걷고 있으며, 국내산업도 나날이 활기를 띠고 있으며, 특히 무역전쟁이란 구호 아래 수출제일주의를 지향하고 수출실적을 올리기 위해서 정부는 물론이요 국내기업인들의 기업 활동도 전에 볼 수 없을 만큼 열의와 노력을 경주하고 있으며, 특히 해외에 주재하시는 여러분들이 이에 호응하여 괄목할 만한 업적을 올리고 있다는 사실에 대해서는 진심으로 사의를 표하는 바입니다.

연(然)이나 근자 외국에 출입하는 일부 국내업자 중에는 자기의 사리사욕에만 눈이 어두워 외국업자와의 상거래에 있어서 국가의 위신을 실추케 하고 신의를 망각한 행위를 함으로써, 모처럼 개척된 해외시장에서 한국상품에 대한 전적인 불신을 초래하거나 배척을 받는 사례가 비일비재함은 실로 통탄할 일이 아닐 수 없습니다.

이 점에 대해서는 지난 11월 15일 제6차 무역확대회의를 직접 청와대에서 개최하고 정부관계 당국은 물론 무역업계 대표들에게 강력한 경고와 지시를 시달한 바 있고, 정부도 앞으로 제도면에서 강력한 단속과 위배행위에 대해서는 철저한 제재를 가할 조처를 강구중에 있으며, 일부는 입법화하기 위해 국회에 안건을 상정 중에 있습니다.

앞으로 귀 공관에서는 주재국에 출입하는 국내업자들에 대해서 그들의 사업을 도와주기 위한 종전과 같은 모든 협조를 제공할 것은 물론이거니와, 동시에 그들 중에 조금이라도 국가의 체면을 손상하는 행위를 하거나 국제상도의에 위배하는 행위를 하거나 아국업자끼리 과다한 경합 또는 '덤핑'을 하거나 함으로써 국가이익에 역행하는 행위자가 있을 때에는 이들에게 귀하가 정부를 대표해서 엄격히 충고를 하시고 동시에 지체 없이 본직에게 직접 서면 또는 전문으로써 보고하시기를 바랍니다.

지난 수세기 동안 선진각국이 그들의 조국을 근대화하기 위하여 심혈을 경주할 때, 우리의 조상들이 봉건적 감몽(甘夢)에 도취하고 있었던 그 과오가 우리의 세대로 하여금 역사적 부채를 청산하지 않을 수 없는 숙명적인 인과관계를 우리 다 같이 명심하고, 우리 자손들에게는 영광된 유산을 물려주기 위한 노력과 봉사를 아끼지 않을 것을 우리 다 같이 굳게 다짐합시다.

귀하와 귀 공관직원 일동 그리고 가족 여러분의 건승과 행복을 기원합니다."

수출업자들은 국제상도의를 확립해야 한다

1965년 11월 30일, 제2회 수출의 날에 대통령은 제1차 5개년계획의 성공적인 추진으로 우리나라의 수출실적이 양적으로나 질적으로 발전적인 변화를 가져왔다는 사실을 지적했다.

"우리 경제가 1962년부터 착수한 제1차 경제개발5개년계획이 성공적으로 추진됨에 따라 농업생산의 증대는 물론 에너지산업 및 각종 기간산업의 발전과 철도·도로·통신 등 사회간접자본의 기반조성에도 많은 성과를 올렸고, 특히 수출실적은 기하급수적으로 늘어났던 것입니다.

금년에는 이미 지난 10월말 현재 작년 1년 간의 수출실적을 훨씬 넘어선 1억 3000여만 달러 규모의 성과를 올린 것으로 보아, 금년도 목표액인 1억 7000만 달러선을 무난히 돌파할 것으로 전망하고 있습니다.

나는 여기서 최근 수년간의 우리 수출실적이 이와 같이 양적인 면에서 괄목할 만한 증대를 보였을 뿐 아니라, 질적인 면에서도 많은 발전적 변화를 가져왔다는 점을 지적하고자 합니다.

1962년 이후로 우리나라 수출구조상에는 일대전환이 이루어졌는데, 그것은 전통적인 수출상품이던 농수산물과 광산물의 수출비율이 줄어지고 있음에 반하여, 전에는 전체 수출액의 10%정도에 불과했던 공산물의 수출이 이제는 60%를 상회하고 있다는 사실입니다.

1960년도 우리나라 총수출액은 3200만 달러였습니다. 그러나 이 3200만 달러 중에는 2900만 달러가 쌀·생사·생돈(生豚)·해태(海苔)·수산물·중석 등 농수산물 또는 원광석 수출이고, 공산품은 불과 300만 달러였습니다. 금년에는 1억 7000만 달러 수출 중에는 공산품이 전체의 65%인 1억 1000만 달러를 점하게 되었으니, 4년 전 300만 달러에 비하면 무려 약 36배가 증가되었다는 사실입니다. 1차 5개년계획의 목표연도인 명년(明年) 말에 가면 공산품은 기준년도에 비해서 약 50배가 증가되게 될 것입니다.

이와 같은 현상은 우리나라의 2차산업이 활발하게 발전하고 있다는 고무적인 사실을 입증해 주고 있는 것입니다."

대통령은 이어서 수출업자들에게 신용을 생명처럼 여기는 정신무장을 통해 국제상도의를 확립할 것을 당부했다.

"우리의 수출산업이 이처럼 발전하고 수출이 대폭적으로 증가하고 있기는 하지만 누적된 국제수지의 역조를 만회하여 조국근대화와 자립경제 건설의 기반을 굳건히 하기 위해서는 아직도 극복해야 할 허다한 난관이 산적해 있다는 것을 잊어서는 안 될 것입니다.

자본·기술·설비 및 관리면에서의 낙후성을 비롯하여 시장개척 문제 등 우리가 해결해야 할 과제들은 한두 가지가 아닌 것입니다.

그러나 내가 오늘 이 자리에서 특히 강조하고자 하는 것은, 신용을 생명처럼 여기는 정신무장을 갖추어 국제상도의를 확립해야 한다는 것입니다.

최근 수출업자 중에는 기업가로서의 양심을 저버리고 국제상도의에 위배되는 행위를 자행함으로써, 우리 국민의 국제적 신망과 국가의 위신을 땅에 떨어뜨리고 있을 뿐 아니라 정부의 시책이나 선의의 업자들에게 커다란 타격을 주고 있는 악덕업자가 다소나마 있다는 것은 참으로 유감된 일이 아닐 수 없습니다.

예로부터 '장사는 신용이 자본'이라는 말이 있습니다.

한 번의 거래로 치부를 해 보겠다는 경박한 생각을 가진 수출업자가 단 한 사람이라도 있어서는 안 되겠다는 것입니다.

정부는 이와 같은 악덕업자를 단호히 처단하여, 수출진흥과 더불어 선의의 업자를 보호하기 위하여 노력하고 있습니다만, 무엇보다도 수출업자 자신들의 반성과 새로운 분발이 선행되어야 한다는 점을 특히 강조해 두는 바입니다."

대통령은 끝으로 수출증대에 있어서 기업인의 책임은 무거운 것이지만, 그 사명은 보람된 것임을 강조하고 정부는 기업인들의 활동을 지원하는 데 필요한 모든 조치를 강구하겠다는 뜻을 밝혔다.

"친애하는 수출업자 그리고 생산업자 여러분!

오늘날 세계 여러 나라들은 앞을 다투어 자국의 수출증대를 위해 치열한 경쟁을 벌이고 있습니다.

지금 우리는 이 격렬한 무역전쟁의 도전에 온 국력을 동원하여 응전하고 있는 것입니다.

여러분들은 바로 이 가열한 수출전선에 있어서 조국의 이익을 대표하는 대변자인 것이며, 수출한국의 활로를 타개할 개척자의 위치에 있는 것입니다.

앞으로 5년, 10년 후에 우리나라의 어떤 상품이 얼마나 많이 그리고 얼마나 많은 나라에 계속하여 진출할 수 있느냐는 것은 오로지 여러분의 오늘의 노력과 성실과 신의에 달려 있는 것입니다.

실로 여러분의 책임과 사명이야말로 그 누구의 그것보다 무겁고 보람된 것이 아닐 수 없습니다.

정부는 수출업자와 생산업자 여러분의 활동을 지원하는 데 필요한 모든 조치를 강구할 것입니다.

아무쪼록 이 제2회 '수출의 날'이 우리나라 수출진흥과 경제자립에 획기적인 계기가 될 것을 기원하면서 여러분의 건투를 빕니다."

우리의 철강공업은 획기적 발전을 보일 것이다

1966년 4월 9일, 인천제철 기공식에서 대통령은 우리의 철강공업은 획기적인 발전을 보일 것이라고 천명했다.

(전략) "선진공업제국의 예를 열거할 필요도 없이, 국가산업의 발전을 위해서는 철강공업이 차지하는 막중한 역할과 그 비중에 대해서는 누구나 다 알고 있는 사실입니다. 각종의 건물이나 교량, 철도 그리고 '댐' 등 모든 건설 사업이 철강재 없이는 이룩될 수 없는 것이고, 또한 이 철강공업의 뒷받침 없이는 기계공업, 자동차공업, 조선공업 등을 비롯한 기간산업들도 정상적인 발전을 기대할 수 없는 것입니다.

흔히 철강공업을 일컬어 '기간산업 중 기간산업'이라고 말하는 까닭이 바로 여기에 있는 것입니다.

국가산업의 발전에 있어 철강공업이 차지하는 비중이 이처럼 중차대한 것임에도 불구하고 우리나라의 경우는 사실상 그 어느 부문보다도 뒤떨어진 공업으로서 거의 미개척 상태에 놓여 있다고 해도 과언이 아닌 형편입니다. 우리의 철강공업은 외국의 철강공업에서 흔히 채용하고 있는 철강일관작업 체제를 갖춘 공장이 없고, 제철·제강·압연 부문이 각기 독립해서 운영되고 있어, 아직까지 유치산업을 탈피치 못했을 뿐 아니라, 그 어느 부문에서나 시설은 지극히 빈약하고, 그나마 노후화되어 있기 때문에 격증하는 철강재의 국내수요를 도저히 충당치 못하고 있는 실정인 것입니다.

제철 부분으로 말하자면, 일제 말기에 건설된 삼화제철이 사실상 우리나라 유일의 시설이라 할 수 있는데, 그나마 6·25전쟁으로 파괴되어 장기간 방치되고 있다가, 그 이후에 일부 보수해서 가동을 보아 왔으나, 높은 생산원가 등 운영난에 빠져 62년도에는 조업중단을 초래한 바 있었을 뿐 아니라, 현재에도 생산 부진 상태를 면치 못하고 있습니다.

제강시설이나 압연부분에 있어서도 시설능력은 지극히 미흡하며, 그

나마도 대부분의 시설이 노후화했거나 비능률적이어서 시설능력을 제대로 발휘할 수 없는 처지에 놓여 있습니다. 그렇기 때문에 우리는 매년 막대한 외화를 들여 제강원료와 철강재 완제품을 수입해 왔고, 또 최근 수년 동안의 비약적인 산업건설에 따라 철강재의 국내 수요는 격증일로를 보여 심각한 문제로 되어 있는 것입니다.

정부는 일찍이 이러한 실정에 비추어 제1차 경제개발5개년계획 사업의 하나로 종합제철공장 건설을 계획한 바 있었으나, 제철공장의 특수성과 국내여건의 불비로 말미암아 그 뜻을 이루지 못하고 오늘에 이르렀습니다.

그러나 그동안 정부는 제철공업의 육성과 철강재의 장기적인 자급자족을 목표로 서해안지구와 동해안지구로 구분해서 종합적인 제철공장 건설을 계획해 왔던 것이며, 이 계획에 따라 서해안지구 인천제철공장의 기공을 오늘 이 자리에서 보게 된 것입니다.

이 인천제철공장이 2년 반 후에 완성되면, 연간 약 1천만 달러의 외화를 절약할 수 있음은 물론 연간 6만 톤의 강재증산을 이룩함으로써 산업건설에 지대한 공헌을 할 것입니다. 나는 오늘의 이 기공식이 이 나라 철강공업의 발전에 신기원을 획하는 것일 뿐 아니라, 국가산업의 도약을 위한 새로운 계기가 될 것을 확신하는 바입니다."

대통령은 이어서 이 공장은 실업인들이 자발적으로 민간자본을 동원하여 국가기간산업 건설에 참여한 민간업체의 좋은 예라고 높이 평가했다.

"나는 인천제철회사가 국내의 대다수 철강기업인과 실업인들의 결속에 의해서 구성된 민간업체라는 점에서, 지난한 국가기간산업을 자발적인 민간자본의 동원으로 스스로 담당한 좋은 예라고 보고, 크게 치하의 뜻을 표하고자 합니다. 이것은 국내의 실업인들이 뭉쳐 국가산업 건설을 위해 참여하려고 한다면, 그 아무리 어려운 사업이라도 이룩할 수 있다는 것을 실증한 것입니다. 앞으로 우리 실업인들이 이와 같이 단합해서 산업건설에 힘써 나간다면, 머지않아 우리도 떳떳한 공업국가로 발전할 수 있다는 것을 나는 확신해 마지않습니다.

제1차 경제개발5개년계획에서 에너지원의 개발과 경공업 발전에 큰 성과를 올리고 있는 우리는 제2차 경제개발계획에서는 제철공업·화학공업 등 기간산업을 본격적으로 추진해 나가야 할 것인데, 이러한 계획을 추진해 나감에 있어서는 무엇보다도 실업인 여러분의 적극적인 참여를 필요로 하고 있다는 것을 특히 강조하고자 합니다.

인천제철을 중심으로 한 서해안지구의 종합적인 제철공장이 이룩되고, 또 머지않아 실현을 보게 될 동해안지구의 종합제철 공장이 건설되는 날에는 철강공업 부문에서 실로 획기적인 발전을 가져올 것으로 기대되는 바가 큰 것입니다.

아무쪼록 이러한 중요한 공업건설작업이 계획대로 진행되어 하루속히 우리도 아시아의 공업국으로서 그 위치를 확고히 할 수 있기를 기원해 마지않습니다.

끝으로 이 공장 건설을 위해 장기상업차관을 해 준 서독정부와 관계자 여러분에게 감사드리고, 오늘의 이 기공식 이 나라 공업건설의 새로운 이정표가 될 것을 바라 마지않는 바입니다."

제2장 경제학자가 '불가능하다' 했던 일들이 모두 '가능한 일'이 되다

무책임하고 근거 없는 과잉생산 주장은 경제건설에 방해가 된다

1966년 4월 25일, 안양의 한국케이블공장이 그 준공식을 거행했다. 이 공장은 기존업체가 미국의 원조기관과 합세하여 신규업체의 등장을 막으려고 정부에 반대함으로써 공장건설이 1년여 동안 중단되는 등의 파란을 극복하고 착공한 지 4년만에 준공되었다.

한국케이블공장 건설을 둘러싼 논란은 정부가 제1차 5개년계획에 따라 외자를 유치하여 신규공장을 건설하려는 데 대해 기존업체가 미국의 원조기관과 결탁하여 이른바 과잉생산을 이유로 새 공장 건설을 반대하고 저지하려 한 데서 비롯한 것이었다.

1962년 4월, 한국케이블공업주식회사는 서독의 홀마이스타사와 송배전선 및 통신용 전선제조기계 일체를 도입하기 위한 295만 달러의 차관계약을 체결했다. 이 공장은 제1차 경제개발5개년계획의 일환으로 내자 1억 원과 외자 295만 달러의 기자재를 들여와서 연산 4천 톤의 각종 현대식 전선과 케이블을 생산하기 위해 건설하기로 한 것이었다.

그런데 62년 5월초 대한전선회사가 최고회의 의장에게 제출한 진정서를 발단으로 시비가 일기 시작했다. 국내시장을 독점하다시피 하고 있던 대한전선으로서는 신규공장이 더 생긴다면 큰 타격을 받을 것이 분명했기 때문이었다. 그러나 이 문제는 국내업자 간의 이해다툼으로 끝나지 않았다. 미국 원조기관이 대한전선과 미국기업의 독점을 보호하기 위해 미국의 원조를 무기로 삼아 혁명정부를 압박하고 한국정부의 경제건설 사업에 개입하고 간섭하는 사태로 발전했다.

정부는 한국케이블이 서독과 차관계약을 맺었다는 사실을 미국대외원조기관에 통보했다.

그런데 이 통보를 받은 유솜은 미국의 원조자원으로 건설되어 운영 중인 대한전선과 동일한 제품을 생산하는 신규공장의 건설에 반대했다.

그 무렵 극동지역에 많은 시장을 확보하고 있던 미국의 펠프스 도지 (Phelps Dodge)회사는 유솜의 도움으로 대한전선과 제휴를 꾀하고 있었다.

도지사는 기존 대한전선을 지원함으로써 결과적으로 제2공장 건설계획을 좌절시키고 나아가 대한전선에 자사의 기계설비와 기술을 팔려는 속셈이었다. 아울러 대한전선이 생산하지 못하는 종류의 전선을 자사제품으로 충당하려는 생각도 갖고 있었던 것이다.

대한전선은 유솜과 도지사의 원조계획을 담은 제3차 진정서를 최고회의에 제출하면서 전선공장의 신설계획을 취소할 것을 거듭 촉구했고 유솜은 정부에 대해 제2전선공장에 건설계획을 포기하도록 외교적 압력을 가했다.

이 문제의 시정책이 마련되지 않을 경우 미국 측은 '외원자금의 비율적 활용'이라는 조항을 적용하여 투자된 해당 달러화의 상환요청을 제기하겠다는 공식통보를 두 번이나 전달했다.

그 후 8월 12일 대한전선은 최고회의 의장에게 제2전선공장 건설계획의 취소를 촉구하는 이른바 제4차 진정서를 제출하고 유솜 측의 위협적인 '원조자금 일부 회수방침'을 지적하면서 기정방침의 변경을 요구했다.

대한전선 등 기존업체의 반대와 유솜의 위협, 그리고 정치인과 언론의 비판 때문에 한때 건설공사가 중단되었으나 결국은 정부의 계획대로 66년에 완공되었다.

한국케이블 문제가 처음 나왔을 때 국내 기존업계에서는 66년의 우리나라 전선수요를 3천 톤 정도일 것이라고 내다보았다. 한국케이블 쪽은 66년의 수요가 5천 톤 정도 될 것이라고 전망했다. 그러나 예상을 크게 웃돌아 한국케이블이 준공된 66년에 이미 9천 톤을 초과, 이 숫자는 케이블공장을 신설하면 공급과잉으로 기존업체는 물론 애써 신설한 공장도 제대로 가동하지 못하게 될 것이라는 국내외의 견해, 특히 미원조당국의 반대가 근거 없는 것이었다는 점이 입증되었다.

이 공장 준공을 계기로 미 원조기관의 간섭과 반대풍조는 한풀 꺾이기 시작했고, 우리 정부는 자신과 책임감을 가지고 경제건설에 박차를 가해 나갔다. 한국케이블의 준공은 우리나라가 경제개발을 위한 정책결정에 있어서 미국의 절대적인 영향권에서 벗어나 국가 이익을 위해 자주적으로 판단하고 독자적으로 결단을 내리는 하나의 분수령이 되었다.

그 당시 새로운 공장건설을 반대하는 이른바 과잉생산 논란은 시멘트공장과 자동차공장 건설의 경우에도 있었다.

대통령은 이날 정부가 경제개발계획사업을 추진하는 데 대해서 근거도 없이 비판하고 반대하는 무책임한 발언은 경제건설에 커다란 방해가 되고 있다고 대한전선의 행태를 작심하고 강력하게 비판했다.

"오늘 이 자리에서 우리나라에 또 하나의 거창한 산업시설의 준공을 보게 된 것을 여러분과 더불어 충심으로 기쁘게 생각합니다. 특히 이 공장이 준공될 때까지 파란과 애로를 극복해 나가면서 드디어 오늘 준공을 보게 된 본 회사 사장 구인회 씨, 그리고 회사 측 여러분과 또 이 회사에 차관을 제공해 준 독일의 회사, 기술진 여러분의 노고에 대해서 심심한 경의를 표하는 바입니다. 조금 전의 경과보고에도 있었던 바와 마찬가지로 이 한국케이블공장의 건설은 제1차 경제개발5개년계획 사업의 하나로서 결정되었던 것입니다. 이 회사는 앞으로 나날이 늘어 가는 우리나라의 전력개발과 송배전 시설, 또는 농어촌의 전화사업의 확장, 기타 체신사업 등등 많은 분야에 있어서 늘어나고 있는 전선과 케이블의 수요를 충당하게 될 것입니다.

이 사업을 제1차 5개년계획의 계획사업으로 책정했던 그 당시에, 여러 가지 잡음이 많았습니다. 정부 내부에서도 이 공장을 새로 만들 필요가 없다는 반대의견이 있었습니다. 일부 업계에서도 상당한 반대가 있었습니다. 일부 언론에서도 필요 없는 공장을 정부가 공연히 무계획적으로 건설하고 있다, 외화를 낭비하고 있다는 비난이 있었습니다.

민정이양 후 국회의 국정감사에서도 관계 장관들이 불려나가 수요도 없는 공장을 만든다고 공격을 받았습니다. 또한 한국에 나와 있는 미 '유솜' 당국에서도 이 공장은 필요 없다는 주장을 계속해 왔습니다. 내가 기억하기에는 이 한국케이블에 대해서는 내가 최고회의 의장으로 있을 때, 이 공장 때문에 관계자들을 모아서 연 회의만 하더라도 열네댓 번 됩니다. 당시 우리나라에 있던 기존업체로서는 대한전선 외에 열한 개의 중소기업체들이 있었습니다. 일부 반대하는 측에서는 앞으로 제1차 5개년계획이 끝나는 66년도에 가서 우리 한국의 전선 케이블의 수요는 3천 톤밖에 안 되기 때문에 현재 있는 공장시설만 가지고도 이것을 전부 가동할 것 같으면 오히려 생산과잉이 된다고 주장했습니다.

그러나 당시 정부에서는 여러 가지로 검토한 결과, 5년 후에 있어서의 우리나라 수요가 그것보다 훨씬 더 초과할 것이라는 판단 아래 여러 가지 방해를 무릅쓰고, 중간에 일단 공장건설을 한 1년 동안 중지했다가, 63년 7월에 다시 계속해서, 햇수로 따지면 만 4년 만에 준공을 보게 된 것입니다.

조금 전에 말씀드린 바와 마찬가지로, 이 공장 책임자인 구인회 사장 이하 직접 이 사업을 담당한 관계관 여러분들의 그동안 노고와 고충에 대해서는 다시 한 번 경의를 드리지 않을 수 없습니다.

지금부터 한 5년 전에는, 66년도에 가서 우리나라의 전선과 케이블의 수요가 3천 톤 정도 될 것이라고 했는데, 조금 전에 구인회 사장은 금년도 우리나라의 수요가 5천 톤이라고 했습니다. 그런데 정부가 최근에 파악한 통계에 의하면 금년의 수요만하더라도 9천 톤을 초과하고 있는 것입니다.

이러한 문제를 우리가 생각할 때 우리나라에서 오늘날 경제건설을 하고, 공장을 세우고, 여러 가지 사업을 추진해 나가는 데 있어서, 이런 일을 과거에 해 보지 않던 정부의 관계관들이 일하는 데 서투른 점도 있을 것이고, 과오도 있을 것이고, 잘못도 있을 수 있는 것입니다. 이런 점에 대해서 국민 여러분들이 정부에 대해서 편달하고, 좋은 충고를 하고, 지도를 하는 것이 국민 여러분들이 의당히 해야 될 권리요, 또한 의무인 것입니다.

그러나 경제건설에 대해 반대한다든지 비판할 때에는 확고한 근거를 가지고 책임 있게 해야지, 확고한 이론적인 근거도 없이 덮어놓고 반대하고 비판하는 따위의 무책임한 발언은 오늘날 우리 한국경제건설에 커다란 방해가 되고 있다는 것을 나는 이 자리에서 똑똑히 지적하는 바입니다."

대통령은 이어서 시멘트공장 건설에 대한 반대에 대해서도 이를 반박했다.

"비단 한국케이블뿐만이 아닙니다. 1961년도에 제1차 5계년계획을 세울 때 앞으로 5년 후에는 우리나라에 상당한 시멘트의 수요가 있을 것을 예견하고 제3, 제4, 제5 시멘트공장을 건설할 것을 그때 계획, 책정하고 이를 추진했습니다.

당시 일부 기존업자나 일부 외부에서는, 한국에 당시 있던 문경시멘트와 삼척에 있는 동양시멘트공장 외에 또다시 공장을 세우면 생산과잉이 되어 기존업체까지 전부 넘어질 것이라고 수차 나한테 와서 건의한 것을 나는 기억하고 있습니다. 그런데 아직 5년이 채 되기도 전에 제3, 제4, 제5 시멘트공장은 벌써 준공되어, 작년 말에 벌써 170만 톤이라는 시멘트를 생산했지만, 오히려 약간 모자라는 형편에 있습니다.

금년 말이 제1차 5개년계획의 최종년도가 되는 것입니다.

우리나라의 시멘트 수요는 급격히 상승하고 있습니다. 따라서 얼마 전에 정부는 이런 방법으로 시멘트 개발을 해 나가서는 우리나라의 수요를 도저히 따라갈 수 없다는 판단 아래 약 2백만 톤 정도의 대단위 시멘트 공장을 빨리 추진해야 되겠다는 것을 계획해서, 얼마 전에 국회에서 이에 대한 지불보증 승인까지 얻게 되고, 이 사업이 지금 추진되고 있는 것입니다.

국민 여러분들이 확실히 여러분들 눈으로 역력히 목격하는 바와 같이, 서울을 위시해서 전국 방방곡곡에서는 지금 건설 붐이 한창 일어나고 있는 것입니다.

금년 말의 우리나라 시멘트 생산이 일부 확장시설까지 합쳐서 180만 톤 정도가 되리라고 나는 생각하는데, 이것 가지고는 부족하지 않을까 염려되는 것입니다.

조금 전에도 자동차로 장기영 부총리와 상공부 장관과 같이 오면서 걱정한 것이 금년도에 건설자재가 수요에 따르지 못해서 시멘트, 철근, 목재 등의 가격이 뛸 것을 예견해서 이에 대한 대비책을 여러 가지로 검토하고 왔습니다."

대통령은 이어서 자동차공장 건설에 대해서 여기에는 무슨 흑막이 있다느니, 공연히 쓸데없는 일을 한다느니 등 무책임한 소리를 하는 데 대해서는 지극히 불만스럽게 생각한다는 뜻을 천명했다.

"또 있습니다. 최근에 자동차 문제가 여러분들 귀에 아직도 생생할 것입니다.

여러분들은 지금 우리나라에 자동차가 몇 대나 있는지 아시겠죠? 승용차를 제외하고 약 4만 1천 대가 있습니다. 이 4만 1천 대라는 것은 대부분이 불하받은 미국 군용차량을 뜯어 고친 '지프 타입'의 차량이거나, 또는 '지엠시'를 개조하여 드럼통을 뜯어 망치로 두드려 맞춘 버스이거나 대부분이 그러한 차량들입니다. 솔직히 말씀해서 선진국가 수준에서 이 차량들의 성능검사를 한다면 거의 합격되는 차들이 없을 것입니다. 그러나 지금 당장은 그것 외에 없으니까 이런 차량을 부득이 쓰고 있는 것입니다. 이런 차량은 빨리 성능이 완전한 차량으로 대체해야 합니다.

우리나라에 차량사고가 많이 나는 원인이 운전사들의 주의 부족이라든지 여러 가지 원인도 있겠지만, 근본적으로는 차량들이 전부 노후하고, 벌써 수명을 초과한 것들을 무리하게 운전하기 때문에 사고가 많이 난다고 나는 확실히 믿고 있습니다.

뿐만 아니라, 앞으로 우리나라의 자동차 수요가 어느 정도 늘어나겠습니까? 5·16혁명이 나던 그 당시만 해도, 나 자신부터 우리나라에 있는 차량을 되도록 줄여야 된다. 기름 한 방울 나지 않는 나라에서 무슨 자동차가 이렇게 많으냐 하는 주장을 했습니다. 그러나 지난 수년 동안에 우리 한국경제가 성장하는 추세로 봐서 우리나라 자동차공업을 빨리 육성해야 되겠고, 자동차수요가 급격히 늘어나기 때문에 이에 대한 대책을 강구해야 되겠다는 것을 정부는 생각하고 있는 것입니다. 산업경제의 발전이라는 것은 모든 것이 균형적으로 발전해 나가야 되는 것입니다.

얼마 전에 내가 동남아시아 여행을 했을 때, 말레이시아에 가니까, 그 나라에는 지금 인구가 약 900만입니다. 우리나라 인구의 약 3분의 1

정도밖에 안 되는 나라인데 자동차는 150만 대나 가지고 있습니다. 자동차공장이 지금 세 개 있는데, 또 하나 더 지어야 되겠다고 그 나라의 관계장관이 나에게 얘기했습니다. 물론 말레이시아의 경제 상태는 현재 우리보다도 훨씬 앞서고 있는 것입니다. 국민소득이 350달러 내지 370달러 된다니까 우리보다는 훨씬 살기 좋은 나라입니다.

지금 우리 정부가 추진하고 있는 신진자동차공장, 또는 요즘에 추진하고 있는 아시아자동차공장을 다 움직인다 하더라도 1년에 약 1만 대정도의 자동차밖에 나오지 않습니다. 나는 앞으로 우리나라의 자동차수요가 적어도 1년에 1만대는 훨씬 넘는다고 확신합니다.

그렇다면 지금 새로 짓는 공장이 앞으로 2년 후에 완공되면 우리나라의 자동차는 1년에 최소한 1만 대 이상 늘어납니다. 여기에 대한 대비를 해야 될 것입니다. 우리가 1년에 1만 대씩 늘어난다 하더라도, 150년을 가야 말레이시아의 수준에 따라가는 것입니다.

아무리 우리 경제가 약간 뒤떨어졌다 하더라도, 150년이나 걸려야 우리가 말레이시아를 따라간다는 형편이라면, 우리에겐 아무런 희망도 꿈도 없을 것입니다. 그러나 앞으로 불과 수년 후면 우리 경제는 그런 수준을 따라간다고 나는 확신합니다. 그렇다면 우리나라의 자동차공업을 빨리 육성해야 된다고 나는 확신합니다.

이러한 문제에 대해서도 일부 국민 중에서 정부가 자동차공장을 공연히 쓸데없이 만들고 있다, 거기엔 무슨 흑막이 있다 등등 무책임한 소리를 하는 데 대해서 나는 지극히 불만스럽게 생각합니다."

대통령은 이어서 정부는 경제건설에 대한 국민들의 진실한 충고를 받아들여 정부시책에 반영하겠으나 정부정책에 대한 비판이나 의견 제시는 책임 있게 해야 하며, 무책임한 소리를 하는 것은 경제건설에 방해가 된다는 것을 거듭 강조했다.

"한 나라의 경제건설에 있어서 여러 가지 사업을 놓고 보면 거기에는 중점이 있는 것입니다. 우리나라처럼 뒤떨어진 이런 상태에서 모든 것을 하루아침에 잘되게 하는 방법이란 신이 아닌 이상 도저히 불가능한 것입니다. 그렇다면 우리나라 경제건설에 가장 요긴한 부문, 전략적인 부문에 정부가 중점적으로 힘을 기울여야 할 것입니다.

그렇다고 해서 한 부문만 밀고 다른 부문을 전부 무시해도 좋겠는가? 이렇게 해도 안 되는 것입니다. 지금 정부가 중농정책을 지향한다고 하지만, 그렇다고 해서 공장건설을 전부 덮어 두고 농촌에만 치중한다고 해서 우리 한국경제가 옳게 발전되겠습니까? 이것은 절대 될 수 없는 것입니다. 다른 한편 우리가 공업국가 건설을 궁극적인 목표로 삼고 있다고 해서 농촌문제는 전부 도외시해도 괜찮겠는가? 그럴 수도 없는 것입니다. 이것을 균형적으로 발전시켜 나가야 되는 것입니다. 따라서 우리나라의 산업이 부흥되고, 생산이 증가되고, 모든 분야가 고루 발전해 나갈 그런 단계에 있어서는 자동차공업과 수송력 등도 산업건설과 같이 병행돼야 할 것입니다.

수송력 이야기가 나왔습니다만, 지금 우리는 수송력 부족으로 큰 아우성을 치고 있는 것입니다. 요즘 일부 언론계에서는 정부의 수송행정이 엉망이어서 각 역에 화물이 산더미처럼 쌓여 있다고 무책임한 소리를 하고 있는데, 지금 우리나라의 수송력은 1년에 15% 내지 17%나 늘어나고 있습니다.

그만큼 경제가 성장하고 경제규모가 커지니까 물자가 많이 생기고 많이 움직이는 것입니다.

따라서 수송력이 많이 필요한 것입니다. 이렇게 급격이 늘어난 수송 수요에 수송력이 미처 따라가지 못하고 있는 것입니다. 솔직히 말씀드린다면 오늘날 수송난 운운하는 것은 좋은 의미에 있어서 그야말로 기쁜 비명이라 해도 과언은 아닐 것입니다. 정부는 이에 대해서 여러 가지로 만반의 대책을 지금 강구하고 있습니다.

전력문제에 있어서도 마찬가지입니다. 현재 몇 년 전에 비해서 배 이상의 출력을 하고 있지만, 금년에 내가 가장 걱정하고 있는 것은, 금년 말쯤 가서 전력이 부족하지 않을까 하는 것입니다. 지금 대통령이 무엇을 제일 걱정하고 있느냐고 나한테 물으면, 전력과 수송력, 그다음에 건축자재 이러한 서너 가지 문제를 걱정하고 있습니다.

따라서 이런 문제에 대해서 국민 여러분의 계속적인 편달과 충고와 지도를 정부는 언제든지 환영할 것이고, 여러분들의 그러한 건실한 충고를 받아들여서 정부시책에 언제든지 반영하겠습니다. 이러한 국가경제 건설이라는 중요한 문제에 대한 비판이나 각자의 견해 같은 것은 좀 더 책임 있게 해야지, 무책임한 소리를 하는 것은 건설에 방해된다는 것을 말씀드리고, 오늘 이 한국케이블이 그동안 파란곡절을 겪고 드디어 준공을 보게 된 이 시점에서 감개무량한 바가 있어 몇 말씀 드렸습니다."

선진국들이 우리나라에 대한 차관과 투자에 적극성을 보이고 있다

1966년 6월 9일, 팔당수력발전소 기공식에서 대통령은 먼저 전력개발의 필요성 증대와 그 개발 계획에 관해 설명했다.

"오늘 이 고장에 또 하나 거창한 건설의 메아리를 울리게 되었습니다. 여러분들이 잘 아시는 바와 같이 전력에너지라는 것은 산업경제 건설에 있어서 가장 원동력이 되는 것입니다.

우리들이 일상생활에서 문화적인 생활을 하기 위해서도 이 전력이라는 것이 물론 필요하지만, 특히 오늘날 우리나라에 있어서는 산업경제 건설의 필요 때문에 우선적으로 전력개발을 서두르고 있는 것입니다.

5·16혁명 전의 우리나라 전력발전량은 여러분들이 아시는 바와 같이 불과 37만 킬로와트 정도밖에 되지 않았습니다만, 오늘날 우리는 약 79

만 킬로와트라는 과거의 약 배 이상의 전력을 개발하게 되었습니다. 그러나 현재 이런 정도의 전력을 가지고는 나날이 성장되어 가는 우리나라의 산업건설에 뒷받침이 되지 못한다 하는 결론이 나와서, 지금 정부는 전력발전과 아울러, 화력발전, 기타 긴급 시에 대비해서 가장 전력의 부족을 초래하리라고 예측되는 금년 연말과 내년도 초기에 대비해서, 일반 민간에서 가지고 있는 자가용 발전기 전부를 총동원해서 이러한 부족에 대처할 준비를 서두르고 있는 것입니다.

조금 전에 설명이 있은 바와 같이, 지금 정부가 서두르고 있는 이 전력개발 계획은 앞으로 5년 후에 제2차 경제개발5개년계획이 완성될 무렵에 가서는 현재의 약 배 이상인 160만 킬로와트 이상의 전력량을 가지게 될 것입니다.

그러나 내가 현재 보는 전망으로서는 그때 가서는 우리의 전력이 160만 킬로와트 가지고도 부족을 초래할 것으로 보입니다.

최근까지도 우리나라의 전문가들이나 외국 기술자들은 한국의 전력수요는 매년 12% 내지 15% 정도 증가되는 것으로 보면 충분할 것이다라고 이렇게 판단했던 것이 벌써 작년도만 해도 우리나라의 전력수요 증가가 22%가 넘었고, 금년도 상반기에 벌써 작년도에 비해서 25%의 수요를 요구하고 있는 것입니다.

이러한 추세와 전망으로 볼 때, 우리나라에 있어서 가장 서둘러야 할 문제가 전력개발입니다."

대통령은 이어서 서구 선진국가들이 근년에 우리나라에 대한 차관과 투자에 적극적으로 나오는 것은 매우 고무적인 일이라고 기뻐했다.

"오늘 이곳에서 기공을 보게 되는 팔당수력발전소는 특히 이 사업을 추진하기 위해서 혁명정부 때부터 지난 4·5년 동안 꾸준히 교섭해 오다가, 그동안 이에 대한 계약이 체결되고, 모든 사업이 추진되어서 오늘

비로소 기공을 보게 된 데 대해 나는 감개무량함을 금할 수 없습니다. 특히 이 사업은 프랑스의 민간산업차관에 의해서 건설되는 것입니다.

우리나라에 그동안 도입된 외국차관은 대부분이 미국 AID차관 또는 근년에 와서는 독일차관, 또 최근에 와서는 일본차관이 많이 들어오고 있습니다만, 프랑스에서 하나의 단일사업에 대해서 본격적인 차관을 한 것은 이번 사업이 처음인 것입니다. 우리나라는 지금 경제건설을 위해서 우리가 가지고 있는 내자동원에 최대한의 노력을 경주하는 동시에, 부족한 자원의 조달을 위해서 외국의 차관에 많이 의존하고 있는 것입니다.

특히 서구 여러 선진국가들이 최근에 와서 우리 한국에 대한 차관 또는 투자에 많은 흥미와 관심을 가지고, 적극적으로 나오는 데 대해서 우리는 무엇보다도 고무적인 것을 느끼는 바입니다.

이러한 현상은 오늘날 우리 경제가 나날이 안정되어 가고 있고, 상당히 빠른 속도로 성장되어 가고, 머지않은 장래에 상당히 밝은 전망이 보인다는 증거이며, 또한 그런 전제 하에 외국에서 우리나라에 대한 투자나 차관을 제안해 오고 있다고 볼 때, 우리는 대단히 고무와 용기를 느끼는 것입니다."

제철, 종합기계, 석유화학, 조선공업은 제2차 5개년계획의 4대 중점사업이다

1966년 7월 6일, 부산조선공사의 시설확장공사의 기공식이 있었다. 이날의 행사에서 대통령은 제2차 경제개발5개년계획에 있어서 정부가 가장 역점을 두고 있는 제철공업, 종합기계공업, 석유화학공업, 조선공업 등 4대 사업에 대해 설명했다.

대통령은 먼저 철강공업의 현황에 대해 설명했다.

(전략) "내년부터 시작되는 제2차 경제개발5개년계획 중에 특히 공업 분야에 있어서 정부가 가장 힘을 들이고 있는 네 가지 큰 사업이 있습니다. 그 하나는 제철공업, 또 하나는 종합기계공업, 또 하나가 석유화학공업, 네 번째가 조선공업입니다.

제2차 5개년계획에서 우리가 할 일이 여러 가지 많지만, 한국의 산업을 급속히 성장시키고, 한국경제를 빨리 부흥시키기 위해서 공업 분야에 있어서 정부와 국민이 특별히 힘을 들이고자 하는 이 네 가지 사업 중 이 조선공업이 그 하나에 속하는 것입니다. 이 네 가지 사업은 우리가 오랫동안 노력하고 추진해 온 결과, 지금 단계에 와서는 이 네 가지 사업이 대부분 빠르면 금년 내에, 늦어도 내년 초에는 전부 착수하거나, 여기 필요한 회사 설립을 보거나, 기공하거나, 할 수 있는 단계에 왔다는 것을 국민 여러분들에게 알려드리고자 합니다.

제철공업, 철강공업은 우리나라의 기간산업 중에서도 가장 중요한 산업의 하나인 것입니다. 앞으로 우리의 공업을 발전시키기 위해서는 이러한 철강재를 종전과 같이 외국에 언제까지나 의존하고는 우리나라 경제를 발전시킬 수 없는 것입니다.

이 사업은 군사혁명정부 때, 벌써 한 5년 전에 정부의 계획으로서 추진해 왔으나, 이것이 여의하게 되지 않다가, 최근에 와서 미국의 저명한 사파스회사와 독일의 리말크회사, 그리고 일본에 있는 야하다제철, 이러한 몇 개 회사가 기간이 돼서 모든 문제가 순조롭게 추진되어 금년 내로는 발족을 볼 수 있는 단계에 놓여 있는 것입니다."

대통령은 이어서 종합기계공업에 대해 설명했다.

"두 번째가 종합기계공업입니다. 이것도 또한 앞으로 우리나라의 가장 중요한 산업의 하나입니다. 우리는 지금 공업건설을 하기 위해서 산업건설을 하기 위해서 많은 공장들을 건설하고 있습니다. 또 이러한 공장들은 외국에서 많은 차관을 해서 기계를 도입하고 있습니다.

이러한 공장에 장차 필요한 부속품이라든지 기계를 계속 외화를 써서 외국에서 사들여서는 우리나라의 공업을 발전시킬 수 없습니다.

외국에서 사오는 것은 굉장히 비싼 가격을 지불해야 되는 것입니다. 따라서 우리 한국의 공업을 급속히 발전시키기 위해서 정부는 종합기계공장을 빨리 만들어야 되겠습니다. 이것도 역시 혁명정부 때부터 추진해 왔으나 여러 가지 외국의 차관교섭이라는 것이 잘 되지 않아서 지금까지 지연되어 오다가 최근에 와서 이 사업이 상당한 빠른 속도로 진전을 보아서 대략 현재 진행되고 있는 임시국회, 7월 15일까지 끝나는 이 회기 중에 정부는 약 7천만 달러에 해당되는 종합기계공장 건설의 정부지불보증에 대한 국회동의 승인요청서를 국회에 제출하려고 하는 단계에 있습니다.

이 공장도 빠르면 금년 중, 늦어도 내년 초에는 착수를 볼 수 있으리라고 믿고 있습니다. 이 공장이 됨으로써 지금까지 우리가 1년에 수천만 달러에 달하는 기계와 현재 서 있는 공장에 필요한 부속품을 외국에서 사들여 오던 것을 제철공장에서 나오는 철강재를 가지고 종합기계공장에서 여러 가지 기계를 우리의 손으로 만들어, 사 오는 것보다도 훨씬 싼 기계를 제조할 수 있게 됩니다.

이렇게 함으로써 외화를 절약할 수 있고, 나아가서는 여기서 만든 기계를 다른 외국에까지 수출도 할 수 있는 능력을 우리는 가질 수 있으리라고 확신합니다.”

대통령은 이어서 석유화학공업에 대해 설명했다.

“다음 세 번째 석유화학공업도 앞으로 우리나라의 공업을 위해서는 가장 중요한 산업의 하나입니다.

지금 정부는 제2정유공장과 제3정유공장을 건설하기 위해서 근일 중 동시에 승인 발족시킬 계획을 지금 추진하고 있습니다.

작년에 제3·제4비료공장을 동시에 건설에 착수했던 것과 마찬가지로 제2·제3공장도 거의 같은 시기에 앞으로 1·2개월 내에 승인될 수 있는 단계까지 도달했습니다. 동시에 이 석유정유 공장의 관련 사업으로서 석유화학공업에 대한 정부의 종합적 계획도 벌써 서 있고, 미국의 아스 아리틀회사에서 이미 종합적 기술조사도 끝나서, 우리 정부에 지난 6월 30일까지 보고서를 제출하게끔 약속이 되어 있었습니다. 그런데 약간 시일이 지연되어 7월 상순 중에는 우리 정부에 제출될 것입니다. 따라서 앞으로 수일 중에 이 보고서가 제출되면, 이것을 검토해서 앞으로 우리 한국의 석유화학공업에 대한 종합적 계획을 어떠한 방향으로 끌고 나아갈 것이며, 모든 산업의 계획안을 어떻게 세울 것인가에 대한 순서와 방향과 우선순위가 결정될 것입니다. 그렇게 되면 이러한 공장들도 빠르면 금년 중 또는 내년 초부터 착착 하나둘씩 착수되리라고 보고 있습니다."

대통령은 이어서 조선공업에 대해 설명했다.
"마지막에 조선공업입니다.

이 조선공업도 하나의 종합공업이기 때문에 우리나라의 공업건설을 위해서는 가장 중요한 공업의 하나입니다. 이것은 자유당정권 때부터 대단히 정부가 관심을 가지고 여러 가지로 노력했으나 여의치 않게 되었다는 것도 사실입니다.

우리나라는 여러분들이 아시는 바와 같이 삼면이 바다로 둘러싸여 있습니다. 이 바다에는 무진장한 수산자원이 간직되어 있습니다. 이것을 개발하기 위해서 우리나라 조선공업계에서는 앞으로 많은 어선을 제조해야 될 것입니다.

이것은 비단 이 조선공사뿐 아니라 민간의 모든 조선공장에서도 앞으로 선박들을 계속 대량으로 제조해야 할 것입니다.

동시에 우리 경제가 나날이 성장함에 따라서 수송수요가 급격히 증가하고 있습니다.

이것은 육상에 있어서의 철도수송이나 자동차수송이나 또는 해상에 있어서의 해상수송이나를 막론하고 급격히 증대되어 현재 우리가 가지고 있는 수송능력으로서는 대단히 부족을 느끼고 있는 것입니다.

현재 우리나라에 들어오고 나가는 화물을 우리가 가지고 있는 배로 수송할 수 있는 능력은 불과 전체량의 25% 내지 27%에 불과한 것입니다. 나머지 약 75%에 해당하는 이런 막대한 수송은 전부 외국선박에 의존하고 있는 실정입니다. 따라서 이에 필요한 수송요금을 1년에 2천 5백만 달러 내지 근 3천만 달러나 외국선박에 지불하고 있는 것입니다.

이러한 여러 가지 문제를 검토한 결과, 우리 조선공업이 빠른 시일 내에 육·성되어야 할 필요성을 절감하게 되는 것입니다.

이 조선공사에는 지금부터 약 5년 전 5·16혁명 직후에 한번 와 봤습니다. 그때 우리가 서 있는 이 자리에는 잡초가 우거져 있었고 무슨 종류의 기계인지는 모르지만 수많은 기계들이 빨갛게 녹이 슬어 마치 고철 야적장같이 되어 있는 그런 형편이었습니다. 경영 상태는 적자가 근 40억 원, 그동안에 우리 손으로 배는 한 척도 만들지 못하고 있는 그런 실정이었습니다.

혁명정부는 이 조선공사 시설을 빨리 확장하고 능력을 증대시키기 위해서 여러 가지 시책을 펴 왔습니다. 과거에 이 공사가 가지고 있던 부채를 전부 정부가 안고, 여기에 대해서 증자하고 재투자해서 부채를 전부 청산했을 뿐 아니라, 시설확장과 기술증진에 여러 각도로 노력한 결과 오늘날 겨우 이런 정도의 상태까지 끌어올릴 수 있었던 것입니다.

그러나 현재 우리 조선공사의 능력이나 시설이나 기술수준이 선진국가의 그것에 비하기에는 아직도 많이 뒤떨어진 상태에 있는 것입니다.

이것을 빠른 시일 내에 확장 개선하고 우리가 보다 더 많은 선박을 제조하고 우리의 힘으로써 수리할 수 있는 능력을 갖추기 위해서 이번에 외국 차관 약 3천 3백만 달러 내지 약 20억 원을 들여서, 앞으로 2년 내지 2년 반 동안에 저 약도에 있는 대로 확장하자는 것이 오늘 이 기공식의 원래 목적인 것입니다.

이 공사가 예정대로 68년 하반기에 완공되면, 조금 전에 설명한 바와 같이, 종전보다도 약 2~3배 이상의 조선능력을 가지게 될 것입니다. 즉 1만 톤짜리 배를 우리 손으로 만들 수 있는 능력을 가지게 되고, 2만 톤 이상의 큰 배들을 이 '드라이독'에서 수리할 수 있게 될 것입니다.

현재까지는 외국 선박이 우리 한국의 부산항이나 기타 항구에 왔다가 수리가 필요하게 되어도 우리 한국에 그런 수리시설이나 능력이 없기 때문에 일부러 일본까지 돌아가서, 거기서 수리하고 되돌아가는 것입니다. 우리가 외화를 벌 수 있는 좋은 기회를 다 놓치고 있는 것입니다. 이런 것도 앞으로 2년 후면 상당한 양의 수리능력과 선박능력을 가지게 되기 때문에 외화를 절약하고 또한 외화를 많이 가득할 수 있게 될 것입니다."

대통령은 끝으로 조선공사의 간부와 종업원들에게 특별히 간곡한 당부의 말을 했다.

"그러나 오늘 이 자리에서 우리 국민 여러분들이나 조선공사의 간부 또는 종업원 여러분에게 특별히 당부하고자 하는 것은 2년 후에 이 공장이 우리의 계획대로 완성되고 시설이 확장된다 하더라도, 아직까지 우리 한국의 선박능력이나 그 수준이 다른 선진국가에 많이 뒤떨어진다는 것을 알아야 되겠습니다.

민간선박회사까지 합치더라도 아직까지 우리는 불과 한 10여만 톤 이내의 생산능력밖에 가지지 못한 것입니다. 다른 선진국가에서는 벌써 1년에 1백만 톤 이상을 건조할 수 있는 능력을 가지고 있습니다. 따라서 우리의 조선공업을 발전시키자면 앞으로도 수년 동안 여러분들이나 우리 국민이나 우리 정부가 보다 힘을 기울여서 이 조선공업의 육성을 위해서 노력해야 되겠습니다. 그런 것을 깊이 명심해 주기 바랍니다.

동시에 여기서 만드는 배가 아무리 만 톤짜리, 8천 톤짜리, 4천 톤짜리 등 된다 할지라도 현재로서는 우리가 만든 배 한 톤당 제조원가가 외국에서 만든 것보다도 10달러 이상 비쌉니다.

우리나라는 임금이 싼 많은 노동력을 가지고 있으면서도, 다른 나라보다도 톤당 10달러 이상 비싼 배를 만든다는 것은 아직까지 우리의 기술면이나 여러 가지 시설면이 뒤떨어졌다는 것을 의미하는 것이며, 따라서 또 우리가 개선해 나가야 될 점이 많다는 것을 알아야 되겠습니다. 특히 조선공사에서 근무하는 종업원 여러분들은 우리가 어떻게 하든지 앞으로 수년 동안 노력해서 큰 배를 만들고, 좋은 배를 만들고, 많은 배를 만들고, 많은 배를 수리하되 만든 배는 외국의 배와 똑같이 국제수준 가격에 따라갈 수 있도록 하는 것을 조선공사의 하나의 목표로 내세우고 수년 동안 여러분들이 피땀어린 노력을 해야 하겠다는 것을 오늘 이 자리에서 여러분들에게 당부하는 바입니다. 우리 정부나 국민들이 여러분들에게 기대하는 것도 역시 그러한 점일 것입니다.

앞으로 우리 한국의 조선공업 발전을 위해서 오늘 이 조선공사의 시설확장공사의 기공식에 임해서, 여러분들이 지난 수년 동안 노력한 노고에 대해서 다시 한 번 치하의 말씀을 드리고, 앞으로 이 공사가 예정안에 빨리 추진되고, 이것이 완공된 후에 있어서도 보다 질이 좋고, 값이 싼 훌륭한 배를 많이 만들어 우리 한국의 조선공업 발전에 크게 이바지해 줄 것을 당부해 마지않습니다."

우리나라의 첫 번째 PVC공장이 준공되었다

1966년 11월 28일 우리나라의 첫 번째 PVC생산공장인 대한플라스틱 공업 PVC공장의 준공식이 충북 청원군에서 거행되었다.

대통령은 이날 행사에서 우리나라의 석유화학공업에 있어서 맨 처음으로 준공을 보게 된 이 PVC생산 공장은 그동안 우리가 막대한 외화를 들여 수입해 온 합성수지의 원료가 되는 PVC를 연산 6천 6백 톤을 생산하게 되며, 제2차 5개년계획에서 석유화학공업 관련공장들이 건설되면 여러 개의 PVC공장들이 또 건설될 것이며, 우리나라에서 생산이 안 되거나, 적은 양밖에 생산을 못하는 철강재와 목재와 고무 등으로 만든 자재를 PVC로 대체할 수 있게 된다고 말하고 가정용품에서부터 건설자제에 이르기까지 무진장한 PVC의 용도에 대해 설명했다.

"여러분들 고장에 현대적인 새로운 산업시설이 또 하나 준공을 보게 된 데 대해서 여러분과 더불어 충심으로 축하해 마지않습니다.

우리나라에서는 오래전부터 많은 양의 합성수지를 외국으로부터 수입해 왔습니다. 이로 말미암아 우리는 그동안 막대한 양의 외화를 낭비해 왔습니다. 그렇기 때문에 우리 정부에서는 오래전부터 합성수지의 원료가 되는 PVC공장을 우리나라에도 만들어야 하겠다는 판단하에 이 공장건설을 추진해 오다가 이번에 대한플라스틱공업주식회사의 이 공장 준공을 보게 된 것입니다.

이 공장은 여러분들도 아시는 바와 같이, 카바이드를 원료로 하는 PVC공장입니다. 그러나 이 공장 역시 우리 정부가 추진하고 있는 석유화학공업의 일환이 되는 것입니다.

정부는 내년부터 시작되는 제2차 경제개발5개년계획에 있어서 석유화학공업에 대해서 특별히 큰 비중을 두고 있는 것입니다. 앞으로 지금 추진하고 있는 제2정유공장의 건설이 끝나고, 또 제1정유공장의 배가공사가 끝나고, 또다시 제3정유공장의 건설이 착수되면, 이와 병행해서 석유화학공업에 대한 여러 가지 관련공장들이 같이 건설될 것입니다. 따라서 그때에는 오늘 여기에서 준공을 보게 되는 이 PVC공장 외에 여러 개의 PVC공장이 또다시 건설되리라고 믿고 있습니다.

정부가 지금 판단하기에는 1971년에 가서는 우리나라 PVC의 소요가 3만 2천 톤가량 필요할 것입니다. 오늘 여기서 준공하는 이 공장은 연산 6천 6백 톤의 생산을 하게 될 것입니다.

우리나라에는 지금 철강재와 목재, 또는 고무 등이 생산이 안 되거나, 되더라도 극히 적은 양밖에 생산을 못하고 있습니다. 그러나 이 PVC공장 같은 것이 앞으로 여러 개 건설되면 우리나라에서 부족한 이러한 철강재·목재·고무 등에 대한 자재를 이것으로 대체할 수 있는 것입니다.

PVC공장에서 무엇을 생산하는지 혹 여러분들 가운데 잘 모르는 분도 계실지 모르겠습니다. 작은 물건으로서는 우리 가정에서 어린 아이들이 가지고 노는 노리개·완구 같은 물건으로부터 식기라든지, 또는 우리 가정에 사용하는 가구라든지, 또는 여러분들이 신는 고무신이라든지, 또는 우리가 앉는 의자에 씌우는 '비닐' 따위 농촌에서 여러분들이 쓰는 모든 자재가 여기서 생산되는 것입니다.

또 큰 물건으로서는 이런 건물을 짓는 데 필요한 목재—이것도 PVC로 대체되는 것입니다. 저 지붕도 이것으로 대체되리라 믿습니다. 또한 우리가 상수도시설을 하는 데 필요한 철관·수도파이프—이런 것도 이 PVC로서 전부 대체할 수 있는 것입니다.

선진 공업국가에 있어서는 상수도시설에 필요한 수도파이프 같은 것은 벌써 전부 PVC로 대체하고 있는 것입니다. 우리는 지금 철관을 전부 이용하고 있습니다.

이와 같이 이 PVC의 용도라는 것은 무진장으로 많은 것이며, 우리들 생활주변에 앞으로 이 PVC로서 제품이 된 물건들이 수많이 나타날 것입니다. 그야말로 석유화학공업이란 것은 오늘날 현대공업에 있어서 가장 첨단을 걸고 있는 것이며, 또한 총아의 하나로서 등장하고 있는 것입니다.

오늘 이 공장이 준공을 보게 된 것은 이 지방주민 여러분들의 향토개발을 위해서, 지역사회 발전을 위해서 커다란 공헌을 할 뿐만 아니라, 앞으로 우리나라의 산업개발과 특히 공업발전을 위해서 큰 공헌을 할 것을 나는 믿어 마지않습니다. 동시에 앞으로 이 공장지대는 여러 가지 적은 규모의 관련공장들이 많이 생기게 될 것입니다. 또한 이 부근에 있는 농가에도 여러 가지 가내공업이 많이 발달할 것을 나는 확신해 마지않습니다.

조금 전에도 말씀드린 바와 같이, 앞으로 제2차 5개년계획이 완료될 무렵에 가서 이러한 석유화학공업에 관련되는 계열산업이 거의 완공단계에 들어가면, 우리나라의 공업은 급진적인 발전을 할 것을 믿어 마지않습니다.

오늘 이 대한플라스틱공업주식회사가 이러한 우리나라의 석유화학공업에 있어서 맨 처음으로 준공을 보게 되었다는 데 대해서, 우리는 또한 다 같이 경하해 마지않는 바입니다.

앞으로 이 공장이 우리 국가의 산업발전과, 특히 이 지역사회의 발전을 위해서 많은 공헌을 해 줄 것을 거듭 당부하면서, 그동안 여러 가지 난관과 애로를 극복해 나가면서 이 공장 준공에 노고를 하신 대한플라스틱공업주식회사 사장 임창호 씨와 회사 간부진 여러분과, 종업원 여러분, 또한 이 공장의 공사 준공을 맡으신 건설업계 여러분, 또한 이 지방의 관민 여러분들의 많은 협조에 대해서 심심한 사의를 드립니다."

기업인은 수출을 촉진하는 여러 조건을 성숙시키는 데 앞장서야 한다
1966년 11월 30일, 제3회 수출의 날에 대통령은 제1차 5개년 기간 동안에 이룩된 수출실적을 평가하고 수출의 필요성과 중요성, 국제경쟁력 강화, 기업의 윤리성과 사회성에 대해 평소의 소신을 피력했다.

"오늘 제3회 '수출의 날'에 즈음하여, 자립경제 건설에 있어서 수출이 차지하는 비중의 막대함과 수출업자와 생산업자 여러분의 사명의 막중함을 강조하고, 여러분의 가일층 분발을 다짐하게 된 것을 매우 뜻깊게 생각하는 바입니다.

나는 먼저 이 자리를 빌려 그동안 시장개척과 우량상품의 생산 또는 다액수출에 남다른 공이 있어 훈장과 표창을 받는 여러분에게 축하의 뜻을 표하고 그간의 노고를 치하하고자 합니다.

지난 몇 년 동안 우리는 조국근대화와 자립경제 건설을 위해서 온 국력을 이에 총동원하여 꾸준히 전진해 왔습니다.

제1차 경제개발5개년계획의 마감을 한 달 앞둔 현시점에서 이 계획의 진척상황을 돌이켜볼 때, 기간산업의 육성, 동력원의 개발, 사회간접자본의 확충, 그리고 수출진흥에 역점을 두었던 이 계획은 대체로 성공리에 매듭 지우게 되었다고 말할 수 있을 것입니다. 그 중에서 가장 성공적이었다고 봐야 할 것은 역시 수출증대인 것입니다.

1960년도만 해도 3천 2백만 달러에 불과하여 억대 수출은 다만 꿈같은 이야기였습니다만, 불과 4년 후인 1964년에는 드디어 1억 2천만 달러의 수출실적을 올렸고, 작년도에는 목표액 1억 7천만 달러를 초과달성하여 1억 8천만 달러의 실적을 거둠으로써 1960년도에 비하면 무려 6배에 가까운 수출실적을 올렸던 것입니다. 금년도에는 10월 말 현재 2억 달러를 돌파한 것으로 보아 목표액 2억 5천만 달러를 달성하는 것도 무난할 것으로 예상되고 있습니다. 여기서 더욱 고무적인 것은 이와 같은 수출의 양적인 증가가 수출상품 구성비율의 발전적인 변화와 병진해서 이루어졌다는 사실입니다.

1962년 총수출액 5천 6백만 달러의 대부분은 가공되지 않은 농수산물이었고 공업제품은 불과 그 27%인 1천 5백만 달러였습니다. 그러나 작년도에는 이와 정반대로 공업제품이 수출총액의 62.3%인 1억 1천 2백만 달러에 도달함으로써 수출구조를 완전히 뒤바꿨습니다. 이것은 우리나라가 1차산품인 원료수출 국가로부터 상품수출 국가로 발전된 것을 의미하며, 공업국가로의 성장을 입증하고 있는 것입니다.

또한 해외시장 개척에 있어서도 1961년도에는 수출대상국이 아주(亞洲) 중심의 20개국에 불과했습니다만, 작년도에는 미주와 구주 등으로 뻗어나가 60개국, 금년도에는 80개국에 이르러 자유 우방 거의 모든 나라가 우리 상품을 수입하고 있습니다."

대통령은 이어서 수출진흥의 필요성과 중요성이 이제부터 더욱 증대되고 있는 우리의 현실을 지적했다. 즉 자립경제를 지향하는 제2차 5개년계획의 성패는 투자재원의 확보에 달려 있으며, 이 투자재원의 주요 원천은 수출증대에 의한 외화획득이라는 것이다.

"그러나 수출업자와 생산업자 여러분!

우리의 수출산업이 날로 발전하고 수출실적이 급진적으로 늘어나고 있습니다만, 수출진흥의 필요성과 중요성은 이제부터 더욱 증대되고 있다는 우리의 현실을 나는 지적하지 않을 수 없습니다.

여러분이 아시다시피, 우리는 이제 제2차 5개년계획을 강력히 추진하여 자립경제를 하루빨리 이룩해야 할 시점에 처해 있습니다. 그리고 이 계획의 성패는 실로 투자재원을 여하히 확보하느냐에 달려 있는 것입니다. 수출증대에 의한 외화획득은 바로 이 투자재원의 주요한 원천이 되는 것이며, 수출증대는 경제자립의 동맥선이라고 해도 과언이 아닐 것입니다. 따라서 수출제일주의로 수출입국을 이룩하고, 이를 위해 하루빨리 공업국가를 건설해야 한다는 것은 우리의 가장 긴급한 과제인 것입니다.

나는 금년에 2차에 걸친 동남아 순방여행을 통하여 우리민족의 활로가 공업화에 의한 수출증대에 있다는 것을 다시금 절감한 바 있습니다. 수출총액의 80 내지 90%가 자연자원인 이 지역 국가들과의 무역경쟁에서 우리가 승리하려면, 우리는 그들이 필요로 하는 우수한 공산품을 생산해 낼 수 있어야 할 것입니다. 이러한 의미에서 앞서 지적한 바와 같이 우리의 수출상품 구조가 해마다 공업제품 위주로 급속한 전환을 이룩하고 있는 것은 매우 고무적인 일이며, 우리는 전국의 모든 가능한 지역을 공업단지로 만들어서 이를 더욱 발전시켜 나가야 하겠습니다.

나는 명년 초에 과학기술부 신설계획을 연구, 검토하도록 내각에 지시한 바 있습니다만, 이는 군·관·민이 일체가 되어 과학기술을 진흥시켜 공업국가 건설을 촉진하고, 우리 모두가 일인일기주의로 나가 하루속히 공업화를 이룩하자는 것입니다."

대통령은 이어서 수출진흥에 가장 많이 기여하는 다액수출업자는 진정한 애국자라고 평가하고 기업인의 가일층 분발을 당부했다.

"제2차 경제개발5개년계획에 있어서 목표연도의 수출목표액은 7억 달러입니다.

그러나 지난 6년 동안 수출실적의 연간 신장률이 평균 41.9%였다는 사실에 미루어 우리는 앞으로도 연평균 40%의 성장률을 계속 유지함으로써 1971년도의 수출실적은 적어도 10억 달러가 넘도록 총력을 경주해야 하겠습니다. 이를 위해서 생산업자와 수출업자 여러분이 가장 힘써야 할 일은 우선 신용 있고 품질 좋은 상품을 생산 수출하여 국제경쟁력을 강화하고 새로운 시장을 개척하는 일이라 하겠습니다.

오늘날 우리의 각종 상품은 세계 도처에서 많은 사람들의 호평을 받고 있습니다만, 우리는 여기서 만족할 것이 아니라, 조금만 더 노력하면 남이 따라올 수 없을 만큼 훌륭한 상품을 만들 수 있다는 것을 명심하여 '세계제일의 신용', '세계제일의 품질'을 신조로 삼아 수출 한국의 앞날을 위해 더욱 분발해야 하겠습니다.

지금 우리 주위에는 스스로 애국자임을 자처하는 사람이 많이 있습니다만, 나는 수출진흥에 가장 많이 기여하고 있는 다액수출자야말로 진정한 애국자라고 생각합니다."

대통령은 끝으로 기업인은 기업의 윤리성과 사회성의 바탕 위에서 수출을 촉진하는 여러 조건을 성숙시키는 데 앞장서고 정부는 기업인의 수출진흥 노력을 최대한 지원한다면 1971년도에는 10억 달러 이상의 수출실적을 올릴 수 있다는 확신을 피력했다.

"수출은 원대한 안목을 가지고 착실히 계획하고 줄기차게 실천해야할 것입니다. 목전의 조그만 이익보다는 내일에 얻을 수 있는 큰 이익을 생각하고, 나 한 사람이나 우리 회사의 이익보다는 국가와 민족전체의 이익을 앞세울 줄 아는 참다운 기업가정신이 정녕 아쉬운 우리의 실정입니다.

무모한 '덤핑'으로 우리의 상품가치를 저하시키거나, 또는 밀수출입 등의 불법행위로 국가경제의 건전한 발전을 해치는 일은 사회의 지탄이나 제재를 받기 전에 여러분 자신의 도의와 양심과 이성의 힘으로 시정해 나가야 하겠습니다.

이러한 기업의 윤리성과 사회성의 바탕 위에서 부족한 기술, 불비한 시설 등 수출증진을 가로막고 있는 모든 애로를 과감히 타개하고 특산물의 개발, 수출산업 기반 확충 등 수출을 촉진하는 여러 조건을 성숙시키는 데 여러분이 앞장선다면, 제2차 5개년계획이 끝나는 1971년에는 10억 달러 이상의 수출실적을 올릴 수 있을 것으로 나는 확신합니다.

정부는 수출용 원자재의 면세, 수출업무의 간소화, 수출산업의 중점

적인 육성 등 여러분의 생산 활동과 수출 진흥을 위한 노력을 최대한
으로 지원할 수 있는 가능한 모든 조치를 취할 것입니다.

그러나 수출한국의 앞날은 여러분의 두 어깨에 달려 있다는 책임과
사명을 자각하고 긍지와 자신을 가지고 힘찬 전진을 거듭하여 해마다
목표액을 초과달성하는 데 힘써 줄 것을 당부하는 바입니다.

아울러 10월 말 현재 66년도 목표 2억 5천 달러의 83%인 2억 달러를
달성하는 데 이바지한 전국의 수출업자와 생산업자 여러분의 노고를
치하하고, 앞으로 더욱 분발하여 금년도 목표를 달성함은 물론 해마다
40% 이상의 수출 신장률을 유지해 줄 것을 당부하면서 여러분의 건투
를 빕니다."

우리의 수출증대와 경제성장의 동력은 외자도입에 의한 공장건설이다

1966년 12월 13일, 충북시멘트공장 준공식에서 대통령은 야당이 외
자도입에 의한 공장건설을 비판하고, 이른바 '부익부빈익빈' 운운하며
대기업 육성을 공격하는 데 대해서 이를 반박했다.

"오늘 이 고장에 우리나라의 기간산업에 속하는 거창한 시멘트공장
이 또 하나 준공을 보게 된 것을 여러분들과 더불어 무한히 기쁘게 생
각하는 바입니다.

우리나라에는 지금 매년 시멘트의 수요가 늘어나고 있습니다. 이것
은 우리나라에 그동안 많은 산업시설과 건설사업들이 그만큼 추진되
어 가고 있다는 것을 입증하는 것이라고 보아야 하겠습니다.

제1차 경제개발5개년계획이 시작되던 1961년도에 우리나라에서는 약
60만 톤 정도의 시멘트를 생산하는 데 불과했습니다. 오늘 이 공장이
준공됨으로써 우리나라에서는 연간 220만 톤이라는 시멘트를 생산하
게 되는 것입니다. 내년 말에 가면 3백만 톤을 약간 넘는 막대한 시멘
트를 생산할 수 있는 능력을 가지게 되는 것입니다. 내후년 1968년 여

름에는 지금 동해안에서 건설 중에 있는 대단위 시멘트공장이 준공됨으로써 우리나라에서 약 5백만 톤 이상의 시멘트를 생산할 수 있게 될 것입니다.

오늘날 현대국가에 있어서, 그 나라에서 시멘트를 어느 정도 소비하느냐 하는 그 수량은 그 나라의 산업·경제·문화의 수준을 측정하는 하나의 척도가 되는 것입니다. 여러분들이 아시는 바와 같이, 우리 이웃에 있는 일본같은 나라는 1년에 약 5천만 톤 이상의 시멘트를 생산하고 있습니다. 인구로 봐서 우리보다 약 3배가 되니까 우리는 최소한 그 사람들의 3분의 1정도의 시멘트를 생산해야만 모든 건설이 일본수준을 따라갈 수 있다고 말할 수 있을 것입니다. 그렇다면 앞으로 우리나라에 있어서는 적어도 1천만 톤 이상의 시멘트를 빠른 시일 안에 생산해야 되겠습니다, 이것도 머지않은 장래에 실현될 수 있는 문제라고 나는 확신하고 있습니다.

시멘트가 이와 같이 생산되면, 또 여기에 따르는 여러 가지 부수적인 문제가 생기게 됩니다. 그것은 즉 수송문제입니다.

1천만 톤 이상의 시멘트가 생산되면, 현재 우리나라에서 생산하고 있는 전체 석탄이 약 1천만 톤을 넘기 때문에, 석탄수송을 위해서 정부나 국민들이 걱정하고 있는 것과 같은 문제들이 또다시 우리들 앞에 부닥치게 될 것입니다. 정부는 장차 이러한 우리나라의 산업건설 및 생산증대와 이에 따르는 수송수요 문제들을 예의 검토하고, 이에 대한 대비책을 강구하고 있는 것입니다."

대통령은 이어서 외자도입이 우리의 수출증대와 경제성장의 동력이 되고 있다는 사실을 지적하고, 외자로 건설된 공장에 대한 경영과 관리를 개선하는 문제에 대해 기업인들이 크게 반성하고 심각하게 검토할 단계가 왔다는 점을 강조했다.

"우리는 지난 수년 동안에 수많은 공장들을 건설했습니다. 여러 가지 산업시설을 건설했습니다. 일부 국내에서는 정부가 이러한 공장들을 건설하는 데 대해서 비판적인 여론이 없지도 않다는 것을 나는 잘 알고 있습니다.

어떤 사람들은 왜 정부가 이렇게 서둘러서 외국에 비싼 이자를 줘 가면서까지 남의 나라 돈을 꿔서 공장을 자꾸 짓느냐, 이러한 부채를 어떻게 할 작정이냐, 하고 걱정하고 있습니다. 그러나 지금 우리나라의 형편으로서, 우리가 빨리 선진국가의 모든 산업구조나 기타 발전수준에 따라가기 위해서는 우리가 가지고 있는 우리나라의 자본만으로는 도저히 해 낼 도리가 없는 것입니다.

우리의 자본이 부족한 것은 외국에서 꿔 오더라도 빨리 지어서 다른 나라에 따라가고, 그동안에 우리가 증산을 해서 외국의 부채를 갚아 나가고, 또한 우리가 생산한 물건을 해외에 수출해서 외화를 벌어들이고, 이렇게 함으로써 우리 한국의 경제가 성장되어 가는 것입니다. 따라서 공장을 짓는 그 자체가 덮어놓고 나쁘다고 하는 것은 과히 정당한 이론이라고 할 수 없는 것입니다.

문제는 우리가 어떠한 공장을 짓느냐 하는 시설에 대한 정책이 문제가 되는 것이고, 어떤 공장을 먼저 짓고, 어떤 공장을 다음에 짓느냐 하는 우선순위의 결정이 문제가 되는 것입니다. 동시에 외국의 차관을 들여 지은 공장이든, 정부가 융자를 해서 지은 공장이든, 자기 자신의 자본으로 지은 기업체이든 간에 오늘날 우리 정부나, 모든 경제인들이나, 기업인들이 다시 한 번 관심을 가지고 크게 반성해야 될 줄 생각합니다.

이러한 공장들에 대한 경영과 관리를 개선하고, 어떻게 하든지 좋은 물건을 값싸게 많이 만들어서 국민들에게 공급할 수 있고, 동시에 품질이 좋고 값비싼 물건을 많이 해외에 수출해서 외화를 많이 벌 수 있는, 소위 말하면 경영관리에 대한 개선, 경영합리화, 이러한 문제를 지금부터 심각하게 검토해야 할 단계가 왔다는 것을 나는 이 자리에서 말씀드리고자 합니다. 싸고 품질 좋은 물건을 만들어서 소비자인 국민 대중에게 많이 제공하는 것, 이것은 다시 말해서 국민 각자에 대한 하나의 간접적인 혜택을 주는 결과가 되는 것입니다."

대통령은 이어서 정부가 대기업만을 지원함으로서 이른바 '부익부빈익빈' 현상을 조장하고 있다는 비판에 대해 그것은 쓸데없는 걱정이라고 반박했다.

"우리나라에서 최근에 이러한 큼직큼직한 기업체가 많이 생김으로써 일부에서는 정부시책에 대해서, 우리나라는 지금 이런 식으로 경제를 건설해 가면서 돈이 많고 잘사는 사람은 점점 더 부자가 되고, 못 사는 사람은 점점 더 못살지 않느냐, 소위 말하는 '부익부·빈익빈'이 되지 않느냐고 걱정을 하는 사람도 있는 것 같습니다.

그러나 지금 여러분들에게 말씀드린 바와 같이 누가 공장을 짓든, 이러한 훌륭한 시설을 만들어서 경영관리를 개선하고 경영합리화를 기해서, 싸고 좋은 물건을 많이 만들어서 국민 여러분들에게 공급하게 되면, 그 혜택은 국민 여러분들도 간접적으로 받게 되고 기업체 자체도 덕을 보는 것이며, 정부는 그 기업체로부터 많은 세금을 징수하게 되는 것이며, 정부가 받은 세금은 또한 국민 여러분들을 위해서 여러 가지 건설에 쓰이게 되는 것입니다.

이렇게 됨으로써 이러한 훌륭한 기업체, 경영관리가 훌륭한 기업체란 것은 어떤 개인의 독점물이 아니라 정부나, 국민이나, 그 기업체 주인이나, 모든 사람에게 고루고루 혜택이 가는 것입니다.

소위 자본주의 경제체제에 있어서, 우리가 큼직큼직한 기업체를 육성하는 그 근본적인 취지와 방향이 이런 데 있다는 것을 국민 여러분들이 잘 이해를 해 주어야 하겠다는 것입니다.

따라서 모든 우리나라 경제인들이나 기업가들은 앞으로 어떻게 하든지 자기가 가지고 있는 기업체 경영을 합리화하고 경영관리를 훌륭하게 해서 좋은 물건, 값싼 물건을 국민들에게 많이 공급하고, 또한 해외에 많이 수출해서 외화를 많이 버는 데 최선의 노력을 다해야 하겠습니다. 이것이 오늘날 우리나라의 기업인들의 기업가정신이 되어야 한다고 나는 강조합니다.

오늘 이 훌륭한 공장이 건설되는 마당에서, 이 자리에 모인 국민 여러분들과 또한 우리나라의 모든 경제인·기업가 또는 정부 각 부처에서 근무하는 모든 국가공무원들이 이러한 점에 대해서 보다 더 관심을 가지고 우리나라의 경제체제를 더욱 강화하고, 국제시장에 있어서의 우리 한국 상품의 경쟁력을 강화하기 위해서 보다 더 정신을 차리고 노력해야 될 그런 시점에 있다는 것을 여러분들에게 한 번 더 강조하는 바입니다.

그동안 이 공장건설 기간에 수고를 많이 하신 회사간부 여러분과 해외기술진 여러분, 기타 이 지방관민 여러분의 노고에 대하여 다시 한 번 감사의 말씀을 드립니다."

하나의 공장을 건설하는 데는 복잡하고 어려운 문제들이 많이 있다

1966년 12월 16일, 광주 아시아자동차 기공식이 있었다.

대통령은 이날의 기공식에서 공장건설에 수반되는 여러 가지 어려움과 우리나라의 자동차 수요문제, 공장부지 매상가격 문제 등 공장건설과 관련해서 제기되는 가장 기본적인 문제들에 관해 소상하게 설명했다.

"그동안 호남지방 주민들은 왜 우리 고장에는 공장을 세워 주지 않느냐 하고 불평이 많았다는 것을 나는 잘 알고 있습니다. 그러나 공장이란 것은 그렇게 간단히 건설되는 것이 아니라는 것을 나는 얘기하고 싶습니다.

오늘 여기서 기공되는 이 아시아자동차 공장만 하더라도 그 설립계획이 추진된 것은 지금부터 5년 전 군정 초기의 일입니다. 공장이 하나 건설되려면 여러분이 생각하는 것보다 훨씬 어렵고 복잡한 여러 가지 애로가 있다는 것을 잘 이해하여야 합니다.

첫째, 우리나라에는 자본이 부족하기 때문에 외국에서 차관을 해야되며, 차관교섭에는 상당한 시일이 걸리는 것입니다. 남의 나라의 돈을 꾸니까 우리는 이자를 주어야 합니다. 돈을 꿔주는 사람은 나중에 본전을 빼낼 수 있겠는가 하는 주판을 놓습니다. 또 돈을 꾸는 우리의 입장에서는 차관으로 공장을 건설해서 생산한 상품을 판매했을 때, 꾸어온 돈을 충분히 상환할 수 있고, 또 이익이 남아서 우리나라 경제에 도움이 될 수 있느냐 하는 것을 충분히 계산해야 합니다. 이와 같이 쌍방이 서로 상반되는 이해관계에 관한 교섭에 오랜 시일이 소요됩니다. 그러한 것이 일단 해결된 뒤에 외국에서 차관을 받았다 하더라도 외국 돈만 가지고는 공장이 건설되지 않는 것입니다. 외국차관이 쓰이는 것은 공장에 필요한 주요한 기계뿐이고, 그 나머지 부지공사, 건물건축, 각종 노임은 더 말할 것도 없고, 기타 국내에서 생산되는 물자조달을 위한 내자 즉 우리나라 돈이 필요한 것입니다.

이러한 문제가 해결된다 하더라도 그다음에 가장 중요한 것은 과연 이러한 종류의 공장이 이 지방에 서서 앞으로 여러 가지 운영에 유리하겠느냐, 않겠느냐 하는 것입니다. 이런 것을 소위 공업의 입지적 조건이라고 하는데, 이에 대한 여러 가지 기술적인 조사 등등이 뒤따릅니다. 다음에는 외국에서 차관을 하는 사업에 대해서는 정부가 국회의 지불승인의 동의를 얻어야 합니다. 그동안 정부가 국회에 지불보증 승인을 요청한 차관사업이 장기간 논란이 거듭되고, 어떤 사업은 국회에서 삭제되고, 취소되는 예가 많았다는 것을 여러분들은 신문지상을 통해 잘 알고 계실 것입니다. 이처럼 하나의 공장이 서는 데는 여러 가지 복잡한 과정과 절차를 밟아야 하는 것입니다. 이러한 문제들이 있었다는 것을 여러분은 아셔야 할 것입니다."

대통령은 이어서 아시아자동차공장의 건설은 자동차의 생산과잉을 가져오는 것이라는 일부 주장을 일축하고 앞으로 수년 후에는 자동차 수요가 많아진다는 판단하에 이 공장을 건설하는 것이라고 천명했다.

"그동안 이 아시아자동차공장 건설을 둘러싸고, 우리 정부 안에서나 경제계에서 우리나라에 신진자동차공장이 하나 섰는데 또 이런 공장이 우리한테 필요하겠는가, 즉 그만한 수요가 있느냐 없느냐 하는 문제로 장시일 논란을 거듭해 왔습니다. 사실 오늘 기공식을 하는 이 순간까지도 이러한 문제에 대해서 여러 가지 회의를 품고 있는 분들이 상당수 있다는 것을 나는 잘 알고 있습니다.

그러나 정부는 이 공장이 서더라도 수년 후에 가서는 자동차의 수요가 더욱 많아진다는 판단하에 이 공장건설을 추진하고 있는 것입니다.

여러분!

지금 우리나라에 있는 자동차 수가 얼마나 되는지 아십니까? 전부 합쳐서 4만 대 정도입니다. 금년 봄에 동남아시아 여행을 갔을 때, 말레이시아라는 나라에 들렀는데, 이 나라 인구는 우리나라의 한 3분의 1인 약 1천만 밖에 안 되는데, 자동차가 150만 대 있었습니다. 그 나라는 계속 1년에 한 10만 대씩 늘어나고 있습니다.

오늘날 산업경제 발전에 있어서 자동차공장이 어느 정도 발달되고, 자동차 수효가 얼마만큼 늘어나가는가 하는 것으로 그 나라의 산업경제의 성장을 측정하는 척도로 삼고 있습니다.

이 아시아자동차공장이 앞으로 1년 반 내지 2년 후에 준공되고, 지금 있는 신진자동차공장에서 1년에 약 5천 대 내지 1만 대 생산되더라도, 우리나라에는 앞으로 그보다 훨씬 더 많은 수요가 있다는 것을 우리는 믿고 있는 것입니다.

앞으로 이 공장에서는 물론 소형자동차도 생산되겠지만, 주로 중형·대형 또는 트럭 같은 것들이 대량으로 생산될 것입니다.

최근 신문지상의 보도를 볼 것 같으면, 매일같이 자동차 사고가 일어납니다. 버스가 굴러서 사람이 몇 사람 죽고, 몇 사람 다치는 등 우리의 이맛살을 찌푸리게 하는 불상사가 매일처럼 연발하고 있습니다. 대단히 불행한 일입니다.

물론 여기에는 자동차를 운전하는 사람의 부주의, 기타 눈이 오고 비가 와서 길이 나쁘다는 문제도 있겠지만, 가장 중요한 원인은 버스나 자동차가 너무 낡고 노후한 때문이라고 나는 생각합니다. 지금 여러분들이 타고 다니는 버스의 대부분은 6·25전쟁 이후 미군용 트럭을 불하받아서 만든 조립형 버스입니다.

외국 사람들은 한국 사람들이 자동차공장도 없는데 저희들이 만든 자동차와 '드럼통'을 망치로 두드려서 저렇게 훌륭한 것을 만든다고 아주 경탄합니다. 물론 우리나라 사람들이 그만큼 재주가 있다는 사실이 되겠지만, 그러나 벌써 수명이 넘고 낡은 자동차에 귀중한 생명을 담고 달린다는 것은 대단히 위험한 일이니, 빨리 새 자동차로 대체하는 것이 시급한 문제입니다.

따라서 광주에 아시아자동차공장이 새로 섬으로써 자동차의 생산과잉이 초래된다고 하는 말은 당치 않은 것이라고 결론지을 수 있습니다. 그 좋은 증거로서 여기에 지금 아시아자동차공장이 건설된다는 것을 번연히 알면서도 최근 미국의 저명한 자동차회사에서, 신진과 아시아자동차공장 외에 우리 대한민국에 또 하나의 자동차공장을 만들 테니까 정부가 허가해 달라는 신청이 들어와 있습니다. 이 사람들 역시 한국의 모든 자동차 수요라든지, 산업경제의 실태라든지 하는 모든 점을 종합적으로 판단해서, 자기들이 여기다가 그런 공장을 만들어도 절대 손해가 가지 않는다는 판단이 섰기 때문에 신청한 것이라고 보아야 합니다.

이러한 견지에서 볼 때, 이 공장이 오늘 기공을 보게 되는 공업단지에 들어서서, 이 지방의 공업발전에 크게 이바지해 줄 것을 간곡히 부탁해 마지않습니다."

자동차공업은 기계공업을 비롯하여 전기·전자공업, 화학공업, 철강·금속공업, 재료공업 등을 모두 포함하는 종합공업으로서 자동차 기술은 그 나라 산업발전의 척도가 된다.

우리나라는 1960년 5월에 신진자동차공업주식회사가 부산진구 전포동에 자동차공장을 준공하면서 자동차 조립공업 시대의 막이 올랐다.

1962년 혁명정부가 자동차공업보호법을 제정한 후 부평에 새나라자동차공장이 건설되어 일본의 닛산자동차와 기술제휴로 생산과 판매를 시작했는데, 조립된 새나라자동차가 처음 나온 것이 62년 8월이었다.

62년 당시 부품을 수입하여 조립된 자동차는 승용차가 1천 7백 대, 상용차가 100대로 모두 1천 8백 대 정도였다. 새나라자동차는 첫차가 생산된 지 1년도 안 되는 63년 5월까지 2천 7백여 대가 조립 생산되었다.

이보다 앞서 1952년 우리나라에서 처음으로 삼천리호 자전거를 생산해 온 기아산업(기아자동차의 전신)이 61년부터 일본의 혼다와 기술제휴를 하여 오토바이를 생산했고, 그 후 일본의 마쓰다자동차와 기술제휴로 경3륜 자동차를 생산했으며 62년 7월에는 자동차제작공장의 허가를 얻어 65년부터 3륜 자동차를 생산하기 시작했다.

그 후 신진자동차공업이 새나라자동차 공장을 인수하여 코로나승용차를 생산했고, 이어서 아시아자동차공업주식회사가 광주에 공장을 건설하였으며, 1968년에는 현대자동차가 미국의 포드자동차와 조립 및 기술계약을 맺고 그해 11월에 코티나를 조립생산하기 시작했다.

이렇게 해서 우리나라의 자동차공업은 경제개발계획에 맞추어 발전하기 시작했고, 생산, 내수, 수출도 증가했다. 자동차 기술도 단순 조립생산에서 설계기술을 개발하고 자동차 제작을 우리기술로 이루어 낸 국산자동차 시대를 열었다.

특히 1973년부터 육성된 중화학공업의 발전에 힘입어 자동차공업은 눈부시게 발전했다. 기계적인 시스템이 주류를 이루던 자동차도 점차로 전자제어시스템을 적용하여 엔진을 비롯한 각종 장치가 전자제어장치로 바뀌게 되면서 자동차공업은 더욱 급속하게 성장했다. 그리하여 우리나라의 자동차는 수출의 주력상품이 되어 세계의 도시를 누비기 시작했다.

제2정유공장(호남정유) 건설은 석유화학공업 발전을 위해 상징적 의미를 지니고 있다

1967년 2월 20일, 대통령은 제2정유공장(호남정유) 기공식에서 여수 부근을 공장입지로 선정한 배경과 석유화학공업 건설계획, 제2공장 건설에 대한 주민들의 협조문제에 대해 소상히 설명했다.

대통령은 먼저 400년 전 임진왜란 당시 이순신 장군이 후퇴하는 왜적에 대해 최후의 일격을 가한 유서 깊은 이 고장에 근대화를 위한 공업단지를 건설하게 되어 매우 뜻이 깊다는 감회를 피력했다.

"친애하는 전라남도 도민 여러분! 그리고 내외 귀빈 여러분!

정부에서는 오래전부터 제2정유공장의 건설을 위해서 이 사업을 추진해 오다가, 오늘 이곳에서 제2정유공장의 기공식을 올리게 된 것을, 이 고장 주민 여러분과 또한 우리 국민들과 더불어 충심으로 경하해 마지않습니다.

나는 오늘 이곳을 처음으로 방문했습니다마는, 오늘 여기를 와서 보고 여러 가지 느끼는 점이 많습니다. 이 고장의 오늘의 모습은 여수반도의 한쪽에 있는 조그맣고 조용한 어촌에 불과하지만, 이 지점을 포함한 이 일대는 우리나라 역사상 대단히 유서가 깊은, 또 우리 후손들로 하여금 잊을 수 없는 유서 깊은 고장이라고 나는 느껴집니다. 이 밑에 있는 여수시는 여러분들이 아시는 바와 같이, 지금부터 약 4백 년 전 임진왜란 때 이순신 장군이 전라좌도의 수군통제사로서 통제영을 가지고 있던 유서 깊은 고장입니다.

　또한 오늘 이 자리에서 이 부근의 현황을 보건대 확실한 것은 잘 모르겠습니다만, 이 고장이 바로 임진왜란 말기에 왜적이 쫓겨 갈 때 이 일대의 고지에 최후까지 머물다가, 여기서 우리 한국 군대와 명나라 군대 연합군에 몰려서 쫓겨 갔던 장소라고 생각됩니다.

　그 당시에 왜적 소서행장(小西行長)과 그 외 많은 일본 군대들이 북쪽에서 쫓겨 내려와서, 순천 있는 데서 남쪽으로 내려와 이 부근에 최후의 거점을 잡고, 순천 방면으로부터 압력을 가하는 한국 군대와 명나라 군대의 공격을 받고, 또 이 앞에 보이는 해상에는 우리나라의 이순신 제독이 지휘하는 한국함대가 이곳을 봉쇄하고, 최후의 일격을 가한 그러한 유서 깊은 곳이라고 나는 느껴집니다. 그때부터 세월이 흘러서 약 400년, 그동안 이 고장은 아는 사람은 알고, 모르는 사람은 모르고, 지금에 와서는 조용하고 쓸쓸한 어촌이 되고 말았습니다.

　400년이 지난 오늘날, 그들의 후손인 우리들이 조국근대화와 이 나라의 공업건설을 위해서, 여기다가 새로운 거창한 공업단지를 만들고 과거 우리 조상들의 훌륭한 그 위업에 부끄럽지 않을 훌륭한 조국의 재건을 위해서, 우리가 여기서 새로운 건설의 고동소리를 울리게 되었다는 것을 대단히 의의가 깊은 일이라고 생각합니다."

대통령은 이이서 제2정유공장의 입지로 여수를 선정한 배경에 대해서 설명했다.

"여러분들이 아시는 바와 같이, 우리나라에는 지금부터 3년 전에 경상남도 울산에 제1정유공장을 건설했습니다.

그 후 우리나라의 산업경제 발전에 따라서 우리나라의 석유수요는 나날이 늘어가고, 제1정유공장 하나만으로는 도저히 수요를 충족시킬 수 없다 하는 그러한 판단이 났기 때문에, 정부에서는 오래전부터 제2정유공장과 또 같이 병행해서 울산에 있는 제1정유공장에 시설확장공사를 지금 서두르고 있습니다.

제2정유공장의 위치문제에 대해서는, 그동안 정부에서도 주로 우리나라의 석유·유류의 수요가 가장 많은 경인지구 부근이 적합하지 않느냐 하는 그런 의견이 많이 있었습니다만, 이곳 여수는 여러 가지 지리적인 여건과 특히 훌륭한 천혜적인 항구를 가지고 있는 입지적 여건을 가졌다는 점과, 또 하나는 정부가 시도하고 있는 우리나라의 공업시설을 지방에 분산하고, 특히 오늘날 다른 지방에 비해서 공업시설이 부족한 호남지방의 공업발전을 촉진한다는 의미에서, 여수 부근이 가장 적절하겠다는 판단하에 이 장소를 선택한 것입니다."

대통령은 이어서 제2정유공장의 기공은 우리나라의 석유화학공업 발전과 공업입국을 위해서 상징적인 의의를 지닌 일이라는 점을 강조했다.

"20세기 후반기 과학의 발전은 오늘날 석유화학공업이라는 새로운 분야를 개척하게 되었습니다. 과거의 석유는 주로 연료분야 즉 에너지원으로서 이것이 주로 사용되어 왔고, 그 방면에 특히 비중을 차지하고 있었지만, 오늘날에 와서는 에너지원과 동시에 석유화학공업의 하나의 원료로서, 또는 기간산업체로서 새로이 등장하게 되었습니다.

정부에서는 제2차 5개년계획 사업 중에서 가장 큰 중점을 두고 있는 것이 세 가지 있습니다.

그 하나가 바로 석유화학공업의 개발이요, 또 하나는 제철공업이요, 또 하나는 종합기계공업입니다.

특히 석유화학공업에 대해서는 그동안 정부에서 오랫동안 검토를 해 왔고, 또 외국기술자들의 여러 가지 전문적이고 기술적인 조언을 받아서, 금년 내로는 이 사업을 착수해야 되겠고, 또 그렇게 할 수 있는 모든 준비가 추진되고 있는 것입니다.

이 석유화학공업이라는 것은 방대한 자원이 필요한 것입니다.

지금 계획하고 있는 것만 하더라도, 약 8천만 달러 내지 1억 달러가 소요되는 외자를 투입해서 우리나라의 새로운 석유화학공업을 발전시킬 구상을 하고 있는 것입니다.

이러한 사업들을 앞으로 추진하게 된다면, 오늘 기공을 보게 되는 제2정유도 머지않은 장래에 울산에 있는 제1정유와 같이 시설을 확장 배가해야 할 것이고, 아울러 새로이 제3정유공장도 현재 예의 검토 중에 있는 것입니다.

이렇게 함으로써 우리나라의 공업은 급진적으로 발전할 수 있다는 견지에서 볼 때, 오늘 이 자리에서 제2정유공장 건설의 기공을 보게 되었다는 것은 비단 이 지방의 발전뿐만 아니라, 우리나라의 공업입국이라는 견지에서도, 하나의 상징적인 의의를 지닌 대단히 의의 깊은 일이라고 생각합니다."

대통령은 이어서 제2정유공장 건설과 이 지방의 공업단지 건설이 촉진될 수 있도록 여러 가지 협조를 아끼지 말 것을 이곳 주민들에게 당부했다.

"또한 오늘 이곳에 모인 주민 여러분들에게 한마디 말씀드리고자 하는 것은, 정부는 특히 여러분들 고장과 관련 깊은 또 하나의 사업을 하고 있습니다. 즉 내일 그 일부의 개통식을 보게 되는 전라남도 순천과 경상남도 진주를 연결하는 경전선의 철도건설입니다.

지금 그 일부 공사가 완공이 되어서, 내일은 전라남도 광양과 경상남도 진주에서 서쪽으로 약 2개 정류장 온 지점에서 개통식을 거행합니다만, 이 사업은 정부에서 금년에 가장 중점적인 사업으로서, 약 34억 원이라는 예산을 여기에다가 투입을 해서 금년 내로는 이것이 완공이 되는 것입니다.

이렇게 됨으로써 전라남도의 순천과 경상남도의 전주를 연결하는 철교가 완공되고, 따라서 순천·여수·진주·삼천포를 하나의 공업권으로 하는 새로운 산업권이 여기에 생기게 될 것입니다. 이러한 사업들은 이 지방의 발전을 위해서 하나의 획기적인 사업이 된다고 나는 확신합니다. 정부는 이 사업을 위해서 최대한의 지원과 뒷받침을 해줄 계획입니다. 동시에 이 지방의 주민 여러분들도 이 사업을 추진하는 데 있어서, 모든 면에 적극적인 협조가 있어야만 이 공사들이 예정시일 내에 완공할 수 있을 것입니다.

오늘 여기서 처음으로 기공식을 하는 이 모습을 볼 때에는, 여기 무슨 공장이 설 수 있겠느냐 하는 서글픈 감을 가지고 있는 사람이 있을지도 모르지만, 이 공장은 내년 말이면 완공이 될 것입니다. 지금 계획하고 있는 사업으로서는 우선 정유공장이지만, 이러한 공장이 여기에 건설이 되고, 여기 이 공장을 위한 철도가 들어오고, 또한 이 공장운영을 위한 공업단지로서의 필요한 공업용수가 저 멀리 순천 부근에서 여기까지 끌어오게 되고, 이러한 여러 가지 지리적인 여건과 공업단지로서의 지원시설이 완공될 것 같으면, 앞으로는 여러 가지 공장들이 여기에 차차 들어오리라고 확신합니다. 이런 사업들이 정부와 또 이 건설사업을 직접 담당하는 담당자 여러분들과 현지주민 여러분들이 서로 합심해서 협조함으로써, 이 공사들이 빠른 시일 내에 완성될 수 있다고 봅니다.

그리고 오늘 이 자리를 빌려서, 제2호남정유공업주식회사 사장 구인회 씨와 또 이 회사간부 여러분들이 그동안 이 사업을 추진하기 위해서, 여러 가지 많은 수고를 하신 데 대해서 감사의 말씀을 드리고, 특히 이 사업에 직접 투자를 하신 미국의 Caltax회사 여러분들에게 또한 감사의 말씀을 드립니다. 다시 한 번 말씀드리거니와 현지주민 여러분들이 적극적으로 협조를 함으로써 이 공사가 빨리 완공이 됩니다.

지금부터 여러 가지 어려운 문제가 많이 남아 있다고 생각합니다. 첫째는 이 공장부지로서 필요한 토지매상을 해야 할 것이고, 또한 저쪽 철도에서 이 지점까지 철도의 인입선을 끌어오자면, 일부 농토와 민간의 소유지가 여기 포함되기 때문에 이런 것도 여러분들이 협조를 해서 빨리 매상 조치가 끝나고 공사가 하루빨리 이루어지도록 협조를 해주셔야만, 이 공장이 빨리 건설이 되고 또한 이 지방에 공업단지가 이루어진다는 것을 말씀드리고, 여러분들의 협조를 다시 한 번 부탁해 마지 않습니다."

대구 제3공업단지는 대구시를 근대산업도시로 발전시킬 것이다

1967년 3월 31일, 대구에서는 제3공업단지 기공식이 거행되었다. 공업화가 촉진되고, 도시화가 진전됨에 따라 대도시의 인근 지역에 있던 기존의 공장들은 도시 속에 파묻히게 되었고 이에 따라 사회, 경제적인 폐해가 발생했다. 즉 대도시의 인구집중과 공해 등 사회문제가 생겼고, 또 기업들은 새로운 공장입지 조성과 공장시설을 이전하는 데 경제적 부담을 지게 되어 생산비가 증가하여 경제 성장이 저해되고 있었다.

그래서 정부는 우리나라 제조업의 성장을 촉진하고 도시 인구집중을 억제하며, 또 도시와 농촌의 균형발전을 이룩하기 위해서 도시계획을 새로 수립하고 도시 내의 공장을 이전시키기 위한 새로운 공업단지를 건설했다.

정부는 1964년 '수출산업공업단지 개발조성법'을 제정하고 구로동의 수출산업공업단지를 비롯한 수출전용 단지를 건설했다. 그리고 중소기업육성과 지방공업진흥을 위해서 각 도에 한 곳씩 20만 내지 1백만 평 규모의 지방공업육성단지를 조성하였다. 인천, 춘천, 원주, 전주, 대전, 광주, 대구, 구미 등의 공업단지가 그것들이다. 정부는 각 지방의 특정지구에 중소기업을 집단화하여 공동이용시설을 지원하고 경영과 기술을 집중적으로 지도하는 각종 서비스를 제공하여 중소기업을 적극 육성하기로 한 것이다.

정부가 이처럼 각 지방에 수출공업단지나 중소기업단지를 조성한 것은 공업의 지방 분산과 지역별 유휴노동력의 활용을 동시에 달성하고 지역사회 개발을 촉진하고, 이를 통해 도시와 농촌, 공업과 농업의 균형발전을 이룩하고, 도시와 농촌 간의 소득격차를 없애기 위한 노력의 일환이었다.

대구 제3공업단지 기공식이 있은 이후에 전주공업단지의 기공식이 있었고, 광주공업단지, 부평공업단지 건설이 추진되었다.

1968년에는 대단위 석유화학 및 연관공업을 중심으로 울산에 석유화학단지를 조성했으며 뒤이어 1969년부터 구미에 전자공업 중심의 수출산업단지가 조성되었다.

이날의 대구 제3공업단지 기공식에서 대통령은 먼저 이 공업단지는 앞으로 대구시를 근대산업도시로 발전시키기 위해 조성하는 것이라고 말하고 그 건설 배경에 대해 설명했다.

"오늘 여기에 기공을 보게 된 제3공업단지의 조성은, 우리 대구시가 앞으로 근대산업도시로 크게 발전할 수 있는 하나의 좋은 계기가 되리라고 나는 생각합니다.

우리 대구시는 우리나라에서도 서울·부산 다음에 가는 가장 큰 도시인 동시에, 경인지구와 부산지구 다음에 가는 공업시설이 여기에 집중되어 있습니다.

특히 섬유공업 분야에 있어서는 우리나라에서 가장 으뜸가는 위치를 차지하고 있습니다. 그러나 지금 이 대구시의 설계와 구조는 앞으로 우리 대구시가 공업도시로 또는 산업도시로 크게 발전하기 위해서는 여러 가지 불편한 점이 많습니다.

이곳은 옛날 일제강점기 일본 사람들이 도시계획을 했기 때문에 모든 것이 규모가 작고 답답합니다.

원래 일본 사람들이 우리 한국을 공업도시나 근대국가로 만들어야 하겠다는 생각이 없었기 때문에, 이런 도시계획도 그렇게 규모가 작게 되었으리라 생각합니다만, 우리 산업이 발전하고 공업이 커나가고, 우리의 모든 역량이 커나가고, 도시의 인구가 늘고, 도시가 확장해 나감에 따라서 우리 대구시는 여러 가지 불편을 느끼게 되었습니다.

마치 사람의 몸이 어릴 때 입었던 옷이 몸집이 커지니까 몸에 맞지 않아서 여러 가지 불편이 생기는 것과 마찬가지입니다.

대구시의 인구가 늘어나고, 공장이 늘어나고, 여러 가지 산업이 발전되어 나감에 따라서 처음에는 저 교외 변두리에다가 공장을 세웠는데 얼마 가지 않아서 그것이 도시 한가운데가 되어 버리고, 공장과 상가와 주택이 한데 섞여서 공장은 공장대로 불편하고, 주택은 주택대로 불편하고, 상가는 상가대로 불편하고, 여러 가지 이러한 불편과 모순이 많이 생기기 때문에, 이 대구를 발전시키기 위해서는 근본적으로 도시계획을 뜯어고쳐야 되겠다 이렇게 되어서 착수한 것이 오늘 여기서 기공을 하는 제3공장단지라고 생각합니다.

오늘 아침 여관에서 여기까지 오는 도중에, 소위 대구시내 여러분들이 말하는 깡통 도로, 옛날 우리가 학교 다니고 그전에 여기 살 때, 아주 불편하던 그런 곳인데 대단히 시원시원하게 널찍하게 잘 닦았습니다.

물론 이런 공사를 하는 데 여기 있는 일부 주택이 철거를 당했고, 건물이 헐려야 되고, 여러 가지 보상 문제라든지 어려운 문제가 많았고, 또한 자본도 들었다는 것을 압니다.

그러나 앞으로 우리 대구시를 적어도 근대국가의 근대도시로서 모든 체모를 갖추자면 이런 일은 불가피한 것입니다.

이 점에 대해서 시민 여러분들이 여러 가지 어려운 바, 고통을 참으시고 많이 협조를 해 주신 데 대해서 감사의 말씀을 드립니다."

대통령은 이어서 우리는 제2차 5개년계획이 끝날 무렵의 수출목표를 10억 달러로 잡고 있으며, 우리나라의 3대 도시의 하나인 대구시는 적어도 그 10분의 1인 1억 달러는 감당해야 하고, 대구시가 이 목표를 달성할 수 있는 산업도시로 성장하는 데 있어서 이 제3공업단지는 불가결하다는 점을 강조했다.

"오늘 또 이 제3공업단지 역시 이것을 조성하는 데는 여러 가지 어려운 일이 많았다는 것을 잘 알고 있습니다.

지금 우리나라에서는 매년 수출이 급격히 늘어나고 있습니다. 작년에 2억 5천만 달러, 금년에 우리의 목표가 3억 5천만 달러, 3억 5천만 달러면 여러분들이 짐작이 가실 줄 압니다만, 우리가 1년을 365일로 잡는다면 하루 평균 약 100만 달러어치의 물건이 우리나라에서 생산이 되어, 우리나라 여러 항구를 통해서 외국으로 수출을 하는 것입니다.

앞으로 제2차 5개년계획이 끝날 무렵에 가서는 우리는 약 10억 달러 정도를 수출해야 되겠다, 이렇게 지금 목표를 세우고 있습니다.

그때 가면 우리 대구시에서도 적어도 10분의 1, 즉 1억 달러 정도는 여기서 수출해야 되겠다, 그러한 목표를 보면 오늘 대도시가 세운 이 계획은 너무 목표가 좀 낮다, 나는 좀 더 의욕적으로 많이 했으면 좋겠다, 이렇게 생각을 합니다.

우리나라에서 세 번째 가는 큰 도시 대구에서 10억 달러 중의 10분의 1도 감당을 못하면, 대구에 있는 여러분이 큰 소리를 못하게 됩니다.

앞으로 적어도 1억 달러 정도는 여기서 수출해야 되겠고, 그러기 위해서는 이제 제3공업단지와 앞으로 시가 계획하고 있는 제2공업단지, 그 밖에 현재 있는 여러 기업체시설의 대체와 모든 기술의 혁신 등으로 해서, 우리 대구에서 보다 더 많은 공업제품을 생산하고 국내시장과 해외시장에 많이 수출할 수 있도록 우리 전 대구시민이 같이 협력해 주셔야 되겠습니다.

만일 앞으로 수년 후에 대구에서 1억 달러 수출을 하게 된다면, 현재보다도 22만 명의 고용이 증가될 것이며, 대구 시내에 있는 실업자는 거의 없어질 뿐만 아니라, 노동자를 대구시에서 구할 수 없어서 대구 일원에 있는 시골에서 모두 나오게 될 것이고, 이렇게 됨으로써 대구도 발전을 하고, 이 인근에 있는 모든 농촌과 시골도 같이 따라서 발전을 할 것입니다.

그러한 의미에 있어서 오늘 이 제3공장단지 기공식은 우리 대구를 앞으로 근대산업도시로서 크게 발전할 수 있는 하나의 계기가 되며 발돋움이 된 것입니다. 또 동시에 오늘 여기 국도포장공사, 이것도 이미 여러분들이 오래전부터 갈망하던 사업이라고 생각합니다.

이것은 이번에 한미합동공사로서 우리 군에서 나와서 이 공사를 담당하여 도로를 확장하게 되고, 포장을 하고, 과거에는 정부 간선도로가 대구시내 한복판을 통과함으로써 여러 가지 시민에게 불편을 주었지만, 이번에는 시의 중앙을 통과하지 않고 변두리를 통과하는 국도가 되었다는 것입니다.

시민 여러분에게 여러 가지 편리를 제공함과 동시에, 앞으로 크게 발

구로동 수출산업공단 준공을 기념하여 휘호를 쓰고 있는 박 대통령(1967. 4. 1)

전할 수 있는 그러한 지위를 더 향상시킨 결과도 되었습니다. 이 도로는 아까 지사의 말씀과 같이 우리나라의 군사목적으로서도 대단히 중요한 도로입니다. 앞으로 이러한 모든 공사들이 계획대로 빨리 추진이 되어서, 대구시가 보다 아름답고, 보다 살기 좋은 그러한 도시가 될 것을 빌어 마지않습니다."

서울 구로동 수출공업단지에서 생산되는 제품은 전부 해외로 수출한다

1967년 4월 1일, 서울 구로동의 수출공업단지 준공식에서 대통령은 이 공단에서 생산되는 모든 제품은 국내시장에 팔지 않고 전부 해외에 수출하도록 되어 있다고 말하고, 이 공단은 재일교포 실업인들이 조국의 산업건설에 이바지하겠다는 열의에 의해서 건설된 것이라고 천명했다.

"지금으로부터 2년 전 3월 12일경이라고 기억합니다만, 구로공업단지 기공식을 바로 이 자리에서 올렸습니다.

당시만 하더라도 이 장소는 군의 탄약고가 있던 곳으로, 일부 피란민들이 변두리에 살고 있었습니다.

허허벌판에 '불도저'를 집어넣고 기공식을 올렸습니다.

당시에만 해도 정부가 추진하는 이 수출공단이 잘되겠느냐 하고 의심을 한 사람들이 많았습니다.

그러나 2년 동안 이 공사를 직접 담당하고 감독하고 추진해 온 이사장 **이병호 씨**, 그 외 이사들, 또 이 장소에 입주한 국내실업인, 특히 일본에 계시는 재일교포 실업인 여러분들이 많은 수고를 하고 여기까지 어려운 문제들을 극복해 나가면서, 오늘 이와 같이 훌륭한 공업지대를 완공한 데 대해서 감사의 말씀을 드리고 또한 감개가 무량함을 금할 수 없습니다.

우리나라에서는 지금 이러한 공업단지가 여기저기에 건설되고 있습니다.

누구나 처음에 설 때에는 이게 될까 하고 의심을 합니다.

어떤 사람들은 안 된다고 합니다. 이 구로공업단지도 안 되겠다고 부정적으로 얘기하는 사람들이 많았습니다.

오늘날 우리는 조국의 재건을 위해서, 정부나 국민이나 우리나라의 실업인이나 모든 사람들이 힘을 합쳐서, 이런 건설을 강력히 추진하고 있습니다.

우리가 이런 사업을 추진하는 데 있어서는, 첫째는 우리의 목표가 뚜렷이 서 있어야 되는 것이고, 다음에는 이 목표를 끝까지 달성하기 위해서는 사전에 치밀하고도 충분한 계획이 있어야 되는 것입니다. 다음 단계는 이 계획을 실천하기 위한 강력한 집행과 추진력이 있어야 되는 것입니다.

지금 우리나라의 여기저기에 공업단지가 조성되고 있습니다. 어제만 하더라도 대구에서는 대구 제3공업단지 기공식을 올렸습니다. 얼마 전에는 전주공업단지의 기공식이 있었고, 또 그 전에 광주공업단지, 또한 1년 전부터 착수해서 추진하고 있는 부평공업단지, 그 밖에도 몇 군데서 그 지방주민들의 희망에 의해서 또 그분들의 노력에 의해서 일부 추진되고 있는 것이 있습니다.

이 수출공단은 공업단지나 같은 뜻인데, 특히 구로동을 수출공단이라고 우리가 얘기하는 것은, 여기서 생산되는 모든 제품을 국내시장에 팔지 않고 전량을 해외에 수출하도록 되어 있기 때문에, 여기를 수출공단이라고 호칭을 하고 있는 것입니다. 그리고 이 구로수출공단은 우리 정부에서 제일 처음으로 구상해서 착수되었고, 또 제일 먼저 준공된 수출공단입니다.

특히 이 공단에는 그동안 재산반입이라든지, 국내에 들어와서 여러 가지 수속절차라든지, 또는 이 공단을 앞으로 육성해 나가는 데 필요한 입법조치라든지, 융자문제 등 여러 가지 어려운 문제들이 많았습니다만, 이러한 여러 가지 수속절차가 어려운 것을 무릅쓰고, 우리 재일교포 실업인 여러분들이 조국의 산업건설에 이바지하겠다는 그러한 열의에 의해서 훌륭한 공단이 건설된 것입니다.

또 그분들이 우리 국내에 진출함으로써 우리나라의 수출증대에 이바지한다는 것은 물론이거니와, 우리 재일동포들이 가지고 있는 모든 기술을 우리 국내에 들여올 수 있다는 데 우리 정부는 특별히 관심을 가지고 있는 것입니다.

지금 여기 한 30여 개 공장이 서서, 벌써 10여 개 공장이 가동하고 있고, 나머지는 계속해서 가동하게 될 것입니다.

동시에 여기 입주를 하겠다는 국내실업인 또는 대기업체 실업인들의 희망자가 많이 있기 때문에, 정부는 앞으로 이 공단을 더 확장해서 스물댓 개 공장이 더 들어갈 수 있는 공단공사의 계획을 추진하고 있습니다.

이러한 공단이 완공이 됨으로써, 이 인근에 있는 주민 여러분들이 여기에 와서 일할 수 있는 그런 직장이 생기고, 여기서 연간수출에 의한 막대한 외화가 가득이 되는 것이고, 동시에 우리나라 수출산업의 육성과 공업기술 발전에 크게 이바지할 것을 기대해 마지않습니다.

그동안 이 공단건설에 노고가 많으신 이사장 이병호 씨, 그리고 이사진 여러분과 또 여기 입주한 국내실업인, 재일교포 실업인 여러분의 노고에 대해서 다시 한 번 심심한 사의를 표하고, 여러분들이 운영하는 모든 일이 앞으로 성공적으로 추진되기를 부탁해 마지않습니다."

섬유공업은 생활향상과 국제수지 개선에 기여하게 될 것이다

1967년 4월 20일, 동양합섬 울산공장 준공식에서 대통령은 섬유공업은 수입대체산업의 하나로 의류공급을 통한 생활향상과 외화절약을 통한 국제수지 개선에 기여할 중요한 사업계획임을 강조했다.

"오늘 동양합섬주식회사 울산공장 준공식에 즈음하여, 나는 날로 모습을 달리하는 우리나라 섬유공장의 발전을 경하해 마지않으며, 이 공장의 준공을 위해 노력해 오신 사장 이하 직원 여러분, 그리고 관계인사 여러분의 그간 노고를 충심으로 치하하는 바입니다.

여러분도 아시다시피 섬유공업의 발달은 의류공급을 통하여 국민생활의 향상에 직결되는 일면, 우리나라 실정에서는 외화의 절약으로 국제수지 개선에 크게 기여할 수 있는 중대한 사업계획의 하나라고 할 수 있습니다.

해방 이후 우리나라 국민의 의류양식은 전래의 면직물에서 점차로 화학섬유류의 혜택을 많이 입게 되었으며, 요즈음에 와서는 화학 섬유

구로공단 해외수출산업단지의 가발공장에서 일하는 여성 근로자들 이들 덕분에 파산할 뻔했던 국가위기에서 벗어날 수 있었다(1964).

류의 국내외 수요가 날로 격증하여, 이 방면의 증산과 개척에 일대 전기를 요청하게 된 것입니다.

이러한 때에, 비록 연산 2천 톤의 시험적인 규모이기는 하나, 본 공장의 준공을 보게 된 것은 앞으로 이 나라 섬유공업의 전도를 밝게 하는 또 하나의 경사로서 그 의의는 실로 크다고 아니할 수 없습니다.

앞으로 본 공장의 가동으로 국내의류 양식의 개선은 물론 현재 막대한 외화를 들여 수입하고 있는 '아크릴 화이버'를 수입대체함으로써 연간 약 220만 불의 외화가 절약될 것이며, 또한 본 공장에서 생산되는 아크릴 화이버를 가공하여 의류 등의 제품을 수출함으로써 연간 약 260만 불의 외화를 벌어들이게 되었습니다.

비단 이러한 직접적 효과 이외에도 고용면이나 파급효과면에서, 이

공장의 가동으로 얻어지는 경제적 이득은 실로 다양한 것입니다.

특히 이곳 울산은 정부에서 추진하는 공업단지인만큼, 공장가동에 따른 제반조건이 양호하고, 많은 대규모 공장들이 인접해 있어, 관련사업체의 상호발전을 기할 수 있게 되어 있는 것입니다.

앞서 말씀드린 바와 같이 이 공장은 1일 생산률 6톤 규모로 그 능력이 국제경제 단위에는 미달이기 때문에, 국제시장에서의 경쟁은 현재로서 불가능한 것이 사실입니다.

그러나 합성섬유공업은 날로 발전하고 있고, 또 다양화해 가는 합성섬유공업 중에서도 아크릴 화이버는 나일론, 폴리에스테르와 함께 3대 합성섬유의 하나로서, 양모를 대신할 수 있는 유망성과 수요증가의 국제적 추세에 비추어, 그 전도는 매우 기대되는 바가 많다고 할 수 있습니다.

앞으로 합리적인 경영으로 시설을 확장한다면, 1일 생산률 26톤 규모의 증설계획이 가능한 것으로 알고 있습니다.

그렇게 되면 수입대체로써 외화절약은 물론 국제경쟁력이 강화될 것을 믿어 의심치 않습니다.”

한국비료 울산공장은 단일 요소비료공장으로는 세계 최대 규모의 공장이다

1967년 4월 20일 한국비료울산공장 준공식에서 대통령은 단일 요소비료공장으로서는 세계 최대 규모인 이 공장의 준공을 경하하고, 그 의의에 대해 설명했다.

“오늘 한국비료 울산공장의 준공식은 ‘전진의 해’를 장식하는 경제건설의 개가로서, 나는 온 국민과 더불어 이를 충심으로 기쁘게 생각합니다.

그동안 많은 파란곡절을 겪으면서도 돌관작업을 강행하여, 불과 13개월이라는 짧은 시일 내에, 이처럼 우람한 공장을 건설하는 데 힘써

울산공단을 시찰나온 박 대통령 삼성그룹 이병철 회장이 한국비료공장 현황을 설명하고 있다(1965. 2. 4).

온 관계인사 여러분의 노고에 대해 나는 심심한 치하의 뜻을 표하는 바입니다.

제1차 5개년계획의 일환으로 추진되었던 이 공장은 단일요소 비료공장으로서는 세계 최대 규모로, 연간 33만 톤의 생산능력을 갖추고 있는 것입니다.

이제 본 공장이 가동됨에 따라, 우리는 질소질 비료의 국내수요를 완전히 자급자족할 수 있게 되었으며, 농업생산성의 향상도 기대할 수 있게 되었습니다.

뿐만 아니라, 본 공장의 가동은 연간 2천 5백만 달러의 외화절약과 고용증대, 그리고 외국의 최신특허 도입에 의한 기술향상과 화학공업·기계공업·운수업 등 관련 산업의 발전에 커다란 공헌을 하게 될 것입니다.

지금 우리는 농공병진의 조국근대화 작업에 온 국력을 총동원하고 있습니다만, 이 한국비료공장의 건설은 바로 농업과 공업의 균등발전을 이룩하려는 우리들의 계획과 노력에 있어서 밝은 전망을 약속해 주는 고무적인 성과라 하겠습니다.

우리가 염원하는 빈곤의 추방이나 경제적 번영은 빈틈없는 착실한 계획과 중단 없는 줄기찬 실천에서만 기약할 수 있는 것입니다.

지금 우리에게는 이미 제2차 5개년계획이라는 성장을 위한 계획이 마련되어 있습니다. 발전을 위한 국민의 결의와 의욕도 넘쳐흐르고 있습니다.

이제 우리에게 남은 문제는 우리 모두가 함께 나선 이 근대화의 대열에서, 한 사람도 낙오되지 않고 또 촌각도 중단함이 없이 인내와 용기로써 위대한 전진을 거듭하는 일인 것입니다.

우리가 굳게 뭉쳐 공장 하나라도 더 짓고 한 치의 땅이라도 더 갈아서 증산·수출·건설에 박차를 가해 나간다면 부강한 나라를 건설하고 잘사는 국민이 되려는 우리의 노력은 반드시 보람찬 결실을 거두게 될 것으로 나는 확신합니다.

아무쪼록 오늘의 이 준공식은 근대화작업을 위한 우리의 전진적 자세를 새로이 가다듬는 뜻깊은 계기가 되어야 하겠습니다.

끝으로 한국비료공업주식회사 사원 여러분은 자립경제 건설에 있어서, 여러분이 차지하고 있는 막중한 사명과 책임을 명심하고, 부단한 연구와 합리적인 경영으로써 세계에서 가장 우수한 품질의 비료를 생산하는 데 혼신의 노력을 다해 줄 것을 당부하는 바입니다."

한 경제학자가 불가능한 일이라고 말했던 일들이 모두 가능한 일이 되었다
1967년 제6대 대통령선거의 대구유세(4월 23일)에서 대통령은
5·16군사혁명 이전에 한 경제학자와 나눈 대화를 소개하면서 그 당

시 그 경제학자가 불가능한 일이라고 비관적으로 말했던 일들이 모두 가능한 일이 되었다는 사실을 설명했다.

"5·16이 나기 전에 이 사람이 어떤 경제학자를 만나서 물어 보았습니다. '우리는 지금 남의 나라의 원조만 받고 그저 얻어먹기만 하고 남의 신세만 지는데, 우리는 언제쯤 가면 우리가 자립할 수 있겠으며, 남의 원조를 받지 않고 살 수 있겠습니까? 선생께서는 어떻게 생각합니까?' 하고 물으니까, 그 학자가 말하기를 '참 대단히 섭섭하고 슬픈 이야기지만, 우리나라의 경제가 자립할 도리는 없습니다. 왜 없느냐 하면, 농산물은 해마다 소위 토지체감원칙에 의해서 농사를 지을수록 자꾸 줄어들어가고 그 반면에 인구는 자꾸 늘어나고 하니 식량의 자급자족도 안 됩니다. 이것은 외국 사람한테 얻어먹어야지 별도리가 없습니다.'

또 수출도 그 당시에 아마 한 2천만 달러인가 3천만 달러 했을 것입니다. '우리가 아마 수출을 한 3억 달러까지만 올리면 우리가 거의 외국에 큰 신세를 안 지고 살 수 있는데, 3억 달러라는 것이 우리나라에서는 도저히 불가능한 일입니다.' 아주 비관적인 대답이었습니다.

그런데 지금 우리 식량사정은 앞으로 2차 5개년계획이 끝나면 완전히 자급자족이 됩니다. 그 당시의 우리의 경제전문가라는 사람들이 3억 달러만 되면 우리가 자립할 수 있다는 그 3억 달러를 금년 말에 우리는 훨씬 더 초과를 합니다.

수출 외에 외국에 나가 있는 우리나라 기술자들, 또는 우리나라를 찾아오는 관광객들이 우리나라에 뿌리는 '달러'를 합하면, 금년 말에 가서 우리는 약 6억 달러라는 외화를 벌게 되는 것입니다.

이러한 이야기도 지난 한 4·5년 전에는 우리 국민들로서는 도저히 상상도 못하던 하나의 꿈같은 이야기였습니다.

우리의 경제가 지금 나날이 성장을 하고 있는 것입니다. 우리는 희망을 가져야 됩니다. 우리도 앞으로 수년 내에 자립할 수 있으며, 이것은 틀림없이 할 수 있는 것입니다."

시멘트공업은 제2차 5개년계획의 성공을 뒷받침하는 원동력이 된다

1967년 4월 24일은 동양시멘트 증설공장의 준공식 날이었다. 동양시멘트는 일제강점기에 건설된 60만 톤 규모의 공장으로서 휴전 이후 대부분의 산업시설이 유휴상태에 있는 상황에서 문경시멘트와 함께 가동되고 있는 공장의 하나였다.

제3공화국에서 정부가 시멘트공업 육성에 박차를 가하면서 66년 초에 추가로 60만 톤 증설공사를 추진하였던 것이다. 대통령은 이 준공식에서 기간산업인 시멘트공업 육성의 중요성을 강조했다.

"오늘 동양시멘트공업주식회사의 제3차 증설공사 준공식을 가지게 된 것을 나는 여러분과 더불어 매우 기쁘게 생각하는 바입니다.

작년 1월에 착공한 이래 여러 가지 어려운 난관과 애로에도 불구하고, 꾸준히 노력하여 이처럼 훌륭한 시멘트공장을 증설한 사장 이하 관계인사 여러분의 그간의 노고에 대해 심심한 치하의 뜻을 표하는 바입니다.

무릇 한 나라의 시멘트생산량과 그 소비량은 그 나라의 산업·경제·문화 및 생활수준을 저울질하는 하나의 척도가 되고 있습니다.

확실히 시멘트공업은 건축·토목·항만·간척·수리사업 등 국민생활의 향상과 국가개발 계획을 추진하는 데 있어 필요불가결의 기본자재인 것입니다.

따라서 증산·수출·건설의 붐을 일으켜 자립경제 건설을 촉진하자는 우리의 경우, 기간산업으로서의 시멘트공업 육성발전은 가장 긴급한 국가적 과제가 아닐 수 없습니다.

여러분이 아시다시피 1961년도의 우리나라 시멘트 연간생산량은 60만 톤에 불과했습니다.

1년에 5천만 톤 내지 8천만 톤씩 생산하는 나라와 비교해 볼 때, 이것 하나만으로도 우리가 얼마나 뒤져 있었고, 따라서 그들을 뒤따라 앞서려면 시멘트공업을 급속도로 발전시키지 않으면 안 된다 하는 것을 알 수 있는 것입니다.

정부는 제1차 5개년계획 기간 중에 비료공업·정유공업과 더불어 시멘트공업의 개발에 각별한 배려와 노력을 기울여 왔습니다.

그리하여 쌍용시멘트공장을 비롯하여 한일시멘트공장, 현대건설의 단양시멘트공장, 충북시멘트공장을 새로 건설하여 작년 말 현재 우리는 연간 240만 톤을 생산하게 됨으로써, 급격히 늘어나는 그 수요를 거의 충당하게 되었습니다.

오늘부터 이 동양 시멘트공장에서 증설분 60만 톤이 생산됨에 따라, 이제 우리는 연간 300만 톤의 시멘트를 생산할 수 있게 된 것입니다. 이것은 1961년도의 60만 톤에 비하면 실로 5배의 증산이 되는 것입니다.

오늘 이 공장의 준공에 이어, 지금 동해안에서 건설 중에 있는 대단위 시멘트공장이 내년 여름에 준공된다면, 우리는 연간 약 500만 톤 이상의 시멘트를 생산할 수 있게 될 것입니다.”

대통령은 이어서 시멘트공업은 제2차 5개년계획 사업의 성공을 뒷받침하는 원동력이 된다는 점을 강조했다.

“농업과 공업의 균형발전을 이룩하여 잘사는 국민이 되고, 부강한 나라를 건설하자는 우리의 조국근대화 작업은 이제 제2단계로 접어들었습니다.

우리는 이미 제2차 경제개발5개년계획에 착수하였거니와, 이 계획기간 중에 우리의 경제는 꾸준히 고도의 성장을 지속할 것이며, 우리의 생활 주변은 놀라울 정도로 크게 변모할 것입니다.

식량을 자급자족하고, 전국 도처에 더 많은 공장이 건설될 것이며,

더 많은 상품을 생산하여 10억 달러의 수출실적을 올릴 것입니다.

철도·도로·항만시설도 크게 증설될 것이며, 많은 주택이 건립될 것입니다. 국민소득도 현재의 2배가 될 것입니다.

시멘트공업은 바로 이러한 국가개발 계획의 성공을 뒷받침하는 커다란 원동력이 되는 것입니다.

정부는 앞으로도 계속해서 시멘트공업의 육성발전을 위해서 가능한모든 일을 다할 방침으로 있습니다. 관계인사 여러분의 배전의 분발과창의적인 계획과 노력이 요청되고 있다는 것을 강조해 두는 바입니다.

아무쪼록 여러분들은 자립경제 건설에 있어 막중한 사명과 책임을지고 있다는 것을 깊이 명심하고 합리적인 경영으로 값싸고 좋은 물건을 많이 생산하는 데 힘써줄 것을 당부하는 바입니다.”

6천 톤급 대형강선 건조로 세계 조선무대 진출의 계기를 마련했다

1967년 8월 24일, 대한조선공사가 우리나라에서는 처음으로 최대의강선(鋼船) 6천 톤급 화물선을 건조하여 그 진수식을 가졌다.

대통령은 이날의 행사에서 먼저 최대형인 6천 톤급 선박을 건조하여진수하게 된 것은 성장하는 우리 조선공업의 또 하나의 개가라고 기뻐했다.

“오늘 대한조선공사가 우리나라 조선사상 처음으로 최대의 강선 6천톤급 화물선을 건조하여, 그 진수식을 가지게 된 것을 매우 기쁘게 생각하는 바입니다.

조선공업의 발전은 그 나라 공업발전의 척도인 것이며, 조선공업자체는 곧 해운 및 수산업의 원동력일 뿐 아니라, 종합공업으로서 모든 산업발전의 중추적 역할을 맡고 국력증강에 크게 이바지하고 있는 것입니다.

특히 삼면이 바다로 민족의 활로와 국가산업 발전이 해양개척과 그

이용에 있는 우리나라의 경우, 선박공업의 발전은 참으로 중요한 과제
인 것입니다.

정부는 제1차 경제개발5개년계획에 의한 조선공업 육성책에 따라, 만
난을 무릅쓰고 시설장비의 보수와 증설로써, 대한조선공사에서만도 이
미 58척의 각종 선박을 건조하였으며, 특히 국내에서 건조된 원양어선
은 멀리 남태평양 '사모아'까지 출어하여 선진국의 어선보다 우수한 성
능을 발휘하고 있는 것입니다.

오늘 또다시 최대형인 6천 톤급 선박을 건조 진수하게 된 것은 성장
하는 우리나라 조선공업의 또 하나의 개가로서, 이 선박을 건조하는
데 수고를 아끼지 않은 관계인사 여러분의 노고를 치하하는 바입니다."

대통령은 이어서 6천 톤급 대형강선 건조로 우리는 세계조선 무대진
출 계기를 마련했다고 말하고 조선공업발전 계획에 대해 설명했다.

"여러분이 아시다시피 오늘날 선박의 대형화는 세계적인 추세이며,
오늘 진수하는 6천 톤급 대형 강선건조로 우리는 세계선박 무대로 진
출을 위한 계기를 마련했습니다만, 제2차 5개년경제계획에 따른 상당
한 수출입화물 수송으로 연간 350만 달러의 외화유출을 방지하기 위
해서도, 50여만 톤의 선박증가와 대형화는 우리의 시급한 과제인 것입
니다.

정부는 이미 작년 7월에 대한조선공사의 시설능력을 연간 6만 6천
톤을 건조할 수 있도록 확장공사에 착수한 바 있습니다만, 이 공사가
불원(不遠) 준공하게 되면 우리는 1만 톤급의 대형화물선을 건조하게
될 것입니다.

이제 이와 같은 조선공장을 비롯하여, 정유·비료·시멘트·제철공장
등 여러 기간산업이 계획대로 건설 또는 확장 증설됨에 따라, 우리의
자립경제 건설과 조국근대화의 전망은 더욱 밝아오고 있습니다.

과거 부산항에 입항하는 외국의 대형선박을 보고 부러워했던 우리가, 이제 내년부터는 외국에서 도입해 오던 1만 톤급의 대형선박을 우리의 손으로 건조하게 되고, 2만 톤급 선박의 수리도 가능하게 되었으니, 이것은 조선공사의 경사인 동시에 국가의 발전을 위한 흐뭇한 일이 아닐 수 없습니다. 그러나 우리에게는 아직도 많은 과제가 있다는 것을 잊지 말아야 하겠습니다.

가까운 일본의 경우만 보더라도 이미 20만 톤급 이상의 선박을 건조하고 있음을 볼 때, 우리의 각오와 노력은 더욱 새로운 바 있어야 할 것입니다.

특히 국내에서 건조되는 선박의 가격·시설·기술·생산의 모든 부문에서 국제평균화를 이룩해야 할 과제가 있음을 깊이 명심하고, 관계당국자와 선박관계인사 여러분은 기간산업으로서의 조선공업 발전에 가일층 분발해 줄 것을 당부하는 바입니다."

세계 일등상품을 만들어 수출을 급격히 증대시켜야 한다

1967년 11월 30일, 제4회 수출의 날에 대통령은 지금의 우리의 수출은 매년 40% 이상의 성장을 지속하고 있지만, 자기만족이나 자기도취하지 말고 세계 1등상품을 만들어 수출을 급격히 증대시켜야 한다는 점을 강조했다.

"오늘 이 자리에서 훈장과 표창을 받은 수상자 여러분에 대해서 다시 한 번 축하의 말씀을 드리고, 그동안 우리나라의 수출산업을 육성하고 수출고를 올리고, 또 해외시장의 개척과 우리 한국상품의 품질향상, 그리고 무역진흥면에 여러 가지 수고를 많이 해 주신 우리 생산업자·수출업자, 그리고 각 공장에서 일하는 기술자·노동자, 행정관청에서 일하는 관계공무원 여러분들에 대해서, 또 항시 지원을 아끼지 않은 모든 시민 여러분에 대해서 감사의 말씀을 드립니다.

지난 수년 동안 우리 한국의 수출이 그야말로 괄목할 만한 성장을 해 온 것은 자타가 공인하는 사실입니다. 수출액수에 있어서 많이 늘었다기보다도 그 질적인 면에 있어서나, 산업의 구조면에 있어서, 과거 수년 전에 비해서는 급격한 성장을 했고, 또한 수출고가 증대되었던 것입니다.

금년도 목표액 3억 6천만 달러, 현재로서는 거의 목표를 달성하리라고 봅니다만, 이것도 지난 4·5년 전에 우리나라의 수출고에 비해 본다면, 거의 10배 이상의 수출액수가 된다고 생각합니다.

금년도 우리나라에서는 이러한 상품수출에 의한 무역고뿐만 아니라, 소위 무역 외 수입, 우리나라에 들어오는 관광객들의 관광수입, 또는 군납에서 우리가 획득하는 군납용품 등의 상품수출고에서 들어오는 외화의 수입이 또한 상당히 성장되어서, 이것을 전부 합친다면 대략 6억 8천만 달러가 되는데, 잘하면 7억 달러 정도는 육박할 수 있다고 내다보고 있는 것입니다.

이러한 우리나라의 외화획득 실적은 그중에서도 특히 상품수출, 공업제품의 수출면은 수년 전에는 우리들이 상상할 수 없었던 만큼 증대하였습니다. 우리나라의 산업이 그 정도로 성장한 것입니다."

대통령은 이어서 우리가 남에게 의존하지 않고 자립해서 살 수 있으려면 우리의 상품수출을 적어도 10억 달러 정도는 해야 하며, 3~4년 후에는 상품수출 10억 달러 정도는 충분히 달성할 수 있는 능력과 자신을 우리는 가지고 있다는 확신을 피력했다.

"지금부터 한 5~6년 전에 5·16 직후라고 생각합니다만, 우리나라의 어떤 한 경제학자를 만나서, 우리나라가 남에게 의존하지 않고 자립해서 살 수 있다면, 어떻게 해야 하겠고, 언제쯤이면 되겠느냐고, 내가 물어본 기억이 있습니다.

그 당시 그 학자가 대답해서 말하기를 적어도 상품수출 3억 불 정도는 우리가 낼 수 있어야만 겨우 자립을 할 것이다, 이런 대답을 한 것을 들은 기억이 있습니다.

그 학자가 3억 달러란 근거가 어디 있는지 잘 모르겠습니다만, 대략 지금 내 짐작에는 그 당시 우리나라의 상품수출이란 것은 거의 없었습니다.

주로 미국의 원조에 의존해서 즉 1년에 약 3억 달러 내외의 원조에 의존해서 우리나라 경제가 지탱되어 왔기 때문에, 우리가 우리 손으로 약 3억 달러 정도 상품을 수출해서 벌 수 있다면 겨우 자립할 수 있지 않겠느냐. 이러한 근거에서 3억 달러란 얘기가 나왔다고 나는 생각이 됩니다.

그러나 지금 와서는 금년에 우리가 3억 6천만 달러는 수출하되 이것만 가지고는 자립에는 부족합니다. 최소한 어느 정도해야 되겠느냐 하면, 우리나라 상품수출을 적어도 10억 달러 정도는 올려야 되겠다고 생각합니다. 그러면 언제쯤 우리가 10억 달러 정도 올릴 수 있겠느냐. 먼 장래가 아닙니다.

현재 우리들이 노력하고 있는 이 노력을 그대로 중단하지 않고 꾸준히 지속한다면, 우리는 앞으로 3~4년 후에는 상품수출 10억 달러 정도는 충분히 달성할 수 있는 그러한 능력과 힘과 자신을 가지고 있는 것입니다.

그렇기 때문에 우리가 지금 매년 수출이 40% 이상씩 성장한다고 해서 절대 이것으로 안심할 것이 아니라, 보다 더 우리가 분발하고 노력해야 되겠다는 이유가 바로 여기에 있는 것입니다. 오늘날 우리나라의 수출산업이 이만큼 육성되고 또한 발전한 그 이면에는 우리 모든 생산업자·수출업자, 우리나라의 기업가들 기타 모든 분들이 그동안 피눈물나는 노력을 계속해 온 결정이라고 생각합니다.

거의 황무지와 같은 이러한 여건하에서, 하나씩 둘씩 우리가 수출산업을 육성하고, 해외시장을 개척하고, 우리나라의 수출고를 올렸다는 것은, 이것은 전부 결과를 가지고 볼 때는 아직까지 우리가 선진 여러 나라와 비교해 볼 때 요원한 감이 있지만, 그러나 이러한 과정과 성장을 겪어온 그 이면에는, 남모를 여러 가지 어려움과 피눈물 나는 고생이 있었다는 것을 우리가 잘 알아야 하겠습니다. 따라서 우리는 현재 이러한 수준에서 결코 안심이나, 자기만족을 해서는 안 될 것이며, 자기도취를 해서도 안 되겠습니다."

대통령은 이어서 '이것은 세계에서 가장 우수한 상품이다, 일제 같은 것은 문제가 아니다'라는 정도의 자신을 가지고 노력해야만 우리의 수출이 급격히 성장할 수 있다는 것을 역설했다.

"지금 매월 한 번씩 청와대에서 무역확대회의라는 것을 하고 있습니다. 정부의 관계장관·관계실무자, 기타 각 수출업계·생산업계·경제인협회·상공회의소 이러한 모든 관계기관의 대표자들이 모여서, 어떻게 하면 우리나라의 수출고를 보다 더 많이 올릴 수 있고, 우리나라의 수출산업을 보다 더 발전시킬 수 있고, 또 우리의 해외시장을 어떻게 더 개척해 나가야 되겠고, 그동안에 우리가 해 온 여러 가지를 다시 반성해 보고, 앞으로 우리가 어떻게 노력해 나가야 되겠다는 것을 여기서 토의를 합니다. 그럴 때마다 나는 항상 우리 공무원들과 우리 업계에 있는 여러분들에게 당부한 말이 있습니다.

품질이 좋고 값이 싼 이러한 물건을 만들면, 우리가 해외에다 수출하고 개척해 나갈 시장은 아직도 얼마든지 있고, 따라서 우리가 지금부터 노력할 것은 모든 기업에 대한 경영을 보다 더 합리화하고, 관리를 개선하고, 품질관리를 잘하고, 생산원가를 싸게 해서 좋은 물건, 싼 물건을 해외에 많이 수출하도록, 여기에 대한 우리의 경영과 기술면에 있어서 일대혁신을 가져 와야 되겠다는 것입니다.

이러한 노력 없이는 현재 우리가 성장해 나가는 이 수출의 성장속도라는 것은, 어느 단계에 가면 둔화될 우려가 많다는 것을 항시 강조하고 있습니다.

우리나라에서 근래에 와서는 자주 상품전시회, 무슨 전시회하는 전시회들을 많이 개최합니다. 아마 국민 여러분들이 가 보시고, 우리나라의 상품이 지난 수년 동안 이만큼 좋아졌구나 하고 대단히 흐뭇하게 생각하고, 여러분들이 기쁘게 생각한 적도 많았으리라 생각합니다.

나도 이런 장소에 가 보고 대단히 기쁘게 생각했습니다만, 하나 크게 불만스럽게 생각하는 점이 있습니다.

그것은 우리나라의 생산업자나, 수출업자나, 또는 정부 간에 있는 관계공무원들이 자칫하면 현재의 정도를 가지고, 지나치게 만족을 해버리는 소위 만심을 가지기 쉽다는 것입니다.

어느 전시회에 가보면 어떤 상품회사 주인들이 '이것은 외제에 못지않습니다', '이건 일제하고 거의 맞먹습니다'라고 말합니다.

이런 소리는 과거에 우리 상품이 하도 나빴기 때문에, 거의 다 따라간다는 이러한 자랑스러운 얘기일 것입니다.

그러나 일제에 못지않다든지, 외제에 못지않다는 것보다도, '이것은 세계에서 가장 우수한 상품입니다. 일제 같은 것이 문제가 아닙니다.'

이런 정도의 자신을 우리가 가져야 되겠다는 것입니다.

이렇게 해야만 우리 한국의 수출이 급격히 성장되는 것입니다."

대통령은 이어서 국제시장에서 치열한 경쟁에서 뒤떨어지지 않기 위해 모든 국민들은 수출산업의 성장과 수출고의 증대를 이룩하는데 모든 힘과 노력을 집중해야 한다는 점을 강조했다.

"오늘날 우리는 국제사회에서 무서운 경쟁 속에 생활하고 있는 것입니다. 우리에게 여러 가지 다가오는 위협이란 것이 비단 38선 북쪽에서 오는 공산당들의 위협이라든지, 우리 해안이나 산악지대를 통해서 침투하는 무장간첩도 우리에게는 커다란 위협이지만, 우리에게는 국제상품 시장에서의 치열한 경쟁도 큰 위협입니다. 우리가 여기서 뒤떨어져서는, 대한민국이란 것은 절대 이 지구상에서 우수한 민족이라는 우수성을 발휘할 수 없는 치열한 경쟁 속에 우리는 살고 있는 것입니다. 공산당하고도 싸워서 이겨야 하겠지만, 이런 국제시장에 있어서, 경쟁력에 우리가 절대 뒤떨어져서는 안 되겠습니다.

지난 1세기 동안 우리 한국역사를 더듬어 볼 때, 왜 한국사람들이 여러 가지 오욕적인 그런 역사의 흔적을 남겼나, 그것은 국제사회의 경쟁에 있어서 우리는 항상 뒤떨어졌기 때문입니다.

근대화를 하는 데 있어서도 그랬고, 무슨 생산이나 산업혁명을 하는데도 그랬고, 교육을 보급하는 면에서도 그랬고, 여러 가지 문화면에 있어서나 모든 면에 있어서 국제사회가 나날이 발전을 하고 진전을 하는데, 한국의 과거 우리의 사회는 언제든지 한 걸음 두 걸음 때로는 열 걸음 이렇게 뒤떨어져 왔던 것입니다.

과거에는 우리가 또 그런 대로 지나왔지만, 이제부터의 국제사회란 것은 우리가 하루 동안 우물쭈물하면 1년 뒤떨어집니다. 1년 동안 우리가 우물쭈물하면 10년 내지 20년 남에게 뒤떨어지는 것입니다. 따라서 우리가 지금 이러한 국제사회, 이러한 역사적인 시점에 살고 있다는 것을 모든 국민들이 잘 자각을 하고, 특히 우리나라의 수출산업의 육성과 국제경쟁력 강화를 위해서, 전 국민들이 일대 분발을 해야 될 시기에 왔다고 생각합니다.”

우리는 후손들에게 원망을 듣는 조상이 되지 않아야 한다

1967년 12월 15일, 대통령은 해외공관장들에게 친서를 보냈다. 대통령은 이 친서에서 먼저 다사다난했던 67년 한 해의 일들을 회고하고, 우리의 국가 목표달성을 위한 굳은 결의를 다짐했다.

"다사다난하였던 1967년도 저물어 가고 있습니다. 희망과 의욕에 넘치는 1968년의 신년을 맞이하려는 이때에 즈음하여, 지난 1년 동안 여러 가지 어려운 여건을 극복하고, 해외에서 국위선양과 통상확대, 문화기술교류 등 여러 가지 부문에서 눈부신 활약을 하시고 다대한 성과를 이룩한 귀 공관직원 일동과, 여러분을 따라 객지에서 고생하시는 여러분의 가족 일동에게 대통령으로서 만강의 경의와 감사를 드리며, 새해에도 배전의 노력과 성과를 거양하시기를 당부하는 동시에, 새해에 여러분과 여러분 가족에게 하느님의 가호와 행복이 있기를 축원하는 바입니다.

지난 1년 동안 국내에서는 두 차례에 걸치는 선거가 있었고, 이로 인한 다소의 정치적 잡음이 있기는 하였으나, 국민 대다수는 조국근대화라는 민족적 대과업 완수를 위하여, 일치단결하여 제2차 경제개발 제1차년도 사업완수를 위하여 쉴 줄 모르는 노력과 건설이 이루어졌으며, 아시는 바와 같이 호남지방에 70년래의 혹심한 한발과 천재를 겪으면서도 연말현재로 잠정적인 추계로서 나타난 우리나라의 지난 1년간의 경제성장률은 10%라는 고도의 성장을 가져왔다는 것을 우리는 자랑스럽게 생각하고 있습니다.

우리의 이 과업은 새해에도 계속될 것이며, 더욱 과감한 전진이 지속될 것입니다. 우리가 나아가는 목표와 방향은 너무나도 명백한 것입니다.

궁극적인 목표는 분단된 조국을 통일하여, 자주독립적인 민주조국을 건설하여 번영된 복지사회를 이룩하자는 것이고,

이 목표를 달성하기 위하여 우리는 낙후된 조국의 후진성을 하루속히 탈피하고, 근대화된 공업국가를 건설하자는 것이 우리의 중간목표

이며,

이 목표를 달성하기 위하여 우리는 단계적으로 1·2·3차 경제개발5개년계획의 2차년도에 접어들고 있습니다.

우리의 당면한 목표는 이 5개년계획의 성공적인 완수를 위하여 전심혈을 경주하고 있으며, 이 사업은 차질 없이 계획대로 진행이 되고 있어, 앞으로도 여하한 난관이 있더라도 기어코 관철하고야 말겠다는 굳은 결의와 신념에 가득 차 있는 것입니다.

이것은 우리의 지상명령이며, 조국에 봉사할 수 있는 우리의 최대의 영광이라고도 생각합니다. 우리는 이와 같은 역사적인 사명완수를 위하여, 같은 세대에 태어난 동지요, 겨레라는 긍지를 가져야 할 줄 압니다. '우리들의 후손들에게 영광된 사회를 물려주기 위한 목적이 없다면, 사람이 사는 목적이 무엇이냐' 하는 처칠의 말을 새삼 상기하지 않을 수 없습니다.

그러나 우리가 이와 같은 거창한 과업을 완수하는 과정에는 여러 가지 난관과 애로에 봉착한다는 것도 충분히 각오를 해야 할 것입니다. 이 난관과 애로를 극복하고 이겨나갈 수 있느냐, 아니면 좌절하고 중단하고 마느냐 하는 데, 우리의 민족적 과업을 성취하느냐 못하느냐 하는 관건이 있는 것입니다."

대통령은 이어서 새해에는 제한된 인원과 예산으로 과중한 업무를 수행하고 있는 해외공간의 애로를 해결해 줄 수 있는 예산조치를 하겠다고 말하고 해외에 근무하는 공직자들도 소임을 충실히 다하고 있는지 성찰해 볼 것을 당부했다.

"여러분이 해외에서 임무수행을 하는데도 이러한 애로와 곤란은 예외일 수 없을 것입니다. 제한된 인원과 제한된 예산에 과중한 업무를 수행해 나가야 하기 때문입니다. 이러한 여러분의 고충을 나는 대통령으로서 충분히 인식하고 있다고 자부하면서도, 이러한 애로와 고충을 즉각 해결해 드리지 못하는데, 대통령으로서의 고충이 또한 있다는 것을 여러분에게 솔직히 이야기하지 않을 수 없습니다. 새해 예산에는 이러한 점이 많이 반영되어 상당한 개선이 있으리라고 믿고 있습니다.

그러나 여러분께서도 다음과 같은 점에 스스로 냉철히 반성을 하고, 국가를 대표해서 해외에 나와 있는 공직자로서 자기의 소임을 충실히 다하고 있는지, 해를 보내고 새해를 맞이하려는 이 시점에 성찰을 해봐야 할 것입니다. 즉

1. 우리 국민소득이 얼마인데, 우리의 처우가 국민 소득평균에 비하여 어떠한 수준의 처우를 받고 있는지,

2. 조국이 지금 민족중흥의 대과업을 수행 중에 있는데, 우리의 하루하루의 모든 활동이 이와 호흡을 같이하고 있는지,

3. 정부를 대표해서 나와 있는 공무원으로서 교포들에 대하여 관료주의적 고자세로써 불친절하게 대함으로써, 불신감이나 소외감을 가지게 한 일은 없는지,

4. 정부에서 송달되는 각종 간행물이나 선전책자들이 충분히 활용이 되지 않고, 공관 창고 속에서나 서가 위에서 잠을 자고 있지나 않는지,

5. 주재국에 파견된 정부 각 부처 공무원들이 공관장의 지시·통제 하에 일사불란하게 단합하고 협조함으로써, 업무의 능률향상과 국가의 위신과 체통을 세우는 데 소홀함이 없는지,

6. 통상증대와 수출시장 개척을 위해서 얼마나 연구를 하고 있고, 얼마나 성과를 올렸으며, 앞으로 어떠한 계획을 추진하고 있는지, 등등을 지적할 수 있겠습니다."

대통령은 끝으로 우리는 후손들에게 원망 듣는 조상이 되지 않아야 한다는 점을 강조했다.

"우리에게 지금 가장 소중한 것은 시간입니다. 선진국에 1세기 뒤떨어진 것을 우리는 앞으로 10년 이내에 회복하자는 것입니다. 이것이 불가능하다고 포기하는 사람에게는 앞으로 1세기를 지나도 불가능할 것입니다. 가능하다고 자신과 신념을 가진 사람에게는 반드시 가능한 일입니다. 우리는 가난한 조국의 현실을 우리들 조상의 잘못이라고 원망하기에 앞서서, 우리들 후손들에게 우리들 자신이 원망 듣는 조상이 되지 않아야 할 것입니다. 이 세대는 모든 책임이 전적으로 우리들에게 있기 때문입니다.

우리의 피와 땀과 노력으로써 위대한 조국을 재건하여 사랑하는 우리들 자손들에게 넘겨줍시다.

이상 몇 말씀으로 지난 1년 동안 여러분의 노고를 치하하고, 새해에 보내는 축복으로 삼고자 합니다."

제3장 가득액만 따지지 말고 수출액수를 계속 늘려 나가야 한다

100만 평 울산벌판에 12개 석유화학계열 공장이 건설되다

1968년 3월 22일, 울산시 부곡동 일대의 100여만 평 벌판에 우리나라 최초로 12개의 석유화학계열 공장의 기공식이 거행되었다. 대통령은 이날 기공식에서 이들 공장에서 생산될 각종 원료와 이 공장들이 거둘 수 있는 수입대체와 수출증대효과에 대해 자세히 설명했다.

대통령은 먼저 이들 공장에 무슨 물건을 생산하게 되는지에 대해 이야기했다.

"우리들이 오래전부터 추진해 오던 석유화학계열 공업의 기공식을 오늘 이 자리에서 올리게 된 것을 여러분과 더불어 기쁘게 생각하는 바입니다. 우리는 지난 수년 동안 우리 국민들과 정부가 협력을 해서 수많은 공장들을 건설했습니다. 지난 1차 5개년계획 중만 하더라도 대소 3500여 개의 공장을 우리나라 각처에 건설했습니다. 지금도 매년 우리나라에서는 수십 개의 공장이 나날이 건설되어 가고 있는 것입니다. 부산시만 하더라도 1개월 동안에 공장들이 약 20개씩 늘어나고 있는 것입니다. 이러한 공장을 건설하는 과정에 있어서 우리는 여러 가지 비난도 받았고 비판도 받았지만 기업가들과 정부 당국에서는 꾸준히 모든 것을 참고 밀고 나와서 오늘날 이러한 공장이 많이 서게 된 것으로 알고 있습니다. 그러나 이러한 공장들이 많이 섰지만 어떠한 공장이 무엇을 만드는 공장이고, 어디 있느냐를 자세히 아는 사람은 우리 국민들 가운데 극히 적은 숫자 밖에 안 될 것입니다. 비료공장이다, 시멘트공장이다, 또 정유공장이다 하는 이러한 공장은 대부분 알겠지만, 그 나머지 여러 가지 공장의 이름이라든지 또 그 공장에서 어떠한 물건이 생산되느냐 하는 것을 아는 사람이 대단히 적다는 것입니다. 국민 여러분들은 이러한 공장의 이름이나 어떠한 제품을 생산하는지는 잘 모르지만 이 공장에서 생산되는 여러 가지 물품을 사용하고 있고, 또 그 혜택을 직접 간접으로 받고 있는 것입니다. 지금 여러분들이 입고 있는 그 양복이라든지 또 여러분들이 입고 있는 내의 또는 양말, 신고 있는 구두, 쓰고 있는 모자, 대부분이 이런 공장에서 생산되고 제조되는 것입니다. 오늘 여기에서 기공을 보게 되는 이 공장들도 여러분들이 생전에 들어보지 못하던 이름의 공장들로서 12개가 지금부터 건설되게 되는 것입니다. 나도 어떤 공장인가 그것은 잘 모릅니다. 공장 이름이 무엇인가 하나씩 불러 보겠습니다. 첫째는 나프타분해공장, 이런 것은 아는 분이 많을 것입니다. 폴리에틸렌, 여러분들이 아마 처음 듣는 이름일 거예요. 염화비닐단량체·에틸렌글리콜·폴리스티렌·카프로락탐·아크릴로니트릴·아세트알데히드·폴리프로필렌·알킬벤젠·스타이렌뷰타다이엔고무·메탄올·스티렌과 같은 이름들을 갖고 있습니다. 이것은 외국 사람의 이름도 아니고 저 아프리카 정글 속에 사는 동물 이름도 아닙니다. 바로 오늘 우리가 여기서 건설을 하고자 하는 우리나라의 석유화학공단에서 생산되는 제품의 이름입니다.”

대통령은 이어서 석유화학공업이 발달한 국가가 선진공업국가라고 말하고 앞으로 우리의 12개 석유화학계열 공장과 그 연관공장에서 생산하게 될 여러 가지 제품에 대해 자세히 설명했다.

“오늘날은 석유화학공업의 시대라고 합니다. 석유화학공업이 발달한 나라를 우리는 선진공업국가라고 합니다. 우리 이웃에 있는 일본만 하더라도 우리보다는 12, 3년 앞선 1955년 비로소 석유화학공업을 건설하기 시작했습니다. 우리는 지금 시작하니까 일본보다 12, 3년 뒤떨어졌습니다. 그런데 오늘날 일본은 적어도 석유화학공업에 있어서 미국 다음가는 세계 제2위를 차지하고 있는 것입니다. 오늘날 일본경제가 급격한 성장을 하고 있는 것은 석유화학공업에 크게 기인하고 있다는 것을 우리는 알아야 합니다. 이러한 공장들이 앞으로 어떠한 물건을 생산해 내느냐 하는 것은 조금 전에 상공부 장관께서도 얘기가 있었습니다만, 물론 여기 서게 되는 12개 공장은 중간원료제품 공장입니다. 이러한 공장이 섬으로써 그 뒤에 여기 따라가는 연관공장이 우리나라에 수십 개나 같이 서게 될 것이고, 그래서 이러한 공장에서는 여러 가지 물건들이 나옵니다. 첫째는 우리가 입는 의류, 또 건축자재, 또는 우리의 일용잡화, 여러분들 가정에 쓴 식기라든지 가재도구라든지 심지어 어린애가 갖고 노는 완구에 이르기까지 전부 여기서 생산되는 것입니다. 또는 비료와 의료품·약품들이 이 공장에서 생산될 것입니다. 이러한 원료 제품은 우리나라에서 과거에 생산 못했기 때문에 외국에서 수입해 왔습니다. 1년에 얼마 정도 수입해 왔느냐 하면, 작년도인 1967년만 하더라도 이러한 화학섬유라든지 화학 원료 등이 약 1억 달러 가까이 됩니다. 앞으로 이 공장들이 건설됨으로써 우리는 외국에서 사들여 오는 이러한 물건을 대부분 국내에서 생산하게 됩니다. 소위 수입대체를 할수 있다는 것입니다. 우리는 앞으로 외국에 수출도 할 수 있게 될 것입니다. 이런 공장들을 건설하는 데 소요되는 예산은 약 1억 8천만 달러가 된다고 우리는 보고 있습니다. 우리나라 돈으로 따지면 약 500억 가까운 돈이 이 공장 건설에 소요되는 것입니다. 이렇게 해서 앞으로 2년후인 1970년도 초가 되면 이 공장들이 거의 완공이 되어서 과거 외국에서 수입하던 물건을 우리나라에서 생산하게 되고, 외화를 절약하게 되고 또는 외국에 수출해서 외화획득을 더 하게 될 것입니다. 이와 같이 오늘날 우리 경제는 나날이 급속한 성장을 하고 있습니다. 앞으로도 우리 경제는 계속 성장하고 발전해 나가리라고 확신하고 있습니다."

국산선박을 많이 만들어 우리의 수출입물량을 수송해야 한다

1968년 8월 12일, 대한선박주식회사의 한양호 진수식에서 대통령은 국산선박을 많이 만들어 증가하는 수출입물량을 수송해야 되겠다는 점을 강조했다.

"오늘 이 자리에서 대한선박주식회사 소속 한양호의 진수식을 갖게 된 것을 대단히 뜻깊게 생각합니다. 대한선박주식회사에서 발주한 2만 5천 톤급의 대형화물선 두 척과 그 외 1만 5천 톤급 선박 5척을 지금 현재 이태리 선박회사에서 건설 중인 것으로 알고 있습니다. 작금 우리나라의 해운업계는 급속한 발전을 가져왔습니다. 또한 우리가 가진 선박의 톤수도 불과 몇 년 전에는 16만 톤 혹은 20만 톤 하던 것이 금년 연말에는 약 80만 톤, 내년 봄에는 우리 선박의 총톤수가 백만 톤을 초과하게 될 그런 단계에 있습니다. 이처럼 해운업계가 급격한 발전을 가져오고 우리나라의 선박 총톤수가 늘어난다는 것은 곧 우리나라의 경제가 최근 급격한 발전을 하고 있기 때문에 자연적으로 여기에 수반되는 물동량의 증가라든지 또 화물의 유통량 증가, 그리고 국내외적인 여러 가지 거래의 양이 늘어나기 때문에 자연적으로 수송의 수요가 늘어난 결과라고 생각합니다. 우리가 지금 외국에서 많은 물자를 들여오고, 또는 우리나라에서 생산된 수출상품들을 해외에 지금 많이 수출을 하고 있는데, 이러한 물건들을 지금 우리나라의 배만 가지고는 부족하기 때문에 우리 선박을 쓰는 외에 대부분의 화물량을 외국선박에 의존하고 있는 그런 실정입니다. 아직까지도 이로 말미암아 우리가 매년 외국에다 지불하는 수송비만 하더라도 수천만 달러에 달합니다. 따라서 우리나라의 선박, 우리자체의 선박을 많이 만들고 또는 외국에서 차관도 해오고 해서 우리 선박으로 하여금 가급적 많은 화물과 물자를 수송해야 되겠다는 것입니다. 이렇게 함으로써 수송비의 절약과 더 나아가서는 우리나라에서 생산되는 여러 가지 상품에 대한 원가를 절하하고 여러 가지 경제적인 이득을 우리는 노리고자 하는 것입니다."

대통령은 이어서 우리는 국내에서 선박을 계속 제조하는 한편 부족한 양은 차관을 해서라도 많이 도입해야 되겠다는 점을 강조했다.

"우리 국내에서도 여러분이 아시는 바와 같이 부산에 있는 조선 공사가 금년부터는 약 1만 톤급의 선박을 우리 손으로 건조할 단계에 왔습니다. 이 조선공사만 하더라도 불과 몇 년 전에 내가 가 보니까, 조선공사 뜰에는 잡초가 가득히 우거져 있었고, 창고에 들어가 보니까 쓰지 못할 자재들이 빨갛게 녹이 나서 마치 고물상의 창고 같이 쌓여 있던 공장이 최근에 여러 가지 시설 대체와 운영의 개선을 기해서 지금은 매년 상당한 선박을 우리 손으로 만들고, 금년 후반기부터는 우리도 이제 한 1만 톤급의 선박을 우리가 건조할 수 있는 단계에 왔습니다. 경제가 성장할 때 반드시 여기에 따르는 것이 곧 수송문제입니다. 수송이란 선박뿐만 아니라 철도라든지 도로라든지 또는 항공이라든지 여러 가지 있겠지만, 특히 대외 거래면에서 있어서 가장 큰 역할을 하는 선박, 이것을 우리는 빠른 시일 내에 국내에서 많이 건조를 해야 되겠고, 또 그래도 부족한 양은 외국에서 우리가 차관을 해서라도 많이 도입해야 되겠다 하는 것입니다. 여기에 대해서 우리가 노력을 하고 있는 처지에 금번 대한선박주식회사에서 이러한 대형화물선을, 오늘 진수식을 보는 한양호와 또 현재 운행 중에 있는 경주호 이 두 척이 취항을 보게 된 것을 대단히 기쁘게 생각합니다. 앞으로 이 선박을 운행하는 이 선박의 선장 및 이 선박에서 일하는 많은 승무원들은 이 배 위에 우리 대한민국의 태극기를 달고 5대양을 돌아다니면서 우리나라 경제발전에 크게 이바지해 주고 동시에 우리의 국위를 대외적으로 선양하는 등 많은 역할을 해 주시기를 부탁드리는 바입니다. 이 선박이 도입되기까지 수고를 맡으신 대한선박주식회사 여러분들과 또 차관에 대해 여러 가지 애를 많이 써주신 주한 이태리 대사, 기타 관계관 여러분들 노고에 대해서 다시 한 번 치하의 말씀을 드리고 한양호 진수식에 거듭 축하의 말씀을 드리는 바입니다."

우리나라의 시멘트생산은 1000만 톤을 넘어 선다

1968년 10월 31일, 쌍용시멘트주식회사가 일본의 미쓰비시상사의 차관을 얻어 태백산의 험준한 산골에 건설한 동해 대단위 공장의 준공식이 있었다. 대통령은 이날의 행사에서 단위공장으로는 동양에서 그 규모가 가장 크고 현대적인 이 공장을 밤낮 강행군으로 서둘러 완공하는 과정에서 발생한 희생자들에게 애도의 뜻을 표하고 남이 못하는 어려운 일을 하기 위해서는 남보다 몇 배의 고난을 겪어야 하고, 때로는 희생까지 바라야 한다는 것을 교훈으로 삼아야 되겠다는 뜻을 피력했다.

"지금으로부터 1년 전 8월 31일 태백산 험준한 이 산골, 바로 이 자리에서 본 공장의 기공식을 올린 것이 어제 같습니다만, 오늘 이와 같은 웅장하고 현대적인 공장의 준공식을 갖게 된 것을 매우 감명 깊게 생각합니다. 이 공장은 우리나라에서는 물론이요 동양에 있어서도 단위 공장으로서는 가장 규모가 크고 으뜸가는 공장이라는 점에 있어서 우리는 또한 자랑스럽게 생각합니다. 이 공장 건설을 위해서 지난 2년 동안 쌍용시멘트주식회사 측과 또 이 공장 차관을 제공해 준 일본의 미쓰비시상사 여러분, 또한 국내 시공업자, 이 나라의 기술진 여러분들, 또한 현지주민 여러분들의 그야말로 주야겸영 강행군을 하다시피 이 공사를 서두른 보람으로 오늘 예정대로 준공을 보게 되었습니다만, 그간의 이러한 공사를 서두르는 과정에 있어서 여러분들의 노고에 대하여 진심으로 치하하는 바입니다. 또한 이 공사 도중에 몇몇 분의 희생자까지 났다는 것을 생각할 때, 충심으로 애도의 뜻을 금할 수가 없습니다. 여기에서 우리가 하나의 교훈으로 삼아야 할 것은 남이 못하는 어려운 일을 하기 위해서 남보다 앞장서기 위해서는, 또 힘든 일을 하기 위해서는 남보다도 몇 배나 더 어려움과 고난을 겪어야 하고 또한 노력을 해야 된다는 것과 때로는 희생까지 따라야 한다는 것을 우리는 교훈으로 삼아야 하겠습니다."

대통령은 이어서 지금 건설 또는 확장 중에 있는 공장들이 71년에 완공되면 우리나라의 시멘트생산은 1000만 톤을 넘게 되어 선진공업국가의 수준을 따라가게 된다고 전망했다.

"이 나라는 여러분들이 아시다시피, 다른 나라에 비해서 비교적 지하자원이 부족한 나라입니다. 그러나 다행히도 시멘트공업의 원료가 되는 석회석의 매장량은 그야말로 무진장이라고 해도 과언이 아닐 정도로 많은 매장량을 가지고 있습니다. 이 쌍용 대단위 공장 부근에만 해도 355억 톤의 매장량이 있다고 합니다. 연간 2백만 톤의 시멘트를 생산한다 하더라도 약 5백 년 동안 우리는 계속 시멘트를 매년 2백만 톤씩 생산할 수 있습니다. 앞으로 이 공장이 배가해서 4백만 톤을 생산한다 해도 250년 동안 이 부근에 있는 매장량을 가지고 충분히 개발을 할 수 있다 하는 결론이 되겠습니다. 여러분들이 아시는 바와 같이 오늘날 그 나라의 시멘트공업의 발전과 시멘트의 생산량이라는 것은 그 나라의 산업과 문화를 측정하는 하나의 척도가 되었다는 것입니다. 그 나라가 시멘트를 얼마만큼 생산하고 얼마만큼 사용하느냐, 철강재를 얼마만큼 생산하고 사용하느냐, 이러한 것은 그 나라의 산업과 모든 문화의 수준을 측정하는 척도가 되는 것입니다. 우리나라는 지난 10년 전만 하더라도 국내에서 생산되는 시멘트가 불과 한 4, 5십만 톤밖

쌍용시멘트공장 준공식에 참석하여 첫번째 생산되는 시멘트에 기념 휘호를 쓰고 있는 박 대통령(1968. 10. 31)

에 되지 않았습니다. 경북 문경에 있는 대한양회가 한 20만 톤이고 남쪽에 있는 삼척의 동양시멘트가 한 2, 3십만 톤으로 불과 한 50만 톤밖에 되지 않았는데 오늘 이 공장이 준공됨으로써 또 내달 11월말에 완공을 보게 될 현대시멘트공장의 준공으로 이 나라에는 연간 500만 톤의 시멘트를 생산하게 되었습니다. 내년 말에 가면 640만 톤 정도의 시멘트가 생산됩니다. 지금 건설 중에 있고 확장 중에 있는 공장들이 71년에 가서 완공이 되면 우리나라의 시멘트생산량이 1000만 톤을 넘게됩니다. 1000만 톤을 생산하게 되면 오늘날 선진공업국가의 수준을 우리는 따라가게 되는 것입니다."

대통령은 이어서 공장과 댐건설, 도로와 항만건설, 농촌의 문화주택등 일상생활에 무제한 사용될 시멘트는 근대화와 공업화에 큰

도움이 될 것으로 확신한다고 말하고 두 가지 당부의 말을 했다.

"우리들 일상생활에, 우리들 주변에, 시멘트라는 것은 무제한으로 많이 사용되는 것입니다. 공장을 건설하고 댐을 만들고 도로를 건설하고 항만을 건설하고 우리 농촌에 있는 저런 초가를 전부 앞으로 기와집으로 또는 문화주택으로, 기타 우리들 주변에 시멘트라는 것은 무제한으로 필요한 것입니다. 우리나라의 이와 같은 풍부한 석회질, 석회석 매장량이 있고 또한 우리는 시멘트를 계속해서 개발함으로써 이 나라의 근대화와 공업화에 커다란 도움이 될 것을 나는 믿어 마지않습니다. 앞으로 본 공장이 계획하고 있는 배가 확장 공사도 예정대로 진행되어서 많은 시멘트를 국내에 공급하고 해외에 수출을 해서 우리나라 산업 발전에 크게 이바지해 줄 것을 부탁해 마지않습니다. 특히 오늘 이 자리를 빌려서 그동안 이 공장건설에 수고를 하신 쌍용시멘트회사 측과 일본의 미쓰비시회사, 그리고 두 나라의 기술진 여러분들의 노고에 대해서 심심한 치하를 드리고, 특히 우리나라 기술진 여러분들에게 당부하고 싶은 것은 그동안 우리나라에 시멘트공장뿐만 아니라 여러 공장을 많이 건설을 했고, 우리는 자본이 부족하기 때문에 외국에서 차관을 해 오고, 기술이 부족하기 때문에 외국의 기술을 들여왔는데, 이제부터는 외국차관과 외국기술을 도입해서 건설하는 공장은 가급적 우리 힘만을 가지고 이것을 만들 수 있도록 여러분이 가일층 분발하고 노력해 주길 바랍니다. 우리 한국의 현대 모든 과정에 있어서 조금만 더 노력하면 우리 힘으로 할 수 있다는 것입니다. 문제는 여러분들의 노력과 연구에 달려 있는 것입니다."

대기업과 중소기업을 계열화하고, 중소수출산업에 대해 중점적으로 지원할 것이다

1968년 11월 18일, 중소기업은행 본점 준공식에서 대통령은 먼저 은행건물의 고층화, 대형화 추세와 중소기업의 중요성에 대해 소견을 피력했다.

"오늘 수도 서울의 한복판에 중소기업은행 본점 청사신축 낙성식을 보게 된 것을 여러분과 같이 축하해 마지않습니다. 근래 우리나라 경향 각지에 은행의 본점·지점 등의 고층 건물이 많이 서는 것에 대하여 일부에서는 전연 시비가 없는 것도 아닙니다. 은행이 저렇게 좋은 건물을 지을 만한 돈이 있으면 청사는 뒤에 짓고 오히려 업자들에게 대부를 해 주었으면 좋지 않겠느냐 하는 시비가 전연 없는 것도 아닌 줄을 알고 있지만, 하여튼 은행으로서는 이러한 좋은 청사와 좋은 환경을 만들어서 여기서 근무하는 모든 행원들의 보다 많은 능률 향상을 시킨다는 것이 한 가지 목적이겠고, 또 하나는 이 은행을 찾아오는 모든 고객들에게 보다 좋은 서비스를 해드려서 우리나라의 중소기업계에 봉사할 수 있는 여건과 환경을 만든다는 목적이라면, 이러한 청사가 새로 섰다는 것을 우리는 환영할 일이라고 생각합니다. 우리나라에 있어서 중소기업의 위치라 할까 비중이라는 것은 여러분이 아시는 바와 같이 대단히 큽니다. 우리나라 전체 특히 제조업부문에 있어서 총기업체속의 거의 98% 이상을 차지하고 있는 것이 중소기업입니다. 전 제조업부문 고용원의 6할 이상을 점하고 있음을 보더라도 우리나라 중소기업이 중요한 위치를 점하고 있다는 것을 알 수 있습니다. 따라서 정부도 그동안 중소기업 육성을 위해서 여러 가지 힘을 기울여 온 것도 사실입니다. 중소기업은행을 5·16혁명이 나던 그해 8월 달 혁명정부 초기에 서둘러서 발족시킨 시책의 근본취지도 정부가 중소기업을 위해서 얼마만큼 비상한 관심과 노력을 기울이고 있는가 하는 데 대한 증거가 될 것입니다."

대통령은 이어서 대기업과 중소기업은 계열화를 통해서 함께 성장해 나가는 길을 모색해야 되겠다는 점을 강조하고, 중소기업, 특히 중소수출산업에 대해 중점적으로 지원하겠다는 방침을 밝혔다.

"어느 나라를 막론하고 공업이 발전되는 초기에 있어서는 중소기업이라는 것이 정부가 계획적으로 육성한다기보다도 자연발생적이라고 할까, 또는 독자적으로 커 나온 것 같습니다. 그러나 어느 단계에 가면 중소기업도 체질 개선을 위한 시기에 도달하는 것입니다. 즉 중소기업이 어느 정도 커 나가면 대기업이 나오기 시작한다는 것입니다. 그렇게 되면, 대기업과 중소기업이 마찰을 일으키게 됩니다. 중소기업과 대기업이라는 것은 초등학교 아이들과 대학생이 같이 경합을 하는 데 있어서 차이가 있습니다. 따라서 중소기업은 위협을 느끼고 타격을 받게 되는 것입니다. 이러한 마찰은 현재 우리나라 업계에도 있다고 나는 보고 있습니다. 우리 이웃에 있는 일본도 이러한 고비를 넘겼고, 기타 다른 나라에도 다소 과정의 차이는 있지만 이러한 과정을 밟는 것을 알고 있습니다. 정부의 입장이나 국가적인 입장으로 볼 때 이러한 마찰을 빨리 해소하고 대기업, 중소기업이 상부상조해서 같이 커 나갈 수 있는 길을 모색하고 조성해야 될 것입니다. 대기업을 육성하기 위하여 중소기업을 전부 도산시킬 수도 없는 것입니다. 또 중소기업을 위해서 대기업이 크는 것을 억제할 수도 없는 것입니다. 대기업과 중소기업이 손을 잡고 서로 보완해 가면서 상부상조해 나가야만 우리나라 기업이 건전하게 발전하고, 이러한 것이 이루어진 연후에 우리나라 공업은 한 단계 뛰어올라서 앞으로 도약할 수 있는 단계에 접어든다고 생각합니다. 이러한 것을 소위 우리는 기업의 계열화라고 하는데, 대기업과 중소기업이 경합만 할 것이 아니라 서로 보완해서 대기업은 대기업대로 커 나가고 중소기업은 중소기업대로 커 나갈 수 있는 길을 모색해 나가야 될 것입니다. 현재 정부도 이 문제에 대하여 힘을 들여 시도하고 있고 업계에서도 많은 노력을 하고 있는 것으로 알고 있습니다. 문제는 이러한 과정을 겪고 넘어가야만 우리나라의 산업과 공업이 보다 더 급속히 발전할 수 있는 단계에 들어갈 수 있다는 것을 업계에 계신 여러분도 인식해 주셔야겠고, 중소기업체를 지도하고 있는 중소기업은행에서도 이 점에 각별히 착안해서 지원해 주어야 될 줄 압니다. 앞으로도 정부는 중소기업에 대해서 계속 적극적인 지원을 할 것입니다. 그러나 그중에서도 특히 수출산업체에 대하여 중점적으로 지원하려고 합니다. 우리나라의 중소기업체의 수는 나날이 늘어나고 있지만 국제경쟁에 이길 수 있는 능력이나 업체의 체질을 볼 때 여러 가지 시정할 점이 많이 있습니다.

첫째, 낡은 시설을 빨리 현대적인 시설로 바꾸어야 하겠고, 둘째, 품질을 향상시켜야 하겠고, 셋째, 경영관리를 잘해서 상품의 코스트를 낮추어서 국제시장에서 이길 수 있는 수준까지 끌어올려야 하겠다는 것입니다. 이러한 점에 있어서 정부는 물론 업계와 깊은 관련을 갖고 지원하고 있는 중소기업은행과 전국에 산재하고 있는 중소기업 업계 여러분들이 같이 노력해서 우리나라 중소기업이 발전을 하고 대기업과 긴밀히 협조를 해서 국제시장에 나가서 당당히 외국상품과 경쟁하여 이길 수 있는 단계에 까지 밀고 나가야 하겠습니다. 오늘 신청사의 준공을 보게 된 중소기업은행 행원 여러분, 또 우리나라 전체 중소기업계의 업자 여러분이 다 같이 협력하고 노력해 주기를 당부하고 치사에 대하는 바입니다."

생산이 기계화된 이래 지배적인 법칙은 효율과 속도다. 따라서 공업이나 농업이나 상업에 있어서도 기계화 이전의 시대에서처럼 제조하고 수확하고 교환하는 것만으로는 국제 경쟁에서 이길 수는 없다. 남보다 더 많이 제조하고, 더 많이 수확하고, 더 많이 교환해야만 국제경쟁에서 살아남을 수 있다. 따라서 단위가 작고, 분산되어 있고, 수가 많은 중소기업체를 통합시켜 국제경쟁에서 이길 수 있는 대기업체를 육성할 필요가 있는 것이다. 대기업은 우수한 능률과 기술의 힘에 의해 성장한다. 대기업은 이윤을 획득하는 뛰어난 능력을 가지고 있으며, 경쟁에서 살아남을 수 있는 기술혁신의 담당자 역할을 한다. 규모가 작은 중소기업은 기술혁신이 요구하는 지출을 감당해 낼 수가 없지만, 규모가 큰 대기업은 그러한 지출을 감당할 능력이 있기 때문에 기술 개발에 기여할 수 있다. 기업은 장래에 자기회사 제품의 가격, 매상고, 인건비와 금융비용을 포함하는 여러 비용의 동향 그리고 이들 비용으로 올릴 수 있는 수익에 관해서 정확히 알고 있어야 생산계획을 세우고 우발사태에 대한 대비책을 마련할 수 있다. 기술의 진보, 산업의 고도화, 국제화의 진전 등에 따라 기업이 의존하고 있는 시장의 불확실성은 더욱 커지고 있다. 대기업은 이러한 시장의 불확실성을 기업의 수직적 통합, 가격이나 소비수요의 통제 그리고 기업 간의 계약에 의해 극복할 수 있다. 그러나 중소기업은 그렇게 할 수 있는 능력이 없기 때문에 시장의 불확실성은 중소기업에게는 치명적일 수 있다. 그래서 대기업은 어느 나라에 있어서나 산업화를 이끌어가는 동력이 되고 있고, 경제의 성장이 고도화되면 될수록 기업은 더욱더 대기업화하게 된다. 따라서 경제의 지속적인 성장을 추구하기 위해서 각국의 정부들은 대기업을 육성하고 지원한다. 대통령은 수출지향 공업화를 추진하면서 우리의 제한된 자원으로 우리가 할 수 있는 몇 개의 전략적인 업종에 집중적으로 투자했고, 이 과정에서 이러한 수출업종에 참여한 기업에 대해 파격적인 지원을 함으로써 수출을 획기적으로 증대시켰으며, 경제의 지속적인 고도성장을 가져왔다. 이 과정에서 이들 수출기업은 급속한 성장을 거듭하여 초기의 규모와 비교가 안 될 정도로 큰 규모의 기업으로 발전했다. 이들 기업이 이른바 대기업이니 재벌이니 하는 우리나라의 대표적인 기업이 되었다. 이들 대기업은 내자를 동원하고 외자를 유치하여 투자를 계속 확대하여 고용을 증대시키고, 기술개발과 경영혁신을 이룩하여 세계적인 기업으로 발돋움했다. 우리나라가 1977년에 100억 달러 수출을 달성하는 데 있어서 주도적인 기업은 바로 이들 대기업이었다. 대통령이 추진한 모든 정책에 대해서 그러했듯이 수출증대를 위한 대기업육성 정책에 대해서도 여러 가지 비판이 있었다. 대기업만 지원하고 중소기업을 소홀히 함으로써 대소기업 간의 불균형을 심화시켰다느니, 또는 빈익빈 부익부 현상을 초래했다느니, 또는 정경유착으로 부정부패를 조장했다느니 등등의 비판이 끊이지 않았다. 그러나 일부의 비판이 거셌던 다른 정책과 마찬가지로 대기업육성 정책도 우리나라의 수출진흥과 경제성장에 결정적인 기여를 한 것으로 널리 공인되고 있다. 자원도 기술도 빈약한 우리나라가 이른바 경제적인 도약을 하기 위해서는 대통령의 대기업집중육성 정책이 불가피한 선택이었을 뿐 아니라, 현명한 발전 전략이었다는 것이다. 1970년대부터 우리나라 수출의 대종을 이루고 있는 것은 철강, 조선, 석유화학, 전자, 자동차, 정보통신 등 중화학공업 업종이며, 이 업종은 대부분 대기업들이 주도했다. 한편 대기업이 정부의 집중적인 지원을 받아 급속히 성장하기 시작한 공업화의 초기에는 중소기업이 상대적으로 대기업에 비해 불이익을 받은 것은 사실이다. 정부의 적극적인 지원 덕택으로 이른바 대기업으로 성장한 기업들은 1970년대 초에 이르러서는 독과점의 경향을 보였다. 정부가 수출지향 공업화를 추진하기 위해서 대기업을 육성함에 따라 대기업들은 자금과 고급인력과 시장을 독점하면서 급속히 성장하였으며 중소기업의 발전은 이를 따르지 못하여 대기업과 중소기업 사이에 격차가 확대되었다. 개발 초기에 규모의 이익을 실현하려는 대기업 중심의 경제성장 정책 때문에 경제적 집중이 급속히 가속화되어 사업체 수, 종업원 수 및 부가가치액에 있어 대기업의 비중이 현저히 높아지면서 중소기업의 비중이 낮아졌다. 대기업들이 계속 경제력을 집중시켜 나가는 과정에서 중소기업들은 임금인상 등의 부담을 안게 되어 건실한 성장이 둔화되었다. 대기업의 독과점 구조가 심화됨에 따라 경쟁적 시장기능이 크게 악화되고, 그로 인해 경제구조가 경직화되어 우리 경제의 활력이 약화될 위험성이 있었다. 또 대기업의 독과점 체제는 대기업과 중소기업 간에 기능적인 상호보완 관계보다는 경쟁 내지 대립적 관계 속에서 대기업이 중소기업 자체와 중소기업 영역을 잠식하면서 형성되었기 때문에 대기업과 중소기업 간에 단층적(斷層的) 이중구조가 생기게 되었다. 그러자 대기업의 독점과 횡포를 규제하고, 특혜를 중단하고 중소기업을 적극 육성하고 지원하라는 요구가 빗발쳤다. 정부는 이를 시정하기 위해서 공정거래법을 제정하고 가족 경영적인 요소를 없애기 위해 기업내용의 공개조치를 취했다. 정부는 또한 중소기업 계열화촉진법과 중소기업사업조정법을 제정하여 대기업육성과 함께 중소기업육성을 위해서도 많은 지원을 했다. 한편 대기업이 어느 정도 성장한 후에는 이른바 계열화를 통해서 대기업과 중소기업이 공생, 공영의 관계를 갖게 되었다. 즉 수입부품을 가공하고 조립하는 수출주도 대기업이 수입부품이 국산화됨에 따라 일부 조립라인을 국내의 중소기업에 넘김으로써 대기업과 중소기업의 계열관계가 형성되었다. 물론 공업화 초기에는 대기업이 먼저 생겨난 후에 대기업과 기술 및 시장연관을 맺는 중소기업이 대기업 밑에 족생(簇生)하여 하청생산이라는 저급한 형태의 연관관계에서 벗어나지 못했으나, 일부 분야에서는 대기업과 중소기업이 공동으로 기술개발이나 시장개척에 나서는 등 선진적 형태의 협력관계가 이루어져 대기업과 중소기업 간에 공존공영의 관계가 성립되기도 했다. 이러한 관계는 공업화가 좀 더 고도화되어 감에 따라 전반적으로 확대되어 나갔다. 뿐만 아니라, 중소기업 가운데서도 대기업으로 성장하는 사례도 늘어났다.

우리 기업들도 주식공개와 대중화를 통해 기업자금을 조달해야 한다

1968년 12월 16일, 한국투자개발공사 개업식에서 대통령은 이제 우리나라 기업들도 그 주식공개와 대중화를 통해 주식자본 시장에서 기업 자금을 조달해야 할 단계에 이르렀다는 점을 역설했다.

"정부의 자본시장 육성책에 따라 오늘 투자개발공사 발족을 보게 된 것을 기쁘게 생각하며, 특히 이 자리에 많은 기업인들이 참석하신 것을 감사드리는 바입니다.

우리나라 경제가 그동안 눈부신 발전을 보게 된 것은 기업인 여러분의 활동에 크게 힘입었었던 것으로 압니다.

그러나 지금까지 많은 기업인들은 자기 자금보다 타인자본에 더 크게 의존하여 왔는데, 앞으로 기업 규모가 더 커지고 국제경쟁에 참가하기 위해서는 타인자본보다도 자기 자금이나 주식투자에 의존해야 할 것입니다. 즉 기업의 타인자본 의존비율은 60%를 넘는 것으로 알고 있으며, 이것은 기업인들이 자기 자금이나 주식공개에 의하여 자본을 동원하지 못하고 은행 융자나 외자도입과 같은 것밖에 생각을 하지 않은 데에 원인이 있습니다.

이것은 다시 말씀드리면 그 기업 자체가 대단히 불건실하다는 것을 뜻한다고 생각합니다. 동시에 이러한 자본구성을 가지고서는 기업이 오늘날 국제경제사회에 있어서 외국기업과 실력으로 대결하는 데 있어서 대단히 그 체질이 취약하고 경쟁력이 약하다는 것을 의미한다고 생각합니다.

그러나 이러한 우리나라 대다수 기업체들의 자본구성의 현상이라는 것은 특히 자본주의 경제를 지향하고 있는 초기단계의 우리 한국사회에 있어서는 불가피한 사정도 있고, 또 어떤 면으로 봐서는 민족자본이 빈약한 우리나라 같은 데서는 자기자본이 부족함에도 불구하고 다소 무리를 해서라도 외국 자본을 끌어들인다든지, 또는 남의 자본을 얻어서 이런 기업을 육성했다 하는 것은 반드시 잘못되었다고 하기보다도 어떤 면으로 봐서는 많은 공로를 인정하지 않을 수 없습니다."

대통령은 이어서 우리 기업들이 국제시장에서 외국기업과 경쟁하기 위해서는 타인자본 의존비율을 낮추고 자기자본비율을 높여서 경쟁력이 강한 상태로 기업체질을 개선해 나가야 한다는 점을 역설했다.

"그러나 현 단계에 와서는 이러한 우리나라 기업들의 체질을 개선할 단계가 왔다고 나는 생각합니다.

특히 우리 한국경제가 오늘날 국제경제사회의 일원으로서 외국기업과 치열한 경쟁과 대결을 해 나가야 될 이러한 단계에 와서는 우리 기업들의 체질을 개선하고, 보다 더 경쟁력이 강한 상태로 점차 개선을 해 나가야 될 단계에 이르렀다고 나는 생각합니다.

그러기 위해서는 현재 대부분을 타인자본에 의존하고 있는 이 비율을 거꾸로 자기자본비율을 높여야 되겠습니다. 또한 우리나라 기업들이 그 규모에 있어서 국제경제 단위의 기업들이 많이 있는데 이러한 기업들은 빨리 기업을 보다 확장하고 규모를 대단위화해 외국기업과 경쟁을 할 수 있는 수준까지 끌어올려야 하겠습니다. 이렇게 하기 위해서는 여기 부수해서 막대한 자금의 소요가 필요할 것입니다. 이러한 자금을 우리가 어디서 조달을 하겠느냐, 과거처럼 은행대부에만 전적으로 의존하겠느냐, 그것도 대단히 어려운 것입니다.

이러한 방대한 자금수요를 우리나라 은행융자만 가지고 하려는 것은 거의 불가능한 것입니다.

그렇다고 해서 과거처럼 시중에 있는 고금리사채를 끌어다 써서 기업을 운영해 나갈 수도 없습니다. 이것은 점점 기업체 가치를 약화시키는 결과밖에 되지 않을 것이고, 이러한 높은 금리를 가지고는 기업이 국제경쟁에 도저히 대항해 나갈 수 없다는 것은 당연한 사실입니다. 외국에서 차관을 해 온다는 것도 여러 가지 제한이 많고 문제점이 많은 것입니다. 그렇다면 결국은 우리나라 기업이 앞으로 보다 더 확장하고 발전해 나가고 경쟁력을 강화하기 위해서는 이 자금이라는 것을 우리 국민들의 주머니에 가지고 있는 돈을 어떻게 하든지 긁어모아서 자본시장의 주식투자를 할 수 있게끔 유치해 나가야 되겠다는 것입니다.

그렇게 해서 이 자본을 민족자본화해 다시 기업에다가 투자를 하거나 융자하는 방향으로 점차 유도해 나가는 길밖에 없

울산공업단지에 있는 한국알루미늄공장 준공식에 참석, 첫 생산된 알루미늄 판에 기념휘호를 적는 박 대통령(1969. 7. 4)

지 않겠느냐 하는 것입니다. 그러기 위해서는 우리나라 기업들이 이제부터 대담하게 자기기업을 국민대중에게 개방해서 기업인 여러분이 가지고 있는 주식을 공개해야 되겠습니다. 그렇게 해서 국민들이 여기에 흥미를 느끼고 관심을 가지고 주식투자를 할 수 있게끔 해야 되겠습니다. 여러분은 여러분의 기업을 키워 나가는 데 필요한 자금을 주식자본시장을 통해서 조달해야 되리라고 생각합니다."

대통령은 끝으로 과거 폐쇄적인 독점자본이나 가족회사제도는 경제개발 초기에는 불가피한 것이었다고 할 수 있으나 이제 우리 기업들은 이러한 형태에서 탈피해야 할 단계에 왔다는 것을 강조했다.

"물론 우리나라에 있어서 주식공개 대중화 문제는 오래전부터 연구되

어 왔고, 또 여기에 대해서 여러 가지 이론이 있는 것도 사실입니다. 또한 우리나라 사회풍토라든지 모든 여건이 주식을 대중화했을 때 소주주들이 여러 가지 횡포를 부려서 기업가가 기업체를 운행해 나가는 데 있어서 애로가 많다는 것도 우리는 잘 알고 있습니다.

그러나 앞으로 우리 기업은 점차 국민대중에게 기업을 개방하고 주식을 공개해서 대중적인 기업으로 점차 전환해 나가야 되겠고, 운영면에 있어서 소주주들의 횡포라든지 잘못된 점, 이런 것은 법을 개정해서라도 점차 시정해 나가야 한다고 나는 생각합니다.

소위 과거에 말하던 이 폐쇄적인 독점자본이라는 것도 또는 가족회사제도, 이런 것도 역시 초기단계에 있어서는 불가피한 사정이 있었다고 하겠지만, 점차 이러한 기업이라는 것은 과거의 그런 형태를 탈피하고 지양해 나가야 할 단계에 이르렀다고 생각합니다. 우리가 소위 말하는 자본주의 경제사회라는 것은 건전한 주식회사가 자꾸 생겨나서 이것이 국민대중에게 널리 보급되고 발전되어 나가는 과정이라고 나는 생각합니다.

그렇다면 우리나라 기업도 지금부터 그런 방향으로 전환해 나가야 되겠습니다. 이러한 목적으로서 정부에서 이번에 이러한 몇 가지 시책을 했고, 또 오늘 여기서 투자개발공사가 새로이 발족을 보게 된 것입니다. 조금 전에도 말씀드린 바와 같이 우리나라의 자본시장을 건전하게 빨리 우리가 육성을 해야 되는데 거기에는 물론 정부도 여러 가지 뒷받침해야 되겠지마는, 우리나라 기업인 여러분들이 앞장서서 이 시장 육성에 협력해 주셔야 하겠다는 것을 이 자리를 빌려서 특별히 당부해 마지않습니다.

오늘 발족한 이 투자개발공사는 이러한 목적과 사명을 달성하기 위해서 앞으로 많은 성공이 있기를 바라며, 기업인 여러분들의 협력을 당부해 마지않습니다."

수출제일주의로 무역증진에 국력을 총동원해야 한다

1969년 12월 1일, 수출의 날에 대통령은 오늘날 우리의 경제적 현실이나 세계조류는 우리가 이미 이룩한 성과에 만족할 수 있는 여유를 허용하지 않고 있다는 사실을 지적하고, 수출제일주의로 무역증진에 국력을 총동원해야 한다는 점을 역설했다.

"오늘 제6회 '수출의 날'에 즈음하여, 수출증대에 크게 이바지한 공로로 훈장과 표창을 받은 수상자 여러분에게 충심으로 축하를 드리는 바입니다.

여러분들은 그동안 상품개발과 품질향상, 기술혁신과 경영개선, 행정지원과 시장개척 등에 남다른 열의와 노력을 경주하여, 금년도 수출목표 달성에 선도적 역할을 다하고 경제건설의 도정에 큰 발자취를 남겼습니다. 나는 이 자리를 빌려 여러분들의 그간의 노고를 높이 치하하는 바입니다.

지난 8, 9년 동안 우리나라의 수출증가율은 매 격년 약 2배라는 괄목할 만한 신장을 거듭하여 왔습니다.

즉 1960년 수출총액은 3천 2백만 달러 정도에 불과했는데, 68년도에는 5억 달러를 돌파하였고, 금년도에는 7억 달러를 무난히 상회할 것으로 예상되고 있습니다.

이러한 양적 증대와 더불어 더욱 고무적인 일은 수출상품 구조가 1차산품 편중으로부터 공산품 위주로 크게 바뀌었다는 사실입니다. 1960년도 공산품 수출비는 총수출액의 22%에 지나지 않았지만, 68년도에는 77.3%로 늘어났고, 금년도에는 10월 말 현재 총수출 실적의 80%를 점하고 있는 것입니다.

이것은 이른바 후진국 계열에서는 도저히 상상할 수도 없는 것이며, 우리보다 공업화를 먼저 해 나가고 있는 나라(예 중국)도 이 점에서는 우리에게 뒤떨어지고 있는 것입니다. 중석이나 오징어·김·명주실 등을 주로 수출하던 일은 옛이야기고, 이제 우리는 섬유 제품·합판·금속기계·전기제품·잡화 등을 수출하는 공업국가로서 세계무대에 등장하게 된 것입니다.

오늘날 세계은행을 비롯한 여러 국제기구에서는 우리의 급속한 공업발전과 수출증대 실적을 높이 평가하고 있으며, 또 여러 지역의 개발도상국가들도 나날이 향상·강화되고 있는 우리나라의 국제적 입장을 부러워하고 있다는 말을 우리는 듣고 있습니다.

자본·기술·경영·시장 등 여러 면에서 거의 불가능한 것으로 공인되다시피했던 어려운 여건 속에서, 이만한 실적을 거두어 세계의 관심을 모으게 되었다는 이 사실에 대해서 우리는 크게 자부할 수 있다고 믿습니다. 그러나 지나친 자부심이나 자기만족은, 보다 큰 향상·발전의 저해 요건이라는 것을 잊지 말아야 합니다.

우리의 경제적 현실이나 세계 조류는 이미 이룩한 성과를 가지고 자위하거나 만족해할 수 있는 여유를 우리에게 허용하지 않고 있으며, 오직 수출증대를 위해 전진 또 전진하는 부단한 노력을 요구하고 있다는 것을 올바로 통찰하고, 가일층 분발할 때가 바로 지금이라는 것을 명심해야 할 줄 압니다.

우리 경제의 지속적인 고도성장을 뒷받침하는 자본재 수입에 대한 지변을 위해서, 또는 차관상환, 농공병진 촉진을 위해서, 그리고 국가단위의 치열한 생존경쟁에서 승리하고, 또다시 낙오하는 일이 없이 선진국 대열에 올라서기 위해서, 우리는 그 어느 때보다도 수출제일주의로 무역증진에 온 국력을 동원해야 하겠습니다.”

대통령은 이어서 우리는 70년도에 10억 달러 수출목표를 달성하고, 제3차 5개년계획이 끝나는 76년도에는 36억 달러 수준을 돌파할 수 있도록 치밀한 계획을 마련하고 있다는 사실을 밝혔다.

"현대는 무역의 시대입니다. 한 나라의 수출역량은 그 나라 국력의 총화요, 척도가 되고 있으며, 수출을 많이 하는 나라일수록 남보다 먼저 번영과 안정을 이룩하고 발전을 거듭하고 있는 것입니다.

오늘날 세계와 모든 나라는 대소·선후진을 막론하고 앞다투어 수출증대에 발분하고 있으며, 이러한 경쟁은 날이 갈 수록 더욱 치열해지고 있습니다.

나는 이러한 양상을 '수출전쟁'이라고 말한 바 있습니다만, 우리는 이 전쟁에서 꼭 이겨야 하겠습니다. 나는 우리가 노력만 한다면 어떠한 전쟁에서도 능히 이길 수 있다고 믿습니다.

물론 수출증대를 위해서는 국제경쟁력 강화와 시설·기술·품질·의장·시장문제 등과 관련해서 개선·해결해야 할 여러 가지 과제가 있겠습니다만, 문제의 관건은 우리의 자세와 노력 여하에 달려 있다고 보는 것입니다.

생산업자·수출업자·기술자·근로자·공무원·일반국민 할 것 없이 우리 모두가 수출입국의 깃발 아래 한데 뭉쳐 남보다 2배, 3배 노력하기만 한다면, 수출한국의 밝은 전도를 우리는 능히 기약할 수 있다고 믿습니다.

정부는 내년도에 일대 고비인 10억 달러 수출목표를 기필코 달성하고, 72년도를 새로운 출발점으로 하여, 농어촌개발과 수출증대에 역점을 둔 제3차 5개년계획이 끝나게 될 76년에는 적어도 36억 달러 수준을 돌파할 수 있도록 동 계획을 치밀하게 마련하고 있습니다.

이러한 목표를 달성하기 위해서 정부로서는 가능한 모든 지원을 아끼지 않겠습니다만, 정부의 계획이나 지원보다 업계나 일반국민의 노력이 더 중요하다는 것을 거듭 강조해 두는 바입니다.

시설현대화, 기술개발, 품질향상, 의장과 포장개선, 새로운 시장개척 등을 위한 기업인·기술자 그리고 근로자의 착실하고 꾸준한 생산적 활동으로부터, 국산품을 애용하고 수입품 소비를 절제하는 한 가정주부의 알뜰한 살림에 이르는, 우리 모두의 크고 작은 정성과 노력이 그대로 수출증대에 기여하게 된다는 것을 깊이 명심해야 하겠습니다.

이제 다사다난했던 60년대를 보내고, 희망찬 70년대의 새날을 바라보는 전환의 문턱에 서서, 금년도 수출목표 7억 달러 달성을 거듭 강조하고, 수출증대를 위한 거족적인 노력을 온 국민과 더불어 함께 다짐하는 바입니다."

수출목표 10억 달러 달성을 좌우하는 열쇠는 우리 근로자들의 꾸준한 노력이다

1970년 3월 10일, 제12회 근로자의 날에 대통령은 먼저 중단 없는 경제건설과 금년도 수출목표 10억 달러 달성을 좌우하는 열쇠는 우리 근로자들의 꾸준한 노력이라는 점을 강조했다.

"지난 60년대에는 우리 주변에 여러 가지 시련이 있었습니다만, 우리는 이를 모두 극복하고 여러 분야에서 많은 일을 성취했습니다.

이러한 성과를 경제적인 측면에서 본다면, 빈곤과 폐허 위에 자립과 번영의 토대를 세운 개발의 연대라고도 볼 수 있을 것이고, 사회적인 측면에서 본다면, 50년대 혼란에 막을 내리고 낡은 제도에 근본적인 수술을 가한 안정과 개혁의 연대였다고도 볼 수 있겠지만, 이 모든 것을 가능하게 만든 정신적인 측면에서 본다면, 수난과 체념 속에 오랫동안 잠자던 우리 국민이 일대 각성을 해서 크게 분발한 민족자각의 연대였다고 할 수 있습니다.

이제, 우리는 이러한 자각과 분발로 이룩한 10년 성장의 경험과 성과를 보다 큰 약진의 발판으로 삼아 조국근대화 과업을 완수하고, 우리의 숙원인 국토통일의 준비를 완료해야 할 사명의 70년대에 들어섰습니다. 우리는 어떠한 일이 있더라도 이 70년대의 과업을 성취해야 합니다.

 이 과업을 성취해야 할 우리 앞에는 국내외로 여러 가지 벅찬 도전과 시련이 가로놓여 있지만, 우리들이 지난 9년 동안 발휘했던 굳센 의지와 인내와 용기와 노력으로 자립경제·자주국방 건설에 계속 박차를 가해 나간다면, 우리는 능히 소기의 목표를 달성할 수 있다고 믿습니다.

 문제는 우리 국민들 각자가 맡은 바 자기 직분에 얼마나 충실한가에 달렸지만, 조국근대화의 성패가 수출증대에 크게 좌우되고 있는 우리 현실을 생각한다면, 수출신장의 열쇠를 쥐고 있는 우리 근로자 여러분들의 가일층 분발과 노력이야말로 70년대 국가목표 달성의 관건이라고 아니 할 수 없습니다.

 지난 60년대에 우리의 수출실적은 매년 40%씩 증가했는데, 이것은 우리가 다른 나라 상품에 비하여 품질이 좋고 값싼 물건을 생산하여 국제경쟁에서 이길 수 있었기 때문이지만, 그 근본을 좀 더 깊이 생각한다면, 우리 근로자들이 값싸고 품질 좋은 상품을 생산하기 위하여 피땀 흘려 일하여 온 것이 바로 획기적인 수출증대의 원동력이 된 것입니다.

 만일, 우리에게 어려운 여건 속에서도 오직 국가의 번영만을 생각하며 부지런하고 성실하게 땀 흘려 일한 300만 근로자가 없었더라면, 우리는 작년도의 7억 달러 수출목표를 달성할 수 없었을 것입니다.

 나는 우리 근로자들이 여기에 대해서 커다란 긍지와 자부심을 가져도 좋다고 생각합니다. 아울러, 근로자 여러분의 앞으로의 꾸준한 노력이야말로 중단 없는 경제건설과 금년도 수출목표 10억 달러 달성을 좌우하는 열쇠라는 것을 깊이 명심하고, 인내와 용기로써 계속 분발해 줄 것을 당부하는 바입니다.”

대통령은 이어서 경제발전 과정에 있어서 근로자의 임금과 노동생산성의 선순환과 그 악순환의 결과에 대해 설명했다.

"나는 오늘 이 자리를 빌려 여러분의 가장 큰 관심사인 동시에 경제발전 과정에 있어서 부단히 제기될 수 있는 임금문제에 관한 평소의 생각을 밝혀 두고자 합니다.

현 시점에서 우리가 항상 명심해야 할 것은 노동생산성을 넘지 않는 적정수준의 임금이야말로 급속한 경제발전의 첩경인 동시에, 궁극적으로는 근로자 여러분의 생활 향상에 직결될 수 있다는 사실입니다.

만일 노임을 노동생산성을 훨씬 넘게 비싸게 올린다고 생각해 봅시다.

당장은 근로자 여러분들이 환영할 겁니다. 그러나 이렇게 된다면 상품가격이 따라서 올라가게 될 것이고, 상품가격이 오르면 수출증대가 어려워질 것입니다.

수출이 감소되면 우리의 공업발전이 어려워질 것이고, 따라서 우리의 경제성장이 둔화될 것입니다.

이렇게 되면, 자연적으로 실업자가 늘어나고, 실업자가 늘어나면 결국 얼마 안 가서 자연적으로 근로자 여러분의 생활 자체가 위협을 받게 될 것입니다.

이러한 연쇄반응이 반드시 온다는 것을 알아야 합니다.

반대로 임금이 노동생산성을 넘지 않는 적정수준으로 유지된다면 어떻게 되겠느냐, 당장은 근로자들이 불만스럽게 생각할 것입니다.

그러나 이렇게 됨으로써 우리는 값싼 상품을 많이 생산하여 수출증대에 이바지할 수 있을 것이고, 따라서 공업발전과 경제성장을 촉진할 것이며, 나아가서는 고용증대와 임금향상을 가져옴으로써, 근로자 여러분들의 복지와 생활 향상을 기할 수 있을 것입니다.

우리 근로자들은 오늘을 참고 내일의 열매를 기다리는 현명을 잊어서는 안 됩니다.

오늘을 못 참아서 내일의 고난을 자초하는 어리석은 짓은 우리 서로 가 삼가야 할 줄 압니다."

대통령은 이어서 기업인은 기업의 윤리성과 그 사회성을 철저히 인식 해야 한다는 점을 역설했다.

"나는 우리 경제를 건설하는 데 근로자 여러분만 희생을 감수하고 참아 달라는 요구는 하지 않습니다.

우리나라 기업가나 경영주들도 반성할 점이 많다는 것을 나는 항시 강조하고 있습니다.

요는 근로자와 사용주, 즉 노사가 서로 협조하고 깊은 이해를 할 줄 알아야만 우리 경제가 급속히 발전할 수 있는 것입니다.

경영주들도 대오각성해서 기업의 경영관리를 개선하고 낭비를 없애 고 경비를 절약해서 점진적으로 근로자들의 임금을 향상시키고 처우 를 개선하는 데 성심성의를 다해야 합니다.

이러한 정신을 구비한 사람만이 오늘날 진정한 의미에서 기업가 또 는 경영주라고 불릴 수 있습니다.

모든 기업인들은 자기가 운영하는 기업체가 단순히 자기 개인의 소 유물이라는 관념을 떠나서, 국가와 민족의 기업체를 자기가 맡아서 운 영하고 있다는 소위 기업의 윤리성, 기업의 사회성을 철저히 인식해야 할 것입니다.

하나의 기업을 잘 운영함으로써 거기에서 양질의 물품을 많이 생산 하고 많은 근로자들에게 일자리를 제공하고, 또한 그들에게 근로의 대 가로서 노임을 지불함으로써, 그들의 생활을 보장해 주고, 그렇게 해서 국가경제의 일익을 담당한다는 자부심과 보람을 느껴야 할 것입니다. 이것이 내가 항상 우리 기업인들에게 당부하는 말입니다."

대통령은 이어서 근로자들도 근로자로서의 윤리관이 서 있어야 한다는 점을 강조했다.

"근로자들도 마찬가집니다.

여러분들도 여러분이 근무하는 그 공장이 국가와 민족의 기업체인 동시에 여러분 자신들의 공장이라는 관념을 가져야 합니다.

단순히 노동을 제공하고 대가로 노임만 받으면 된다는 생각을 버려야 합니다.

보다 좋은 물품을 생산하기 위해서 항시 기술 향상에 노력하고, 보다 더 노동생산성을 향상시키는 데 성심성의를 다해야 합니다.

그렇게 해서 여러분들의 노력으로써 노동생산성이 향상된 만큼의 정당한 임금을 요구할 권리가 여러분에게 있는 것입니다.

공장이야 문을 닫든 말든 우리는 임금만 많이 받으면 그만이다 하는 생각은 버려야 합니다.

기업인은 기업인으로서의 윤리관이 서 있어야 하는 것과 마찬가지로 근로자는 근로자로서의 윤리관이 서 있어야 된다는 것입니다.

회사나 공장이 잘되어서 근로자도 득을 보고 업주도 득을 보고 또 국가도 득을 봐야 합니다.

누구 하나만 득을 보고 남은 희생이 되어서는 안 된다는 것입니다.

특히 지금 여러분이 근무하고 있는 기업체의 거의 대부분이 외국에서 차관을 했거나 은행에서 대부를 받아서 건설한 공장들입니다.

따라서 거의가 빚을 많이 지고 있는 기업체라는 점을 생각해서, 노사가 서로 보다 깊은 이해와 협조로써 기업을 빨리 건실하게 육성하는 데 힘을 합치고, 그래서 기업이 잘 운영돼 나가면 여러분의 임금도 그만큼 향상이 되게끔 노력을 해 주기 바랍니다.

지난 60년대 후반은 발전하는 우리 경제가 근로자의 생활향상에 미치는 점진적인 혜택의 이모저모를 입증하기 시작했습니다.

우리 근로자들은 인내와 예지를 발휘하여 점진적으로 개선향상될 근로활동과 복지생활에 대한 희망과 자신을 가지고 노사가 협조해서 노동생산성 향상에 가일층 노력을 경주하고, 따라서 여러분들의 임금도 향상되고 처우도 개선이 되게끔 해야 합니다.

이것은 오로지 여러분과 기업주 간의 노력과 협조에 달려 있는 것입니다. 덮어놓고 노동쟁의만 벌이면 만사가 해결이 된다는 사고방식은 지양을 해야 합니다. 우리 경제는 나날이 성장하고 있습니다.

지금과 같은 노력을 계속한다면 머지않아 우리도 완전 자립할 수 있는 전망이 뚜렷이 보이기 시작했습니다.

우리는 지금 자립경제, 자주국방이란 벅찬 국가목표와 과업완수를 위해 총진군을 하고 있습니다.

300만 근로자 여러분에게도 밝은 내일이 약속되고 있습니다. 여러분들의 가일층 분발을 당부하는 바입니다.”

기계·조선·자동차·건설·군수산업 발전을 위해 철강공업을 우선적으로 개발해야 한다

1970년 4월 1일, 드디어 포항종합제철 공장 기공식이 거행되었다. 대통령은 이 자리에서 우리가 기계·조선·자동차공업과 건설사업, 그리고 군수산업을 발전시키기 위해서는 철강공업을 우선적으로 개발해야 한다는 점을 강조하고, 이 공장이 기공되기까지 겪었던 우여곡절의 과정에 대해 소상하게 설명했다.

“우리는 지금 공업국가 건설을 위해서 전 역량을 집중하고 있습니다. 공업국가를 건설하기 위해서는 여러 가지 요소가 갖추어져야 되겠고, 또 우리들이 해야 할 일들이 많겠지만 특히 선행되어야 될 몇 가지 기간산업이 있는 것입니다. 즉 오늘 이 자리에서 기공식을 보게 되는 철강공업이라든지 또는 시멘트공업, 석유공업, 전력개발, 석탄, 비료 등 근간이 되는 중요한 산업들을 우선 개발해야만 공업이 발달될 수 있다는 것은 우리가 다 잘 알고 있는 상식입니다. 그중에서도 철강공업은 우리의 공업발전에 있어서 가장 중요한 분야를 차지하는 것입니다.

기계공업, 조선공업, 자동차공업 등을 육성함에 있어서, 또한 모든 건설사업을 촉진함에 있어서, 철강공업은 가장 근간이 되는 산업인 것입니다. 뿐만 아니라 지금 우리가 시도하고 있는 군수산업을 육성발전시키기 위해서는, 철강공업을 우선적으로 개발하지 않으면 안 되는 것입니다. 따라서 정부는 지난 1962년부터 8~9년 동안 꾸준히 종합제철공장 건설을 추진해 왔습니다.

그러나 철강공업이라는 것은 워낙 자금이 방대하게 드는 것이고 또 기술이 뒤따라야 되며, 이러한 문제가 해결된다 하더라도 이 제철공장에서 나오는 철강재 생산원가가 국제시가와 맞먹을 수 있도록 저렴하게 생산되어야만, 이에 뒤따르는 여러 가지 연관산업의 제품들을 싼값으로 만들 수 있게 되는 것입니다. 이러한 어려운 문제점이 있기 때문에 그간 정부는 미국의 저명한 회사들과 직접 교섭을 해 봤고, 이것이 잘 되지 않아서 독일 '데마그'라든지 기타 큰 업체들과 교섭해 봤으나, 역시 여의치 않았기 때문에 다음에는 대한국제경제협의체(IECOK)를 구성하고 있는 여러 나라들과 교섭을 해서 상당한 정도까지 추진되어 오다가, 이것 또한 여러 가지 문제점이 있어서 결국은 작년도에 일본 측과의 교섭에서 최종적으로 합의를 보는 등 여러 고비를 넘겨 종합제철공장을 건설하게끔 되었던 것입니다.

이 공장은 앞으로 내외자를 합쳐서 약 2억 2천백만 달러, 우리나라 돈으로 환산하면 약 670억 원 정도 투자를 하게 되고 앞으로 3년 간 건설 기간을 거쳐 모든 것이 순조롭게 추진되면 73년 여름에 가서는 약 100만 톤 규모 제철공장을 완성할 수 있게 될 것입니다. 그러나 나는 이 공장이 완공된 다음에도 우리는 앞으로 계속해서 2백만 톤, 3백만

포항종합제철공장 기공식에서 기공 버튼을 누르는 박 대통령 왼쪽 박태준 사장, 오른쪽 김
학렬 경제기획원장관(1970. 4. 1)

톤 규모로 시설을 확장해 나가지 않으면 국내수요를 충족할 수 없을
것으로 내다봅니다.

　내가 지금 추측하기로는 우리나라 공업이 발전해 나가는 추세를 보
아서, 우리나라에서도 1970년대 후반기쯤 가서는 약 1000만 톤 정도 철
강재 생산능력을 가져야 될 것이고, 또 그러한 공장들이 계속 건설돼
나가야 하리라고 생각하는 것입니다.

　내가 어느 책에서 본 바로는 2차 대전이 시작되기 전 철강재 생산능
력은 불과 300여만 톤밖에 되지 않았다고 합니다.

　그런데 오늘날 그들은 9천만 톤 철강재 생산능력을 가지고 있으며,
불원 1억 톤을 돌파 세계 2위 내지 3위 정도의 대철강재 생산국가로 성
장할 것입니다.

우리도 지금이라도 늦지 않았으니 서둘러서 이 철강재공업을 육성해야 되겠고, 그렇게 함으로써 기계공업, 조선공업, 자동차공업, 기타 건설산업, 또한 군수산업 등을 발전시켜 나갈 수 있게 되어야 하겠습니다."

대통령은 이어서 이 공장에 대한 지원 시설들이 완공되면 포항은 울산과 맞먹는 공업중심지가 되고, 새로 건설 중인 항만시설은 연간 1000만 톤 이상 하역능력을 가진, 우리나라에서 가장 큰 항구가 될 것이라고 전망했다.

"조금 전에 말씀드린 바와 같이, 이 공장건설을 위한 여러 가지 대외적인 교섭이나 절충을 위해서 오랜 시일을 소요했기 때문에, 최종 확정이 늦어지고 오늘에야 비로소 공장 기공을 보게 되었지만, 정부로서는 67년도부터 여기에 따르는 지원시설 사업을 추진해 왔습니다. 방대한 항만 시설이라든지, 먼 거리에서 이 공장지대까지 공업용수를 끌어오기 위한 댐 건설과 송수시설이라든지, 또 여기로 들어오는 인입선 철도, 기타 300만 평 가까운 공장부지 조성 등 여러 가지 사업을 그동안 남이 모르는 사이에 추진해서, 오늘 정도의 진전을 보게 된 것입니다.

그 밖에도, 이 본 공장 외에 연관산업 공장들을 건설하기 위해서 약 100여만 평 부지를 조성하고 있는 것으로 압니다.

앞으로 이런 모든 시설들이 예정대로 순조롭게 진행되면, 이 포항지대는 우리나라 울산과 맞먹을 수 있는 공업의 일대 중심지가 될 것이고, 특히 여기 새로이 건설하고 있는 항만시설은 장차 연간 1000만 톤 이상의 하역능력을 가진 우리나라에서 가장 큰 항구가 되리라고 내다보고 있는 것입니다.

그동안 여러 가지 어려운 문제, 즉 대외적인 교섭뿐만 아니라, 이 지역 토지를 매상하는 문제, 또 이 지역에 거주하던 주민들을 다른 데로 이주시키는 문제, 항만건설을 위한 여러 가지 기술적인 문제 등 일일이 열거할 수 없는 어려운 문제와 애로점이 많았다는 것을 나는 잘 알고 있습니다. 그러나 사장 이하 회사간부, 기술자, 종업원 여러분들의 꾸준한 노력으로 오늘 벌써 이와 같은 여러 가지 기초지원 시설이 이루어졌습니다.

그동안 여러분들의 노고에 대해서 다시 한 번 치하의 말씀을 드립니다. 그러나 이제부터 본격적인 공장건설을 시작하는 여러분들에게는 지금까지 했던 것보다 더 어렵고 더 중요한 일들이 많이 남아 있다고 생각합니다.

사장 이하 전 사원들이 일치단결해서 우리 민족의 역사적 사업이 될 수 있는 이 종합제철공장을 여러분들 손으로 완공한다는 긍지와 보람을 느끼고 이 공장을 훌륭한 공장으로 건설해 주기를 부탁해 마지않습니다.

앞으로도 이 공장이 예정대로 준공이 되자면 이 공사를 담당하고 있는 회사당국은 물론이거니와, 현지주민 또는 기관, 또 여기 주둔하는 해병사단 기타 모든 사람들이 힘을 합쳐서 협력을 해 주어야만 될 줄 압니다.

물론 정부로서도 이 공장은 가장 관심이 많고 또 우리가 역점을 들인 사업이기 때문에, 최대한 지원을 하겠다는 것을 다짐하는 바입니다."

선진국들은 개발도상국가들의 공업제품에 대한 관세장벽을 철폐하고 시장을 개방해야 한다

1970년 4월 9일, 아시아개발은행의 제3차 연차총회가 서울에서 열렸다. 대통령은 이날 행사에 참석하여 먼저 우리 아시아인들의 오랜 숙원이었고, 최근 우리들이 경주하고 있는 자각적 노력의 공동목표는 '공영의 아시아' 건설이라는 점을 강조했다.

"의장, 와타나베 총재, 각국 대표, 그리고 신사 숙녀 여러분!

나는 먼저 오늘의 이 뜻깊은 회의에 참석하기 위해 원로 우리나라를 찾아오신 대표 여러분을 충심으로 환영하는 바입니다.

아시아개발은행은 3년 전 '공영의 아시아' 건설이라는 원대한 목표를 향해 출범했습니다. '공영의 아시아'는 실로 우리 아시아인들의 오랜 숙원이었고, 최근 우리들이 경주하고 있는 자각적 노력의 공동목표입니다.

아시아개발은행은 바로 이러한 노력의 제도적 표현으로서 발족했던 것으로 알고 있습니다. 지난 25년 간 우리 인류는 격동과 시련이 겹친 역경 속에 살면서도 과거 수백년 동안에도 달성하지 못했던 눈부신 발전과 진보를 이룩했습니다.

인류사회가 이러한 발전을 이룩할 수 있었던 역동적인 요인에 관해서는 여러 가지 견해가 있을 수 있겠지만, 2차 대전 후 세계무대 전면에 새로이 등장한 아시아와 아시아인들의 공헌이 컸다는 데 대해서는 모두가 의견을 같이하고 있을 줄 믿습니다.

많은 민족과 언어, 서로 다른 종교와 문명이 시간과 공간의 좌표를 달리하면서도 언제나 하나로 존재해 온 아시아는, 혹은 자신이 하나라는 실체를 의식치 못했거나, 혹은 열강들의 소용돌이 속에 휘말려듦으로써 전란과 불행, 낙후와 빈곤의 멍에를 일찍이 벗지 못한 것이 사실입니다.

그러나 이제 우리 아시아인은 하나로 뭉쳐 하나로 발전해야 한다는 역사적 자각으로 재기하여 '위대한 전진'을 이룩하였으며, 우리 아시아가 새로운 인류역사 창조의 주인공이 되고 있음을 자랑스럽게 생각하고 있습니다.

인류역사상 위대한 업적은 모두가 험난한 역경에 도전하여 새로운 길을 개척하고, 새로운 것을 창조하려는 줄기찬 인간의지와 분발 위에 이루어졌습니다.

지금 우리 아시아인들은 바로 어두웠던 과거와 현재의 난제들을 약진의 발판으로 삼아, 밝은 미래에 대한 희망과 자신을 가지고 왕성한 의욕과 용기를 발휘하여 힘차게 전진하고 있습니다.

우리 아시아인들의 이 넘치는 자신과 의욕이야말로 새로운 아시아 건설의 저력이며, 세계사의 앞날을 점칠 수 있는 열쇠라고 믿습니다.

시대의 고금을 막론하고 국가 발전은 '발전하려는 의지와 의욕'이 국민 간에 충만할 때에 가능했고, 개발성과는 그 사회의 인적 자원과 물적 자원이 효과적으로 결합된 결실이었다는 것은 역사의 교훈입니다.

오늘날 활발한 개발의 무드를 조성해 나가고 있는 우리 아시아인들은 그동안 교육진흥과 사회개발, 지역개발 등으로 인적 자원 문제는 그 해결의 토대를 구축해 놓았다고 믿습니다.

다만 한 가지, 우리가 상대적으로 제한을 느끼는 것이 있다면 그것은 물적 자원의 동원이라는 숙제입니다.

그러나 이 자리에서 거듭 분명히 해둘 것은, 개발의 궁극적인 원동력은 인간의 의지라는 점입니다. 우리는 이러한 견지에서 아시아의 장래가 매우 밝다고 내다보는 것입니다."

대통령은 이어서 자조적인 노력으로 자립과 번영을 추구하는 아시아 개발도상국가들에 대해 선진 우방국가들은 협력과 지원을 아끼지 말아야 한다는 점을 강조했다.

"존경하는 대표 여러분!

현대는 상호협력 시대이며, 상호의존 시대이며, 상호보완 시대입니다.

그러므로 나는 자조적인 노력으로 자립과 번영을 이룩하려는 의지와 의욕을 가진 아시아 개발도상국가들에 대해서, 선진우방제국은 물론 세계가 모두 힘을 보태어 주는 데 주저해서는 안 된다고 믿습니다.

왜냐하면 협력의 정신이야말로 앞으로의 세계가 존속하기 위한 새로운 시대정신이기 때문입니다.

한 가지 이러한 국제협력에 있어서, 각 국가는 저마다 자기의 위치에서 뚜렷한 방향감각과 책임감을 가지고 있어야 한다는 것은 무엇보다도 앞서 강조되어야 하고 또 올바로 인식되어야 할 문제라고 하겠습니다.

우리는 이미 오래전부터 국제협력의 양상이 쌍방협력의 차원으로부터 다변협력의 차원으로 발전해 온 사실을 주목하고 있습니다.

그것은 한 선진공업국가와 한 개발국가 사이의 이원협력의 시대가 지나가고, 많은 선진국가와 많은 개발도상국가 사이에, 또는 많은 개발국가 사이의 다원협력의 시대가 왔다는 것을 의미하는 것입니다.

나는 이러한 시대적 사명을 완수하기 위해서 25년 전에 발족한 세계은행 창설자들의 선견지명에 대해서 깊은 경의를 표하고, 아울러 뒤늦게나마 아시아개발은행이 이 아시아 지역에서 이러한 시대적 요청을 수행하기 위해 문을 연 지 불과 3, 4년 간에 혁혁한 성과를 거두고 있는 데 대해서 심심한 치하를 드리는 바입니다.

지난 60년대는 제1의 '개발의 연대'였습니다.

지난 10년 동안에 우리 역내의 많은 나라에서는 일찍이 볼 수 없었던 향상의 증거가 뚜렷이 나타났고, 아시아개발은행의 탄생도 이 '개발의 연대'를 상징하는 기념비의 하나라고 생각합니다.

나는 제2의 '개발의 연대'가 시작된 70년대 첫해에, 아시아인의 한결같은 소망인 중흥과업에 남다른 노력을 기울이고 있는 우리 한국에서 오늘의 이 모임이 열리게 된 것을 참으로 뜻깊게 생각하는 바입니다."

대통령은 이어서 아시아개발은행이나 세계은행 회원국은 아시아의 풍부한 인적 자원을 개발의 역량으로 전환시킬 수 있는 물적 자원인

자본을 형성하여 제공하고, 선진국들은 개발도상국의 공업제품들에 대해 관세장벽을 철폐하고 시장개방 조치를 취해야 한다는 점을 역설했다.

"존경하는 대표 여러분!

지금, 아시아에서는 비약의 순간을 앞둔 긴장과 희망이 새로운 물결을 이루고 있습니다.

우리의 의지는 확고하고 우리의 인적 자원은 충분합니다.

그러나 나는 지난 60년대 한국개발의 경험에 비추어 볼 때, 아시아의 여러 나라는 또 하나의 '개발의 요인'을 필요로 하고 있음을 이 자리에서 강조하지 않을 수 없습니다.

그것은 위에서 말씀드린 바와 같이 '준비된 개발의 의지'를 밀어 줄 수 있는 '물적 자원'입니다.

이 '물적 자원'은 선진회원국이 아시아의 공영을 위해 기여할 수 있는 풍족한 자본을 말하는 것입니다.

저렴하고 장기적인 공공자금을 적기에 공급하는 일은, 실로 우리의 공동목표 달성의 관건이 되고 있다고 해도 과언이 아닐 것이며 그것은 아시아의 풍부한 인적 자원을 '개발의 역량'으로 전환할 수 있는 것입니다. 정녕 아시아의 풍부한 인적 자원을 '개발의 역량'으로 전환할 수 있는 촉매는 바로 '자본'입니다.

나는 서양 사람들의 황금알을 낳는 오리 얘기를 알고 있습니다.

앞으로 얼마든지 황금알을 낳을 수 있는 오리를 우리는 가진 셈입니다. 알을 낳을 수 있도록 모이를 주는 일은 선진 회원 여러분의 일이 아니겠습니까!

이러한 확대된 자금원은 이 지역에 있어서는 아시아개발은행에 집중되어야 하고, 또 세계은행 및 기타 국제기구의 적극적인 협조에서 형성되어야 할 것은 두말할 나위도 없을 것입니다.

동시에 이 지역개발이 진행됨에 따라 공업생산의 계속적 증가를 위해 절대적으로 필요한 시장개방, 특히 선진국의 개발국제품에 대한 관세장벽 철폐를 포함한 시장개방 조치가 앞서야 할 것입니다.

이러한 모든 문제는 "어른들은 아이들이 성장할 때까지는 어느 정도의 희생을 아끼지 말아야 한다"는 말로 요약될 수 있는 것입니다.

선진공업국가들이 이러한 정신으로 아시아인들의 개발 노력에 적극적으로 협력해 주고, 우리 아시아 국가들이 서로 지혜와 힘을 합쳐 분발해 나간다면 앞으로 30년, 금세기의 막이 내리기 전에 우리 아시아 전역에는 후진국이 하나도 남지 않게 될 것으로 나는 확신합니다. 이것은 결코 허망한 꿈이 아닙니다. 이것은 정녕 눈앞에 다가온 빛나는 아시아의 미래상입니다.

대표 여러분!

우리는 세계사 전환의 이 역사적 시기에 '아시아에 살고 있는 아시아인'임을 커다란 긍지로 생각합니다.

우리 다 함께 우리 후대에게 물려줄 이 사명의 과업 완수를 위해서 '공영을 위한 협력의 새 파도'를 일으킵시다."

제철공업은 특혜지원을 해서라도 빨리 키워나가야 한다

1970년 10월 16일, 인천제철 준공식에서 대통령은 이 공장이 두 번 준공되는 우여곡절을 겪은 과정에 대해 설명했다.

"해마다 늘어나는 우리나라의 철강재수요를 충족하기 위해서 정부에서는 연산 100만 톤 규모의 종합제철공장 건설 차관교섭 등 여러 가지 일을 추진해 왔는데, 여의치 않은 일들이 많아 겨우 금년 봄에야 정식으로 포항에서 기공식을 가지게 되고, 지금 공사가 진행 중에 있습니다. 따라서 정부가 우선 소규모 종합제철공장을 만들자고 해서 민간사업으로 추진한 것이 오늘 준공을 보게 되는 이 인천제철입니다.

이 공장은 약 2년 전에 일단 준공이 되었지만, 그 후에 가동이 잘되지 않고 고장이 연발하고 여러 가지 기술적인 결함이 많이 나타나 드디어 조업이 중단되고 말았습니다.

공장을 건설해서 조업을 하지 않게 되면 필연적으로 따라오는 것이 운영난입니다.

이 공장도 운영난에 봉착하여 산업은행의 전면 관리를 받게 되었고, 그 뒤에 대단히 불명예스럽게도 부실기업이라는 낙인이 찍혀 경영과 기술면에서 이 공장에 대한 근본적인 재검토를 하지 않을 수 없었습니다.

그 후 현 사장이신 송요찬 장군께서 취임한 이래 경영과 기술면에 있어서 일대 혁신을 했던 것입니다. 그동안 여러 가지 난관을 극복해 가면서 꾸준한 노력을 기울여, 오늘 이 공장이 또다시 준공되고 완전 가동하게 된 것을 다 같이 기뻐하는 동시에, 이 회사 경영진, 기술진, 그리고 종업원 여러분들의 그동안의 노고를 충심으로 치하하는 바입니다."

대통령은 이어서 제철공업 육성을 위한 새로운 입법조치에 따라 정부는 앞으로도 제철공업에 대해서는 특혜를 주어서라도 빨리 키워 나가겠다는 방침을 천명했다.

"우리나라의 철강재수요가 매년 늘어난다는 것은 어느 모로 보나 대단히 좋은 일이라고 하겠습니다.

이것은 우리나라 경제가 그만큼 매년 규모가 커지고 팽창되어 감을 뜻하는 것이고, 우리나라 산업이 그만큼 확충되어 감을 말하는 것이기 때문입니다.

이렇게 대단히 좋은 일이긴 하지만 이에 필요한 철강재를 공급하기 위한 제철공장 건설에는 방대한 시설투자와 자원이 필요한 것입니다. 지금 건설 중인 종합제철공장만 하더라도 연산100만 톤 규모에, 내외자 합쳐서 약 2억 달러가 넘는 방대한 시설투자가 필요합니다. 이처럼 철강재 자급자족이 대단히 긴요하고 시급한 문제이긴 하지만, 이것을 생산해 내는 제철공장 건설에는 여간 어려움이 많지 않습니다만, 우리나라의 공업발전과 산업개발을 위해서는 어떻게 하든지 철강재를 자급자족할 수 있게끔 노력하여야 되는 것입니다.

그러나 여기에는 방대한 투자가 필요하고, 또 제철산업이라는 것은 다른 산업과 달라서 많은 투자액에 비해 수익률이 낮다는 약점이 있습니다. 따라서 앞으로 우리나라의 제철산업을 급속히 육성하기 위해서는 부단한 경영개선과 기술개발 노력이 필요한 것은 물론이거니와, 정부에서 이 제철사업에 대해서는 특별히 적극적인 지원을 해야만 됩니다. 그러한 견지에서, 정부에서는 지난번에 제철공업을 육성하기 위한 새로운 입법조치를 했습니다만, 앞으로도 제철공업에 대해서는 정부가 여러 가지 지원을 하고 필요하면 특혜까지 주어서라도 이것을 빨리 키워야 되겠습니다. 이웃에 있는 일본에서도 초기 산업개발 단계에는 이 제철산업에 국가에서 막대한 지원과 특혜를 주어 가면서 육성했던 것입니다.

정부는 앞으로도 제철산업에 대하여 적극적인 지원을 하겠지만,

여러분들은 여러분들대로 앞으로 기술개발이라든지, 경영개선면에 있어서 보다 많은 노력을 기울여, 우리나라 경제개발에 커다란 기여를 해 주실 것을 당부하는 바입니다. 다시 한 번 그동안 노고가 많은 송 사장 이하 전 종업원, 그리고 많은 협력을 해주신 외국기술진 여러분들에게 감사드립니다."

세계은행은 한국의 연간 40% 수출신장률을 주목하고 있다

1970년 11월 30일, 수출의 날 행사에서 대통령은 지난 7년 동안의 수출실적과 제3차 5개년계획 기간 수출목표에 대해 설명하고, 세계은행

인천제철공장 준공식에 참석, 관계자의 설명을 듣고 있는 박 대통령(1970. 10. 16)

은 우리나라의 연간 40% 수출신장률을 주목하고 있다는 사실을 지적했다.

"우리가 해마다 '수출의 날'을 정하여 수출입국의 결의와 노력을 다짐해 온 것도 오늘로써 어언 7년째가 됩니다.

그동안 우리나라의 수출은 양적인 면에서 괄목할 만한 신장을 보였고, 구조적인 면에서 커다란 변화를 가져왔습니다.

지난 60년에 3200만 달러에 불과했던 우리의 수출은 64년에 1억 달러 선을 돌파한 후 계속 늘어나, 작년에 7억 달러 선을 넘어 금년에는 10억 달러 목표를 향해 전진하고 있습니다.

수출상품도 60년도에는 불과 100개에도 미달했지만, 69년에는 800개 이상으로 늘어났고, 이것을 구조적인 면에서 보면 지난날 1차산품에 편중되었던 우리 수출은 공산품 위주로 크게 바뀌었습니다.

즉 60년에는 총수출액의 22퍼센트에 지나지 않았던 우리 공산품은 70년에 와서는 83.8퍼센트로 늘어나 수출증대와 대종을 이루고 있는 것입니다.

이것은 우리나라가 후진의 굴레를 급속히 벗어나, 신흥공업국가로서 세계무대에 등장하고 있음을 보여주는 고무적인 증좌라고 하겠습니다.

또 우리의 수출시장도 60년대 초에는 아시아와 구미지역 일부에 국한되어 있었지만, 지금은 5대양 6대주에 걸쳐 백여 나라에 우리의 상품이 뻗어나고 있습니다.

오늘날 세계은행을 비롯한 여러 국제기구나 우방들은 우리 한국이 고도의 경제성장을 이룩했다고 평가하고 있는데, 그 사람들이 가장 주목하고 있는 것은 바로 연간 40퍼센트 신장률을 지속하고 있는 우리의 수출증대 실적인 것입니다.

우리의 이러한 높은 신장률은 지난 10년간 세계 각국의 수출신장률 8.3퍼센트에 비하면 거의 5배가 되는 것입니다.

한 나라의 수출역량이 곧 그 나라 국력의 총화요 척도가 되고 있는 숨가쁜 무역전쟁 시대에, 우리가 이처럼 커다란 수출실적을 올려 세계의 관심을 모으고 있다는 사실은 하나의 자랑이라고도 할 수 있을 것입니다.

더군다나 자본과 기술, 그리고 경영과 시장 등 여러 면에서 거의 불가능한 것으로 공인되다시피 했던 어려운 여건 속에서, 이러한 성과를 거두었다는 것은 확실히 흐뭇한 일이 아닐 수 없습니다.

우리는 이러한 수출증대 과정에서, 노력하기만 하면 불가능도 가능하게 만들 수 있다는 자신과 경험을 얻었습니다.

우리는 이러한 자신과 경험을 더욱 살려서 보다 많은 상품을 보다 많은 나라에 수출하기 위해서 더욱더 분발해야 하겠습니다.

현재 추세로 보아 금년도 수출목표인 10억 달러 돌파는 무난할 것으로 보입니다."

대통령은 이어서 우리의 수출증대 여부를 판가름할 고비였던 10억 달러 선을 돌파함으로써 제3차 5개년계획이 끝나게 될 70년대 중반에는 적어도 30억 달러대 수출고를 올려야겠다는 뜻을 천명했다.

"우리가 수출을 더욱더 증대시킬 수 있느냐, 없느냐를 판가름하게 될 하나의 고비라고 생각했던 10억 달러 선을 넘어서게 됨으로써, 우리는 수출증대에 역점을 둘 제3차 5개년계획이 대충 끝날 70년대 중반에는 적어도 30억 달러대 수출고를 올려야겠다고 생각하고 있습니다.

우리가 이러한 표를 달성하는 데 있어서, 여러 가지 여건은 매양 우리가 바라는 대로 전개되지는 않을 것입니다.

세계의 모든 나라들이 선진국은 선진국대로, 개발도상국가는 그 나름대로 앞다투어 수출증대에 발분하고 있고, 국내 산업보호에 열을 올리고 있기 때문에, 경쟁이 더욱 치열해질 것은 뻔한 일입니다.

이처럼 경쟁이 어렵다, 힘겹다고 해서 손을 든다면, 우리의 수출은 현 수준에서 답보상태에 빠지거나 그렇지 않으면 현 수준 이하로 위축되고 말 것입니다. 그러나 생산업자와 수출업자, 기술자와 근로자, 공무원과 일반국민 할 것 없이 우리 모두가 수출입국의 일념으로 한데 뭉쳐 남보다 5배, 10배 노력하기만 한다면, 수출의 전도가 아무리 험난하다 하더라도 능히 뚫고 나갈 수 있는 것이며, 앞으로 몇 년간은 계속해서 현재 신장률을 지속시켜 나갈 수 있다고 믿습니다.

이를 위하여 우리는 시설을 현대화하고 새로운 기술을 개발하며, 품질과 의장과 포장을 개량하고 새로운 시장을 개척하는 데 힘써 나가야 하겠습니다.

특히 71년 하반기부터는 유엔통상개발회의 총회에서 결의된 특혜관세제도가 실시될 것인데, 이것은 우리가 수출을 획기적으로 증대할 수 있는 절호의 기회라고 믿습니다.

무역전쟁에서 누가 승리하느냐 하는 것은 결국 누가 이러한 호기를 먼저 포착해서 앞서 나가느냐 하는 데 좌우되는 것입니다. 우리는 이 기회를 놓치는 일이 없도록 모든 면에서 만반의 사전대비를 서둘러야 되겠습니다.

특혜 대상품목의 생산시설 확충과 현대화를 비롯하여 근로자와 기능공 수급을 원활히 하고, 행정간소화, 외국인 투자가의 활동편의 등 국내 투자환경 개선과 기술향상, 시장개척 등 특혜수용을 위한 자체 준비와 태세를 확립해야 하겠다는 것입니다.

앞으로 우리나라의 수출증대는 이러한 노력에 크게 좌우된다는 것을 명심하고 관계 인사들이 합심 협력해서 힘써 주기 바랍니다."

대통령은 끝으로 금년도 수출목표 10억 달러 달성에 기여한 공로로 훈장과 표창을 받은 수상자, 수상자들과 고락을 함께한 기업체 간부, 직원, 기술자, 기능공, 종업원, 정부공무원, 그리고 측면 지원을 다한 국민들의 숨은 노고에 대해 위로하고 치하했다.

"오늘 이 자리에는 그동안 수출증대에 크게 이바지한 뛰어난 공로로 훈장과 표창을 받은 수상자 여러분이 나와 있습니다.

이분들은 새로운 상품개발과 기술혁신, 경영쇄신과 행정지원 등 수출 진흥을 위하여 남다른 열의와 노력을 경주하여 금년도 10억 달러 수출 목표 달성에 큰 구실을 한 경제건설의 일꾼들입니다.

나는 이 자리를 빌려 수상자 여러분들의 오늘의 영광을 축하하고 그간의 노고를 치하하는 바입니다.

아울러, 수상자 여러분들이 훌륭한 업적을 이룩할 수 있도록 주위에서 함께 고락을 같이하고 있는 여러 기업체의 간부와 직원, 기술자, 기능공, 종업원을 비롯하여 정부의 관계 공무원과 각계각층에서 측면 지원을 아끼지 않은 국민 여러분들의 숨은 노고에 대해서도 심심한 위로와 치하의 말씀을 드리는 바입니다."

1970년 7월, 무역진흥확대회의에서 대통령은 쌀을 수입하는 데 들어가는 외화를 줄이기 위해 쌀소비절약운동을 전개할 필요가 있다는 것을 강조하면서, 쌀뿐만 아니라 우리가 국내소비를 줄이고 수출할 수 있는 것은 무엇이든지 절약해서 이것을 수출해서 한 푼이라도 외화를 더 벌어와야 되겠다는 것을 아울러 역설했다.

이에 따라 담배를 절약하여 수출하기 위해 중산층이 즐기는 담배 길이를 줄였고, 일본으로 수출되는 활어 양을 늘리기 위해 국내식당에서 유통되는 활어 양을 줄였다. 또 원당수입을 줄이고, 설탕가공제품 수출을 늘리기 위해서 설탕소비 절약운동을 전개하기로 했다.

이것은 '수출만이 살길이다'는 자신의 신념에 따라 대통령이 수출증대와 수출을 통한 외화획득에 얼마나 심혈을 기울였는가를 보여 주는 하나의 실례다. 우리나라가 경쟁국들을 앞질러 수출입국에 성공할 수 있었던 비결은 바로 대통령의 그러한 열정과 집념에 있었던 것이다.

35억 달러 이상의 수출을 뒷받침하기 위해서는 중화학공업 시대를 열어야 한다

1971년 1월 11일, 연두기자회견에서 대통령은 지난 70년도는 우리가 개발과 성장의 과정에서 얻은 성과와 경험을 토대로 우리나라가 장기적으로 발전할 수 있는 기틀을 마련했다고 말하고, 작년에 이룩한 여러 가지 일 중에서 중요한 것을 추려서 설명했다.

대통령은 먼저 10억 달러 수출로 공업화가 촉진되고 경제의 장기발전 기틀이 마련되었다고 천명했다.

"한 마디로 말해서 지난 70년도는 60년대에 우리가 이룩한 성장과정에서 거둔 성과와 거기에서 얻은 경험을 토대로 해서 우리나라가 장기적으로 발전할 수 있는 토대와 기틀을 마련했다고 말할 수 있으리라고 봅니다.

작년 연말 현재, 우리가 지금 추진하고 있는 2차 경제개발5개년계획의 성과를 검토해 본 결과, 5개년계획을 목표 연도보다도 1년 앞당겨서 작년말로 농수산부문 일부를 제외하고는 거의가 다 목표를 훨씬 초과달성했습니다. 다만 농수산부문만이 약간 미달인데, 이것도 역시 금년말까지는 목표보다도 약간 초과달성하리라고 전망하고 있습니다.

작년에 우리가 이룩한 여러 가지 일 중에 중요한 것만 몇 가지 추려서 말씀드리자면, 첫째는 10억 달러 수출목표를 무난히 달성했다는 것을 말씀드릴 수 있습니다.

전에도 여러 번 내가 강조한 바 있지만, 우리나라에 있어서 이 수출은 항시 단순한 수출이라는 문제에 국한해 볼 것이 아니라, 이것은 우리 국력의 총화라고 생각하는 것입니다. 즉 우리 국민들의 경제건설에 대한 의욕과 또 우리 정부의 모든 종합적인 행정능력 및 우리 국민들의 과학과 기술수준의 집약적인 표시가 수출로 나타나는 것입니다. 이러한 관점에서 볼 때 우리나라의 수출이라고 하는 것은 국력의 총화의 표현이라 볼 수 있는 것입니다.

물론 선진 여러 나라의 수출액수에 비하면 아직도 요원한 감이 있겠지만, 우리나라 형편이나 우리나라의 현 여건으로 보아서 10억 달러 수출목표를 달성한다고 하는 것은 그리 용이한 일은 아닙니다. 우리나라에서 10억 달러라는 수출이 이루어질 때, 국내에서 어떠한 경제적인 활동이 이루어졌겠는가 하는 것을 우리가 한번 생각해 볼 필요가 있겠습니다.

국내에 여러 개의 공장이 서야 될 것이고, 이 공장에서 많은 사람들이 일을 해야 될 것이며, 또 여기에서 일하는 사람들은 단순한 종업원들이 아니라, 여러 가지 기술을 가진 기능공이어야 하겠고, 또한 여기에서 생산하는 모든 물건은 그 원료가 어떤 것은 우리 국내에서 조달되는 것도 있을 것이고, 또는 현재 우리 형편으로서는 상당한 부문이 해외에서 도입되고 있는 것입니다.

이렇게 도입된 원료로 공장에서 생산을 해서, 또 생산된 물건을 수송방법에 의해서 항구까지 운반하여 거기에서 또 선박에다가 선적해서 외국시장에까지 가져나간다든지, 경쟁이 치열한 외국시장에 나가서 이러한 물건들이 경쟁을 해서 거기에서 외화를 획득한다는 이러한 여러 가지 과정을 생각할 때에, 우리나라와 같이 자본이라든지 기술이라든지, 또는 원료의 자체 조달 등 여러 가지 여건이 불리한 상황하에서 우리가 지난해에 10억 달러 수출목표를 달성했다 하는 것은 우리 국민들이 얼마만큼 경제건설에 대한 의욕이 왕성했으며, 또 우리 정부가 이 목표 달성을 위해서 얼마만큼 노력을 했는가, 또 우리나라의 과학기술이 다른 선진국에 비해서는 뒤떨어졌다고는 하지만 상당한 수준에 도달하고 있다는 것을 알 수 있을 것입니다."

대통령은 이어서 제3차 5개년계획의 목표연도인 76년에는 35억 달러 수출목표를 달성할 수 있다고 전망했다.

"작년 연초에 정부에서 10억 달러 수출목표를 책정할 때, 나는 이런 이야기를 한 일이 있습니다.

금년에 우리가 10억 달러 수출목표를 달성할 수 있느냐 없느냐 하는 것은, 앞으로 우리나라 수출이 장기적으로 지속적인 성장을 할 수 있느냐 없느냐 하는 하나의 고비가 될 것이고, 하나의 분수령이 될 것입니다. 만약에 이 목표를 우리가 달성할 수 있다면, 우리나라 수출이 앞으로 계속적으로 고도성장을 이룩할 수 있는 전망이 밝아질 것이고,

만약에 이것을 우리가 달성할 수 없을 때에는 우리나라 수출이 지난 10여년 동안은 고도성장을 해왔지만, 이제부터는 계속적인 성장은 대단히 어려우며, 그 성장 속도가 둔화될 것이라는 전망을 갖지 않을 수 없을 것이라고 이야기한 일이 있습니다.

다행히 우리 모든 국민들과 우리 정부, 우리나라 기업인, 모든 기술자, 근로자들의 노력에 의해서 작년 10억 달러 수출목표를 원만히 달성했다 하는 것은, 앞으로 우리나라 수출이 계속적으로 성장해 나갈 수 있는 전망이 밝다는 것을 뜻한다고 생각합니다.

그러면 앞으로 우리나라의 수출이 어떻게 되겠느냐, 향후 5년 동안 우리나라의 수출성장률을 한번 전망해 보았습니다. 우리가 매년 지금까지는 약 40%, 작년 같은 해에는 43% 성장을 했는데, 이렇게 고도의 성장을 앞으로 계속 지속한다고 하는 것은 다소 어려운 전망이 있기 때문에, 그것의 절반인 약 20% 정도로 앞으로 5년 동안 성장을 한다면 우리나라 수출이 어떻게 되겠느냐, 매년 20% 성장할 때에는 5년 후에는 약 25억 달러 수출이 될 수 있고, 약 30% 정도씩 매년 성장한다면 5년 후에는 약 37억 달러가 될 수 있고, 또 지금과 같은 성장률로서 43%를 앞으로 5년 동안 그대로 지속할 수 있다면 5년 후에 가서는 약 58억 달러 정도 수출을 할 수 있다, 이렇게 전망이 됩니다.

그러나 우리가 지금 책정하고 있는 3차 5개년계획에 있어서는 매년 수출성장률을 평균 22.8%로 잡고 있습니다.

이렇게 했을 때에는 5년 후에 가서는 우리나라의 수출이 약 35억 달러가 될 수 있습니다. 다만 22.8%라고 하는 것은 다른 나라에 비해서는 대단히 높은 성장률이지만, 우리나라가 지금까지 성장했던 추세로 보아서는 그다지 무리한 숫자는 아니며, 따라서 우리가 3차 5개년계획에 책정하고 있는 목표연도에 가서 35억 달러 수출목표라고 하는 것은 그다지 무리한 숫자는 아니라고 하는 것을 아실 수가 있을 줄 압니다."

대통령은 이어서 71년도 후반기에 실시될 후진국에 대한 선진국의 특혜관세제도를 이용해서 새로운 전략수출산업을 육성하는 데 역점을 두겠다는 방침을 밝혔다.

"우리나라 수출에 있어서 한 가지 밝은 전망은 금년도 하반기부터 실시되는 소위 후진국에 대한 선진국의 특혜관세제도인데, 이것이 금년 후반기부터 실시가 되면 우리는 이 기회를 잘 이용해서 새로운 전략수출산업을 육성하려고 여러 가지 노력을 하고 있습니다. 그중에서 특히 우리나라에 알맞은 산업으로 알고 있는 전자공업 부문에 대해서는 특별히 우리가 역점을 두어야 되겠습니다. 이 전자공업은 외국 사람들이 와서 이야기하는 바에 의할 것 같으면, 우리나라에는 대단히 적합한 산업이라고 합니다.

즉 한국의 기후가 대단히 좋고, 또 한국 사람들의 시력이 대단히 좋다는 것입니다. 유럽 사람들보다도 한국 사람들의 시력이 대단히 좋다, 또는 한국 사람들의 손재주가 대단히 좋다, 이러한 여러 가지 장점이 우리나라 전자공업을 발전시키는 데에는 대단히 알맞다는 것입니다. 그래서 우리는 이런 장점을 이용해서 앞으로 크게 발전시켜보자는 것입니다.

이런 것을 전부 종합해서 볼 때 작년도 우리가 10억 달러 수출목표를 돌파했다고 하는 것은 우리나라의 공업화가 그만큼 촉진이 되었다, 우리나라 경제가 고도성장을 앞으로도 지속할 수 있다, 또한 우리가 지금 노리고 있는 완전 자립경제 목표달성에 대한 전망이 밝아졌다는 것을 이야기할 수 있을 것으로 봅니다.

이러한 점에서 수출 10억 달러 달성은 처음에도 말씀드린 바와 같이, 우리나라 경제의 장기발전을 위한 기틀이 마련이 되었다, 이렇게 보는 것입니다."

대통령은 이어서 수출산업 생산기반 확충과 새로운 수출품목 개발을 통해 수출목표를 기어코 달성해야 한다는 점을 강조했다.

　　"수출의 획기적인 증대, 이것을 이룩하기 위해서는 목표연도인 1976년에 적어도 36억 달러 이상의 수출을 일으켜보자 하는 것입니다. 이것은 아까도 설명한 바가 있습니다마는, 지난 10년 간에 우리의 연평균 수출의 증가율은 42%였습니다.

　　그러나 앞으로 3차 5개년계획에 있어서는 이보다도 약 절반 낮은 연평균 22.8% 증가할 것 같으면 1976년에는 35억 달러를 달성할 수 있다고 봅니다.

　　그러나 이 목표달성을 위해서는 정부나 모든 기업인, 그리고 온 국민들이 보다 큰 노력을 해야 할 줄 압니다. 특히 앞으로 수출문제에 있어서는 대외적으로 볼 때에 국제경제면에 있어서 자유화의 조류가 대세를 이루고 있는 것은 사실이지만 일부 국가에서는 보호주의 정책을 쓰는 나라도 있고 해서 국제시장에 있어서 경쟁이 대단히 격화될 것이라는 것을 우리가 예상해야겠고, 또 국내적으로 볼 때에 지금까지는 한국의 가장 장점인 저임금, 즉 임금이 싸다는 것이었는데, 앞으로는 이러한 저임금 같은 여건은 점차 해소되어야 하기 때문에 우리나라 기업인들이 한국인의 싼 임금에만 너무 기대해서도 안 될 것입니다.

　　따라서 우리나라 기업인들은 앞으로 이와 같이 대외적으로 또는 대내적으로 여러 가지 도전이 있을 것을 예상하고, 어떻게 하든지 이를 극복하고 국제적인 경쟁을 강화해 나가는 데 각별한 노력을 해야 되겠고, 정부도 여기에 필요한 여러 가지 정책환경을 만들어 주어야 될 줄 압니다. 따라서 수출산업의 생산기반을 확충한다든지 또는 심지어 새로운 수출품목 개발을 통해서 수출목표를 기어코 달성해 보자는 것입니다."

대통령은 이어서 35억 달러 이상의 수출을 뒷받침하고 근대공업국 가로 발전하기 위해서는 중화학공업 시대를 열어야 한다는 점을 강조했다.

"3차 5개년계획의 중점 목표는 중화학공업 건설입니다. 우리는 1차, 2차 5개년계획을 통해서 공업부문 발전을 수입대체를 위주로 하는 기간산업 건설을 주축으로 이룩하였는데, 앞으로 우리가 35억 달러 또는 그 이상의 수출을 뒷받침하고 근대적인 공업국가로 발전하기 위해서는, 이미 우리가 착수한 종합제철공장을 비롯해서 기계공업 또는 조선공업, 석유화학공업 부문건설을 주축으로 한 중화학공업 시대를 이룩할 수 있도록 노력해야 되겠다는 것입니다.

이 밖에도 경제확대에 따라서 사회간접자본의 계속적인 확충 등 여러 가지 중요한 과제가 있습니다만, 이상 세 가지 중점과업을 3차 계획의 주축으로 해서 이를 성공적으로 수행함으로써, 우리 경제는 점차 자립경제의 궤도에 들어서게 될 것이며, 70년대 후반에 가서는 보다 높은 발전단계로 순조롭게 이행하게 될 것으로 보고 있습니다.

이렇게 될 때에 우리는 70년대 중반에 가면, 개발도상국이니 또는 후진국이니 하는 말을 안 듣고 명실상부한 중진국의 일원이 될 것이라는 전망을 하고 있습니다."

대통령은 끝으로 우리나라 기업들은 이제 그 체질을 개선해 나가는 과정을 꼭 밟아야 될 단계에 왔다고 천명했다.

"일반적으로 말할 때에 우리나라 기업들은 이제 그 체질을 개선해 나가는 과정을 꼭 밟아야 될 단계에 왔다고 나는 보는 것입니다.

60년대 초기에는 정부가 산업을 육성시키기 위해서 특히 공장을 많이 세워서 생산을 많이 하고, 수출을 많이 하고, 또 고용을 증대해서 실업자들에 일자리들을 많이 주어야 하겠다는 취지하에 기업을 많이 육성하는 데 힘을 기울여 여러 가지 지원도 했고 뒷받침도 했습니다. 그러나 앞으로 어느 단계에 가서는 기업들이 정부의 뒷받침과 지원 없이 제 발로 걸어갈 수 있도록 그야말로 자립적인 그런 기업의 체제를 가다듬어야 할 텐데, 아직까지 그것을 못하고 있는 기업들이 상당히 있는 것이 사실입니다.

작년도에 부실기업 정리니 무어니 할 때 걸려든 기업들도 대부분 그런 기업들인데 그런 기업들은 아직도 과거처럼 기업이 부실이 되면 은행관리나 정부에서 어떻게 특정한 배려를 해 가지고 다시 살려 줄 것이다 하는 의뢰심을 가지고 있습니다. 그러나 기업가들의 정부에 대한 의존도나 의뢰도라는 것은 이제 버려야 된다고 생각합니다.

따라서 앞으로 기업체가 부실해졌고 그 사람 가지고는 도저히 꾸려나갈 능력이 없다고 판단되거나 또 기업의 체질개선을 위해서 노력을 하지 않는 기업은 과거처럼 같은 사람한테 은행관리를 해서 뒷받침을 한다든지, 보조금을 준다든지 하는 이런 시책은 절대로 쓰지 않겠다는 것입니다.

그래서 아주 과감하게 처분을 해서 경영주체를 바꾸어서라도 다시 기업이 건전하게 나갈 수 있게 해 나가야 되겠다는 것입니다. 그러나 그런 몇 개 기업이 체질개선을 할 단계가 왔고, 또 그런 기업은 지금부터 스스로 반성을 해야 되겠지만, 일반 영세한 중소기업과 같은 분야에 대해서는 역시 정부는 별도로 여기에 대해서 특별한 검토와 육성책을 강구하고 있는 것으로 나는 알고 있습니다."

은행은 담보만 따지지 말고 신용대부로 기업을 키워야 한다

1971년 1월 13일, 상공부 연두순시에서 대통령은 먼저 은행은 기업에 대출을 할 때 담보만 따지지 말고 신용대부를 해서 기업을 키우겠다는 정신을 가져야 한다는 점을 강조했다.

"은행이 기업에 대출을 해줄 때 담보, 담보, 자꾸 따지는데 나는 그게 바로 돼먹지 않았다는 것입니다. 물론 은행이 돈을 꿔 줄 때는 다음에 받을 수 있는 건지 따져 담보가 있어야 한다고 담보를 철저히 요구하는데 지금까지 그렇게 대부해줘 나간 돈이 전부 낭비가 돼서 회수도 못하는 그런 것이 몇 백억 묶여 있지 않느냐 말입니다.

난 그런 담보보단 차라리 그 기업체 내용을 충분히 따져 이건 얼마를 대부해 주면 반드시 공장 시설이 확장되고 앞으로 성장할 수 있다는 그 확신만 있다면 신용대부해 줘도 좋다 생각합니다.

'백만 원을 달라' 그런다고 처음부터 백만 원을 다 줄 게 아니라 백만 원을 준다, 그런데 어디다 쓴다 하는 계획서를 내라 그리고 처음에는 십만 원을 주고 은행원들이 회사에 나가서 일일이 사후관리와 지도를 하고 그다음에 또 이십만 원이 필요하다 그러면 이십만 원이 필요한 시기에 준다, 그렇게 그 돈 들어간 그대로 따져 보면 결과적으로 돈이 회수된다는 게 빤한 게 아닙니까? 부동산을 하나 잡아 놓는 것보단 확실한 담보 아니에요, 신용대부를 해서 기업을 키우겠다는 그런 정신이 은행도 있어야지 그저 가만히 앉아서 담보만 따져 가지고 되겠느냐, 담보해 줘도 회수 안 되는 거가 얼마든지 있는 것 아니냐 말입니다. 은행이 그렇게 철저히 담보를 잡고 돈을 내줬는데 왜 전부 부실기업이다 뭐다 그 모양이냐 이겁니다. 우리나라 은행이라는 것이 고식적인 그런 사고 방식들을 가지고는 우리나라 기업이 크지 않습니다."

대통령은 이어서 지방 도처에다가 지역출신 국회의원들이 요구한다고 해서 공업단지를 필요없는데도 자꾸 만드는 행정은 하지 말라고 경고했다.

"우리나라 수출의 장기적인 성장을 위해서는 지금 현재 있는 시설, 현재 우리가 가지고 있는 모든 여건을 최대한으로 개선하고 능률을 향상시킨다는 것이 우리의 일차적인 노력의 목표가 되어야 하겠습니다. 그동안 공업단지를 지방 도처에다가 여기도 하나, 저기도 하나 만들어 봤는데 공장이 안 돌아가고 지금 놀고 있는 공업단지가 얼마든지 있다 이겁니다.

그렇다면 앞으로 공업단지를 더 만들지 말라 이겁니다. 적어도 지금 만들어 놓은 공업단지에 공장들이 들어가서 그 단지를 최대한으로 활용할 수 있고, 더 들어갈 여지가 없다, 그러면 어디다 또 만들어야 되겠다 이겁니다. 괜히 국회의원들이 자꾸 정부에 요구한다고 해서 인천에 하나 해라, 대구에 하나 해라, 광주에 하나 해라, 청주에도 하나 해라, 강원도에도 하나 해라, 이런 식으로 자꾸 늘려 나가는 그런 행정을 이제는 하지 말자 이겁니다.

앞으로 나는 그런 걸 허락하지 않겠습니다. 현재 있는 단지에다가 들어갈 수 있는 공장을 최대한으로 넣고 우리가 지원을 해서 공장을 빨리 많이 짓고 그래도 모자라면 또 만들면 된다 이겁니다. 물론 그 후보지가 정해져 있는 것은 좋다고 생각합니다. 그러나 지금 있는 데도 공장이 안 들어가고 땅이 놀고 있는데 또 여기다 공업단지를 만든다고 건설부에서 몇 억 투자하고 교통부에서 거기에다 철도인입선을 끌어넣고 공업용수를 끌어온다고 그러면서 뭘 건설하고, 이런 비경제적인 일을 하지 말아야겠습니다."

국제정세와 해외시장 변화가 우리의 수출증대에 어두운 그림자를 드리우고 있다

1971년 11월 30일, 제8회 수출의 날에 대통령은 최근의 국제정세 변화와 해외시장 변화가 우리의 수출증대에 어두운 그림자를 드리우고 있다는 사실을 지적하고 이를 극복하기 위한 노력의 방향에 대해 설명했다.

수출은국력의총화

1971년 2월 1일

대통령 박정희印

"우리가 수출의 날을 정하여 수출증대를 위한 분발과 노력을 다짐해 온 지도 오늘로서 벌써 8년째가 됩니다.

그동안 우리는 해마다 이 자리에서 남다른 창의와 노력을 다하여 수출증대에 이바지한 유공자를 표창하고 격려해 왔습니다.

지금 이 자리에는 국내외 어려운 여건 속에서도 금년도 수출목표를 달성하는 데 뛰어난 공적을 남겨, 영예의 훈장과 표창을 받게 된 수상자 여러분이 나와 계십니다.

나는 이 자리를 빌려, 수상자 여러분의 오늘의 영광을 축하하고, 그간의 노고를 높이 치하하는 바이며, 아울러 이분들과 함께 지난 1년 동안 수출전선에서 고락을 같이해 온 기업인과 기술자, 기능공을 비롯하여 각계각층에서 측면 지원을 다해 온 공무원과 일반 국민들의 숨은 노고에 대해서도 감사의 뜻을 표하는 바입니다.

그동안 우리의 수출은 양적으로 증대했을 뿐 아니라, 질적으로도 크게 발전하였습니다.

60년대 초에 2, 3천만 달러에 불과하던 우리의 수출고는, 64년 이날 처음으로 1억 달러를 기록한 이래, 해마다 약 40퍼센트라는 높은 신장을 거듭하여, 작년에는 드디어 10억 달러 고비를 넘어섰고, 금년에도 벌써 지난 10월 말 현재 10억 달러를 돌파함으로써, 목표액 13억 5천만 달러를 무난히 달성할 것으로 기대되고 있습니다.

수출상품 구조도 농산물 위주로부터 공업품 중심으로 바뀌었으며, 품질은 크게 개선되었고, 품목도 다양화되었습니다.

이러한 수출의 고도신장의 결과, 이제 우리나라의 공업은 경공업에서 중화학공업으로 고도화를 지향할 수 있는 바탕 위에 올라섰고, 수출도 강화된 자체 추진력을 저력으로 삼아, 정부주도형 수출체제에서 민간주도형 수출체제로 이행할 단계에 왔다고 믿습니다.

그러나 최근 국제정세와 해외시장의 변화는 우리의 수출전망에 어두운 그림자를 던져주고 있으며, 그 어느 때보다도 우리들의 피땀어린 분발과 노력을 촉구하고 있습니다.

개발의 연대라고 불렸던 지난 60년대는 '케네디 라운드' 또는 '남북문제의 해결' 등으로, 선진제국이 후진국가들에 대하여 경쟁적으로 추파를 던지던 시대였고, '무역의 자유화', '자본의 자유화'라는 구호 밑에 각종 통제와 제한이 철폐되었기 때문에, 개발도상국에게는 비교적 유리한 수출여건이 조성되었던 때라고 할 수 있습니다.

그러나 67년 이래 태동하기 시작한 미국의 신보호주의적 경향은 지난 8월 10퍼센트 수입과징금의 부과로 발전했고, 섬유류수입 규제조치의 강행은 캐나다, 호주, 덴마크 등에 연쇄반응을 일으켜, 우리의 수출에 적지 않은 타격을 주었으며, 중공의 유엔가입과 인접 일본의 중공접근, 영국의 유럽경제공동체 가입과 블럭 경제권의 확장강화, 국제통화의 불안, 그리고 개발도상국들의 성공적인 공업화 등으로 국제시장의 양상은 나날이 변화하고, 국제경쟁은 더욱더 치열해지고 있습니다.

만일 우리가 이러한 냉혹한 환경을 극복하지 못하고, 새로운 방향과 활로를 개척하는 데 실패한다면, 우리의 수출은 더 이상 신장될 수 없을 것이며, 우리 경제의 지속적인 성장은 중대한 위협을 받게 될 것입니다."

대통령은 끝으로 기업에 대한 지나친 보호조치 철폐, 기업의 비도덕적인 행위 처벌을 비롯한 수출난관 극복 방책에 관해 설명했다.

"우리는 어떠한 일이 있더라도 이 난관을 극복하고, 치열한 국제경쟁에서 이겨야 합니다.

문제는 우리들의 결의와 자세입니다. 우리는 보다 슬기로운 창의력을 발휘하여, 수출상품의 질을 더욱 고급화하고 국제경쟁력을 크게 강화함으로써 수출시장을 더욱 다변화해 나가야 하겠습니다.

새로운 상품, 새로운 시장을 개척하는 데 있어 즉흥적인 착상에 의존하지 말고, 사전에 그 시장의 수요구조, 기호상태, 나아가서는 정치, 사회제도 등까지도 다각적으로 조사연구하여, 이에 따른 수출전략을 면밀히 수립한 다음에, 수출에 임하도록 해야 할 것입니다.

그러기 위해, 생산업계와 수출업계 그리고, 이를 지원하는 공무원과 일반국민은 모두 심기일전하여 수출입국의 깃발 아래 굳게 뭉쳐 창의적인 노력을 계속해 나가야 하겠습니다. 우리에게는 슬기가 있으며, 능력이 있습니다. 다만 한 가지 명심해야 할 일은 안일한 사고방식을 버리고, 부지런하고 꾸준히 노력해 나가야 한다는 것입니다.

이러한 노력을 계속해 나갈 때, 그 전도가 아무리 험난하다 하더라도 우리는 능히 계획된 수출목표를 달성할 수 있다고 믿습니다.

앞으로 정부는 제 발로 서서 걸어갈 수 있는 기업에게 효과 있는 지원을 계속할 것이며, 모든 무역 절차도 선량한 업자를 대상으로 운영할 것입니다.

그러나 경제성과 채산성을 무시한 지나친 보호적 노력은 결코 되풀이하지 않을 것이며, 정부의 수출장려 정책을 외화도피나 사치풍조의 조장 등으로 악용하려는 비도의적인 행위가 발견된다면, 정부는 이를 단연코 용납하지 않을 것입니다.

국력의 기초는 경제건설이며, 경제건설의 추진력은 바로 수출진흥입니다.

내년부터 우리는 조국통일의 초석이 될 제3차 5개년계획을 시작하게 됩니다.

이 제3차 계획을 성공적으로 완수할 수 있느냐 못하느냐는, 곧 계획기간 중 수출목표를 예정대로 달성할 수 있느냐의 여부에 달려 있는 것입니다.

우리는 온갖 슬기와 노력을 수출목표 달성에 집결시켜, 3차 5개년계획을 성공적으로 완수할 수 있도록 더욱 분발해 나갑시다. 그리하여, 자립경제의 터전 위에, 조국통일을 앞당겨 구현하는 기쁨과 영광을 쟁취합시다."

가득액만 따지지 말고 수출액수를 계속 늘려 나가야 한다

1972년 1월 13일, 상공부 연두순시에서 대통령은 먼저 우리의 수출이 현 수준에서 멈춰 버리고 더 이상 성장하지 못한다면 한국경제는 볼장 다 보게 된다고 경고하고 가득액만 따지지 말고 수출액수를 계속 늘려나가야 한다는 것을 강조했다.

"작년에 여러 가지 어려운 여건하에서 상공부 장관 이후 상공부 모든 직원들이 애를 많이 써서 13억 5천만 달러 수출목표 달성하는 데 수고를 한 데 대해서 치하를 드립니다.

어제 경제기획원에 가서도 얘기했지만 우리가 살길은 솔직히 말하면 수출하는 데 있습니다. 무슨 일이 있더라도 수출을 자꾸 해야 됩니다. 가득액, 가득액 하지만 가득액을 많이 올리면 좋지만 그게

안 되는 한이 있더라도 본전 밑지지 않을 정도면 하여튼 액수를 올려야 된다, 내 주장이 그겁니다. 그렇게 해야 우리 경제가 지속 성장의 활기를 잃지 않고 앞으로 뻗어나갈 수 있는 추진력을 그대로 가져갈 수 있습니다.

수출이 여기서 그만 멈춰 버렸다든지, 위축됐다든지, 더 성장 안된다, 이래 놓으면 한국경제라는 것은 이제 볼장 다 본 것입니다. 솔직히 말해서, 지금 여러 가지 국제경제의 형편을 볼 때는 과거보다 점점 더 어려운 문제가 앞으로 다가옵니다. 이걸 우리가 뚫고 극복을 해 나가야 되겠습니다. 이것은 어려운 고비지만 우리 경제가 한번 비약을 할 수 있는 좋은 찬스가 아니겠느냐 생각됩니다. 왜냐하면 우리가 당하는 이러한 어려움이라는 건 우리 대한민국 경제계만 당하는 게 아니라 다른 나라도 다 당한다, 우리하고 같은 개발도 상에 있는 나라가 전부 똑같은 애로에 부딪치는 데 누가 더 이것을 견딜 수 있느냐, 힘이 세냐, 경쟁력이 강하느냐, 여기에서 우열이 결정된다고 봅니다.

일단 이것은 우리 경제가 체질을 바꾸고 경쟁력을 강화할 수 있는 좋은 계기다, 이 고비를 넘기면 지금은 우리하고 비등하게 가는 나라들보다 우리가 훨씬 더 앞서 버리고 그 사람들이 우리보다 뚝 떨어

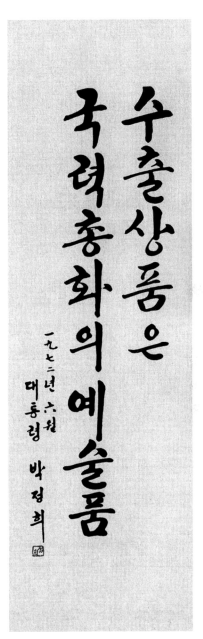

져 버린다, 나는 이렇게 보는 겁니다.

그걸 하기 위해 우리 업계가 요즘 모두 노력을 하고 있는 줄은 압니다. 기업의 체질개선, 경영합리화, 경쟁력강화 등 여러 가지 노력을 많이 하고 있고, 오늘 아침에도 신문에 보니까 어느 기업체에서는 이사진을 줄이고, 기구를 축소하는 등 여러 가지 경영합리화에 대해서 노력을 많이 하고 있는 모습이 나타나고 있는데 좀 더 노력을 해야 되겠습니다. 오전에 농림부에 가서도 우리 농촌이 빨리 일어서자면 농민들이 정신 차리고 자조, 자립정신이 농민들 가슴속에서 스스로 우러나야 되겠다. 그걸 하기 위해서는 역시 농촌지도에 임하는 공무원 기타 모든 농촌지도자들이 먼저 그런 정신자세가 되어 농민들을 지도해야 되겠다는 것을 얘기했습니다.

상공분야에 있어서도 우리 기업가들이 모두 그런 정신자세를 갖춰 여러 가지 노력을 하게끔 만들기 위해서는 역시 우리 정부나 또 상공부 모든 직원들부터 먼저 모두 그런 자세가 되어 앞장을 서서 기업가들을 지도를 해야 되리라고 생각합니다."

대통령은 이어서 앞으로 수출을 위해서는 전략수출산업을 발전시켜야 한다는 점을 강조했다.

"앞으로 수출을 위해서 우리가 지금 생각하고 있는 전략수출산업은 조선공업이다, 전자공업이다 하는 것 등입니다. 특히 전자공업 부문에 대해서는 내가 상당히 기대를 걸고 있는데, 그것이 이렇게 지지부진하고 성장속도가 늦다는 것은 그 원인이 뭔지 잘 모르겠다는 것이니 특별히 좀 더 연구를 해가지고 빨리 육성해야 됩니다. 작년에만 해도 자유중국이 전자공업 부문에서 2억 5천만 달러 수출했다는 거 아닙니까? 작년에 우리는 전자 부문에서 자유중국의 6분의 1 정도도 안 된다 이겁니다. 그리고 지금 우리가 추진하고 있는 조선공업 같은 것도 나는 상당히 큰 기대를 가지고 있는데, 물론 현대건설에서 하고 있는 것도 있지만, 현재 있는 조선공사는 오전에 어떤 일본 사람을 만나서 물어보니까 문제점이 많다는 겁니다. 구체적으로 어떤 점을 지적하는지 모르겠는데 이런 문제점도 빨리 해결해야 되겠다 이겁니다."

대통령은 이어서 상공부 공무원의 고식적으로 행정을 하는 자세에 대해 쓴소리를 했다.

"그동안에 상공부 장관 이하 직원들이 밤잠을 안 자고 애쓴 걸 누구보다도 내가 잘 아는데 금년도 우리가 중점적으로 힘을 들여야 되겠다고 생각하는 그런 부문은 장관도 주말에 공장도 가보고 밑에 직원들도 가보고 급한 문제는 급한 대로 빨리 결론을 내야지 상당히 급한 문젠데 그저 부처 간에 얘기만 빙빙 돌고 결론도 안 나고 몇 달씩 그냥 보낸 예가 많은데 금년에는 중점 분야는 빨리 결정을 해야 되겠습니다. 필요하면 나도 회의에 나오라면 나갈 테니까, 안 그러면 나한테 와서 회의를 해도 좋으니까, 빨리 결론을 내 지원을 빨리 하잔 말입니다. 그래야 성과가 나지요.

그리고 작년에도 얘기했지만, 수출도 국제시장의 사정이 전반기에는 수요가 적어서 적게 나가고 후반기에는 많이 나간다고 그러는데 작년엔 비교적 그것이 그전보다는 좋아졌다고 봅니다. 그 전에 보면 연초에는 소걸음으로 나가다가 연말에 가면 바빠서 막 뛰기 시작하는데 연초부터 월별 목표량을 책정해 어떻게 하든지 매달매달 목표달성을 한번 해나가 보란 말입니다. 연말 가서는 장관 이하 전 직원들이 붙어 앉아서 오늘 배가 떠났느냐, 안 떠났느냐, 이런 식으로 하지 말고 연초부터 나누어서 하면 훨씬 더 여유 있게 할 수 있지 않겠느냐 이겁니다."

우리 경제는 중화학공업 시대에 접어들어가고 있다

1972년 3월 23일, 울산 미포만 백사장에는 5천 여명의 울산시민과 주한외교 사절단들이 참석한 가운데 현대건설 울산조선소 기공식이 거행되었다.

조선산업은 해운업, 수산업, 군수산업 등에 사용되는 각종 선박을 건조하는 종합조립산업이며, 산업구조상으로는 중화학공업으로서 관련산업에 대한 파급효과가 대단히 큰 산업이다. 즉 조선산업은 해운, 수산, 방위, 레저산업 등의 전방산업 발전의 기초가 되며, 또한 철강, 기계, 전기, 전자, 화학 등의 후방산업에 지대한 파급효과를 가져온다. 조선산업은 기술집약적이고 장치산업의 특징을 가지고 있으면서 실제 집행 측면에서는 노동집약적인 산업이다. 세계 조선시장은 1950년대 중반까지는 영국을 중심으로 하는 유럽조선의 독무대였다. 그러나 1956년부터는 새로운 생산기법을 도입해 선박을 건조하기 시작한 일본이 영국을 누르고 세계정상을 유지해 왔다.

우리나라는 1960년대 초까지 조선공업이 침체의 늪에서 벗어나지 못하고 있었다. 그러나 1, 2차 경제개발5개년계획이 성공적으로 추진되면서 수출입 해상물동량이 크게 늘어나고, 또 해상방위용 선박의 필요성도 증대했다. 제3차 5개년계획의 중점사업은 중화학 공업 건설과 농어촌근대화 그리고 수출의 획기적인 증대였다.

대통령은 철강, 석유화학, 기계, 전자, 비철금속과 함께 조선을 중화학공업의 6개 전략사업으로 정하고 이를 중점적으로 육성하기로 했다.

대통령의 이러한 방침에 따라 정부는 1970년에 조선공업 진흥계획을 수립하여 조선공업을 수출산업으로 성장시키기로 하였다.

그 후 대통령은 몇몇 대기업 대표들에게 조선공업 건설을 권유했다. 그러나 그들은 불가능한 일이라고 생각하고 주저했다. 현대건설 정주영도 그중의 한 사람이었다.

69년 연말의 어느 날 대통령은 정주영을 청와대로 불러 앞으로 세계 경제가 크게 확장되고 우리나라의 수출이 증대하면 물건을 수송할 선박수요가 늘어날 것이라고 말하면서 조선공장을 하나 건설해 보라고 권유하고, 우선 세계적인 조선강국을 둘러보고 계획안을 만들어서 정부가 도와줘야 할 일이 무엇인지 보고하라고 당부했다.

정주영은 여러 나라의 조선소를 찾아다니며 조선소 건설에 필요한 자금과 장비와 기술의 도입문제에 관해 외국 관계기관과 은행을 상대로 교섭하였다. 그러나 그들이 한결같이 한국에서는 조선소건설이 성공할 수 없다고 등을 돌렸다.

정주영은 귀국해서 대통령에게 보고했다. 조선소건설은 불가능하며 자기는 자신이 없어서 못하겠다는 것이다.

그러나 대통령은 포기하지 않았다.

'현대와 같은 큰 기업은 조선소와 같은 큰 사업을 성공적으로 추진하여 국가에 기여하고 국민에게 봉사할 줄 알아야지, 이런 큰 사업을 어렵다고 쉽게 포기해 버린다면 현대라는 기업의 장래는 물론이고 우리 경제의 앞날에 무슨 희망이 있겠는가? 경부고속도로 건설도 처음부터 가능하다고 생각해서 뛰어든 것이 아니지 않은가? 모두가 불가능하다, 안 된다고 하는 것을 현대건설이 해낸 것 아닌가? 경부고속도로를 완공한 현대건설이라면 현대적인 조선소 하나는 능히 건조할 수 있다고 믿고 권유한 것인데 안 되겠다고 하니 정말 뜻밖이다.'

정주영은 대통령의 간곡한 권유와 자기에 대한 기대를 저버려 대통령을 뵙기가 부끄럽고 송구스럽고 죄송하다는 말을 되풀이하며 고개를 떨구고 있었다.

대통령은 한동안 아무 말 없이 정주영을 쳐다보다가 차분한 목소리로 정주영을 설득하기 시작했다. '큰 사업에 한번 도전해 보겠다는 모험정신 없이 그렇게 심약한 소리 해 가지고 우리나라 기업이 어떻게 세계적인 기업으로 성장하겠느냐. 오늘의 조선강국이 된 나라들이 처음부터 그렇게 된 것이 아니지 않느냐. 그 사람들도 아무것도 없는 상태에서 시행착오를 겪으면서 성사시킨 것 아니냐. 황무지에서 시작하려면 두렵기도 하고 또 현실적으로 많은 어려움에 직면할 것이다. 무슨 일이든 처음에는 불안하고 어려운 것이다. 어려워서 못하겠다고 주저하지 말고 큰 마음 먹고 한번 해보라. 뒤는 내가 책임지고 도와주고 밀어줄 터이니 나를 믿고 대한민국 조선공업의 개척자가 되겠다는 꿈을 가지고 도전해 보란 말입니다.

정 사장이 정말 못하겠다면 할 수 없이 다른 기업인을 찾아봐야겠지만 정 사장만큼 도전정신과 추진력 있는 사람을 얻기는 힘들 것 같다. 한 번 더 용기를 내서 도전해 봐라. 정 사장이면 능히 할 수 있다. 나는 그렇게 믿고 있다'고 정주영의 역량을 높이 평가하고 용기와 자신감을 북돋워 주었다.

대통령은 어떻게 해서든지 세계 최대의 조선소를 건설하고야 말겠다는 확고한 신념을 거듭 밝히고, 정부의 관계기관과 해외공관장에게 가능한 모든 지원을 해주도록 할 터이니 한 번 더 힘써 보라고 권유했다.

현대건설이 안 맡으면 다른 기업을 지원해서라도 조선소를 건설하겠다는 대통령의 결의가 너무나 확고하다는 것을 확인한 정주영은 생각을 바꾸었다. 정주영은 모든 것을 지원해 주겠다는 대통령의 언약에 용기를 내어 대통령 말씀대로 다시 한 번 뛰어보겠다고 다짐하고 청와대를 나섰다. 그로부터 불과 몇 년 후 정주영은 대통령의 파격적인 지원을 얻어 한반도 남단의 해변가에 그야말로 세계적인 조선소를 건설하는 데 성공했다.

정주영은 해외자금과 기술을 도입하여 1972년 3월 23일 울산조선소를 기공했고, 74년 6월 28일에 1단계 공사를 완료하게 된다. 그리고 그리스로부터 주문 받은 어틀랜틱 배런호와 어틀랜틱 배러니스호를 1단

울산 현대조선소에 들러 정주영 회장으로부터 설명을 듣고 있는 박 대통령(1973. 7. 3)

계 공사를 하면서 동시에 건조하여 이를 인도한다. 1960년대 말에 조선소 건설을 위해 외국에 차관을 얻으러 갔다가 '한국에서 만든 배가 바다에 뜨겠느냐'는 조롱을 받으며 차관을 거절당했던 우리나라가 바로 그 나라들에 최신형 대형선박을 수출하는 세계 최대의 조선국가로 발돋움하는 첫 출발의 뱃고동이 울산 앞바다에서 5대양 6대주를 향해 울려퍼진 것이다.

그리하여 1973년 현대중공업은 당시에는 생각조차 못했던 26만 톤급 초대형 유조선을 건조하여 세계조선시장에 한국조선의 등장을 알렸다. 세계조선계가 깜짝 놀란 쾌거였다. 그 후 10년도 안 된 1981년에 우리나라는 양적인 면에서 세계 제2위의 조선국이 되었다. 1990년대에 우리 조선산업은 성숙산업의 면모를 갖추기 시작했고, 96년 조선수주량은 7백만 톤(G/T)으로 세계조선시장의 30%를 점유하여 일본 다음으로 2위를 유지하였으며, 금액으로는 70억 달러에 이르렀다. 이에 따라 조선산업은 자동차, 반도체와 함께 우리나라 경제성장의 견인차 역할을 했다.

2천년대에 있어서 우리의 조선산업은 기술, 생산능력, 품질수준 등에 있어서 세계정상에 우뚝 서게 된 유일한 분야로 우리나라의 효자산업으로 성장했다.

특히 조선산업은 설계는 물론 기자재 등의 조달에 있어서 90% 이상으로 국내 중화학공업 중에서는 가장 높은 수준의 국산화율을 보이고 있다. 우리의 조선기술 수준은 세계적인 수준에 있으며, 세계조선 시장에 기술과 조선기자재를 공급하고 있다.

그리고 일반상선의 건조비중을 낮추고, 상대적으로 부가가치가 높은 LNG선, 여객선, 고속선, 중대형 함정, 잠수함 등 사업분야로 확대하고 있다.

1960년대 초소형 목선을 건조하는 수준에 머물러 있던 우리의 조선공업이 반세기도 안 되어 세계에서 1, 2위를 다투는 선진조선공업으로 비약한 것이다. 특히 현대중공업은 세계조선 역사 위에 두 개의 신화를 창조했다. 그 하나는 조선소를 건설하면서 동시에 두 척의 대형선박을 건조하기 시작하여 74년 6월 조선소의 1차 준공과 함께 두 척의 선박을 수출한 것이다. 이것은 세계에서 유례가 없는 일이다. 또 하나는 2004년 도크 없이 땅 위에서 대형선박을 건조하는 이른바 육상건조법이다. 이것도 세계에서 초유의 일이었다.

대통령은 현대조선소 준공과 2척의 대형선박 진수식을 보면서 누구보다 기뻐했다. 그것은 말할 것도 없이 지난 2년여 동안 각별한 관심을 가지고 모든 지원을 아끼지 않았던 이 조선소건설이 마침내 완공되었다는 데 대한 기쁨이었다. 그러나 대통령이 이 조선소 완공을 기쁘게 생각한 데에는 또 다른 이유가 있었다. 대통령은 우리가 추진하고 있는 6대 중화학공업 사업의 하나인 조선공업의 첫 사업이 석유파동으로 인한 국제경제의 불황과 국내경제 여건의 악화에도 불구하고 성공했다는 사실은 우리나라 중화학공업 발전에 대한 확신을 갖게 하는 경사라고 생각했기 때문이다.

제3차 5개년계획과 제4차 5개년계획기간에 철강, 비금속, 조선, 기계, 화학, 전자 등 중화학공업 건설사업에는 많은 중소기업들이 참여했고, 이들 기업은 동종사업 분야에서는 국제사회에서 선진공업국가의 기업들과 대등하게 경쟁할 수 있는 대기업으로 성장했다. 중소기업들이 그렇게 대기업으로 성장할 수 있었던 것은 중화학공업 국가건설을 위해서 이들 기업에 대해 '특혜'를 주고 '특단의 조치'를 해주었기 때문이다. 한 마디로 이들은 제1차 5개년계획 때부터 대통령이 직접 권유하고 설득하면서 특혜적인 특단의 지원을 해주어 키워낸 기업이고 기업인들이다. 정주영도 그러한 기업인의 한 사람이었고, 현대건설과 현대조선도 그러한 기업이었다.

대통령은 이날 기공식에서 먼저 우리 경제는 중화학공업 시대에 접어들어가고 있다는 사실을 설명했다.

"친애하는 국민 여러분!

오늘 이 자리에 우리나라에서 처음으로 50만 톤급 대형조선소의 기공식을 보게 된 것을 여러분들과 더불어 충심으로 기뻐해 마지않는 바입니다.

지금 우리나라 경제는 바야흐로 중화학공업 시대에 접어들어 가고 있습니다. 우리나라에 중화학공업이 일어날 수 있는 여러 가지 기반이 마련되었고, 여건이 조성되었습니다.

지난 10년 동안 1차, 2차 경제개발5개년계획이 순조롭게 진행이 되고 성공적으로 이루어진 결과 우리 경제가 이제는 중화학공업이라는 단계에 접어들게끔 모든 여건이 갖추어진 것입니다.

그러나 이것은 주로 기간산업에 속한 부분이고 본격적인 중공업 분야에 대해서는 우리가 중점을 둘 수 없는 그런 여건에 있었던 것입니다.

그러면 이제부터 우리 경제가 무엇을 해야 되느냐? 우리 경제가 지금부터 해야 될 가장 중요한 분야가 세 가지가 있습니다. 하나는 1·2차 5개년계획에서 우리가 고도성장을 이룩하였는데 여기에서 축적된 우리의 저력을 가지고 앞으로 우리나라 농촌에다가 중점적으로 투자를 해서 농촌근대화를 촉진해야 합니다.

또 하나는 중화학공업을 우리가 빨리 일으켜야 합니다.

세 번째는 그동안 매년 고도성장을 이룩해 온 우리나라의 수출을 앞으로도 지속적으로, 획기적으로 증대하여야 합니다.

농촌을 빨리 건설하여야 되겠고, 중화학공업을 일으켜야 되겠고, 또 수출을 많이 해야 되겠다, 이러한 세 가지 분야가 앞으로 우리 경제가 해야 될 중요한 목표입니다.”

대통령은 끝으로 오늘 기공되는 울산 대형조선소는 우리나라 중화학공업 분야에서 가장 중요한 사업의 하나라고 설명했다.

“또한 정부는 지금 중공업, 중화학공업 분야도 계획적으로 의욕적으로 추진하고 있습니다. 이 위에 있는 포항종합제철공장이 지금 매우 활발히 계획대로 추진되고 있고 내년 6월이면 완공이 되리라고 우리는 보고 있습니다.

또한 이 울산에 있는 석유화학공업단지에 건설 중에 있는 석유화학연관 공장도 금년 중으로 대부분 완공하고 한두 개 공장이 앞으로 1974년경까지 완공할 단계에 있고, 오늘 이 자리에서 기공을 하게 된 이 울산 대형조선소도 우리나라 중공업 분야에 가장 중요한 사업의 하나인 것입니다.

이러한 여러 가지 사업들이 계획대로 추진되고 있을 뿐만 아니라 이

외에도 앞으로 종합중기계공장이라든지, 특수강공장이라든지 등등 중공업 분야에 대한 건설은 모든 것이 순조롭게 진행되리라고 우리는 전망하고 있는 것입니다.

특히 오늘 우리 현대건설에서 추진하고 있는 이 울산조선소는 아까 현대건설 정주영 회장께서 여러분들에게 설명한 바와 같이 약 50만 톤급의 대형선박을 건조하게 됩니다.

내년 6월이면 이 공장이 완공되어 앞으로 이것이 완전히 가동할 경우 연간 여기서 건조한 선박을 전량 외국에다 수출을 해서 약 2억 5천만 달러 정도의 수출을 하리라고 내다보고 있는 것입니다.

우리나라 경제의 3대 목표 중에 수출의 획기적 증대라는 것을 이야기하였습니다만 앞으로 우리가 수출을 많이 하는 데 있어서도 종전에 우리가 해 오던 여러 가지 공업제품도 보다 더 개발을 하고 새로운 품종도 개발을 하여야 되겠지만, 우리나라의 수출을 획기적으로 증대하기 위하여서는 이런 조선공업과 같은 단일사업으로 수출액이 많은 전략적인 부문을 빨리 개발을 하는 것입니다. 따라서 이 중공업 분야란 것은 우리의 수출과도 직결되는 것입니다.

연 50만 톤급 선박을 건조할 수 있는 조선소라고 하는 것은 아시아 지역에 있어서는 일본을 제외하면 다른 나라에는 없는 것으로 알고 있습니다.

동남아시아, 중동, 구라파 지역에 가더라도 아마 스페인이라든지, 프랑스, 영국 등 몇 개 나라를 제외하고는 이런 대형조선소는 가지고 있지 않는 것도 알고 있습니다.

우리나라에 이렇게 큰 조선소가 생기게 된 것을 다시 한 번 기뻐해 마지않을 뿐만 아니라 정부는 이 조선소가 계획대로 모든 것이 순조롭게 진행되게끔 모든 지원을 다할 작정입니다.

이 지방의 주민 여러분들도 앞으로 이 공장 건설에 많이 협력을 하여 주실 것을 당부합니다.

특히 오늘 이 자리를 빌려 이 울산조선소 건설을 추진하는 데 있어서 차관과 기술지원 등 여러 가지로 협력해 주신 영국, 프랑스, 독일, 스페인, 일본의 관계관들과 또 여기에 종사하는 모든 기술자, 기업가 여러분들의 협조에 대하여 감사를 드리고 이 공장이 내년 6월에 예정대로 완공이 되게끔 정부나 국민이나 다 같이 협조하고 지원할 것을 다시 한 번 다짐하는 바입니다."

이제 우리나라는 완전한 석유화학계열 공장시설을 갖추게 되었다

1972년 10월 31일, 울산에서는 중화학공업 6대 전략사업의 하나인 석유화학공업의 9개 석유화학계열 공장 준공식이 거행되었다. 대통령은 이날 준공식에서 이제 우리나라가 수에즈 운하 이동지역에서 있어서 일본과 더불어 완전한 석유화학계열 공장시설을 갖추게 된 것을 충심으로 경하했다.

"우리들의 오랜 숙원인 석유화학계열 공장 아홉 개 공장의 합동 준공식을 오늘 이 자리에서 올리게 된 것을 나는 여러분들과 더불어 충심으로 기뻐해 마지않습니다.

이 공장들이 준공됨으로써, 우리 한국은 우리 아시아 지역에 있어서뿐만 아니라 수에즈 운하 이동 지역에 있어서는 우리 이웃에 있는 일본과 더불어 원료에서부터 제품까지를 계열적으로 생산하는 완전한 석유화학계열 공장시설을 갖추게 된 두 번째 나라가 되었습니다.

정부는 2차 5개년계획을 수립할 때, 이 계획의 중점 사업으로서 우리나라의 석유화학공업을 일으켜야 되겠다 하는 것을 결정하고 지난 68년 3월 바로 이 자리에서 기공식을 올린 바 있습니다. 그간 약 4년 반 동안 우리나라 돈으로 2000억 원 가까운 돈을 투자하여 오늘 이러한 공장들이 전부 준공을 보게 되었습니다.

왜 정부가 이렇게 막대한 돈을 들여가지고 이러한 공장들을 만드느냐, 이러한 공장들이 준공됨으로써 앞으로 우리 경제와 우리들에게 어떠한 혜택이 오느냐 하는 것을 우리 모두 알아 두어야 할 필요가 있다고 나는 생각합니다.

석유화학공업이라는 것은 문자 그대로 석유를 화학 처리하여 일으키는 공업의 한 가지입니다.

이 석유화학공업은 20세기 과학의 총아로 새로 등장한 공업인데, 원료는 원유에서부터 시작합니다. 우리가 중동지방에서 생산되는 원유를 수입하여 정유공장에서 정유를 하게 되면 거기서 여러 가지 물건이 나옵니다.

우리가 많이 쓰는 휘발유, 경유, 중유 등이 나온다는 것은 여러분들도 잘 알겠지만, 여기서 또 한 가지 나프타라는 것이 나옵니다. 나프타는 휘발유와 같은 액체로 된 것인데, 이것이 석유화학공업의 기초 원료가 되는 것입니다. 이 나프타를 나프타분해공장에서 화학처리하여 분해하고, 그 후 또 몇 단계 화학처리를 하면 여러 가지 중간제품이 나옵니다.

그 중간제품을 만드는 공장이 오늘 여기에 서 있는 공장들입니다. 이 중간제품은 우리나라 도처에 있는 석유화학 최종제품을 만드는 공장의 원료가 되어 여기서 여러 가지 물건이 생산돼 나옵니다.

지금 여기에 서 있는 이 공장들에서는 아까 여러분이 설명하신 바와 같이 폴리에틸렌, VCM, 아크릴로니트릴, 알킬벤젠 등을 만들게 됩니다.

1968년 6월 기공식 때 내가 이 자리에서 여러분들께 이런 이름들을 말하니까 저게 무슨 소리냐, 어디 아프리카에 있는 땅 이름인가, 무슨 동물 이름인가 하고 이상하다는 표정으로 듣고 있었습니다.

이러한 이상한 이름을 가진 물건들이 석유화학제품을 만드는 원료가 되는 것입니다. 이것을 전국 각 공장에서 원료로 해 최종제품으로써 나오는 것이 우리 생활에 많은 혜택을 주는 물건인 것입니다.

우리들 일상생활에 직접 관계가 있는 몇 가지 예를 들어 본다면 여러분들 가정의 온돌방의 비닐장판 같은 것이 여기서 나오는 것입니다.

여러분들 가정에서 쓰고 있는 여러 가지 가재도구, 어린이들이 가지고 노는 완구 등을 만들고, 또 이 원료에서 섬유를 뽑아서 여러 가지 종류의 의복을 만듭니다.

우리가 신는 신발, 먹는 조미료, 알코올, 그리고 건설자재로서는 지하에 묻는 상하수도 수도파이프, 기타 열거하기 어려울 정도로 우리 일상생활에 필요한 많은 물건들을 이 석유화학 공장에서 생산하게 됩니다.

그러면, 이 공장에서 우리가 앞으로 얼마만한 중간제품, 즉 원료를 생산하느냐, 현재 여기에 서 있는 공장에서는 1년에 약 7500만 달러어치, 외국에서 사들여오는 7500만 달러 정도에 해당되는 원료를 생산하게 됩니다.

이것을 전국에 있는 각 공장에 가져가서 물건을 만들어서 수출을 한다면 약 6억 달러어치를 수출할 수 있게 될 것으로 보고 있는 것입니다.

그리고 조금 전 백선엽 사장께서도 여러 가지 설명이 있었습니다마는, 앞으로 정부는 여기다 몇 개 공장을 더 증설할 예정입니다.

스티렌모노머라든지 디메틸테레프탈레이트라든지 기타 여러 가지 중간제품 공장들을 증설하게 되고, 또 현재 서 있는 이 공장들도 앞으로 3차 5개년계획이 끝나는 76년까지 대부분 시설을 배가할 계획을 추진하고 있습니다.

그 밖에 정부는 지금 울산석유화학공업단지 외에 제2석유화학공업단지를 조성할 계획을 추진하고 있습니다."

대통령은 이어서 제3차 5개년계획이 끝나는 76년에 석유화학공업과 종합제철공장이 완공되면 우리나라는 중화학공업국가로서 그 공업구조를 일단 완성하게 된다고 천명했다.

"3차 5개년계획에는 세 가지 큰 목표가 있습니다. 그중 한 가지가 중화학공업에 우리의 모든 노력을 집중하겠다 하는 것입니다.

중화학공업이라는 것은 석유화학공업과 중공업 두 가지를 말하는 것입니다.

석유화학공업은 일단계로 여기에 이와 같은 공장들이 준공되었고, 앞으로 증설 또는 시설을 확장해서 3차 5개년계획이 끝날 무렵에는 현재보다도 생산능력이 약 배가 될 수 있도록 확장할 것입니다.

중공업은 지금 포항에서 건설 중에 있는 103만 톤 규모의 종합제철공장이 내년 여름에 준공될 것이고, 계속 시설을 확장해서 3차 5개년계획이 끝날 즈음에는 약 300만 톤 규모의 공장을 완성하겠다하는 것이 정부의 계획입니다.

석유화학공업과 종합제철 두 가지가 완성되면 중화학공업국가로서 그 공업구조가 일단 완성이 되는 것입니다.

1976년에 가면 우리나라도 그러한 중화학공업국가로서의 구조를 완성하게 되며, 우리 경제는 그야말로 공업국가로서의 자립경제 체제를 확립하게 될 것으로 우리는 내다보고 있는 것입니다. 지금 말씀드린 이런 것이 즉 나라의 힘입니다! 국력입니다!

지금 우리는 국력을 배양하자고 부르짖고 있습니다. 국력 중에는 국방도 있고 여러 가지 다른 것도 있겠지만, 그중에서 가장 중요한 것이 경제건설을 통한 국력배양입니다. 이것은 우리가 가장 시급히 서둘러야 하겠습니다.

우리의 국력을 보다 더 빨리 배양하고, 또 배양된 국력을 유사시에 집중 발휘할 수 있도록 이 힘을 조직화하는 과업들이 오늘날 이 시점에 있어서 우리에게 부과된 가장 중요한 과업이라는 것을 국민 여러분들이 다시 한 번 생각해 주시기 바랍니다.

오늘 석유화학공장들이 4년 유여의 시간을 거쳐서 이와 같이 훌륭하게 준공을 보게 된 것이 우리 국력의 커다란 플러스가 된다는 점에서 다시 한 번 여러분들과 더불어 축하해 마지않습니다.

끝으로, 그동안 이 공사에 수고하신 여러분들에게 다시 한 번 감사와 치하의 말씀을 드리는 바입니다."

1966년 초 제2차 경제개발5개년계획의 중점사업으로 포항종합제철공장 건설사업과 함께 석유화학공업을 선정할 당시에 우리의 생활용품인 의류, 완구, 타이어, 비료, 농약, 페인트, 건축자재 등 석유화학공업 제품의 원료는 모두 일본에서 수입하고 있었다.

이것은 일본의 기계류 수입과 함께 대일무역 적자의 상당부분을 차지하고 있었다. 따라서 수입대체산업을 일으켜 외화를 절약하고 수입대체산업을 수출산업으로 육성하여 수출지향 공업화를 추진하여 경제자립을 이룩하려는 우리나라로서는 석유화학공업을 육성하는 것이 가장 시급하고 가장 중요한 과제였다. 문제는 자금이었다. 석유화학공업은 12개 석유화학공업의 계열공장을 동시에 건설해야 하고, 이 때문에 막대한 자금이 필요했다. 그러나 국내자금은 부족했다. 외자를 유치할 수밖에 없었다. 우선 1968년 3월 22일에 12개 석유화학계열 공장을 기공했다. 그리고 우리나라와 합작할 미국회사를 물색했다. 다행히 미국 굴지의 회사인 다우케미컬과 걸프오일이 호응하여 합작이 성사되었다. 68년 초반은 북괴의 한국과 미국에 대한 무력도발로 한반도에 긴장이 고조되고 있는 때였다. 대통령은 이러한 상황에서 다우케미컬과 같은 미국의 큰 회사가 우리나라 기간산업에 투자한다는 것은 국가안보면에서 미군 1개 사단이 주둔하는 것과 같은 효과가 있는 것이라고 대단히 만족스럽게 생각했다. 12개 계열공장이 기공된 지 4년 후 그중 9개 공장이 드디어 완공된 것이다.

석유화학산업은 석유, 천연가스 등을 원료로 하여 합성수지, 합성섬유원료, 합성고무 등을 생산하는 공업을 총칭하는 것이며, 자동차·전자·섬유·정밀화학·플라스틱 등 다양한 연관산업에 기초원료를 제공하는 소재산업(素材産業)이다.

1962년 경제개발5개년계획을 추진하면서 혁명정부는 석유화학 산업을 동 계획의 중점사업의 하나로 육성하기로 했으며, 1966년에 PVC가 최초로 생산되면서 우리나라의 석유화학산업은 시작되었다.

1970년에 정부는 석유화학공업육성법을 제정하였고 72년에 울산에 석유화학공업단지를 준공하였으며, 79년에는 여천에 석유화학공업단지를 건설했다. 울산단지는 에틸렌 기준 연간 생산능력이 10만 톤 규모였고, 여천단지는 에틸렌 기준 연간 생산능력이 35만 톤 규모였다.

정부가 그동안 제2차 경제개발5개년계획의 핵심사업으로 추진하여 왔던 석유화학공업은 제1단계로 에틸렌 기준 연산 10만 톤 규모의 석유화학단지 건설을 완공함으로써 수출산업의 대종인 섬유공업 등에 원료를 공급하여 원료의 해외 의존을 탈피해 가고 있었다. 또한 정부는 여수·광양을 종합화학기지로 지정하여 대단위 석유화학공업 건설을 추진함으로써 1981년에는 에틸렌 기준 100만 톤의 화학공업국가로 비약할 수 있게 되었다.

1980년대 초 석유파동으로 인한 경기침체로 우리나라의 석유화학 산업은 구조조정기를 맞았으나 80년대 중반 이후 국내경제가 고도성장기로 진입하여 석유화학산업도 호황을 누리게 되었다. 그래서 나프타 분해공장을 중심으로 투자가 활성화되어 기초유분(油分)에서 합성수지, 합성원료 등 다양한 제품을 단일공장에서 생산하는 일관생산 체제를 갖추게 되었다.

그 후, 석유화학 제품에 대한 수요가 증가하자 정부는 자급도를 높이기 위해 1990년부터는 석유화학 투자를 자유화했다. 그러자 삼성과 현대가 석유화학에 새로 진입함에 따라 대산에 제3의 석유화학단지가 완공되었다. 그리하여 1992년 말에 우리나라는 미국·일본·소련·독일에 이어 세계 5위의 석유화학공업국으로 부상했다. 1994년 하반기부터는 상류, 하류 부문간 수직계열화를 위한 보완투자가 지속적으로 이루어져 96년말 현재 에틸렌 생산능력은 연산 430만 톤 수준으로 확대되었고, 관련 계열공장도 1백여 개로 증가했다. 그리하여 우리나라 석유화학 산업의 생산규모는 1996년에는 1천만 톤을 넘어 72년에 비해 100배이상 증가했으며 수출은 200배 이상 신장되었다.

수출은 합성수지를 중심으로 국내수요를 충당하고도 남는 물량을 중국 등 새로운 시장에 수출함으로써 명실상부한 수출산업이 되었다. 뿐만 아니라 우리 석유화학산업은 세계석유화학 수출의 10% 이상을 차지함으로써 세계시장을 주도하는 수출국으로 성장했다.

제4장 중화학공업제품이 한국수출상품 대종을 이루다

80년 초 100억 달러 수출을 위해서는 물가안정, 과학기술 개발, 내자동원에 주력해야 한다

1973년 1월 15일, 경제기획원 연두순시에서 대통령은 먼저 10월유신 과업을 추진해 나가는 데 있어서 우리 경제질서의 기본방향은 자유경제 체제를 견지하고, 안정기조 위에서 고도성장을 지속해 나가며, 비능률, 부조리를 과감히 시정해 나가는 것이라고 말하고, 80년대 초 100억 달러 수출이라는 우리의 정책목표를 달성하기 위해서는 물가안정과 과학기술 개발과 내자동원에 총력을 기울여야 한다는 점을 강조했다.

"연초 기자회견에서 10월유신 과업을 추진해 나가는 데 있어서 우리 경제질서의 기본방향을 내가 이야기했습니다. 그것은 자유경제체제를 견지해 나간다, 동시에 안정기조 위에 고도성장을 지속해 나간다, 이것을 하기 위해서 여기에 역행하는 여러 가지 행위, 비능률 또는 부조리를 과감하게 시정해 나간다, 이것이 유신경제질서의 기본방향이다, 이렇게 이야기를 했습니다. 우리가 이러한 목표를 달성하기 위해서는 세 가지 점에 총력을 경주해야 되겠습니다.

그 하나는, 물가의 안정입니다. 경제시책이라는 것은 역시 물가안정에서부터 시작해서 물가안정으로 귀일되는 것입니다. 이것이 이루어져서 안정기조가 그대로 유지됨으로써 고도성장이라든지, 중화학공업의 육성이라든지, 80년대 초의 100억 달러 수출목표 달성이 이루어질 수 있는 것입니다.

또 한 가지는, 과학기술의 획기적인 개발입니다. 우리가 늘 강조하고 있지마는 앞으로 국제경쟁 사회에서 우리가 남을 이기고 남보다 앞서자면 역시 과학기술을 급속히 개발해야 되겠습니다.

또 한 가지는 내자동원의 극대화입니다.

물가안정, 과학기술 개발, 내자동원의 극대화, 이 세 가지 노력이 계속 이루어져야만 우리의 정책목표를 달성할 수 있습니다. 이러한 노력은 80년대 초에 가서는 100억 달러 수출이라는 결과로 나타날 것입니다."

대통령은 이어서 물가안정 문제와 관련하여 네 가지 방안을 강조했다.

첫째, 물가를 3% 이하의 수준으로 유지해야 되겠다는 것이다.

"물가안정에 대해서도 경제기획원에서 여러 가지 구체적인 계획과 방안이 서 있었습니다마는, 나는 이 자리에서 몇 가지 강조하고 싶습니다.

첫째, 지금 국제적으로 여러 가지 원자재값이 오르고 있는 것이 사실입니다. 쌀, 소맥(小麥) 등 우리가 먹는 식량과 대두(大豆), 양모(羊毛), 생고무, 목재, 고철(古鐵) 등 이 모두 오르고 있는데, 우리가 이러한 원자재를 주로 도입하는 곳은 일본 또는 미국입니다. 그런데 미국과 일본에서는 금년도의 도매물가 상승률을 각각 2.5%와 2%에서 억제하겠다는 정책을 쓰고 있습니다. 따라서 우리도 우리 나름대로 국제가격이 올라서 만부득이 어느 정도 물가를 올려주지 않으면 안 될 그런 품목은 정부가 도리 없이 올려줘야 되겠지만 우리 기업들이 노력을 해서 일부 물가를 내릴 수 있는 그런 품목에 대해서는 우리가 보다 더 노력해서 낮추자 이것입니다. 국제적인 영향을 받은 품목의 물가가 3% 오른다면, 이것은 도리 없이 올려야 되겠는데, 그 반면에 다른 품목에 있어서 3%

全産業의 輸出化
一九七三年 二月十二日
大統領 朴正熙

정도 낮추는 노력을 해서, 3% 올리고, 3% 내려서 우리가 3% 이하의 수준을 끌고 나가야 되겠습니다. 정부에서 여기에 대해서 비상한 노력을 하고 있고 업계에서 상당한 분발을 하고 있는 줄 압니다.

우리나라의 일부 기업인들 중에는 아직도 국제가격이 올랐다 하면 무조건 정부보고 이 상품을 이만큼 올려주어야 된다는 소리를 하는데 그렇게 간단히 물가를 올려줄 것이 아니라 기업은 기업대로 최대한의 노력을 해서 국제가격은 올랐더라도 기업 자체가 경영을 합리화한다든지 기술혁신을 한다든지 해서 상품가격을 올리지 않고도 견딜 수 있도록 노력해야 하며, 기업이 할 수 있는 최대한의 노력을 해도 인상하지 않을 수 없는 어떤 부분에 대해서는 정부가 올려주자 이겁니다.

그렇지 않고 기업은 아무런 노력을 하지 않고 국제가격이 올랐으니까 무조건 그만큼 올려주어야 한다고 정부에 와서 들이대는 것은 앞으로 받아주어서는 안 된다 이 말입니다.

정부는 일부 품목의 가격은 내릴 수 있다는 판단을 하고 있습니다. 8·3조치로 말미암아 우리 기업들이 상당한 혜택을 받았습니다. 그래서 기업의 재무부담이 연간 한 1천억 정도 경감되리라고 정부에서는 보고 있습니다. 벌써 한 반년 정도 지났으니까 한 5백억 정도가 기업에 혜택으로 돌아갔다고 보는데, 그 범위 내에서 가격을 낮출 수 있는 우리나라의 공산품에 대해서는 가격인하를 위해서 최대한의 노력을 해라, 그런 것도 우리가 같이 병행해서 물가안정 문제를 해결해 나가야 되겠다는 것입니다."

둘째, 기업의 주식공개를 과감하게 밀고 나가야 되겠다는 것이다.

"또 한 가지, 우리 기업들이 해야 될 것은 지금 경제기획원이나 재무부에서 강력히 밀고 있는 기업의 주식공개, 이것을 앞으로 과감히 해야 되겠다는 것입니다. 이것을 함으로써 기업의 재무구조가 개선된다면 생산비를 낮추는 데에도 크게 기여할 수 있을 것입니다. 앞으로 정부가 이것을 소신껏 강력히 밀고 나감으로써 국내공업 제품에 대한 원가절하에 이바지할 수 있다고 봅니다."

셋째, 기업의 시설투자에 대한 지원방식을 바꿔야 되겠다는 것이다.

"또 한 가지는 지금 정부에서는 시설투자를 적극 권장하고 또 지원할 방침을 가지고 밀고 있는데, 앞으로 기업의 시설투자에 있어서는, 특히 규모를 확장하는 경우에 있어서는 종전과 같은 방식은 지양해야 하겠습니다. 종전에는 어떤 기업이 하나 생겨서 숨돌릴 만하면 소위 독과점을 방지한다는 명분하에 다른 기업을 또 허가해 주어가지고 서로 경쟁을 시켰습니다. 그런 것도 경제시책면에서 고려를 해야 되겠지만, 그보다는 어떤 기업이 하나 새로 설립되어서 커나가고, 어느 정도 기초가 닦아지면 똑같은 기업을 또 만들어 경쟁시킬 것이 아니라 기존 기업의 규모를 확장시키자, 시설 확대를 해가지고 국제단위까지 끌어올리자, 그래서 생산비를 낮추자, 국제단위까지 올라가고 난 뒤에 필요하다면 다른 업자를 하나 더 허가를 해주어서 가격면에서 경쟁도 시킨다. 그러한 국제단위의 수준까지 올라서지 못한 것을 국내에서의 독과점을 방지하기 위해서 억제한다는 것은 재고돼야 하겠습니다. 독과점이라는 것은 지금 우리 체제를 가지고 정부가 충분히 억제할 수 있다고 봅니다.

따라서 건전한 기업의 시설확장을 빨리해서 그 규모를 국제단위로 끌어올린다, 그래서 생산비를 낮춘다, 여기에 대해서 우리는 중점을 두어야 되겠습니다. 그렇게 하는 것이 전반적으로 봤을 때는 국내물가 안정에 기여할 수 있다는 그런 측면도 우리가 아울러 생각을 해야 되겠습니다. 일본이 도매물가를 계속 안정시켜 온 가장 중요한 비결이 여기에 있었다는 것을 나는 듣고 있습니다. 그래서 국제 경쟁력을 강화하고 물가를 낮춘다는 것입니다."

넷째, 정부가 추진하고 있는 각종 건설공사의 공사기간을 단축시키는 데 정부와 업자가 공동노력을 해야 되겠다는 것이다.

"또 한 가지는 정부에서는 지금 여러 가지 건설공사를 추진하고 있는데, 공사를 하는 데 있어서 가급적이면 정부와 업자가 공사기간을 단축시키는 데 함께 노력해야 되겠다는 것입니다. 그렇게 함으로써 이것도 물가 안정에 상당한 기여를 하게 된다고 봅니다.

무슨 이야기냐 하면, 공사기간이 짧으면 짧을수록 건설업자가 부담하는 금리부담이 그만큼 적어지고 또 공장을 짓는 데 건설기간을 단축하면 생산이 빨라지고, 물건이 빨리 생산되어 판매되기 때문에 수익성이 높아져서 이것도 역시 비용절하에 기여할 수 있다는 것입니다. 그 좋은 예가 포항의 종합제철이라든지, 현대건설이 하고 있는 울산의 대단위 조선소 건설공사입니다. 이것을 지금 밤낮으로 밀고 있는데 잘한 일이라고 생각합니다. 건설기간이 짧아짐으로써 업자가 부담하는 금리가 낮아지고, 배가 빨리 건설됨으로써 빨리 팔리면 그만큼 이익이 나와서 역시 생산원가를 낮출 수 있습니다. 공장건설을 시작해 놓고 질질 끌고, 정부가 거기에 대한 방침을 결정 안 한다든지, 국회에 동의 요청을 해 놓았는데 그것이 아직 안 나와서 몇 달씩 끈다든지, 자금사정이 어떻다고 해서 끈다든지, 이래 가지고 공사기간이 길면 길수록 그 공장에서 나오는 물건의 생산비는 그만큼 높아집니다. 따라서 공사기간도 물가안정이라는 측면에서 단축하는 데 노력을 해야 되겠습니다.

작년 가을의 수해 때 충주에 갔다가 충주비료 공장에 가보니까 거기에 들어가야 될 시설자재 중에 영국에서 수입하는 물건들이 영국의 부두노조들이 파업해서 몇 달 늦어져서 공사에 들어가는 건설비가 약 3백 몇십만 달러가 더 들게 되었다는 이야기를 들었습니다. 그 뒤에 그런 것을 우리 정부가 부담할 것이 아니라 영국에 배상시킬 수 없느냐 하는 것을 연구해 보라고 했는데 이것이 잘 안 된 모양입니다.

공장을 짓는 데 어디서 물건이 제때 와야 할 것이 늦게 도착하면 그만큼 건설단가가 높아지는데 이런 것은 검토해야 될 문제가 아닌가 생각됩니다."

대통령은 이어서 이제 대한민국 국민은 모두 기술을 습득해야 하며, 입만 살아가지고 떠드는 사람은 대한민국에 필요없다고 천명했다.

"요전에 전 국민의 과학화운동을 해 나가자는 것을 선언한 바 있습니다.

최근 국제시장에서 관세장벽이라든지, 자국상품에 대한 보호무역 정책이라든지, 여러 가지 어려운 점이 많습니다. 경제전문가들은 이것을 걱정하고 있는데, 큰 문제는 아니라고 봅니다. 중요한 것은 우리가 자체의 기술혁신을 이룩하여 품질 좋고 값싼 제품을 만드는 데 보다 더 노력하는 일입니다. 우리가 기술개발을 해서 좋은 제품을 값싸게 만들어서 국제시장에 들고 나가면 아직도 100억 달러 내지 120억 달러 정도의 수출고를 올릴 수 있다고 생각합니다.

이를 위해서 경제기획원, 과학기술처, 문교부, 상공부 등 모든 관계부처가 협력해서 공동 노력을 해야 하겠습니다. 그리고 우리 군에서도 장병들에게 앞으로의 국내산업 개발과 기술혁신을 위해서 과학기술교육을 시켜야 하겠습니다.

이제 대한민국 국민은 모두가 기술을 습득해야 합니다. 아무런 기술도 없이 입만 살아 가지고 떠드는 사람은 대한민국에 필요 없다, 나는 이렇게 생각합니다.

입만 살아 있는 사람 가지고는 선진국가로 발전할 수 없습니다. 말도 잘해야 되겠지만 기술이 있어야 합니다. 앞으로 세계를 지배하는 민족은 땅덩어리가 큰 민족도 아니요, 인구가 많은 민족도 아닙니다. 과학기술이 더 앞서고 빨리 발달한 민족이 금세기 말부터 다음세기에 세계를 지배하리라 봅니다.

따라서 우리는 땅이 작다, 지하자원이 없다 하고 한탄할 것이 아니라 이를 극복하고, 과학기술을 빨리 발전시켜 여건 좋은 다른 민족보다도 우리가 더 비약해서 앞설 수 있도록 남다른 노력을 해야 합니다.

우리나라가 잘사는 선진국가가 되려면 정치도 필요하고 철학도 필요하고, 문학도 필요하고, 예술도 필요하고, 다 잘해야 하겠지만, 그것도 하면서 기술 한 가지씩 습득해서 국가건설에 무엇인가 이바지할 수 있어야 하겠다는 것입니다.

따라서 과학기술은 전 국민이 모두 필요한 것이며 초등학교 아동, 농민, 심지어는 정치인이나 문화예술인도 기술 하나씩은 가지고 있어야 할 것입니다.

100억 달러 수출은 몇몇 기업가나 기술자들만이 하는 것이 아닙니다. 전 국민이 100억 달러 수출에 무엇인가 일부분 직접적으로 또는 간접적으로 기여해야 한다, 이것이 총화체제입니다."

대통령은 이어서 내자조달의 필요성과 이에 대한 각별한 노력이 있어야 되겠다는 점을 강조했다.

"우리는 내자조달에도 각별한 노력을 기울여야 하겠습니다. 우리가 경제건설을 해나가는 데는 막대한 돈이 듭니다. 정부는 인플레를 일으키지 않고 비인플레적인 방법으로 자원을 조달할 방침입니다. 우리는 지금 현재 한 20억 달러 정도 수출을 했는데, 이것을 하는데 외자를 한 20억 달러 가까이 투자했다고 봅니다. 앞으로 우리가 100억 달러 수출을 하자면 외자를 한 80억 달러를 더 투자해야 되지 않느냐고 보는 사람도 있습니다. 이 숫자가 과거의 경험수치로 보아서는 대략 비슷한 숫자인 것 같습니다. 외자 80억 달러는 큰 문제가 없다고 봅니다. 금년도에 우리가 들여온 외자가 벌써 10억 달러니까 앞으로 8년이면 자동적으로 80억 달러가 되고 앞으로 해가 가면 액수가 더 늘어날지 모릅니다.

그러나 외자만 가지고는 경제건설이 안 된다 이것입니다. 그것과 거의 비등한 내자가 있어야 합니다. 80억 달러 상당의 내자라면 우리 돈으로 한 3조 몇천억, 그것의 절반이라 하더라고 1조 6천억 정도 이르는 내자가 있어야 하는데 이것을 우리가 어떻게 조달하느냐, 이것이 앞으로 우리가 경제건설 과업을 수행해 나가는 데 있어서 그 성패를 좌우할 하나의 관건입니다. 따라서 이 점에 대해서는 우리가 앞으로 특별히 노력을 해야 되지 않겠느냐 하는 생각을 합니다."

대통령은 이어서 외국인들이 우리나라에 공장을 건설할 때 100% 전액을 투자하는 경우 그 주식소유를 제한하라고 지시했다.

"우리나라에 지금 외국인들이 들어와서 공장을 많이 짓는데 그 중에는 외국인이 100% 전액투자한 공장들이 상당히 있는 것으로 알고 있습니다. 우리가 공장을 많이 유치해서 고용을 증대시킨다는 취지에서 외국인 투자를 권장했는데, 앞으로 외국인이 100% 전액 투자하는 것은 재고해 볼 필요가 있다고 생각합니다.

100%를 외국인이 투자하는 것도 좋지만 그런 경우에는 가령 5년이

든지 10년이든지 일정한 기간이 지나면 그 공장의 주식을 몇 %는 한국 사람한테 넘긴다는 조건을 붙여야 할 것입니다. 몇 년 후에는 외국인 공장의 주식을 우리 한국 사람한테다 절반을 넘긴다든지 몇 %를 넘긴 다든지 하는 조건부라면 모르지만, 그런 조건이 없는 100% 외국인 투자는 재고해야 한다고 생각합니다.

이란에서도 외국인 투자를 많이 장려하고 있다고 하는데, 그 나라에서 하고 있는 것이 대단히 잘 하고 있는 일이라고 봅니다. 처음에는 외국인이 100% 투자해도 좋지만, 몇 년이 지난 후에는 주식 얼마를 이란인에게 또 몇 년 후에는 주식 얼마를 더 넘기고 몇 년 후에는 그 공장을 완전히 이란 사람한테 넘겨야 된다는 것을 법으로 만들어 실시하고 있다는 얘기를 들었습니다. 우리도 업종에 따라서 그런 식으로 하는 것이 바람직하다고 생각합니다."

법규제정의 목적은 업자들이 수출을 많이 할 수 있게 지원해 주는 데 있는 것이다

1973년 1월 16일, 상공부 연두순시에서 대통령은 100억 달러 수출문제, 법규운용 문제 등에 대해서 몇 가지 지시를 했다.

대통령은 먼저 100억 달러 수출목표 달성을 위해서 생산원가 낮추기 운동을 전개할 것을 강조했다.

"18억 달러 수출목표 달성을 위해서 상공부 장관 이하 상공부 산하전 공무원들이 여러 가지 어려운 여건 하에서 비상한 노력을 해서 목표를 초과달성한 데 대해서 나는 대단히 만족스럽게 생각하고 여러분들 노고에 대해서 치하를 합니다.

금년도 수출목표를 23억 5천만 달러라고 책정한 것 같은데 그 액수는 내가 더 늘리라는 소린 안 할 테니까 그 대신 금년에는 12월 25일 크리스마스 날 저녁까지 목표액 23억 5천만 달러를 달성하도록 노력하세요.

불과 한 닷새 앞당기는 것인데, 매년 12월 31일 밤 12시에 목표 달성했다고 하지 말고 여유 있게 하면 결국은 한 24억 될 겁니다. 1967년 일본이 백억 달러 수출 당시 일본의 여러 가지 여건과 우리를 비교해 보면 우리가 지금 상당히 불리한 여건에 있다는 것이 느껴집니다.

그러나 여건이 우리가 좀 불리하다고 해서 우리의 목표달성이 불가능하다 나는 그렇게 보지 않습니다. 그런 것을 우리의 노력을 가지고 기어코 해 보자고 하는데 10월유신 정신이 있고, 우리의 목표가 있는 것입니다.

우리한테 오히려 일본보다 유리한 여건도 있다고 나는 생각합니다. 불리한 건 이를 잘 보완하고 유리한 건 잘 살려서 밀고 나가면 남이 안 된 것을 우리가 해낼 수 있다고 생각합니다.

남보다 앞선 민족이 되고 위대한 민족이란 소릴 듣자면 남이 못한 것을, 남보다 뛰어난 것을 해야 되는 거지 언제나 남의 뒷전을 따라가는 그런 민족은 위대하다는 말을 들을 수가 없는 겁니다.

어제 경제기획원에 가서도 그런 얘길 했지만 우리가 이러한 목표를 달성하는 데 있어서 중요한 지표가 세 가지입니다. 하나는 우리 경제가 물가안정이 돼서 안정기조를 유지해 나가야 되겠고, 과학기술을 개발하고, 기술혁신을 해야 되겠다는 겁니다. 그리고 내자조달을 많이 해서 내자축적을 해야 되겠는데, 내자조달의 극대화는 가능한 문제라고 봅니다.

요는 우리가 기술을 개발하고, 우리 기업들이 경영합리화를 하고, 정부가 최대한 뒤에서 자금면이나 정책면에서 여러 가지 뒷받침을 해서 결국 우리 상품의 질을 높이고 값을 낮춘다. 수출증대 노력을 간단히 표시한다면 그 길밖에 없다고 생각합니다.

그래서 우선 정부의 이런 지원을 금년에 다 하겠습니다. 틀림없이 할 테니까 우리 기업계에 대해서도 우리나라의 모든 산업들이 금년에는 생산원가를 5% 낮추는 운동을 하도록 모든 기업가들한테다가 강조하시오. 그 대신 정부는 도매물가 3%는 기어코 지켜 나가겠다는 약속을 하고, 동시에 모든 산업들이 생산원가를 최소한 5% 낮추도록 지도하시오. 단 그러한 기업들이 쓰고 있는 물건 중에 원자재의 국제시세가 아주 이례적으로 폭등했다면 그런 문제에 대해서는 정부가 고려하겠지만 그렇지 않은 산업들은 최소한 생산원가를 5%까지 낮추어야 합니다. 그런 노력을 해야 우리의 불리한 여건을 하나하나 극복해 나가면서 80년대 우리의 목표 달성이 가능할 겁니다.

정부산하에 있는 국영기업체부터 앞장을 서서 5% 원가인하운동을 적극적으로 추진해서 정부관리기업체도 5%를 낮췄다, 그러니 민간기업은 그보다 더 낮추는 데 노력을 해라, 이렇게 우리가 이끌어 나가야 될 겁니다."

대통령은 이어서 법규를 만드는 근본목적은 우리 업자들이 일을 쉽게, 빨리, 보다 능률적으로 할 수 있도록 지원해 주는 데 있는 것이지 처벌하는 데 있는 것이 아니라는 점을 강조했다.

"요전에 어느 인터뷰하는 것을 내가 저녁에 잠깐 봤는데 우리나라의 어느 수출업자가 우리 정부는 업자에 대해 여러 가지 지원을 잘해 준다. 이만하면 더해 달라고 할 수 없을 정도로 잘해 주는 데 하나 불만이 있다면 수속절차를 밟는 것이 복잡하다. 그걸 좀 간소화해줬으면 좋겠다는 얘기를 하는데 이런 것이 업계의 소리인 것 같습니다. 그 점을 앞으로 상공행정을 다루는 여러분들이 좀 더 유의해야 되겠습니다. 물론 정부에는 법도 있고 규정도 있고 따질 건 따져야 되겠지만, 법이다, 규정이다 하는 것은 나쁜 짓하는 부정하는 자들을 막는 데 주목적이 있는 게 아니라 그 근본목적은 우리나라의 업자들이 어떻게 하면 일을 쉽게 빨리 보다 더 능률적으로 잘 할 수 있느냐, 이걸 지원해 주고 뒷받침해 주는 데 목적이 있는 거다 이겁니다. 일을 하다가 보면 나쁜 짓을 하는 사람이 있으니까 그걸 어떻게 처벌을 하기 위해서 규정을 만드는데, 그렇게 본말이 전도가 되어서는 안 되겠다는 것입니다.

원래 규정이다 서류업무다 하는 것은 전부 다 업자들을 도와주고 지원해 주기 위해 있는 건데 그걸 붙잡아 옴짝달싹 못하도록 부정하는 자가 한 사람도 없도록 규정을 자꾸 만들면 걸리는 사람이 하나도 없을지 모르지만 그러면 산업이 크지도 않고 수출도 안 된다, 그건 오히려 우리가 시도하는 본연의 목적하고는 역행되는 거다, 물론 법이나 규정은 그것을 악용하는 지각 없는 기업인들의 행동을 막는 데에도 큰 뜻이 있겠지만 어디까지나 그 근본목적은 업자들을 우리가 적극적으로 뒷받침해 주고 지원해 주고 일을 잘해서 수출을 많이 할 수 있도록 해 주는 데 목적이 있다, 그런 방향으로 법이라든지 규정이라는 걸 우리가 잘 활용해야 되겠다 하는 데 착안을 해주기 바랍니다."

대통령은 이어서 상공부의 기구개편과 세 명의 차관보 증원이 보다 능률적이고 신속한 상공행정에 기여할 수 있도록 유의하라고 지시했다.

"그다음, 이번에 상공부는 앞으로 어려운 일을 강력히 추진해 나가기 위해서 기구를 대폭적으로 고쳤고, 차관보를 세 사람이나 더 증원해서 다른 부처에서는 종전의 관례로써는 볼 수 없을 정도로 기구를 대폭 확장했는데, 이것은 어디까지나 상공행정을 보다 더 능률적으로, 보다 더 신속히 밀고 나가기 위해서 하는 겁니다. 기구가 늘어서 오히려 일이 더 번잡해지고 업자들이 일을 추진하는 데 오히려 과거보다도 찾아다니는 데가 더 많고 결재받는 데가 더 많아서 어려워졌다는 그러한 말이 나오면 기구를 고친 의의가 전혀 없을 뿐 아니라 오히려 역행되는 거다, 그 점을 특별히 유의해 여러분들이 일을 잘해 주기 바랍니다."

80년대 초에 수출 100억 달러, 국민소득 1000달러를 달성해야 한다

1973년 4월 17일, 제1회 전국경제인대회에서 대통령은 기업은 국력배양과 국민복지를 구현하는 사회적 도구요, 공기라는 사실을 설명했다.

"나는 이 같은 민족적 대과업을 수행하는 데 있어서 경제인 여러분들의 역할과 책임은 그 누구보다도 중차대하다는 것을 강조하지 않을 수 없습니다.

여러분들은 그동안 맡은 바 사회적 분야에서 온갖 역경을 무릅쓰고 땀 흘려 노력하고 정진해 왔다는 것을 우리는 잘 알고 있습니다.

그렇기 때문에 우리 국민은 항상 성실한 경제인들에 대해서 뜨거운 격려를 보내고 있는 것입니다.

그러나 한편으로는 일부 기업인에 대하여 반성과 자숙을 촉구하는 소리가 국민들 속에서 들려오고 있다는 사실 또한 잊어서는 안 될 것입니다.

언제부터인지는 모르지만 우리 주변에서는 '기업은 죽어도 기업인은 산다'라는 말이 나돌고 있다고 들었습니다.

나는 이것이 결코 우리나라 기업인 전체를 두고 하는 말이라고는 보지 않습니다.

이러한 말은 기업윤리를 망각한 반사회적이고 반민족적인 일부 기업인이라든가, 또는 모든 것을 정부가 도와주겠지 하는 안이한 사고방식으로 무책임한 경영을 일삼아 온 일부 몰지각한 기업인들 때문에 생겨난 것으로 알고 있습니다.

또한 우리 주변에는 아직도 정부 지원이나 외부의 자본에 지나치게 의존하려는 무기력한 기업인이라든가, 또는 기업의 공익성과 근로자의 복지문제를 외면하려는 독선적인 기업인이 상존하고 있다는 것을 지적하지 않을 수 없습니다.

그러나 오늘 '10월유신' 제1차년도 새 봄을 장식하는 이 뜻깊은 대회를 계기로 해서 이러한 불건실, 무책임, 방만한 경영태도가 우리 기업풍토와 우리 사회에서 깨끗이 그 자취를 감추게 될 것으로 나는 확신하면서, 국가 발전을 위한 정부의 당면시책과 기업인의 도(道)에 관해서 몇 마디 말해 두고자 합니다.

지금 우리가 전 심혈을 기울여서 노력하고 있는 국력배양도 실은 지속적인 경제성장 없이는 불가능한 것입니다.

이 경제성장은 끊임없는 생산의 확장을 의미하는 것이고, 또 이것은 견실한 기업의 성장과 국력의 축적에 직결되는 것입니다.

그러므로 기업이 개인의 이익만을 추구하는 수단에 그칠 것이 아니라, 국력을 배양하고 국민복지를 향상 구현하는 사회적 도구요, 공기라는 것을 명심해야 할 것입니다.

기업이라는 사회적 공기를 위임받은 경제인은 모름지기 창의와 검소와 근면으로써 사리보다는 공익을 앞세우고, 개인적 권익보다는 사회적 책임을 더 존중하는 봉사자로서의 겸손과 지도계층으로서의 긍지를 잃지 말아야 할 것입니다.

특히 낙후한 기술과 빈약한 여건 속에서도 이를 극복하고 개척해 온 한국의 기업인들에게는 개척자로서의 용기와 지혜, 그리고 사명감이 있어야 할 줄 믿습니다.

이런 것이야말로 한국의 기업인을 상징하는 자랑스럽고도 바람직한 기업가 정신인 것입니다.

또한 이 정신은 근면·자조·협동으로 집약되는 새마을정신이며 유신이념인 것입니다."

대통령은 이어서 80년대 초에 수출 100억 달러, 국민소득 1000달러 달성을 위해 우리 경제인들이 수행해야 할 당면과제를 제시했다.

"우리는 이 새마을정신과 유신이념을 정신적 지주로 삼고, 오늘의 내

貿易立國

大韓貿易振興公社 創立 十五周年記念

一九七七年 十月 十七日

大統領 朴正熙

외적 도전을 이겨내기 위해서 지금 국력배양의 삼대지표를 중화학공업의 중점적 육성과 수출의 대폭신장, 그리고 농촌의 획기적 발전에 두고 또다시 힘찬 전진을 시작했습니다.

이 목표를 달성하기 위하여 정부는 전 국토의 산업권화, 전 산업의 수출산업화, 그리고 전 국력의 생산력화를 강력히 추진하고 있습니다.

그 우렁찬 새 고동이 이미 구미공업단지를 비롯한 창원 등 6개 공업단지에서 메아리치기 시작했습니다.

또한 국토종합개발 계획에 따라 4대강유역에는 개발과 건설의 맥박이 세차게 메아리치고 있으며, 국토의 구석구석마다 개발의 손길이 닿지 않은 곳이 없습니다.

나는 정부의 이 같은 시책이 머지않아 우리의 농촌을 가난의 대명사에서부터 '풍요한 농촌'으로 그 면모를 일신하게 될 것으로 굳게 믿습니다. 또한 이 모든 시책은 우리나라를 세계로 뻗어 나가는 공업수출국가로 발전시킬 것으로 믿어 의심치 않습니다.

그러나 가장 중요한 것은 국민 각자가 이러한 발전과 번영의 청사진을 대할 때, 과연 그 속에서 '내가 할 일이 무엇이냐?' 하는 것을 분명히 자각하고 실천해 나가는 것이라고 믿습니다.

특히 경제인들의 자각과 사명의식, 그리고 실천력과 봉사협동정신은 가장 중요한 것이라고 확신합니다.

따라서 나는 이 기회에 80년대 초에 우리가 이룩할 수출 100억 달러와 국민 소득 1000달러라는 중간목표 달성을 위한 정부시책과 병행해서 경제인 여러분들이 수행해야 할 당면 과제를 몇 가지 제시해 두고자 합니다.

그 첫째는, 산업의 합리화와 기술혁신을 촉진해서 생산성을 높이고 물가안정에 적극 협조해야 한다는 것입니다. 그러기 위해서는 각 기업이 자체 내에 기술훈련을 위한 기구와 시설을 갖추어 놓는 것이 급선무라고 봅니다.

둘째로, 모든 기업은 하루속히 대단위화되고 국제수준화되어서 국제경쟁력을 강화하여 수출증대에 적극 기여해야 할 것입니다.

셋째로, 모든 기업은 되도록 빠른 시일 내에 공개되어서 국민 누구나가 참여할 수 있는 건전한 기업풍토를 조성하는 데 노력해야 할 것입니다. 그래야만 민족기업으로의 공익성을 구현하는 데도 크게 도움이 될 것으로 믿습니다.

넷째로, 모든 기업인은 노동조건의 개선과 노동자의 복지향상에 최선을 다하고 국리민복에 기여한다는 투철한 사명의식을 길러야 되겠습니다. 그리고 기업의 이윤은 사회에 되돌린다는 대의에 투철한 기업이 되어야겠다는 것입니다.

정부가 지난해 막대한 재정부담을 무릅쓰고 '경제의 안정과 성장에 관한 8·3 긴급조치'를 취했던 것도 기업의 이윤만을 보장해 주기 위해서가 아니라, 기업의 건전한 성장 없이는 경제의 발전과 국민 생활의 향상을 기대할 수 없다는 기업의 공익성 때문에 취하게 되었던 것입니다.

이것은 정부와 경제인, 그리고 국민대중의 3자가 국력배양과 국민복지 향상을 위해 합심 노력하는 하나의 훌륭한 실증이라고 말할 수 있을 것입니다.

나는 앞으로도 국가이익에 부응하여 기업을 성실히 경영하는 유능한 기업인에 대해서는 계속 지원의 손길을 아끼지 않을 것입니다. 그리하여 우리의 기업이 세계적인 기업으로 발전하고, 오늘의 중소기업이 내일의 대기업으로 성장할 수 있도록 할 것입니다.

이와 같이 정부와 국민, 그리고 기업이 서로 손을 맞잡고, 밀고 끌어주는 노력을 계속할 때, 우리의 앞에는 안정과 번영의 희망찬 내일이 기약될 것이며, 민족중흥의 대도는 찬란히 전개될 것입니다."

100억 달러 수출할 때 60억 달러 이상은 중화학 분야의 제품이 나가야 한다

1973년 7월 3일, 포항종합제철 준공식에서 대통령은 과거에 꿈으로만 생각했던 것이 꿈이 아니라 현실로 실현되고 있다는 그 사실을 직접 목격하면서 감개무량함을 금할 수 없다는 말로 그 벅찬 감회를 표현했다.

"지금으로부터 3년 전 1970년 봄에 여러분들이 보통 '롬멜 하우스'라고 부르는 저 앞에서 지금은 고인이 되었습니다마는 김학렬 전 부총리와 박태준 사장, 그리고 나 세 사람이 포항종합제철 기공식의 버튼을 눌렀습니다.

그 후 만 3년 3개월 만에 허허벌판이었던 이곳에 이와 같은 초현대적인 훌륭한 종합제철공장이 준공된 데 대해서 감개무량함을 금할 수 없으며, 그동안 박태준 사장 이하 여러분들의 노고에 대해서 심심한 치하를 드리는 바입니다.

금년 봄 연초 기자회견에서 나는 중화학공업 정책선언을 한 바가 있습니다. 이것은 우리나라의 공업이 지금 어느 단계까지 와 있느냐, 또한 앞으로 우리 공업이 어느 방향으로 지향하고 있느냐 하는 것을 국민들에게 알리는 동시에 정부는 지금으로부터 중화학공업 분야에 모든 정책의 중점을 두겠다는 것을 내외에 선언한 것이었습니다.

요즘 흔히 우리나라 공업이 중화학공업 시대의 문턱에 도달했다 하는 이야기를 합니다. 그러나 내가 보기에는 우리 공업이 중화학공업 시대의 문턱에 도달한 것이 아니라, 벌써 문턱을 훨씬 지나 상당히 깊은 분야에까지 진행하고 있다고 평가하는 것이 정당하다고 생각합니다.

현재 정부가 중화학공업을 위해서 추진하고 있는 여러 가지 계획이 순조롭게 진행된다면 80년대 초에 가서는 우리나라는 명실공히 선진공업국가 대열에 당당히 올라설 수 있다고 확신하고 있고 또한 그러한 기대를 가지고 있습니다.

이러한 의미에서 오늘 이 자리에서 포항종합제철의 준공식을 보게 된 것은 매우 의의가 크다고 생각합니다.

중화학공업을 지향하고 있는 우리 경제의 상징적인 사업이 오늘 이 자리에서 준공됨으로써 과거에 우리가 꿈으로만 생각했던 것이, 꿈이 아니라 현실로서 하나하나 실현되어 가고 있다는 그 사실을 우리들 눈으로 직접 목격할 수 있게 되었습니다.

오늘 준공을 보는 이 포항종합제철은 생산규모에 있어서 1차적으로 조강 103만 톤 규모가 됩니다. 선진 여러 나라에는 지금 현재 연산 1천만 톤을 넘는 대규모의 공장이 있다는 것을 생각할 때 우리의 이 공장은 이제 시작입니다.

이제 우리는 남을 따라가기 위한 출발에 있어서 첫 개가를 여기서 올렸다고 나는 생각합니다.”

포항제철공장 준공식에 참석한 뒤 박태준 사장과 함께 공장시찰을 하는 박 대통령(1973. 7. 3)

대통령은 이어서 이 공장의 확장계획과 제2종합제철 공장건설 계획을 천명하고, 이들 공장이 가져오게 될 수출증대 효과에 대해 설명했다.

"이 공장은 금년부터 계속해서 260만 톤으로 확장공사를 하고, 또 계속해서 79년 말까지는 700만 톤 규모까지 확장할 계획을 지금 추진하고 있습니다.

또한 정부는 1980년대에 가면 우리나라의 철강수요가 약 1200만 톤 내지 1300만 톤을 넘을 것이라는 추정하에 포항종합제철의 1차, 2차 확장공사와는 별도로 이와 병행하여 연산 약 1천만 톤 규모의 제2종합제철공장 건설을 지금 예의 추진 중에 있습니다.

이러한 공장들이 전부 계획대로 순조롭게 추진되어서 80년대 초에 가면 우리가 지금 지향하고 있는 100억 달러 수출이라는 것도 그다지 어려운 문제가 아니라고 나는 보는 것입니다.

100억 달러 수출을 할 때가 되면 총수출량에 있어서 중화학 분야의 제품이 차지하는 비율이 전체의 약 60%를 넘게 될 것입니다. 100억 달러 수출에서 약 60억 달러 이상은 중화학 분야의 제품이 나가야 된다 하는 뜻입니다.

이러한 것을 생각을 할 때 오늘 준공을 보게 된 이 종합제철은 앞으로 우리나라의 중화학공업의 근간이 되고 가장 핵심체가 된다는 것을 다시 한 번 느끼게 됩니다.

이 공장은 내외자 합쳐서 우리나라 돈으로 약 1천 2백억 원이라는 돈이 들어갔습니다. 경부고속도로 건설에 428억 원이 들어갔으니까 경부고속도로 3개 몫의 자금이 이 공장에 들어갔다는 결과가 됩니다.

이와 같이 우리나라 역사 이래 단일사업체로서는 가장 규모가 큰 이 공장이 지난 3년 3개월 동안 여러 가지 어려움과 애로를 극복하고, 오늘 예정보다도 약 1개월이나 앞당겨서 훌륭하게 준공을 보게 된 데 대해서 다시 한 번 박 사장 이하 포항제철의 모든 직원들과 이 사업에 참여한 국내외의 기술자, 건설업자 기타 관계 공무원 여러분들에게 심심한 치하의 말씀을 드립니다.

동시에 오늘 이 자리를 빌려서 이 공장이 건설될 때까지 적극적으로 협력해 주신 일본정부 당국과 일본의 관계업계 여러분들의 협조에 대해서 감사의 뜻을 표합니다.

그리고 이 지방주민 여러분들과 유관기간 여러분들이 그동안 모든 면에서 적극적인 협조와 도움을 주신 데 대해서 또한 감사를 드리고, 이 포항종합제철이 앞으로 우리나라 중화학공업 발전에 명실공히 핵심적이고 근간적인 역할을 훌륭하게 수행해 줄 것을 당부하면서 다시 한 번 여러분들의 그동안의 노고에 대해서 치하의 말씀을 드립니다."

대통령은 정치인이 경제건설에 생산적으로 이바지할 수 있는 기여도

鐵鋼은國力

浦項製鐵創立十周年記念

一九七八年四月一日

大統領 朴正熙

에 대해서는 매우 비관적이었다. 특히 정치인들의 인격과 자질에 대해서는 상당히 비판적이었다. 대통령이 정치인을 불신하게 된 가장 큰 원인은 정치인들의 인사청탁과 이권개입 그리고 선동과 부패였다.

정치인들의 각 행정부처에 대한 인사청탁과 각종 이권개입 그리고 여론선동은 행정의 안정과 능률을 저해하고, 정책의 우선순위를 왜곡시키며, 국가정책의 효율적인 추진을 어렵게 한다.

따라서 대통령은 경제개발을 효율적으로 추진하기 위해서는 행정관료에 대한 정치인의 영향을 차단하는 것이 불가결한 일이라고 생각했다.

대통령은 그의 통치기간 중에 경제정책이 정치적 영향에 종속되는 일을 단호히 배격했다. 그는 행정의 안정과 능률을 파괴하는 정치인의 압력이나 청탁을 단호하게 응징했다. 경제부처의 장관이나 고위관리들이 국가경영의 전문지식과 경험을 축적하고 정책의 일관성을 유지할 수 있도록 그들의 재임기관을 오랫동안 보장하고 소신껏 일할 수 있도록 정치적 영향으로부터 그들을 보호해 주었다.

대통령이 경제개발을 주도하는 과정에서 주요사업을 추진할 기업을 선정할 때, 가장 중요시한 기준은 경제적 효율성이었다.

박 대통령의 시대와 그 전후의 시대를 분명하게 구별할 수 있는 가장 본질적인 차이는 바로 이 경제적 효율성이라고 할 수 있다.

자유당 정부나 민주당 정부 때는 개발사업의 선정과 추진에 있어서 정치인과 정당의 영향력이 컸다. 정치인과 정당들은 정치자금을

많이 제공하는 기업인에게 그 대가로 주요사업을 맡겼으며, 따라서 경제적 효율성이 무시되고 정치적 유대나 친소관계가 중요시되었다. 대통령은 바로 이러한 잘못된 악폐를 광정했다.

개발사업을 추진할 기업을 선정하고 지원하는 데 있어서 정치인이나 정당의 영향력을 차단하는 것이 그 사업 성공의 관건이라는 것에 대통령의 확고한 신념이었다. 이러한 그의 신념은 집정 18년 동안 일관성 있게 관철되었다.

정치인들은 이 때문에 정당의 무력화니, 의회의 시녀화니, 행정 독주니, 개발독재니 하고 비판하였다. 그러나 대통령은 정치인들의 그러한 비난에는 전혀 개의치 않았다. 경제개발사업에 대한 정당정치인의 정치적 영향력의 차단, 그것은 바로 1960년대와 1970년대의 18여 년 동안 한국경제가 고도성장을 지속할 수 있었던 중요한 초석의 하나였다.

공장건설에 정치세력이 개입하지 못한 대표적인 예는 포항종합제철이다. 포항제철의 건설자금은 유상 및 무상차관으로 이루어져서 관리창구가 이원화되어 있었다.

포항제철이 설비를 구입할 때, 창구일원화가 필요하다고 생각한 박태준 사장은 대통령을 찾아와 경제성 있는 제철소를 건설하려면 조달청이 아닌 포항제철회사가 직접 설비구입을 맡아야 하며, 창구가 일원화되지 않으면 정치인들이 개입하거나 압력을 가할 소지가 커진다고 진언했다. 대통령은 이를 쾌히 승낙했다.

그 후 오래지 않아 공화당의 중진 재정분과위원장 김성곤 의원이 박

사장에게 설비구입처를 바꾸라고 압력을 가하자 박 사장은 입찰원칙을 보여 주며 거절했으나, 계속 압력을 가하고 심한 말까지 했다. 그러나 그 정치인은 끝내 뜻을 이루지 못했다. 입찰원칙을 지키겠다는 박 사장은 바로 대통령의 강력한 지원과 보호를 받고 있었기 때문이다. 그후 포항제철의 설비구입에는 정치인의 압력이나 개입이 통하지 않는다는 전통이 확립되었다.

81년 200억 달러의 수출입물자를 수송할 대형조선소를 건설해야 한다

1973년 10월 11일, 거제도에서 옥포조선소의 기공식이 거행되었다.

대통령은 이날의 기공식에서 먼저 중화학공업의 6대 중점사업에 대해서 설명했다.

"오늘 옥포조선소의 기공식을 하게 된 저 옥포 앞바다는 지금부터 약 380년 전 선조대왕 25년 임진년 5월 달에 충무공 이순신 장군이 지휘하는 우리 조선함대가 침략자 일본함대를 전멸시켜 대승리를 거둔 유서 깊은 장소입니다.

바로 이곳에서 세계적인 규모인 초대형조선소의 기공식을 가지게 된 것을 여러분과 더불어 대단히 뜻깊게 생각합니다.

금년 정초 연두기자회견 때 나는 국민 여러분들에게 새로운 중화학공업 정책선언을 한 바가 있습니다. 이것은 80년대에 가서 우리나라를 선진공업국가 수준으로 끌어올리기 위해서 지금부터 중화학부문에 가장 역점을 두고 모든 시책을 밀고 나가겠다는 정책의 목표와 방향을 제시한 것입니다.

그 후 정부 내에서는 국무총리를 수반으로 하는 중화학공업추진 위원회가 생겼고, 또 실무진으로 중화학공업건설단이 발족해서 지난 9개월 동안 꾸준히 모든 계획을 추진해 왔습니다. 지금 이러한 계획들은 모든 것이 순조롭게 진행되고 있는 것입니다.

앞으로 81년까지 정부가 추진하고자 하는 중화학 분야의 건설에는 여러 가지 할 일이 많습니다마는 그중에서 정부는 여섯 가지 큼직큼직한 사업을 중점적으로 밀고 나가려고 합니다.

그중의 하나는 종합제철, 지금 포항에 있는 종합제철공장을 확장하는 것과 앞으로 제2종합제철공장을 건설하는 일들입니다.

그리고 다음은 비철금속공업, 이것은 동이라든지 아연이라든지 기타 알루미늄 등등의 비철금속에 속하는 공업을 발전시켜야 되겠다는 것입니다.

셋째가 오늘 여기서 기공식을 하게 되는 조선 분야에 속하는 조선공업이고, 또 한 가지는 제2석유화학단지를 새로 건설해서 화학공업을 국제규모로 대폭 확장을 하겠다는 것입니다.

그다음 다섯째가 종합기계공업의 육성이고, 여섯째가 전자공업입니다.

이상의 여섯 가지 분야를 지금부터 중점적으로 건설해 나아갈 예정인데, 그중에서 조선공업이라는 것은 대단히 중요한 공업으로 오늘 여기에서 우리가 기공식을 하게 된 이 대한 조선공사의 옥포조선소도 이러한 중화학공업 6대 중요사업 중에 한 부분에 속하는 것입니다.”

대통령은 이어서 81년 2백억 달러어치의 수출입물자를 수송할 대형조선소를 건설해야 한다는 점을 강조했다.

“조선공업이라는 것은 여러분들도 아시는 바와 같이 노동집약적인 산업이고 또한 종합기계공업에 속하는 산업으로 최근 국제적으로 선박에 대한 수요가 급격히 늘어나고 있습니다.

또한 우리나라는 조선공업을 발전시키는 데 있어서는 대단히 유리한 여건을 갖추고 있습니다.

따라서 정부는 앞으로 이 조선 분야에 있어서 81년까지 2단계로 구분해서 조선공업을 발전시켜 나가려고 합니다.

제1단계는 지금부터 76년까지 향후 3년 동안에 대형조선소, 약 100만 톤급에 속하는 조선소를 3개 정도 건설을 하겠다는 것입니다.

그리고 약 5만 톤에서부터 10만 톤급에 속하는 배를 만드는 중형조선소를 하나 내지 두 개 만들고, 또한 2만 톤 내지 3만 톤급의 배를 만드는 소형조선소를 하나쯤 더 만들겠다는 것입니다. 이것은 전부 76년까지는 완공이 됩니다.

이와 같이 건설해 가면서, 국제적인 선박수요의 전망을 봐가면서 앞으로 우리나라에 조선소를 더 건설하거나 확장할 필요가 있다고 판단이 난다면, 70년대 후반에 가서 정부는 대형조선소를 2개 정도 더 건설할 계획이며, 동시에 중형조선소를 하나 내지 두 개 더 건설할 계획을 가지고 있습니다.

이것은 앞으로 1단계계획이 추진되어 나가는 것을 보아 가면서, 국제적인 선박수요를 전망해 가면서 결정할 예정입니다. 이 모든 조선소는 국제적인 규모와 단위를 갖추고 초현대적인 기술을 갖춘 조선공장이 될 것입니다.

이러한 계획이 예정대로 추진되면 80년대 초에 가서는 우리나라의 조선능력은 약 500만 톤 내지 600만 톤까지 올릴 수 있다고 봅니다.

참고로 작년도의 우리나라 조선능력을 보면 약 20만 톤 정도밖에 되지 않았습니다. 이러한 계획이 예정대로 추진이 된다면 이들 조선소에서 건조되는 선박수출로 우리는 약 11억 달러 정도의 외화를 벌어들일 수 있게 됩니다. 여러분들이 아시는 바와 마찬가지로 우리는 1981년에 가서 우리나라의 수출고를 100억 달러대까지 끌어올리려고 지금 안간힘을 다하고 있습니다.

그 100억 달러 중에 이 조선 분야에서 차지하는 것이 약 11억, 즉 1/10을 조선공업에서 기대해 보자는 것입니다.

물론 그동안에 조선소가 더 증설된다든지 확장된다면 이 액수가 더 올라갈 수 있다고 봅니다.

뿐만 아니라 또 한편으로는 100억 달러 수출을 하게 된다면 결국은 우리나라에서 생산된 여러 가지 물품이 1년에 100억 달러어치 정도 해외로 수송되어 나가야 될 것이며, 100억 달러에 가까운 외국의 원료라든지 원자재 기타 필요한 기계 등이 우리나라에 들어와야 되는 것입니다.

그렇다면 100억 달러어치의 물자가 나가고 100억 달러어치의 물자가 들어오기 때문에 1년에 약 200억 달러어치에 달하는 물자가 우리나라 여러 항구를 통해서 선박을 이용해서 해외에 나가고 들어와야 됩니다. 따라서 막대한 물자의 수송이 예상되는 것입니다.

금년도 정부의 수출목표는 원래 23억 5천만 달러였습니다마는 지금 현재 전망으로서는 약 30억 달러가 약간 넘으리라 이렇게 봅니다. 따라서 81년도에 가면 금년도 물자수송량의 3배 이상의 물자가 나가고 들어오게 되는 것입니다.

그러므로 우리가 선박을 건조하는 것은 수출을 해서 외화를 획득하기 위한 목적도 있겠지만, 이러한 방대한 물자를 수송하는 데 쓰기 위해서도 앞으로 많은 배를 만들어야 되겠다는 것입니다.

이러한 의미에 있어서 우리가 지금 추진하고 있는 대형조선소 및 중형조선소의 건설이라는 것은 대단히 중요한 것이라고 봅니다.

지금 1단계사업의 대형조선소 3개 중 울산의 현대조선소에서 71년에 착공한 100만 톤급 조선소는 거의 준공단계에 가까워가고 있습니다. 아마 금년 말에는 25만 톤급의 첫배가 진수식을 하리라고 내다보고 있는 것입니다. 두 번째 조선소가 오늘 여기서 기공식을 합니다.

이 옥포조선소는 대략 75년 말 내지 76년 초에 가면 준공을 하게 되리라고 봅니다.

또 하나의 대형조선소가 지금 우리 민간업자들에 의해서 추진되고 있는데, 대략 이달 내로는 결론이 나와서 제3대형조선소도 내년 초에는 착공을 하게 될 것으로 보고 있습니다.

또한 5만 톤 내지 10만 톤급의 중형조선소도, 어제 신문에 보도된 바와 같이 우리나라의 유수한 몇몇 기업가들의 합작으로 건설에 대한 모든 계획이 추진되어 내년 초에는 착공을 할 수 있을 것이고, 또 하나 2만 톤 내지 3만 톤급 소형조선소도 금년 연말 아니면 내년 초에 착공할 단계에 놓여 있다는 것을 말씀드립니다."

비료는 자급자족하고 수출을 할 수 있게 된다

1973년 10월 26일, 한국종합화학주식회사의 주관으로 건설된 제6비료공장의 준공식이 거행되었다.

대통령은 이날의 준공식에서 오늘 제6비료공장이 가동되고 75년에 제7비료공장이 완공되면 우리나라는 비료를 완전 자급자족하고 상당량의 비료를 수출할 수 있게 된다고 전망했다.

"우리나라는 이제 여섯 개의 비료공장을 가지게 되었습니다. 그 중에서도 오늘 준공을 보게 되는 이 제6비료공장은 가장 규모가 크고 최신 기술과 시설을 갖춘 가장 훌륭한 비료공장입니다.

이러한 훌륭한 비료공장을 또 하나 가지게 된 데 대해서 우선 우리 농민 여러분들과 함께 충심으로 기뻐해 마지않는 바입니다.

동시에 이 공장건설을 위해서 지난 2년 3개월 동안 여러 가지 수고를 많이 하신 한국종합화학주식회사의 백선엽 사장을 위시해서 회사직원, 기술자, 관계건설업자, 기타 관련기관의 여러분들의 노고에 대해서 충심으로 치하를 드리는 바입니다.

우리나라는 최근 매년 비료의 수급이 급격히 늘어나고 있습니다. 이것은 식량증산을 위해서 우리 농민들이 모두 비료를 많이 쓰게 되었고, 특용작물이나 축산을 위한 사료작물의 재배와 초지개발 그리고 최근의 조림, 산림사업 등등에 비료를 사용하게 되어 비료의 수요가 그만큼 많이 늘어났기 때문이라고 생각합니다.

이제 우리나라에서 가지고 있는 여섯 개 공장에서 1년간에 생산되는 비료는 중량으로 따져서 약 151만 톤에 달하게 되었습니다.

이것은 현재 우리가 쓰기에 겨우 자급할 수 있는 정도의 비료입니다.

그러나 비료수요가 해마다 늘어나기 때문에 앞으로 1년, 2년 후에는 또 비료가 부족하게 될 것을 예상해서 정부에서는 지난 10월 13일 전라남도 여수 부근에 역시 한국종합화학의 주관으로 제7비료공장의 기공식을 올린 바가 있습니다.

앞으로 이 제7비료공장이 2년 후에 완공되면 우리나라의 비료는 완전자급자족 되고도 상당한 양의 비료를 수출할 여유까지 가질 수 있으리라고 봅니다.

오늘날 비료는 국제적으로 볼 때 전반적으로 수요가 늘어나고 있어서 대단히 부족하게 되었습니다.

따라서 외국에서는 우리나라의 비료를 사려고 많은 주문을 해 오고 있지마는 우리나라에서도 여력이 없기 때문에 수출을 못하고 있고, 정부에서 수출을 중지시키고 있는 형편에 있습니다.

따라서 비료가격이 매년 많이 상승되고 있는 것도 또한 사실입니다. 작년 봄만 하더라도 비료의 국제시세가 톤당 약 50달러, 우리 돈으로 해서 약 2만 원 정도였던 것이 최근에는 약 110달러 이상으로 상승하고 있는 것입니다.

그러니까 과거에 톤당 2만원 하던 것이 지금은 약 4만 5천원 이상으로 오르고 있다는 이야기입니다.

그러나 정부에서는 우리 농민들에게 국제시세보다는 훨씬 싼 75달러, 즉 우리 돈으로 톤당 약 3만 원으로 공급하고 있는 것입니다.

다시 말하자면 우리가 수출을 하면 톤당 4만 5천 원을 받을 수 있는데 약 1만 5천 원을 손해 보고 농민들에게 공급하고 있다는 것입니다.

이것은 역시 우리 정부가 우리 농민들에게 식량증산에 보다 더 많이 힘을 써달라는 뜻이 되는 것입니다.

따라서 우리 농민 여러분들도 정부의 이러한 취지와 방침을 잘 이해하시고 앞으로 식량증산에 보다 많은 노력과 분발이 있기를 당부해 마지않습니다.

오늘 준공을 보게 된 이 제6비료공장—충주암모니아센터라고도 합니다—은 아까 경과보고에도 있었습니다마는 일산 암모니아 1000톤, 연간 30만 톤, 요소로 해서 23만 1000톤이라는 많은 비료를 생산하는 가장 훌륭한 현대적 시설의 비료공장입니다.

앞으로 제7비가 여수 부근에서 75년 말에 완공되면 현재 이 충주암모니아센터의 약 3배에 가까운 능력을 가진 거대한 국제적으로도 가장 큰 비료공장이 또 하나 생기리라 봅니다.

이 공장이 완공되었을 때에는 우리나라에서는 비료 문제는 완전히 해결되고 아까도 말씀드린 바와 같이 상당한 양을 수출도 할 수 있게 되는 것입니다.

그동안 한국종합화학주식회사는 제6비료공장의 건설과 함께 제7비료공장의 건설을 위해 많은 노력을 아끼지 않아 이제 착공을 보았고, 또한 종합화학주식회사 안에 석유화학 추진본부가 설치되어 호남종합화학기지에 생기게 된 수십 개의 석유화학 계열공장의 건설계획을 추진하고 있습니다.

따라서 한국종합화학은 그동안 비료공장의 건설은 물론이요, 앞으로의 우리나라의 중화학공업 발전에 커다란 역할을 담당하고 있습니다.

이러한 모든 계획들을 예정대로 순조롭게 추진시켜 우리나라 중화학공업 육성에 커다란 기여를 해 줄 것을 당부해 마지않습니다.

동시에 국민 여러분들도 정부가 추진하고 있는 이러한 중화학육성사업에 보다 많이 참여를 하시고 또 보다 많은 협조를 해주실 것을 당부해 마지않습니다.

다시 한 번 그동안 이 공장의 건설을 위해 수고를 하신 백선엽 사장이하 한국종합화학의 직원 여러분과 이 공장건설에 차관을 공여해 준 외국의 관계회사, 국내 여러 관계기관의 노고에 대해서 감사를 드리고 또한 이 지방주민 여러분들이 그동안 여러 가지 많은 협조를 해주신 데 대해서 감사를 드리는 바입니다."

수출주도형 개발정책은 우리나라의 특수한 여건이 그 배경을 이루고 있다

1973년 11월 30일, 제10회 수출의 날에 대통령은 10년 동안의 수출실적, 국력의 철학, 한국의 특수여건, 수출주도형 개발정책, 외자도입의 필요성, 100억 달러 수출을 위한 중화학공업 육성, 유류절약 문제, 공장 새마을 문제 등 여러 가지 사안에 대해 소상하게 설명했다.

대통령은 먼저 지난 10년 동안 피눈물나는 노력으로 비약적인 수출 신장을 가져오는 데 기여한 모든 관계인사들의 노고를 치하했다.

"오늘 우리는 1964년 11월 30일을 수출의 날로 제정한 이래 열 번째 수출의 날을 맞이하였습니다.

상공부 장관의 보고와 마찬가지로 1964년 11월 30일 우리는 그 해 수출실적이 1억 달러를 돌파하여 우리 모두가 대단히 기뻐하고 또 흐뭇해하였던 것입니다. 왜냐하면 60년대 초에는 연간수출고가 겨우 3천 2백만 달러 정도밖에 되지 않았던 것이 64년 11월 말에 1억 달러를 돌파하였기 때문입니다.

이것은 우리나라의 수출이 앞으로 크게 신장할 수 있는 좋은 하나의 징조이며 또 하나의 계기가 될 수 있다고 믿고 우리 정부와 업계, 그리고 모든 국민들이 부푼 희망을 걸었던 것입니다.

그러나 금년에 있어서는 지난 10월 중 한 달 동안에 우리나라의 수출실적이 3억 5천만 달러를 돌파했습니다.

또한 오늘 이 자리에서는 조금 전에 김한수 사장이 경영하는 한일합섬이 1개 기업체로서 연간수출 1억 달러를 돌파하여 처음으로 '1억 달러탑'을 받았습니다.

60년대 초의 우리나라의 수출과 오늘을 비교해 볼 때 실로 격세지감을 금할 수가 없습니다.

그러나 1981년에 가면 우리나라에서는 한 기업체가 연간수출실적 5억 달러 또는 그 이상을 올릴 수 있는 업체가 여러 개 나오리라고 생각을 합니다.

앞으로 몇 년 후에 가면 '1억 달러탑'이 아니라 '5억 달러탑'을 받는 명예스러운 기업체들이 속출될 것을 우리는 기대해 마지않습니다.

나는 그동안 우리나라의 모든 상공인, 기업인, 근로인, 금융인 그리고 우리 '대한무역진흥공사' 직원 기타 수출업무에 관계하는 공무원 여러분들이 여러 가지 어려운 여건 속에서도 기술개발과 품질향상 또는 경영개선, 외자도입, 수출시장의 개척 등 그야말로 불철주야 피눈물나는 노력을 꾸준히 계속해 온 그 결과가 오늘날 우리나라의 수출실적을 이만큼 올렸다고 생각을 합니다.

따라서 나는 오늘 이 자리를 빌려 그동안 우리나라 수출신장에 공헌이 많은 여러분들에게 대하여 충심으로 감사를 드리고, 또한 우리 모든 국민과 더불어 치하를 보내고자 합니다."

대통령은 이어서 오늘날 국가안전보장에 있어서 가장 중요한 요소의 하나는 그 나라의 경제력이라는 점을 강조했다.

"지난 10년 동안 정부와 우리 국민들이 일치단결하여 범국민적으로 꾸준히 추구해 온 하나의 노력의 목표가 있습니다.

그것은 우리가 보다 더 안정되고 번영된 부강한 조국을 건설해 보자 하는 것이었습니다. 보다 더 평화스럽고 자유롭고 살기 좋은 나라를 만들어 보자, 이것이 우리의 목표였던 것입니다.

이것을 우리는 그동안 조국근대화라고 부르기도 했고 또는 민족중흥이라고 부르기도 했습니다.

이것이 곧 우리 민족의 염원인 조국의 평화적 통일을 보다 더 빨리 촉진할 수 있는 유일한 길이라고 우리는 믿어 왔던 것입니다.

우리가 부강하고 살기 좋은 나라를 건설하기 위해서는 여러 가지 해야 할 일이 많습니다. 그러나 그중에서도 특히 우리가 중점을 두고 해야 할 일이 두 가지가 있습니다.

그 하나는 국방이요, 또 하나는 경제건설입니다. '일면 국방, 일면 건설' '싸우면서 일하고 일하면서 싸우자' 우리는 이렇게 다짐해 왔습니다.

여러분도 아시는 바와 같이 현대전에 있어서 국방이라는 것은 그 나라의 경제적인 뒷받침이 없이는 실질적으로 불가능한 것입니다.

얼마 전에 있었던 중동전쟁의 양상을 보더라도 이것은 우리가 잘 알 수 있는 것입니다.

따라서 나는 경제건설도 광의의 국방이다, 이렇게 규정을 하고 싶습니다. 오늘날 국가안전보장에 있어서 가장 중요한 요소의 하나는 바로 그 나라의 경제력입니다. 그렇기 때문에 그동안 우리는 전민족의 '에너지'를 총동원하여 경제건설에 집중을 해 왔습니다.

일부에서는 우리 정부가 경제건설에만 너무 치중을 하고 있지 않느냐 하는 그러한 비판의 소리가 있다는 것도 나는 알고 있습니다.

물론 국가 건설에 있어서 경제 하나만이 전부가 될 수는 없는 것입니다. 경제는 어디까지나 그 일부분입니다.

그러나 오늘날 우리가 말하는 국가란 것은 소위 하나의 국가가 국가로서의 제구실을 하자면 어떻게 해야 하느냐—외형적인 모든 것만 갖추고 있다고 해서 국가가 제구실을 할 수는 없는 것입니다.

여기에는 반드시 힘이 있어야 하고 국력이 있어야 하는 것입니다. 그 나라의 독립과 주권을 수호하는 데도 힘이 있어야 하고, 우리와 같은 처지에서 자유와 민주주의를 수호하는 데에도 힘이 있어야 하며—국력이 강해야 한다—공산주의와 싸워서 이기는 데도 힘이 있어야 하고 공산주의의 침략을 우리가 미연에 막기 위해서도 막강한 국력이 있어야 합니다.

그런데 국력배양에 있어서는 여러 가지가 기여를 해야 하겠지만 역시 경제건설에 최우선 순위를 두지 않을 수 없는 것입니다.”

대통령은 이어서 오늘날 우리나라가 처해 있는 특수한 사정, 특수한 여건, 남과 다른 처지에 대해서 설명했다.

“우리가 한 나라의 정치, 경제 그리고 외교를 볼 때에 그 나라가 처해 있는 여러 가지 특수한 사정과 특수한 여건을 기초로 하여 우리는 이것을 평가해야 하는 것입니다.

우리나라가 지금 처해 있는 특수한 사정 또는 특수한 여건, 그리고 남과 다른 처지를 한 번 생각해 봅시다.

여러분들이 아시는 바와 같이 우리나라는 원래 인구에 비하여 국토가 대단히 협소합니다. 그나마 이 협소한 국토마저 남북으로 분단되어 있습니다. 또한 우리 남한의 인구는 그 인구밀도에 있어서 전세계에서 둘째 내지 세 번째 갈 만큼 조밀합니다.

그렇다고 해서 우리나라의 천연자원이 풍부하게 있느냐, 지하자원이 풍부하게 있느냐 하면 그것도 지적할 만한 것이 거의 없습니다.

굳이 들 수 있다면 ‘시멘트’를 만드는 석회석이 비교적 많은 매장량을 가지고 있을 뿐 그 이외에 우리나라 지하자원이라고 내놓을 만한 것은 거의 없습니다.

과거에 우리 조상 때부터 물려받은 또는 그동안에 축적된 민족자본
이 있었느냐 하면 그것도 없습니다. 그 밖에 우리가 과거부터 배우고
가지고 있던 특수한 기술이라도 있었느냐―그것조차도 없습니다.

이러한 바탕 위에서 우리는 경제건설을 해야 하는 것입니다. 이러한
여러 가지 특수한 여건 외에도 우리는 또 한 가지 우리 경제건설에 또
는 국가건설에 크게 영향을 주는 문제가 있습니다.

그것은 북으로부터의 공산주의의 위협이 아직도 사라지지 않고 여전
히 남아 있다는 사실입니다.

이러한 여러 가지 불리한 여건하에 있으면서도 우리는 해야 할 것은
다 해야 하는 것입니다. 국방도 해야 하고 경제건설도 해야 하고 민주
주의도 해야 합니다.

국방도 다른 나라 정도의 국방이 아니라, 우리 국력에 과중할 정도
의 국방비를 지출하고 있는 것입니다.

내년 1974년도 우리 예산을 보더라도 국가 전 예산의 약 4분의 1,
26% 이상을 국방비에 지출해야 합니다. 이러한 여러 가지 특수한 여건
하에 있는 것이 우리의 처지인 것입니다.

이러한 우리의 특수한 사정과 절박한 현실을 충분히 이해를 못한다
면 오늘날 한국에 관한 문제를 논할 자격이 없다―나는 이렇게 생각을
합니다.

우리가 처해 있는 이와 같은 특수한 사정, 특수한 여건, 특수한 처지
를 충분히 이해하지 못하고 오늘날 한국의 정치·외교·경제정책을 평가
한다는 것은 정확한 평가라고 볼 수 없는 것입니다."

대통령은 이어서 우리가 경제정책을 수립할 때 수출제일주의를 내
세우고 수출주도형 개발정책을 추구해야 되겠다는 결론에 도달한 것

은 바로 우리나라가 처한 특수한 여건이 그 배경을 이루고 있다고 설명했다.

"이러한 특수한 여건 위에서 우리가 경제정책을 수립하자면 어디에 역점을 두어야 하느냐 하는 문제가 나옵니다. 따라서 우리는 수출에 가장 큰 역점을 두어야 하겠다, 수출제일주의를 내세우고 밀고 나가야 하겠다, 즉 수출주도형 개발정책을 추구해야 하겠다는 결론이 나오게 된 것입니다.

이미 말한 바와 같이 우리에게는 민족자본도, 천연자원도 특수한 기술도 없습니다. 그러나 다행히도 우리는 훌륭한 자원을 가지고 있습니다. 그것은 인구가 많다는 것입니다.

인구가 많다는 것은 여러 가지 불리한 조건에도 속하지만 우리의 경우는 이것이 좋은 자산입니다.

특히 우리나라는 교육을 받고 훈련된 우수한 노동력을 풍부히 가지고 있습니다. 또 우리나라 사람들은 대단한 재주가 있고 근면한 국민입니다.

한국 사람이 게으르다고 하는 사람들이 있는데 그것은 부지런하지 않은 사람이 하는 이야기입니다. 한국 사람이 게으르다고 보는 것은 부분적으로 그런 사람이 있을지 모르지만 본질적으로 한국 사람은 대단히 근면한 국민이라고 봅니다.

또 하나 남보다 자랑할 것이 있다면 강인한 체력을 가지고 있다는 것입니다. 이것이 우리의 자본이고 우리가 가지고 있는 유일한 재산인 것입니다.

이것을 가지고 우리는 앞으로 건설해 나가자는 것입니다. 우리에게 없는 자원을 아무리 한탄해 보아야 소용이 없는 것입니다.

오직 하느님이 우리에게 주신 이 여건을 어떻게 우리가 최대한으로 활용할 수 있느냐 하는 문제를 연구해 나가는 길이 있을 뿐입니다.

그렇기 때문에 우리는 외국으로부터 기술과 외자를 도입하고 원자재를 수입하여 상품생산과 수출을 함으로써 외화를 가득해야 하는 것입니다. 그래서 우리는 상품을 만들어 외국에 수출을 해 보았습니다.

60년대 초에 우리나라 제품이 해외에 나갔을 때에 이미 모든 시장은 선진공업국가들에 의하여 전부 점령되어 우리가 뚫고 나갈 시장은 거의 없었습니다.

그뿐만 아니라 겨우 시장을 뚫고 들어갔다 해도 기술이 뒤떨어진 우리나라 상품을 잘 사려고 하지도 않았고, 또 사더라도 아주 싼값 밖에는 주지 않겠다는 것이었습니다.

이러한 여러 가지 어려운 여건과 난관을 극복하면서 우리 수출은 지난 10년간 꾸준히 성장해 왔습니다.

지난 10년 동안 우리 수출이 연간 약 40%의 놀라운 신장을 해 온 것은 결코 우연한 일이 아니라 우리나라의 모든 기업인과 상공인들, 그리고 근로자, 관계공무원 여러분들이 노력의 결과인 것입니다.”

대통령은 이어서 외자도입의 필요성을 강조했다.

“일부 이해하지 못하는 인사들 가운데에는 과거 우리나라 경제정책이 지나치게 외국자본에 의존을 한다, 외자도입을 너무 많이 한다 하여 많은 비난했던 것도 사실입니다.

한때는 차관망국 운운하는 극단적 비판을 하는 사람까지 있었습니다. 물론 될 수만 있으면 남의 나라의 돈을 많이 빌리지 않는 것이 좋을 것입니다.

그러나 차관을 하더라도 우리가 이것을 어떻게 효과 있게 사용하느냐, 앞으로 이것을 갚을 능력이 있느냐 없느냐 하는 문제를 충분히 검토하여 외자를 잘 활용만 하면 외자라고 해서 꺼릴 필요는 조금도 없다고 생각합니다.

더욱이 우리나라처럼 과거부터 축적된 자본이 없는 나라에서는 남의 나라 돈을 빌려오고 남의 나라 기술을 빌려와서 우리가 개발해 나가는 그 길밖에는 없는 것입니다.

60년대 초 우리가 처음으로 수출진흥을 위해 노력하고 있을 때 외국에 가서 우리나라 업자들이 100만 달러 정도를 차관하려고 해도 대단히 힘이 들었습니다. 잘 꾸어 주려고 하지 않았습니다.

그것은 우리나라의 국제적인 신용이나 여러 여건이 외국 사람이 믿고 돈을 꾸어줄 수 있는 형편이 되어 있지 못했기 때문입니다.

그러나 지금은 우리가 충실한 계획서만 가지고 간다면 100만 달러가 아니라 몇억 달러의 외국차관도 그다지 어렵지 않게 되었습니다.

그동안 업계 여러분들이 해외에 나가서 애써 노력하고 개척한 우리나라 상공인들에 대한 신용, 우리 기술에 대한 믿음, 우리 국력에 대한 신뢰가 오늘날 이런 결과를 가져왔다고 생각합니다."

대통령은 이어서 우리는 81년에 100억 달러 수출을 한다는 목표를 세우고 중화학공업 건설에 박차를 가해 나가고 있다는 사실을 밝혔다.

"지난 10년 동안 우리 수출은 매년 40% 이상 신장해 왔습니다. 이것은 세계에서 유례를 볼 수 없는 고도의 신장인 것입니다.

더욱이 금년에는 작년에 비하여 약 78%의 성장을 보이고 있습니다. 금년 연초 우리가 수출목표를 23억 5천만 달러로 책정했는데, 지금 현재 전망으로는 연말까지 약 33억 달러를 무난히 넘을 것으로 보는 것입니다.

이것은 작년 18억 달러에 비하여 약 78%가 성장한 것으로써 세계에서도 전례가 없는 가장 높은 신장률이라고 할 수 있습니다.

이미 다 아는 바와 같이 제3차 5개년계획이 끝나는 1976년의 우리 수출목표는 35억 달러로 되어 있습니다.

그렇다면 수출 분야에 있어서는 제3차 5개년계획을 약 3년 앞당겨 달성할 수 있다는 결과가 되리라고 봅니다.

1981년에 우리는 100억 달러 수출을 목표로 세우고 있습니다. 이것은 대단히 벅찬 일이 아닐 수 없습니다. 그러나 이것도 우리의 노력 여하에 따라서는 충분히 가능한 목표라고 나는 보는 것입니다.

그렇기 때문에 우리는 수출산업의 구조를 지금부터 점차 개편해 나가고 있습니다.

우리는 지금 중화학공업 육성에 눈을 돌려 더욱 박차를 가해 나가고 있습니다.

앞으로 100억 달러 수출이 달성되는 시기에는 중화학 제품이 우리나라 수출상품의 대종을 점하게 될 것입니다.

머지않아 석유화학 제품을 비롯하여 전자 제품, 각종 기계류, 선박, 철강 제품 등 중화학 제품들이 우리 수출의 대종을 이룰 시기가 옵니다.

따라서 중화학공업 건설은 우리가 기필코 이룩해야 할 과업입니다. 지금까지의 모든 중화학공업 건설은 대단히 순조롭게 진행되고 있습니다. 내년 하반기부터는 거창한 중화학공장들이 하나둘씩 완공되기 시작할 것입니다.

울산에 건설 중인 현대조선은 벌써 착공 2년만인 내년 초에는 우리나라에서 처음으로 26만 톤 대형선박의 진수식을 가질 수 있는 정도까지 되었습니다."

대통령은 이어서 우리는 앞으로 국제시장에서 수출전쟁이 더욱더 치열해질 것이라는 것을 명심하고 닥쳐올 큰 시련에 대해 만반의 대비를 해야 되겠다는 것을 강조하고, 유류파동을 극복하기 위한 유류절약 문제를 예로 들어 설명했다.

"앞으로 국제시장에 있어서의 수출전쟁은 더욱더 치열해질 것이라는 것을 여러분들은 명심해야 하겠습니다.

여러 가지 예를 들지 않더라도 작년에 있었던 국제통화위기라든가, 또는 최근에 우리가 겪고 있는 유류파동이라든가, 자원 문제라든가, 선진국가에서 점차 수입을 제한하는 경향 등은 앞으로 우리나라의 수출신장에 있어서 하나의 커다란 시련을 가져다주는 문제입니다. 우리는 여기에 대하여 만반의 대비를 해야 하겠습니다.

지금까지의 우리나라 수출이 순조롭게 추진되어 왔다고 해서 앞으로의 전망을 결코 낙관만 해서는 안 되겠다, 그렇다고 해서 결코 비관할 필요도 없다, 나는 이렇게 생각합니다.

나는 우리 국민들의 슬기와 예지와 단결력, 그리고 우리 모두의 노력으로서 이러한 어려움은 능히 극복할 수 있다고 보는 것입니다.

한 가지 예를 들더라도 지금 우리나라에서도 유류파동을 겪고 있습니다. 우리 업계에서나 각 가정에서는 상당한 불편이 있으리라고 봅니다. 이것은 우리의 국내적인 문제가 아니라 중동전쟁 때문에 일어난 전세계적인 여파입니다.

즉 우리 한국만 겪고 있는 것이 아니라 미국, 일본, 유럽 기타 기름을 직접 생산하는 나라를 제외하고는 거의 전세계 각국이 겪고 있는 파동인 것입니다.

지금까지 들여오던 기름의 절대량이 줄었으므로 국민들이 쓰는 양도 그만큼 줄여야 할 것입니다. 우리가 감량에 적응해 나갈 수 있는 태세를 아직까지 완전히 갖추고 있지 않은 과도기이기 때문에 여러 가지 애로가 있다는 것을 알고 있습니다.

그러나 지금 우리가 겪고 있는 이 유류파동은 정부와 국민이 잘 협조하여 유류를 보다 더 아껴 쓴다면 앞으로 큰 지장 없이 극복해 나갈 수 있다고 나는 보고 있습니다.

문제는 이러한 파동을 당했을 때 우리 국민들이 어떠한 자세와 마음 가짐을 가지고 이것을 극복하느냐 하는 데 달려 있는 것입니다.

최근 유류파동이 일어난 뒤에 우리나라의 일부 신문이나 방송은 매일 큰 야단이나 난 것처럼 대대적으로 보도함으로써 일반 국민들에게 대단히 불안감을 주고 있는 듯한데 이러한 보도 태도는 옳지 않다고 생각합니다.

기름이 줄었다 하여 야단났다고 떠들어 보았자 기름이 더 생기는 것은 아닙니다.

우리가 감량된 기름을 어떻게 가장 효율적으로 잘 쓰느냐, 이것은 모든 사람이 기름을 절약하고 아끼는 데 노력해 나가는 것뿐입니다.

유류를 가장 많이 쓰는 산업계를 비롯하여 학교, 병원, 호텔 또는 일반가정에서 우리가 과거 쓰던 것보다 기름을 절약해야 하는 것입니다.

우리 모두가 이러한 자세로 나간다면 기름문제는 큰 어려움 없이 극복할 수 있다고 생각합니다.

여기에서 우리 정부와 국민은 다 같이 반성을 해야 하겠습니다. 우리나라에는 지금 기름이 한 방울도 나지 않습니다. 그럼에도 불구하고 우리가 그동안 과연 얼마만큼 기름을 아껴 썼느냐 하는 것입니다.

솔직히 말하자면 우리는 유류절약에 대하여 대단히 등한히 했고 무관심하였습니다. 이것은 우리 정부와 국민이 다 같이 반성을 해야 할 줄 압니다.

앞으로 우리가 유류파동을 극복하고, 기름을 종전처럼 들여올 수 있다고 하더라고 이제부터는 기름을 아껴 쓰는 습성을 기르고 절약해 나가야 할 줄 압니다.

설사 어느 시기에 우리나라 대륙붕에서 기름이 났다고 하더라도 우리가 함부로 기름을 낭비해서는 안 되는 것입니다.

기름이 많이 나면 아껴 쓰고 남는 것은 외국에 수출하면 되는 것입니다. 하물며 지금과 같이 한 방울의 기름도 나지 않는 상태에서 우리가 기름을 아껴 쓰는 관념이 부족했다는 데 대하여 다 같이 반성하고, 앞으로 더욱 절약하는 데 협조해 나가야 되겠다는 것을 강조해 두는 바입니다.

전국의 상공인, 그리고 근로인 여러분!

그동안 어려운 난관을 극복하고 오늘과 같은 '수출 한국'의 토대를 마련한 데 대하여 여러분들은 높은 긍지를 가져야 할 것입니다.

그러나 우리가 결코 만족을 해서는 안 되겠습니다. 앞으로도 국제 경쟁에 있어서 이길 수 있도록 가일층의 노력과 분발을 해 주실 것을 당부합니다."

대통령은 끝으로 상공인과 기업인들에게 업계에서 새마을운동을 적극적으로 전개해 줄 것을 당부했다.

"끝으로 나는 우리 전체 상공인과 업계 여러분들에게, 업계에서도 새마을운동을 보다 더 적극적으로 전개해 줄 것을 당부하는 바입니다. 그렇다면 업계에서 새마을운동을 어떻게 하느냐 회사나 공장에서 하는 새마을운동도 별다른 것은 아닙니다. 근본정신에 있어서는 역시 근면·자조·협동입니다.

회사는 사장 이하 전 종업원이 일치단결하여 낭비를 없애고 능률을 올리며 생산성을 향상시키는 데 전력을 다해야 하는 것입니다.

그리고 노사가 서로 협동하여 사장은 사원들과 종업원들의 처우 개선과 복지향상에 최대의 성의를 다해야 하는 동시에, 또한 종업원들은 자기들이 맡은 일에 대하여 책임과 열성을 가지고 공장일을 자기 일처럼, 공장을 자기공장처럼 아끼면서 열심히 일해야 하는 것입니다.

이러한 회사는 하나의 가족적인 분위기 속에서 능률도 오르고 근로자들의 복지도 향상될 수 있는 이상적인 회사가 될 수 있다고 나는 생각합니다.

　이것이 곧 내가 말하는 회사와 공장, 그리고 우리 업계에 있어서의 새마을운동인 것입니다.

　이와 같이 여러분들이 성실하고 능률적으로 운영하는 기업에 대하여는 정부도 앞으로 최대한의 지원과 협조를 아끼지 않겠다는 것을 이 자리를 빌려 약속하는 바입니다.

　여러분들의 그동안의 노고와 업적을 다시 한 번 치하하면서 가일층 분발이 있기를 당부하는 바입니다.”

세계에너지 파동에 대비해 원유의존도를 줄이고 국내자원을 개발해야 한다

　1974년 1월 18일, 연두기자회견에서 대통령은 세계적인 에너지 파동과 자원부족 현상이 지금 전세계를 인플레의 소용돌이 속으로 몰아넣고 있다는 사실을 설명했다.

　“최근의 석유파동, 그리고 자원난은 전세계적으로 각국에 큰 충격과 파문을 던졌다고 봅니다.

　아마도 세계경제가 일찍이 겪지 못했던 일대 난국에 지금 봉착하고 있지 않는가 이렇게 생각됩니다.

　자원부족 현상으로 인한 각국의 자원쟁탈전은 점차 세계적인 차원에서 정치적인 차원으로 번져 가서 지금은 흡사 경제전쟁을 방불케 하는 양상을 시현하고 있습니다.

　따라서 지금 세계경제는 새로운 질서를 모색하기 위해서 진통을 겪고 있다, 세계경제는 새로운 질서를 위한 재편성이 불가피하다, 이렇게 보는 사람이 많은 것 같습니다.

　영국이라든지 구라파 여러 선진국가 또는 일본 같은 나라나 기타 개발도상에 있는 모든 나라들도 이 에너지대책을 위해서 지금 비상한 조치를 취하고 있는 형편에 있습니다.

이런 사태가 왜 일어났겠느냐 하는 문제에 대해서, 그동안 여러분들이 매스컴을 통해서 잘 알고 계신 줄 압니다마는 여기에는 그럴만한 이유가 많이 있다고 봅니다.

이것은 경제적인 문제뿐만 아니라 정치적인 여러 가지 이유도 많이 개재되어 있는데, 내가 보기에는 그중에서도 가장 근본원인은 역시 자원이 부족한 데에서 일어났다고 봅니다.

과거에 우리들은 자원이라는 것은 이 지구상에 무진장으로 있다, 우리 인류가 아무리 많이 쓰더라도 얼마든지 무진장으로 있는 것이라고 생각했는데 요즘 와서 보니까 그것이 아니라는 것입니다. 지구상에 있는 자원은 어떤 한정된 지역에, 그것도 무진장으로 있는 것이 아니라 유한한 양밖에 없다, 그런데 수요는 매년 급격히 늘어나고 자원은 한정이 되어 있고, 자원을 가지고 있는 나라들이 이것을 과거처럼 무제한으로 개발을 한다면 앞으로 머지않아서 이 자원이 고갈될 것이다, 이렇게 보아서 자원을 가지고 있는 나라들이 자원 개발을 제한하기 시작했습니다. 요즘에 자원민족주의라는 말이 자주 나옵니다마는…… 그 결과 자원부족 현상이 나타나고 자원이 부족해지니까 값이 뛰고, 값이 뛰니까 인플레가 일어나고 이것이 전세계를 지금 인플레의 소용돌이 속으로 몰아넣고 있다 이렇게 보고 있습니다."

대통령은 이어서 지난해에 세계각국이 경제적인 진통을 겪으면서 성장과 물자면에서 많은 차질을 가져왔으나 유독 한국경제만은 이례적으로 고도성장을 했다는 사실을 지적했다.

"이러한 영향이 자원을 가지고 있는 나라를 제외하고는 전세계 모든 나라가 똑같이 영향을 받고 있다, 그중에서도 가장 이 영향을 많이 받는 나라가 어떤 나라냐 하면 소위 상위 개발도상국가, 즉 우리 한국과 같은 나라가 가장 큰 타격을 받는다 이렇게 보고 있는 것 같습니다.

왜냐하면 최근 어떤 외신에서 들어온 기사를 본 일이 있습니다마는, 이 개발도상국가라는 것은 특히 상위권, 좀 더 앞서 있는 개발도상국가는 그동안 외부로부터 외자를 도입하고 원료와 원자재를 들여와서 기술을 개발하여 이것을 수출함으로써 지금 막 고도성장의 사다리를 걸어 놓고 한참 오르고 있기 때문에 중간에 흔들려 버린다면 상위 개발도상에 있는 나라가 가장 타격이 크다, 오히려 선진국가는 사다리에 다 올라가 버렸으니까 큰 피해가 없고 아주 떨어진 저개발국가는 아직까지 사다리에 오르지 않았으니까 크게 영향이 없고 한참 올라가고 있는 나라가 가장 타격이 크다, 이렇게 비유한 것을 보았습니다마는 확실히 일리가 있는 말이라고 생각합니다.

우리 경제는 과거 10년 동안 여러 가지 어려운 일도 많았고 기복도 많이 있었습니다마는, 요즈음 자원난이라든지, 여러 가지 어려운 문제를 당하고 보니, 그래도 지난 10년간은 비교적 순탄한 길을 걸어왔다고 느껴집니다. 작년만 하더라도 세계각국이 경제적인 진통을 겪으면서 성장면에 있어서나 물자면에 있어서도 많은 차질을 가져왔습니다.

그럼에도 유독 우리 한국경제만은 이례적으로 높은 고도성장을 했던 것입니다.

아까도 잠깐 언급을 했습니다마는 작년에 우리 경제성장이 16.5%, 이것은 우리나라뿐만 아니라 다른 나라에서도 전례가 없는 고도성장률입니다.

수출에 있어서도 80%로 수출이 늘어났습니다. 그동안 우리나라 수출이 가장 빨리 신장한다고 했을 때에도 연평균 약 40% 정도의 신장을 보였는데, 작년에는 그것의 배가 넘는 80%의 성장을 했습니다. 여러분들이 아시다시피 1961년, 지금부터 12년 전의 우리나라의 총수출고가 3200만 달러였습니다. 작년 말 우리나라의 연간 수출고가 32억 5000만 달러가 되었으니까 꼭 100배가 늘어났습니다. 이처럼 작년의 여러 가지 어려운 국제경제 속에서도 우리나라 수출은 이만큼 늘어났고, 또 물가도 당초 계획했던 것보다는 많이 올랐습니다마는 다른 나라에 비해서는 상대적으로 안정추세를 유지했습니다.

다른 나라의 물가와 비교해 볼 것 같으면 미국이라든지, 일본이라든지, 또 우리와 함께 지금 주목할 만한 개발도상에 있는 대만이라든지, 이러한 나라하고 비교해 볼 것 같으면 작년에 미국의 도매물가 상승률이 연말 현재 나타난 것은 18.2%로 나타났습니다. 이웃의 일본이 29%, 대만이 37.6% 등 작년에는 모든 나라에 전부 이례적인 물가고 현상이 나타났습니다.

그런데 우리나라는 작년에 15% 물가가 올랐습니다. 이 15%라는 것이 굉장히 높은 상승입니다마는, 그러나 다른 나라와 비교해 볼 때에는 상대적인 안정 추세를 유지했습니다."

대통령은 이어서 기름 한 방울도 안 나는 우리나라에서 기름을 절약하지 않고 소중하게 생각하지 않는 데 대해 반성해야 한다는 점을 강조했다.

"작년 중동전쟁으로 원유파동이 일어났고 이로 인해 전세계적인 경제파동의 파문이 일고 있다 하는 것은 이미 말씀을 드렸습니다.

솔직히 말해서 원유 때문에 지금 전세계가 야단입니다. 일본이라든지 서구라파의 여러 나라는 물론이고, 미국과 같이 천연자원을 풍부하게 가지고 있는 나라에서도 지금 큰 소동을 벌이고 있습니다.

미국은 지금 개발을 안 해서 그렇지, 우리가 알기로는 지하에 매장된 원유, 또 원유를 품고 있는 광석 등을 개발하면 앞으로 수백 년 쓸 수 있는 풍부한 자원을 가지고 있다고 합니다.

그런 나라에서도 지금 '절유운동'이 고조되고 있는데, 하물며 우리와 같이 기름 한 방울도 나지 않는 형편에서는 앞으로 이 에너지 문제, 특히 유류 문제에 대해서는 우리가 심각하게 생각을 하고 이에 대한 대책을 세워 나가야 되리라고 생각합니다.

원유파동을 겪으면서 우리가 여러 가지 고통을 겪고 국민 여러분들도 여러 가지 괴로움을 겪었습니다마는, 동시에 우리는 교훈도 많이 얻었다고 생각합니다.

우리나라는 문자 그대로 기름 한 방울 나지 않는 나라입니다.

그런데도 과거에 우리가 이 유류를 쓰는 데 얼마만큼 이것을 소중히 했고 또한 절약을 했는가에 대하여 우리 다 같이 한 번 반성을 해 볼 시기가 아닌가 생각합니다.

거리에 달리는 모든 자동차, 기차, 발전소, 회사, 공장, 학교, 병원, 호텔, 관공서, 바다 위에 떠다니는 배, 비행기, 군대에서 쓰는 것, 여러분 가정에서 쓰는 것 등이 모두 기름인데 우리나라에서는 한 방울도 나지 않는 것입니다.

어떻게 가져오느냐, 전부 귀중한 외화를 지불하고 사오는데, 왜 우리가 그동안에 이것을 좀 더 절약하고 아끼지 않았는가…… 한때는 우리가 필요로 하는 양 자체도 확보할 수 있을까 하는 염려를 했는데 다행히 정부의 외교교섭으로 인해서 우리가 필요한 양만큼은 공급을 받게 되었습니다.

그러나 문제는 값이 엄청나게 비싸졌습니다. 작년 봄만 하더라도 원유 1배럴은 약 2달러 80센트, 3달러 미만이었습니다.

그런데 지금은 어떻게 되었느냐 하면 6달러에서 8달러~9달러, 곧 10달러, 앞으로는 그 이상 더 올라갈 것이라는 얘기가 나옵니다. 지금 우리가 사들여 오는 것도 아마 8달러 이상의 값으로 사 오는 것으로 알고 있습니다.

작년 1년 동안 우리나라에서 쓴 원유는 1억 2000만 배럴이라고 합니다. 1배럴은 우리가 말하는 1드럼보다 조금 적습니다. 0.8드럼이 1배럴입니다. 그러니까 1억 배럴이라는 것은 1억 드럼 정도라고 보면 되겠지요. 우리는 이 정도의 양을 가져와서 모든 분야에서 쓰고 있습니다. 1배럴 당 3달러 정도 하던 것이 10달러 정도까지 올랐으니까 금년에 우리는 원유도입을 위해서만도 약 10억 달러의 외화를 지불해야 할 형편에 놓여 있습니다.

따라서 우리는 외화부담이 얼마만큼 더 늘어났다 하는 것을 잘 알아야 하겠습니다. 값이 아무리 비싸다 하더라도 우리에게 꼭 필요한 양은 수입하지 않을 도리가 없습니다.

그리고 우리 경제가 해마다 커 나가고 경제규모가 확대되어 나가기 때문에 한쪽에서 아무리 절약을 한다 하더라도 전체적인 수요가 어느 정도 증대되지 않을 수 없는 것입니다."

대통령은 이어서 세 가지의 원칙적인 원유대책에 대해 설명했다.

"우리는 앞으로도 이 원유를 상당량 외부로부터 들여와야 되겠는데, 이러한 자원을 가지고 있지 않은 우리나라로서는 어떻게 대책을 세워 나가야 되겠느냐 하는 문제가 되겠습니다. 가장 원칙적인 얘기만 몇 가지 하겠습니다. 여기에 대해서는 이미 정부 관계기관에서 여러 가지 세부검토와 연구를 하고 있습니다.

첫째는, 기름에 대한 의존도를 최대한으로 줄이자는 것입니다. 기름이 아니고 다른 것으로 쓸 수 있는 방법, 또 기름을 쓰더라도 적게 쓰는 방법을 지금 연구하고 있는 것입니다.

산업 중에도 종합제철이라든지 시멘트라든지 알루미늄이라든지 판초자 같은 것은 에너지, 즉 기름을 굉장히 많이 쓰는 데 비해 전자공업, 조선공업, 기계공업 등은 비교적 적게 듭니다. 우리나라 산업 중에서 이와 같은 것을 중점적으로 해 나가야 하겠습니다. 그러면 에너지가 많이 드는 산업은 모두 포기하느냐, 버리느냐 하면 그럴 수는 없습니다.

종합제철을 만들어야 하겠지만 앞으로 에너지를 많이 쓰는 산업에 대해서는 열 관리를 보다 철저히 하도록 협조해야 하겠고 의무화시켜야 되겠다는 것입니다.

그다음에는 국내자원을 최대한으로 빨리 개발해야 되겠습니다. 석탄이다, 수력발전이다, 원자력발전을 빨리 앞당겨서 개발 건설해야 하겠습니다. 수력발전은 흘러내리는 물에 터빈을 돌려서 발전을 하는 것인데, 요즈음에는 한 번 발전을 하고 나서 흘러내려가는 물을 양수하여 다시 내려오도록 하는 양수시설이 기술적으로 가능하다고 합니다. 앞으로 이런 것을 시설하여 수력발전의 양을 증대한다든지, 저질석탄을 활용한 발전시설을 확장하는 문제를 지금 연구 중에 있습니다.

우리나라 동해안에 가면 저질석탄이 있는데 과거에는 이 저질탄으로는 발전을 할 수가 없었으나 요즈음에는 이를 써서 발전할 수 있는 기술이 개발되어서 우리나라 동해발전소에 그 시설을 확장할 것을 연구 중에 있습니다.

그다음에 농촌연료 문제는 앞으로 연료림조성을 적극적으로 권장해서 가급적 자급책을 강구해 나가겠습니다.

그다음에 해외석유자원의 확보를 위한 정부의 외교적인 노력 또는 경제협력을 위한 적극적인 노력 등을 강력히 추진해야겠다는 것입니다.

마지막 한 가지, 이것이 가장 중요합니다. 기업, 공장, 호텔, 병원, 학교 할 것 없이 우리 모두가 에너지절약운동에 총궐기하여 기름을 아껴 써야 하겠습니다. 작년 연말 기름파동이 나서 정부 관계부처와 산하기관에 대하여 기름을 아껴 쓸 것을 강력히 지시하였습니다.

내가 있는 청와대에서도 지난 12월 한 달 동안에 철저히 절약을 하니까 약 30%가 절약이 되었습니다. 숫자상으로 기름 100드럼을 썼다면 약 70드럼만 쓰고 30드럼은 아낄 수도 있다는 것입니다. 정부청사 같은 데에서는 약 30% 이상 절약되었다는 보고를 들은 기억이 있습니다.

그래서 앞으로는 모든 사람들이 전부 이 기름과 전력의 절약에 협력을 해야 하겠습니다. 그래서 정부에서는 모든 분야에 있어서 에너지를 최소한 10% 이상 절약하는 운동을 전개하자는 얘기를 하고 있습니다.

기름의 경우 10% 절약을 한다면 1억 2천만 배럴을 들여올 것을 1200만 배럴을 안 들여와도 되고, 들여왔다 하더라도 남겨 놓고 비축하여 쓸 수 있는 것입니다. 돈으로 따지면 막대한 양입니다. 그 외에 전력이다, 석탄이다, 모든 분야에 있어서 우리가 절약을 해 나가야 하겠습니다. 필요한 것은 도리 없이 들여오되, 들여온 것을 절약하고 아껴쓴다 하는 것이 여러 가지 대책 중에서도 가장 으뜸가는 대책이라고 나는 여러분들에게 강조하는 바입니다.

작년 초겨울에는 기름 문제, 연탄파동이 있었습니다마는 다행히 유류는 지금 값이 올라서 그렇지 양은 충분히 확보하고 있습니다.

석탄은 한때 수송관계로 약간 애로가 있었습니다마는 이것도 해결이 되어 금년 겨울을 넘길 양은 충분히 확보하고 있습니다.

농촌연료 문제도 산림청과 도지사들이 월동에 큰 지장이 없도록 임산물 벌채기간을 연기하여 우선 금년 월동문제는 무난히 넘어가리라고 봅니다.

우리는 앞으로의 여러 가지 문제를 감안하여 우리나라의 연료 및 에너지에 대한 장기적인 대책을 지금부터 근본적으로 하나하나 검토하고 해결해 나가야 하겠다는 것을 말씀드립니다.”

대통령은 이어서 현 단계에서는 80년대를 내다보는 장기경제개발계획의 기본목표는 변경하지 않을 것이며, 중화학공업은 약간의 부분적인 조정을 해나가겠다는 방침을 천명했다.

“다음에 이런 문제와 겹쳐서 앞으로 80년대를 내다보는 우리나라의 장기경제개발계획에 대하여 어떤 사람들은 이처럼 여러 가지 어려운 문제점이 있으니까 과거에 정부가 책정한 계획에 근본적으로 수정을 가해야 되지 않겠느냐 하는 여론도 없지 않아 있는 것으로 알고 있습니다.

그러나 정부로서는 현 단계로서는 수정할 필요가 없다, 이렇게 보고 그 기본목표도 변경하지를 않겠습니다.

물론 앞으로 이러한 파동이 계속 겹쳐서 도저히 우리가 지금 세워 놓은 계획을 예정대로 밀고 나갈 수 없다는 판단을 내리게 되면 여기에 대한 수정은 검토를 하겠습니다마는, 현 단계로서는 그럴 필요가 없기 때문에 80년대를 내다보는 우리의 장기개발계획에도 근본적인 수정을 가할 필요가 없습니다. 또 중화학공업은 어떻게 하겠느냐 하는 문제도 나오리라고 생각합니다.

이것도 어떤 사람들은 근본적으로 뜯어고치라는 얘기도 있는데 물론 오늘과 같은 여건에 처하여 약간의 조정은 불가피하다고 보고 있습니다.

즉 당장 급하지 않은 사업은 설령 금년계획에 들어 있는 사업이라 하더라도 이것을 연말로 연기를 한다든지 또는 내년으로 미룬다든지 하는 부분적인 조정은 있겠지만 기본목표에 대해서는 변경이 없다는 것을 확실히 말씀드립니다.

에너지소비가 비교적 적은 부문, 아까 부분적인 조정이라고 그랬습니다마는 에너지문제가 가장 큰 문제가 되고 있기 때문에 에너지소비가 비교적 적은 부문을 우선적으로 추진해 나가자, 예를 들면 조선이라든지, 전자공업이라든지, 기계공업과 같은 것은 비교적 에너지가 적게 소비됩니다. 이런 것을 우선적으로 밀고 나가자, 또 지금 건설 중에 있습니다마는, 7비 같은 것은 앞으로 식량증산을 위해서 계속 계획대로 추진을 해야 되겠으며, 석유화학 계열공장도 지금 석유화학에 대한 원자재의 태반을 우리는 외국에서 수입을 하고 있기 때문에 이 자재의 자급을 위해서 계속 계획대로 추진을 해야 되겠습니다. 그 밖에 다른 사업에 대해서는 약간의 시간적인 지연, 연기 등 부분적인 조정이 있겠습니다마는 전반적인 기본계획은 수정을 하지 않겠다는 것을 확실히 말씀드립니다."

대통령은 끝으로 우리 국민들이 한 번 더 허리띠를 졸라매고 국제경제 위기에서 오는 우리 경제의 동요를 우리 힘으로 극복해 나가는 데 협조해 줄 것을 간곡히 당부했다.

"지금까지 여러 가지 설명한 바와 같이 금년도 우리 경제는 많은 어려운 고비를 넘겨야 한다는 것을 정부나, 우리 기업이나, 우리 모든 국민들이 잘 이해를 해주시고 또한 인식해 주셔야 되겠습니다. 이것은 결코 정부가 엄살을 떨거나, 또 어떤 딴 목적이 있어서 그런 것이 아니라 사실 그대로를 국민들에게 호소하고 있는 것입니다. 이것을 똑똑히 인식을 한다는 그 자체가 대단히 나는 중요하다고 생각합니다.

물론 우리가 절대로 금년 우리 경제에 대하여 낙관을 해서는 안 되겠습니다마는 그렇다고 또 비관할 필요도 절대로 없다는 것을 나는 이자리에서 여러분에게 말씀드리고자 합니다.

우리가 모두 일치단결해서 힘을 합치고 지혜를 짜내어 노력을 한다면, 이것은 우리들의 지혜로써 충분히 극복할 수 있는 문제라고 나는 확실히 믿고 있습니다.

정부나 국민이나 우리 기업들이나, 모든 사람들이 보다 더 검소하고 절약하는 생활을 하며 어려움을 서로 참고 같이 협조해 나간다면 우리가 이것을 충분히 극복해 나갈 수 있는 문제라고 확신합니다.

우리는 과거에 이것보다 더 어려운 난관을 여러 번 극복해 왔습니다. 또 이것은 우리 한국만이 당하는 문제가 아닌 것입니다.

모든 나라가 전부 똑같이 겪는 것이기 때문에 서로 같은 고통을 당할 때는 누가 이기느냐, 마지막 이기는 사람이라는 것은 결국은 어려운 고통을 잘 참고 잘 견디는 사람이 이긴다고 나는 보는 것입니다. 이것이 하나의 노력이요 슬기라고도 할 수 있습니다.

다른 나라 국민들이 다 견디고 이기는데 우리만 견디지 못할 이유가 없습니다. 나는 우리가 다른 국민보다 훨씬 더 슬기롭게 이 문제를 극복해 나갈 수 있다고 확신하고 있습니다.

따라서 나는 금년에는 우리 모든 국민들이 한 번 더 허리띠를 졸라매고 이 국제경제 위기에서 오는 우리 경제의 동요를 우리가 힘을 합쳐서 잘 극복해 나가는 데 협조해 주시기를 당부합니다.

물론 여기에는 정부가 앞장을 서겠습니다. 우리가 이 고비를 잘 넘기기만 하면 나는 전화위복이 될 수 있다고 봅니다. 만약, 이 고비만 우리가 남보다도 더 슬기롭게 빨리 잘만 넘긴다면 우리 경제는 체질이 지금보다도 더 강해질 것이고, 또 국제경쟁력도 더 강화될 것이며 앞으로는 성장의 속도도 더 빨라질 것이라고 나는 보고 있습니다."

우리의 조선능력이 600만 톤이 되면 우리나라는 세계 10대 조선국가가 된다

1974년 6월 28일, 현대건설은 72년 3월 23일에 기공한 울산조선소를 착공 2년 3개월 만에 가장 빠른 시일 내에, 또 가장 경제적으로 완공하고, 조선소건설과 동시에 건조한 1호, 2호 선박에 대한 명명식을 거행했다.

대통령은 이 식전에서 먼저 중화학공업 발전문제에 대해 설명했다.

"착공한 지 불과 2년 3개월 만에 이와 같은 거창한 공사가 가장 빠른 시일 안에, 또한 가장 경제적으로 완성되어 1차 준공과 1, 2호선의 명명식을 가지게 된 이 경사를 여러분들과 더불어 축하해 마지않습니다.

나는 작년 정초 청와대 연두기자회견 당시에 중화학공업 정책을 선언한 바 있습니다. 또한 그날 그 자리에서 전 국민의 과학화운동을 제

울산현대조선소에서 열린 대형유조선 어틀랜틱 배런호와 어틀랜틱 배러니스호 명명식에 참석한 박 대통령 내외 치사를 통해 제2종합제철소 착공을 서두르라고 지시하였다(1974. 6. 28).

창한 바 있습니다.

　여러분들이 아시는 바와 같이 중화학공업 정책선언이란 것은 이제부터 우리나라의 공업은 주로 중화학공업 분야에 모든 시책의 역점을 경주해 나가겠다고 하는 선언입니다.

　또한 이러한 정책을 우리가 밀고 나가기 위해서는 이제부터 우리 모든 국민들이 과학과 기술 분야에 보다 더 많은 연구를 하고, 배우고, 습득하여야 되겠다는 뜻에서 과학화운동을 제창했던 것입니다.

　국민 여러분들이 잘 아시는 바와 같이, 지난 60년대의 우리 공업은 주로 경공업 분야에 치중해 왔습니다.

　어느 나라를 막론하고 공업화의 초기단계에 있어서는, 우선 경공업 분야부터 점차로 육성해 나가는 것이 상례로 되어 있는 것입니다.

물론 예외적으로 일부 공산주의 국가에 있어서는 초기부터 중공업에 치중하는 예도 있습니다만, 엄밀한 의미에서 그들의 중공업 정책이란 남을 침략하기 위한 무기생산에 치중하는 것을 표면적으로 중공업정책이라고 표방하는 것으로 우리는 알고 있습니다.

지난 60년대의 우리 공업은 거의 아무것도 없는 황무지에서 출발하여 우리 국민 여러분들의 피땀어린 노력과 분발로써 그동안 빠른 속도의 성장을 가져왔습니다.

그동안 축적된 우리의 공업력을 토대로 해서 70년대 들어서면서부터 우리나라의 공업은 점차 중화학공업으로 전화하기 시작했습니다.

따라서 지금 우리나라는 중화학공업 시대에 들어서 있습니다.

이러한 계획들이 앞으로 순조롭게 추진되어 80년에 가서 제1단계 계획이 완성되면, 우리나라는 당당한 중화학공업국가로서 등장하게 되리라고 우리는 확신합니다.

그때 가면 우리나라의 100억 달러 수출 중에서 약 50억 달러 내지 60억 달러를 중화학공업 제품이 차지하게 될 것입니다.

정부가 지금 추진하고 있는 중화학공업은 여러 가지 분야가 있습니다다만, 그중에서 가장 정부가 역점을 두고 있는 핵심적인 분야는 대략 6개 분야로 나눌 수가 있습니다.

아시는 바와 같이 철강공업, 비철금속공업, 화학공업, 각종 기계공업, 조선공업과 전자공업 분야가 그것입니다.

이들 6개 분야에 대해서 정부는 가장 중점적으로 육성해 나가려 하는 것입니다.

이러한 계속사업들을 계획적으로 81년까지 추진하려면 140억 달러라는 자금이 필요한 것으로 우리는 판단하고 있습니다.

이를 우리나라 화폐로 환산하면 5조 6천억 원이 됩니다.

울산 현대조선소

　이러한 의욕적인 중화학공업 계획은 작년 전세계적으로 격동을 겪었던 석유파동과 국제인플레 영향으로 한때 시련을 겪었습니다.

　일부에서는 우리나라의 중화학공업 계획은 이러한 여러 가지 여건 변동으로 말미암아 그 계획을 대폭 수정해야 한다는 주장이 많이 나오기도 했습니다.

　그러나 정부는 이 계획의 기본계획은 변경하지 않기로 방침을 세우

거제 삼성조선소

고 그동안 꾸준히 추진해 왔고, 또 현재는 이 모든 계획이 순조롭게 진행되고 있는 것입니다.

앞으로 작년과 같은 석유파동이나 국제인플레와 같은 예기치 못한 격변이 없는 한, 이 계획은 81년까지 예정대로 추진되리라고 우리는 확신하고 있습니다."

대통령은 이어서 이 조선소의 건설과 선박건조 작업이 동시에 2년 반 만에 완성된 것은 선진국가에서도 그 예가 없는 가장 능률적이고, 가장 빠른 건설이었다고 높이 평가했다.

"오늘 이 자리에서 1단계 준공식과 1, 2호선에 대한 명명식을 하게 되는 이 현대조선소는 정부의 이와 같은 중화학공업 계획 중의 일부분이 되는 것입니다.

이 조선소는 조금 전에 정주영 회장의 경과보고와 마찬가지로, 착공한 지 불과 2년 3개월 만에 공장시설, 항만부두시설 또는 선거시설을 거의 완성하고, 또 이러한 공사와 병행하여 26만 톤급 대형선박 2척을 진수하고 오늘 명명하게 되었습니다.

옥포 대우조선소

그리고 또 다른 선박들이 현재 건조 중에 있는 것입니다. 이처럼 조선소의 건설과 동시에 일반 건설공사와 선박건조 작업이 불과 2년 반 만에 빠르게 진행된 것은, 다른 선진국가에서도 그 예를 볼 수 없는 가장 능률적이고 빠른 건설이었다고 우리는 봅니다.

다른 나라에서는 이 정도의 조선소를 만들자면 조선소건설 자체만 하더라도 보통 2, 3년은 걸린다고 합니다.

그러한 조선소건설 후 그때부터 선박건조에 착수하게 되는데, 우리는 조선소건설과 병행해서 이미 2년 반 만에 2척의 배를 건조한 것입니다.

이 조선소는 앞으로 연간 30만 톤급의 배 10척 이상을 건조할 수 있는 능력을 가질 것입니다.

또, 현재 확장 중인 공사가 금년 말쯤 완공되면 이 능력은 훨씬 더 증대되리라고 우리는 보고 있습니다.

이 조선소를 시작할 초기에 정주영 회장이 구라파에 가서 그 지역의 기업가들과 만나 앞으로 우리 대한민국에서 30만 톤급 이상의 대형선박을 건조하겠다고 했던 바, 구라파 사람들이 한국에서 만든 그 30만 톤급 배가 과연 물 위에 뜨겠냐고 농담을 했다는 이야기가 있습니다.

지금 이 자리에서 여러분들이 직접 목격하신 바와 같이, 그 배가 물 위에 뜨는 것뿐 아니라 세계에서 가장 수준 높은 훌륭한 배가 건조되고 진수되어 모든 것이 성공적으로 이루어진 것입니다.

우리는 앞으로 이 현대조선소 외에 제2, 제3대형조선소를 추진 중에 있습니다.

제2대형조선소는 작년 10월에 이미 거제도 옥포에서 착공하여 지금 모든 공사가 순조롭게 진행되고 있으며, 내년 연말에는 완공될 예정입니다.

또한 제3의 100만 톤급 대형조선소는 경남 통영군 안정에서 금년 10월에 착공하여 76년 12월에 완공할 계획으로 추진 중에 있습니다.

그 밖에 5만 톤, 10만 톤급에 속하는 중형조선소를 거제도 죽도 부근에 건설하기 위해서 금년 중에 착공할 예정입니다.

이러한 조선소들이 대략 76년 말까지 완공되면 77년에 우리나라의 조선능력은 연간 약 600만 톤이 넘을 것으로 우리는 내다보는 것입니다.

여러분이 아시는 바와 같이, 72년 말까지 우리나라의 전체 조선능력은 25만 톤에 불과했습니다.

이것이 불과 4년 만에 약 24배에 달하는 조선능력을 가지게 됨으로써 우리나라는 세계 10대 조선국가의 하나로 등장하게 되리라고 봅니다.

중화학공업 분야에 있어서 이 조선부문만은 81년도의 목표연도에 비해서 약 4년 앞당기게 된 것입니다.

또, 이들 조선소가 완공되면 여기에서 건조되는 선박만으로 연간 10억 달러 이상의 수출을 하게 되어 100억 달러 수출목표 중 10분의 1을 우리나라 조선 분야에서 담당하게 되는 것입니다."

대통령은 이어서 우리는 남보다 100년 뒤떨어진 조국근대화 작업을 20, 30년의 짧은 기간에 이룩할 수 있다는 자신을 가지게 되었다고 천명했다.

"국민 여러분이 잘 아시는 바와 같이, 조선공업은 그 파급효과가 대단히 큽니다. 흔히 조선공업을 종합기계공업이라고도 합니다.

왜냐하면 선박을 건조하는 데 있어서는 철강재를 위시하여 각종 기계제품, 전기제품, 전자제품, 통신기기, 화학제품 등 1000여 가지 종류의 자재를 사용하게 됩니다.

따라서 이 조선공업의 발전을 여타의 다른 산업들을 육성할 수 있는 연관성이 가장 큰 산업이라고 알려져 있습니다.

오늘 이 세계적 규모의 현대조선소 제1차 준공을 국민 여러분과 같이 지켜보면서, 우리는 우리나라의 공업기술의 수준이 그동안 얼마만큼 성장되었는가 하는 것을 우리의 눈으로 직접 보고, 또 피부로 느낄 수가 있습니다. 이것이 곧 우리의 국력인 것입니다.

우리나라가 근대화하는 데 있어서 지금부터 약 1세기 전에 우리의 근대화를 서두른 선배들이 있었습니다만, 불행히도 그때는 기회를 놓치고 남보다 약 100년 뒤떨어진 조국근대화 작업을 이제 불과 2, 30년의 짧은 기간에 완성하기 위하여 정부와 국민이 불철주야 노력하고 있는 것입니다.

그러나 이 과업은 우리의 노력과 분발만 있으면 반드시 이룩할 수 있다는 자신을 우리 국민 여러분들이 가져 주시기 바랍니다.

끝으로, 다시 한 번 이 거창한 공사를 오늘과 같이 이렇게 훌륭하게 완공하는 데 수고를 하신 정주영 회장 이하 현대조선소 임직원 여러분들과 건설역군, 기술진 여러분의 노고에 대하여 다시 한 번 치하의 말씀을 드리며, 또 이 조선소건설에 적극적으로 협조를 하여 주신 영국, 프랑스, 일본 기타 여러 나라의 국제기관에 심심한 사의를 표하는 바입니다.

또한 오늘 이 자리에서 명명하게 된 '어틀랜틱 배런호'와 '어틀랜틱 배러니스호'의 앞날에 신의 가호가 있기를 충심으로 축원합니다."

유류, 양곡, 원당, 원목 등 수입물자에 대한 절약운동을 강력히 추진해야 한다

1974년 12월 27일, 무역진흥확대회의에서는 수출관련 정부부처들이 내년도 수출진흥에 관해 보고를 했다.

대통령은 이에 대한 강평에서 먼저 우리는 아무리 어려운 여건하에서도 수출주도형 경제개발을 밀고 나가야 한다는 점을 강조했다.

"금년 연초에 금년도 우리나라의 경제전망 특히 수출문제에 있어서는 여러 가지 어려운 문제들이 예견이 됐고 금년도 목표달성이 대단히 어렵지 않겠느냐 하는 것을 모두가 걱정을 한 것이 사실입니다. 실제 금년엔 우리가 여러 가지 어려운 고비를 하나하나 넘어왔습니다만 결과적으로 연말에 목표를 초과달성할 수 있었고 작년도와 같은 이례적인 수출신장년도에 비해서도 40여 %의 신장을 가져왔다 하는 것은 대단히 고무적인 일이라 생각합니다.

내년도 경기전망도 매우 불투명하고 전문가들 얘기를 듣더라도 아무리 모든 것을 우리가 좋게 보더라도 내년 전반기까지는 현재와 같은 상태가 지속되지 않겠느냐, 잘하면 내년 후반기부터는 상당히 경기가 펴

나갈 그런 전망이 보인다는 이런 얘기 같습니다.

상공부와 외무부에서 발표한 내년도 수출진흥을 위한 여러 가지 시책, 정부의 방침 또 업계에 있는 여러분들의 요망사항, 이런 것이 유기적으로 총화적인 노력의 결실을 가져와야만 내년도 목표달성이 가능하리라고 생각합니다. 여하튼 내년도 어려운 한해다, 이러한 전제를 두고 내년도 수출문제를 추진해 나가야 되리라고 생각합니다. 정부가 할 수 있는 것은 할 수 있는 데까지는 최대한으로 하되 나머지 안 되는 문제, 이것은 업계에 있는 여러분들의 노력이 있어야 된다고 생각합니다.

우리나라의 경제개발은 수출주도형으로 나가는 도리밖에 없다, 이건 우리나라의 모든 전문가들의 공통된 견해라고 봅니다. 나도 그 생각에 대해서는 과거나 지금이나 똑같은 견해를 가지고 있는데 아무리 어려운 여건하에서도 어떻게 하든지 우리가 수출을 많이 신장을 시켜야 되겠다. 그것만이 우리나라 경제를 발전시키는 길이라고 생각합니다. 정부도 수출을 위해서 여러 가지 시책면에서 집중적으로 노력해야 되겠고 업체에서도, 물론 내수도 필요하겠지만, 가급적이면 수출하는 방향으로 노력해 줘야 되겠습니다. 그리고 우리가 수출다변화, 자원외교의 일환으로 중동지역, 동남아지역 등에 진출을 기도하고 있는데, 과거의 전례로 봐서 이런 지역에 처음으로 진출할 때는 잡음이 많았고 여러 가지 부작용이 많았습니다. 새로 진출하는 그런 지역에 대해서 초기에는 정부에서 상당한 통제를 가해야 하겠습니다. 가급적이면 창구를 일원화한다든지 나가는 업체들도 엄선을 해서 거기에 나가서 하는 행동에 대해서도 초기에는 정부의 통제와 조정이 있지 않으면 지나친 경쟁을 해서 한국 사람들에 대한 좋지 못한 인상을 준다든지 신용을 떨어뜨린다든지 해서 장차 진출의 길이 막히고, 한번 그런 인상을 주고난 뒤에는 다시 회복하는 데 상당한 시간이 걸리고 노력이 든다는 것을 생각해서 여기에 대해서 상당히 신중을 기해야 되겠다는 것을 강조합니다.

아까 외무부에서 보고한 파푸아뉴기니, 전에도 내가 몇 번 여기에 대한 보고를 들었는데, 내가 듣고 있는 정보만 하더라도 천연자원이 상당히 풍부한 곳이라고 들었는데 여기엔 가급적이면 빨리 외무부에서 영사관 같은 것이라도 설치를 해서 그 뒤에 독립되고 나면 대사관으로 승격시킨다든지 빨리 발판을 잡는 것이 좋지 않겠느냐 생각합니다."

대통령은 이어서 유류, 양곡, 원당, 원목 등 수입물자에 대한 절약운동을 강력히 추진해야 한다는 점을 강조했다.

"금년에 수출도 많이 늘었지만 수입도 엄청나게 늘었습니다. 물론 거기에는 기름값이 올라간다든지 원자재값이 올랐다든지 우리가 식량을 많이 들여왔다든지 또 그런 가격들이 모두 앙등을 하고 구하기 힘들고 또 일부는 앞으로 돈을 주고도 살 수 없을까 해서 비축의 목적으로 많이 사들여 온 요인도 있습니다만, 그러나 잘 검토해 볼 때 수입을 어떻게 하든지 억제를 해야 되겠고 들여온 물자도 많이 절약을 해야 되겠습니다.

아까 상공부에서는 10%씩 아끼고 값을 더 받는 운동을 하자고 10% 합리화정책을 내걸었는데, 이 시책은 정부와 모든 업계나 일반 국민들까지도 적극적으로 협력해 줘야 되리라 생각합니다.

우리보다 더 잘사는 선진국가에서도 에너지 10% 절감운동을 대대적으로 전개를 하고 있는 줄로 압니다.

우리나라에서도 하고 있는데 이것을 일시적인 구호에 그칠 것이 아니라 모든 사람들이 전부 여기에 대해서 비상한 관심을 가지고 노력해 줘야 되겠습니다.

우리가 노력만 하면 반드시 10%~20% 정도는 충분히 절감할 수 있다는 것은 지난 1년 동안 우리의 경험으로서 입증하는 겁니다. 조그마한 예지만 청와대에서 쓰고 있는 유류를 절약하라고 강조했더니만 얼마 전에 담당비서관이 나한테 와서 보고를 하는 것을 보니까 금년도에 청와대에서 쓴 기름이 작년도에 비해서 약 30%를 절약했다는 것입니다. 일반기업체에서 관공서와 똑같이 절약이 되는지 어떤지 기술적으로 난 잘 모르겠습니다만 결국은 한 10%~15% 정도는 회사의 책임자나 일반종업원들의 관심과 노력을 가지고 충분히 가증하다고 봅니다."

둘째, 내년에 양곡을 7, 8억 달러어치를 수입해야 한다고 하는데, 쌀도 대대적인 절약운동을 해야 한다.

"뿐만 아니라 양곡도 문제인데 내년도에는 양곡을 약 7억 달러, 8억 달러어치를 들어와야 된다하는 얘기도 있습니다만 이것도 우리가 앞으로 대대적으로 절약운동을 전개해야 될 줄 압니다. 정부가 최근에 혼식을 장려하고, 쌀도 너무 하얗게 깎아서 먹지 말고 과거 9부도정하던 걸 한 7부도정으로 낮추자고 하는데, 일반국민들이 여기에 대해서 잘 협조를 하지 않는 데 대해서는 대단히 안타깝게 생각하는데 9부도정과 7부도정은 차이가 없는 것입니다.

청와대에서는 1년 전부터 현미를 먹고 있습니다. 여러분을 혹 청와대에 초대할 그런 경우가 있으면 현미를 대접하겠습니다. 그것이 건강에도 좋다는 것이 확실히 입증이 돼 있고, 또 그렇게 하는 것이 식량절감도 될 수 있습니다.

그런데 7부도정미가 나온다고 그러니까 9부도정미가 없어지기 전에 더 사야 되겠다고 가정주부들이 아우성치고 달려드는 이런 상태로는 식량절감이 되지 않는다 이겁니다.

최근에 청와대 비서관들을 시켜 서울 시내에 있는 학교 점심시간에 보내 학생들이 어떤 밥을 싸 오는지를 조사를 해 봤는데 한 75% 정도는 혼식이 되고 있는데 나머지는 혼식을 하지 않는다는 겁니다. 혹시 혼식을 해서 건강이 나쁘다든지 영양실조가 온다든지 이걸 먹음으로써 병이 생긴다든지 한다면 정부가 권장할 리가 없습니다. 그러나 혼식은 오히려 몸에도 좋고 건강에도 좋고 또 식량을 그만큼 절감할 수도 있고, 따라서 외화를 아낄 수도 있고 이래저래 좋다 이겁니다. 특히 학교 학생들의 식사관계를 보더라도 상당한 지위에 있고 그만한 것을 이해할 만한 그런 가정에 있는 아이들이 이를 이행하지 않는다, 결국은 그 아이들이 나쁜 게 아니고 부모들이 나쁘다 이겁니다."

셋째, 원당도 작년에 수입한 것이 몇억 달러어치나 된다는데 이것도 절약해야 한다.

"또 원당도 보니까 작년에 들어온 것이 몇 억 달러라고요? 3억이요? 1억이요? 원당값 아까 여기에 나왔어, 아까 상공부 브리핑한 사람 기억 못하고 있나? 그것보다 더 많았어, 이런 것도 좀 더 절약을 해야 되겠다고 생각합니다.

여기도 커피가 나와서 타 먹었는데 예를 들면 여기에 들어 있는 설탕의 양이 얼마인지 모르겠습니다만 미풍이란 회사에서 만들었는데 커피 한 잔에 다 타면 설탕이 많습니다. 설탕을 좋아하는 사람도 있고 전혀 타 먹지 않는 사람도 있는데, 설탕도 많이 먹는 건 결코 사람 몸에 좋지 않다는 거예요. 의사들의 얘기를 들어봐도 많이 먹으면 나이 먹어서는 동맥경화증에 걸리기 쉽고, 어떤 전문가들 얘기를 들으면 사람의 체질이 산성화된다, 산성화가 된다는 건 병에 대한 저항력이 약하다는 것입니다.

과거에 우리가 일제강점기에 설탕 귀할 때는 설탕이 있으면 아주 밥 먹듯이 먹은 적도 있었지만, 만드는 것도 이렇게 큰 봉지로 만들지를 말고 절반 정도로 만들어 타 먹고 설탕을 아주 좋아하는 사람은 한 봉지 더 받아서 먹도록 해야지 큰 봉지로 하면 공연히 한 봉지 다 쏟아버리지 않느냐는 겁니다.

앞으로 우리가 외화절약을 하고 물자를 아끼는 면에 있어서는 모든 사람들이 관심을 가져야 되겠습니다. 사소한 문제 같지만 그까짓 거 몇

푼 되겠느냐, 그런 생각을 하면 절약될 게 하나도 없습니다.

또 나 혼자 절약한다고 해서 큰 효과가 있겠느냐? 이런 생각을 하면 아무 소용이 없을 거예요. 삼천만이 전부 조금씩 협력함으로써 그게 뭉쳐서 전체적인 효과가 나타나는 겁니다."

넷째, 원목도 3억 몇천만 달러어치가 수입되고 있고, 펄프도 상당히 들어오고 있는데, 이런 것도 절감운동을 해야 한다.

"그리고 원목도 3억 몇천만 달러어치가 들어오는데 원목이 건축뿐만 아니라 다른 공업제품에도 상당히 많이 들어가겠지만는 그런 것도 우리가 어떻게 하든지 절감을 하고 특히 펄프, 이것도 상당히 많이 들어오고 있는데 이런 것도 절감하는 운동을 해야 하겠습니다.

모두들 경제가 어떻게 되면 뭐가 어떻다, 어떻다고 불평하고 비난하고 잘못한 건 모두 정부가 잘못한 것처럼 생각하는데, 정부를 비판하는 사람들이 자기 자신은 국책에 대해서 어느 정도 협조를 했느냐 이겁니다. 종이 한 장이라도 아낄 줄 알고 설탕이라도 아낄 줄 알고 기름이라도 아낄 줄 알고 밥도 혼식을 해 먹으면서 비판을 해라 이겁니다. 그건 하지 않는 사람들이 괜히 무슨 결과만 보고나서 딴 사람이 잘못한 것처럼 얘기하는데 결국은 자신이 잘못한 그런 모든 것이 누적이 되어서 그런 결과가 나타난다 이겁니다. 내년에는 이런 운동을 범국민적으로 전개해야 되겠습니다."

해외건설 수출은 실력 있는 업자를 엄선해서 지원해야 된다

1975년 1월 25일, 건설부 연두순시에서 대통령은 해외건설 수출에 있어서는 실력 있는 업체를 엄선해서 적극 지원하라고 지시했다.

"해외건설 수출에 대해서 구체적인 설명이 있었지만, 앞으로 이것을 적극적으로 지원하고 또 추진하는 것이 좋다고 생각합니다. 단, 실력이 있는 업자를 엄선을 해서 내보내야 되겠고, 그것을 위해서 정부에서 상당히 강력한 통제와 창구일원화를 기해야 하겠다는 것을 특별히 강조를 합니다.

건설부에서 얘기한 중동의 사우디아라비아라든지 이란이라든지 앞으로 우리 건설업체가 나가서 활동할 수 있는 여지가 많은 그런 지역에, 처음에 실력 없는 업자들이 나가서 신용을 떨어뜨린다든가 어떤 실수를 하면 앞으로 나갈 길이 막히게 되기 때문에 상당한 통제가 가해져야 되겠고, 실력 있고 모든 자격을 갖춘 업체들이 나가는 데 대해서는 외무부라든지 경제기획원이라든지, 재무부라든지 정부의 다른 부처에서 여러 가지 지원정책을 마련해서 강력히 뒷받침해 줘야겠습니다."

석유화학계열 공장들의 건설이 세계 석유파동 속에서도 완공을 앞두고 있다

1975년 8월 1일의 일기에서 대통령은 여천공업단지를 방문한 소감을 피력했다.

'여천공업단지 방문, 남해고속도로를 따라 여천단지 방문, 호남정유에서 오찬, 메탄올공장, 7비(七肥), 삼일만 부두 공장 시찰. 조국근대화의 상징적 공사의 하나인 중화학공업단지, 여천단지의 공사가 그동안여러 가지 난관이 많았고 특히 석유파동 이후에는 설상가상격으로 애로가 겹쳤으나 그래도 예정 공정대로 착착 추진이 되고 있는 것을 보고 기쁘기 한량없다. 관계책임자들의 노고를 치하하다.

메탄올공장이 금년 말에 완공되고, "7비"가 1977년 3월에 준공되고, 삼일만 항만시설이 또 완공되고, 석유화학공장들이 78년경에 완공이 되었을 때를 예상해 보면서 부푼 희망과 자신감을 가득 간직하고 저도(猪島)로 돌아왔다.'

수출신장에 필요한 기술개발과 품질개량에 계속 힘써야 한다

1975년 11월 26일, 무역진흥확대회의에서 대통령은 우리 수출업체들은 금년에 우리가 얻은 여러 가지 경험과 교훈을 토대로 수출신장에 필요한 기술개발과 우리 상품의 품질개량을 위해 계속 노력해야 되겠다는 점을 강조했다.

"금년도 앞으로 1개월밖에 남지 않았습니다. 그런데 오늘 보고를 들어보니까 금년에 모든 업계와 정부가 있는 힘을 다해서 최선을 다했습니다만 금년도에 책정한 수출목표 달성에는 약간 미달하지 않겠느냐 이렇게 봅니다. 금년에 여러 가지 국제경제 여건이 불리했다는 건 주지의 사실인데 여기서 우리는 여러 가지 얻는 것도 있었다는 생각을 합니다.

지난 십여 년 동안 우리나라의 수출이 그야말로 승승장구 세계에서 가장 높은 신장률을 치달리고 왔습니다만, 이런 어려운 국제정세에 부닥쳐 봄으로써 우리경제에 어떤 취약점이 있는가, 또 우리 경제의 체질면에서 우리가 한 번 반성을 하고 다져 나가야 할 점이 무언가, 그런 데에 대한 우리의 반성 재검토, 이런 것을 해 볼 수 있는 기회를 가졌다는 것은 전화위복이었다고도 생각합니다.

내년도에 가서 국제경제가 어떻게 될지 여러 가지 구구한 억측과 전망이 있습니다만 서서히 풀려나갈 것이라는 게 일반적인 견해 같습니다.

따라서 우리 경제, 특히 우리 수출업체들은 금년에 우리가 얻은 여러 가지 귀중한 경험과 교훈을 토대로 해서 우리의 수출을 늘려나가는데 필요한 기술을 꾸준히 개발하고, 우리나라 상품의 품질개량을 해나가고 보다 더 좋은 값을 받을 수 있는 노력이 계속되어야 된다고 생각합니다. 다른 방법이 없지 않느냐, 그런 면에 있어서 그동안 많은 노력을 했지만 보다 더 분발해야 할 그런 점이 많다고 봅니다. 국제적인 불황이 있다, 수출이 안 된다 하면 금년에는 안 되는 해니까 체념을 하고 안 된다 안 된다 하는 얘기만 해서는 점점 더 안 될 겁니다.

내가 늘 이야기하지만 우리는 어려운 고비에 부닥쳤을 때에는 어렵다고 그냥 거기서 주저앉거나 후퇴를 할 것이 아니라 어려운 상황 속에서도 뚫고 나갈 구멍이 없는가, 활로가 없는가, 그걸 찾아내는 것이 비단 경제뿐 아니라 모든 문제에 있어서 우리가 살아가는데 필요하리라고 생각합니다.

이건 국가의 안보문제라든지, 외교문제라든지, 정치문제라든지, 경제문제라든지 사회문제에 있어서도 마찬가지입니다.

또 개인도 그렇고 국가도 그렇습니다. 여러 가지 국제적인 어려운 여건에서 우리 경제가 뚫고 나가고 개척해 나갈 것이 무언가? 그걸 우리가 찾아내고 밀고 나가는 것이 우리의 슬기가 아니겠는가 생각합니다. 어려운 것은 다 같이 마찬가지로 어렵습니다. 어렵다고 체념을 하고 주저앉는 사람들은 전진이 없는 거고, 거기서도 굴하지 않고 활로를 개척해 나가려고 노력하는 민족이 언제든지 앞섭니다. 금년의 어려운 해를 보내면서 여기서도 우리는 다시 한 번 교훈과 여러 가지 경험을 되살리고 새로운 활로를 찾아 앞으로 더 발전할 수 있는 기회를 모색해야 되겠습니다.

그런 점에 있어서는 금년에 우리가 수출목표 몇억 달러 미달했다 해서 크게 실망할 필요는 없고, 모든 힘을 갖춰서 내년도에 다시 더 분발해 나가자, 이런 마음가짐을 가져야 되겠다고 생각합니다. 특히 앞으로 남은 한 달 남짓한 기간 내에 그래도 가능한 모든 노력을 다해서 좋은 성과를 올려보기 위해서 상공부가 주동이 되어 수출진흥을 위한 비상대책 기구에서 일하는 우리 공무원, 은행에 있는 여러분들, 관세청 산하의 공무원들 업계에 있는 여러분들 또 수출조합, 검사소, 휴일도 없이 고생하는 여러분들의 노고에 대해서 다시 한 번 위로의 말씀을 드리고 좋은 성과를 올리길 기대해 마지않습니다."

공장새마을운동을 활발하게 전개하는 것이 수출증대에 큰 도움이 될 수 있다

1976년 1월 28일, 무역진흥확대회의에서 대통령은 먼저 수출목표를 좀 더 높이 잡고 연초부터 수출을 서둘러야 되겠다는 점을 강조했다.

"작년에 너무 수출에 애를 먹어서 금년에는 정부가 수출목표를 책정한 것도 대단히 영향이 많은 것 같은데 내가 보기엔 65억 달러 목표라는 것은 너무 소극적이고 너무 보수적이라고 봅니다.

지금 당장 이 숫자를 고치자는 얘기는 아니고 앞으로 1/4분기 말쯤가서 국제경기 동향을 봐서 필요하면 다시 재조정할 수 있지도 않겠는가 봅니다. 작년같이 그렇게 어려운 때 15%의 성장을 해 왔는데 금년에 겨우, 한 19%, 정부에서 일하는 사람들은 목표를 낮게 책정해 놓고 뒤에 가서 초과했다 하면 기분이 좋고 국민들이 보기도 좋지만, 높이 책정했다가 미달하면 정부가 큰 실수나 한 것 같은, 성적이 불량한 것 같은 그런 인상을 주지 않을까 염려해서 그러는지 모르지만, 물론 불가능한 목표를 만들어 놓고 무리하는 건 안 되지만, 우리가 어느 정도까지 달성 가능하냐, 우리 자신의 실력을 잘 검토하고 우리가 할 수 있는 데까지 최대한도로 해본다 하는 그런 자세로 나가야 되겠습니다.

수출도 금년 연초에는 산업신용장도 잘 오고 작년보다는 훨씬 좋다고 합니다만 매년 보면 정부나 업체도 연초에는 수출에 대한 노력이 부진한 것 같아요. 경기가 어떠냐 하는 것을 어느 정도 관망하는 시기가 되기는 하겠지만 나는 연초부터 서두르고 뛰자 이겁니다. 작년에도 보니까 연말에 가서 미달하니 정부와 업계가 속도를 내고 있던데, 연초부터 그런 자세로 나가면 훨씬 더 성과를 올릴 수 있지 않겠느냐 생각합니다."

대통령은 이어서 수출증대를 위해서는 기업인과 근로자들이 노사문제를 원만히 해결해 나가야 한다는 것을 강조했다.

"우리가 앞으로 수출을 증대시켜 나가는 데는 전반적인 국제경기가 회복되어야 되겠고, 여러 가지의 대외적인 여건이 호전되어야 하겠습니다만, 내가 볼 때는 상품의 품질을 향상시키는 것이 가장 중요하다고 생각합니다.

그래서 국제경쟁력을 향상시키는 데 꾸준히 노력하는 것이 무엇보다도 중요하다, 또 그중에서도 기업주들이 종업원들을 자기의 한 가족같이 생각하고 그들의 처우개선과 복지향상을 향상시키기 위해서 성심성의껏 노력을 해주는 것, 이것이 상품의 품질을 향상시키고 생산성을 높이는 데 가장 중요한 요인이다, 나는 그렇게 생각합니다. 물론 기업인들이 그런 정신을 가지고 노력을 하고 있을 줄 압니다만 종업원들의 처우개선을 해주는 것은 절대로 기업의 손해가 아닙니다. 그렇게 해줌으로써 종업원들의 사기를 앙양시키고 그들이 그 회사를 자기 회사처럼 생각하고 물건 하나하나 만드는 데 정성을 들인다는 것, 그것이 결국은 품질을 향상시키고 생산성을 향상시키는 가장 중요한 요인입니다. 물건은 기계가 만드는 것처럼 보이지만 결국은 사람이 만드는 것입니다. 근로자 한 사람 한 사람이 물건 하나하나에 대해서 얼마만큼 내 물건처럼 생각하고 정성을 들이느냐 안 들이느냐에 따라서 결과는 큰 차이가 납니다. 그때그때 당장 눈앞에는 안 나타날지 모르지만 길게 볼 때는 근로자들의 그러한 자세가 절대적인 것입니다.

금년 연초 기자회견 때 우리 경제의 안정을 회복시켜 나가는 데 있어서 기업가들이나 근로자들이 협조정신을 가지고 노사문제를 원만히 해결해 나가야 되겠다는 것을 강조했습니다만, 그 취지는 종업원들의 노동쟁의를 일체 못하게 꽉 눌러놓고 불평이 있더라도 아무 소리 못하도록 하라는 얘기가 절대 아닙니다. 기업주들이 최대한의 성의를 베풀어서 종업원들의 처우개선에 노력하고 종업원들은 회사의 여러 가지 사정을 봐가지고 무리한 요구를 해서는 안 되겠다, 노동쟁의가 벌어지고 시끄러워지면 기업주도 손해를 보고 근로자들도 손해를 보고 국가적으로도 손해다. 더군다나 이런 어려운 시기에 우리가 서로 원만하게 문제를 해결해 나가자, 이런 얘기지 모든 것을 금지한다 하는 뜻은 아닙니다. 따라서 모든 기업가들은 회사에서 일하고 있는 종업원들에 대한 처우개선과 복지향상, 여기에 대해서 자진해서 최대의 성의를 베푼다, 이것은 결국 품질을 향상시키는 데 가장 큰 요인이 될 수 있다, 이렇게 생각합니다."

대통령은 이어서 공장새마을운동을 보다 더 활발하게 전개하는 것이 수출증대에 큰 도움이 될 수 있다는 점을 강조했다.

"전부터 해오고 있습니다만, 공장새마을운동, 이것을 보다 더 활발히 전개해 나가는 것이 좋겠다고 생각합니다. 이것도 역시 수출증대에 큰 도움이 될 수 있습니다. 물론 잘하고 있는 모범적인 그런 기업체가 많이 있습니다만 어떤 기업체는 그것에 대해서 무관심한 그런데도 있는 것 같습니다. 요전에 도시새마을운동에 대해서 이런 이야기를 한 일이 있습니다. 즉 도시라고 해서 새마을운동이 안 될 리 없다, 도시도 할 일이 얼마든지 있다, 그것도 어렵고 돈이 많이 드는 일부터 하라는 것이 아니라 우리 생활주변에 뭔가 고치고 시정해야 할 일들이 얼마든지 깔려 있는데, 이에 대해서 착안을 못하거나, 이웃주민끼리 서로 합심이 안 돼서 못하고 있는 일 중에 쉬운 것부터 하나하나 해나가는 것이 도시새마을운동이다, 이런 얘기였습니다. 공장새마을운동도 마찬가지입니다.

공장새마을운동도 요란스럽게 깃발을 올리고 떠들썩하게 하는 게 아니라 쉬운 것부터 하자 이겁니다. 기업주의 착안에 따라서 방법이 다르겠지만 나의 생각으로는 우선 근로 환경부터 개선해 주자, 물론 이것은 기업주가 앞장을 서야 합니다.

공장새마을운동에 근로자들이 처음에는 따라오고 마지막에 가서 그런 분위기가 돌면 기업주가 시키지 않아도 근로자들이 스스로 자발적으로 그런 운동에 참여하고 뛰어들 수 있도록 그런 분위기를 만들면 그것은 성공적이라고 생각합니다. 해마다 지방공장을 가보면 공장 노동 환경도 많이 좋아지고 있는데, 기업주들이 조금만 더 머리를 써서 종업원들이 보다 더 명랑하고 좋은 기분으로 일할 수 있는 그런 환경을 만들어 주면 훨씬 더 능률이 올라가지 않을까 생각합니다. 그거 크게 돈들어가는 일도 아닙니다.

그런 착안을 못하는 데가 있는 것 같은데, 노동환경을 개선해서 아침에 출근하면 좋은 기분으로 이게 우리 회사다, 내 직장이다, 이렇게 생각하고 아침부터 일할 기분이 나도록 만들어 주는 거, 늘 고된 일을 하더라도 기분만은 명랑한 환경을 만들어 주는 거, 여기에 좀 더 관심과 성의를 기업주들이 먼저 보여 줘야 합니다.

그리고 공장에서는 사람들이 일하는 것이기 때문에 거기에는 인간적인 관계와 인정이 넘쳐흘러야 합니다. 이웃돕기운동으로 종업원들 중에 어려운 동료들을 정성을 가지고 힘이 닿는 데까지 도와주고 기업주도 거기에 협력한다, 이렇게 해서 직장의 분위기를 부드럽고 따뜻하게 하는 것 그것도 새마을운동이다. 새마을운동 중에서도 가장 중요한 새마을운동입니다.

또 한 가지 공장에서는 물자를 많이 취급하고 있으니까 모든 물자를 아끼고 절약하는 운동을 전개해서, 거기서 남는 게 있으면 그것을 불우한 이웃 동료를 돕는 데도 쓰는 것이 좋을 것입니다.

그다음엔 생산기술을 향상시키고 보다 더 정성이 든 물품을 만들어서 생산성을 올리는 데 기업주나 전 종업원들이 한마음이 되어 노력하고, 생산성 향상의 결과로 얻은 이익은 종업원들의 처우개선이나 임금인상으로 되돌아가게 해준다. 이렇게 하면 공장새마을운동은 성공했다고 봅니다. 종업원들한테도 크게 혜택이 가고, 기업주를 위해서도 크게 혜택이 가고, 국가적으로도 이건 대단히 좋은 일입니다.

물품을 만들고 기술을 개발하는 데 있어서도 정신운동이 같이 뒤따라야만 보다 더 능률을 올릴 수 있고, 품질을 향상시킬 수 있지 않겠느냐, 그래서 공장새마을운동을 보다 더 적극적으로 전개를 했으면 좋지 않은가 생각합니다."

해외 물자수송을 위한 국산 외항선박을 많이 확보해야 되겠다

1976년 2월 3일, 교통부 연두순시에서 대통령은 먼저 해외 물자수송을 위한 외항선박을 많이 확보하여 자국선 적취율을 높이는 데 좀 더 박차를 가하라고 지시했다.

"우리나라 물동량이 매년 급격히 늘어나고 특히 수출이 늘어가고, 따라서 해외 물자수송에 있어서 외항선의 선박을 빨리 늘려야겠는데 다른 분야보다도 이 분야가 조금 늦어지고 있지 않느냐 생각됩니다.

전에도 몇 번 이 문제에 대해서 회의도 했고 지침도 내려간 줄로 알고 있는데 금년에는 이 문제에 대해서 조금 더 진지하게 검토를 해서 우리나라에도 지금 조선소가 여러 개 생겨 있고 어떻게 하든지 외항선을 많이 확보를 해서 자국선 적취율을 높이는 문제를 지금부터 조금 속력을 내지 않으면, 물동량은 급격히 늘어나는데 거의 대부분 외국선박에 의존해야 되며, 그에 대한 막대한 운임을 외국에 지불해야 된다는 결론을 얻게 됩니다.

지금 현재 우리나라 해운업을 하고 있는 사람들을 좀 더 독려해서 이에 대해서 힘을 쓰도록 교통부에서 강력히 권유하고, 정부도 그에 대해서 지원을 한다든지 정책적인 뒷받침을 해주고 이것이 같이 병행되어야 될 줄 압니다."

80년대 초에는 중화학공업 건설사업의 모든 목표가 달성될 것이다

1976년 5월 31일, 포항종합제철 제2기 확장공사 준공식에서 대통령은 이 공장의 제2기 확장공사가 완공됨으로써 1980년대 초에는 우리가 노리는 중화학공업 건설사업의 모든 목표가 무난히 달성되리라는 기대를 갖게 되었다고 천명했다.

"내외 귀빈 여러분!

그리고 이 건설공사에 불철주야 노고가 많았던 박태준 사장 이하 포항종합제철의 임직원과 기술자 여러분!

그동안 여러분들이 밤낮을 가리지 않고 땀 흘려 노력한 결과가 오늘 결실을 맺어서 '공업한국'을 상징하는 거창한 작품을 우리 국민들 앞에 선보이게 되었습니다.

여러분들의 그간의 노고에 대해서 이 자리를 빌려 충심으로 치하와 위로의 말씀을 드리는 바입니다.

오늘 포항종합제철 제2기 확장공사 준공을 보게 된 이 자리에서 특히 내가 가장 흐뭇하고도 자랑스럽게 생각하는 것은, 이 공사가 거의 대부분 우리 기술진에 의해서 이루어졌다는 점과, 또 여러 가지 어려운 여건이 한두 가지가 아니었지만 공사를 계획보다도 1개월이나 앞당겨서 준공했다는 데 대해서 다시 한 번 여러분들의 노고를 치하하고 또한 위로를 드리는 바입니다.

이 제2기 확장공사는 착공한지 2년 반 동안에 약 2600억 원이라는 많은 자금이 투입되었으며, 앞으로 연간 260만 톤의 조강생산 능력을 가짐으로써 우리 국내수요의 거의 절반 이상을 충당하게 되었습니다.

또, 이 제2고로가 새로 준공됨으로써 포항종합제철은 그 기능면에서 과거보다 훨씬 더 안정성을 갖게 되었습니다.

사람으로 말할 것 같으면 폐가 둘이 있어야 되는데 과거에는 하나만 가졌던 공장이었다고 볼 수 있겠습니다.

이번에 제2고로가 완성됨으로써 만약에 한쪽 고로에 무슨 고장이 난다 하더라도 조업을 중단하지 않고 남은 또 하나의 고로로써 모든 조업이 계속될 수 있다는 것입니다.

또, 이 공사기간에 코크스공장이라든지 소결공장 또는 냉간압연공장 등 이러한 공장시설이 새로 준공됨으로써 포항종합제철은 명실공히 종합제철로서의 모든 기능을 완비하게 되었습니다.

지난 1973년 1월에 나는 우리나라의 중화학공업 정책선언을 발표한 바 있습니다.

그리고 지난 3년 반 동안 이 사업을 추진하는 과정에 있어서 우리의 중화학공업 건설은 여러 가지 어려운 문제에 봉착했었습니다.

가장 두드러진 것이 석유파동이었고, 또 국제적으로 아주 극심한 불황을 우리는 겪었습니다.

그럼에도 불구하고 우리의 중화학공업 건설계획은 아무런 차질 없이 계획대로 지금 추진되어 가고 있습니다.

더구나 오늘 이 포항종합제철의 제2기 확장공사가 준공됨으로써 우리나라의 중화학공업 건설사업은 보다 더 박차를 가해서 1980년대 초에 우리가 노리는 모든 목표가 무난히 달성되리라는 부풀은 기대를 우리는 가지고 있는 것입니다."

대통령은 이어서 포항제철공장은 벌써 제3기 확장공사에 착수했고 2년 반 후인 79년 초에는 550만 톤 규모의 공장으로 그 시설이 확장된다고 밝혔다.

"흔히 개발도상국가에 있어서 이처럼 투자가 많이 소요되는 종합제철공장을 건설할 필요가 있느냐 없느냐 하는 문제는, 우리나라뿐 아니라 다른 나라에 있어서도 찬반양론이 많이 있는 것으로 압니다.

우리나라에 있어서는 1970년 봄에 이 공장을 착수할 때까지는 국내외의 전문가나 기술자들 사이에서 이 같은 투자가 많이 소요되는 공장을 우리나라 형편에서 건설한다는 것은 아직 시기상조다, 경제성이 희박하다 하는 주장이 상당히 많았던 것입니다.

그래서 우리가 이 포항종합제철을 착공할 때까지 그 정책을 결정하는 과정에서만도 약 5개월이라는 시간이 소요되었다는 것을 우리는 기억하고 있습니다.

그러나 이 공장이 1970년 4월 착공되어서 불과 3년 6개월 만에 1단계 공사가 끝나고 73년 여름에 103만 톤의 조강생산 능력을 갖게 되었습니다.

건설공정이 짧았다는 것과 또 성능면에 있어서도 다른 나라에서 그 유례를 볼 수 없는 일이었지만, 특히 공장이 처음으로 가동되고 나서 불과 1년 만에 약 250억 원이라는 흑자를 냈다는 사실은 전세계적으로 전례가 없는 것으로 나는 알고 있습니다.

특히 작년과 같은 세계적인 철강업계의 불황과 타격 속에서도 우리 포항종합제철은 악전고투하면서 결과적으로 약 100억 원이라는 흑자를 냈습니다.

이것도 내가 아는 범위에 있어서는 전세계적으로 그런 예가 한둘밖에 없는 것으로 알고 있으며, 그동안 박태준 사장 이하 포항종합제철의 모든 직원과 특히 우리 젊은 기술자 여러분들이 조국의 공업건설을 위해서 투철한 사명감과 기어코 이를 건설하겠다는 의욕과 집념과 헌신적인 노력으로 이 같은 훌륭한 성과를 가져왔다고 생각하고, 다시 한 번 이 자리를 빌려서 그 노고를 치하하는 바입니다.

포항제철 제2고로 화입식에 참석하여 태양열로 잡은 원화로 불을 지피는 박 대통령(1976. 5. 31)

이 공장은 벌써 제3기 확장공사에 착수를 했습니다.

이것이 순조롭게 이루어지면 앞으로 2년 반 후인 79년 초에 가서는 약 550만 톤 규모의 공장시설로 확장이 되리라고 봅니다.

앞으로 제3기 확장공사에 있어서도 모든 것이 순조롭게 계획대로 추진되기를 기대하고 그동안 여러분들의 분발과 정진을 또한 기대해 마지 않습니다.

마지막으로 다시 한 번 박 사장 이하 포항종합제철 모든 종업원 여러분들의 그동안의 피눈물나는 노력과 훌륭한 성과에 대해서 치하를 보내고, 또 이 공장건설 과정에 있어서 여러 가지 지원을 해주신 관계 기관의 여러분과 우리나라의 건설업자 여러분, 그리고 이 공장건설의 자본기술면에서 직접, 간접으로 협조해 주신 외국의 관계기업체와 기술진 여러분들의 노고에 대해서도 아울러 감사를 드립니다."

81년도 수출목표 100억 달러를 4년 앞당겨 달성할 수 있을 것이다

1976년 11월 30일, 제13회 수출의 날에 대통령은 먼저 지난 10여 년 동안 우리가 이룩한 수출입국의 실적에 대해 설명했다.

"친애하는 전국의 상공인과 근로자 여러분!

그리고 국민 여러분!

산업을 근대화하고 수출을 진흥하여 자립경제를 확립하는 것은, 우리의 당면과제이며 민족중흥의 중간목표입니다.

우리가 지난 10여 년 동안 '수출입국'의 기치를 높이 들고 한 덩어리로 뭉쳐 증산과 수출에 총력을 기울여 온 것도 바로 이 때문입니다.

그 결과, 우리의 수출은 해마다 경이적인 신장을 거듭하여 지난 10월 말에 이미 금년도 목표인 65억 달러선을 돌파하였고, 이 같은 추세로 미루어 보아 연말에 가면 80억 달러 수준에 이를 것으로 전망됩니다.

더욱이, 오늘 자랑스럽게 생각하는 것은 작년에는 2억 달러탑 수상자가 1개 업체였으나 불과 1년 만에 3억 달러탑을 받은 업체만도 셋이나 되고, 1억 달러 이상 2억 달러대를 넘어선 기업체가 아홉 개로 늘어났다는 사실입니다.

이것은 우리나라 기업이 그만큼 착실하게 성장해 왔고, 우리의 기술과 산업구조가 그만큼 높은 수준으로 발전하고 있다는 단적인 증거로서 그동안 우리가 함께 흘린 땀과 성과에 대해 커다란 보람과 자부를 느끼는 바입니다.

60년대 초만 하더라고 우리의 국력과 기술은 보잘것없어서 우리들 힘만으로는 나라 살림을 꾸려 가기 어려운 형편이었고, 조그만 공장 하나 짓는 데에도 외국기술자의 도움을 받아야 했던 기억이 지금도 새롭습니다.

또한 불과 12년 전, 처음 1억 달러 수출을 달성하고 다 같이 기뻐했던 것이 바로 엊그제 같은데, 지금은 대망의 100억 달러 수출을 눈앞에 바라보게 되었으니 실로 금석지감을 금할 수 없습니다.

나는 오늘의 눈부신 성과를 가져오기까지, 그동안 증산과 수출전선에서 땀 흘려 일해 온 수출유공자를 비롯하여 모든 기업인과 근로자, 그리고 유관기관과 공무원 여러분 노고에 대해 충심으로 치하를 보내는 바입니다.”

대통령은 이어서 우리는 100억 달러 수출목표 연도인 1981년을 4년 앞당겨 내년 말까지는 100억 달러 수출이 가능할 것으로 전망했다.

“상공인 여러분!

다 아는 바와 같이, 우리는 제4차 경제개발5개년계획이 끝나는 1981년을 100억 달러 수출목표 연도로 설정했던 것입니다.

그러나 금년에 80억 달러를 달성하게 되고 현재와 같은 신장추세가 지속되면, 4년을 앞당겨서 내년 말까지는 100억 달러 수출이 가능할 것으로 내다보입니다.

우리나라와 같이 자원도 부족하고 뒤늦게 근대화에 들어선 이른바 개발도상국가에서, 그것도 불과 10여 년이라는 짧은 기간 동안에 100억 달러 수출을 바라보게 되었다는 것은 세계에서도 유례없는 기록이라고 해도 과언이 아닙니다.

100억 달러 수출은 물량의 크기로 보아서도 그러하거니와 앞으로 더욱 산업고도화를 촉진하고 수출증대를 가속화하는 새로운 계기가 되며, 명실상부한 경제자립의 전망과 시기를 판가름하는 결정적 고비가 된다는 점에서 그 의의는 참으로 큰 것입니다.

일본의 경우를 보더라도, 그들의 수출이 100억 달러대를 넘어선 것은 지금부터 9년 전인 1967년이었고, 이것을 도약의 발판으로 삼아 오늘날 세계적인 수출대국으로 상장했다는 것은 하나의 좋은 실례라 하겠습니다.

그들은 우리보다도 100년이나 앞서 근대화에 착수했고 국내 사정이나 주변정세면에서도 우리보다 유리한 여건에서 경제건설을 추진할 수가 있었습니다.

그러나 우리는 국가안보상의 위협은 더 말할 것도 없고 모든 부문에서 근대화작업을 하나하나 새로 추진해 나가야 했고, 또 한편 세계적인 자원파동과 경제불황, 그리고 무역장벽 등 이중삼중의 시련을 극복해야 하는 힘겨운 처지에서 이만큼 자란 것입니다.

오늘날 자원문제를 둘러싼 국가 간의 대립과 분쟁은 여전하고 선진국은 보호무역주의와 수입제한 조치를 강화함으로써 세계경제의 여건은 각박해지고 있습니다.

그뿐만 아니라 우리나라는 그동안 모범적인 개발도상국가로서 선진국의 찬사와 격려를 받는 위치에 있었으나, 이제는 서로 어깨를 겨루는 만만치 않은 경쟁자로서 오히려 외부의 도전을 받는 입장으로 바뀌어 가고 있습니다.

그러나 우리는 기어코 우리의 힘으로 부강한 나라를 만들기 위하여, 어떤 시련과 난관이 있더라도 이를 슬기롭게 극복하고 증산과 수출에 더욱 박차를 가해 나가야 합니다.

나는 우리 민족의 우수한 자질과 기술로 보나 오늘의 성과를 이룩한 강인한 저력으로 보아, 우리 모두가 더욱 분발하고 노력만 한다면 내년도 100억 달러 수출은 충분히 가능하다고 보고 있습니다.

요는 우리의 의지력과 자세 여하에 달렸습니다.

새삼 강조할 것도 없이, 국제경쟁력을 강화하여 지속적인 수출증대를 실현하기 위해서는 우리가 남보다도 더 일하고 품질이 우수한 상품을 더 많이 생산해야 하며, 앞으로 중화학공업 제품의 수출을 계속 늘리고 독창성 있는 제품을 새로 개발해 나가는 것이 매우 중요합니다.

이제 우리나라 기계공업은 그동안 국산화가 크게 촉진되어 웬만한 공장 설비는 우리 손으로 생산할 수 있는 단계와 와 있습니다.

플랜트 수출은 기술집약적인 산업 분야이기 때문에 부가가치가 높을 뿐만 아니라 그 대상국이 주로 개발도상에 있는 자원보유국이 될 것이므로, 시장개척과 우리가 필요한 자원을 장기적으로 확보할 수 있게 되는 등 일거양득의 효과가 있는 것입니다.

따라서 앞으로는 플랜트 수출에 눈을 돌려 본격적인 시장개척에 나서야 하겠습니다.

정부는 수출의 지속적인 증대를 위해 중화학공업 건설에 더욱 박차를 가해 나가는 한편 수출산업의 고도화를 위한 시설확충과 기술혁신 등 다각적인 시책을 꾸준히 밀고 나갈 것이며, 유능하고 성실한 기업에 대해서는 적극적인 지원과 협조를 아끼지 않을 것입니다."

대통령은 끝으로 기업인들은 앞으로도 계속 근로자의 복지향상에 더욱 힘써 줄 것을 당부했다.

"지속적인 수출증대의 요체는 무엇보다도 상품의 질을 높이고 생산성을 제고하여 국제경쟁력을 강화하는 데 있습니다.

이를 위해서는 근로자들이 기업체에 대해 '우리 공장', '내 살림'이라는 애착을 가지고 물자를 하나라도 아껴쓰고 창의를 발휘하여 비용 절감에 기여하며, 정성과 기쁨으로 생산활동에 몰두할 수 있도록 기업인들이 근로자의 처우개선과 복지 향상에 최선을 다하는 것이 무엇보다도 중요한 일입니다.

근로자의 복지향상에는 여러 가지 방법이 있겠으나, 한창 성장기에 있어 배우고자 애쓰는 종업원들에게 교육의 기회를 마련해 주는 것도 매우 뜻있는 일이라고 나는 생각합니다.

정부가 지금 근로자교육 문제에 특별한 관심을 가지고 교육법 등 관계법의 개정을 서두르고 있는 것도, 교육은 비단 개인의 장래를 위해서만이 아니라 기술혁신의 바탕이며 국가발전의 추진력이 되기 때문입니다.

나는 근래 많은 직장과 공장에서 새마을운동이 활발하게 전개되어 기업풍토가 점차 개선되고 근로자와 기업인 간에 인정어린 협조가 원만하게 이루어지고 있는 데 대해 마음 든든하게 생각하면서, 앞으로도 계속 기업인 여러분이 근로자의 복지향상에 더욱 힘써 줄 것을 당부하는 바입니다.

국민 여러분!

오늘 열세 번째 '수출의 날'을 맞이하여, 우리 모두 자립경제와 민족중흥의 결의와 자신을 다시 한 번 새로이 다지고 더욱 힘을 합하여 증산과 수출과 건설에 일로 매진합시다.

그리하여 내년에 맞이할 제14회 '수출의 날'은 백억 달러 수출 달성의 보람과 기쁨을 다 함께 누릴 수 있는 수출한국의 일대 축제가 되도록 합시다.

끝으로, 오늘 포상을 받은 영예의 수출유공자들을 비롯한 전국의 상공인과 근로자 여러분의 노고를 다시 한 번 치하하면서 가일층의 분발을 당부하는 바입니다."

100억 달러 수출을 위해 기술개발과 근로자 처우향상에 힘써야 한다

1976년 12월 29일, 무역진흥확대회의에서 대통령은 앞으로 100억 달러 수출목표 달성을 위해서 우리는 기술개발과 근로자들의 처우개선에 중점적인 노력을 기울여야 되겠다는 점을 강조했다.

"1973년도 소위 석유파동 이후에 그 여파로서 우리나라 경제가 극심한 불황에 빠져서 허덕인 적이 있습니다. 74년, 75년 2년 동안은 매우 어려운 불황 속에서 우리 경제가 고전해 왔습니다. 다행히도 금년도에 들어와서 서서히 불황에서 탈피가 되고 경기가 회복하고 우리나라의 경제성장 추세가 다시 회복돼서 전반적인 경제 성장이라든지 수출도 예상보다도 훨씬 더 많은 신장을 했습니다.

내년도에는 100억 달러대를 우리 모두의 힘으로 돌파해 보자는 그런 목표를 가지고 나아가고 있습니다.

우리나라 경제가 그동안 이만큼 성장을 해서, 특히 수출면에 있어서 기반이 다져지고, 저력이 생겼다 하는 것은 우리나라 수출이 앞으로 보다 더 성장해 나가는 데 있어서 좋은 조건이 되기는 합니다만 반면에 우리 경제가 수출이 이만큼 늘어나면 늘어날수록 여기에 대한 경쟁자가 더 많아지고 앞으로 거기에 따르는 어려운 문제들이 많이 생긴다는 것도 여러분도 잘 알 줄 압니다.

우리의 힘이 약할 때는 동정하는 사람들이 많은데 힘이 강해지면 적이 자꾸 늘어난다, 경쟁자가 나온다, 도리가 없습니다.

그러나 우리는 그런 걸 미리 예측하고 지금부터 하나하나 대비를 해서 현재 우리나라 수출신장 추세를 그대로 지속해 나갈 수 있겠끔 정부도 여기에 대해서 최대한의 지원을 하겠습니다. 방금도 선박 문제 등등 여러 가지 어려운 문제가 있다는 얘기가 나왔는데 이런 문제는 정부와 업계가 하나하나 지금부터 좀 더 구체적으로 여러 가지 방안을 모색해서, 어려운 곤경을 뚫고 나갈 수 있는 길을 모색해 나가야 하겠습니다. 전에도 늘 강조를 했습니다만 수출이라는 것을 해보면 몇몇 사람의 노력만 가지고 되는 것도 아니고 결국은 국력의 총화다, 국력의 총화적인 표현이라는 것을 시간이 갈수록 실감하게 됩니다.

정부만 애를 써도 안 되는 것이고, 업계만 뛰어도 안 되는 것이고, 몇몇 사람의 노력만 가지고도 안 되는 겁니다. 정부, 업계, 근로자, 일반국민 모든 사람이 모두 한마음이 돼서, 총화적인 노력을 해야만 수출이 늘어날 수 있는 것입니다.

우리가 원래는 81년에 100억 달러 목표를 달성해 보자고 했는데, 그동안에 석유파동이니 여러 가지 어려운 난관을 겪으면서도 원래 목표보다 한 4년 앞당겨서 100억 달러대를 돌파하자는 목표를 세웠습니다. 그만큼 우리나라의 수출이 빨리 성장했습니다. 또 우리 국민들이 그만큼 더 땀 흘려서 일하고 노력을 했습니다. 그러나 앞으로도 여러 가지 어려운 문제들은 많습니다. 이것을 과거와 같은 그런 노력으로서 극복해 나가자는 것입니다. 그러한 노력에 있어서 이제부터는 기술개발에 우리가 총력을 경주해야 될 것 같습니다. 어느 나라가 기술이 더 앞서느냐, 기술을 배운 기술인력을 많이 가지고 있느냐, 많이 가지고 있을 뿐만 아니라 그 인력의 질이 어느 나라의 것이 가장 높으냐, 이것이 국제시장에 있어서 경제의 성패를 결정하는 것입니다.

내년부터 정부도 이 점에 있어서 여러 가지 면으로 중점적인 시책을 써 나갑니다만 업계에 계신 여러분들도 여러분들이 직접 해외 시장에 나가서 싸워 봐서 피부로 느낄 정도로 경험을 하고 있을 줄 압니다만 결국은 어느 나라의 기술이 앞서가고 있느냐, 이것이 국제경쟁에서 이길 수 있는 관건입니다.

또 한 가지 내가 강조하고 싶은 것은 기업가 여러분들이 여러분들 밑에서 일하는 종업원, 근로자의 사기앙양을 항시 잊지 말아달라는 것입니다. 결국은 기업가가 머리로 전반적인 연구를 해내고, 지시를 하고 하겠지만, 실제 손을 움직이고 하나하나 머리를 써서 물건을 만들어 내는 것은 근로자들입니다. 그 사람들의 사기가 높아야만 좋은 상품이 나올 수 있다는 점을 다시 한 번 강조하고자 합니다."

제5장 세계석유위기 광풍 속에서 100억 달러 수출을 해내다

중화학공업 중심의 두뇌산업 시대에 대비해야 한다

1977년 1월 19일, 경제기획원 연두순시에서 우리 경제가 중화학공업을 중심으로 하는 기술주도형 또는 두뇌산업의 시대로 옮겨가고 있으며, 여기에 대비한 여러 가지 정책에 집중적인 노력을 해야 되겠다는 점을 강조했다.

"지난 1973년 석유파동이 일어난 이후 우리 경제가 심한 타격을 받고 불황에 빠져 있었는데, 이것이 언제쯤 회복될 것인가 하는 데 대해서 정부에서는 상당히 염려하고 있었습니다. 다행히도 작년 중에 우리 경제는 불황에서 완전히 탈피하고 활력소를 되찾아 고도성장의 궤도에 다시 오르게 되었습니다.

그러나 국제경제를 전망해 볼 때 앞으로 우리 경제가 성장하는 데에는 여러 가지 제약요인들이 나타날 것으로 예상됩니다. 우리는 우리의 지혜와 슬기를 발휘해서 이러한 어려움을 우리 경제가 견디어 나갈 수 있고, 극복해 나갈 수 있는 국제경쟁력을 지금부터 꾸준히 육성해 나가야 되겠습니다. 이 국제 경쟁도 지금까지는 우리가 주로 개발도상국가들을 상대로 해 왔는데 이제부터는 점차 선진공업국가들이 우리의 경쟁대상이 됩니다. 그리고 우리 경제도 이제부터는 중화학공업을 중심으로 하는 기술주도형, 또는 두뇌를 위주로 하는 두뇌산업 시대로 점차 옮겨가고 있습니다. 여기에 대비한 여러 가지 우리의 정책에 집중적인 노력을 정부와 민간기업이 일체가 되어 꾸준히 밀고 나가야 되겠습니다. 그것이 잘되어 나가면 우리 앞에 가로놓여 있는 여러 가지 어려운 여건을 충분히 극복해 나갈 수 있다고 생각합니다.

또 이러한 어려움이란 것은 비단 우리 대한민국에만 가해지는 제약이 아니고, 우리와 비슷한 여건하에 있는 모든 개발도상국가들에 대해 똑같이 적용되고 있는 것입니다.

문제는 누가 그러한 어려움과 제약에 대해서 더 잘 견디느냐, 그것을 뚫고 나갈 수 있는 힘이 있느냐, 경쟁력이 있느냐 하는 데 있습니다. 이것은 한국경제가 남보다 더 앞설 수 있는 기회가 될 수 있다고 생각을 합니다.

따라서 이제부터는 기술 분야에 있어서도 국제수준화, 생산단위 규모에 있어서도 국제수준화를 이룩하여 선진공업국가를 따라가고 그들을 앞지르겠다는 목표를 가지고 노력해 나가야 하겠습니다.

이를 위해서는 앞으로 산업시설을 보다 더 확장해 나가고 수출도 과거처럼 현금 받고 파는 방식만이 아니라, 외상으로 파는 연불수출 방식도 적극적으로 힘써 나가야겠고, 특히 기술인력 개발에 주력해야 되겠습니다. 그리고 우리나라의 과학기술 분야의 수준을 급속히 성장시켜 나가야 되겠고, 시장도 여러 지역으로 다변화해 나가야 되겠습니다. 이것이 앞으로 우리 경제가 계속 성장해 나가고 발전해 나갈 수 있는 중요한 방향이 아니겠느냐, 이렇게 생각합니다."

우리나라의 자동차 수출도 유망하다

1977년 5월 13일, 무역진흥확대회의에서 대통령은 우리나라의 자동차 수출도 유망하다고 전망하고 우선 개발도상국가에 진출할 수 있도록 노력해야 되겠다는 점을 강조했다.

"외무부에서 설명한 이 자동차 수출에 대한 것도 지금 들으니까 내가 볼 때 자동차 수출도 상당히 유망합니다. 자동차업계에서 좀 더 분발하면 앞으로 일본을 따라갈 수 있는 단계가 왔다고 보는데 정부에서도 우리나라 자동차 수출에 문제점이 있다는 거 다 알고 있으므로 애로를 타개해 주고 조금만 더 밀어 줘서 이것이 국제시장에 나가서 일본 등 선진국가와 같이 뛸 수 있는 토대만 마련해 주면 우리나라의 자동차 공업은 승승장구 쭉쭉

첫 고유 모델 포니 자동차 시판
1976년 2월 29일, 현대자동차는 한국 최초의 고유 모델 자동차 포니를 시판하기 시작했다.

올라가지 않겠는가, 이런 느낌을 즉각 갖게 됩니다.

오랜 역사를 가진 선진국보다는 기술 등 여러 가지면에서 어려운 점이 많은데도 불구하고 우리가 이만큼 빨리 따라왔으니 앞으로 업계와 정부가 조금만 더 노력을 해서 우리나라 자동차 수출을 크게 발전시켜 나가야 하겠습니다.

현재로서는 선진국가가 아니라 주로 개발도상국에 많이 수출되는 것 같은데 어디를 가면 어떻습니까, 문제는 많이 팔면 되는 거지. 아마 선진국가보다 개발도상국가에 뚫고 들어가는 것이 훨씬 쉽지 않겠는가 생각됩니다.

미국과 일본의 자동차는 우리보다도 훨씬 앞서 있고 역사가 길기 때문에 우리 자동차보다 나은 점이 많겠지만 습기가 많은 지대나 고지에 가면 어떤 결함이 있다고 하는데 그런 분야를 잘 연구해서 조금만 머리를 써서 자동차의 내부장치 같은 것도 그 나라 국민들의 기호나 취미에 맞게끔 고안하여 조금만 더 특색을 나타내서 한국 자동차가 좋다는 평판을 얻게 되면 결국은 팔리는 거 아닙니까?

그리고 개발국가 같은 곳은 우리끼리 앉아서 하는 소리인데, 그런 나라는 다른 나라와 좀 달라서 그 나라 정부의 그런 분야에서 권력이 있는 사람한테 자동차 한 대쯤 선사를 하면 그 사람들이 많이 들여올 수 있는 길도 열릴 것입니다. 일부 국가에서는 그것을 뇌물이라고 시끄러워서 안 되겠지만, 개발도상국가 같은 나라는 그런 것도 할 수 있는 나라다, 그것은 크게 죄악이나 잘못이라고 생각지 않습니다. 우리나라 수출을 위해서는 그 분야에 앞으로 더 노력해 줬으면 합니다."

제7비료공장 완공으로 연간 50만 톤 이상의 비료를 수출로 돌릴 수 있게 되었다

1977년 8월 4일, 제7비료공장 준공식에서 대통령은 이 공장은 공업 한국의 빛나는 이정표라고 평가했다.

"오늘 우리는 식량증산과 중화학공업 발전의 또 하나의 기틀이 될 제7비료공장의 준공식을 가지게 되었습니다.

지금 우리가 바라보는 이 웅장한 공장시설은 그동안 이원엽 사장을 비롯한 임직원과 기술진, 그리고 건설역군들이 혼연일체가 되어 밤낮을 가리지 않고 일해 온 땀의 결정이라 믿고, 여러분의 노고에 대하여 충심으로 치하를 보내는 바입니다.

단일공장으로서는 세계 최대급의 규모와 세계 최신의 공정을 자랑하는 이 7비료공장은, 우리가 지난 3년 4개월 동안 약 2천억 원이라는 막

남해화학 여수공장(7비) 준공, 7비에서 생산된 비료를 살펴보고 있는 박 대통령(1977. 8. 4)

대한 자금을 투입하고 고도의 기술을 총동원하여, 마침내 이룩한 공업 한국의 빛나는 이정표라 해도 과언이 아닐 것입니다.

이제 제7비료공장은 연간 100만 톤의 비료와 50만 톤의 무기산을 생산하게 될 것입니다.

100만 톤이라는 물량은 북한의 연간 전체 비료생산량을 훨씬 넘는다는 사실만으로도 얼마나 많은 양인가를 짐작할 수 있습니다.

7비의 가동과 더불어 우리나라는 연간 300만 톤의 비료를 생산하게 되어, 이제는 국내수요를 충족시키고도 1년에 50만 톤 이상을 수출로 돌릴 수 있게 되었습니다.

그동안 우리가 겪어 본 세계적 자원난은 앞으로 그 어려움이 더욱 가중될 것으로 예상되고 있으며, 그중에서도 식량문제는 해가 갈수록 심각해져 가고 있는 실정입니다.

이와 같은 시점에서 우리가 만들어 낸 이 대규모 비료공장은 식량증산을 위한 비료자급체제 확립뿐 아니라, 특용작물이나 축산을 위한 사료작물의 재배와 초지개발, 산림녹화 등을 위하여도 크게 기여하게 될 것입니다.

그밖에도 여기서 비료와 더불어 생산하게 될 암모니아 등 각종 무기산은 석유화학공업의 귀중한 기초 원자재로서, 이 지역 일대에 건설되고 있는 호남종합화학 기지의 관련산업 육성에 크게 도움을 줄 것이며, 더욱이 이 공장은 화약의 원료를 생산공급하는 국방기간산업으로서도 중요한 역할을 하게 될 것입니다."

대통령은 이어서 이제 우리의 중화학공업은 모든 부문에서 세계수준으로 대형화되고, 국제경쟁력을 증대하면서 괄목한 만한 고도성장을 거듭하고 있다고 천명했다.

"돌이켜보면, 우리는 1973년 초의 중화학공업 정책선언 이후 예기치 않았던 도전과 시련을 겪어 왔습니다.

세계적인 석유파동과 국제경제의 극심한 불황 등이 바로 그것입니다.

설상가상으로 한국의 중화학공업 건설은 무모한 시도다, 시기상조다, 중단되어야 한다 등 비관적인 내외 여론도 있었습니다.

그러나 우리는 이 모든 시련과 고통을 피나는 노력과 끈질긴 인내로써 극복했을 뿐 아니라, 공업입국의 목표와 집념을 끝내 굽히지 않고 일보일보 착실한 전진을 거듭해 왔습니다.

우리는 그동안 포항종합제철의 제2기 확장공사와 현대조선소를 비롯한 수많은 중화학공업 공장을 건설했을 뿐 아니라, 여천석유화학단지와 대·중형조선소, 온산기지, 창원기지, 구미기지 등을 활기차게 건설해 가고 있습니다.

이곳 여천·광양만 일대만 하더라도 천혜의 지리 조건을 갖추고 있고, 우리는 이 일대에 세계 제일의 공업단지를 건설할 청사진을 바탕으로 작년에 이미 대단위 메탄올공장을 건설했고, 이어서 7비의 준공을 보게 된 것입니다.

이처럼, 우리 모두가 땀 흘려 노력한 보람으로 우리의 중화학공업은 모든 부문에서 세계수준으로 대형화되고, 국제경쟁력을 증대하면서 괄목한 만한 고도성장을 거듭하고 있습니다.

더욱이 지난달 네덜란드에서 열린 '국제기능올림픽 대회'에서 우리나라 젊은이들이 당당 종합 1위를 획득하여, 세계를 제패했다는 사실은 고도산업국가 건설을 위한 우리의 집념과 끈질긴 노력이 알차게 결실하고 선진국 수준에 육박해 가고 있다는 것을 실증하는 것

이라 확신하면서, 국민 여러분과 더불어 기쁘게 생각하는 바입니다.

앞으로 이곳에서 일하게 될 종사원 여러분은 우리나라 중화학공업의 개척자요, 공업입국의 기수라는 긍지와 자부심을 가지고, 맡은 바 직무에 더욱 분발해 주기 바랍니다.

끝으로 이 거창한 기지조성공사와 건설공사를 목표기간 내에 성공적으로 마무리한 산업기지개발공사와 남해화학의 관계요원 및 건설역군

여러분의 노고를 다시 한 번 치하하면서, 아울러 한국종합화학과 미국 아그리코 케미컬회사, 그리고 관계공무원과 전남 도민의 노고와 협조에 대해서 감사하는 바입니다."

앞으로 우리 수출의 활로는 중화학공업 제품 수출에 있다

1977년 8월 25일, 무역진흥확대회의에서 대통령은 먼저 앞으로 우리나라 수출의 활로는 중화학공업 제품, 특히 기계류 등에 치중해서 수출하는 데 있으며, 이를 위해서는 공장새마을운동을 적극 추진해야 한다는 점을 강조했다.

"최근 우리나라 수출상품에 대한 선진국가들의 수입제한 조치가 강화되고 있습니다. 이를 뚫고 나가기 위해서는 결국 품질향상과 품질관리를 잘해서 우리나라의 물건이 과거보다는 훨씬 더 품질이 향상되고 고가품이 되도록 노력하는 길밖에 없다고 생각합니다.

아울러 지금부터는 경공업 분야에서는 현재 수준에서 최대한의 노력으로 계속 밀고 나가되 중화학공업 분야에 더 많은 힘을 기울여 나가는 것이 중요합니다. 중화학제품 특히 기계류 등에 치중해서 수출을 더욱 신장시켜 나가는 가운데 활로가 보이지 않겠는가 생각됩니다.

문제는 이것을 누가 하는가 하는 것입니다. 물건을 만들어 내는 데 기계가 만들어 내느냐, 사람이 만들어 내느냐, 얼핏 외양으로만 보면 기계가 만들어 내는 것같이 보이지만, 근본은 사람이 만들어 내는 것임을 알아야 할 것입니다.

따라서 일하는 사람들에 대한 처우를 개선하고 사기를 높여주지 않으면 좋은 물건이 나올 수 없는 것입니다.

기계는 낡으면 선진국에 최신의 우수한 기계를 사오면 되지만, 사람은 외국에서 사올 수도 없고 하루아침에 이것을 고칠 수도 없는 것입니다.

일하는 종업원들 한 사람 한 사람마다 모두 마음속에서 진정으로 우러나는 성의와 열성을 불러일으키는 것이야말로 가장 중요한 것입니다. 이를 위해서는 일하는 사람들에 대한 처우를 잘해 주고 사기를 높여 주는 길밖에 없는 것입니다. 처우라고 해서 당장 월급이나 임금을 올리는 것만이 전부는 아닙니다.

종업원들의 처우를 더 개선하고 향상시켜 줄 수 있는 여러 가지 여건들을 만든다는 것이 중요합니다. 이것이 바로 지금 우리가 추진하고 있는 공장새마을운동입니다. 이 운동을 통해 생산성을 높이고 품질관리도 잘함으로써 공장이 잘되고 이익도 나게 되어 종업원들에 대한 처우가 그만큼 자동적으로 향상이 될 수 있도록 해야 할 것입니다.

나도 직접 몇 번 나가 보았지만 지난번 서울·안양지구 수해 공장에 대하여 정부 공무원들이 지도도 하고 도와준 것도 사실이지만 그보다는 각 공장의 기업주들과 종업원들 간에 인간관계가 평소에 잘되어 있었기 때문에 그렇게 빨리 복구된 것이라고 믿어집니다. 그 어려운 가운데서도 공장을 우선 살려야겠다, 기계를 빨리 보수하고 손질해서 공장이 가동되도록 해야겠다는 데 한마음이 되어 노력을 했다는 것은 공장새마을운동의 정신이 잘 침투된 결과라고 생각되는 것입니다. 다시 말하거니와 정부가 아무리 돈을 지원해 주어도 그런 인간관계가 있지 않으면 이렇게 빨리 복구될 수가 없었을 것입니다.”

100억 달러 수출은 자립경제 달성을 위한 또 하나의 출발점이다

1977년 12월 22일, 100억 달러 수출의 날에 대통령은 먼저 우리가 이룩한 100억 달러 수출은 물량의 크기에서뿐만 아니라 우리 민족의 무한한 저력과 가능성을 과시했다는 점에서 더 큰 의의와 보람이 있다는 점을 강조했다.

“친애하는 국민 여러분!

전국의 기업인과 근로자 여러분!

드디어 우리는 수출 100억 달러를 돌파했습니다.

오늘 우리는 그 기쁨을 함께 나누고자 이 자리에 모였습니다.

민족중흥의 창업도정에 획기적 이정표가 될 자랑스러운 이 금자탑을 쌓아올리기 위하여, 그동안 우리는 한 덩어리가 되어 일하고 또 일해 왔습니다.

자주·자립을 향한 우리 겨레의 집념은 그 어떤 시련도, 도전도 물리친 것입니다.

그동안 불철주야 헌신해 온 전국의 기업인과 산업역군, 그리고 수출유관기관 임직원과 특히 오늘 수상의 영예를 차지한 기업체와 수출유공자 여러분의 노고에 대하여, 나는 충심으로 치하와 격려를 보내는 바입니다.

국민 여러분!

돌이켜보면 제1차 경제개발5개년계획이 시작되었던 1962년만 하더라도 우리나라의 수출실적은 겨우 5천여만 달러의 미미한 것이었으며, 그나마도 대부분이 농수산물과 광산물 등 1차산품이었습니다.

그로부터 불과 15년이 지난 오늘, 이제는 단일업체가 6억 달러 수출을 하게 되었는가 하면, 1억 달러 이상을 수출한 업체만도 17개사가 넘는 등, 엄청난 기록들을 세웠습니다.

그리하여 우리는 당초 목표를 4년이나 앞당겨 100억 달러 수출을 무난히 실현하였습니다.

이는 우리가 일찍이 '수출입국'의 목표 아래 굳게 뭉쳐서 국력배양에 노력해 온 성과입니다.

세계경제대국의 하나로 불리고 있는 서독이 수출 10억 달러에서 100억 달러에 이르는 데 11년이 걸렸으며, 일본도 1951년에 10억 달러였던 그들의 수출고를 100억 달러로 끌어올리는 데 16년이란 세월이 걸린

수출 100억 달러 돌파, 1억 달러 달성한 지 13년 만에 1977년도 최다액 수출업체 현대조선중공업의 정희영 사장에게 60억 달러 수출탑을 수여하고 있는 박 대통령(1977. 12. 22)

데 비하여 우리나라는 1970년부터 7년이 걸렸을 뿐입니다.

이웃나라 일본은 국토의 면적과 인구가 우리보다 클 뿐 아니라, 세계경제의 호경기 등 유리한 여건 속에서 100억 달러를 이룩했던 것입니다.

우리는 분단된 국토에서 호전적 침략주의자들과 대치하면서, 세계적 자원난과 경제불황 등 갖가지 역경을 극복하고 이와 같은 성과를 올린 것입니다.

그렇기 때문에 우리가 이룩한 이 100억 달러 수출은 비단 물량의 크기에서뿐 아니라, 겨레의 무한한 저력과 가능성을 과시했다는 점에서 더 큰 의의와 보람이 있다고 믿습니다.

지금까지 네 차례의 경제개발5개년계획을 성공적으로 추진해 오는 과정에서, 이제 우리의 중화학공업은 선진국 수준으로 착실히 확충되어 가고 있으며, 우리가 만든 상품들은 5대양 6대주로 뻗어나가 세계 도처에서 국위를 떨치고 있습니다.

중동지역을 비롯하여 동남아와 아프리카 등 세계 여러 나라에 진출한 우리 건설역군과 원양어업 종사원들은, 현지의 익숙하지 못한 기후 조건 속에서도 구슬땀을 흘리며 우리 겨레의 기상을 세계 속에 심고 있습니다.

전국 고속도로망의 건설과 치산치수에 역점을 둔 국토개발계획의 진척 등으로, 이제 해마다 대풍의 수확을 거두고 있으며, 도시와 농촌은 1일 생활권을 형성하면서 고루 살기 좋은 나라로 하루가 다르게 변모해 가고 있습니다.

근면·자조·협동의 새마을정신은 우리 국민생활 속에 뿌리를 내렸으며, 온 국민의 가슴속에 넘치는 '하면 된다'는 자신감이야말로 새 역사 창조의 막강한 추진력이 되고 있습니다.

지난 10여 년 동안 우리 온 국민이 힘 모아 키워 온 국력은 이처럼 물질면에 있어서나 정신면에 있어서나 커다란 변화로 나타나고 있습니다.''

대통령은 이어서 오늘의 100억 달러 수출은 자립경제 달성을 위한 '수출한국'의 또 하나의 출발점이라는 것을 우리 모두가 명심해야 한다는 점을 강조했다.

"그러나 민족중흥을 이룩하려는 우리 앞에는 아직도 많은 과제와 시련이 가로놓여 있습니다.

비록 지금 우리가 100억 달러 수출의 자랑스러운 고비를 넘어섰다 할지라도, 오늘의 이 시점은 자립경제를 달성하기 위한 '수출한국'의 또 하나의 출발점이라는 것을 우리 모두가 명심해야 하겠습니다.

이렇다 할 부존자원이 없는 우리 형편으로 볼 때, 여전히 계속되고 있는 세계적 자원난이라든가, 과거와는 달리 우리나라를 새로운 수출

장충체육관에서 열린 100억 달러 수출기념식에서 환호에 답하는 박 대통령(1977. 12. 22)

경쟁국으로 의식하면서 보호무역의 장벽을 쌓고 있는 세계경제의 현황 등에 비추어 볼 때 우리는 새로운 결의와 분발을 다짐하지 않을 수 없습니다.

우리는 전진의 발걸음을 잠시도 늦추지 말고 남보다 더 머리를 쓰고 더 부지런하게 노력해 나가야만 합니다.

우리는 어떤 일이 있더라도 80년대에는 고도산업사회를 건설함으로써 조국의 평화적 통일과 민족중흥의 발판을 반석같이 다져 놓아야 합니다.

이 목표를 차질 없이 달성하기 위해서는 무엇보다도 우리 산업의 국제경쟁력을 더욱 강화하는 일이 급선무이며, 그러기 위해서는 우리나라 산업구조를 중화학공업 위주로 과감히 개편하고 기술혁신을 촉진해야만 합니다.

이제 우리는 기술의 대외의존도를 차차 줄여 나가면서, 독자적 기술개발에 주력하여 수출상품의 다양화와 품질의 고급화, 그리고 기술집약적인 두뇌 산업 육성에 총력을 기울여 나가야 합니다.

또 이에 못지않게 중요한 것은, 생산과 건설에 종사하는 모든 사람들이 국가발전의 제일선에서 헌신하고 있다는 드높은 긍지와 자부심을 견지하고 맡은 바 직분에서 더욱 창의를 발휘하고 최선을 다하는 일입니다.

기업인은 국가와 사회의 발전에 이바지하는 공기가 바로 기업임을 명심하고, 기업활동에서 얻은 이윤은 다시 국가사회 발전에 되돌린다는 투철한 기업윤리를 생활신조로 삼아야 하며, 종업원의 처우개선과 복지향상에 더 많은 관심과 노력을 기울여 나가야 할 것입니다.

모든 기업인과 종업원이 서로 돕고 아끼며 가족과 같은 따뜻한 분위기 속에서 일체감을 북돋아 나가는 일이야말로 우리나라 공장새마을운동의 정신이며, 또한 우리의 수출산업이 난관을 뚫고 국제무대로 끝없이 뻗어나갈 수 있는 힘의 원천이라고 확신합니다.

국민 여러분도 생활에 다소 여유가 생겼다 해서 행여 무절제하고 낭비하는 생활, 안일하고 나태한 생활에 흐르는 일이 있어서는 안 될 것입니다.

근면, 성실하고 검소, 절약하는 강건한 기풍을 국민생활의 미덕으로 삼아 나가는 데 변함이 없어야 하겠습니다.

친애하는 국민여러분!

오늘 이 국민적 경축식전에서 나는 그동안 우리 국민 여러분이 허리띠를 졸라매고 오직 부강한 조국을 건설하겠다는 일념으로, 묵묵히 땀 흘리며 매진해 온 지난 일들을 회상하면서 가슴 벅찬 감회를 누를 길이 없습니다.

이 기쁨과 보람은 결코 기적이 아니요, 모두가 국민 여러분의 고귀한 땀과 불굴의 집념이 낳은 값진 소산입니다.

기나긴 민족사의 소중한 한 시대를 일하고, 또 일하면서 살아 온 우리 세대의 땀에 젖은 발자취는 자손만대에 길이 빛날 것입니다.

끝으로 그동안 일신의 안락을 돌보지 않고 증산에 힘써 온 모든 근로역군, 기술인, 기업인들과 중동지역을 비롯하여 멀리 해외에서 활약하고 있는 건설역군, 의료진, 원양어업 종사원, 그리고 수출 일선에서 일해 온 모든 기업체 및 관계기관 임직원과 공무원 여러분의 헌신적 노고를 나는 다시 한 번 위로하며 높이 치하하는 바입니다.

우리 모두 오늘의 이 기쁨과 보람을 민족웅비의 도약대로 삼아 줄기찬 전진을 계속합시다."

세계 석유위기의 광풍 속에서 100억 달러 수출을 해냈다

1973년 이른바 중동전쟁 때 아랍의 석유산유국들이 석유금수 조치를 취하자 산유국을 제외한 전세계의 모든 국가들은 미증유의 경제적, 정치적, 사회적 위기에 빠져들었다.

73년 10월 16일, 중동의 6개 석유수출국가들은 석유소비국가들과는 아무런 협의도 없이 일방적으로 석유가격을 70%나 인상하였다. 즉 배럴당 3.01달러 하던 것을 5.12달러로 유례 없는 인상조치를 취했다.

다음날인 10월 17일 석유수출기구(OPEC)의 아랍국가들은 쿠웨이트에서 만나 그들의 석유생산량을 50%나 감산하고, 이스라엘이 아랍점령지역에서 철수할 때까지 매월 추가로 5% 감산하기로 합의하였다.

10월 18일, 사우디아라비아는 아랍국가들의 요구가 관철될 때까지 석유생산을 10% 감산하겠다고 선언했다.

12월 22일과 23일 양일 간 이란의 수도 테헤란에서 회동한 석유수출국기구 국가 각료들은 석유가격을 배럴당 5.12달러에서 11.65달러로 인상했다. 그리하여 석유가격은 두 달 사이에 387%나 급등했다.

석유가격 급등의 영향은 참으로 충격적인 것이었다.

미국, 캐나다, 유럽 국가와 일본의 석유수입 지출액은 1년에 400억 달러나 늘어났으며, 그 결과 이들 국가들의 국제수지, 경제성장, 고용, 물가안정 등은 치명적인 타격을 입게 되었다.

달러가 폭락하고 선진산업 국가들은 금융긴축 정책과 무역보호주의 정책을 채택했다. 경제성장을 지탱하는 저축의 주요 담당자였고, 또 정치적 안정의 기반을 이루고 있던 중산층들이 몰락했다.

국가마다 사회적 갈등과 혼란이 일어나고, 국가들 간에도 긴장이 고조되었다. 대학을 나온 청년들이 경제적 위기 때문에 직장을 얻지 못하고 수십만 명의 근로자들이 직장을 잃어 실업군중이 길거리를 방황했다.

70년대 중반과 후반기에 영국, 이탈리아, 스페인, 포르투갈, 프랑스, 서독 등 대부분의 유럽국가들에서 사회적 갈등으로 인한 폭력이 증대했고 정치상황은 병적 증상을 보였다.

관용과 예절의 나라라는 평판을 듣는 영국에 있어서 퇴역 장군들이 질서를 잡기 위해 개인 군대를 결성하기 시작하고, 파시즘의 부활인 극우단체 '국민전선(The National Front)'은 대략 90개의 선거구에서 국회의원 후보자를 내세웠다. 파시스트와 좌익이 런던 가두에서 하마터면 대난투를 벌일 뻔하였다. 이탈리아의 좌익계 파시스트 '붉은 여단(The Red Brigade)'은 처음에는 다리 사격 전술만 전개하다가 이윽고 유괴, 암살로 고조시켜 갔다. 폴란드에서는 정부가 인플레이션에 맞추어 식료품 가격을 인상하려다가 하마터면 혁명이 일어날 뻔했다. 서독에서는 테러

自立意志의 勝利

輸出百億弗達成을 記念하여

一九七七年 十二月 日

大統領 朴正熙

리스트에 의한 잇단 살인에 신경이 날카로워진 당국이 반대파를 억누르기 위해 일련의 매카시적인 법안을 통과시켰다.

남미대륙의 민주정권들은 군사쿠데타에 의해 차례로 전복되어 갔고, 소련, 쿠바, 베트남에서 사우디아라비아, 이란, 남아프리카에 이르기까지 비민주적 정권이 들어섰다.

산유국들의 석유가격 인상은 개발도상국가들에게도 엄청난 부담을 안겨 주었으며, 그 부담은 개발도상국가들이 선진국가들로부터 받아 온 경제원조 총액보다 훨씬 큰 것이었기 때문에, 선진국의 원조로 절망적인 상황을 극복해 보려던 개발도상국가들의 상황은 더욱더 절망적인 것으로 악화되었다. 그 당시 대부분의 개발도상국가들은 산업발전과 농업개발을 위해서 수입석유에 전적으로 의존하고 있었고, 세계무역과 투자확대와 개발자금 원조에 의존하고 있었다. 따라서 개발도상국가들의 경제발전에 대한 희망은 석유가격의 폭등 속에 매몰되고 말았다.

그들은 외채가 크게 늘어나 새로운 암흑시대로 빠져들었고 그들의 재정적 파산은 그들에게 수십 년 동안 자금을 대여해 주었던 선진국가들의 금융체제를 붕괴시킬지도 모른다는 불안과 공포감을 확산시켰다.

중동산유국들이 석유자원을 무기화함으로써 빚어진 석유파동은 1973~4년 사이에 석유가격을 400%나 상승시켰으며, 이것은 생산과정에 있어서의 가격상승을 유발하여, 전세계적으로 인플레이션을 증가시켰다. 이렇게 되자 선진공업국들은 인플레 억제를 위해서 긴축재정 금융정책과 유효수요 억제정책을 실시했는데, 이러한 긴축정책은 그 본래의 목표와는 달리 이른바 '불황 속의 인플레'라는 경제침체를 가져왔다. 선진국의 경제침체와 세계적인 경제 후퇴는 크게 두 가지 면에서 우리 경제에 커다란 타격을 주었다.

첫째, 국제수출시장에서 우리나라 제품에 대한 수요를 감소시켰으며, 동시에 우리나라의 수입품의 가격을 앙등시켜 우리나라의 국제수지를 악화시켰다. 국제수지가 악화되고 수입능력이 감소되어 해외 의존적인 우리 경제의 성장은 둔화될 수밖에 없었다.

수출의 감소는 국민소득의 감소를 가져올 뿐 아니라, 노동집약적 산업에서의 고용을 감소시키는 작용을 했다.

둘째, 선진국들의 국제수지 역조가 격심하여 그들의 자본수출 능력이 줄어들어 우리나라는 우리가 필요로 하는 외자의 도입이 곤란하게 되었다.

따라서 선진국의 경제침체가 계속된다면 외자도입과 수출증대를 경제발전의 동력으로 삼고 있는 우리나라의 경제발전 전략이 위협받게 될 것은 분명했다.

즉 선진국으로부터 자본을 얼마든지 도입할 수 있었고, 원료의 가격도 매우 저렴하여 외자도입을 통한 공업화로 급속한 경제발전을 이룩해 온 우리나라는 더 이상 경제성장을 지속하기 어려운 위기에 직면하게 된 것이다.

하루가 다르게 치솟는 석유가격 때문에 우리나라의 보유외환이 고갈될 위기에까지 몰렸다.

외환뿐만 아니라 물가불안도 심각했다. 유가상승분이 물가에 그대로 전가되었기 때문에 물가도 하루가 다르게 올랐다. 설상가상으로 농산물의 국제가격도 폭등하여 이로 인해 국내 물가가 갑자기 뛰어오르는 시련도 닥쳤다.

정부는 73년 하반기의 석유파동 이래 대외 여건변동에 되도록 기민하고 효과적으로 대처하기 위해 경제의 안정기반을 공고히 구축하고, 국민생활의 안정을 도모해 왔다. 이와 같은 시책은 국민생활에 대한 충격을 되도록 완화해 가면서 그동안 지속해 온 성장추세가 급속히 저하되는 것을 방지하려는 것이었다.

그리하여 그 무렵 주요 국가들이 마이너스 성장, 또는 극히 낮은 성장을 보이고 있는 가운데에서도 우리는 74년에 8.6%의 성장률을 이룩한 데 이어 75년에도 7% 수준의 성장을 유지할 것을 기대되고 있었다.

그러나 자원가격 상승의 종국적인 부담이 우리와 같은 자원이 부족한 개발도상국에게 전가되고 있는 경향마저 있고, 선진국은 선진국대로 그들의 수출가격을 인상시키고 있었으며, 또 석유수출국기구가 국제원유가를 또다시 10% 인상키로 결정한 것과 같이 자원보유국은 그들대로 세계적 인플레의 부담을 전가시키고 있는 실정이었다. 그 결과 우리의 교역조건이 계속 악화되고 있어 물가와 국제수지면의 불안정 요인은 쉽사리 해결되기 어렵게 되었다. 그래서 정부는 75년도의 경제시책의 중점을 물가안정과 국제수지의 개선을 통하여 안정기반을 재정비 강화하고, 착실한 성장추세를 지속시키는 데 두었다. 유류파동 이후 많은 나라들은 성장을 희생시키면서 국제수지와 물가의 안정에 우선을 두어 왔으나, 우리는 국민생활의 안정을 위하여 국제수지와 성장의 조화를 추구했다.

75년에 우리는 해외수요의 회복 기회를 현명하게 포착활용하는 한편 수입수요를 적절히 조절하여 국제수지를 개선해 나가기로 했다. 다행히도 우리의 주요수출 대상국의 경기가 75년 하반기부터 회복될 징후가 나타나기 시작했다.

한편 수입절약을 위해 국산원자재의 개발과 중간재의 수입대체를 촉진하고, 아울러 산업정책면에서도 부존자원 활용과 에너지절약적 산업부분에 대한 투자에 우선순위를 두었다.

특히 외화를 확보하기 위해 10억 달러 수입절감 정책을 추진하였으며, 각 부처를 독려하여 수입을 최대한으로 줄이도록 했다. 또 국제금융 관계자들을 해외로 보내 차관을 교섭하도록 했다. 또 물가를 안정시키기 위해서 가격고시제를 실시하고, 공정거래법을 제정하여 독점산업을 규제했으며, 범국민적인 에너지절약 운동을 대대적으로 전개했다.

대통령은 중동분쟁의 성격과 국제정치의 유동성을 심사숙고하여, 유류파동이 일시적 현상이 아니라 계속적으로 일어나 기름값은 몇 배로 뛸 것이며, 따라서 그러한 사태에 대응할 수 있는 장기적인 대책을 수립하지 않으면 경제건설과 국가안보에 중대한 차질이 생길 것으로 예측했다.

대통령은 현재와 미래의 차원에 걸쳐 사태의 인과관계를 분석평가하여 지금 현재 문제상황으로 판단된 사태가 장차 어떻게 진전될 것인가를 염두에 두고 그 대응책을 마련하도록 하라고 행정 각 부처에 지시했다.

국가의 정책을 추진하는 과정에서 예기치 않았던 사태나 난관이 돌출하여 앞길이 보이지 않아 국민들이 동요하고 불안해할 때 그러한 난관을 돌파할 수 있는 대책을 마련하여 국민들이 용기와 자신감을 가지고 분발할 수 있도록 지도해 나가는 것이 정부의 책임이요 임무라는 것을 명심해야 한다는 것이다.

대통령은 나라를 부유하게 만드는 것은 금이나 석유와 같은 자연자원이 아니라 그 국민의 생산적 노력에 의해 창출되는 생산물이라는 것을 강조했다. 우리는 무엇을 생산해낼 수 있을 때 그것을 관리할 수 있다. 부의 창조와 관리는 과정상의 한 부분이다. 지금 중동산유국들은 그러한 과정을 겪어본 적이 없다. 그들의 부는 땅 밑에서 나왔다. 그들은 인간의 노력이 없는 결과를 갖고 있는 것이다. 그것은 참다운 부라고 할 수 없다. 진정한 부란 불모의 땅에서 인간들이 피땀어린 노력으로 창조하고 생산하고 건설한 것을 의미한다.

4백 년 전 스페인은 남미식민지 광산에서 생산된 대량의 은으로 돈의 홍수를 겪었던 부자였다. 그러나 스페인은 부를 축적하는 데 실패하고 보다 가난했던 유럽의 다른 나라들이 산업의 개가(凱歌)를 올리고 있는 동안 지난날의 암울했던 상태로 후퇴해 버렸다. 그것은 스페인이 그 막대한 부를 생산적인 자본으로 전환시켜 이윤이 발생하는 재화의 생산을 지속적으로 유지해 나가는 힘든 노력과 작업을 소홀히 했기 때문이었다는 것이다.

한 나라가 진정한 부국이 되려면 현재의 부를 미래에 수확을 거둘 수 있는 국내자본재로 전환하여야 한다. 물질적인 자원은 다른 자원과 결합되어 이윤을 낼 수 있을 때 지속적인 부가 축적되는 것이다. 다시 말해 한 나라의 부가 생산업체, 항만시설, 도로, 학교, 기술인력 등 재생산적인 자본으로 흘러들어가야만 그 나라의 경제성장이 지속될 수 있고 국부가 늘어날 수 있다는 것이다.

따라서 오늘날처럼 여러 가지 면에서 어려운 때일수록 정부와 기업과 모든 국민은 일치단결해 소비를 절약하고 저축을 증대하여 한 가지라도 더 생산하고 건설하고 수출하는 데 전심전력을 다해야 한다는 것이다.

그래서 정부는 정부대로, 물가상승을 어느 정도 감수하면서도 기업의 생산과 수출활동에 대한 모든 지원을 아끼지 않았고, 기업은 기업대로 원가고의 어려운 여건 아래서 활발한 생산활동을 계속했으며, 우리의 기술자와 근로자들은 생산성향상과 상품의 품질향상을 위해 더욱 분발함으로써, 마침내 우리는 불경기에 허덕이는 선진국 시장을 뚫고 들어가 수출을 증대시키는 데 성공했다.

그리하여 세계무역량이 현저하게 줄어들었던 1974년도와 1975년도에도 우리나라의 수출신장률은 연 30%선을 유지했다.

많은 선진국들이 국제수지의 악화를 막기 위하여 재정금융의 긴축을 강화함으로써, 국제통화의 위기가 한층 심화되었고, 그 결과 그들의 경계가 오히려 답보상태를 면하지 못하고 세계무역 자체를 둔화시켰던 그 위기를 극복하여 우리의 수출을 신장시켜 나갔던 것이다.

우리가 세계적인 경제위기를 극복하고 수출을 계속 신장시켜 나갈 수 있었던 비결은 무엇인가? 그것은 바로 우리나라 건설업체들의 중동 산유국 진출이었다.

그것은 위기를 보다 큰 발전을 위한 기회로 전환시킨 대통령의 통찰력과 신속 과감한 결단에 의해 이루어진 것이다.

즉 우리나라 건설업체들이 중동진출에 성공할 수 있었던 결정적 계기를 마련한 것은 대통령이었다. 산유국들이 석유값을 대폭 인상하자 대통령은 당시 최규하 특별보좌관을 중동에 파견하여 산유국에서 석유를 직접 사 올 수 있는지 또는 산유국의 오일달러를 한국에 들여올 수 있는지를 조사해 오도록 하였는데, 그때 최규하 특별보좌관은 한국 건설업의 중동진출이 가능하다고 보고하였다.

그 후 대통령은 상공부 장관 등을 현지조사차 중동지역에 몇 차례 파견하였고, 그 지역 국가들의 사회간접자본 건설에 한국의 건설업체들이 진출할 수 있다는 보고를 받자, 중동진출을 본격적으로 추진할 것을 국무총리에게 지시하였다.

사우디 주베일 항만공사 수주 현대건설이 단일공사로는 세계 최대 신항 공사를 수주했다(1976. 2. 16).

정부는 국무총리, 외무부 장관, 경제부처 장관들로 '중동경제 협력위원회'를 설치하고 그 밑에 관계부처 차관으로 '실무위원회'를 두었으며, 이 실무위원회는 매주 수요일에 회합을 가지고 대중동 건설 및 수출을 추진했다.

그리고 관계부처에서는 중동진출을 담당할 특별전담반을 두었고, 중동주재 한국대사관에서는 상무관, 건설관, 노무관, 경제협력관들로 구성된 전담반을 두어 효율적인 중동진출 방안을 수립하였다.

정부는 또한 1975년 11월 중동문제연구소를 설립하여 중동지역에 관한 모든 정보를 제공하도록 했고, 무역협회에 중동서비스센터를 설치하여 대중동 인력 및 상품수출을 촉진하도록 하였다.

이러한 정부의 노력에 건설업체들이 적극 호응함으로써 한국건설업체들의 중동진출은 성공했던 것이다.

우리나라 건설업체들은 경부고속도로를 건설하면서 많은 경험을 쌓았고 기술을 개발했으며, 그러한 경험을 바탕으로 월남과 동남아지역에 진출하기 시작했는데, 생각지도 않았던 오일달러 보유국인 중동국가에 진출하게 된 것이다.

건설업의 중동진출은 1973년 12월 사우디아라비아와 2400만 달러짜리 고속도로건설 계약을 체결한 것을 시작으로 1976년에는 일본의 계약고 10억 달러를 훨씬 넘는 24억 달러의 수주실적을 올렸고, 1977년에는 35억 달러의 수주실적을 올렸다.

사우디의 항만건설, 해군기지건설, 바레인의 조선소건설, 이란의 주택건설 그리고 다른 중동국가들의 각종 건설 현장에서 일한 한국근로자들은 약 7만 명에 달했고, 이들이 본국에 보내는 송금액은 연간 20억 내지 30억 달러에 이르렀다. 이것은 우리나라가 사우디아라비아와 쿠웨이트 등 중동산유국에서 수입하는 원유대금을 지불하는 데 큰 도움이 되었다.

특히 중동지역의 각종 건설사업에 진출한 우리 근로자는 그 절정기인 78년에는 14만 명이 넘었고, 75년부터 79년까지 중동특수로 획득한 외화는 200억 달러가 넘었다. 그것은 같은 기간 우리나라 총수출액의 40%에 해당하는 막대한 자금이었다.

우리 건설업체들이 이처럼 중동진출에 성공을 거둘 수 있었던 것은 그들이 한국의 경제건설 과정에서 축적한 기술과 경험이 외국과의 경쟁에서 앞섰기 때문이었다.

1960년대에서 1970년대 초에 이르는 10여 년 동안 우리 경제가 고도성장을 지속하는 데 있어서는 수출지향 공업화에 의한 상품수출의 증대가 결정적으로 기여해 왔다.

그러나 1973년 이후 두 차례의 석유위기가 닥쳐왔을 때, 수입원유에 대한 비탄력적인 높은 의존도를 갖고 있던 우리 경제는 엄청난 충격을 받았고, 이 석유위기의 충격에서 우리 경제를 구출하고 지속적인 고도성장을 가능하게 한 것이 바로 중동지역에 대한 건설수출이었다.

산유국에 대한 건설수출의 경이적인 증대는 공업제품의 수출증대와 함께 70년대 중반 이후 우리 경제의 고도성장을 이끌어 온 원동력이 되었다.

결국 1973년 세계적인 경제위기와 앞으로 닥칠 상황을 올바로 판단하고 위기를 기회로 역전시킨 대통령의 통찰력과 결단에 따라 정부와 기업인과 온 국민들이 일치단결하여 남다른 노력을 기울인 보람으로 우리나라는 미국·일본·영국이 74년 실질 GNP성장률에 있어서 마이너스를 기록할 때 성장률 8.7%를 기록하였으며, 수출은 전년대비 38.3%가 증가했다. 그리하여 3차 5개년계획 기간인 1972년부터 1976년까지 연평균 성장률은 11%에 달했고 1977년에는 보호무역주의의 장벽을 뚫고 수출 100억 달러를 달성했다.

그러나 우리나라가 세계적인 석유파동으로 인한 경제위기를 극복하고 100억 달러 수출목표를 달성하는 데 있어서 건설업체들의 중동산유국 진출이 가져온 성과는 한시적인 것이었고, 가장 결정적인 동력은 바로 대통령이 만난을 무릅쓰고 강력히 추진한 중화학공업 제품의 수출증대였다.

1977년 12월 22일 우리나라가 드디어 수출 100억 달러를 돌파한 이 날 광화문네거리의 대형 아치에는 '100억 달러 수출의 날' 표지판이 붙었고 12월 23일자 일간 신문들은 이 사실을 대서특필하고 대대적인 특집기사를 실었다. 온 나라가 흥분과 환희에 휩싸여 있었다. 64년 1억 달러 수출목표를 달성한지 6년 만인 70년 말에 10억 달러를 달성했고, 10억 달러를 달성한지 7년 만에 100억 달러를 달성한 것이다.

1973년 대통령이 중화학공업 선언을 하고 전 국민의 과학화운동을 제창하면서 1981년에 수출 100억 달러, 국민소득 1000달러 목표를 달성하기 위해 분발하자고 호소했을 때만 해도 일부 경제전문가들은 그것이 전혀 실현 가능성이 없는 일이라고 일축했다. 야당은 그것이 10월유신 개혁을 합리화하기 위한 허황된 선전구호라고 비난했다. 그러나 100억 달러 수출과 1000달러 국민소득은 정부의 계획년도보다도 4년이나 앞당겨 달성된 것이다. 그것도 1973년의 세계적인 에너지위기와 보호무역주의의 거센 풍랑 속에서 이루어진 것이다. 이 엄청난 성과가 어떻게 가능하게 되었는가? 그것은 말할 것도 없이 철강, 석유화학, 조선, 금속, 기계 등 중화학공업 제품이 우리나라 수출의 주력 제품으로 자리 잡기 시작하면서 수출액수와 품목면에서 질적인 변화가 일어났기 때문에 가능하게 된 것이다. 그 당시 우리나라는 제3차 경제개발5개년계획에 착수하여 전자, 조선, 자동차, 기계, 철강, 석유화학 등 중화학공업을 건설하여 이를 수출산업으로 육성하고 있었다. 대통령은 이 사업은 어떠한 난관이 있더라도 반드시 완성시켜야 한다는 신념을 굽히지 않고 건설과 수출에 더욱 박차를 가했다.

1970년대는 우리에게 여러 가지 시련이 겹쳐서 일어난 어려운 시기였다. 북괴의 계속적인 도발과 주한미군의 철수, 월남의 공산화 등 안보면에서 중대한 위기의 시기였고, 이른바 오일쇼크와 미국 등 선진국들의 보호 무역정책으로 세계적인 경제침체가 장기화된 시기였다.

이러한 위기와 시련이 닥칠 때마다, 경제부처 공무원들과 기업들은 '수출의 한계에 도달했다', '수출의 더 이상의 증대는 불가능하다'는 등 비관적이고 소극적인 태도를 보였다. 이러한 공무원들과 기업인들을 대통령은 '심약하고 의욕이 없다'고 힐책하기도 하고, '하면 된다', '할 수 있다'는 신념과 자신감을 가지고 좀 더 노력하라고 분발을 촉구했다. 우리가 1억 달러 수출을 돌파했을 때, 처음부터 그것이 가능하다고 해서 했는가. 그때도 어렵다, 안 된다는 사람들이 많이 있었지만 관계공무원과 기업들, 근로자들이 피땀 흘려 전세계를 누비면서 달성한 것 아닌가?

10억 달러 수출 때도 그랬고, 50억 달러, 80억 달러를 돌파할 때도 또한 그랬다. 지금 100억 달러 수출목표를 앞에 놓고 또 여건이 어렵다는 말이 수출관계공무원과 기업인들의 입에서 나오고 있는데 그래서는 안된다. 여건이 어렵다고 포기하면 아무것도 성취할 수 없다. 공무원들은 더욱더 분발하고 기업인들은 정부가 최대한 지원해 줄 터이니 수출확대에 최선을 다해야 되겠다는 것이다. 대통령의 이러한 독려와 지원에 따라 기업인들은 계속 뛰기 시작했고, 공무원들이 이들을 뒷받침함으로써, 수출과 국민소득의 계획목표가 4년 앞당겨 달성된 것이다.

우리의 수출에 대한 또 다른 도전은 급속한 수출신장에 수반된 부작용이었다.

제1차, 제2차 경제개발5개년계획이 성공적으로 마무리되면서 우리 경제는 고도성장을 지속했고, 수출은 급속도로 증대했으나, 여기에는 부작용도 수반되었다.

외자기업의 부실, 물자상승, 경상수지 적자 확대, 금리상승 등 경제전반에 어려움이 나타났다. 이 때문에 일부 학자들은 수출지향 공업화를 위한 자원배분에 문제가 있다고 비판했고, 수출에 밀려 소외된 농업, 내수산업, 서비스산업 부문에서는 불만을 토로했다.

그러나 대통령은 그러한 비판과 불만에도 불구하고 수출지향 공업화를 일관되고 강력하게 밀고 나갔다.

외자기업의 부실문제와 고금리에 따른 기업의 경쟁력약화 문제는 72년에 8·3조치를 단행하여 기업을 구제하고 국제경쟁력을 회복시켰다.

우리가 제4차 5개년계획의 목표였던 100억 달러 수출을 4년이나 앞당겨 1977년에 달성할 수 있었던 것은 어떠한 시련이 닥쳐도 수출제일주의 정책을 일관되게 추진해 온 대통령의 지도력과 열정의 결과였다.

우리나라의 경제발전 역사에 길이 남을 100억 달러 수출달성 기념행사를 대통령이 직접 주관하던 날 상공부 등 수출업무를 주도했던 경제 부처 실무자들은 한 목소리로 이런 말을 했다. "우리들이 수출신장은 더 이상 불가능하다, 수출은 이제 한계에 도달했다고 보고할 때마다 우리들의 그러한 안이한 태도를 나무라고 지난날보다 더 열심히 전 세계를 뛰어다니라고 독려한 대통령의 강력한 지도력과 추진력이 없었다면 100억 달러 수출은 불가능했을 것이다."

필요가 경제개발계획 탄생의 어머니였다면 수출은 경제성장의 모유였다고 할 수 있다. 우리나라 경제개발의 두드러진 특징은 수출지향 공업화에 의해 장기간 지속된 경제의 압축성장과 그 속도에 있었다. 그것은 대통령의 강력한 지도력과 추진력에 의해 이루어진 것이다. 즉 1960년대와 1970년대의 기간에 이루어진 경제개발의 성과는 대통령이 정치안정의 바탕 위에서 주도면밀하고 지속적으로 밀고 나간 중화학공업 건설과 수출지향 공업화의 산물이었던 것이다.

미국의 주간지 '뉴스위크'지는 1977년 6월 6일자에서 '한국인이 몰려온다'는 특집기사를 싣고 우리나라의 경제발전에 대하여 대서특필했다. "한국경제는 과거 15년 동안 해마다 10%이상 성장하였고, 특히 수출은 지난 3년 동안 2배로 늘어났다"는 것이다. 이 기사는 계속해서 "그것은 박정희 대통령의 표어의 하나인 '우리도 잘살 수 있다'는 기본 정신에 따라 자신감이 생긴 모든 국민이 하나가 되어 이룩한 한국주식회사의 성과다"라고 부연했다. 동기사는 또한 "부지런한 일본 국민을 게으른 사람으로 보이게 만든 것은 한국 국민밖에 없다"고 하면서 "한국의 경이적인 경제성장은 정국의 안정 속에 결집된 국민의 근면성에 근거를 두고 있다"고 논평했다.

제4차 경제개발5개년계획은 우리의 산업구조를 중화학공업 중심의 선진국형으로 접근시키고, 보다 종합적이며 체계적인 복지, 후생정책을 마련하는 데 역점을 두고 있었다.

우리는 이미 이 계획의 첫 년도인 1977년에 당초의 계획보다 훨씬 빨리 100억 달러 수출의 목표를 달성하고, 쌀의 자급자족을 이룩하는 한편 건국 후 처음으로 국제수지에서 흑자를 보는 등 경제발전의 새로운 이정표를 세워 나갔다.

제1차 경제개발5개년계획이 시작된 1962년의 우리나라 수출총액은 세계에서 겨우 72위였던 것이 1966년에는 57위로 올라섰고, 1970년에는 44위, 그리고 1976년에는 28위로 계속 뛰어올랐으며 1977년에는 100억 달러의 달성으로 산유국을 제외하면 17위를 차지하게 되었다.

수출상품의 구조에 있어서도 우리는 이미 선진국형에 접근해 가고 있었다. 특히 70년대에 들어와 중화학공업을 중점적으로 육성하는 데 힘쓴 결과, 수출상품의 대부분이 공업제품이 되고 있음은 물론 중화학공업 제품의 비중도 날로 늘어났다. 중석이나 오징어, 김, 명주 등을 수출하던 일은 벌써 아득한 옛이야기고, 화학섬유, 합판, 자동차, 선박, 금속기계, 전자제품 및 건설자재 등이 수출의 대종을 이루고 있으며, 외국에 공장을 지어 주는 플랜트 수출도 활발히 이루어지고 있었다. 그리하여 조만간 선진국의 대열에 당당히 참여할 수 있다는 기대와 전망을 가질 수 있게 되었다.

정부 주도로 수출지향 공업화를 적극적으로 추진한 결과 우리나라는 불과 18년 사이에 세계적인 수출대국으로 성장했다.

60년대와 70년대에 수출은 협소한 국내시장의 한계를 극복하고 부족한 자금을 벌어들일 수 있는 주요 원천이었다. 즉 수출은 내수만으로는 성장의 한계에 직면할 수밖에 없는 산업들에 대해 활로를 제공했고 부족한 자원과 식량도입에 필요한 외화의 획득을 가능케 하였다. 수출은 선진기술의 도입을 촉진시켰고, 많은 한국기업의 능률을 향상시켰으며 국제경쟁력을 세계수준으로 끌어올려놓았다.

1962년 우리의 수출은 5천 5백만 달러도 안 되었다. 1978년 수출은 127억 달러를 넘어섰다. 20배 이상 늘어난 것이다.

장기간 지속된 제조업 분야의 수출신장과 실질 국민총생산(GNP)의 증대는 엄청난 고용을 창출하였다.

제조업제품 수출이 직접적으로 흡수한 고용수와 제조업제품 수출이 경제의 산업연관 관계를 통하여 다른 보조관련 산업에서 간접적으로 새로 발생시킨 고용수의 총계는 60년대와 70년대의 20여 년 간에 현저하게 증가되었다.

즉 1960년대 2만 6천 명이었던 것이 1970년에는 54만 9천 명, 1975년에는 154만 1천 명, 1980년에는 181만 명에 이르고 있다.

제조업제품 수출에 의해 창출된 이 고용수가 제조업고용 총수에서 차지하는 비율은 각각 19%, 46%, 72%, 68%였다. 이처럼 제조업제품 수출이 강한 고용흡수력을 발휘하게 되자 공업 부문의 고용 흡수력은 상당히 높아졌다. 이에 따라 도시의 실업자들과 불완전 취업자들은 대부분 고용의 기회를 얻게 되었다.

수출증대로 경제의 총산출과 고용이 늘어남에 따라 총 취업자 수는 1963년 760만에서 1978년에는 1천 350만에 이르러 근 2배의 고용증대와 약 6백만의 새로운 일터가 마련되었다.

이러한 고용증대 추세가 지속되어 실업률은 1963년의 8%에서 1978년에는 3.1%로 감소했다. 높은 경제성장과 고용증대는 국민 소득을 획기적으로 증대시켰다.

1962년에 경상달러로 87달러이던 일인당 국민소득은 1978년에는 1200달러를 넘어섰고, 1975년 불변 달러로도 157달러에서 1030달러로 약 7배 증가했다.

이러한 소득의 증가는 저축 여력을 증대시켜 국내 저축은 1962년의 116억 원에서 1978년에선 6조 원을 넘어섰고 같은 기간에 저축률은

3.2%에서 27.2%로 크게 상승하였다.

우리나라 수출의 신장은 한국인의 활동 범위가 세계로 뻗어나고 있다는 것을 말해 주고 있었다. 한국인과 한국상품은 이미 5대양, 6대주를 누비고 있었다. 우리나라의 중장비가 아프리카의 밀림을 개척하는 데 사용되고 있는가 하면, 우리의 냉장고가 아시아 여러 나라의 가정에서 사랑받고 있었다. 또한 우리의 텔레비전이 유럽과 미국에서 애용되고 있는가 하면, 우리의 자동차가 남미의 도시와 농촌에서 호평을 받고 있었다. 이와 함께 우리의 기업인과 기술자와 근로자들이 중동과 아프리카 등 세계 도처에서 건설과 무역의 분주한 활동을 벌이고 있었다. 그리하여 1977년 수출 100억 달러를 돌파한 지 12년 만인 1995년에 우리는 1000억 달러의 수출을 달성했고, 그 후 9년 뒤인 2004년에는 2000억 달러, 2005년에는 2847억 달러의 수출과 5억 4천만 달러의 무역 흑자를 달성했다.

대일 무역역조 시정을 위해 일본시장을 뚫고 들어가야 한다

1978년 3월 29일, 무역진흥확대회의에서 대통령은 먼저 이 회의가 보다 더 생산적인 회의가 될 수 있도록 업계 대표들은 건설적인 얘기를 많이 해 줄 것을 당부했다.

"매월 한 번씩 무역확대회의를 개최하고 이 자리에는 경제 4단체장들이나 우리나라 각 업계 대표들, 기타 각 시도의 상공계통 공무원들도 참석하는데 이 회의를 그저 상공부와 외무부의 실무자가 브리핑하는 것이나 듣는 것으로 그치고 있는데 물론 이것도 대단히 중요하지만 여기에 참석하는 분들이 이 자리를 그냥 그저 앉아서 정부 브리핑만 듣고 간다면 모처럼 바쁜 사람들이 한 달에 한 번씩 모인 회의인데도 이를 충분히 활용하지 못하는 결과가 되는 것입니다. 업계에 있는 여러분들이 뭔가 정부에 건의하고 싶은 것이나 시정해 줬으면 좋겠다는 문제들이 있으면 여기에 와서 서슴없이 이야기를 하고 이에 대해 여기서 직접 결정할 수 있는 것은 즉각 조치하고 안 되는 것은 정부가 세부적인 검토를 해서 적절히 조치해 나가도록 한다면 보다 더 생산적인 회의가 될 수 있을 것입니다. 그리고 내용이 길 때에는 서류로 작성해서 여기서는 간단히 애기만 한 후 그 내용을 청와대에도 한 부 주고 상공부나 경제기획원 기타 관계기관에도 한 부씩 주어 이를 검토 시정해 주도록 요청한다면, 관계기관은 이 검토해서 조치를 한다든지 또는 다음 무역 확대회의에 나와서 이에 대한 회답을 해 준다든지 함으로써 이 회의가 보다 생산적인 회의가 될 수 있을 것으로 생각합니다.

애기하는 내용은 아무것이나 관계없습니다. 정부, 업계, 기업인 여러분이 일을 추진해 나가기 위해서 이 회의를 소집하고 있는 것이니만큼, 사양할 필요 없이 앞으로 건설적인 애기를 많이 해주시기 바랍니다."

대통령은 이어서 대일 무역역조 현상을 시정하기 위해 수입선을 구라파 쪽으로 전환하고 일본시장을 뚫고 들어가는 노력을 보다 적극적으로 해야 되겠다는 점을 강조했다.

"일본과의 무역역조가 갈수록 커져 가고 있는데 정부에서 이에 대한 종합대책을 세워야 하겠습니다. 작년에도 상당히 역조 현상을 나타냈는데 오늘도 보니까 지난 2개월 동안의 수출은 겨우 10% 늘어난 반면 수입은 51%나 늘었으니 이런 추세로 나간다면 연말에 가서는 한일 간의 무역역조 폭은 더욱 벌어지게 될 것입니다. 반면 구라파 시장에 대해서는 수출을 훨씬 더 많이 하고 있어 그 나라들은 한국에 대해 쿼터니 뭐니 하며 자꾸 수입규제를 강화해 오고 있습니다.

이에 대처하기 위해서는 우리의 수입선을 구라파 쪽으로 전환하도록 적절히 조절을 해야 하겠습니다. 물론 값이 더 비싸다든지 수송비가 더 많이 드는 경우가 있겠지만 수입선을 조절해 나갈 필요가 있다고 생각합니다.

또 한 가지 지적하고 싶은 것은 일본시장을 뚫고 들어가는 노력이 부족하다는 것입니다. 경제인들이나 정부관리, 기타 많은 사람들이 매년 일본을 드나드는데도 일본시장의 생리나 특성을 샅샅이 알고 있지 못한 것 같습니다. 일례로 최근에 들은 얘기로는 우리나라 어민들이 활선어 같은 것을 잡아 일본의 시모노세키 같은데 갖다 팔면 보통 100～200엔 받는 데 비해 일본소비자들의 손에 들어갈 때는 1500～1600엔에 팔릴 정도로 유통마진이 크다는 것입니다. 따라서 일본시장의 유통구조를 철저히 연구하여 뚫고 들어감으로써 가격을 좀 더 비싸게 받는다든지 하는 노력을 해야 할 것입니다.

일본과 거래하는 것을 살펴보면 일본시장 구조를 모두 환히 알고 있는 것같이 하고 있는데, 사실은 그렇지 못하다는 데 문제가 있습니다.

그렇다고 해서 일본에서 들어오는 물건을 무조건 옹졸하게 막는 데만 치중해 나가자는 것이 아니라 무엇인가 노력을 해서 더 뚫고 들어가고 아울러 일본 아닌 다른 지역에서 들여올 수 있는 물건은 수입선을 전환한다든지 하는 노력을 기울이지 않는다면 한일 간의 무역역조는 더욱 벌어질 것이라는 점 유의해야겠다는 것입니다."

경제적 시련을 극복하기 위해서는 기술개발과 저축증대에 힘써야 한다

1978년 5월 6일, 청와대에서 열린 국무회의에서 대통령은 우리 앞에 다가오는 경제적인 도전과 시련을 극복하기 위해서는 기술개발과 저축증대에 힘써야 한다는 점을 강조했다.

"지금 우리 앞에는 시련과 도전이 가로놓여 있습니다. 중공의 화귀펑은 자본주의를 도입한다는 대담한 경제정책을 수립하고 외국의 기술과 자본을 도입하여 중공의 방대한 노동력과의 결합을 시도하고 있습니다.

인공위성으로 보내는 TV를 보니까 일본의 기술과 자본을 끌어들이기 위해 중국인들이 만면에 웃음을 머금고 일본사람들을 구슬리고 있는 장면이 있었습니다.

앞으로 중공과 우리나라와는 경공업 분야에서 경쟁이 치열해 질 것입니다. 뿐만 아니라 선진국들은 그들대로 후진국들이 더 이상 따라오지 못하도록 견제하고 있습니다. 따라서 우리의 앞날은 큰 시련과 도전으로 가득 차 있다고 볼 수 있습니다. 이 시련과 도전을 극복하는 방법 중에 가장 중요한 것은 두 가지라고 생각합니다.

첫째는 기술개발입니다. 중공이 아무리 인구가 많아도 우리의 기술이 앞서면 우리가 이길 수 있습니다. 그러나 우리의 기술 수준이 중공과 비슷해 가지고는 이길 수 없습니다. 강력한 지원으로 기술개발에 힘쓰고 기술인력 확보에 힘써야 합니다.

둘째는 저축입니다. 이제 우리도 잘살게 되었으니 서구 사람들처럼 흥청대고 살아보자고 해서는 곤란합니다. 근검, 절약, 저축하는 기풍이 충일해야 합니다. 물가가 어떻다, 투기가 어떻다, 인플레가 어떻다고 해서 들떠 있는데, 정부와 민간단체 중심으로 근검, 절약, 저축하는 분위기를 진작시키고 사치와 낭비풍조를 없애야 국제경쟁에서 이길 수 있고 발전할 수 있습니다.

정부시책에도 이것이 반영돼야 합니다. 정부예산을 아끼는 것도 절약이지만 정부시책에도 반영해야 합니다.

80평짜리 아파트가 어떻게 중산층 아파트인가, 그렇게 사치하고 호화로운 아파트 건설을 왜 허가해 줍니까? 정부시책이 이래가지고는 저축 운운해 봤자 아무 소용도 없습니다. 정부는 국민의 사치와 낭비를 조장하는 시책은 쓰지 말아야 합니다.

컬러텔레비전의 시판을 허용하는 것이 바람직한 것인지는 모르지만, 농촌에 하나 들어가면 흑백텔레비전을 가지고 있는 사람도 모두 몰려

들어 살 것이므로 사치풍조만 조장하는 결과를 가져옵니다. 고급 승용차 문제도 마찬가지입니다."

1974년 한국내셔널 컬러텔레비전을 국내 최초로 조립생산한 데 이어 77년 삼성과 금성사가 국산화에 성공하자 업계에서는 컬러텔레비전 방송을 허용하자는 주장을 했고, 상공부에서도 컬러텔레비전 산업의 발전을 위해서 수요를 확대시키는 것이 필요하다고 했다. 그러나 대통령은 시기상조라고 이를 허용하지 않았다.

농촌이나 도시의 빈민촌에는 흑백텔레비전도 못 가지고 있는 사람들이 많은데, 돈 있는 사람들이 컬러텔레비전을 사서 본다면 국민들 간에 위화감이 생겨 국민의 단합을 저해한다. 또 농촌에 컬러텔레비전이 들어가기 시작하면 흑백텔레비전 가진 사람들도 모두 바꾸려 할 것이며, 그렇게 되면 사치풍조가 조장된다고 우려한 것이다.

수출가득률이 떨어지더라도 책정해 놓은 수출목표는 반드시 달성해야 한다

1978년 8월 25일, 무역진흥확대회의에서 대통령은 먼저 현 단계에 있어서는 우리 수출이 500억 달러 정도로 올라갈 때까지는 가득율이 다소 떨어지는 한이 있더라도 우리가 책정해 놓은 목표는 기어코 달성해야 한다는 점을 강조했다.

"최근에 와서 우리나라의 수출신장세가 다소 둔화되는 경향을 보이고 있는데, 그 이유는 최근에 여러 가지 사정으로 수출을 해도 채산이 잘 맞지 않는다든지, 원자재값이 비싸다든지, 금리가 높다든지, 여러 가지 이유가 있습니다.

수출이라는 것은 과거에 보더라도 여름에는 약간 부진하다가 가을이나 연말에 가면 호전되는 경향도 있기는 있었습니다. 지금 내가 관심을 갖고 있는 것은 수출액수가 목표에 약간 미달했다는 사실이 아닙니다. 우리 정부나 기업인들이 수출에 대해 관심이랄까 또는 열의라고 할까,

이러한 자세가 잘못돼 가고 있다는 것을 나는 염려를 합니다.

무슨 얘기냐 하면 이렇게 여러 가지 사정이 어려운데 우리가 책정해 놓은 금년도의 125억 달러 목표를 꼭 달성하려고 무리할 필요가 있느냐 하는 생각을 가진 사람들이 정부 안에도 있는 것 같고 기업인들 간에도 있다는 얘기를 듣고 있습니다. 액수보다는 오히려 가득률이 더 중요하다, 가득률이 높아야지 수출액수만 많으면 뭘 하느냐 하는 이야기도 있다고 합니다.

물론 가득률도 중요하지만, 수출액수 양 자체도 가득률 못지않게 대단히 중요합니다. 특히 현 단계에 있어서는 적어도 우리나라 수출이 한 500억 달러 정도로 올라갈 때까지는 가득률이 다소 떨어지는 한이 있더라도 우리가 책정해 놓은 목표는 기어코 달성해야 되겠다는 것입니다.

과거 우리가 목표를 한번 책정하면 정부나 모든 기업들이 일치단결해서 그 목표달성을 위해서 총매진하던 우리의 그 자세, 그것이 더 중요하다 이것입니다.

이론적으로 따지면 가득률이 높은 게 좋겠지요. 그러나 실제 경제를 해보니까 이론만 가지고 되는 게 아니지 않습니까? 지난 10여 년 동안 한국경제가 고도성장을 지속해 온 근본원인을 분석해 볼 때 이것은 자타가 모두 공인하는 바와 같이 수출주도형 개발전략을 꾸준히 밀고 나온 데 기인한다고 생각합니다. 이 정책은 앞으로 추호의 변함이 없고, 아직 변경할 단계가 아니라고 생각합니다.

흔히 보면 일부 언론에서도 그렇고, 학자들 간에도 수출액수가 올라가면 뭐하느냐, 수출액수가 올라가는 것은 별 의미가 없다, 그런 소리를 합니다.

지금 겨우 수출 100억 달러 조금 넘었다고 해서 수출에 대해서 일부 국민들의 관심이 그렇고, 기업들의 열의가 그렇고, 또 정부 자체가 거기에 대해서 열의가 그만큼 식어간다고 하면 우리나라의 수출은 앞으로 더 이상 신장하지 못한다고 생각합니다. 우리나라 수출이 크게 늘지 않으면 전체 경제도 크게 성장하지 못한다고 나는 믿습니다.

지금 물가가 어떻다, 통화량이 어떻다는 등 어려운 문제가 많은 것은 다 알고 있는 사실인데, 이러한 어려운 여건 속에도 우리 정부와 국민들이 총력을 경주하여 수출제일주의를 꾸준히 밀고 나가야 물가나 통화문제도 서서히 해결돼 나가는 것이지 수출이 위축이 되고 오그라지면 그런 문제가 저절로 해결되리라고 생각하는 것은 잘못된 생각이라고 생각합니다.

정부나 업계에서는 앞으로도 수출제일주의 정책을 그대로 꾸준히 밀고 나가야 되겠습니다."

대통령은 이어서 정부에서는 앞으로 수출을 잘하는 기업에 대해서는 과거처럼 우선적으로 모든 지원을 다하여 쭉쭉 커 나가도록 돼야 한다는 점을 강조했다.

"정부에서는 앞으로도 이 수출을 잘하는 업체에 대해서는 과거처럼 모든 지원에 우선권을 부여해야 되겠습니다. 그래야 수출이 잘 돼가는 것입니다. 우리 정부도 보면 수출이 조금 잘되면 과거에 수출기업에 주던 특혜니 그런 걸 깎고 줄이고 하는데, 당분간 쭉쭉 늘어날 때까지 그런 거 눈 질끈 감고 가만히 커나가도록 두는 게 어떠냐, 나는 그렇게 생각합니다.

물론 그것을 그대로 두면 국회나 언론계나 학계나 이런 데서 여러 가지 비판이 나오곤 하는데 그래도 커나갈 때는 쭉쭉 크도록 돼야지 조금만 크려고 하면 잡아당기고 무슨 제한을 가하고, 이래 가지고는 크려야 클 수가 없을 것입니다.

한국수출이 과거 10여 년에 걸쳐 많이 성장했다고는 하지만 다른 선진국가의 수출량을 따라가려면 아직도 요원한데, 여기서 벌써 우리가 그동안에 성장한 것을 자만한다든지 작은 성과에 만족한다든지 그런 생각을 가져서는 우리나라 수출이라든지 경제성장이라는 것은 기대하기가 어렵다고 나는 봅니다.

우리 업계에 있는 여러분도 수지가 맞아야 장사를 하겠지요. 그러나 우리나라 전체 경제가 쭉쭉 뻗어나가고 잘 커야 만이 우리 기업도 잘 크고 좋을 때도 있지만 약간 불리할 때도 있는 것이며, 이러한 기복이 있는 건 도리가 없다고 생각합니다. 그러나 전체로 봐서 우리나라 수출을 증대해 나가는 데 있어서 기업가 여러분들은 보다 더 분발을 해주기를 바랍니다.

정부에서도 무슨 전망이 어떻다느니, 수출목표를 달성할 수 있다 없다 하고 생각만 할 것이 아니라 무슨 방법을 써서라도 책정해 놓은 목표는 연말까지 꼭 달성하겠다는 각오를 가지고 나가야 되겠습니다. 수출이 부진한 지역의 공관장에게는 외무부 장관이 지금부터 독려장을 보내시오. 금년에 꼭 달성해야 된다고.

과거에 언제 우리의 수출이 크고 경제가 크는 데 모든 여건이, 모든 환경이 좋아서 저절로 성장했습니까? 오늘날과 똑같이 모든 것이 불리한 어려운 여건 속에서도 우리가 힘을 합치고 머리를 쓰고 각고의 노력 끝에 오늘날 이러한 성장을 가져왔는데, 여기서 이 정도면 됐다고 모두 안일한 생각을 가진다든지 허심한 생각을 가진다든지, 그건 절대 안 되겠다 이겁니다."

수출신장률 저하의 원인은 관계공무원들의 열의 감소와 기업인들의 만심에 있다

1978년 9월 29일, 무역진흥확대회의에서 대통령은 먼저 최근 우리나라의 수출신장률이 줄어들고 있는 가장 큰 이유는 정부관계 공무원들의 열의감소, 경제전문가들의 가득률 집착, 기업인들의 만심(慢心) 등의 영향이라는 점을 지적했다.

"지난번 회의 때 강조를 했습니다만 최근 우리나라 수출이 어떻게 보면 한계점에 왔지 않느냐 하는 그런 감을 가끔 느낍니다. 매달 보면 월말에나 가서 그달 목표를 달성하느라고 상공부와 업계가 야단법석해 간신히 목표를 채우고, 지난 몇 달 동안은 그 목표가 미달했습니다. 금년에 우리는 25% 정도의 수출신장을 위해 노력하고 있는데, 옆에 있는 일본은 지금 700억, 800억 달러 수출을 하고 있는데도 1년에 15%, 20%, 최근의 우리나라의 증가율보다는 약근 낮을지는 모르지만, 그런 식으로 매년 성장하고 있는 데 비해 우리의 경우에는 이제 겨우 100억 달러를 좀 넘어 거의 한계점에 달한 것 같은 인상을 준다는 건 장차 우리나라의 수출을 위해서 대단히 염려스럽게 생각됩니다. 그 원인이 무엇이냐 하는 걸 여러 가지 생각을 해보는데, 우선 정부에 있는 관계공무원들이 과거보다 열의가 식었지 않았느냐, 100억 달러를 넘었으니까 이만하면 좀 서서히 가도 되지 않겠느냐 그런 생각이 혹시나 들었지 않느냐 하는 것을 염려를 하고 있고, 또 일부 밖에서 경제전문가라는 사람들이 수출액수만 많이 올리려고 집착할 것이 아니라 가득률을 올려야 되느니 뭐니 모르는 소리를 하고 있는데, 혹시 그런데도 영향을 받지나 않았느냐 하는 것도 염려가 됩니다. 또 하나는 업계에서도 다소 꾀가 나지 않았느냐, 요즘 보니까 수출하는 것보다 국내에서 파는 것이 이익도 낫고 수출도 그만하면 됐지 않았느냐 하는 식의 만심이 생겼지 않았느냐, 나는 이런 것을 우려합니다. 여기에 정부와 업계의 대표들이 나와 있지만, 한 번 더 분발해야 되겠어요. 100억 달러 가지고 그런 생각을 하면 우리나라 수출은 늘지 않습니다. 요즘 흔히 국제경기가 불황이나 뭐니 하는 얘기들은 하고 있는데, 불황이 사실이더라도 우리가 노력을 한다면 얼마든지 뚫고 나갈 수 있는 그런 분야가 있는 것입니다. 오늘 상공부 보고에서도 보았듯이 어떤 것은 물건이 없어서 못 파는 그런 분야도 상당히 많이 있잖아요. 이런 분야에 대해서는 우리가 시설투자를 빨리 한다든지 생산량을 늘린다든지, 또 새로운 분야를 개척해 나가야지 가만히 앉아서 저절로 수출이 늘어나도록 기다리는 그러한 수출이란 없지 않습니까? 물론 액수가 100억 달러, 200억 달러, 300억 달러, 500억 달러로 올라가면 그 전과 같이 1년에 40%씩이나 올라간다는 건 어려울 겁니다. 과거 73년 같으면 1년에 80%까지 올라갔는데, 그렇게 올라가는 건 수출물량 자체가 커졌기 때문에 어렵지만, 장차 성장 추세가 40%에서 30%, 20%로 서서히 내려가야지 갑자기 뚝 떨어져서 이제는 10%라는 식으로 되어서야 장래가 없다 이겁니다. 실제로 우리가 노력을 하면 나는 아직도 우리나라 수출은 얼마든지 늘어날 수 있는 그런 잠재력을 가지고 있다고 보는 것입니다."

대통령은 이어서 개인이나 단체나 국가나 조금 발전했다고 해서 만심(慢心)을 가지게 되면 발전은 거기서 정지되고 후퇴하게 된다는 사실을 지적하고 정부의 관계공무원과 기업인들의 분발을 촉구했다.

"여러분들도 부산에서 개최했던 기능올림픽대회에서 우리 선수들과 다른 나라 선수들이 맞서 겨루는 모습을 영화에서 보고 느꼈지만 1년에 고등학교를 졸업하는 우리나라의 기능공만 해도 5~6만 명, 그 외에 각종 직업훈련소와 각 기업체에서 나오는 기능공도 굉장히 많고, 이들은 모두 열심히 일하는데, 저러한 인적 자원을 가지고, 정부나 기업인들이 더 노력하면 우리나라 수출은 앞으로도 양양하다고 나는 봅니다. 막혔다, 불황이다 라고 말하는 것은 괜한 핑계에요. 다른 나라라고 이런 문제점이 없어서 수출이 되는 것은 아닙니다. 좀 더 분발해야겠습니다. 개인이나 단체나, 국가나 조금 발전했다고 해서 거기서 만심을 가지게 된다면 발전은 거기에서 멎는 거고, 멎는 정도가 아니라 후퇴하는 겁니다. 특히 우리 업계에서 좀 더 분발해 주실 것을 이 자리를 빌려서 특별히 당부를 합니다. 정부로서는 여러분이 하는 일에 대해서 최대한으로 지원하겠다는 것을 지난번에도 약속했고 현재도 하고 있다고 생각합니다. 국제경기가 불황이고 어려울 때는 기업의 이익이 과거보다 다소 못하더라도, 때로는 다소 적자가 나는 한이 있더라도 우리나라의 수출을 어느 수준까지 끌어올려야 합니다. 전에 정부의 통계에서 보니까 100만 달러 수출하면 3백여 명이나 고용이 자동적으로 늘어난다, 또 수출증대로 전체 산업이 얼마만큼 더 커가고 있다는 통계숫자를 요전에 한국은행에서 발표한 것을 나도 봤습니다. 수출이 어느 정도까지 증대해서 우리나라의 모든 산업기반이 튼튼하게 되면 그때 가서는 수출신장률이 다소 적더라도 속도를 조절하고 국제경기를 봐서 어떤 때는 다소 자제를 한다든지 하는 그런 시기가 있을지 모르지만, 금년 목표는 어떻게 하면 달성될 것도 같지만, 이런 식으로 나가다가는 내년에는 정말 목표달성이 어렵지 않겠느냐 하는 생각이 듭니다. 어렵다는 것은 객관적인 여건이 어려운 것이 아니라 우리들의 노력과 결의에 달렸다고 생각해요. 지금 구라파에 가면 인구가 불과 5~6백만 명 정도로 서울 인구보다도 훨씬 적은 나라들이 1년에 200억, 300억 달러씩이나 수출하고 있습니다. 125억 달러 가지고 배부른 생각을 가지면 우리나라 수출은 다시는 크지 않습니다."

우리는 80년대 중반 500억 달러대의 수출목표에 도전하고 있다

1978년 11월 30일, 제15회 수출의 날 기념식에서 대통령은 먼저 그동안 수출의 지속적인 증대로 우리나라는 고도산업사회로 탈바꿈하고 있다는 점을 강조했다.

"친애하는 국민 여러분!

전국의 기업인과 근로자 여러분!

우리는 작년에 당초 목표를 4년이나 앞당겨 수출 100억 달러선을 돌파한 데 이어서 금년에도 수출목표 125억 달러를 무난히 초과달성하게 되었습니다.

이 보람찬 성과는 그동안 밤낮을 가리지 않고 일해 온 전국의 기업인과 산업역군, 수출 유관기관 임직원, 그리고 오늘 수상의 영예를 차지한 기업체와 유공자 여러분의 줄기찬 노력의 결정이라 믿으며, 나는 여러분의 노고를 충심으로 치하하고 위로하는 바입니다.

국민 여러분!

돌이켜보면 제1차 경제개발5개년계획이 시작되었던 60년대 초 우리 산업은 낙후된 시설과 기술, 그리고 영세한 자본 등 난관이 중첩해 있었으나, 기어코 이를 극복하고 부국강병을 이룩하고야 말겠다는 결의로써 우리는 수출제일주의 정책을 내걸고 온갖 노력을 기울여 왔습니다.

1964년, 수출 1억 달러를 넘어서면서 우리는 용기와 자신을 갖게 되었으며, 70년대에 들어서 더욱 박차를 가했습니다.

72년, 유신적 국정개혁으로 약진의 발판을 굳게 다졌으며, 곧이어 73년부터 세계를 휩쓴 자원난과 불황, 그리고 75년 인도지나 반도 적화 직후의 위기상황 속에서도 온갖 도전과 시련을 이겨냈습니다. 그리하여 유독 우리나라만은 꾸준히 고도성장을 견지해 올 수 있었던 것입니다.

이와 같은 불퇴전의 집념과 꾸준한 실천의 보람으로 우리의 수출은 오늘날 한 기업체의 수출고가 7억 달러를 기록하는가 하면 1억 달러 이상을 수출한 기업만도 22개나 되는 급성장을 이룩한 것입니다. 또한 산업시설도 날로 고도화하는 중화학공업 체제 속에서 확충되고 있으며, 고급기술·기능인력 양성과 기술혁신면에서도 전도 양양한 고도산업사회로 탈바꿈을 계속하고 있습니다.

우리 국민의 피땀어린 분발과 노력으로 쌓아올린 이 공든탑이야말로 자신과 긍지를 되찾은 우리 민족의 저력과 슬기의 표상이며, 공업입국 정책의 정당성을 입증하는 실적이라고 확신합니다.

따라서 나는 그동안의 엄청난 물량적 국력신장 못지않게, 강인한 정신력으로 무장된 근면하고 우수한 인적 자원의 승리라는 데 더욱 큰 의의를 발견하고자 하는 것입니다."

대통령은 이어서 우리는 80년대 중반 500억 달러대의 수출목표에 도전하고 있다는 점을 강조했다.

"그러나 우리의 목표는 크고 우리가 가는 길은 아직도 멀다는 것을 잠시도 잊어서는 안 됩니다. 100리를 가는 사람은 99리로써 그 반을 삼는다는 말이 있습니다.

수출이 100억 달러대에 올라섰다 해서 행여 열의가 식는다든지, 이제 이만하면 무리를 하면서까지 강행군하지 않아도 될 게 아니냐는 식의 안이한 생각이 고개를 들어서는 안 되겠습니다.

우리는 적어도 80년대 중반 500억 달러대 수출에 도전하고 있는 것입니다.

우리 민족의 숙원인 강대국대열 참여를 위해서는 이제부터가 새 출발이라 생각하고 각오를 더욱 굳게 해야 합니다.

우리의 국력이 커지면 커질수록 우리 주변으로부터의 압력과 경쟁도 그만큼 더 커질 것입니다.

뿐만 아니라 우리가 항상 경계하고 극복해야 할 장벽은 비단 밖에만 있는 것이 아니라 우리 내부에, 우리들 마음속에 도사리는 자만과 안일과 방심입니다.

이를 스스로 억세게 극복하지 못한다면 밖으로부터의 모진 도전과 시련을 이겨내기는 어려울 것입니다.

우리는 그동안에 실증된 무서운 잠재력을 더욱 효과적으로 발휘하여 개발의 60년대, 약진의 70년대의 여세를 몰아 대망의 80년대에 민족의 일대 웅비를 성취해야 할 중차대한 시점에 서 있습니다."

대통령은 이어서 우리가 부강한 나라를 건설하고, 우리 후손들이 남부럽지 않게 떳떳이 살아 나가기 위해서는 불꽃 튀는 무역전쟁에 뛰어들어 공업선진국가들과 겨루어 나가야 한다는 점을 강조했다.
"국민 여러분!
오늘의 세계는 '무역전쟁'이라는 표현이 과언이 아닐만큼 날로 치열한 수출경쟁의 마당이 되고 있습니다.

우리가 하루속히 부강한 나라를 건설하고 우리 후손들이 남부럽지 않게 떳떳이 살아가기 위해서는 이 불꽃 튀기는 경쟁 속에 뛰어들어 공업선진국가들과 겨루어 나가야 합니다.

지금 우리가 당면하고 있는 국제경기 침체라든가 보호무역주의 증대, 그리고 원자재가격 앙등과 임금수준 상승 등 어려운 문제들은 다른 나라들도 다 같이 겪고 있는 애로요 고민입니다.

요는 어려운 문제들을 남보다 슬기롭게 해결하여 수출경쟁에서 이길 수 있는 길은 누가 더 잘 참고 견디며 창의를 발휘하여 더 많은 땀을 흘리느냐에 달려 있습니다.

우리는 앞으로도 관·민이 한마음 한뜻이 되어 우리 경제의 국제경쟁력을 강화하는 데 집중적이고도 지속적인 노력을 기울여 나갈 것이며, 중화학공업을 더욱 알차게 키우고, 기술개발과 고급두뇌 및 기술·기능 인력 양성에 박차를 가해 나가야 합니다.

또한 기술집약적이고 지식집약적인 산업에 과감히 투자하여 끊임없이 새로운 분야를 개척하는 한편 우리 제품을 고급화하는 데 가일층 분발해야 합니다.

이와 함께 정부는 호혜평등 원칙하에 교역확대와 경제·기술협력 증진으로 세계 많은 나라들과 더불어 평화와 번영에 적극 기여하는 데 외교의 역점을 기울여 나갈 것입니다.

정부는 앞으로도 변함없이 수출제일주의 정책을 밀고 나갈 것이며, 유능하고 성실한 기업에 대해서는 계속 지원, 장려책을 강구해 나가겠습니다.

수출산업에 종사하는 기업인 여러분은 눈앞의 적은 이익보다는 국가 백년대계를 내다보고 해외시장 개척에 줄기찬 노력을 다해 주기 바랍니다.

그리고 근로자에 대한 처우와 복지문제에도 깊은 관심을 가지고 기업주와 근로자가 서로 가족과 같은 정으로 맺어지는 직장분위기를 조성하는 데 힘써 주기 바랍니다.

근로자 여러분도 자기가 맡은 일에 애착심과 책임감을 북돋아 물자 하나라도 아끼고 제품의 고급화에 창의와 정성을 다하여 우리 공장, 내 살림이라는 생각으로 합심 노력해 나가야 할 것입니다.

이와 같은 기업풍토와 노사협조 체제는 바로 우리가 추진하고 있는 공장새마을운동의 근본정신이며, 또한 우리의 수출산업이 난관을 뚫고 계속 5대양 6대주로 뻗어 나갈 수 있는 힘의 원천임을 명심하고 기업인과 근로자 여러분의 가일층 분발 있기를 당부합니다.

끝으로, 오늘 열다섯 번째 '수출의 날'에 영광의 유공자로 뽑힌 수상자 여러분과 전국의 상공인, 산업역군, 그리고 멀리 해외에서 활약하고 있는 수출요원과 관계공무원 여러분의 헌신적 노고를 다시 한 번 치하하고 격려하는 바입니다."

86년 우리나라의 철강생산 능력은 2000만 톤에 이르게 된다

1978년 12월 8일, 포항종합제철 제3기 시설확장공사 준공식에서 대통령은 먼저 제3기 확장공사가 공사착공 2년 4개월 만에 공기를 5개월이나 단축시킨 사실은 놀라운 일이라고 평가했다.

"박태준 사장을 비롯한 포항종합제철 임직원과 종업원 여러분!

그리고 내외 귀빈 여러분!

포항종합제철 제3기 시설확장공사가 조금 전 경과보고와 같이 재작년 8월에 착공하여 오늘 2년 4개월만에 준공을 보게 된 데 대해 포항제철에 근무하는 여러분은 물론 우리 모든 국민과 더불어 진심으로 경하해 마지않습니다.

이번 3기 설비공사에서 예정보다 공기를 5개월이나 단축시켰다는 것은 매우 놀라운 일이 아닐 수 없습니다.

우리가 알기로는 선진공업국가에 있어서도 제철소건설 사업이라는 것은 예정보다 몇 개월씩 늦어진다는 것이 세계적 통례로 되어 있는데, 포항종합제철은 제1기부터 매번 몇 달씩 예정공기를 단축해 왔으며, 특히 이번 3기 시설설비공사에서는 무려 5개월이나 단축하여 다른 나라에서 유례를 찾아보기 어려운 신기록을 수립했습니다.

이와 같은 성과는 사장 이하 임직원 여러분과 기술자, 기능공, 그리고 전종업원이 그동안 일치단결해서 불철주야 돌관작업을 해 온

결과이고, 아울러 이 공사를 맡은 국내 건설회사 여러분의 헌신적 노력의 결정이라고 생각합니다.

또한 이 공사에 많은 협조를 해 주신 외국회사와 기술진 여러분의 노고와 협조에 대해서도 이 기회에 치하의 말씀을 전하는 바입니다.

이제 우리 포항종합제철은 조강생산 능력 550만 톤을 기록하게 되었습니다.

이미 우리가 가지고 있는 국내 기존시설의 능력을 합치면 우리나라의 철강생산 능력은 이제 약 750만 톤 정도가 됩니다.

그러나 우리나라의 철강수요는 날이 갈수록 급격히 늘어나고 있기 때문에 이 수요를 충족시키기 위해 정부는 앞으로도 설비확장 공사와

증설공사 등을 계속 펴나갈 것입니다.

그 첫째 사업이 될 포항종합제철 제4기 설비확장공사가 내년 정월에 착공해서 81년 여름에 완공되면 850만 톤 생산능력을 갖추게 될 것입니다.

그때에 가면 우리나라의 모든 기존시설과 그 기존시설의 확장 능력을 전부 합해서 철강생산 능력 약 1천 3백만 톤 수준에 도달하게 될 것입니다."

대통령은 이어서 포항종합제철 제2공장 건설이 이미 기획단계에 들어가 있고 제1기 공사가 84년까지 끝나고, 제2기 공사가 86년에 끝나게 되면 우리나라의 철강생산 능력은 2천만 톤에 이르게 된다고 전망했다.

"그밖에, 또 한 가지 정부가 추진하는 사업은 포항종합제철 제2공장 건설입니다.

이것은 이미 기획단계에 들어가 있고, 앞으로 84년까지 제1기 공사가 끝날 것을 목표로 모든 계획을 추진하고 있습니다.

그리고, 제2기 공사가 끝나는 86년에 가면 우리나라의 철강생산 능력은 약 2천만 톤에 이르리라고 전망되고 있습니다.

철강생산 능력이 2천만 톤대에 도달하게 됐다는 것은 여러 가지 면에서 대단히 큰 의의가 있다고 나는 생각합니다.

왜냐하면 철강생산 능력이 2천만 톤대에 도달하면 세계공업국가 가운데서 우리나라의 위치가 10위권 이내에 들어가게 된다는 것을 의미하기 때문입니다.

또, 그때쯤 가면 우리나라는 철강뿐만 아니라 조선능력이나 석유화학공업, 또는 자동차공업이나 시멘트생산 능력 등 모든 면에서 세계 10위권 이내에 들어가게 된다고 확신합니다.

물론 수출도 약 500억 달러대를 바라보게 될 것입니다.

이것은 무엇을 의미하느냐 하면, 우리나라가 당당히 세계경제대국권 내에 들어가는 것을 의미하는 것입니다.

지금 말씀드린 철강이라든지 또는 석유화학, 조선, 자동차, 시멘트 등은 중화학공업 분야에 있어서도 가장 핵심을 이루는 산업이기 때문에 이러한 분야가 전세계에서 10위권 이내에 들어간다는 것은 바로 경제대국권 내에 들어간다는 것과 다를 바 없는 것입니다.

우리는 80년대에 이룩하게 될 우리나라 산업의 희망찬 미래상을 바라보면서 이제부터 더욱 분발하고 노력해 나가야 될 줄 압니다.

특히 포항종합제철은 그동안에도 우리나라 중화학공업 발전을 위해서 공헌한 바가 지대하지만, 지금 추진하고 있는 제4기 확장 공사, 또는 제2공장 건설공사 등 모든 것이 계획대로 순조롭게 추진되어 성공적으로 이루어지기를 바라 마지않습니다.

이렇게 함으로써 우리나라 경제건설에 크게 공헌할 뿐 아니라, 중화학공업 건설면에서 포항종합제철이 앞으로도 선구적 역할을 계속해 줄 것을 당부하는 바입니다. 포항종합제철소에 근무하는 임직원과 종업원 여러분의 더욱 건투 있기를 빌어 마지않습니다.”

조국근대화의 기반인 철강산업은 박 대통령의 집념의 소산　포항종합제철 제3기 시설확장
공사 준공식에 참석한 박 대통령은 공사착공 2년 4개월 만에 공기를 5개월이나 단축한
관계자들을 격려했다(1978. 12. 8).

포항종합제철은 중국의 덩샤오핑이 부러워하고 갖고 싶어했다는 '세계최고 철강기업'이다

우리나라 철강산업은 일제강점기 때 군수보급창 역할을 하는 정도였으나, 그나마 해방 후 남북분단으로 대부분의 철강공장은 북한으로 편입되고 소수만이 남한에 남게 되었는데, 이것마저 6·25전쟁으로 크게 파괴되어 1950년에 우리의 철강산업은 거의 백지상태였다.

1962년 혁명정부가 경제개발5개년계획을 추진하면서 이 계획에 필수적인 철강을 안정적으로 공급하기 위해 일관제철소를 건설하려고 했다. 그러나 우리나라가 철강공업을 일으키려는 데 대해서는 국내외에서 반대가 심했고, 또 이에 필요한 막대한 외자를 제공하려는 나라도 없었다.

처음에 미국과 서독에서 외자를 도입하려 시도했으나 무산되었다. 그 후 미국, 서독, 영국, 이탈리아 등 4개국 7개 회사와 차관도입을 위한 교섭 끝에 이른바 대한국제제철차관단(KISA)이 구성되었고, 여기에 프랑스의 엥시드사가 참여하여 차관단은 5개국 8개 회사로 구성되었다.

차관단의 구심체는 미국 '코퍼즈'사였다. 정부는 채권단과 종합제철공장 건설에 대한 전반적인 교섭 끝에 1967년 4월 6일 기획원 회의실에서 한국을 대표한 장기영 부총리, 채권단을 대표한 미국 코퍼즈사의 포이회장이 제철공장 건설을 위한 가협정을 체결했다. 그리하여 68년 4월 1일 포항종합제철주식회사가 설립됐고 사장에는 당시 한국중석 사장이던 박태준이 선임되었다. 그러나 가협정을 체결한지 약 2년만인 69년 파리에서 열린 '대한국제경제협의체'(IECOK) 회의에서 미국과 서독이 우리의 제철소 건설을 반대했다. 60만 톤짜리 제철소는 경제성이 없다, 따라서 막대한 차관을 주면 이자는 고사하고 원금도 받을 수 없게 된다는 것이었다. 미국 등 선진국들이 반대하자 세계은행(IBRD)도 반대했다. 결국 차관단도 해체되고 말았다. 그리하여 포항제철 건설은 큰 난관에 봉착했다.

　대통령은 1967년 4월 6일 채권단과 가협정이 체결된 후 아직 외자도입이 확정되지 않은 상태에서 67년 10월 3일 포항종합제철 공장을 착공하고 우선 공장부지 조성과 항만건설, 철도부설, 용수시설 등의 인프라 구축사업을 시작하였고, 그동안 이러한 건설작업이 착착 진행되고 있었다. 이런 상황에서 구미 열강회사들로부터의 외자도입이 무산된 것이다.

　그러나 대통령은 어떠한 일이 있더라도 종합제철공장은 반드시 건설해야 하고, 또 건설하고 말겠다는 신념을 포기하지 않았다. 1965년 5월 미국을 방문하여 존슨 미대통령과의 정상회담을 마친 후 대통령은 피츠버그 시의 철강공업 지대를 시찰했다. 카네기, 모건 등 세계적인 철강공장의 높은 굴뚝에서 끊임없이 뿜어내는 연기, 시내를 가로지르는 엘리게니 강변의 수많은 바지선과 철강제 운반선을 바라보면서 대통령은 우리도 하루빨리 저런 제철공장을 건설해야 되겠다는 결심을 가슴 속 깊이 간직했다. 그 결심, 그 신념을 난관이 있다고 중도에 포기한다는 것은 있을 수 없는 일이었다. 대통령에게 있어서 그것은 바로 이제 막 도약단계에 들어선 공업화를 포기하는 것과 다름없는 것이었다.

　대통령은 제1차 5개년계획 당시부터 철강공업과 석유화학공업을 공업화를 이룩하는 데 있어서 필수적인 기간산업이라고 생각하고, 산업의 쌀이라고 하는 철강만은 우리 손으로 만들어야 한다고 결심하고 있었다. 게다가 그 당시 우리의 철강생산은 20만 톤에 불과했는데 북한은 그 10배인 200만 톤 이상을 생산하고 있는 실정이어서 제철공장 건설은 그 어떤 사업보다도 가장 중요하고 가장 시급한 과제로 보고 있었다.

　대통령은 어려운 결단을 했다. 일본의 협력을 얻기로 한 것이다. 대통령은 포항종합제철 건설에 필요한 외자를 때마침 도입된 대일청구권 자금으로 충당하기로 하고 일본과 협의했다. 그리하여 자금조달과 기술용역 문제에 대한 일본의 협력을 얻어내고 기본협약을 체결했다. 그리하여 대일청구권 자금에서 무이자로 7370만 달러, 일본수출입은행 자금(연 3% 정도)에서 5200만 달러, 내자 453억 원은 정부에서 418억 원, 대한중석에서 35억 원을 출자하여 소요자금을 마련했다. 그러나 포항제철공장 건설도 경부고속도로 건설 때와 마찬가지로 격렬한 반대와 비판에 직면했다.

1970년 4월 1일, 포항종합제철공장 기공식에서 대통령이 70년대 후반에 가면 우리도 1천만톤 철강생산 능력을 가져야 된다고 천명하자 일부 국내 경제학자와 기업인들은 포항제철의 건설 자체를 무모한 계획이라고 반대했고, 설사 포항제철이 건설된다고 하더라도 1천만 톤 생산목표는 절대로 달성될 수 없는 것이라고 비판했다. 전경련과 언론에서는 '나라 망친다'고 결사 반대했다. 국회에서는 대일청구권 자금을 건설자금으로 전환하려는 것을 반대하였다.

대통령은 그들의 반대와 비판을 일축했다. 자신의 신념과 계획대로 포항제철 건설을 밀고 나갔다.

2차대전 후 근대화에 나선 모든 개발도상국들이 가장 먼저 건설하고 싶어하는 꿈의 사업계획은 바로 종합제철소였다. 그러나 이미 브라질, 터키 등의 개발 노력은 실패했다. 우리나라도 48년 정부수립 이후 5차례나 건설계획을 세워 추진했으나 모두 좌절했다. 자금과 기술이 없었고, 또한 구할 수조차 없었기 때문이었다. 그러나 가장 큰 이유는 자금이나 기술부재가 아니라 국가지도자의 의지와 지도력의 부재였던 것이다. 왜냐하면 50년대나 60년대에도 자금과 기술이 없기는 마찬가지였으나 같은 여건에서 60년대에는 우리가 종합제철공장 건설에 착수할 수 있었던 것은 기민한 지도력과 확고한 의지력을 갖춘 대통령이 있었기 때문이다. 있는 자원을 총동원하고 정치, 외교역량을 결집하여 필요한 자금을 조달하고 기술협력을 확보해 낸 대통령의 창업적인 지도력에 의해서 공업화의 전략적 부문의 하나로 포항종합제철공장이 계획되고 건설되었던 것이다.

포항종합제철공장 건설에 있어서 그 현장의 총지휘관인 박태준 사장은 5·16군사혁명 당시부터 대통령의 충직한 측근의 한 사람이었다. 대통령은 그에게 공장 건설에 대한 전권을 부여했고, 그가 일체의 정치적 압력이나 정부관료의 간섭은 받지 않고 소신껏 혼신을 다 할 수 있도록 지원했다. 박태준은 대통령의 이러한 절대적인 신뢰와 지원에 보답하여 불굴의 정신과 투철한 사명감을 갖고, 불철주야로 포항 영일만의 잡초가 무성한 모래벌판에 22개 대형공장 건설을 진두지휘하면서 피와 땀과 눈물을 쏟았다.

대통령은 이 공장이 완공되기까지 3년 3개월 동안에 공사현장을 13번이나 찾아가 박태준과 회사 간부, 종업원들, 기술자와 건설관계자들을 격려하고 위로했다. 드디어 1973년 7월 3일 포항종합제철 제1기 설비공장이 준공되어 태양빛 같은 시뻘건 쇳물이 고로에서 쏟아져 흘러내렸다. 이날 준공식에서 대통령은 '이제 우리는 선진국을 따라가기 위한 출발에 있어서 첫 개가를 올렸다'고 기뻐했다.

1972년까지만 해도 우리나라의 철강생산은 61만 톤에 불과했고 철강제품 생산도 186만 톤에 그쳤고, 또 설비간 불균형이 심해서 부족한 중간재 상당부분은 일본에서 수입하고 있는 실정이었다. 그러나 1973년 포항종합제철이 준공되면서 우리나라 철강산업은 획기적인 발전의 전기를 맞게 되었다. 특히 73년 연두 기자회견에서 대통령이 중화학공업 정책을 선언하고, 이것을 수출증대와 농촌근대화와 함께 3대 국가과제로 강력히 추진할 뜻을 밝힘에 따라 철강수요는 크게 증가될 것이 확실했다. 그래서 포항제철은 계속 증설을 거듭했고, 준공 후 12년이 된

1985년에는 910만 톤 철강생산 능력을 보유하게 되었다. 그리고, 이 기간 중에 전기로 업체도 설비를 대폭 신설 또는 증설하여 1985년에는 650만 톤으로 늘어났다. 그리하여 1985년 우리나라는 1300만 톤 철강을 생산하여 세계 15위 생산국이 되었고, 660만 톤 철강재를 수출하여 세계 9위 철강수출국으로 부상했다.

1985년에는 70년대 중반부터 계획해 온 광양의 제2종합제철소 건설에 착수했다. 그러나 문제가 생겼다. 포항제철 제1기, 2기, 3기, 4기 시설 확장공사 때만 해도 이에 필요한 시설과 기술을 제공해 온 일본이 이른바 '부메랑 효과'를 내세워 우리와의 협력을 거부한 것이다. 우리나라 철강공업이 제2제철소 건설을 통해 새로운 도약을 하는 데 있어서 일본기술을 빌려다 쓰는 것은 한계에 도달했다는 것이 드러났다. 그러나 우리가 독자적인 기술개발을 하는 데는 많은 시간이 필요했다. 그래서 광양제철소 건설을 위해서는 우선 기술도입을 다변화하는 것이 필수 과제가 되었다. 다행히 우리 정부는 서독 티센사와 제철소 건설의 기술계획 작성에 대한 제휴를 하기로 합의하여 협정을 체결하였다. 이것을 계기로 과거에는 일본에만 일변도로 종속되다시피 했던 설비 및 기술도입을 구미국가들로 다변화하게 되었다.

이렇게 설비와 기술도입을 다변화하면서 광양제철은 필요한 기술의 원천을 찾아 그 첨단화를 시도했고, 또 설비도 최신화를 지향했다. 그리하여 광양제2종합제철소는 그 사업계획의 시작 때부터 전 공정의 전산화와 완전자동화제철소 건설이라는 목표를 향해 추진된 것이다. 이것은 세계에서 처음 시도된 야심찬 계획이었다. 이 제철소는 착공 7년 후인 1992년 완공되었다. 그리고 최첨단 시스템이 완성됨으로써 광양제철소는 첨단관리 기술체계를 확립하여 최소 인력으로 최고 품질을 최대 생산한다는 목표를 달성하게 되었고, 이로써 세계에서 가장 효율적이며, 가장 강력한 경쟁력을 갖게 되었다. 드디어 단일공장으로 세계 최대 규모인 1170만 톤 최신예 종합제철 공장이 이 땅에 건설된 것이다.

포항제철은 우리나라의 조선, 자동차, 가전 등 철강수요산업의 성장을 뒷받침했고, 1990년대에는 이들 철강수요산업의 수요가 다양화되고 고급화되자, 이에 대응하기 위해서 스테인리스 철강설비와 전기로 박(薄)슬래브 설비를 신설했다. 그리하여 1996년에 포항제철은 철강생산 능력이 2390만 톤에 달해 신일본제철에 이어 세계 2위 업체로 성장했다.

한편 전기로 업체들도 1980년대 후반 활발한 건설경기의 붐을 타고 철근, 형강수요가 급증하자 설비를 증설하고 신기술을 도입하였고, 1990년대에는 1백 톤 규모의 대형 전기로를 도입하여 1996년 말 전기로 업체의 철강생산 능력은 1870만 톤에 달했다. 그리하여 1996년 우리나라 철강생산은 3890만 톤에 달하게 되었다.

1973년 포항종합제철이 준공되어 1백만 톤을 생산한지 불과 20여년 만에 약 40배 성장을 이룩했다.

이로써 우리나라는 일본, 미국, 중국, 러시아, 독일에 이어 세계 6위 철강생산국이 되었다. 또 우리나라 철강수출은 1035만 톤으로 세계 8위를 기록했다. 그리고 우리 국민 1인당 철강소비는 870kg으로 선진국 중 최고 소비 수준을 기록했던 일본의 802kg을 초과하는 실적을 보였다.

포항제철은 광양제철소 건설을 서두르면서 연구개발을 획기적으로 강화하기 위해 포항공대와 산업과학기술연구소를 설립했다. 오늘날 포항제철은 세계 속의 제철회사로서의 면모를 갖추고 있다. 중국, 태국, 베트남, 인도네시아 등 동남아 국가와 미국, 캐나다, 호주 등에 합작회사를 설립해서 운영하고 있다. 이제 포항제철은 외국에서 시설과 기술을 도입하던 단계에서 완전히 탈피하여 외국으로 우리 설비와 기술을 수출하는 단계로 도약한 것이다.

연간 조강생산량 3천만 톤 규모에 총자산 20조 원, 매출액 19조 7천억 원에 단기순이익 3조 8천억 원, 부가가치 생산 1조 7천억 원, 이것은 바로 창업 37년 포항종합제철이 거두고 있는 주요 경영실적이다. 명실공히 세계제일 규모와 경쟁력을 자랑하는 초일류 철강기업으로 성장한 것이다. 세계 유수의 기업평가 전문기관으로부터 '가장 생존력이 우수한 철강기업', '가장 존경받는 철강기업', '세계 최고의 철강기업' 등으로 평가받고 있는 기업, 그리고 중국 근대화의 아버지로 알려진 덩샤오핑이 가장 부러워하고 갖고 싶어했다는 기업, 그것이 바로 우리 한국에서 탄생하고 성장한 포항종합제철인 것이다.

수출산업의 지속적 성장을 위해 우리 공업을 중화학공업으로 구조전환해야 한다

1979년 1월 19일, 연두기자회견에서 대통령은 수출산업의 지속적인 성장·발전을 위해서 우리나라 공업을 중화학공업으로 구조전환하고, 품질고급화와 시장다변화, 그리고 기업의 국제화를 강력하게 추진해 나가겠다는 방침을 천명했다.

"우리나라 수출이 100억 달러대를 넘어서니까 선진 각국에서 여러 가지 규제를 가해 옵니다. 특히 우리와 교역을 하고 있는 여러 나라들이 우리가 100억 달러대를 넘어서니까 우리의 수출신장에 대해서 매우 예민한 반응을 보이기 시작했습니다.

그래서 작년 말 현재로 미국, 일본, 그리고 EC(유럽공동체) 나라들 중에 18개 나라가 우리나라에서 수출하는 섬유, 가전제품, 신발 등 41개 수출상품에 대해서 벌써 수입규제를 가하고 있습니다.

그러나 우리의 수출이 작년 말로 127억 달러가 되어서 100억 달러대를 넘었다고 해도 전세계의 교역규모로 보면 그 수입총액의 약 1%밖에 안 되는 것입니다.

이것은 우리나라 수출은 앞으로도 신장할 여지가 대단히 많다는 것을 뜻하고 있습니다.

따라서 정부는 앞으로도 계속 수출산업의 성장발전을 위해서 노력하면서 다음과 같은 몇 가지 시책을 강력히 밀고 나갈 것입니다.

첫째는 우리나라 공업을 중화학공업으로 빨리 구조전환해야 되겠습니다. 지금까지 우리는 경공업제품을 많이 수출했는데, 이제 그것은 한계에 다다른 감이 있고 또 앞으로 성장하더라도 속도가 대단히 둔화되기 때문에 새로운 분야를 개척하고, 시장을 개척하기 위해서는 중화학공업 분야에 역점을 두고 이를 개발하여 중화학 공업 제품을 많이 수출해야 되겠습니다. 따라서 산업구조를 기계, 전자, 조선, 자동차 등 중화학공업을 중심으로 개편하고, 수출구조를 플랜트수출 중심으로 바꾸어 나가야 하겠습니다.

또 우리가 지금 중동지역에 나가 있는 해외건설 부문에 있어도 앞으로는 정밀한 기술을 요하는 플랜트건설 수출에 역점을 두고 나가야 하겠습니다.

중화학공업 분야 중에서도 특히 기계나 철강, 석유화학 같은 것은 우리 업계와 정부가 지난 몇 년 동안 노력을 집중한 결과 이제는 비약적으로 신장할 생산기반이 완전히 다져졌습니다.

중화학공업제품 수출확대를 위해서 정부는 그동안 플랜트수출촉진법을 제정하고, 수출입은행 기금을 증액했으며, 연불수출 지원기금도 증액하는 등 여러 가지 지원시책을 펴 왔습니다.

둘째로 품질을 고급화해야 하겠습니다. 지금까지는 우리가 저렴한 경공업제품을 많이 수출했는데, 앞으로는 값비싼 고급제품을 개발해서 많이 수출해야 하겠습니다.

섬유류나 전자, 신발 등의 기술개발과 품질고급화를 기해 나간다면 우리에게 가해지는 수입규제도 어느 정도 극복하고 뚫고 나갈 수 있습니다.

해외건설 분야에 있어서도 노동집약적인 건설보다는 고도의 기술을 요하고 중장비를 많이 쓰는 해외 건설공사를 따내는 데 많은 노력을 기울여야 하겠습니다.

셋째는 시장을 다변화해야겠습니다. 그동안 시장 다변화를 위해서 정부나 업계에서 많은 노력을 기울여 왔지만, 아직까지도 우리나라 수출은 일본과 미국에 편중되어 있습니다. 따라서 앞으로는 EC(구주공동체), 중남미 또는 아프리카 방면의 시장확대에 더욱 노력해야 되겠습니다.

넷째는 우리나라 기업도 국제화해야 합니다. 국제시장에서의 무역장벽을 극복해 나가기 위해서 이것은 꼭 필요합니다.

앞으로 우리 기업들은 현지 법인설립이나 합작회사를 만들거나 기술협력 등을 통해서 국제화 방안을 연구하고 추진해 나가야 할 것입니다.

앞으로 중화학공업 중심으로 수출구조가 전환되고 수출품목이 고급화되며, 시장다변화와 기업의 국제화가 이루어진다면 1980년대의 고도산업사회 건설은 반드시 이룩될 수 있습니다."

대통령은 이어서 우리나라는 80년대 중반에 가면 경제대국으로 부상할 수 있다는 희망적인 전망을 가지고 있다고 천명했다.

"우리의 시책들이 계획대로 강력히 추진되어 간다면 우리나라는 1980년대 중반에는 경제대국으로 부상할 수 있다는 희망적인 전망을 가지고 있습니다.

한 나라가 중화학공업 분야의 핵심이 되는 중요한 몇 가지 부문에서 세계 10위권 내에 들어갈 때에는 경제적으로 대국이라 할 수 있다고 합니다.

따라서 철강공업, 석유화학공업, 기계공업, 자동차공업, 조선, 시멘트

분야가 세계에서 10위권 내에 들어간다면 우리나라는 경제대국이라 부를 수 있을 것입니다.

그중에서도 조선 같은 부문은 벌써 현 단계에서 우리가 10위 권 내에 들어가고 있는 것입니다.

그때 가면 원자력발전소나, 대형 에너지플랜트 같은 것도 우리가 만들 수 있고, 석유화학공업, 시멘트공장 같은 것도 우리 능력으로 건설이 가능하고 컴퓨터 등의 두뇌 정보산업 기기도 생산해서 우리도 쓰고, 또 해외에 수출하는 등 선진국형 공업국가로 발전될 것입니다. 수출에 있어서도 80년대 중반에 가면 약 500억 달러대를 넘을 것입니다.

500억 달러대는 현재 세계에서는 5위 정도에 들어가는데, 그동안에 다른 나라도 수출이 늘어나겠지만 우리가 500억 달러대를 넘어서면 세계 10위권 내에는 들어갈 것입니다. 이렇게 볼 때 우리 경제도 경제대국권 내에 들어갈 수 있다는 희망을 가지고 우리는 앞으로 더욱 분발하고 노력을 해야 될 줄로 압니다.

이 지구상에 누구도 한국의 힘찬 발전을 부인할 사람은 없습니다. 우리가 국내를 다녀보면 누구나 놀랍니다. 텔레비전 화면을 통해 보아도 마찬가지입니다. 우리의 국력과 위신이 오늘보다 더 강력하고 확고했던 적은 일찍이 없었습니다. 우리는 이제 남에게 원조를 구걸하는 것이 아니라 세계의 어려운 나라들에게 원조를 제공해 주고 있습니다. 제4차 경제개발5개년계획이 끝나는 날 우리의 국력은 더욱 늘어날 것입니다.

물론 이러한 눈부신 발전과 성장에도 불구하고 아직도 부족한 점이 적지 않고 실수도 적지 않았습니다. 경제가 발전하더라도 사회 일각에서는 그 발전의 혜택이 미처 돌아가지 못한 분야가 있고, 경제가 아무리 성장해도 이를 만족하게 생각하지 않는 사람이 있기 마련입니다.

경제는 인생과 마찬가지로 끊임없는 투쟁의 연속이며, 거기에는 결정적인 승리도 패배도 없습니다.

우리는 끊임없이 도전하고 해결하면서 성장해야 합니다.

우리는 부족한 점을 보완하고 실수를 교훈삼아 보다 큰 성장과 발전을 이룩할 수 있는 저력을 가지고 있습니다.

우리는 어떠한 세력이 우리를 둘러싸고 있는지를 잘 알고 있으며, 어떠한 사태가 우리의 생존과 번영과 평화에 영향을 미친다는 것도 잘 알고 있습니다. 우리에게는 실망하거나 좌절할 아무런 이유가 없습니다."

앞으로 국제시장에서 중공을 따돌릴 수 있는 대책을 지금부터 강구해야 한다

1979년 1월 24일, 무역진흥확대회의에서 대통령은 먼저 우리는 앞으로 수출제일주의 전략을 그대로 밀고 나가야 한다는 점을 강조했다.

"작년에도 여러 가지 어려운 내외 여건하에서 우리나라 수출이 한때는 목표달성이 매우 어렵지 않겠느냐 하는 그런 염려도 있었습니다마는 여러분들의 노력에 의해 목표를 초과 달성했습니다. 이것은 그동안 우리 정부와 기업인, 모든 근로자 그리고 해외에 나가서 수출을 위해 뛰고 있는 모든 일꾼들, 또 이것은 뒷받침해 준 모든 국민들이 총화노력을 기울인 결실이라고 생각합니다. 여러분들의 노고에 대해 다시 한 번 치하를 드리는 바입니다.

앞으로 우리 수출이 어떠한 방향으로 나가야 하겠느냐 하는 문제에 대해서는 외무부 보고와 특히 상공부 장관이 방금 보고한 새로운 수출전략이나 이를 뒷받침하기 위한 여러 가지 정책방향이 대단히 유익하고 의의가 있는 것이라고 생각합니다.

우리는 수출을 강력히 밀고 나가야 하겠으며, 과거에도 그랬지만 앞으로도 수출제일주의라는 이 수출주도형 전략을 그대로 밀고 나가야 합니다. 지금까지 우리가 수출해 오던 경공업 상품에 대해서는 여러 가지 장벽과 규제가 가해지고 있기 때문에 우리가 할 수 있는 데까지 최대한 노력을 해서 이들 장벽을 돌파해야 하겠습니다. 이것을 위해서는 상공부 보고에도 있었던 거와 같이 품질고급화와 시장다변화 정책을 그대로 밀고 나가야 하겠습니다. 특히 중화학 공업에 대한 새로운 전략, 새로운 정책이 여러 가지가 제시됐습니다마는 특별히 중복해서 강조하고 싶은 것은 앞으로 중화학공업에 대해서는 과감한 금융지원이라고 그럴까, 이것이 뒷받침돼야 될 것 같다는 것입니다. 시설투자면에서도 그렇겠지만, 특히 해외에다 수출하는 경우에 있어서 연불수출에 대한 금융지원을 강화해야 되겠습니다. 다른 선진국과 우리가 경쟁을 하자면 아주 획기적인 정책전환과 뒷받침이 뒤따라야지, 이것이 뒤따르지 않으면 우리가 국제무대에 나가서 다른 선진국과 경쟁을 하기는 대단히 어렵지 않겠느냐, 이런 생각이 듭니다.

정부로서는 이에 대한 최대한의 지원을 하게끔 노력하겠습니다. 우리나라 기업가 여러분들도 더욱 분발해서 공장 자체의 새마을운동도 보다 내실화하고 품질향상과 생산성제고, 원가절감 등을 통해 우리 수출제품들의 국제경쟁력을 보다 더 높이고 여러 가지 장벽과 규제가 따라오더라도 슬기롭게 뚫고 나가야 하겠습니다. 정부와 기업 그리고 전 국민들이 80년대 중반에 500억 달러 수출목표를 기어코 달성하겠다는 결의를 새로 하고, 총화노력이 이루어진다면 이 목표도 반드시 달성되리라고 생각합니다."

대통령은 이어서 우리가 앞으로 중공과 국제시장에서 경쟁하는 데 있어서 그들을 따돌릴 수 있는 대책을 지금부터 강구해야 한다는 점을 강조했다.

"한 가지 더 말씀드릴 것은 중공의 동향입니다. 최근 중공은 실용주의 노선을 택하고, 공산주의 국가이면서도 최근의 경제정책 추진방향을 보면 마치 자본주의 국가와 유사한 방향으로 밀고 나가고 있습니다.

그동안 각계에서는 중공에 관해 여러 가지 논의도 있었고, 우리 정부 내에서도 다각적인 검토를 하고 있습니다만, 중공과 우리가 국제시장에서 같은 수준에서 경쟁하는 것은 우리에게 대단히 불리하다고 생각합니다. 그러나 다행한 것은 우리가 경제개발에 있어서 한 걸음 앞섰기 때문에 중공이 오늘날 우리 수준까지 따라오려면 앞으로 아무래도 몇 년 동안의 시간이 필요할 것으로 봅니다.

우리는 이러한 시간을 최대한으로 이용해서 중공과 우리의 격차를 아주 뚝 떼어놓고 앞으로 달린다면 별 문제가 없지 않겠냐고 생각됩니다. 이를 위해서 우리는 앞으로 '기술혁신'을 더욱 강력히 추진하고 우리 산업구조를 중화학공업으로 구조전환을 촉진해 나가면서 중화학공업제품 수출도 급격히 신장될 수 있도록 종합적인 정책지원을 베풀어 나가야 하겠습니다.

이 문제에 대해서는 청와대에서도 이미 검토를 하고 있고, 국제경제연구원에도 과제를 부여하여 연구하고 있지만, 모두 깊은 관심을 가지고, 지금 이야기한 그런 분야에 대한 노력을 지금부터 서둘러서 추진해 나갈 필요가 있지 않겠는가, 이렇게 생각합니다."

우리 외교는 교역과 수출 등 실리 외교에도 비상한 노력을 해야 한다

1979년 1월 31일, 외무부 연두순시에서 대통령은 우리 외교는 안보외교, 통일외교는 물론 교역과 수출 등 실리외교에 여전히 비상한 노력을 해야 한다는 점을 강조했다.

"브리핑에서 장관도 강조했지만 역시 오늘날 우리 외교는 안보 외교, 통일외교도 중요하지만 실리외교, 교역, 수출 등 이 분야에 여전히 비상한 노력을 하여야 합니다. 수출 100억 달러 넘으니까 과거처럼 열심히 안 해도 된다고 생각하고 안심하는 것은 잘못입니다. 아직도 안심할 단계는 아니고 더욱 열심히 해야 할 것입니다. 물론 교역량을 늘리고 수출신장한다는 것은 외교관 노력 가지고만 되는 것은 아닐 것입니다. 그러나 일선에서 외교관들이 열심히 뛰어야 될 것입니다. 어제 경제부처에서도 얘기했지만 일본은 작년에 970 몇억 달러을 수출을 했다는데, 재작년에 대비하여 22~23% 증가했다고 하는데, 우리나라에서는 수출이 100억 달러 넘으면 수출신장률을 자꾸 줄여야 된다는 게 상식화된 얘기입니다. 그전에는 30~40%, 73년 같은 경우는 70~80% 수출신장이 됐는데, 이것은 물론 액수가 적을 때니까 가능했겠지만, 수출이 150, 160억 달러가 된다고 해

도 노력만 하면 25%~30% 정도 신장을 유지하는 것은 가능할 것입니다. 정부공무원, 업자, 국민들도 이제는 옛날처럼 30% 정도는 어림도 없는 소리다 하는 사고방식이 있는데 이런 사고방식 가지면 우리 수출은 늘지 않을 것입니다. 800억, 900억 달러 수출하는 데서도 20몇 퍼센트 늘어나는데, 이제 100억 달러 가지고 25%, 30%가 안 된다는 것은 곤란합니다. 이점 이번에 본국에 오는 외교관에게 강조하겠는데, 장관이 공관장 회의에 나가면 특히 강조를 해주기 바랍니다."

국제경쟁에 자신 있게 나서기 위해서는 중화학공업 육성정책을 밀고 나가야 한다

1979년 2월 2일, 상공부 연두순시에서 대통령은 먼저 우리가 국제시장에서 본격적인 경쟁에 자신을 가지고 나가기 위해서는 중화학공업 육성정책을 강력히 밀고 나가야 한다는 점을 강조했다.

"1973년, 지금부터 6년 전 봄에 정부에서 중화학공업 정책선언을 하고 지금 꼭 6년째가 됩니다. 그동안에 우리나라 공업이 중화학공업 구조로 그 기반이 잡히고, 틀이 잡혀가고 있는데, 이제부터는 우리가 국제시장에서 본격적인 경쟁에 자신을 가지고 나가기 위해서는 중화학공업 중점육성 정책을 강력히 밀고 나가야 되겠습니다.

상공부의 오늘 브리핑에 그 취지가 충분히 반영되어 있는 것을 보고 나는 대단히 기쁘게 생각을 합니다. 결국은 국제시장에서 우리가 경쟁을 강화해서 이겨야 되겠는데, 그걸 위해서 오늘 여러 가지 구체적인 시책이 나와 있습니다만, 우리와 경쟁하고 있는 나라와 비교를 해서 가령, 금융지원면에서 우리하고 그런 나라하고 차이가 어떻다, 세제면에서 어떻다 기타, 임금문제라든지 여러 가지를 한번 비교를 해봐서 우리가 국제경쟁에 이기기 위해서는 이런 정책을 아주 중점적으로 또 시급히 시정해야 되겠다 하는 것을 종합해서 언제 다시 한 번 브리핑을 해 줬으면 좋겠어요.

거기에는 기술문제다, 인력문제, 여러 가지가 다 포함되겠지요. 그래서 그것을 강력히 밀고 나가지 않으면 앞으로 우리가 국제경쟁에서 다른 나라를 이기고 나가기는 대단히 힘이 들지 않겠느냐, 그러나 그런 분야만 우리가 잘 파악을 해서 착안을 해가지고 착실히 노력을 해 나가면 우리나라는 지금까지 성장해 온 그런 여력을 이용해서라도 앞으로 우리 수출이란 것은 계속 뻗어나가리라 그렇게 믿습니다."

대통령은 이어서 이제 우리 수출이 벽에 부딪쳤다느니 한계에 왔다느니 하는 이야기는 국민의 사기를 위해서나 수출역군들의 사기를 위해서 바람직하지 않다는 점을 강조했다.

"요전에도 얘기했지만 우리나라 수출이 조금만 액수가 올라가면 이제 거의 벽에 부딪쳤느니 이제 한계에 왔으니 이런 소리를 하는데, 그건 벌써 우리 수출이 10억 달러대에 가기 전에 우리 업계에서 소위 우리나라 전문가란 사람들이 신문에 대대적으로 그런 소리를 늘 써서 나는 대단히 못마땅하게 생각했는데 10억 달러가 넘고 나니까 한참 아무 소리 안 하다가 78년 목표가 100억 달러라고 그러니까 그때 아주 입을 딱 벌리며 이건 전혀 불가능한 엉터리 같은 소리다 하는 식으로 한참 떠들다가, 그다음에 100억 달러가 넘고 나니까 이제 또 딴소리가 자꾸 나옵니다.

물론 정부를 편달하는 의미에서 정부가 의욕은 좋지만 이런 거, 이런 것은 조심해야 된다고, 이렇게 충고해 주는 것은 우리가 달갑게 받겠는데, 안 되는 소리만 자꾸 내걸어 가지고 앞이 꽉 막힌 것처럼 얘기하는 소리, 이것은 국민들 사기를 위해서도 또 이 분야에서 일하고 있는 사람들의 사기를 위해서도 나는 좋지 않다고 생각합니다.

그것은 별도의 일이고, 우리로서는 하여튼, 어려운 애로라든지 난관이 있다는 것은 뻔한 사실이니까 어떻게 이것을 우리가 돌파해 나가느냐 하는 데 대한 전략을 세워서 하나하나 착실히 지금부터 추진해 나가야 되겠습니다.

어려운 점이 많을 것입니다. 쉬우면 남이 다 하는 거지 우리만 빨리 나갈 리는 없는 것이 아니냐, 어려운 가운데 누가 더 이걸 앞질러 나가느냐, 그 점을 다시 한 번 연구해서 나중에 한 번 더 보고해 주세요.

그리고, 중소기업에 대해서는 금년부터 중소기업진흥공단이 생겨서 중소기업 육성을 위한 정부의 새로운 획기적인 시책을 밀고 나가는데,

그것이 요전에 무역확대 회의 때 내 강조한 것처럼 중소기업체에 대한 기술지도, 기능공들을 불러다 지도해 주는 거와 같은 여러 가지 뒷받침해 주는 것, 이런 것이 잘되면 중소기업을 위해서는 대단히 큰 도움이 되리라고 생각합니다."

대통령은 이어서 공장새마을운동의 취지와 정신을 잘 모르는 일부 기업들은 이 운동을 귀찮은 것처럼 생각하는데, 이 운동은 그 기업주 자신을 위해서 권장하고 있다는 점을 강조했다.

"그 다음에, 공장새마을운동을 하고 있는 것이 아까 보니까 한 3400개이고 금년에 4천 개라고 했는데 그외 공장들은 새마을운동을 안 하고 있다는 얘기에요?

새마을운동의 그 취지와 정신을 잘 모르는 일부 기업체들 중에는 상당히 귀찮은 것처럼 생각을 하고 있는데, 이 운동은 귀찮은 것도 아니고 그 기업주 자신을 위해서 권장하고 있다 이겁니다. 정부를 위해서보다도, 물론 그것이 잘되면 정부도 좋고 국가도 좋은 건데, 절대 자기들이 손해 보는 것이 아니라 잘만 하면 공장도 잘되고 거기 있는 종업원들의 처우도 좋아지고, 후생복지 문제도 해결이 되고, 또 공장경영구조도 그만큼 더 잘 돼나가면 노사문제도 부드럽게 되고 다 좋은 것인데, 이걸 잘 모르는 사람이 있는 것 같습니다.

기술을 어떻게 한다, 금융을 어떻게 한다, 세제를 어떻게 한다, 이런 것도 중요하지만 역시 공장이라는 것은 사람과 사람들이 모여 앉아서 물건을 만들어 내는 곳이기 때문에 기업책임자와 거기 와서 일하는 종업원들과의 사이에 인화, 이런 것이 부드럽게 돌아가지 않으면 다른 것이 아무리 잘되어도 그 기업이 잘 돌아갈 수 없습니다. 우리는 그걸 노려서 이 공장새마을운동이란 것이 꼭 필요하다고 강조를 하는 것입니다."

대통령은 끝으로 시중에 나오는 물건 중에 가짜나 엉터리 물건이 많아서 피해를 입은 일반소비자들이 보상받을 길이 없어서 이를 단속하지 못하는 정부를 원망하는 사례가 있다고 지적하고 이런 피해가 없도록 평소에 지도 감독을 철저히 하라고 지시했다.

"요즘 시중에 나오는 여러 가지 물건들 중에 소위 가짜라고, 엉터리 같은 것이 상당히 나와서 일반소비자들이 정부가 왜 이런 것을 철저히 단속을 안 하느냐, 그런 얘기가 있는 것 같은데, 공업진흥청에서 거기에 대해서 여러 가지 검사는 하고는 있지만, 원체 품목이 많고 또 그런 것이 나와서 시중에 한참 팔리고 난 뒤에 그런 것이 발견이 되어 뒤늦게 이런 것을 단속하고 있기 때문에 일부 피해를 입은 사람들은 어떻게 보상이 안 된다 하는 문제가 있는데 공업진흥청, 또 상공부에서 일반소비자들에 대한 그런 그 피해가 없게끔 평소부터 이에 대한 지도감독이 좀 더 철저히 되어야 하겠습니다."

제3부
과학기술개발

제1장 과학기술을 발전시켜 나가면 우리도 부강해질 수 있다

조국근대화의 열쇠는 과학기술교육과 정신교육에 있다

인류의 역사는 수많은 역경과 도전에 적극적으로 대처해서, 이를 해결하고 극복해 온 인간지성의 자발적 전개과정이다. 무지로부터 지성의 계몽으로, 압제를 벗어나 자유로, 빈곤으로부터 번영의 추구로 부단히 전진해 온 인류발전의 도정에 있어서 그 주인공은 언제나 인간이었고, 인간의 지성과 용기와 예지였다. 한 마디로 역사발전의 동력은 인간개발의 본산인 교육이었다. 동서고금을 막론하고 교육은 인류의 만반 사업 중에 가장 귀중하고 숭고한 사업으로 존중되고 있는 것이나, 인류가 모든 문제의 궁극적인 해결의 열쇠를 교육에서 구하고 있는 이유는 바로 여기에 있는 것이다.

우리나라에서도 교육은 국가의 백년지대계라 하여 우리 조상들은 교육을 중시하였고, 일제강점기 식민통치하에서나, 해방 후의 혼란기나 6·25전쟁 후의 폐허와 빈곤 속에서도 우리 국민들은 교육에 심혈을 기울였다.

5·16 혁명 후 대통령은 조국근대화를 추진하는 데 있어서 그 성공의 열쇠는 교육에 있다는 것을 통찰하고 있었다.

1960년대 초부터 우리가 추진하고 있는 조국근대화라는 역사적 과업은 정치·경제·사회·문화 등 모든 생활영역에 걸쳐 창조적이며 건설적인 작업을 수반하는 것이며, 여기에는 유능한 일꾼들의 창의와 분발과 노력이 요구되고 있었다. 따라서 대통령은 앞으로 이 과업의 성공적인 완수를 보장하는 관건은 우리의 교육에 달려 있다고 믿고 있었다. 즉 조국의 근대화나 민족의 중흥이라는 역사적 과업의 성패는 우리 교육의 질과 양에 좌우된다. 우리는 교육을 통해서 바람직한 미래를 우리 자신의 것으로 만들 수 있다. 교육은 그러한 의미에서 미래의 문을 여는 열쇠다. 한 마디로 앞으로 이 나라의 국운은 교육이 좌우한다는 것이다.

대통령은 교육은 그 성과가 비록 물질적인 생산이나 건설의 성과처럼 당장 눈앞에 나타나는 것은 아닐지라도 묘목을 거목으로 키워 나가는 지하의 물줄기처럼, 국가발전의 저력이며 역사발전의 밑거름으로서 영구불멸의 가치를 지니고 있는 것이라고 믿고 있었다.

그래서 대통령은 교육이 가져올 성과를 긴 안목으로 내다보고 조국의 근대화에 기여할 수 있는 교육계획을 강조하였으며, 그 핵심은 과학기술교육과 정신교육이었다.

대통령은 역사적으로 과학기술이 앞선 나라가 다른 나라들보다 먼저 발전하고 성장했으며, 앞으로도 과학기술의 선두주자가 세계를 지배하게 될 것이라고 믿고 있었다. 따라서 우리나라가 근대화를 이룩하고 선진국을 따라잡으려면 무엇보다도 과학기술 발전에 총력을 기울여야 하다고 생각했다.

대통령은 또한 근대화 작업은 과학기술 개발만으로 되는 것은 아니고, 강건한 국민정신이 그 바탕을 이루고 있어야 한다고 믿고 있었다. 즉 일제강점기의 식민지배하에서 생긴 패배의식과 열등의식을 털어 버리고, 상실했던 민족의 정체성을 회복하여 우리 자신의 자조적이며 협동적인 노력으로 민족의 중흥을 이룩하고야 말겠다는 큰 꿈과 넘치는 의욕과 불굴의 의지를 갖춘 젊은 일꾼을 길러내야만 우리의 근대화작업은 성공적으로 추진될 수 있다는 것이다. 그래서 대통령은 제1차 경제개발5개년계획을 추진할 때부터 산업의 근대화든, 농촌의 근대화든, 그것이 성공하기 위해서는 우리 국민의 정신혁명이 선행되야 한다는 점을 강조했다.

과학기술교육과 도의교육에 힘써야 한다

1964년 2월 17일, 교육자치제도가 부활된 후 처음으로 각 시도의 교육감 회의가 열렸다.

대통령은 이날의 회의에서 조국의 근대화를 위한 교육의 과제는 과학기술교육과 정신교육에 있다는 점을 강조했다.

"조국의 근대화라는 집약된 목표를 향하여 문교행정이 담당하여야 할 긴박한 과제를 나는 '정신'과 '기술'의 문제로 요약하고자 합니다.

재언이 필요도 없이 근대화를 조속히 이룩하기 위한 우리들의 노력은 경제의 성장에 집중되어야 할 것입니다. 산업, 과학, 기술교육을 적극 진흥시키겠다는 새 정부의 결의가 바로 '국민경제 성장에 기여하는 교육'이라는 기본목표에 표현되고 있는 것입니다.

그러나 경제제일주의에서 자칫하면 초래되기 쉬운 기술교육의 편중을 우리는 좀 더 새로운 시점에서 재평가하여야 할 것입니다. 그것은 공업화라는 경제적 요청에서 생산을 위한 교육에 병행하여 국민 각자의 정신적 자세의 건전화가 아울러 강조되어야 하기 때문입니다. 생산에 필요한 '기술'과 함께 '정신'의 문제를 제기한 이유가 바로 여기에 있으며 새 공화국 문교행정의 정책적 방향은 보다 대국적 시점에서 새로이 연구·검토하여야 할 것을 강력히 종용하여 마지않습니다.

무엇보다도 도의교육의 중요성을 재인식하여야 하겠습니다. 지금까지의 교육은 개인적 공리에 입각한 입신양명주의에서 벗어나지 못한 감이 있으며 사회적 봉사보다도 이기주의라는 개인위주의 교육에 치우친 경향을 나는 지적하고자 합니다.

현시점에서 우리는 특히 사회적 봉사와 협동의 정신을 함양시킴으로써 국가와 민족에 대한 개인의 올바른 위치와 사명을 일깨워 조국에 대한 사랑과 더불어 민족적 유대의식을 견고히 하여 나가야 하겠으며 지식과 기술의 편중보다도 인격의 도야를 통한 민주시민의 건전한 정신적 자세를 하루속히 확립시켜 나가야 하겠습니다. 더구나 해방 후 오늘까지 우리 정치사회의 변천은 우리 젊은 청소년들에게 그들이 마땅히 향유하여야 할 안정과 질서와 희망을 안겨다주기는커녕 다만 그들에게 불안과 혼미와 회의만을 겪게 만들었던 그 사회적 현실은 누구도 부정하지는 못할 것입니다.

　이러한 부도의와 불성실의 환경을 겪은 오늘, 도의의 재건과 그리고 앞에 지적한 바 새로운 시민상의 확립을 위한 교육의 강조는 시대적·사회적 필연의 요청이라 아니할 수 없습니다."

　대통령은 이어서 민족중흥의 창업은 주체적 인간의 정신적 자세와 능력에 달려 있다고 말하고, 교육자들은 젊은 세대의 선도와 육성에 헌신적 노력을 다해 줄 것을 당부했다.

　"교육의 중심과제는 인간의 문제로 귀착되는 것입니다. 국가사회의 법과 제도의 운용에 만전을 기함으로써 민족의 중흥창업을 조속히 이룩하는 문제는 궁극적으로 주체적 인간의 정신적 자세와 능력 여하에 달려 있기 때문입니다. 교육의 중대성과 교육자의 역사적 사명이 여기에 뚜렷이 부각되는 것입니다.

　조국이 요구하는 바 새로운 세대의 인간상은 부정과 부패를 단호히 배격하는 정의감에 불타야 하겠으며, 조국을 사랑하는 마음과 민족적 유대의 강렬한 의식을 토대로 하여 단결과 협동으로 서로가 협조하는 명랑한 분위기 속에 내핍과 검약의 생활태도로 꾸준히 생산과 건설에 헌신하는 한국인인 것입니다. 감격에 겨웠던 조국의 광복 이후로 태어난 우리의 어린 싹들은 그 후 20년에 접어드는 오늘 10대로부터 20대로 자라나는 중대한 과도기에 처해 있는 것을 우리는 직시하여야 하겠습니다. 이들 청소년들의 교육적 배경과 시대적 사고방식은 종래의 고루한 전통과 의식구조에서 탈피하는 새로운 전진의 기운을 보여 주는 듯하면서도 아직껏 이 나라가 절실히 고대하는 바 이상적 인간상에 충실하기에는 갈피를 잡지 못하는 방황에 허덕이고 있음을 우리는 뼈저리게 느껴야 하는 것입니다.

이 나라 미래의 주인공, 자라나는 젊은 세대의 선도와 육성이 오직 교육에 달려 있고 교육자의 불굴의 신념과 헌신적 봉사에 달려있음을 깊이 인식하여야 하겠습니다."

대통령은 이어서 전국의 교육자들에게 유능한 일꾼을 길러내는 데 희생적 정신을 발휘해 줄 것을 호소했다.

"자립경제의 역량을 갖추지 못한 물질적 궁핍 속에 의무교육의 벅찬 과제를 해결해 나가기 위한 우리의 실정은 너무도 크나큰 시련을 강요하고 있음을 나는 가슴 아프게 생각하는 바입니다. 이 난경을 돌파하여 나가기 위하여 나는 전국의 교육자 여러분께 우리 민족고유의 슬기로운 전통을 유일한 지표로 삼을 것을 간절히 요청합니다. 그것은 바로 대의를 위하여 청빈 속에서도 오직 나라의 건실한 일꾼을 길러내는 희생적 정신을 오늘에 재현시키는 사도의 확립인 것입니다.

스승의 길은 험난한 길인 것입니다. 이 어려운 현실과의 대결에 있어 우리는 정신력으로 이를 타개할 것을 굳게 다짐합시다.

나는 앞으로 교육의 혁신적 기풍을 진작시키기 위하여 비상한 관심 아래 여러분께 부단한 격려와 예리한 감독을 보다 충실히 구체화시켜 나갈 것입니다.

교육감 여러분!

아무쪼록 여러분은 여러분의 위치와 사명을 깊이 자각하여 교육을 통한 유능한 인재의 육성에 헌신적인 봉사가 있기를 재삼 부탁드립니다.

여러분들의 근면과 부단한 연구, 그리고 청빈 속에서도 굽히지 않는 숭고한 그 모습은 곧 오늘의 우리 세대에게 굳건한 정신적 지주가 되는 것이며 삶의 지표가 되는 것입니다. 그리고 다음 세대에게는 기어코 자랑스러운 유산을 안겨다 주고야 말 것입니다."

근대화에 기여할 수 있고 경제성장을 뒷받침할 수 있는 교육에 힘써야 한다

1964년 12월 21일, 전국교육감회의에서 대통령은 근대화에 직접 기여할 수 있는 교육, 경제성장을 뒷받침할 수 있는 교육에 힘써 줄 것을 당부했다.

대통령은 먼저 조국근대화작업이 안정의 바탕 위에서 앞으로 비약적으로 촉진될 수 있는 계기가 마련되었다고 천명했다.

지난 1년 동안 국민 모두가 정치, 경제, 사회, 문화 등 모든 분야에 걸쳐 향상과 발전을 위한 기반을 닦는 데 힘쓴 보람이 있어서 민정 초기의 혼란을 극복하고 안정의 기틀을 잡게 되었다. 따라서 '일하는 해'가 된 새해는 그 역사적 의의가 크다는 것이다.

"지난 1년간은 국민 모두가 협조 단결해서 정치·경제·사회·문화의 모든 분야에 걸쳐 향상과 발전을 위한 확고한 기반을 닦는 데 주력한 보람이 있어 민족초기의 일시적 혼란을 극복하고 대체로 안정의 기틀을 잡게 된 것을 의의 깊고 다행한 일로 여기는 바입니다.

나는 일찍부터 우리 국가와 민족이 국제대열에서 호혜의 번영과 복지를 향유하면서 남부럽지 않게 잘살 수 있는 길은 오직 우리의 오랜 역사를 발판으로 주체의식을 가지고 전통을 재검토하여 고유의 생활수단과 양식을 과학화하고 민주화하는 데 있다는 것을 신념으로 삼아 왔고, 또 이를 위하여서는 국민 모두가 각성, 분발해서 단합된 힘으로 하루속히 근대화를 완수하여야 하다는 것을 꾸준히 다짐해 온 바 있습니다.

나는 이제 우리가 당면한 조국근대화의 과제가 지난 민정 1년이 닦은 안정의 기틀 위에서 앞으로 비약적으로 촉성, 추진될 수 있는 계기가 충분히 마련되었다고 확신해 마지않으며, 따라서 '일하는 해'가 되어야 할 새해는 더욱 그 역사적 의의가 크다는 것을 강조해 두지 않을 수 없는 것입니다.

이제 준비의 과정에서 전진으로 향한 전환의 시점에 서서 나는 국민교육의 중책을 짊어진 교육감 여러분께 두어 가지 과제를 제시하고 이를 위해서 가일층의 노력을 경주해 줄 것을 부탁드리고자 합니다."

대통령은 이어서 앞으로 우리는 조국근대화에 직접 기여할 수 있는 교육을 해야 되겠다는 점을 강조했다.

해방후 20년 간의 우리 교육은 젊은 세대에게 그들이 지향해야할 인간상을 제시하지 못했고, 외래문물을 선택, 소화할 만한 지성을 계발하고 능력을 배양하지도 못했다. 남의 환경에서 자라나 남의 체질에 맞는 것은 우리의 환경과 체질에 적합하고 유익하다고 볼 수 없다. 우리 교육은 확고한 주체의식을 가지고 자타의 가치를 식별할 수 있는 안목과 능력을 배양함으로써 자기문화를 창달하고 남의 문화를 취사섭취하여 근대화과업에 기여할 수 있게 해야 한다는 것이다.

"우선 여러분들은 조국의 근대화에 직접 기여할 수 있는 교육을 하여 달라는 것입니다.

봉건잔재와 무비판으로 수입된 외래풍조가 혼란을 이루고 있는 환경에서 우리의 젊은 세대에게 그들이 지향할 아무런 인간상도 제시하지 않은 채 해방 후 20년의 교육사는 흘렀다 하여도 과언은 아닐 것입니다.

우리의 교육이 과연 자기가 서야 할 땅에 발을 디디고 행해졌는가 고유의 전통을 검토, 비판하고 외래의 문물을 선택 소화할 만한 지성을 계발하고 능력을 배양하였던가 생각이 여기에 미칠 때, 우리의 교육계가 스스로 반성하고 그 자세를 새로이 가다듬어야 할 여지가 충분히 있다는 것을 나는 새삼 지적하지 않을 수 없는 것입니다.

우리는 우리 나름의 특수 환경과 체질을 가지고 있고 따라서 남의 환경에서 자라 남의 체질에 맞는 것이 곧 우리에게 적합하고 유익하다고 볼 수는 없는 것입니다. 이와 같은 견지에 설 때, 우리의 교육은 확고한 주체성의 의식 위에 자타의 가치를 식별할 수 있는 안목과 능력을 길러야 하고, 또 그렇게 함으로써 자기문화를 창달하고 타의 문화를 취사섭취하여 근대화의 제반과업에 적극 기여할 수 있게 될 것을 믿어 의심치 않는 바입니다. 제도를 개혁한다고 곧 근대화의 과업이 성취는 되는 것은 아닙니다. 주체의식과 기본역량의 바탕 위에 마련된 제도의 효율적 운영에서만이 제도는 그 본연의 면목을 유지할 수 있고 또 발전할 수 있는 것입니다. 교육은 각 교과활동을 통하여 그와 같은 '바탕'을 닦아야 할 것이며 이 점 교육자 여러분에게는 매우 무거운 사명이 부하(負荷 : 일이나 책임을 맡김)된다는 것을 깊이 인식해 줄 것을 부탁드리는 바입니다."

대통령은 이어서 우리는 경제성장을 뒷받침하는 교육을 지속해야 하겠다는 점을 강조했다.

경제성장은 국력신장의 척도다. 적어도 연간 5%의 경제성장은 계획대로 추진해 나가야 한다. 이를 뒷받침하기 위해서 과학기술교육을 진홍시키고, 근면하게 노력하는 기풍을 일으키고 검소한 생활습성을 배양해야 한다. 서독의 이른바 '라인 강의 기적'은 결코 기적이 아니라 서독 국민의 단합과 근면과 검소의 정신으로 이룩한 결과이며 이러한 정신은 교육의 성과임을 직접 보고 깊은 감명과 시사를 받았다. 검소하고 절약하며 근면한 국민을 길러내야 할 교육의 사명은 크고 절실하다. 총명한 우리 민족은 교육만 잘하면 남 못지않게 재능을 발휘하고 놀라운 발전을 기약할 수 있다는 것이다.

"다음으로 경제성장을 뒷받침하는 교육을 꾸준히 지속하여야 하겠다는 것입니다. 경제의 성장이 국력신장의 척도임을 생각할 때, 정부가 목표로 하는 연간 최소한 5%의 경제성장은 기어이 계획대로 추진시켜 나가야 하겠습니다. 따라서 이를 뒷받침하기 위해서는 과학기술교육을 더욱 진흥시키는 한편 근면 노력하는 새로운 기풍을 진작시키고 검소한 생활습성을 아울러 배양하여야 하겠습니다.

나는 이번 서독을 방문하고 이른바 라인 강의 기적은 결코 기적이 아니라, 그곳 국민의 단합과 근면과 검소의 정신의 결정이요, 이 정신은 국민교육의 성과임을 알고 깊은 감명과 시사를 받은 바 있습니다. 검소하고 절약하며 근로하는 국민을 길러내야 할 교육의 사명은 실로 크고 또 절실하다는 것을 거듭 강조해 마지않습니다. 자고로 총명과 뛰어난 재질을 자부할 수 있는 우리 민족이기에 나는 우리도 국민교육만 잘한다면 남 못지않게 재능을 발휘하고 놀랄 만한 발전을 기약할 수 있다는 것을 확신하는 바입니다.

아무쪼록 여러분들은 교육이 부하받은 시대적 사명을 보다 깊이 인식하고 어려운 생활환경 속에서도 그 드높은 기개를 굽힘이 없이 헌신과 희생의 거룩한 정신으로 오직 사도의 확립에 꾸준히 진력해 줄 것을 간절히 부탁드리는 바입니다. 맡은 바 소임을 완수하기에 배전의 분발과 건투 있기를 기원하는 바입니다."

'기술을 가진 사람'과 '의욕을 가진 사람'을 양성해야 한다

1965년 11월 3일 대한교육연합회 제3회 전국대의원 대회에서 대통령은 먼저 조국의 근대화를 추진하는 우리나라에 있어서 교육의 당면과제는 '기술을 가진 사람'과 '의욕을 가진 사람'을 양성하는 것이라고 지적하고, 그중에서 제1과제는 '기술을 가진 사람'을 양성하는 일이라는 점을 강조했다.

독일의 경제적 번영을 가져온 것은 독일 국민의 정신무장의 힘이었고, 기술무장의 힘이었다. 이 두 가지의 힘이 지금의 우리에게 가장 긴요하며, 그중에서도 가장 시급한 것은 기술무장, 즉 기술을 가진 사람을 양성하는 일이다. 지금 우리나라에는 최신식 기계를 도입하여 웅장한 생산공장을 건설해도, 또 훌륭한 선박을 사들여도 그것을 활용하고 이용할 수 있는 기술자의 양과 질이 너무나 빈약하다. 제1차 5개년계획 목표년도인 66년까지 소요되는 기술계 인적 자원은 60여만 명에 달하고 있고, 앞으로 제2차 5개년계획에서 공업화와 농촌근대화를 추진하기 위해서는 수백만 명의 기술요원이 필요하게 된다. 따라서 교육의 중점을 기술교육에 두고, 경제개발을 뒷받침할 수 있도록 학제와 교육제도를 개편해야 한다. 대학을 나오고도 제구실을 못하는 진학위주의 형식교육을 지양하고 중·고등학교를 나오고도 자신과 국가발전에 공헌할 수 있는 실력을 가르쳐서 사회진출을 보장해 주는 실업교육을 발전시켜야 되겠다는 것이다.

"나는 각종 행사에서 조국의 근대화를 말합니다만 그때마다 한 선진국을 상기합니다.

폐허의 잿더미 위에 눈부신 번영을 이룩한 독일공화국입니다.

독일의 경제적 번영을 가리켜 흔히 라인 강의 기적이라고 말하지만 독일의 부흥은 결코 기적은 아닌 것입니다.

독일이 부흥할 수 있었던 것은 독일국민들이 폐허 위에서 다시 재기하여 부흥할 수 있다는 자신들의 힘을 믿었고, 또 그 힘을 가지고 있었기 때문입니다.

조국을 부흥시키겠다는 의욕을 가진 사람과 조국을 부흥시킬 수 있는 능력을 가진 사람들이 바로 그 힘이 되었던 것입니다.

그것은 정신무장이었고 기술무장이었습니다. 지금 우리에게 가장 긴요하고도 시급히 해결해야 할 과제는 바로 이 정신무장과 기술무장입니다.

의욕을 가진 사람과 능력을 가진 사람이 필요한 것입니다.

우리 교육의 당면과제는 이 두 가지 문제의 해결에 있는 것입니다.

그중에서도 가장 시급한 것이 능력을 가진 사람, 기술을 가진 사람을 양성하는 문제입니다.

근대화의 토대가 과학기술의 발달과 그 기술을 운용할 수 있는 기술자에 달렸다 함은 재론의 여지가 없기 때문입니다.

그러나 이러한 기술자의 질과 양이 너무나 빈약한 것이 우리의 실정이었습니다. 최신식 기계를 도입하여 웅장한 생산공장을 건설해도 그것을 활용할 기술자가 부족하고, 훌륭한 선박을 사들인다고 해도 그것을 이용할 수 있는 능력 있는 기술자가 부족하다는 것입니다. 우리 교육의 중점을 기술교육에 두어야 할 소이가 여기 있는 것입니다.

제1차 경제개발5개년계획 목표연도인 1966년까지 소요되는 기술계 인적자원은 60여만 명에 달하고 있거니와, 앞으로 제2차 경제개발계획을 추진하여 공업화와 농업의 근대화를 이룩하기 위하여는 수백만 명의 기술요원이 필요하게 될 것입니다.

이러한 국가적 요청에 따라 학제를 비롯한 교육제도는 경제개발을 뒷받침할 수 있도록 개편되고 생산기술과 직결되는 실업교육이 계속 확충되어야 할 것입니다.

앞으로 교육은 학생에게 흙과 기계를 만지게 하여 자립할 실력을 길러 주는 데 주력해야겠다는 것입니다. 대학을 졸업하고도 제구실을 못하는 진학위주의 형식교육을 지양하고, 중학이나 고등학교를 나오고도 얼마든지 자기 자신과 국가사회의 발전에 공헌할 수 있는 실력을 가르쳐서 학생의 사회진출을 보장해 주는 실업교육을 발전시켜야 하겠다는 것입니다."

대통령은 이어서 우리교육의 제2과제는 의욕을 가진 사람을 양성하는 일이라는 점을 강조했다.

기술이 있어도 일할 의욕이 없으면 아무것도 이룩할 수 없다. 이것은 정신교육의 문제이며, 그 핵심은 의지의 교육, 발원의 교육이다. 지금 우리 사회에 필요한 사람은 세계 제1의 과학자, 교육자, 문학자가 되겠다는 웅대한 꿈을 가지고, 그 꿈을 실현하기 위해 근면, 성실하게 용왕매진(勇往邁進 : 거리낌없이 용감하게 앞으로 나아감)하는 사람이다. 따라서 정신교육의 요체는 우리의 젊은 학생들로 하여금 큰 뜻을 품고 이를 이룩하기 위한 집착력과 분투력, 불굴의 의지력과 진취적인 정열을 갖도록 하는 데 있다. 이를 위해서 우리는 먼저 일제강점기 식민지교육하에서 자라난 보수주의, 사대주의, 기회주의, 패배주의, 열등의식을 제거하고 건전한 인생관과 세계관 강건한 민족의식과 경제 사상을 고취시킬 수 있는 새로운 가치관을 개발해야 하며 새 가치관은 민주이념과 반공사상에 그 기반을 둬야 하겠다는 것이다.

"우리 교육의 제2과제는 의욕을 가진 사람을 양성하는 문제입니다. 아무리 훌륭한 기술을 배웠다 하더라도, 일하려는 의욕이 없다면 아무 것도 이룩할 수가 없기 때문입니다.

이것은 정신교육의 문제입니다. 이 정신교육의 핵심은 의지의 교육이요 발원의 교육이라고 해도 좋을 것입니다.

오늘날 많은 젊은이들이 무기력하고 침체하고 활동력과 진취의 기상이 없음은 실로 이 의지의 교육, 발원의 교육이 결여된 데 있다고 해도 과언이 아닐 것입니다.

지금 우리 사회가 요구하는 것은 대문학자·대교육자·세계 제일의 과학자가 되겠다는 꿈을 가진 사람, 남의 힘에 의지하지 않고 자력으로 활동하여 국가사회에 이바지하겠다는 큰 뜻을 가진 사람, 그러한 꿈을 달성하기 위하여 근면하고 성실하고 인내하고 용왕매진하는 사람인 것입니다.

따라서 정신교육의 요체는 바로 우리 젊은 학생들로 하여금 강렬하고 웅대한 꿈과 이를 달성하기 위한 집착력과 분투력과 강의성을 가지게 하고 백절불굴의 의지력과 진취적이며 적극적인 정열을 가지도록 하는 데 있을 것입니다.

이를 위해서는 먼저 일제강점기의 식민지교육하에서 왜곡되어 자라난 보수주의와 사대주의, 이기주의와 기회주의, 그리고 패배의식과 열등감을 제거하고 건전한 인생관과 세계관, 강건한 민족적 사회의식과 경제사상을 고취시킬 수 있는 새로운 가치관의 개발에 주력해야 할 것입니다.

그리고 이 새로운 가치관은 민주주의 이념과 투철한 반공사상에 그 기반을 두어야 할 것입니다."

대통령은 이어서 교육자들의 책무가 막중하다는 사실을 지적하고 헌신적인 정열로 연구하는 자세를 견지해 줄 것을 당부했다.

정열과 실력이 없는 스승이 제자들에게 의욕을 북돋아 주고 능력을 길러 줄 수는 없다. 정부는 국가재정 형편이 어렵지만 교육자 여러분에게 교재연구비를 지원하고 있다. 이것이 교육자 처우의 적정 수준과는 거리가 먼 것이나, 경제가 발전함에 따라 여러분의 책임과 처우가 곧 일치하게 될 것이다. 교육이란 귀중하고 숭고한 사업이고, 교육자란 직업은 신성하고 그 공로가 으뜸가는 것이라는 긍지를 가지고 근대화의 일

꿈을 길러내는 일에 희생적 노력을 다해야 되겠다. 내년에 세계교육자대회가 서울에서 열리게 된 것은 국가적 경사로서 정부는 필요한 지원을 다할 것이다. 오늘의 이 대회가 10년, 20년 후에 한국의 교육발전사상 하나의 이정표가 되었다고 회상할 수 있기를 기대한다는 것이다.

"우리나라의 근대화는 우리 교육이 교육이념과 교육과정 및 학습의 방향설정에 있어서 얼마나 빠른 시일내에 이 실업교육과 정신교육, 그리고 사회교육을 발전시킬 수 있느냐에 달려 있는 것입니다.

교육이 국가사회의 발전에 미치는 영향이 이처럼 중차대하다 하면, 교육자 여러분의 책무가 또한 얼마나 막중한 것인가는 재론의 여지가 없을 것입니다.

무엇보다도 여러분은 교육가적 품격과 헌신적 열성을 가져야 하겠으며, 연구하는 자세를 지녀야 할 것입니다.

정열과 실력이 없는 스승이 제자들에게 의욕을 북돋아 주고, 자립의 능력을 길러 줄 수 없다는 것은 너무도 명백한 것입니다.

물론 지금까지의 우리 현실이 교육자의 처우에 너무나 미흡하였다는 것을 나는 잘 알고 있습니다. 나는 작년 이 자리에서 교육자의 처우개선이 시급한 문제임을 강조한 바 있거니와, 정부는 어려운 국가재정 형편이나마 교재연구비를 지급하여 여러분의 연구생활을 지원하고 있습니다.

이러한 조치란 물론 교육자 처우의 적정수준과는 아직도 거리가 먼 것이지만 앞으로 경제발전의 진척에 따라 교육자의 책임과 처우가 일치하는 날이 머지않았다는 것을 나는 확신하는 바입니다.

아무쪼록 여러분은 교육이란 인류의 만반사업 중에 가장 귀중하고 가장 숭고한 사업이며, 따라서 교육자란 직업은 가장 신성하고 숭엄하고 또 그 공로가 으뜸가는 것이라는 긍지를 가지시고 조국근대화의 역군을 길러내는 일에 희생적 노력을 다해 줄 것을 간곡히 당부하는 바입니다.

내년에는 세계교육자대회를 이곳 서울에서 개최하게 되었다는데, 이
는 바로 한국 교육이 세계수준에 도달하였을 뿐만 아니라, 한국 교육
자의 국제적 지위가 상승했음을 보여 주는 명백한 증좌로서 온 국민이
환영해야 할 국가적 경사라 아니할 수 없습니다.

정부는 이 대회에 수반하는 여러 가지 문제의 해결에 필요한 가능한
모든 지원과 협조를 다할 것입니다.

끝으로 나는 오늘의 이 모임이 앞으로 10년, 20년 후에 우리나라의
교육발전사상 하나의 이정표가 되었다고 회상할 수 있게 되기를 기원
하면서 여러분의 건승을 비는 바입니다."

모든 국민은 과학숭상 기풍을 기르고, 과학자들의 연구여건을 만들어 주어야 한다

1965년 9월 30일, 제11회 과학전람회 시상식에서 대통령은 모든 국민
이 과학을 숭상하는 기풍을 기르고 과학자들의 연구여건을 만들어 줘
야 한다는 점을 역설했다.

"우리나라는 지금 국가의 총력을 증산·수출·건설의 당면목표 달성에
경주하고 있고, 기간산업은 거의 기본적 수요를 충족시키고 있으며, 우
리의 경제발전은 도약단계에 이르고 있습니다.

모든 국민이 번영을 누리려면 우선 경제발전을 이룩해야 될 것이고
그 기반이 과학진흥에 있음은 다시 말할 필요도 없는 것입니다.

이 과학전람회는 출품자들이 오랫동안 연구하고 노력한 결과를 발표
하는 유일한 기회이며, 많은 경쟁자들을 물리치고 입선된 여러분은 개
인의 영예일 뿐만 아니라 우리나라 경제개발에 기여할 기틀이 될 것이
므로 국가적으로도 커다란 의의를 갖게 되는 것입니다.

특히 그중에는 착상이 기발한 것과 또한 조금만 더 연구하면 실용적

인 가치가 있는 것도 발견되었습니다. 아무쪼록 입상자 여러분은 더욱 분발해 주시기 바랍니다.

오늘날 세계 여러 나라에서는 모든 분야에서 과학의 힘을 동원하는 데 앞을 다투고 있어 20세기의 후반기는 과학의 시대라고 규정 지을 만하기에 이르렀습니다.

원자과학과 우주과학의 발달은 실로 절정에 이른 감이 없지 않으며, 나아가서 과학은 국력의 원천으로서 군사면이나 정치면에 이르기까지 중대한 영향력을 미치고 있음은 부인할 수 없는 사실입니다.

이제 조국의 근대화를 조속히 실현함이 우리의 당면과제라면 여기에 무엇보다 시급히 요청되는 것은 과학의 발달이며, 모든 악조건을 극복하고 과학하는 분위기를 조성하는 일이라고 믿는 바입니다.

나는 지난번 미국을 방문했을 때 존슨 대통령과의 합의로 우리나라에 종합과학연구소를 설치케 되었고 지난번 미국 대통령의 과학 고문인 호닉 박사가 내한했을 때 협의를 거쳐서 내년도부터 그 실현을 보게 되어 앞으로 우리나라 과학분야에 획기적인 계기가 되리라고 믿습니다.

그러나 과학은 저절로 하루아침에 발전하는 것은 아니며, 비약도 기적도 없는 것이고, 열의 있고 끊임없는 연구노력을 다함으로써 비로소 결실을 맺는 것입니다.

그러므로 학생이나 전문 분야에 종사하는 사람은 물론 일반국민까지도 과학하는 기본자세를 갖추어 과학을 숭상하는 기풍을 기르고 과학자들이 의욕적으로 연구할 분위기와 여건을 구비토록 하는 데 협조해야 할 줄로 믿습니다. 특히 과학관은 이 나라 과학발전의 도표가 될 수 있도록 운영되기를 바라 마지않습니다.

오늘 이 시상식을 계기로 모든 과학도들이 한층 더 분발하여 과학건설의 역군이 되기를 간곡히 당부하는 바입니다."

우리나라의 교육은 생산에 기여하고, 생산에 직결돼야 한다

1966년 1월 18일, 연두교서에서 대통령은 조국근대화를 추진하고 있는 우리나라의 교육은 생산에 기여하고 생산에 직결돼야 한다는 점을 강조했다.

"우리는 우리가 지닌 민족적 우수성을 이제 조국근대화를 위해 집약적으로 동원해야 하겠습니다. 이를 위해 요청되는 것이 바로 인간개발을 위한 교육의 쇄신입니다. 우리 교육의 근본목표는 인간교육과 민족교육의 확충에 있거니와 조국의 근대화를 서두르고 있는 이 시점에 있어서, 우리 교육은 적어도 생산에 기여하고 또 생산에 직결돼야 한다는 것입니다. 이를테면, 정부는 금년에 각급 농업학교에 토양검증 시설을 갖추게 하여, 전국 방방곡곡의 농토를 검증하도록 할 방침입니다.

또한 생산에 기여할 과학기술의 진흥을 위하여 각종 연구소를 설치할 것이며, 기왕의 각종 관민연구소에 대해서도 이를 적극 지원할 것입니다. 이러한 생산하는 교육을 위하여 정부는 중·고등학교의 통합에 이어, 금년에는 교육제도 전반에 걸쳐 보다 합리적인 개편과 교육시설의 확충을 기할 것이며, 특히 기술 및 실업교육의 발전을 도모할 것입니다. 또한 정부는 경제적으로 불우한 자녀들을 위하여 장학제도를 더욱 확충할 것입니다."

과학기술자와 숙련공의 양성을 위해 과학기술 진흥을 촉진해야 한다

1966년 5월 19일, 제1회 전국과학기술자 대회에서 대통령은 먼저 경제자립의 첩경은 과학기술의 진흥에 있다고 단언했다.

"기술은 모든 것을 해결한다는 말이 있습니다. 이 말은 정치·경제·사회·문화의 모든 영역의 살림이 과학기술의 진흥 여하에 달려 있다는 것을 의미하는 것입니다.

오늘날 정부는 예산을 편성하고, 국방계획을 수립하고, 또는 공장을 건설하고, 경지를 정리하고, 자연자원을 개발하는 등 여러 가지 문제를 다루고 있지만, 그러한 문제들은 과학적 지식이나 기술의 수용 없이는 해결될 수 없다는 의미에서 재정문제요, 경제문제요, 군사문제인 동시에 과학의 문제요, 기술의 문제인 것입니다.

실로 국정운영과 사회생활에 미치는 과학기술의 영향력은 절대적인 것입니다.

그중에서도 한 국가의 경제발전에 있어 과학기술이 차지하는 비중은 막중한 것이며, 그것은 영국의 산업혁명이 무엇을 이룩했던가를 상기하지 않더라도 최근 수년 동안 우리나라의 과학기술자들이 자립경제건설 과정에서 이룩한 여러 가지 성과가 입증해 주고 있는 것입니다.

나는 조국근대화를 위하여 증산·수출·건설 그리고 내자동원의 필요성을 강조한 바 있거니와, 경제자립의 첩경이야말로 과학기술의 진흥에 있다는 것을 단언하지 않을 수 없습니다. 과학기술은 생산증강의 모체요, 경제발전을 촉진하는 힘의 원천이기 때문입니다. 그것은 한 마디로 조국근대화 작업의 선행조건이요, 필수요건인 것입니다."

대통령은 이어서 우리는 제2차 5개년계획 추진에 필요한 과학기술자와 숙련공의 양성을 위해 과학기술 진흥을 촉진해야 한다는 점을 강조했다.

"그러나 과학기술자 여러분!

우리는 지금까지 과학기술의 진흥을 소홀히 한 것이 사실이었고, 그결과 제1차 경제개발5개년계획에 따라 공장건설과 기타 사업추진 과정에서 외국기술자의 지식과 기술의 도움을 받지 않을 수 없었던 것입니다.

이로 인하여 1962년부터 오늘에 이르기까지 그들의 용역대금으로 지급된 외화만 하더라도 무려 1천 740여만 달러에 달하고 있는 것입니다.

만일 우리나라의 과학기술 능력이 자주자립의 완벽한 태세를 갖추고 있었더라면, 이러한 막대한 외화는 생산공장의 건설이나, 국토개발사업에 유용하게 사용될 수 있었던 귀중한 자본인 것입니다.

외화절약이라는 관점에서도 이 과학기술의 진흥은 시급한 당면 과제로 등장하고 있는 것입니다. 그러나 오늘 내가 이 자리에서 과학기술의 진흥을 특히 강조하는 것은 외화절약이라는 관점에서가 아니라 고도의 경제성장이 기약되는 제2차 5개년계획 실시기간 중에 급격히 증대될 고용량과 또, 한국기술자에 대한 해외수요의 증가가 예상되기 때문에 일반 노동력은 물론 숙련공과 과학기술자를 다수 양성하여 이에 대비하여야 할 필요를 통감하기 때문입니다.

정부는 제2차 경제개발5개년계획 수행에 필요한 장기 과학기술자 수요계획을 수립하고, 유능한 과학기술자의 양성과 제반시설의 확충, 그리고 과학기술자의 처우개선 계획 등을 구상, 수립하고 있습니다."

대통령은 이어서 한국과학기술의 앞날은 과학기술자들의 왕성한 책임감과 투철한 사명감, 개척자로서의 헌신적 봉사와 선구자로서의 창의적 노력에 달려 있다는 점을 역설했다.

"이러한 정부의 노력도 노력이거니와 이보다도 과학기술자 여러분의 자각적인 노력과 분발이 더 중요하다는 것을 나는 강조하지 않을 수 없습니다.

'과학한국'의 내일이나, '기술한국'의 앞날은 전혀 과학기술자 여러분의 왕성한 책임감과 투철한 사명감에 달려 있으며, 여러분의 개척자로서의 헌신적 봉사와 선구자로서의 창의적 노력에 달려있다는 것을 강조하고자 합니다.

아직도 우리 주위에는 선진국의 눈부신 과학기술에 압도되어 무엇인가 새로운 것을 발견해 내고, 무엇인가 독창적인 것을 창조해 내려는 노력을 게을리하는 경향이 있습니다. 심지어는 그러한 노력을 하는 과학자를 가리켜, 이를 어리석다고 비웃는 사람조차 없지 않습니다. 선진국은 월세계에 인공위성을 보내고 있는 이 판국에 우리가 어떻게 그들을 따라갈 수 있겠느냐?고 체념하고, 자포자기하는 사람들이 바로 그러한 사람들입니다.

이러한 체념과 자포자기 때문에 우리나라 과학기술이 발전하지 못하였고, 우리가 아직도 빈곤과 후진의 굴레를 벗어나지 못하고 있는 것입니다. 우리의 과학문명이 뒤떨어진 근본원인을 따지고 보면, 50년, 20년 전의 우리 조상들이 그 당시의 선진과학문명에 압도되어 아무런 향상과 발전의 노력도 없이 그대로 체념하고 허송세월을 보냈기 때문입니다.

만일 오늘의 우리 세대가 다시 이러한 전철을 밟는다면, 10년, 20년 후의 우리 후손들은 문자 그대로 과학의 미개지에서 지금보다도 더한 빈곤과 후진의 고초를 겪게 될 것입니다. 내가 오늘 과학기술자 여러분의 사명과 책임을 강조하고 헌신적 노력과 창조적 활동을 재삼 당부하는 이유는 바로 여기에 있는 것입니다.

여러분은 모름지기 우리도 얼마든지 새로운 기술을 개발할 수 있고, 또 독창적인 과학문명을 발전시킬 수 있다는 자신과 긍지를 가지고, 과학한국의 내일을 위해서 오늘의 희생을 기꺼이 받아들이겠다는 정신적 자세를 갖추어야 하겠습니다."

대통령은 끝으로 우리는 과학자, 기술자를 존중하고 우대할 줄 아는 새로운 사회기풍을 조성해 나가야 되겠다는 것을 강조했다.

"우리 과학기술자 여러분에게는 이러한 자신과 긍지를 가질 수 있는 역사적인 기록이 있습니다.

세계 최초의 금속활자를 발명한 것도 우리 민족이요, 세계에서 가장 앞섰던 측우기를 만들어 이용한 것도 우리 민족이었습니다. 우리에게는 능력과 자질이 없는 것이 아니라, 다만 그것을 발휘하려는 의욕과 용기가 없었던 것입니다. 그러한 능력과 자질이 뛰어난 사람을 찾아내어 격려해 주고 키워 주려는 사회적 분위기가 없었던 것입니다.

나는 오늘의 이 자리를 빌려 우리 국민들이 과학기술의 중요성을 새로이 인식하고, 과학진흥사업을 범국민적인 사업으로 발전시키는데 적극 협조하고 성원해 줄 것을 호소하고자 합니다.

과학자를 존중할 줄 알고 기술자를 우대할 줄 아는 새로운 사회기풍을 조성해 나가야 하겠다는 것입니다.

정부의 종합적 계획과 과학기술자의 창조적 노력, 그리고 일반 국민의 적극적인 참여와 성원, 이 세 가지가 삼위일체로 한데 뭉쳐 나간다면 우리 과학기술은 비약적으로 발전할 수 있다고 확신합니다.”

신생국가들의 과학기술과 교육의 발전을 위한 국제협조가 증진돼야 한다

1966년 8월 2일, 세계교직자단체총연합회 제15차 대회에서 대통령은 먼저 교육은 다음 세대에 희망을 거는 ‘미래의 열쇠’라는 점을 강조했다.

“교육은 개발이다’라는 말이 있습니다. 우리가 긍정하는 교육은 인간성의 발달, 인격의 완성, 개성의 존중, 행동의 자유를 원리로 하여 서로 존경하고 서로 협조하는 인간을 교육하는 민주주의 교육입니다. 이러한 인력개발은 국가발전의 기반이 될 뿐만 아니라, 세계평화의 초석이 되는 방향에서 계획되어야 할 것입니다.

우리나라는 예로부터 ‘교육은 백년대계’라고 말해 왔습니다. 이 교훈은 교육계획은 장기적 시각에서 안출되어야 하며, 장기투자로서 교육의 생산성은 결코 경시될 성질의 것이 아니라는 가르침입니다. 또한 이 교훈은 교육이 현재의 시급한 이해관계를 위해 원대한 인간성의 발달을 희생시키거나 굽혀서는 안 되며, 여하한 정권이나 당파의 '정치적 거점'이 되어서도 안 된다는 원리로 이해되어야 할 것입니다.

우리가 염원하는 교육은 평화와 자유와 인간의 존엄성을 옹호하는 인간개발이며, 이 지구상의 온갖 부정과 난관을 극복하고 해결하는 장기적 해결책이라는 의미에서 다음 세대에 희망을 거는 '미래의 열쇠'라고 할 것입니다. 그러한 점에서 이 지구상의 평화와 자유를 수호하는 열쇠는 교육에 있고, 여기 모이신 여러분들에게 있다고 강조해 두고 싶습니다."

대통령은 이어서 공산주의 세력의 교육을 비판하고 신생국가들의 과학기술 발전과 교육발전을 위한 국제협조가 가일층 증진돼야 한다는 점을 역설했다.

"지금 우리 주위에는 폭력에 의한 세계지배와 인간의 노예화를 획책하는 전체주의 세력과 광신적 교조가 세계평화를 위협하고 있습니다. 그들은 교육을 인간의 원만하고 자유로운 발전이라고 보지 않고, 오로지 당파성·계급적 증오감·무자비한 투쟁 등의 '정치선전 공작'을 강요 보급하는 일이라고 생각합니다. 그들의 교육은 인간을 폭력지배의 부속품화하고, 획일적으로 평준화하여 개성을 억압하고 있습니다. 이러한 독단적이고 편협한 교육사상은 날로 확대해 가는 이성과 자유의 힘 앞에 굴복하는 날이 머지않을 것으로 확신합니다.

우리 교육이 목표로 하는 이상적 인간상은 건전한 민주적 시민입니다. 그것은 자주적 인격을 주축으로 해서 자기책임과 자제력을 지니는 덕성의 함양을 통해서, 서로 이해하고 서로 도와 세계평화에 기여하는 일원이 되어야 합니다.

20세기 과학문명 속에서 과학발전에 부응하는 지식의 신속한 전달과 보급도 교육의 중요한 임무 중의 하나이겠지만, 그것에 우선하는 것은 지식의 선용을 위한 도덕의 재건이라고 하겠습니다. 인류평화를 위한 지식의 선용은 국제적 윤리교육, '평화의 윤리'의 교육을 통해서 성취될 수가 있는 것입니다.

인류역사의 이상은 곧 교육의 목적입니다. 우리 인류가 이상으로 하는 세계는 전쟁·불행·질병·빈곤 등이 없는 평화 세계의 달성입니다. 그러나 현대에는 아직 전쟁과 평화, 자유와 압제, 빈곤과 풍요, 질병과 건강 등의 이율배반이 엄존해 있고, 간단히 말해서, 선진국과 후진국과의 격차는 우리가 공동으로 해결해야 할 국제문제로서 제기되어 있습니다. 이것을 해결하지 못할 때, 인류의 불화와 비극은 종식되지 않을 것입니다.

신생제국의 근대화는 경제개발과 더불어 교육발전이 병행되어야 함을 선진제국의 전례에서 보아 왔습니다. 신생제국에 대한 과학기술은 물론 교육발전을 위한 국제적 협조가 가일층 증진될 것을 희망하는 바입니다.'"

대통령은 끝으로 우리는 이 지구 전체가 하나의 커다란 '세계학교'가 되도록 공동노력을 해야겠다는 점을 역설했다.

"우리는 전세계가 하나의 교육적 환경이 되도록 공동으로 노력해야 하겠습니다. 이 지구 전체가 하나의 커다란 '세계학교'가 되어야 하겠습니다. 우리나라에는 고래로 '군·사·부 일체'라고 해서 교사를 존경하고 숭앙했습니다. 또한 '군·사·부 일체'를 현대적으로 다시 이해해 볼 때, 이는 교육개발을 위해서 정부와 학교와 가정이 삼위일체가 되어 협력하는 동지적 결합을 의미한다고도 생각할 수 있겠습니다.

교육에는 제도나 계획도 중요하지만, 교사의 역할이 가장 중요한 생명이라고 하겠습니다. 교직자란 가장 신성하고 보람 있는 직책입니다. 세계 도처에는 '페스탈로치'나 '프뢰벨'의 교육적 생애와 정열에 감동되어, 오직 육영사업에 한평생을 바치는 데 삶의 보람을 느끼는 위대한 교육자들이 많이 있습니다. 이와 아울러 우리는 교직자들에게 무한한 신뢰와 기대를 아끼지 않는 것입니다.

오늘 이곳 서울에 전세계의 원로교육자와 청년교육자들이 자리를 같이하여 '교육계획에 있어서의 교직단체의 역할'을 주제로 채택하고, 각국의 국가번영과 인류사회의 발전을 이룩함에 있어 교육의 사명과 교직자의 책임을 새로이 다짐하고, 범세계적인 교육과제에 대한 진지한 토의의 기회를 가지게 되었음은 우리 한국의 자랑인 동시에, 세계교육의 발전에 또 하나의 획기적 전환점을 마련할 전진의 이정표가 될 것으로 확신합니다.

아무쪼록 오늘의 이 모임이 인류의 평화와 자유와 행복으로 통하는 진지한 대화의 광장이 되어 많은 성과 있기를 빌며, 아울러 교직자 여러분들의 즐거운 여행과 건승을 빌어 마지않습니다."

한국과학기술연구소(KIST)는 과학기술과 기술인력개발의 요람이 되다

1966년 10월 6일, 한국과학기술연구소 기공식이 있었다. 20세기의 가장 큰 특징은 과학기술의 비약적인 발전이었다.

과학기술의 발달은 인간 사회에 지금까지는 상상도 할 수 없었던 새로운 변혁의 물결을 일으켰으며, 국가 간의 과학기술 격차는 선진국과 후진국, 강대국과 약소국을 구별하는 척도가 되었다.

1957년 소련이 세계 최초로 인공위성 '스푸트니크(sputnik)호를 발사했을 때 미국인들은 경악했고 이 거대한 충격에서 벗어나기 위해 미국이 취한 첫 번째 조치는 과학과 수학교육을 충실화하고 과학기술 연구기관을 확충하는 것이었다. 그 후 달에 인간을 착륙시킨 미항공우주국(NASA)은 바로 이러한 노력의 산물이었다.

1960년대에 프랑스의 드골 대통령은 한동안 침체에서 벗어나지 못했던 프랑스의 과학기술을 세계정상 수준으로 끌어올리기 위해 막대한 연구개발투자를 강화하였고 이를 통해 산업을 근대화하고 핵개발을 통해 자주국방을 완성하고 강대국의 위상을 되찾아 위대한 프랑스를 건설하는 데 성공했다.

그동안 경제발전을 뒷받침하는 요인으로는 노동력, 자본력, 저축, 자원, 기술진보, 기업가 정신, 정책 및 제도 등이 꼽히고 있었다.

그러나 1909년부터 1949년에 이르기까지 미국의 실질 국민총생산(GNP)의 중간요인을 분석한 결과 경제발전의 87.5%가 기술 진보에 의해 촉진되었다는 솔로우(R.M. Solow) 교수의 연구결과가 밝혀지게 되자 종래의 발전 이론은 크게 변모하기 시작했다.

한편 슘페터(J. Schumpeter)는 기업의 기술혁신이야말로 자본주의 경제발전을 미는 원동력이며 기업이 대형화되어야만 기술혁신이 가능하다고 보았다. 그는 기업의 대형화에 따라 '규모의 경제'를 누리면서 비용을 절감시켜 경쟁력을 강화시키고 양산체제를 구축할 수 있는 대기업을 중시하였다. 그리하여 선진국에서는 이미 기술이 노동이나 자본보다 더 중요한 성장 요인이 되고 있었다. 여러 국가들은 앞을 다투어 연구개발(R&D)에 대한 집중적인 투자를 행하여 신기술의 개발에 총력을 기울이고 있었다.

대통령은 제1차 경제개발5개년계획을 추진하면서 기회 있을 때마다 앞으로는 과학기술이 앞선 나라가 세계를 지배하게 될 거이라고 예단했다. 지난 100년 동안 세계의 과학기술은 그야말로 눈부신 발전을 거듭했고, 이러한 발전 속도로 보아 앞으로 10여년 지나면 과거 100년 동안에 이루어진 발전보다 훨씬 더 큰 비약적인 발전을 보일 것이다. 따라서 국가 간의 치열한 경제전쟁에서 승리할 수 있는 나라는 과학기술개발과 고급기술인력 육성에서 앞선 나라가 될 것이라고 내다보고 있었다. 대통령은 이러한 판단과 전망을 하면서 과학기술진흥 5개년계획을 수립하여 과학기술발전과 기술인력 양성에 비상한 관심과 각별한 노력을 기울여 왔다. 특히 급속한 공업화의 진전과 함께 고도의 과학기술의 비중이 날로 커짐에 따라 우리의 자주적인 과학기술력의 획기적인 발전이 시급하다고 판단하고 과학기술 발전에 기여할 수 있는 제도와 교육과 연구기관 등에 대해 혁신적인 조치를 취했다.

우리도 새로운 기술을 개발하고, 그 기술을 제품으로 연계하는 창조적인 연구개발 인력과 문제해결 능력을 갖춘 기술 인력을 최단기간 내에 집중적으로 육성하기 위해서는 정부의 제도도 신설하고 교육제도도 개혁해야 하고, 연구기관을 발전시켜야 한다고 생각한 것이다.

과학기술은 연구기관을 중심으로 이루어진다. 따라서 연구기관의 설립추이는 과학기술 발달의 지표라고 할 수 있다. 해방 직후 우리나라의 과학기술 연구기관으로는 1954년에 설립된 국방과학연구소와 1959년에 설립된 원자력연구소가 있었다.

국방과학연구소는 우수한 이공계 대학 졸업자들을 선발, 국방관계의 과학기술뿐만 아니라, 기초연구에도 영향을 미치는 광범위한 연구에 몰두토록 하는 데 목적을 둔 것이었다.

원자력연구소는 시설이 완비된 종합연구소로서 기초 및 응용과학 연구와 산업부문에 큰 몫을 차지하게 됐고, 여기에 설립된 1백 킬로와트 연구용 원자로 트리가 마크(TRIGA MARK)Ⅱ가 가동되면서부터 동위원소를 이용한 방사성 의학연구가 물리, 화학 등의 기초분야 이외에도 산업분야로까지 활발하게 진전됐다.

그러나 1960년대 초반 제1차 경제개발5개년계획이 추진되고 있는 시기까지도 산업기술개발의 주역을 자임해야 할 민간기업들은 적정 기술의 선정이나 도입기술의 소화와 개량을 스스로 감당할 수 있는 자체 기술개발 능력을 갖고 있지 못했다. 따라서 민간기업들로 하여금 그들이 필요로 하는 적정기술을 선정할 수 있도록 지도해 주고, 또 민간

▲한국과학기술연구소 기공식 광경
한미 양국 공동투자로 추진된 KIST 기공식이 박 대통령을 비롯 많은 인사가 참석한 가운데 열렸다(1966. 10. 6).

▶박 대통령으로부터 임명장을 받는 최형섭 초대 KIST 소장

기업을 대신하여 도입기술을 우리의 여건에 맞게 소화시키고 개량시켜 이를 산업계에 이식하고 보급해주는 이른바 기술개발 매개체로서의 역할을 담당할 전문적인 과학기술연구기관이 절실히 필요했다.

이날 기공식을 갖게 된 한국과학기술연구소(KIST)는 바로 이러한 필요를 충족시킬 수 있는 한국과학기술 발전의 요람이다.

이 과학기술연구소는 1965년 대통령의 방미 때 존슨 대통령이 약속한 것이다. 존슨 대통령은 대통령의 방미 선물로 한국에 공과대학을 하나 건설해 주겠다고 제의하자 대통령이 우리나라로서는 공과대학보다는 공업기술과 응용과학을 발전시킬 수 있는 연구소가 필요하다고 해서 존슨 대통령이 이를 수락해 성사된 것이다.

대통령은 우리나라의 낙후된 과학기술을 빠른 시일내에 획기적으로 발전시키고 과학기술 인력을 양성하기 위해서는 전문적인 연구소를 만들어서 해외에서 활약하고 있는 한국과학자들을 국내에 유치해서 외국에서와 같은 파격적인 대우와 지원을 해주어야 한다고 생각하고 있었다. 이것은 정부가 할 수 있는 일이지, 기존 대학이나 신설된 대학이 할 수 있는 일이 아니었다. 만일 대통령이 존슨 대통령의 처음 제의대로 공과대학을 세웠다면, 우리나라 과학기술 발전의 요람은 탄생할 수 없었을 것이다. 따라서 한국과학기술연구소의 건설은 대통령의 통찰력과 선견지명이 빛난 작품이었던 것이다.

이 연구소는 미국의 유명한 산업기술연구소인 '바텔연구소(Battelle Memorial Institute)'가 산파역을 했고 1966년 2월에 한미공동출연으로 설립되었으며, 대통령이 그 설립자가 되었다.

1966년 2월 2일, 한국과학기술연구소(KIST) 설립을 위해 개인자격으로 100만원의 사재를 내겠다는 재산출연증서를 펜으로 손수 작성하고, 장기영 경제기획원 장관의 인가 서명을 받았다.

이 연구소의 특징은 정부가 무조건 돈을 대주고 과학자들이 이른바 '과학을 위한 과학'을 연구하는 연구소가 아니라 연구원들이 공업기술과 응용과학의 실수요자들과 계약을 하고 실수요자들이 필요로 하는 과학기술을 연구개발하여 제공하는 산업기술연구소, 다시말해서 경제개발을 촉진하기 위한 과학기술을 연구 발전시키고 또한 산업발전을 선도하게 될 대형의 장기연구개발 사업을 하는 연구소라는 데 있었다.

대통령은 이 연구소의 발전을 위해서 국내의 과학자와 기술자는 물론이고 해외에서 활동하고 있는 유능한 과학자와 기술자들을 귀국토록 하여 그들의 산업기술개발 활동을 지원하고 격려했다. 특히 대통령은 이 연구소에 외국에서 활약하고 있는 우리나라의 두뇌들을 초치하기 위해서 삼고초려 이상의 정성과 노력을 기울였다. 대통령의 이러한 간곡한 권유로 유수한 과학기술 인재들이 외국의 좋은 시설과 고액의 연봉을 희생하고 과학기술의 불모지인 조국의 발전을 위해 헌신하겠다는 생각으로 홍릉의 연구소에 찾아왔다. 처음에 귀국한 18명에 이어 78년까지 과학기술자 400여 명이 귀국했다. 70년대 이후 종합제철, 조선, 반도체, 석유화학 등 중공업 발전을 뒷받침한 과학기술은 모두가 이 연구소에서 개발된 것이다.

대통령은 미국 등 해외에서 활약하고 있는 한국과학자와 기술자들을 한국과학기술연구소로 유치하기 위해 이들에게 파격적인 대우를 제공하기로 했다. 즉 이들이 해외에서 얻고 있는 수입수준과 생활수준과 생활양식을 보장해 줘야 한다는 것이다. 아파트나 자가용이 일반화되지 않은 가난한 이 나라에서 그것은 파격적인 대우였다. 그래서 일부에서는 지나치다느니, 같은 한국인인데 그렇게 특별대우 안 해도 되지 않느냐는 등 이의를 제기하는 사람도 없지 않았다. 그러나 대통령은 이러한 잡음에 개의치 않았다. 과학자든, 기술자든 선진국에서 일을 능히 수행할 수 있을 정도로 고도의 교육을 받은 유능한 인재들을 우리나라에 끌어들이기 위해서는 그 인재가 한국인이든 외국인이든 그들에게 선진국 수준의 대우를 해줘야 한다. 그렇지 않으면 그들은 선진국에 남아 있게 된다. 그것이 한국인이라면 이른바 '두뇌유출'이 되는 것이다.

그 당시 이러한 두뇌유출이 심했던 나라는 인도였다. 인도 정부는 경영관리자, 대학교수, 의사, 기술자 등 고등교육을 받은 사람들의 수입에 상한선을 설정하고, 연평균 수입액을 6000달러 내지는 7000달러 이하로 눌렀다. 이 금액은 농민 연수입의 50~100배에 해당하는 것으로 80%의 세대가 농촌지대에 사는 나라에서 이 격차는 심각한 사회적 불평등을 나타내고 있었다.

그런데 인도에서는 최고 수입액이라 할지라도 고도의 교육과 훈련을 받은 인도인이 해외에서 벌 수 있는 수입액에 비하면 그것은 아주 보잘 것없었다. 또한 이 최고 수입 한도액은 그들이 집, 자동차, 학교, 신문, 서적 등 현대의 생활필수품값이 유럽 여러나라 보다도 훨씬 비싼 인도에서 유럽 수준의 생활은 물론이고 최저 도시중산층 수준의 생활을 하는 데 필요한 금액보다도 훨씬 낮은 것이었다. 그 결과 인도에서는 교육, 훈련, 경험을 쌓은 각계각층의 사람들의 해외 취업으로 두뇌유출이 계속되고 있었다.

대통령은 이러한 두뇌유출 사태가 우리나라에서 발생한다면 자립경제건설이나 근대화는 어렵다고 보고 일부에서 반대하더라도 유능한 과학기술 인재의 두뇌유입을 위해 특단의 대우를 배려했다. 그리하여 대통령의 부름에 호응하여 고국에 돌아온 해외의 한국인 과학자와 기술자들은 십수년 동안 과학기술개발과 기술인력 양성에 헌신적으로 노력하여 경제건설과 근대화작업 수행의 원동력이 되었고, 엄청난 국부를 창출해냈다. 그들이 귀국 당시에 받았던 이른바 특단의 대우를 위해 지불된 비용은 그들이 이룩해낸 국부에 비하면 실로 구우일모에 지나지 않는 것이었다. 대통령의 과학기술 인재에 대한 과감한 투자와 그 천문학적 성과는 바로 10년 또는 20년의 앞을 내다본 대통령의 그 선견지명과 과단성 있는 결단력의 산물이었다. 이 연구소의 초대 소장으로는 최형섭 박사가 취임했다.

대통령은 앞으로 한국과학기술의 요람이 될 이 연구소를 건립할 부지로 홍릉에 있는 임업시험장을 선정하고 지적도를 들고 현장을 돌아보며 부지를 골랐다.

대통령은 이 연구소의 기공식이 있은 후에는 한 달에 몇 번씩 이곳을 찾아 연구소 건물이 올라가는 모습을 지켜보기도 했고, 정원의 조경에도 관심을 표명했다. 그리하여 8만 2천여 평의 부지에 3년만에 연구소 건물이 완성되었다. 그것은 1960년대에 전세계의 개발도상국가 중에서 최초의 최신 과학기술연구소였다.

대통령은 연구소 완공 후에도 이곳을 자주 방문했다.

그리고 실수요자들을 찾아 계약을 성사시키느라고 고생하는 연구원들, 특히 선진국의 그 좋은 환경에서 직장생활을 하다가 고국에 온 과학자와 기술자들을 격려해 주었다. 그래서 진짜 과학기술연구소의 소장은 대통령이라는 농담이 나돌기도 했다.

사실 이 연구소는 과학기술 발전에 대한 대통령의 원대한 비전과 뜨거운 열정이 흠뻑 배어 있는 한국산업기술의 산실이었다. 그래서 대통령은 이 연구소와 연구원들에게 큰 희망과 기대를 걸고 그들의 성공을 기원했던 것이다.

결국 이들은 초창기의 고생과 어려움을 극복하고 우리나라의 산업기술 발전의 선구자적 사명을 다함으로써 대통령의 기대에 보답했다.

대통령은 이 연구소의 기공식에서 먼저 모든 국가들이 과학기술의 진흥을 위해 정부투자를 증가시키고 있는 공통적 현상을 지적했다.

"연구소장 최형섭 박사, 연구소관계자, 그리고 내외 귀빈 여러분!
오늘 우리의 오랜 숙원이던 한국과학기술연구소의 기공식을 갖게 된 것을 나는 매우 기쁘게 생각하는 바입니다.
오늘날 과학기술의 진보는 산업경제의 발전에 중요한 역할을 담당하고 있으며, 최근 여러 선진국들이 이 분야에서 이룩한 놀라운 발전은 국민경제와 세계경제에 커다란 구조적 변동을 가져오고 있습니다.

이와 같이 과학기술의 진보가 사회와 경제발전에 중대한 영향을 미치게 됨에 따라, 이미 여러 선진국가에서는 행정기구의 개혁과 연구체제의 확립, 그리고 인재양성기관의 정비 등 과학기술 진흥을 위해서 힘쓰고 있으며, 더욱이 그 종합적 연구를 위한 정부투자의 증가는 하나의 공통된 현상으로 나타나고 있습니다.

이러한 현상은 특히 개발도상에 있는 국가에 있어서 더욱 두드러진 바 있으며, 이들은 국가 간의 교류를 통하여 과학기술 진흥과 기술계 인적자원의 개발 등 여러 문제의 해결을 위한 실천방안을 모색하고 있는 것입니다."

대통령은 이어서 과학기술진흥 5개년계획에 대해 설명하고 한국과학기술연구소는 이 계획의 수행에 있어서 그 선도적 역할을 담당하게 될 것이라고 천명했다.

"친애하는 과학기술연구소 직원 여러분!

자립경제 건설과 조국근대화를 위해 온 국민이 총력을 기울이고 있는 지금, 과학기술의 진흥은 실로 우리의 가장 시급한 과제가 아닐 수 없습니다. 과학기술의 발전 없이는 경제성장이나 근대화가 이룩될 수 없다고 해도 과언이 아닐 만큼 경제개발과 근대화 과정에 미치는 그 힘은 지대하고도 관건적인 것입니다. 정부는 제2차 경제개발5개년계획에서 과학기술진흥 5개년계획을 중요한 부문계획으로 수립하고 인력개발, 연구개발, 기술도입을 정책적 지원으로 뒷받침하려 하고 있습니다.

이 계획은 실업교육과 직업훈련에 총 113억 원을 투자하여 1971년에는 97만 9천 명의 과학기술계 인적자원을 확보하고, 과학기술의 기술연구와 응용연구를 위해 총 186억원을 투자하여 대학과 기업체, 기타 연구기관을 통틀어 범국민적인 연구개발의 분위기를 진작시키자는 것입니다.

또 총 96억 원(364만 달러)의 기술협력 재원을 우방으로부터 확보하여 자체개발이 불가능한 부문에 한하여 외국의 선진 과학기술을 도입하여 이를 우리의 것으로 소화 흡수하는 한편 우리와 동열의 후진국이나 또는 우리보다 뒤떨어진 저개발국가에 대해서는 우리의 훌륭한 과학기술을 공여하자는 것입니다.

이 과학기술진흥 5개년계획은 정부가 수립된 이후 처음 있는 국가적 사업으로써 이는 과학한국 건설의 초석이 되고, 자립경제 건설과 근대화작업을 촉진하는 강력한 추진력이 될 것입니다.

오늘 기공을 보게 되는 한국과학기술연구소는 우리나라의 우수한 기술자들에게 창조적인 연구활동의 기회를 제공하는 과학 전당으로서 과학기술진흥 5개년계획 수행의 선도적 역할을 담당하게 될 것입니다.

여러분이 아시다시피 나는 지난번 미국을 방문했을 때 존슨 미국 대통령과 우리나라에 종합적 과학기술연구소를 설치할 것에 합의한 바 있거니와 호닉 박사의 내한을 계기로 이 연구소 설치문제가 협의되어 오늘 그 기공식을 가지게 된 것입니다. 나는 이 자리를 빌어 이 연구소 설치를 위해서 물심양면으로 지원해 준 존슨 미대통령과 호닉 박사 그리고 바텔연구소 관계인사 여러분에 대해 심심한 사의를 표하고, 이 연구소의 발전을 위해 앞으로도 계속 협력해 줄 것을 기대하는 바입니다.”

대통령은 1967년 4월 21일 정부조직에 과학기술처를 신설하여 정부 주도의 과학기술의 연구개발 체제를 갖추기 시작했다.

그리하여 공업화를 뒷받침할 산업기술개발의 중추기관으로 한국과학기술연구소(KIST)와 고급과학기술 인력의 양성임무를 맡은 한국과학원(KAIS), 한국과학기술원(KAIST의 전신)이 설립되었다.

우리나라의 과학기술개발은 바로 한국과학기술연구소의 설립과 더불어 시작되었고, 한국과학원에서 양성하여 배출한 유능한 과학기술 인력에 의해서 활성화되었다.

과학기술연구소가 한국과학기술 발전의 어머니였다면 과학원은 그 유모였다고 할 수 있다.

70년대 초까지도 일반 대학원에서의 고급과학기술 인재양성은 그리 활발하지 못했다. 교육시설과 우수한 교수진의 부족 등으로 대학 졸업 자들 중 연구를 계속하고자 하는 많은 사람이 미국 등 외국으로 유학 의 길을 택했기 때문이었다.

그래서 정부는 71년에 이들을 국내에서 교육 육성시키기 위해 새로 운 대학원의 설립을 통해 대학원 체제의 개선, 발전을 유도했다. 이와 같은 목적으로 73년 설립된 한국과학원(KAIS)은 정부의 출연금으로 설 치 운영되었고, AID 차관 등으로 연구시설과 기자재 도입, 그리고 우수 교수 유치 등에 힘써 외국의 어느 이공계 대학원에도 견줄 수 있는 수 준의 대학원으로 설립됐다.

그리고 국내의 대학교도 산업발전에 요구되는 고급과학인력을 양성 하면서 한국과학원을 비롯한 몇몇 우수한 대학교의 대학원은 국내 고 등교육기관에서 필요로 하는 과학기술 분야의 교수요원도 양성하였다.

1973년 연두기자회견에서 대통령이 중화학공업 정책과 전국민의 과 학화운동을 선언한 후 정부는 전략산업으로 지정한 철강, 석유화학, 조 선, 기계, 전기전자, 자동차 산업을 집중 육성하면서 각 기술분야별로 14개의 정부출연 연구기관을 설립했다.

이들 연구기관의 설립을 계기로 정부주도의 과학기술개발은 본격화 되었다. 그 당시 우리 기업들의 기술개발 활동은 양적으로나 질적으로 보잘것없었다. 그러나 70년대 말부터는 정부의 권유에 따라 기업부설연 구소를 설립하기 시작했다. 이때부터 민간기업이 과학기술개발을 주도 하게 되었다. 기업들은 국제경쟁력을 위한 기술개발의 필요성이 증대하자 연구소를 계속 증설했다.

그리하여 과학기술관계 연구기관의 현황을 보면 1980년 현재 총 647개로 대학부설 연구기관이 202개소, 전문 연구기관이 124개소, 기업체 연구기관이 321개소에 이르고 총 연구원은 1만 8천여 명에 달하고 있었다.

흔히 과학기술 발전의 지표로는 5M 구비요소를 꼽는다. 즉 연구인력(Manpower), 연구지원행정(Management), 연구시설(Machinery), 연구재료(Material), 연구비(Money)가 그것이다. 이러한 지표로 볼 때 해방 이후 우리나라의 과학기술은 엄청난 발전을 가져 온 것이다.

1960년 초 제1차 경제개발5개년계획을 추진할 당시에 우리나라의 과학기술은 선진국의 과학기술 수준에 비해 형편없이 낙후되어 있었다. 그러나 수출지향 공업화를 통해 우리 경제가 지속적으로 고도성장을 거듭하는 과정에서 우리 기업의 투자활동이 활발했고 그 과정에서 신기계장비 등의 자본재가 미국과 일본 등 선진국으로부터 많이 도입되었으며, 이에 따라 신기술의 도입과 기술혁신도 활발했다.

특히 정부가 기업의 수출용 신기계설비 등의 도입을 적극 장려하는 정책을 펴 왔으므로 신기술 도입은 크게 촉진되어 왔다. 우리나라의 수출지향 공업화를 촉진시켜 온 주요산업인 합성섬유, 전자, 전기, 철강,

석유화학, 조선산업은 모두 선진공업국가들로부터 표준화된 기술을 도입하였고, 이러한 기술이 효과적으로 흡수되고, 정착되어 나갔다. 이 과정에서 우리나라의 과학기술은 20년도 안 되는 짧은 기간 동안에 크게 발전한 것이다. 특히 과학기술교육에 일대 개혁을 단행하여 고급기술인력을 집중적으로 육성하고 기술도입과 기술개발을 더욱 강화하여 중화학공업을 본격적으로 추진하기 시작한 1975년 이후에 우리의 과학기술은 급속히 발전했다. 이러한 토대 위에서 80년대와 90년대에 우리의 연구기관들은 새로운 산업의 주력이 되고 있는 반도체, 컴퓨터, 통신 등 정보기술, 신소재기술, 생명공학 등 첨단기술 분야를 중심으로 연구개발에 주력하여 메모리용 반도체(DRAM)와 같은 첨단기술제품을 개발했다. 그리하여 우리의 과학기술은 기술의 모방 단계에서 창조의 단계로 진입했고, 세계 최초의 제품개발이나 새로운 산업을 일으키는 데 선도적 역할을 했다.

이러한 과학기술의 발전은 우리 경제의 국제경쟁력을 강화시켜 경제성장을 지속시킴으로서 우리나라를 낙후된 농업국에서 신흥공업국가로 탈바꿈시킨 원동력이 되었다.

과학기술의 발전은 제품생산과 관련된 기술혁신뿐만 아니라 경영관리 방식의 변화, 유통방법의 개선, 경제관계법규 및 제도의 변화, 연구개발(R&D) 형태의 지식의 증가, 국민의 일상생활이나 의식구조에도 커다란 영향을 미쳤다.

우리나라 대학의 병폐는 생산성 없는 교육을 해 온 데 있다

1966년 10월 15일, 서울대학교 개교 제20주년 기념식에서 대학의 사명과 책임, 우리나라 대학교육의 병폐에 대한 평소의 소견을 피력했다.

대통령은 먼저 우리 대학은 국력의 증강과 경제개발의 종합센터로서 국가발전과 경제건설에 적극 참여하는 근대화의 원동력이 되고 추진력이 되야 한다는 점을 역설했다.

"지금 우리는 민족중흥을 이룩해야 할 역사적 전환점에 처해 있습니다. 우리는 언제까지나 지난 20년의 혼란과 병폐를 되풀이하고만 있을 수는 없는 것이며, 더욱이 새로이 각성한 신생제국의 발전을 위한 분발의 대열에서 실의의 낙오자가 될 수는 없습니다.

이제 우리는 지난 1세기를 전후해서 거세게 휘몰아쳤던 국제정세의 격랑 속에서 자립자존의 결의를 가다듬지 못한 채, 필경 식민지로서의 고초를 겪어야 했던 그 쓰라린 전철을 되풀이하지 않기 위해서 대오하고 각성해야 하겠습니다. 밖으로 자주자립의 자세를 확고히 하고 안으로 자립경제 건설과 근대화작업을 완수하여 닥쳐오는 앞날의 신기운 속에서 국토통일의 성업을 성취할 반석같은 터전을 굳게 다져야 하겠다는 것입니다.

우리 대학은 새로운 조국을 이끌고 나갈 나라의 일꾼을 길러 내는 전당이 되어야 하겠습니다.

우리 대학은 새로운 한국인을 창조하는 인간혁명과 의식개혁의 묘판이 되어야 하겠습니다.

대학은 먼저 인간을 만드는 곳이며, 건전한 지도적 인격을 함양하는 도장입니다. 학문의 연구와 교수를 통해서 고도의 전문지식을 다음 세대로 전수하는 진리탐구와 인격도야는 대학교육의 2대 이념인 것입니다. 그러나 오늘날 자주 자립과 근대화에 눈뜬 신생제국에 있어서의 대학은 학문과 인간의 개발이라는 2대 이념 위에 민족자주성의 앙양이라는 새로운 이념을 추가해야 할 것입니다. 그리하여 대학은 국력의 증강과 경제개발의 종합센터로서 국가발전과 경제건설에 적극 참여하는 근대화의 원동력이 되고 추진력이 되어야 할 것입니다.

오늘날 이른바 개발도상에 있다고 하는 여러 나라들은 공장을 건설하는 일에 못지않게 교육을 진흥시키는 데 힘쓰고, 특히 대학을 정비하고 강화하는 일에 열중하고 있음을 볼 수 있는데, 이것은 그들이 근대화의 비결이 교육에 있다는 것을 깨달았기 때문입니다. 확실히 교육투자의 중시는 이제 하나의 세계적인 추세가 되고 있는 것입니다."

대통령은 이어서 우리나라 대학의 병폐는 생산성 없는 교육을 해온 데 있다고 비판했다.

"지난 20년 간의 우리나라 고등교육 실황을 돌이켜볼 때, 대학의 급속한 양적 증대는 교육내용의 질적 빈약과 아울러 여러 가지 병리와 폐해를 수반했습니다. 그중에서도 내가 오늘 특히 강조하고자 하는 것은 생산성 없는 대학교육입니다. 대학이 졸업장을 남발하여 고급실직자를 양산하고, 허영심이나 충족시키는 장소로 전락했던 지난날의 과오가 회상되기 때문입니다.

우리는 이 이상 교육상의 낭비를 계속해서는 안 될 것입니다. 교육은 장기투자이며, 확대재생산을 목표로 한 국가백년대계이기 때문입니다. 고등교육을 책임지고 있다는 특권의식을 가지고 허망한 관념의 유희를 일삼는다든지, 또는 지난 시대의 유물인 현실 부정적이며 냉소적인 태도는 조국의 중흥을 위해서는 백해무익한 것입니다.

우리 주위에는 아직도 일제강점기하 '인텔리' 기질의 유풍이 그대로 남아 있어, 국가재건의 광장으로 뛰어들기를 주저하는 지식인이 없지 않습니다. 물론 외세의 지배하에서 소극적으로나마 현실외면의 태도가 식민주의에 대항하는 지식인의 자세일 수밖에 없었다는 것은 그런 대로 이해할 수 있는 일입니다. 그러나 조국이 해방된지 20년이 지난 오늘, 잘사는 민족이 되고, 부강한 나라를 만들자는 이 마당에 있어서도 여전히 무엇이나 부정적으로 보고, 또 잘못된 것으로 보는 회색의 안경을 쓴 태도는 민족의 앞날을 위해서 시정되어야 하겠습니다.

지금 조국은 생산성 있는 지식인의 적극적인 참여를 요구하고 있습니다. 우리는 민족사의 새로운 페이지를 창조하기 위해서 우리 민족도 자력으로 풍요한 사회를 건설할 수 있다는 위대한 민족임을 과시하기 위해서 근대화작업을 힘차게 추진하고 있으며, 제2차 경제개발5개년계획을 새로이 마련하고 있는 것입니다. 이 거창한 과업을 완수할 수 있는 것은 바로 인간의 힘입니다. 새로 자라나는 젊은 지성의 역량만이 새나라 건설의 추진력이 될 수 있는 것입니다.

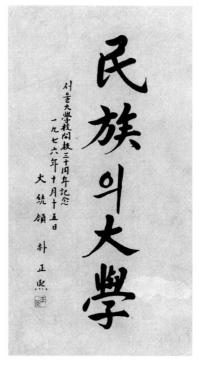

언젠가 영국의 어떤 대학 교문 앞에서 한 노인이 교수 한 분에게 '여기가 무엇을 하는 곳이오' 하고 질문하자, 그 교수는 잠시 생각한 끝에 다음과 같이 대답했다고 합니다. 이곳은 대영제국 발전의 원동력이 될 사람을 기르는 곳이지요' 하고 말이지요.

정녕 이 서울대학교는 조국근대화의 원동력이 될 사람을 기르는 곳이 되어야 하겠습니다.

전통과 근대가 정리되지 못한 채 공존하는 와중에서 조국의 운명이 여러분의 쌍견에 달려 있음을 명심하고 나라와 겨레의 선구자로서 민족중흥의 참된 일꾼이 되어 줄 것을 거듭 당부합니다.

우리들은 지금 황금보다도 더 소중한 역사적인 시점에 살고 있습니다. 우리에게 주어진 시간과 모든 기회를 최대한으로 활용할 수 있다면 우리들은 위대한 역사를 창조할 것입니다."

과학기술처는 우리 민족의 과학기술 능력과 자질을 꽃피울 것이다

1967년 4월 21일, 과학기술처의 개청식이 있었다.

대통령은 1966년 10월 초 국무회의에서 67년 초에 과학기술 행정을 전담할 과학기술부를 설치하겠다는 뜻을 밝히고 이를 연구검토하도록 내각에 지시하였다.

우리 경제의 지속적인 고도성장을 선도하고 공업국가 건설을 촉진하며, 국민 모두가 1일 1기 주의로 나가기 위해 66년부터 과학기술진흥 5개년계획을 추진하고 있는 상황에서 과학기술 부서의 신설은 시급히 이루어져야 한다는 것이다. 이에 따라 67년 4월 21일, 과학기술처가 그 개청식을 갖게 되었다.

대통령은 1965년 5월 중순 존슨 미국 대통령과의 한미정상회담을 마치고, 5월 18일 한국대사관에서 교포들과 환담을 했는데, 이 자리에서 요업 전문가인 김기형 박사를 만났다. 대통령은 김기형 박사를 귀국토록 하고 경제과학상임위원회의 상임위원으로 임명한 후 선진국에 가서 과학기술 관련기관들과 정책을 보고 오라고 당부했다. 김기형 박사는 귀국하여 보고서를 제출했는데, 이 보고서에서 그는 경제기획원과 같은 과학기술원을 신설하고 부총리급 장관을 두어 과학기술 진흥을 위해 정부의 각 부서를 통할하는 것이 필요하다는 제안을 했다. 대통령은 그 제안에 찬성했다. 그러나 부총리를 또 둔다는 데 대해서는 각 부처에서 반대했다. 그러자 대통령은 과학기술은 모든 부처가 다 필요로 하는 것이므로 특정 부서의 행정만을 담당하는 '부'로 하는 것은 적절하지 않고, '원'으로 하는 데 대해 반대가 많다면 '처'로 하는 것이 좋겠다는 의견을 제시함에 따라 과학기술처로 발족하게 되었고, 김기형 박사가 초대 과학기술처 장관으로 임명되었다.

대통령은 이날의 개청식에서 먼저 과학기술처 설립의 경위를 설명했다.

"오늘 우리나라의 과학기술 행정을 전담하게 될 과학기술처의 개청식을 가지게 된 것을 나는 매우 뜻깊게 생각하는 바입니다.

과학기술의 발전 없이 경제성장이나 생활향상이 이룩될 수 없다는 것은 재론의 여지가 없는 것입니다.

흔히 후진국이란 과학기술이 없는 나라, 또는 그것이 뒤떨어진 나라라고 정의되고 있습니다.

그것은 스스로의 과학기술 능력이 없을 뿐만 아니라, 그러한 능력을 닦고 넓히려는 노력으로서의 계획이나 기구가 또한 없다는 뜻입니다.

과학기술행정을 효율적으로 담당하고 수행할 행정기구의 유무, 또는 그 능률의 고저는 바로 그 나라 과학기술 발전에 지대한 영향을 미치는 것입니다.

그러므로 선진제국은 물론 개발도상에 있는 여러 나라들은 한결같이 과학기술 행정체계의 정비와 그 강화에 많은 노력을 기울이고 있고, 그 합리적인 운영에 항상 부심하고 있는 것입니다.

정부기구의 개편, 그것도 중앙관서의 신설 개편이란 결코 간단한 문제가 아닌 것입니다. 거기에는 여러 가지 어렵고 까다로운 문제가 뒤따르기 마련이며, 따라서 기구개편은 신중성이 요청되고 있습니다.

이번 발족하게 된 과학기술처가 설립되기까지에는 상당기간의 신중한 연구와 관계공무원 및 이 분야 전문가들의 심의가 있었음은 물론입니다. 또한 우리나라의 과학기술 발전을 위해서는 강력한 행정력을 발휘할 수 있는 종합적이며 통일된 체제하의 중앙관서가 하루속히 설립되어야 한다는 절박한 필요성에서 단(斷)이 내려진 것입니다."

대통령은 이어서 우리의 민족적 능력과 자질을 연마하고 배양하는 제도와 기구와 그러한 사회적 분위기를 마련해야 되겠다는 판단에 따라 과학기술처를 발족시켰다고 천명했다.

"돌이켜보건대 우리의 과학문명이 뒤떨어지게 된 근본원인은 19세기 말의 우리 조상들이 그 당시의 선진 과학문명에 압도당하여, 아무런 향상과 발전의 노력도 없이 그대로 이를 좌시한 채 허송세월을 하였기 때문입니다.

만일 오늘의 우리 세대가 다시 이러한 전철을 밟는다면, 우리 후손들은 영원히 회복될 길 없는 과거의 미개지에서 빈곤과 후진의 너울을 벗지 못한 채 혹심한 고난과 굴욕을 겪게 될 것은 두말할 나위도 없는 것입니다.

우리에게 능력과 자질이 없었던 것은 아니었습니다.

한때 찬란한 문화가 있어 이웃을 교화하였고, 또한 금속활자나 측량기와 같이 인류역사에 길이 남을 만한 과학기술상의 발명과 이용의 실적을 우리는 역사에 기록하고 있습니다.

문제는 이러한 능력과 자질을 가꾸고 꽃피우려는 의욕과 용기가 없었던 데에 우리가 낙후하게 된 원인이 있었던 것입니다.

그러므로 이러한 민족적 능력과 자질을 연마하고 배양하는 제도와 기구, 그리고 이에 호응하는 사회적 분위기가 마련되어야 하겠다는 것입니다.

정부가 서둘러 과학기술처를 발족토록 한 이유가 바로 이러한 중책을 맡아 할 중추적 기구가 될 것을 기대하기 때문인 것입니다.

나는 조국의 근대화와 경제자립을 위해 증산·수출·건설, 그리고 저축의 필요성을 강조했거니와 그에 못지않게 일찍부터 과학기술의 진흥이야말로 그 모든 것을 가능케 하는 가장 빠른 지름길임을 강조한 바 있습니다.

특히 국민소득을 두 배로 증가시키고, 민족자립의 목표를 달성해 보자는 제2차 5개년계획을 성공적으로 완수하기 위해서는 무엇보다도 과학기술 능력을 충분히 확보해야 하겠습니다.

과학기술처 개청식에 참석해 연설하는 박 대통령(1967. 4. 21)

이제 한국과학기술의 앞날은 바로 여러분이 맡은 바 막중한 사명과 책임을 얼마만큼 성실하게 완수하느냐에 달려 있습니다.

초창기에 수반되는 여러 가지 애로와 고충이 없지 않을 것입니다.

그러나 여러분에게 부하된 책무의 중요성을 투철히 인식하여 소기의 성과를 올릴 수 있도록 최선을 다할 것을 바라 마지않습니다.

아울러 이 자리에 참석하신 내외귀빈 및 국민 여러분의 적극적인 협조가 있기를 당부하는 바입니다.

끝으로 과학기술처의 설립을 위해 오늘까지 힘써 온 관계인사 여러분의 그간의 노고를 치하하고, 앞으로 가일층 분발하여 과학한국의 앞날을 더욱 빛내줄 것을 당부하는 바입니다."

국제기능올림픽대회 선수단이 우리 민족의 우수성을 세계에 과시하다

1967년 7월 27일, 국제기능올림픽대회 선수단 환영식에서 대통령은 우리나라에서는 이 대회에 처음으로 출전하여 예상외로 여러 종목에 걸쳐 입상의 영예를 차지함으로써 국위를 선양하고 우리 민족의 우수성을 세계에 과시한 선수들을 격찬했다.

어려운 여건에서 성장한 우리 선수들이 오랜 과학기술문명의 전통 위에서 자라난 외국 선수들과 실력을 겨루어 기능 한국의 명성을 떨친 것은 나라의 경사요, 겨레의 자랑으로서 참으로 기쁘고 흐뭇한 일이다. 수상자들은 문(文)을 숭상하고 공(工)을 경시하는 낡은 전통의 굴레를 박차고 기능과 기술의 세계무대로 진출하여 두각을 나타냄으로써 공장과 건설현장의 숨은 일꾼들에게 자신과 희망을 주었고, 기능한국, 기술한국의 앞날에 새로운 이정표를 세웠다. 현대는 산업기술의 시대요, 인력개발의 시대다. 조국의 근대화작업은 수상자들과 같은 기능인과 기술인의 힘으로 뒷받침될 때 더욱 촉진될 수 있다. 국민 여러분도 기술과 기능의 연마에 정진하는 젊은 일꾼들에게 성원을 보내줘야 한다. 그리고 수상자 여러분들은 여러분의 경험과 지도를 필요로 하는 많은 동료와 후배들과 서로 일깨우고 협력하여 다음번 국제기능올림픽대회에서는 더 많은 우리 선수들이 입상의 영광을 차지할 수 있도록 정진해야 되겠다는 것이다.

"이번 제16회 국제기능올림픽대회에 처음으로 출전하여 탁월한 기능을 발휘함으로써 국위를 선양하고 우리 민족의 우수성을 세계에 과시한 우리 선수들에 대하여 나는 만강의 찬사를 보내는 바입니다.

어려운 여건에서 성장한 우리 선수들이 오랜 과학기술문명의 전통 위에 자라난 수많은 외국 선수들과 실력을 겨루어, 여러 종목에 걸쳐 입상의 영광을 쟁취하여 기능한국의 명망을 떨친 것은 정녕 나라의 경사요, 겨레의 자랑으로서 기쁘고 흐뭇한 일이 아닐 수 없습니다.

자립경제 건설과 공업입국을 위해 온 국민의 지혜와 역량을 총동원하고 있는 이때, 이들 수상자와 같은 우수한 기능인·기술인들은 근대화의 전도에 밝은 전망을 던져 주는 건설의 역군으로서, 우리 모두가 키우고 격려해야 할 민족의 일꾼인 것입니다.

이번 수상자들은 문을 숭상하고 공을 천시하는 낡은 전통의 굴레를 박차고 일어나, 경쟁이 치열한 기능과 기술의 국제무대로 진출하여 두각을 나타냈다는 점에서, 공장과 일터에서 건설에 종사하고 있는 많은 숨은 일꾼들에게 자신과 희망을 주었을 뿐만 아니라 기능한국·기술한국의 앞날에 새로운 이정표를 세웠다고 믿습니다.

현대는 산업기술의 시대요, 인력개발의 시대라고 할 수 있습니다.

오늘날 우리가 추구하고 있는 조국근대화의 대업은 실로 인간의 지혜와 기술의 힘으로 뒷받침될 때 더욱 촉진될 수 있는 것입니다.

우리는 고도로 경쟁적인 세계의 변화와 발전에 적응해 가는 한편 이 변화와 발전의 원동력인 인간의 예지와 기술의 힘을 개발하고 배양하는 데 힘써야 하겠습니다.

나는 이 자리를 빌려, 관계인사는 물론 국민 여러분들도 기술과 기능의 연마에 정진하고 있는 젊은 일꾼들에게 뜨거운 성원을 보냄으로써, 그들의 장래를 축복해 주시기를 바라는 바입니다.

친애하는 수상자 여러분!

나는 여러분들이 앞으로 더욱 기술연마에 정진함으로써, 조국근대화의 힘찬 역군이 되어 줄 것을 당부하는 바입니다.

오늘의 여러분의 영예가 오직 오랫동안의 노력의 결정이듯이, 앞으로 여러분 자신의 대성과 조국에 대한 기술보국은 보다 큰 노력과 새로운 결의의 터전 위에서만 이루어질 수 있는 것입니다.

지금 이 순간, 여러분의 가슴속에 솟구치는 자신과 의욕은 나라와 겨레를 위해 심신을 바치겠다는 값진 사명감으로 승화되어야 하겠습니다.

　또한 여러분의 주위에는 여러분의 경험과 지도를 필요로 하는 많은 동료와 후배가 있다는 것을 명심하고, 서로 일깨우고 협력하여, 다음번 국제기능올림픽대회에서는 더욱 많은 우리 선수들이 입상의 영광을 차지하게 되기를 당부하는 바입니다.

　끝으로 발족한 지 1년 남짓한 국제기능올림픽 한국위원회가 이번과 같은 큰 성과를 올릴 수 있도록 국내기술개발에 진력해 온 그간의 공헌에 대해 심심한 치하를 드리는 바입니다.

　선수단 여러분의 앞날에 영광과 대성 있기를 기원하는 바입니다."

한 사람의 기술자, 한 사람의 과학자라도 더 육성해야 한다.

　1967년 9월 6일, 재단법인 과학기술후원회 설립 취지문에서 대통령은 우리 생활 속에 과학기술이 스며드는 사회풍토를 조성하여 기술자와 과학자를 한 사람이라도 더 육성해야 되겠다는 점을 강조했다.

　"우리의 당면과제는 하루속히 자립경제 건설과 조국의 근대화를 이룩하는 데 있다고 믿습니다.

　과학기술의 진흥은 바로 경제자립과 근대화를 촉진하고 선도하는 발전의 요체입니다.

　돌이켜보면 우리는 너무나 오랫동안 과학기술을 천시하고 등한시하는 환경 속에서 살아 왔습니다.

　비록 한때 세계 최초의 금속활자를 만들어 우수한 과학기술의 진경을 보였던 역사의 기록도 있습니다만, 비과학적인 인습과 사회풍조가 그 계속적인 발전을 저해하고 말았던 것입니다.

　말할 것도 없이 과학자와 기술자의 연구와 발명은 한 나라의 산업과 경제의 발전을 촉진하고, 또 치열한 국제경쟁 속에서 민족의 역량을 과시할 수 있는 국력의 척도가 되고 있는 것입니다.

제24회 국제기능올림픽대회 수상자들을 치하하는 박 대통령(1978)

우리는 하루속히 과학기술을 진흥시켜야 하겠습니다.

여기에는 무엇보다도 먼저 과학자와 기술자를 우대하고, 우리 생활의 구석구석까지 과학기술이 스며드는 사회풍토의 조성이 시급합니다.

이러한 사회분위기 속에서 우리는 한 사람의 기술자, 한 사람의 과학자라도 더 육성해야 하겠습니다.

위대한 과학자·뛰어난 기술자가 많으면 많을수록 그것은 곧 국가발전의 동력이 될 뿐만 아니라, 민족의 자랑이 되고, 긍지가 되고, 희망이 되기도 합니다.

과학기술후원회를 설립하는 뜻이 여기에 있으며, 이로써 훌륭한 과학자·기술자를 거국적으로 기르고 이들을 받드는 과학하는 국민, 과학하는 나라의 자세를 갖추고자 합니다.

아울러 과학기술진흥에 온 생애를 바쳐 국가와 사회발전에 현저한 공헌을 하여온 과학자·기술자 또는 현재 연구활동에 심혈을 기울이고 있는 과학자와 기술자들의 후생복지를 도모하고, 그들의 능력을 충분히 국가발전과 과학기술 진흥에 기여할 수 있도록 기회를 부여코자 합니다.

본 재단설립으로 이러한 목적달성을 위한 하나의 전기가 이룩되길 바라면서, 각계각층의 끊임없는 성원과 후원이 있기를 바라 마지않습니다."

우리 교육은 국민정신 함양의 묘상이 돼야 한다

1967년 11월 23일, 대한교련 제25회 대의원 대회 및 교육공로자 표창식에서 대통령은 우리 교육은 국민정신 함양의 묘상(苗床)이 돼야 한다는 점을 특별히 강조했다.

우리는 교육의 당면목표를 근대화를 위한 인간교육과 생산을 위한 과학교육에 두고 건설의 주체가 될 인력개발에 주력하면서 정신교육에도 힘써야 한다. 새로운 지식과 기술을 습득한 사람이 많아도 국가와 민족을 위해 그 지식과 기술을 활용하려는 의욕과 정신이 없다면 그런 사람은 소용이 없다. 넋이 없는 청중은 귀머거리와 같다는 말이 있다. 조국과 민족을 사랑할 줄 알고, 수호할 줄 알고, 발전시킬 줄 아는 정신을 우리의 젊은 세대의 가슴속에 심어주는데 교육적 노력을 다해야 한다. 교육자 여러분이 교육임무에 전념할 수 있는 여건이 아직 충분히 마련되어 있지 못하다는 것은 잘 알고 있다. 정부는 단계적인 교원보수제도 및 교재연구비의 개선 등 이 문제해결을 위해 최선을 다하고 있음을 이해하고 교육자 여러분도 인내와 용기로 오늘의 불비한 여건을 극복해 나가고, 특히 아동교육관련 문제해결을 위한 훌륭한 방안을 마련해 줄 것을 기대한다는 것이다.

"여러분이 아시다시피 지금 우리는 자립경제 건설과 조국근대화를 위해서 많은 과업을 추진해 나가고 있습니다.

교육은 바로 이 과제의 성공적 수행을 보장하는 관건입니다.

우리는 교육의 당면목표를 근대화를 위한 인간교육, 생산을 위한 과학교육에 두고, 건설적 활동의 주체가 될 인력을 개발하는 데 모든 노력을 경주해야 하겠습니다.

이와 아울러 우리 교육은 건전한 국민정신 함양의 묘상이 되어야 하겠습니다.

새로운 지식과 기술을 습득한 사람이 아무리 많다 하더라도, 이를 국가와 민족을 위해 헌신적으로 활용하려는 의욕과 정신을 결여했다면, 그러한 사람은 아무런 소용이 없는 것입니다.

자기가 태어나서 자라난 향토를 사랑하는 향토애, 자기민족의 번영과 안전을 위해 노력하는 조국애 이러한 정신으로 무장된 인간이야말로, 바로 우리가 추구해야 할 국민상이며, 인간상인 것입니다.

넋이 없는 청중은 귀머거리와 같다고 하였습니다.

우리는 조국과 민족을 사랑할 줄 알고, 수호할 줄 알고, 발전시킬줄 아는 정신을 우리의 젊은 세대의 가슴속에 심어주는 데 교육적 노력을 다해야 하겠습니다.

오늘날 물의를 일으키고 있는 과외공부 문제도 그 근본원인은 교육을 입신양명과 부귀·영화를 누리는 한낱 수단으로만 보는 사회적 폐풍에 있는 것이며, 이러한 폐풍은 지난날의 우리 교육이 정신교육면에 너무나 소홀했기 때문이라고 해도 과언이 아닐 것입니다.

한 사회가 중흥을 이룩할 때, 교육은 그 원동력이 되었다는 역사의 교훈을 잊지 마시고, 교육자 여러분은 내일의 이 나라 주인들로 하여금, 국가사회에 헌신하겠다는 강렬한 꿈을 가지고 진취의 기상으로 용왕매진하도록 교도해 주실 것을 당부하는 바입니다.

물론 교육자 여러분이 성심성의껏 교육임무에 전념할 수 있는 충분한 여건이 아직 마련되어 있지 못하다는 것을 나는 잘 알고 있습니다.

정부는 단계적으로 교원보수제도를 합리적으로 개선하고, 교재연구비 등도 개선하여, 이 문제해결에 최선을 다할 방침으로 있습니다만, 교육자 여러분도 2세 교육의 막중한 사명과 긍지를 가지고, 인내와 용기로써 오늘의 불비한 여건을 극복해 나가기를 간곡히 부탁드리는 바입니다.

여러분의 앞날에 반드시 고진감래의 보람이 있을 것을 확신합니다.

아무쪼록 우리나라 교육계의 당면과제를 토의하게 될 이 모임에 많은 성과 있기를 바라면서, 특히 아동교육에 관련된 제반문제의 해결에 훌륭한 방안을 마련해 줄 것을 기대하는 바입니다.”

과학기술을 발전시켜 나가면 우리도 부강해질 수 있다

1967년 12월 28일, 전국 지방장관회의에서 대통령은 20세기 후반기에는 과학과 기술이 앞선 민족이 세계를 지배한다는 확신을 피력하고, 우리도 과학기술을 발전시켜 나가면 얼마든지 부강해질 수 있다고 천명했다.

국가의 부강을 좌우하는 것은 국토의 크기나 지하자원의 양이 아니라 그 나라의 과학기술이다. 오늘날 국토가 방대하고 자원이 풍부한 나라 중에도 국민들이 게을러서 일을 하지 않아 가난하게 사는 민족이 많이 있다. 우리의 국토가 좁고 자원이 부족한 것을 한탄할 일이 아니다. 우리가 과학기술을 발전시켜 나가면 얼마든지 부강해질 수 있다는 확신을 가지고 기술개발에 박차를 가해야 한다.

특히 앞으로 국제시장에 나가 우리 상품이 외국상품과 경쟁해서 이기려면 고도의 기술이 필요하다. 공업 분야뿐만 아니라 농수산물 생산이나 부녀자들이 만드는 수공업제품까지도 기술을 향상시켜 질좋고 값싼 상품을 시장에 내놓을 수 있게 해야 한다는 것이다.

"다음은 기술개발을 강조합니다. 20세기 후반기를 나는 이렇게 봅니다. 과학과 기술이 앞선 민족이 세계를 지배한다고 확신하는 것입니다.

　그동안에 외국에도 여러 번 나가 보았고, 또 평소에 얻은 자료를 종합해 보면, 국토의 광협이나 지하자원의 다소는 큰 문제가 되지 않으며, 그 나라의 과학과 기술이 어느 정도 발달하였는가에 따라 국가의 부강이 좌우된다는 것입니다.

　그렇기 때문에 우리나라의 국토가 좁고 자원이 부족한 것을 한탄할 것이 아닙니다. 오늘날 국토가 방대하고 자원이 풍부한 나라 중에서도 후진국의 굴레를 벗어나지 못하고 못사는 민족들이 많이 있지 않습니까! 오히려 국토가 넓고 자원이 많은 국민은 게을러서 일을 하지 않으므로 가난하게 사는 예가 많이 있습니다.

　그러므로 우리도 과학과 기술을 발전시켜 나갈 것 같으면, 얼마든지 부강해질 수 있고 잘살 수 있다는 확신을 가지고, 이 기술개발에 박차를 가해야 하겠습니다.

　특히 앞으로 국제시장에 나아가 외국상품과 겨루어 승리하려면 고도의 기술이 필요합니다. 따라서 공업 분야는 물론이고, 농촌에 있어서도 농수산물의 생산이나 부녀자들이 손으로 만드는 수공업제품까지도, 기술을 향상시켜 질이 좋은 상품을 싼값으로 시장에 내놓을 수 있게 해야 하겠습니다. 오늘 이 회의에서는 농어민의 소득증대를 위해서, 우리가 앞으로 각별히 관심을 기울여야 할 사항과 기술의 개발에 대하여 특히 강조하고 여러분들의 일대각성을 촉구하는 바입니다."

제2장 100억 달러 수출과 중화학공업 육성을 위해 모든 국민이 기술을 배워야 한다

조국근대화에 기여할 수 있는 생산하는 교육의 기본이념과 가치관이 정립 안 되어 있다

1968년 1월 15일, 연두기자회견에서 대통령은 문교정책의 기본목표는 조국근대화에 기여할 수 있는 인간교육 또는 생산하는 교육에 두어야 하는데, 이러한 교육의 기본이념과 가치관 정립이 안 되어서 여러 가지 혼란이 생겼다는 사실을 지적하고, 일제강점기 때의 제도 또는 미국이나 서구에서 들여온 제도와 정책하에서 일관성 없이 제멋대로 커나간 우리 교육계의 현상을 시정해야 하다는 점을 강조했다.

"매년 말썽이 되고 있는 입시 문제라든지 우리나라의 교육을 어떤 방향으로 이끌어 나가야 되겠느냐. 문교정책을 어떻게 정상화시키느냐 하는 문제, 이것은 그야말로 국가백년대계를 위해서 대단히 중요한 문제라고 생각하고 정부로서도 금년에는 특히 이 문제에 대한 근본적인 또는 항구적인 시책을 강구하기 위해서 사계 권위자라든지 전문가들을 모아서 이에 대한 것을 충분히 검토해 좋은 방안이 나오면 우리가 시정해 나가려고 생각합니다.

우리나라 문교정책의 기본목표란 것은 결국은 조국근대화에 가장 효과적으로 기여할 수 있는 인간교육 또는 생산하는 교육, 여기에다 두어야 할 줄 알고, 이러한 교육의 기본이념과 가치관이 정립되지 않는 데서 여러 가지 혼잡이 오지 않는가 이렇게 보고 있는 것입니다.

이 문제에 대해서는 특별히 대통령도 관심을 많이 가지고 있는 문제입니다.

우리나라의 문교정책이란 것이 해방 직후에 과거 일제강점기 때부터 내려오던 그러한 여러 가지 제도, 또는 해방 이후에 미국이나 해외에서, 서구 방면에서 들여온 제도, 거기서 초기에 뚜렷한 일관성 없는 어떤 정책하에서 제멋대로 커나간 이러한 여러 가지 한국교육계 현상, 이런 것을 어떤 항구적인 올바른 방향으로 시정하고 정상화시켜 나가는 데는 상당히 우리가 연구도 해야 되겠고, 또 이것을 점진적으로 시간을, 시일을 두고 해야 되리라고 생각합니다. 이 문제에 대해서는 정부가 금년에 관심을 가지고 검토를 해 볼 생각입니다."

국민교육헌장의 선포

1968년 12월 5일, 대통령은 국민교육헌장을 선포했다.

"우리는 민족중흥의 역사적 사명을 띠고 이 땅에 태어났다. 조상의 빛난 얼을 오늘에 되살려 안으로 자주독립의 자세를 확립하고, 밖으로 인류 공영에 이바지할 때다. 이에 우리의 나아갈 바를 밝혀 교육의 지표로 삼는다.

성실한 마음과 튼튼한 몸으로 학문과 기술을 배우고 익히며, 타고난 저마다의 소질을 개발하고, 우리의 처지를 약진의 발판으로 삼아 창조의 힘과 개척의 정신을 기른다. 공익과 질서를 앞세우며, 능률과 실질을 숭상하고 경애와 신의에 뿌리박은 상부상조의 전통을 이어받아, 명랑하고, 따뜻한 협동 정신을 북돋운다. 우리의 창의와 협력을 바탕으로 나라가 발전하며, 나라의 융성이 나의 발전의 근본임을 깨달아 자유와 권리에 따르는 책임과 의무를 다하며, 스스로 국가 건설에 참여하고 봉사하는 국민정신을 드높인다.

반공 민주 정신에 투철한 애국 애족이 우리의 삶의 길이며, 자유세계의 이상을 실현하는 기반이다. 길이 후손에 물려줄 영광된 통일 조국의 앞날을 내다보며, 신념과 긍지를 지닌 근면한 국민으로서 민족의 슬기를 모아, 줄기찬 노력으로 새 역사를 창조하자."

대통령은 이날 발표한 담화문에서 이 헌장의 참뜻을 설명하고 국민들의 자각적인 실천과 각 분야의 지도자들의 솔선수범을 당부했다.

"우리는 오늘 전국민의 이름으로 국민교육헌장을 선포하게 되었습니다.

오늘부터 우리는 국민 모두가 민족중흥의 역사적 사명을 자각하고 새로운 역사를 창조해 나가는 나라의 주인으로서 이 헌장을 생활화할 것을 맹세하는 것입니다.

전문 393자로 집약 표현된 이 헌장은 오래전부터 우리 국민 모두가 공감하고 그 필요성을 절실히 느껴온 국민윤리의 기둥이며, 우리가 힘써 닦아 나가야 할 국민교화의 지표라고 할 것입니다.

이 헌장이 나오기까지에는 우리나라 학계·언론계·종교계·산업계 등 각계각층의 요망과 의견 등이 집약되었고, 또 그 초안을 작성하는 과정에서는 오랫동안 각계 인사들의 성의를 기울인 논의와 수정이 거듭되었으며, 국회에서는 본회의에서 만장일치로 찬성·동의하는 등 정부와 국회와 국민이 합심 협력해서 헌장을 만들어 오늘 선포된 것입니다. 이 헌장은 결코 누가 누구에게 강요하는 강제규범이 아니라, 국민 속에서 우러나고 국민의 중지가 엉켜서 이룩된 자율적인 국민윤리의 대강이라는 데 큰 뜻이 있는 것입니다.

지금 우리나라는 정치적 안정과 경제적 발전을 통해서 널리 온세계에서 개발도상국가의 시범이라고까지 불리고 있지만, 국민정신의 자기 혁신이 없이는 더 이상의 큰 전진을 기대하기 어려운 것입니다.

무릇 경제적 번영의 밑바탕에는 강인한 의지와 근면한 노력에 사는 국민이 있는 법이며, 민족중흥의 저력은 국민정신의 개혁운동에서 우러나는 것입니다. 나는 이 헌장의 선포에 즈음하여, 과거 우리 선인들의 미덕을 계승하는 데만 그치지 않고 보다 밝은 내일을 창조하는 데 중점이 두어져야 한다는 것을 강조하고자 합니다.

조국통일과 경제적 번영을 이룩하고야 말 대한민

국민교육헌장 선포식 1968년 12월 5일 서울시민회관 대강당에서 박 대통령은 국민교육헌장을 선포하였다.

족 웅비의 정신적 바탕을 마련하는 데 있어서 그 진로를 밝혀 주는 교육지표라는 데 더 큰 관심을 두어야 하겠다는 것입니다.

따라서 이 헌장이 국민생활의 생생한 규범이 되고 나아가서 먼 훗날까지 길이 빛나는 역사적 문헌이 되게 하기 위해서는 먼저 국민 스스로가 이 헌장을 이념으로 자기를 교육해 나가는 자각적 실천이 요청되는 것이며, 아울러 미래에 사는 개척자적 긍지와 의지를 견지해야 하겠습니다.

이 헌장을 생동하고 생산적인 행동규범으로 만드느냐 않느냐 하는 것은 국민의 마음과 실천에 달려 있다고 할 것입니다.

나는 이 헌장에 그려진 이상적인 국민상이 모든 학교교육에 있어서 지표가 될 것을 기대할 뿐만 아니라, 한 걸음 나아가서 널리 국민 생활 전반에 걸쳐 일상생활 속에 뿌리박기를 마음속으로부터 당부하는 바입니다.

특히 신문·방송 등 언론기관을 비롯하여 우리나라 성인교육, 사회교육을 담당하고 있는 분들이나 각계각층의 지도자들이 앞장서서 국민교육헌장의 일상적인 실천에 앞서 주시기를 진심으로 당부하는 바입니다.

끝으로 이 헌장의 한 구절을 여기에 인용하여 국민교육헌장의 선포를 축하하고, 국민 여러분과 다함께 새로운 결의를 다짐하고자 합니다.

길이 후손에 물려줄 영광된 통일 조국의 앞날을 내다보며 신념과 긍지를 지닌 근면한 국민으로서 민족의 슬기를 모아 줄기찬 노력으로 새 역사를 창조하자"

새로운 상품의 증산·수출을 위해 기술개발에 민족역량을 집결해야 한다

1966년 10월 6일 기공된 한국과학기술연구소가 만 3년의 공사 끝에 1969년 10월 23일 웅장하고 현대적인 연구시설로 준공되어, 한국 과학기술 진흥의 요람으로서 새출발하게 되었다.

대통령은 이날의 행사에서 먼저 최근 과학기술의 발전속도와 그 영향력은 빠르고 다양하며, 개인기업의 성쇠는 물론 국민경제 성장과 인간의 생활양식에 이르기까지 지대한 영향을 미치고 있다는 사실을 지적했다.

오늘날 선진국에서는 정부와 기업들이 과학기술 연구개발에 막대한 투자를 하고 있다. 이것은 보다 큰 발전과 번영을 이룩하여 남보다 앞서려는 경쟁적인 현대 국제사회의 특징적 현상이다. 이 치열한 경쟁에서 낙오한다면 우리는 과학기술의 혜택을 누리지 못하고, 우리가 추진해 온 경제개발이나 근대화작업도 한계에 도달하여 더 이상 전진을 할 수 없게 된다. 우리는 새롭고 보다 좋은 상품의 증산수출을 위해 발명, 발견, 기술개발에 민족의 예지와 역량을 집결해야 한다는 것이다.

"우리의 염원이었던 한국과학기술연구소가 오늘 이처럼 웅장하고 현대적인 연구시설로 준공된, 한국과학기술 진흥의 요람으로서 새출발하게 된 것을 여러분과 더불어 기쁘게 생각합니다. 이 연구소는 존슨 전 미국 대통령의 호의와 협력을 얻어, 한미 공동출연으로 1966년 2월에 설립되고 동 10월에 기공을 본 후, 만 3년의 공사 끝에 오늘 준공을 보게 된 것입니다.

나는 이 자리를 빌려 본 연구소의 건설을 위해서 물심양면으로 협력해 준 미국 정부와 바텔연구소의 여러분에게 심심한 감사를 드리고, 아울러 시공을 맡아 힘써 준 여러분, 특히 군에서 파견된 공사 통제단원 여러분의 노고를 높이 치하하는 바입니다.

현대사회에 있어서 과학기술의 진흥은 경제발전의 동력이며 국력의 척도입니다. 과학과 기술이 앞선 민족일수록 일찍이 번영을 이룩했고 발전을 이룩했으며, 앞으로도 그러한 민족일수록 남보다 앞서 세계를 영도하게 될 것입니다.

최근 과학기술은 실로 눈부신 발전을 거듭하고 있습니다.

나일론·트랜지스터·제트엔진 합성수지·전자계산기·통신위성·'아폴로11호' 등, 우리가 쉽게 보고 들을 수 있는 과학기술의 성과는 한둘이 아니며, 또 그 발전속도와 영향력이 빠르고 다양하여 개인 기업의 성쇠는 물론 국민경제의 성장과 인간의 생활양식에 이르기까지 지대한 영향을 미치고 있는 것입니다.

오늘날 여러 선진국가에서는 기업가들이 매상액의 몇 할에 해당하는 상당한 자금을 과학기술의 연구개발에 투자하고 있을 뿐 아니라, 정부도 이러한 연구개발을 위해서 앞다투어 막대한 투자를 하고 있습니다만, 이것은 모두가 보다 큰 발전을 이룩하고, 보다 큰 번영을 이룩하여 남보다 앞서 전진하려는 경쟁적인 현대 국제사회의 한 특징적 현상이라고 하겠습니다.

만일 이 치열한 경쟁대열에서 낙오한다면 우리는 과학기술의 혜택을 누릴 수 없게 될 뿐 아니라, 우리가 추진해 온 경제개발이나 근대화과업도 한계에 도달하여 더 이상 전진을 할 수 없게 될 것입니다.

우리는 새롭고 보다 좋은 상품의 증산·수출을 위해서 발명·발견·기술개발에 민족의 예지와 역량을 집결해야 하겠습니다.

우리나라의 과학기술이 선진국가에 비하면 많이 뒤떨어져 있는 것이 사실이지만, 이것은 큰 문제가 아니라고 믿습니다.

이러한 낙후를 하루속히 극복해야 하겠다는 자각과 결의와 분발이 앞서고, 또 선진 과학기술의 장기를 배워 이를 제압하고야 말겠다는 의지와 부단한 노력만 있다면, 우리도 머지않은 장래에 선진국과 어깨를 견줄 수 있다고 믿습니다."

대통령은 끝으로 이 연구소는 우리나라의 과학기술 진흥과 경제개발과 국력증강을 위해 막중한 사명을 수행해야 한다는 점을 강조했다.

앞으로 이 연구소는 국내외에서 우수한 지식과 기술을 습득한 우리의 과학자와 기술자들이 한데 모여 연구·개발에 힘쓰는 연찬의 도장으로서, 다른 연구기관과의 협동의 광장으로서, 그리고 산학일체의 심장부로서 과학기술 진흥을 위한 거족적인 노력에 있어서 선도적인 역할을 담당해야 되겠다는 것이다.

"나는 우리 국민이 과학기술의 개발에 있어서, 어느 민족보다도 우수한 소질과 재능과 역량을 가지고 있다고 믿습니다.

오늘날 해외 여러 나라에서 이름을 떨치고 있는 명망 높은 한국 과학기술자의 활동이나, 또 해마다 열리는 세계의 기능올림픽대회에서 선진 여러 나라 선수들과 기능을 겨누어 당당히 우승의 영광을 차지하고 돌아온 우리나라 기능공들의 활약은 이러한 우리 민족의 과학 능력을 여실히 증명해 주는 것이 아닐 수 없습니다.

최근 외국에 나가 있던 우리나라의 과학두뇌들이 적은 보수에도 불구하고, 조국의 발전을 위해서 계속 귀국하고 있으며, 큰 민간 사업장이나 정부와 군의 공작창에서도 기능공의 양성을 제도화해 나가고 있습니다.

이것은 우리나라의 과학기술 진흥을 위해서, 참으로 반갑고 바람직한 일이 아닐 수 없습니다.

이제 일정한 수준 이상의 모든 사업장은 기능공의 훈련장이 되어야 하겠으며, 우리 모두가 과학을 존중하고, 과학자·기술자를 아끼고 육성하며, 기능을 자랑으로 삼는 과학하는 민족이 되어야 하겠으며, 과학기술의 진흥을 위해 힘써야 하겠습니다.

오늘 준공된 본 연구소는 과학기술 진흥을 위한 이러한 거족적인 노력에 있어서, 선도적인 역할을 담당하게 될 것입니다.

국내외에서 우수한 지식과 기술을 습득한 우리의 과학자·기술자들이 한데 모여, 연구개발에 심혈을 기울이는 연찬의 도장으로서, 다른 연구기관과의 협동의 광장으로서, 또한 산학일체의 심장부로서, 우리나라의 과학기술 진흥, 경제개발, 국력증강을 위해 실로 막중한 사명을 본 연구소는 수행해야 할 것입니다.

연구원 여러분들은 본 연구소와 여러분의 활약에 대해, 온 국민이 지대한 기대를 가지고 성원을 보내고 있음을 잊지 마시고, 긍지와 사명감을 가지고 분발에 분발을 거듭해 줄 것을 당부하는 바입니다.

그리하여 머지않은 장래에, 우리의 과학기술이 세계에 그 이름을 떨치는 날, 그때 한국과학기술연구소가 바로 과학한국의 산실이요, 주역이었다고 자랑스럽게 회고할 수 있게 되기를 기대해 마지않습니다."

이러한 우리나라 과학기술의 발전은 말할 것도 없이 과학기술 발전에 대한 대통령의 원대한 비전과 치밀한 계획 그리고 중단없는 추진력에 의해 그 초석이 마련되고 그 기초가 다져진 것이다.

교육사회화의 중요성을 새삼 인식할 때가 왔다

1969년 12월 5일, 국민교육헌장 선포 1주년 기념식에서 대통령은 먼저 우리 국민 모두가 이 헌장의 이념을 대중화하여 생활규범으로 발전시켜 나가는 결의와 각오를 새로이 해야겠다는 점을 역설했다.

우리는 시대적 사명감과 윤리관을 정립하고 근대화의 물량적 성장을 보완해 나갈 정신적 지표인 동시에 국민교육의 실천지침인 이 헌장이념을 꾸준히 실천해야 한다는 것이다.

"오늘 국민교육헌장 선포 1주년에 즈음하여, 나는 온 국민과 더불어 뜻깊은 이날을 경축하면서, 헌장이념의 구현을 위한 우리들의 결의를 새로이 하게 된 것을 매우 기쁘게 생각하는 바입니다.

국민교육헌장은 우리 민족이 지녀야 할 시대적 사명감과 윤리관을 정립한 역사적 장전이며, 조국근대화의 물량적 성장을 보완·촉진시켜 나갈 정신적 지표이며, 국가의 백년대계를 기약하는 국민교육의 실천지침인 것입니다.

지난 1년 동안 헌장이념의 구현을 위한 우리의 노력은, 상당한 성과를 거두어 가고 있는 것으로 알고 있습니다만, 앞으로도 꾸준한 실천 있기를 기대해 마지않습니다.

이날을 특히 기념하는 참다운 의의도 바로 어떻게 하면 우리 국민 모두가 이 헌장이념을 대중화하여 생활규범으로 발전시켜 나갈 것인가 하는 결의와 각오를 새로이 하는 데 있다고 하겠습니다. 예부터도 우리나라는 학문을 숭상하고 교육을 중히 여겨, 그 실천에 있어서 다른 민

준공된 한국과학기술연구소(1969. 10. 23)

족보다 힘써 노력해 왔습니다. 근대화를 강력히 추진하고 있는 현 시점에서 전래의 가치와 윤리가 새로운 각도에서 보완되고 쇄신되어 나가고 있으나, 교육에 힘써 온 우리 민족 특유의 전통은 계속 살려야 하겠고, 새로운 교육이념을 실천에 옮길 꾸준한 노력은 더욱 강화되어야 할 것입니다."

　대통령은 이어서 이 헌장의 이념과 정신을 구현하는 노력의 방향을 교육의 사회화에 둬야 되겠다는 점을 강조했다.

　모든 국민은 자신이 교육자라는 자각을 해야 한다. 자녀교육은 학교에서 해 줄 것이라는 기대를 버리고 가정교육을 보다 중요시하고 꾸준한 훈도와 교화를 통하여 학교 교육을 보완함으로써 사회처신의 윤리와 건전한 가치관을 길러 나가야 한다. 교육자로서의 부모 역할에 충실하기 위해 교육헌장이념을 생활화하는 데 앞장서야 한다. 특히 70년대를 맞이하면서 교육의 사회화의 중요성을 새삼 인식할 때가 왔다는 것이다.

"나는 오늘 이 자리를 빌려, 국민교육헌장의 이념과 정신을 구현하는 노력의 방향을 교육의 사회화에 두고, 국민 여러분들의 새로운 분발과 노력을 촉구해 두고자 합니다.

무엇보다도 모든 국민은 스스로가 교육자라는 새로운 자각이 싹터야 하겠습니다. 자녀교육은 학교에서 해 줄 것이라는 선입감과 기대를 버리고, 가정교육을 보다 중요시하여 부모로서 형제로서의 각별한 관심을 가지고 교육에 더욱 힘써 나가야 하겠다는 것입니다. 급격한 사회적 경제적 변화에 따라 우리의 자녀들이 사회로부터 받는 자극은 다양하고, 또 갖가지 불건실한 소재가 제공되기 마련입니다.

부모의 자녀에 대한 관심은 이러한 사회로부터의 이그러진 자극과 영향을 순화시키는 과제로부터 출발하여, 꾸준한 훈도와 교화를 통하여 학교 교육을 보완함으로써 사회처신의 윤리와 건전한 가치관을 길러 나가야 하겠습니다.

따라서 모든 국민은 교육자로서의 부모의 역할에 충실하기 위해서 스스로의 몸가짐을 바르게 하고 스스로 교육헌장의 이념을 생활화하는 데 앞장서야 하겠습니다.

가정과 학교와 사회를 연결하는 넓은 교육영역에 걸쳐, 국민 각자가 교육자로서 깨끗한 환경과 건실한 사회기풍을 넓혀 나갈 때, 한국의 교육은 민족중흥의 정신적 지주로서 그 역사적 소임을 다할 수 있을 것이며, 한국의 근대화에 있어서 물량과 정신의 조화를 이룩하는 데 크게 기여하게 될 것을 믿어 의심치 않습니다.

이제 사명의 시대, 70년대를 맞이하면서, 우리는 그 어느 때보다도 교육의 사회화가 지니는 중차대한 비중을 새삼 인식할 때가 왔다고 생각합니다.

일찍이 한 민족이 중흥을 이룩하기까지의 역정을 더듬어 보면, 인간의 능력을 개발하기 위하여 교육이 지닌 무한한 가능성을 발견하고 교육진흥에 힘썼던 발자취를 찾아 볼 수 있습니다. 무릇 고도성장의 저력이 강인한 의지와 근면한 노력에 있고, 통일과업이 철저한 반공정신의 함양에 그 성패가 달려 있음에 비추어, 교육은 실로 70년대의 국운을 좌우하는 역사적 과제라고 볼 수 있습니다.

나는 모든 국민이 이 헌장에 담긴 이상적인 국민상을 교육의 지표로 삼아, 서로가 교육자로서의 자세를 확립하고, 부단한 노력과 실천으로 젊은 세대의 올바른 선도에 힘써 나가 줄 것을 바라 마지않습니다. 특히 정부는 물론 교육계를 비롯하여 종교·문화 등의 각계각층의 지도자 여러분들은 솔선수범하여 교육헌장의 일상적인 실천에 힘씀으로써, 사회기풍의 쇄신을 통한 교육한국의 새로운 전통을 확립해 주기를 거듭 당부하는 바입니다.”

교육은 개척과 창조와 건설의 원동력이 돼야 한다

71년 1월 22일, 대한교련 제28회 대의원대회 및 교육공로자 표창식에서 대통령은 먼저 교직자의 책임과 사명의 중차대함을 강조했다.

“교직자 여러분!

교육은 개발이다라는 말이 있습니다.

우리 인간은 교육을 통하여 원시를 문화로 바꾸어 놓았고, 찬란한 과학문명을 성취하였습니다.

교육이야말로 인간에게 보다 나은 미래를 약속해 주고, 빈곤에서 번영으로, 절망에서 희망으로 이끌어 주는 길잡이가 되는 것입니다.

우리는 교육을 통해 바람직한 미래를 우리 자신의 것으로 만들 수 있습니다.

교육은 그러한 의미에서 미래의 문을 여는 열쇠라고 하겠습니다.

우리가 한 나라의 장래를 점치는 판단의 기준을 그 나라의 교육 수준에서 찾아보는 이유도 여기에 있다고 믿습니다.

우리는 지금 조국근대화라는 역사적 과업을 추진하고 있습니다만, 이 과업은 정치·경제·사회·문화 등 모든 생활영역에 걸쳐 창조적이며 건설적인 작업을 수반하는 것이며, 여기에는 유능한 일꾼들의 창의와 분발과 노력이 요구되고 있는 것입니다.

그동안 우리의 근대화과업이 크게 진척되어 괄목할 만한 성과를 올릴 수 있게 한 원동력은 바로 우리가 힘써 온 교육의 힘이었다고 믿으며, 앞으로 이 과업의 성공적인 완수를 가름하는 관건도 우리의 교육에 달려 있다고 믿습니다.

즉 조국근대화나 민족중흥이라는 역사적 과업의 성패는 실로 우리 교육의 질과 양에 좌우된다고 해도 과언이 아닌 것입니다.

내가 기회 있을 때마다 전국의 교직자 여러분들의 책임과 사명의 중차대함을 강조하고, 여러분 스스로의 위치와 활동에 대해 커다란 긍지와 자부심을 가지고 국가사회의 기대와 신뢰에 보답해 줄 것을 호소한 것도 이러한 데 있는 것입니다.

나는 여러분들이 여러 가지로 미흡한 교육환경 밑에서 얼마나 힘에 겨운 어려움을 겪고 있는가를 누구보다 잘 알고 있습니다.

여러분들의 사명이 숭고하고 값진 그만큼, 거기에 상응하는 처우와 교육조건을 하루속히 마련해 주어야 하겠다는 점에 대해서는 그 누구보다 나 자신이 통감하고 있습니다.

다만, 국가의 재정형편 때문에 이 문제를 한꺼번에 해결하지 못하고 단계적으로 개선해 나갈 수밖에 없는 고충이 있다는 데 대해 여러분들의 올바른 이해가 있어야 하겠습니다.

나는 앞으로 교육시설을 획기적으로 확충하고 불비한 여건을 개선하며, 그동안 연차적으로 실시해 온 처우개선에 더욱더 각별한 관심과 노력을 기울임으로써, 민족의 스승인 여러분들이 오직 교육활동에 전념할 수 있는 교육환경을 만들어 나갈 생각입니다."

대통령은 이어서 교육은 발전하는 사회의 요구에 적응하고 개척과 창조와 건설의 원동력이 되고, 조국애와 국민정신 함양의 묘상이 되어야 한다는 점을 강조했다.

"친애하는 교육자 여러분!

우리가 추진하는 조국근대화 업은 교육을 통한 새로운 사회 기풍의 진작에 성공할 때 더욱더 효과적으로 성취할 수 있는 것입니다. 따라서 국민교육헌장 이념의 올바른 구현과 교육계획의 합리적 운영은 근대화 작업의 초석이 되는 것입니다.

경제건설과 근대화의 주체가 되어야 할 인간의 정신적 자원개발은 오늘날 우리 교육의 기본적 과제의 하나입니다.

개발의 속도가 빨라짐에 따라 우리도 노동력 부족 시대에 접근하고 있으며, 특히 질적으로 우수한 과학자와 기술자의 부족으로 고민하게 될 사태에 미리 대비해야 합니다.

우리는 합리적 사고와 과학적 탐구정신이 학원에 충만하도록 교육환경을 조성하여 과학교육과 기술교육에 힘써야 하겠고, 지역적 특성을 살릴 수 있고 지역 사회발전에 직접 기여할 수 있도록 지역사회학교를 더욱더 육성 발전시켜 나가야 하겠습니다.

이와 아울러 우리 교육은 조국애와 국민정신 함양의 묘상이 되어야 하겠습니다. 아무리 새로운 지식과 기술을 배웠다 하더라도 이를 국가와 민족의 발전을 위해 헌신적으로 활용하려는 의욕과 정신을 결여했다며, 그러한 사람은 아무런 소용이 없는 것입니다.

자기가 태어나서 자라난 향토를 사랑할 줄 아는 향토애와 자기 조국의 번영과 발전을 위해 노력하는 데 생의 보람을 느낄 줄 아는 조국애로 무장된 자주적 인격을 터득하고, 인류의 행복과 세계평화에 공헌할 줄 아는 인류애를 습득할 때, 그러한 사람이야말로 바로 우리 교육이 이상으로 하는 인간상이 되어야 하겠다는 것입니다.

자라나는 새로운 세대의 마음속에 뜨거운 조국애와 열정이 식었을 때, 그러한 민족에게는 희망이 없는 것입니다.

남의 나라를 부러워하기 전에, 이 땅의 가난과 괴로움을 극복하고, 민족을 위해 헌신할 수 있는 자세와 윤리를 젊은 세대에게 일깨워 줌으로써 힘차게 자라나도록 해야 합니다.

이를 위해서 우리 교육은 자조·자립·자주적인 인간을 형성하여 타성화했던 의타적 습성을 청산하는 데 온갖 교육적 노력을 다 해야 하겠습니다.

교육은 항상 발전하는 사회의 요구에 적응하고 개척과 창조와 건설의 원동력으로서의 힘을 발휘할 수 있어야 합니다.

나는 전국의 교직자 여러분들이 항상 깊은 통찰과 위대한 식견을 가지고 우리 교육의 목표와 내용과 그 방향에 관하여 새로운 비판과 검토를 가하고 보다 합리적이며 효율적인 것으로 개선해 나가는 데 힘써 줄 것을 기대합니다.

아무쪼록 우리나라 교육계의 당면과제를 토의하게 될 이 모임이 교육한국의 중흥과 새로운 문화창조를 위한 민족의 도장이 되기를 바라며, 많은 성과가 있기를 빕니다.

영예의 수상자 여러분에게 거듭 축하의 뜻을 표하고, 전국 교직자 여러분의 건승을 기원하는 바입니다."

서울연구개발단지 건설로 한국과학기술은 새로운 발전계기를 맞게 되었다

1971년 4월 14일, 서울연구개발단지 기공식에서 대통령은 먼저 우리나라의 과학기술은 새로운 발전의 전기를 맞이하게 되었다고 천명했다.

역사적으로 남보다 먼저 발전하여 세계무대에서 강력한 영향력을 행사한 나라들은 모두가 과학기술 분야에서 남보다 앞섰던 나라들이다. 이러한 경향은 과거보다는 앞으로 더욱 두드러지게 나타날 것이다. 우리는 그동안 과학기술 발전을 위해 각별한 노력을 기울여 왔다. 67년 4월에 과학기술처를 신설하고, 69년에는 과학기술연구소를 준공했다. 이제 우리는 과학적 잠재력을 생산과 건설에 직결시키지 못했던 전근대적인 과거와 결별하고 우리의 창의와 슬기를 과학기술의 자립화와 토착화를 이룩할 수 있는 자신과 희망을 가지게 되었다는 것이다.

"오늘, 우리나라 과학기술 발전의 요람이요, 본산이 될 서울연구개발단지의 기공식을 가지게 된 것을 나는 매우 기쁘게 생각하는 바입니다.

무릇, 한 나라의 과학기술 수준은 그 나라의 국력을 평가하는 하나의 척도인 동시에, 경제성장과 생활향상을 좌우하는 국가발전의 열쇠가 되고 있습니다.

역사적으로 보더라도, 남보다 먼저 발전을 이룩하고 국력을 증강하여 세계무대에서 강력한 영향력을 발휘한 나라들은 모두가 과학기술 분야에서 남보다 앞섰던 나라들이었습니다.

이러한 경향은 과거보다는 오히려 앞으로 날이 갈수록 더욱더 두드러지게 나타날 것이며, 따라서 과학기술 개발에 힘쓰지 않는 나라는 발전하는 국제사회에서 영원히 낙오되고 말 것입니다.

그동안 우리는 두 차례의 경제개발5개년계획을 추진하면서 과학기술의 발전을 위해서 각별한 노력을 기울여 왔습니다.

1967년 4월에 과학기술 행정을 효율적으로 수행할 과학기술처를 신설하고 1969년 10월에는 우수한 과학자와 기술자들이 창조적인 연구활동을 할 수 이는 과학기술연구소를 준공하여 과학한국의 바탕을 마련하였습니다.

이제, 우리나라의 과학기술은 새로운 발전의 전기를 맞이했습니다.

이것은 우리 민족의 과학적 잠재력을 생산과 건설에 연결시키지 못했던 전근대적인 과거와의 결별을 의미하는 동시에, 우리의 창의와 슬기로 과학기술의 자립화와 토착화를 이룩할 수 있는 자신과 희망을 가지게 되었음을 뜻하는 것입니다."

대통령은 이어서 이 서울연구개발단지를 대통령 자신이 직접 설립하게 된 취지와 구상에 대해 설명했다.

"현대는 발전과 변화와 경쟁의 시대입니다.

오늘날, 세계의 모든 나라들은 선후진을 막론하고 연구두뇌의 조직적인 활용을 통해서 새로운 지식과 기술을 개발하여 산업발전에 크게 이용하고 있습니다.

우리는 선진과학기술을 과감히 도입하여 소화시키는 한편 토착적인 우리의 과학기술을 개발하여 세계적인 경쟁의 대열에서 남보다 앞서 나가야겠고, 근대화과정을 단축시켜야 하겠으며, 수출의 계속적인 증대로 국력을 더욱더 증강시켜 나가야 하겠습니다.

우수한 과학기술인력의 개발은 그 어느 때보다도 가장 절실한 우리의 당면 과제입니다.

특히 종합제철, 석유화학공업, 조선공업, 기계공업, 전자공업 등 금속·화공·기계의 연관 공업기술의 발전이 기약되는 제3차 5개년계획 기간에 있어서, 우리 과학기술의 역할과 공헌에 대한 기대는 비할 바 없이 큰 것입니다.

뿐만 아니라, 수출의 대종인 공업제품의 국제 경쟁력을 강화하는 데 있어서 과학기술 개발은 그 관건이 되고 있는 것입니다.

국가의 발전은 반드시 국토가 크고 인구가 많고 자원이 풍부해야만 이루어지는 것이 아니라, 그 나라의 영재들이 창조적인 과학 두뇌를 집결하여 얼마나 생산적인 기능을 발휘하느냐에 달려 있는 것입니다.

스위스에서는 1달러어치의 철강을 수입하여 5천달러어치의 제품으로 가공하여 수출하고 있는데, 이것이 바로 과학기술의 힘인 것입니다.

우리의 과학기술도 하루속히 이러한 수준에 올라서야 하겠으며, 우리의 노력에 따라서는 능히 그렇게 될 수 있다고 믿습니다.

오늘의 이 기공식은 바로 우리의 이러한 의욕과 신념을 바탕으로 기술혁신과 경제개발과 자주국방을 선도할 한국과학기술 개발의 중추 기관을 만들자는 데 그 의의가 있다고 하겠습니다.

국내외의 우수한 우리 과학기술 두뇌들을 한곳에 모아, 이들이 사명감을 가지고 최대의 창의와 슬기를 발휘하여 과학기술 개발에 전심전력할 수 있는 터전을 마련해 보자는 것이 이 연구개발단지에 대한 나의 설립 취지이며 구상이었던 것입니다."

대통령은 끝으로 서울연구개발단지에 입주하게 될 5개 연구기관의 기능에 대해 설명했다.

한국과학원은 세계적 수준의 이공계 대학원 기능을 할 것이며, 한국개발연구원은 과학기술연구소와 함께 경제개발 정책의 수립과 집행을 위한 연구개발 체제를 형성할 것이다. 과학기술정보센터는 각종 과학정보를 제공하고 그 보급을 담당할 것이며, 국방과학연구소는 병기장비의 국산화를 위한 기술개발과 군수산업 육성의 일익을 담당하게 된다. 앞으로 이 연구개발단지는 이러한 연구소가 자리를 잡고 공동연구를 능률적으로 추진하고 국내외의 대학이나 산업계와 밀접한 유대관계를 맺는 하나의 과학촌으로 발전하게 된다는 것이다.

"앞으로 이 단지는 과학기술연구소, 과학기술정보센터, 한국과학원, 한국개발연구원, 국방과학연구소가 자리를 잡아 공동연구를 능률적으로 추진하고, 국내외의 대학이나 산업계와 밀접한 유대를 맺는 하나의 과학촌으로서 커다란 발전을 이룩하게 될 것입니다.

지금까지 우리는 과학기술의 인재양성을 외국에 의존해 왔으나, 이제는 우리 스스로 여기에 힘을 기울일 단계에 왔다고 믿습니다.

한국과학원은 해외에 나가 있는 유능한 우리의 과학두뇌를 데려다가 교수진을 구성하여, 인재양성에 있어서 외국의 어느 이공계 대학원에 비해도 손색이 없는 세계적 수준의 대학원 기능을 다하게 될 것입니다.

한편 한국개발연구원은 과학기술연구소와 더불어 과학적이고 체계적인 연구분석에 기초를 둔 경제개발 정책의 수립과 집행을 위한 본격적인 연구개발 체제를 형성하게 될 것입니다.

즉 경제성장의 분석과 산업연관 분석 등으로 정책수립에 이바지하고, 국제수지 현황과 예측을 면밀하게 분석 판단하여 무역의 확대와 균형을 위한 계획과 정책을 발전시키며, 국내외 연구기관과의 공동연구를 통하여 활기찬 연구 기풍을 조성하고, 그 수준을 향상시키는 데 크게 기여하게 될 것입니다.

그리고 과학기술정보센터는 각종 과학정보를 제공하고 그 보급을 담당하게 될 것이며, 국방과학연구소는 병기장비의 국산화를 위한 기술개발과 군수산업 육성의 일익을 맡게 될 것입니다.

앞으로 이 과학촌에서 연구활동에 힘쓸 과학자와 기술자 여러분들은, 한국과학기술의 성장과 발전이 여러분의 양 어깨에 달려 있다는 긍지와 사명감을 가지고 창의적인 능력을 다하여 과학한국의 앞날을 빛내 주기 바랍니다.

아울러 오늘의 이 기공을 위해서 여러 가지로 수고가 많았던 관계인사 여러분의 노고를 치하하는 바입니다."

한국과학원(KAIS)은 1971년 2월 앞으로 우리나라의 과학기술 고급두뇌의 산실이 될 이공계 특수대학원으로 설립된 것이다. 그 당시 우리나라의 과학기술자들은 순수한 과학을 위한 대학원을 만들어야 한다는 생각에 집착하고 있었으며, 산업기술개발을 연구할 대학원을 따로 만드는 데 대해서는 절대 반대였다. 문교부도 반대했다. 그러나 대통령은 우리나라의 과학기술이 발전하려면 다음 세대의 과학기술자들을 육성할 수 있는 특수대학원 같은 기관이 반드시 필요하다는 점을 강조하고, 이 대학원은 문교부에서 관할할 것이 아니라 과학기술처가 맡아서 운영하도록 결정했다. 이 이공계 특수대학원은 대통령이 한국과학기술연구소를 창설한 후에 과학기술자 양성을 위한 방안으로 오랫동안 구상해온 계획이었다. 이 대학원은 미국의 스탠퍼드대 부총장을 지낸 터만 박사 등 전문가들이 방한하여 타당성 조사를 끝낸 후 미국 국제개발처 (USAID)의 차관을 얻어 독립된 대학원으로 설립되었고 그 운영에 있어서도 초기에는 미국의 지원을 받았다. 이 대학원의 후신이 바로 충남 대덕단지에 자리잡은 한국과학기술원(KAIST)다.

우리 교육은 국가가 요구하는 인간을 양성하고 생산적인 교육을 해야 한다

1972년 2월 7일, 경북도청 연두순시에서 대통령은 오늘의 시점에서 우리나라 교육의 기본목표와 방향에 대해서 평소의 소신을 피력했다.

첫째, 우리 교육은 국가가 요구하는 인간을 양성해야 한다는 것이다. 농촌의 중·고등학교, 대학, 초등학교까지도 그 교육은 국가목표와 계획에 부합되고 합치돼야 한다. 지금 우리는 국가비상사태에 처하고 있다. 이것을 극복하기 위해서는 국방과 반공을 강화하고 국난극복의 강인한 정신이 각급 학교에 이르기까지 우리 교육에 침투해 들어가야 한다. 국난을 당했을 때 책을 던지고 총칼을 들고 나가 적과 싸워 나라를 지킨 우리 조상들의 슬기로운 애국의 길을 본받아야 한다. 이것이 바로 우리 민족의 자랑스러운 전통이라는 것이다.

"오늘 이 시점에 있어서 우리나라 교육의 기본목표와 방향이 어떻게 설정되어야 하겠느냐 하는 문제를 생각할 때, 역시 오늘날 우리 국가가 요구하는 그러한 인간을 만들어 내는 데 있다고 집약되겠습니다.

농촌에 있는 중·고등학교, 그 지역에 있는 대학, 심지어 초등학교까지도 그 교육은 국가가 지향하고 있는 목표와 계획에 부합되고 합치되어 하나가 되도록 하여야 하겠습니다.

지금 우리는 국가적인 비상사태에 처하고 있습니다.

이것을 극복하기 위해서 교육은 어떻게 해야 되겠는가 하는 문제를 생각할 때, 우리가 당면하고 있는 현실과 동떨어진 그러한 교육을 해서는 안 되겠다는 것입니다.

국방과 반공을 튼튼히 하고 국난을 극복할 수 있는 강인한 정신이 초등학교에서부터 대학교에 이르기까지 우리 교육의 구석구석에 침투해 들어가야 하겠다는 것입니다. 과거 우리 조상들도 국난을 당했을 때는 책을 집어던지고 총칼을 들고 나가 적과 싸우고 나라를 지켰습니다. 이것은 우리나라 교육의 하나의 전통입니다.

심지어 절에서 불공을 드리고 있던 승려들까지도 불경을 집어던지고 나와서 승병을 조직하여 싸우기도 했으며, 나약한 아녀자들까지도 나서서 여기 협력을 했습니다.

임진왜란 때 행주산성의 싸움과 같은 그런 예를 보더라도 연약한 부녀자들까지 나라를 지키고 왜적을 막는 데 다 같이 협력을 했던 것입니다.

지금 우리가 외적으로부터 침략의 위협을 받고 있는 이 비상사태에 있어서 조상들이 보여 준 그러한 슬기로운 애국의 길을 본받아야 할 줄 압니다. 이것이 바로 우리 민족의 자랑스러운 전통인 것입니다."

둘째, 우리는 생산적인 교육을 해야 한다는 것이다.

"또한 우리는 생산적인 교육을 해야 하겠습니다.

우리나라는 아직도 가난합니다. 그러므로 하루 빨리 경제건설을 하여 부강한 나라, 보다 더 개명된 나라를 만들어야 하겠으며, 모든 교육도 이에 이바지할 수 있는 생산적인 것이어야 하겠습니다.

우리는 우리 국력을 배양하는 데 필요한 기술과 지식을 배우고 가르치는 데 주력해야겠습니다.

모든 학교는 그 지역사회 개발을 위해서 무엇인가 응분의 기여를 해야 되겠습니다. 초등학교도, 중·고등학교도, 대학교도 마찬가지인 것입니다.

그 학교에 있는 교사들, 또는 학생들, 그 지방에 있는 공무원들, 기타 기관의 직원들과 그 부락에 사는 주민들 중에 지식 있는 사람들이 모두 모여 앉아서 그 고장개발에 대하여 무엇인가 연구를 해야 되겠습니다.

가령 부락단위로 한다든가, 면단위로 한다든가, 혹은 자연적인 지형에 의한 한 지역사회를 단위로 하여 이 고장개발을 위해서 우리는 무엇을 어떻게 해야 되겠는가 하는 명제를 놓고 먼저 실태조사부터 면밀히 해야 할 것입니다.

노동력은 얼마이고 그 가운데 학교교육을 받은 지식수준은 어떻고, 또 군대나 외지에 나가서 기술을 배워 온 사람은 몇 명이나 되며 농가소득은 현재 어떻고, 잘사는 사람은 몇 호이고, 가난한 사람은 몇 호나 되며, 그 고장을 발전시키자면 무엇을 어떻게 해야 되겠는가? 하는 것을 종합적으로 연구하고 검토해야 하겠습니다.

그 결과 어떤 곳은 식량증산을 해서 소득을 올리는 방법도 있을 것이고, 또는 축산을 해서 소득을 올리는 방법도 있을 것이며, 양잠을 하는 데도 있을 것이고, 양송이를 하는 데도 있을 것이며, 또 도시에 가까워서 고등소채 같은 것을 재배해서 소득을 올릴 수도 있을 것입니다.

문제는 모두가 연구를 해서 자기가 할 수 있는 것을 하고, 그 뒤에 자기들의 힘으로 모자라는 것을 정부나 관에 요청해서 지원을 받도록 해야 한다는 것입니다.

이렇게 해서 모든 사람들이 협력을 하고, 같이 힘을 합하여 국가 개발과 발전에 이바지해야 하겠습니다.

결론적으로, 이 나라에 태어난 모든 국민은 역사적인 사명감을 갖고 각자 맡은 바 일에 최선을 다하는 자세를 가져야겠습니다.

국민 모두가 크건 작건 자기의 책임을 완수하고 자조·자립의 정신으로 나와 내 집을 튼튼히 하며, 협동의 정신으로 내 마을 내 고장을 발전시키는 범국민적인 새마을운동의 역군이 되어야겠습니다.

여기에는 한 사람의 이탈자도 한 사람의 낙오자도 있어서는 안 되겠습니다.

이것이 곧 애국하는 길이요, 총력안보를 기하는 길이기도 합니다.

이것이 이루어질 때 우리는 어떠한 비상사태이건, 어떠한 침략이건 능히 극복하고 이겨낼 수 있을 뿐만 아니라, 우리의 국력을 비약적으로 증대시킬 수 있는 원동력이 될 것이라고 나는 확신하는 바입니다."

나라를 지키고 발전시키는 데 필요한 기술을 보급하여 부강한 나라를 만들어야 한다

1972년 3월 7일, 72년도 제1회 지방장관회의에서 대통령은 우리나라 교육의 목표와 기본방향에 대해 평소의 소신을 밝혔다.

첫째, 우리 교육은 국가와 사회가 필요로 하는 인간을 만드는 데 첫째 목적을 두어야 한다는 것이다.

"그다음에 우리나라 교육문제에 대해서 이 기회에 몇 가지 이야기를 하고자 합니다. 우리나라는 여러분들이 아시는 바와 같이 경제적으로는 아직까지 선진국가 대열에 들어가지 못하고 있지만 교육부문에 있어서는 어느 선진국가에 못지않게 많은 투자를 하고 있는 나라 중의 하나입니다. 여러분들 앞에 배포되어 있는 인쇄물에도 그 숫자가 나타나 있으리라고 봅니다만, 우리나라의 통계에 나타나 있는 것을 보면 전국에 초등학교 아동으로부터 대학생까지 학생수가 약 800만이 조금 넘습니다. 3000만 중에 800만이니까 우리 국민 네 사람 중에 한 사람은 학생입니다. 교직자만 하더라도 약 18만 정도가 됩니다.

일년의 교육투자가 우리의 국민총생산에서 차지하는 비율을 보면 1965년도에는 국민총생산의 약 3.8%를 투자하고 있습니다. 금년도 계획은 어떻게 되어 있느냐 하면 6.9%입니다. 그러면, 이것이 높은 수치냐 낮은 수치냐 하는 것을 다른 나라하고 한번 비교를 해봐야 되겠습니다. 금년도 우리가 하는 것이 6.9%, 약 7%인데 이것은 정부가 의무교육에 쓰는 예산에 반영되는 부분 및 일반 사학에 쓰는 부문, 학부형들이 자녀들을 위해 쓰는 것을 전부 합친 액입니다. 자유중국은 3.1%입니다.

우리하고 경제가 거의 비슷한 터키 같은 나라를 보니까 3.5%, 멕시코, 이 나라도 지금 개발도상에 있어서 상당히 그 발전이 빠른 나라인데 4.5%, 서독 같은 나라가 3.6%, 영국이 5.6%, 미국이 5.5%, 프랑스가 3.6%, 필리핀이 2.8%, 이런 것을 본다면 물론 여기에 나온 다른 나라의 통계는 1967년도이고 우리의 6.9%라는 것은 금년도 수치를 말하기 때문에 약간 차이가 있겠습니다만, 우리는 다른 나라에 비해 상당히 많은 교육투자를 하고 있는 것입니다.

그만큼 우리나라에서는 교육에 대해서 힘을 많이 쓰고 있다는 이야기입니다. 정부나 우리 국민들이나 무엇 때문에 우리가 어려운 나라에서 교육에 이만큼 많은 투자를 하느냐, 그 목적이 무어냐 하는 것을 확실히 알아야 되겠습니다. 교육에 대한 목적을 말하라고 하면 여러 가지 표현을 할 수 있겠지요. 예를 들면 초등교육에 대한 목적, 중등교육에 대한 목적, 대학교육에 대한 목적, 또는 성인 교육, 사회교육 등 여러 가지로 그 표현방법이나 그 내용이 다르겠지만 한 마디로 국가에서 이만큼 교육에 역점을 두고 교육을 이만큼 중요시한 궁극적 목적이 무엇이겠느냐고 나보고 이야기하라면 다음 세대에 이 나라를 짊어지고 나갈 일꾼들을 훌륭한 국민들로 교육하자 하는 것이 궁극적 목적이라고 생각합니다.

우리 국민교육헌장에 보면 이런 대목이 있습니다. '안으로 자주독립의 자세를 확립하고 밖으로 인류 공영에 이바지한다'는 말이 나옵니다. 안으로 자주독립의 자세를 확립한다는 것은 우선 우리나라 교육의 일차적 목적은 자주독립국가로서의 올바른 자세와 자질을 갖춘 국민을 만들라는 것입니다. 그러고 난 다음에, 우리가 또 인류 공영에 이바지할 수 있는 데까지 발전해 나가야 된다는 것입니다. 우선 대한민국이라는 이 국가의 국민으로서 자주 독립을 우리가 지켜나갈 수 있는 국민으로서의 자질, 그러한 소질을 갖춘 그런 국민을 양성해야 된다는 뜻이라고 나는 해석합니다.

우리 국가와 우리 사회가 필요로 하는 인간을 만드는 데 첫째 목적을 두고 여기에 역점을 둬야 되겠으며, 그러고 난 뒤에 인류사회에 공헌하거나 기여할 수 있는 분야까지 발전을 해 나가는 것이 궁극적인 목적이라고 보는 것입니다."

둘째, 우리 교육계는 그동안 '국적 없는 교육'을 해왔다는 것을 깊이 반성해야 한다는 것이다.

"해방 후 우리나라 교육목적 또는 교육의 지도이념은 우리나라 교육법에도 표현이 되어 있고 여러 군데 밝혀져 있지만, 확실히 말해서 이것이 뚜렷하지 못하고 명확하지 못하지 않느냐. 더 좀 지나친 이야기를 한다면, 우리나라 교육은 해방 후 지난 20여년 동안 국적 없는 교육을 해 왔다. 대한민국 국민을 만든다는 것을 목적으로 삼지 않고, 마치 세계인을 양성하는 것 같은 교육을 해왔다고 봅니다.

이것은 교육계에 있는 사람들이 깊이 반성을 해야 된다고 생각합니다. 흔히, 우리나라 식자들 중에도 교육을 통해 선량한 민주시민을 양성한다고 말합니다. 물론 우리 대한민국 국민도 선량한 민주시민으로서의 자질을 갖춰야 됩니다. 그러나 선량한 민주시민이라는 것이 일본 국민도 될 수 있고, 미국 국민도 될 수 있고, 영국 국민도 될 수 있는 만국 공통의 국민이어서는 곤란합니다. 나는 그것이 아니라고 생각합니다. 우선, 대한민국 사회에 꼭 필요한 선량하고 충실한 인재를 만드는 것에 우리 교육의 일차적인 목적을 두고 여기에 역점을 두어야 되겠다는 것입니다. 우리 국가와 사회가 요구하는 인간이란 구체적으로 어떠한 인간상을 말하느냐 하는 것은 내가 여기서 일일이 설명하기보다는 우리 국민교육헌장에 명시되어 있는 종목 하나하나를 잘 검토해 보면 알 수 있을 것으로 생각합니다.

지금 우리는 외부로부터 침략의 위협을 받고 있다는 이 엄연한 현실을 우리나라 교육이 외면할 수 없는 것이며, 그렇다면 힘을 합쳐서 나라를 튼튼히 지켜야 한다는 것이 교육의 어떤 분야에 반드시 반영되고, 그 점에 역점을 둬야 되겠다고 나는 생각합니다. 나라가 있어야 학문이 있고, 민주주의가 있고, 자유도 있다는 것입니다. 공산주의한테 먹히고 난 뒤에는 우리가 지금 추구하고 있는 학문이나 진리를 탐구할 수 있는 기회도 우리한테는 주어지지 않을 것입니다. 나라를 튼튼히 지켜야 되겠고, 또 국가안보에 대한 명확한 가치관을 확립해야 되겠습니다. 이것은 교육자나 모든 국민들이 다 마찬가지입니다.

외적으로부터 나라를 지키고 국가를 보위하고, 우리 민족을 지키고 우리 민족의 고유문화를 지키고, 또 발전시켜 나가기 위해서는 현 단계에 있어서 가장 중요한 것이 무엇이냐. 첫째는 외적으로부터의 침략을 막고 나라를 튼튼히 지킨다는 것, 다른 말로 하면 국가 안보가 왜 지금 이 시기에 이만큼 절실하고, 또 중요하냐 하는 가치관을 확실히 정립을 해야 하겠고, 또 반공에 대한 정신무장을 보다더 절실히 해야 되겠습니다.

외국 사람들은 대한민국을 반공정신이 가장 강한 나라라고 말합니다. 2차 대전 후에 공산주의자의 침략으로부터 가장 혹심한 피해를 입은 나라도 우리 대한민국이라고 말하고 있습니다. 사실 그렇기 때문에 우리 국민들이 반공에 대해서는 가장 투철한 국민이라는 것이 틀림없습니다. 그러나 최근에는 반공에 대한 의식이 점차 흐려가고 있지 않느냐, 해이해지고 있지 않느냐, 일부 상당한 식자 중에도 반공 운운하면 진부하고 케케묵은 소리라는 생각을 가진 사람이 있다는 것을 나는 듣고 있습니다. 이것은 대단히 중요한 문제라고 생각합니다.

우리가 현 단계에 있어서 반공을 아니하고 뭘 하자는 것입니까? 국민교육헌장에는 이런 구절이 있습니다. '반공 민주 정신에 투철한 애국 애족이 우리 삶의 길이다' 반공을 해야만 우리가 민주주의를 지킬 수도 있고 그렇게 해서 나라를 지키고 민족을 사랑하는 것이 곧 나라를 위하는 것이 아니라 자신이 사는 길이다 하는 뜻입니다.

우리는 아직도 가난한 나라입니다. 개발도상에 있는 나라입니다. 일부 국민들 중에는 대한민국이 아주 갑자기 부자가 된 것처럼 생각하는데, 물론 과거보다는 많은 발전도 했고, 발전하고 있고, 장차 발전할 수 있는 소질을 가지고 있다고 우리는 보지만, 아직까지 다른 선진 여러 나라에 비하면 우리는 아직 가난한 나라인 것입니다.

우리는 이러한 현실을 확실히 알아야 되겠습니다. 마치 우리가 지금 부자가 된 것처럼 푸근푸근한 소리를 해서는 곤란하다 이겁니다. 가난한 사람은 가난한 사람답게 생활을 해야 되고, 행동을 해야 됩니다. 교육에도 이런 정신이 반영이 되어야 됩니다. 구체적으로 말씀드린다면 우리가 가난을 벗어나고 부강한 나라를 만들기 위해서는 어떻게 해야 할 것인가, 물론 다른 학문도 필요하겠지만 과학기술을 개발해서 경제개발을 촉진하는 데 교육이 이바지해야 되지 않겠느냐. 따라서 모든 교육은 생산과 직결되어야 합니다.

공업을 발전시켜서 우리나라의 수출을 빨리 증대하고, 공업을 발전시켜서 우리 농촌을 빨리 근대화하고 농가 소득을 증대하여서 잘사는 농촌을 만들자는 것이 우리 학문에 우리 교육에 반영이 되어야 되겠다는 것입니다. 이러한 교육을 우선적으로 해야 되겠다는 것을 나는 주장합니다."

셋째, 앞으로 지역사회 개발에 있어서 학교가 하나의 중심 또는 센터 같은 역할을 해야 되겠다는 것이다.

"지역사회 개발문제에 있어서도 마찬가지입니다. 지금 우리 시골에 가 보면 어떤 지역에 900호의 농가가 살고 있습니다. 또, 어떤 데 가 보면 거기에는 한 몇 호뿐인 이·동·읍·면이 있고 거기에는 학교가 있고, 면사무소가 있고, 또는 우체국이 있고 농촌지도기관이 나와 있고 또 기타 여러 기관들이 나와 있습니다. 요즈음 시골에 가 보면 학교는 모두 다 근사한 현대식 건물로 우뚝우뚝 서 있는데 그 주변에 있는 농가를 보면 수백년대 그대로 내려오던 오두막, 초가집, 납작한 농가가 산 밑에 옹기종기 모여살고 있고, 특히 뒷산을 보면 나무가 하나도 없이 아주 완전히 벗어진 상태로 있습니다. 그 앞에 내려가는 하천을 보면 작년 홍수 때 제방이 떠내려가 논하고 하천의 하상하고 한계가 없을 정도로 되어 버렸고, 부락에 들어오는 길이 있는데 허물어져서 자동차는 고사하고 자전거도 제대로 들어오 올 수 없는 상태에 있는 부락이 시골의 도처에 있습니다.

어떻게 하면 이러한 농촌을, 이러한 지역사회를 개발하느냐. 방법은 여러 가지 있습니다. 정부가 돈이 많아서 그 부락에 돈을 많이 줘서 길도 닦고, 제방도 쌓고 조립도 하고, 집집마다 기와를 이는 지붕개량 보조금도 주면 되겠지만, 솔직히 말해서 정부는 그런 능력도 없을 뿐만 아니라, 설령 그런 능력이 있다 할지라도 그러한 것이 과연 올바른 길이 겠느냐 할 때 나는 그렇지 않고 생각합니다. 그 부락에 있는 학교나 면 이나 동사무소, 병원 또는 거기에 있는 농사지도기관, 부락에 사는 농 민, 그 부락에 사는 사람들 중에도 대학을 나온 사람, 중·고등학교를 나온 사람, 군대가서 군복무를 하고 돌아온 사람, 저 멀리 월남까지 가 서 실전 전투경험을 하고 돌아온 사람, 객지에 나와서 기술을 배워 온 사람, 이러한 사람들이 전부 힘을 합쳐서 그 지식과 기술을 최대한으로 동원을 해서 그 고장을 자기들이 개발하라는 것입니다. 이러한 사람들 이 일차적으로 모여 가지고 단합해서, 우리 고장을 보다 더 알뜰하고, 아담하고, 잘사는 부락으로 만들기 위해서는 무엇을 어떻게 해야 되겠 는가 하는 것을 연구하여 우리 부락에 나무가 없으니 나무를 심자든 지, 부락에 길이 없으니 길을 고치자든지, 하는 문제가 나오면 우선 우 리가 우리 힘으로 할 수 있는 것이 무엇이고, 할 수 없는 것은 무엇이 냐 하는 것을 따져야 할 것입니다.

그렇게 했을 때, 우리들이 할 수 있는 것은 우선 우리가 하자, 우리 힘으로 못하는 것을 정부 보고 도와 달라고 하자, 그런 정도까지 모든 의견이 합치가 되고 또 통일이 되고 그만큼 일이 추진되면 그 부락은 벌써 절반 이상 개발이 된 것입니다.

그렇게 된 부락은 정부가 도와주겠습니다. 그러나 주민들 힘으로 할 수 있는 것, 가령 제방이 한 몇 백미터 허물어졌다고 할 때, 그 동네 청 년들이 농한기에 나와서 지게나 리어카를 가지고 나와서 며칠 동안만 흙을 나르고, 모래를 나르고, 돌을 나르면 거뜬히 할 수 있는 것 그것 도 안 하고 있는 부락은 정부가 도와줄 능력이 없습니다. 앞으로 여러 분들은 새마을운동을 하는 부락이나 지역사회의 개발에 있어서도 이 것을 확실히 해야 되겠습니다.

주민들이 할 수 있는 것과 할 수 없는 것을 구별해서, 자기들이 할 수 없는 것은 정부보고 도와 달라 하고, 자기들이 할 수 있는 것은 자기들이 할 수 있는 데까지 최대한으로 다 해야 하며, 그런 부락은 정부가 가장 우선적으로 도와줄 것입니다.

부락에 상당한 교육을 받아 많은 지식을 가진 사람들이 있고 기술을 가진 사람도 있고 또 나가서 일을 할 수 있는 젊은 청년들의 노동력도 있는데 이런 것을 활용하지 못하고 전부 정부보고만 도와 달라 해서는 안 되겠습니다.

우리 농촌의 어디를 가나 학교가 있는데, 물론 행정기관도 있지만, 학교가 앞으로 이런 면에 있어서 앞장을 서 달라, 좀 더 적극적으로 참여를 하고 오히려 그 지역사회 개발에 있어서 하나의 중심이라고 그럴까 센터 같은 역할을 좀 더 해 줬으면 합니다."

넷째, 나라를 지키고, 발전시키는 데 필요한 기술을 보급하고 나라를 부강하게 만드는 것이 '애국하는 교육'이라는 점을 강조했다.

"나라를 지키고, 나라를 발전시키는 데 필요한 기술보급을 하고 또 나라를 부강하게 만드는 것, 이것이 즉 애국하는 교육인 것입니다. 옛날 19세기 초에 유럽에는 나폴레옹 전쟁 시대라는 것이 있었습니다. 프랑스가 전 유럽을 석권하던 그런 시대인데 나폴레옹 전쟁 시대라고 말합니다. 그 당시에 지금의 독일은 프러시아 등 여러 가지로 군웅할거식으로 분할되어, 지금은 독일 국민이 단결심이 강하고 근면한 국민이라고 하지만, 국민들이 단결도 안 되고, 협동도 안 되고 비뚤어져 있었습니다. 그때 나폴레옹 군대가 쳐들어가니까 전 독일은 나폴레옹 군대 말굽 밑에 하루아침에 전부 항복해 버렸고 점령당했습니다.

그때 '피히테'라는 베를린 대학의 유명한 교수가 '독일 국민에게 고함'이라는 격문을 선포한 것은 여러분들도 알고 있을 것입니다. '독일 국민들이 정신을 차려야 되겠다. 오늘날 독일이 프랑스의 나폴레옹 군대한테 짓밟히고 유린당한 원인과 책임은 우리 독일 국민에게 있다. 나폴레옹 군대를 나무랄 것이 아니라, 독일 국민들이 보다 더 분발하고 단결해야 되겠다' 하는 격문을 발표했던 것입니다.

이것이 하나의 계기가 되었던지 그 뒤 1870년, 그땐 나폴레옹은 벌써 죽은 뒤였습니다만, 독일과 프랑스의 소위 보불전쟁 때에, 그때에 독일에서는 비스마르크가 수상이고 빌헬름 일세가 독일 황제였는데, 독일이 프랑스에 대해 멋있게 보복전을 해서 설욕했고, 대승했습니다. 그 뒤에 독일 사람들이나 유럽 사람들은 보불전쟁에 있어서 독일의 대승을 그 당시의 독일 대학 교수와 모든 학교 교사들의 승리라고 이야기했던 것입니다.

프랑스한테 유린당한 독일 국민들이 교육을 통해서 독일 국민들의 애국심을 더 강하게 하고, 단결심을 더 강하게 하고, 외적으로부터 나라를 지키는 국민교육을 독일의 모든 교육자들이 앞장서서 몇십 년 동안 한 결과, 보불전쟁에 있어서 프랑스를 다시 겪고 대승해서 독일제국을 건설했다는 이야기를 했습니다. 이것을 보더라도 교육의 힘이 얼마나 중요한가 하는 것을 알 수 있습니다.

아까도 말씀드렸습니다만 우리나라는 경제적인 여건에 비해 교육 분야에 있어서는 어느 선진국가에 못지않은 열의와 투자를 하고 있습니다. 전 국민 4분의 1에 해당하는 약 800만의 학생이 있고, 전국의 수천 개 각종학교가 있는데 교육자, 학생, 학교가 전부 우리의 안보를 튼튼하게 하는 국방에 이바지하고, 경제개발과 지역사회 개발에 적극적으로 참여를 하고 협력을 한다면 무서운 힘을 발휘하리라고 생각합니다.

최근에 나는 우리 농촌이나 산간벽지 또는 일 주일에 배가 한 번도 가지 못하는 낙도에 들어가 있는 우리나라의 모범적인 교사들의 미담을 많이 듣고 있습니다.

이런 교사들이 날이 갈수록 도처에서 많이 나오고 있다는 것은 참으로 흐뭇한 일이라고 생각합니다. 이러한 분들이야말로 민족의 스승이요, 지역사회 개발의 선구자라고 생각합니다. 낙도에 가서 교실 한 칸밖에 없는 데서 교육을 하면서 낙후된 주민들을 설득하고, 분발시켜 교육뿐만이 아니라 낙도개발에 앞장서서 잘사는 부락을 만드는 이러한 교사들이야말로 국가의 보배입니다. 이런 사람들을 나는 민족의 스승이라고 칭찬하고 싶습니다.

앞으로 우리 교육계에는 이런 교육자들이 많이 나와야 되겠습니다. 이것이 참다운 애국하는 길이고, 이것이 참다운 교육이라고 믿습니다. 앞으로 우리 농촌에, 우리 시골에 지역마다 훌륭한 애국하는 교사들이 나와야 되겠습니다.

부락마다 있는 새마을운동을 추진하고, 훌륭한 지도자들이 나와서 주민들의 힘을 합쳐 함께 이 운동을 강력히 밀고 나간다면 우리 농촌은 반드시 부강하게 될 것이고, 먼 장래가 아니라 불과 수년 내에 일어날 수 있다고 나는 확신합니다."

100억 달러 수출과 중화학공업 육성을 위해 모든 국민이 기술을 배워야 한다

1973년 1월 12일, 연두기자회견에서 대통령은 중화학공업정책을 선언하고 전국민의 과학화운동을 제창했으며, 1백억 달러 수출과 중화학공업 육성을 위해서는 남녀노소 구별 없이 모든 국민이 기술을 배워야 한다는 것을 강조했다.

과학기술의 발달 없이 우리는 선진국가가 될 수 없다. 80년대 초에 100억 달러 수출과 중화학공업 육성이라는 목표를 달성하기 위해서는 초등학생부터 대학생, 성인까지 남녀노소 구별 없이 기술을 배워야 되겠다. 80년 초에 100억 달러 수출을 하려면 전체 수출상품 중에서 중화학제품이 50% 이상을 차지해야 한다. 그래서 지금부터 철강, 조선, 기계, 석유화학 등 중화학공업 육성에 힘써서 이 분야의 제품 수출을 강화해 나가겠다는 것이다.

"나는 오늘 이 자리에서 우리 국민 여러분들에게 경제에 관한 하나의 중요한 선언을 하고자 합니다.

우리나라 공업은 이제 바야흐로 '중화학공업 시대'에 들어갔습니다. 따라서 정부는 이제부터 '중화학공업 육성'의 시책에 중점을 두는 '중화학공업 정책'을 선언하는 바입니다.

또 하나는 오늘 이 자리에서 우리 국민들에게 내가 제창하고자 하는 것은, 이제부터 우리 모두가 '전 국민의 과학화운동'을 전개하자는 것입니다. 모든 사람들이 '과학기술'을 배우고 익히고 개발을 해야 되겠습니다. 그래야 우리 국력이 급속히 늘어날 수 있습니다. 과학기술의 발달 없이는 우리가 절대로 선진국가가 될 수 없습니다.

80년대에 가서 우리가 100억 달러 수출, 중화학공업의 육성 등등 이러한 목표달성을 위해서 범국민적인 '과학기술'의 개발에 총력을 집중해야 되겠습니다. 초등학교 아동에서부터 대학생·사회 성인까지 남녀노소 할 것 없이 우리가 전부 기술을 배워야 되겠습니다.

그래야만 국력이 빨리 신장하는 것입니다. 80년대 초에 우리가 100억 달러의 수출목표를 달성하려면, 전체 수출상품 중에서 중화학제품이 50%를 훨씬 더 넘게 차지해야 되는 것입니다.

그러기 위해서, 정부는 지금부터 철강·조선·기계·석유화학 등 중화학공업 육성에 박차를 가해서 이 분야의 제품수출을 강화하려 하고 있습니다."

대통령은 이어서 80년대 초에 가서 우리나라가 보유하게 될 중요한 중화학공업 부문의 생산시설 능력에 대해 설명했다.

"참고로, 80년대 초에 가서 우리 정부가 구상하고 있는 중요한 중공

자조 자립 자위

1970년 1월 1일
대통령 박정희

업 부문의 생산시설 능력을 몇 가지만 예를 들어서 말씀드린다면, 제철 능력은 지금 현재의 100만 톤에서 80년대 초에 가서는 약 1000만 톤까지 끌어올리고, 조선능력은 현재 약 25만 톤 되는데, 이것을 약 500만 톤까지 끌어올리며, 정유시설은 일산 39만 베럴에서 약 94만 베럴까지 끌어올릴 계획입니다.

울산정유공장이 처음에 준공되었을 때, 일산 3만 5000베럴이라고 나는 기억을 하고 있습니다. 석유화학 원료가 되는 에틸렌생산은 지금 10만 톤인데, 80년대 초에 가서는 80만 톤 수준까지 끌어올리며, 전력은 지금의 380만 킬로와트에서 1000만 킬로와트까지 끌어올리고, 시멘트는 지금의 800만 톤에서 1600만 톤까지 연산수준을 올려야 되겠으며, 자동차는 현재 연산 약 3만 대가 되는데, 그때에 가서는 약 50만 대 정도의 생산능력으로 올라갈 것입니다. 그 외에 전자공업 등 여러 가지 부문이 많이 있습니다만, 중요한 것만 몇 가지 얘기를 했습니다. 이러한 대규모의 공장들을 수용하기 위해서, 정부는 지금부터 동해안·남해안·서해안 지방에 여러 가지 대단위 국제 규모의 공업단지 또는 기지를 조성해 나갈 생각입니다.

첫째는, 포항제철 같은 제2의 '종합제철공장 건설'을 앞으로 추진해야 하겠고, 또 '대단위 기계종합공업 단지'도 만들어야 되겠습니다. 지금 울산에 있는 '석유화학공업단지'와 같은 제2의 '종합화학공업단지'를 또 만들어야 되겠습니다.

또 100만 톤급의 '대규모 조선소'를 앞으로 하나 내지 두 개를 더 만들어야겠고, '대단위 전자부속품 생산단지'도 지금 추진하고 있고, 마산에 있는 '수출자유지역'과 같은 단지를 앞으로 제2, 제3을 더 만들어야 되겠습니다. 이런 것을 다 했을 때에 10억 달러 수출이 되는 것입니다.

이것을 하기 위해서 전국민들이 과학기술 개발에 총력을 경주해야 되겠다는 것입니다. 정부는 앞으로 중공업·중화학공업 정책을 선언하고 이 방면에 중점적인 지원과 시책을 펴나갈 것입니다."

대통령은 이어서 제3차 5개년계획에 있어서는 우리 국민들이 농어촌에 많이 건설될 각종 공장과 산업시설에서 직장을 갖게 될 기회가 늘어난다고 말하고, 이런 직장에서 일을 할 수 있으려면 국민들이 모두 기술을 가지고 있어야 한다는 것을 강조했다.

"그 밖에 우리 농어촌에도 '새마을운동'을 뒷받침하기 위한 중소 공장들이 많이 들어서게 될 것입니다. 그렇게 함으로써 우리 농어민들의 소득증대에 크게 이바지하게 하여, 우리 농촌도 도시 못지않게 살기 좋은 농촌으로 만들어 보자는 것입니다. 또한 국토를 효율적으로 활용하기 위해서 지금 추진하고 있는 4대강유역 개발을 촉진하고 기타 중요 하천도 개발해야 하겠으며, 항만 개발, 도로망 확장, 고속도로, 고속화도로, 기존 국도의 포장, 이런 것을 빨리 서둘러야 하겠고, 전 국토의 녹화를 위해서 앞으로 10개년계획을 수립해 가지고, 80년대 초에 가서는 우리나라가 완전히 푸른 강산이 되어야 되겠습니다.

그래서 아름답고 살기 좋은 그런 국토를 만들어야 하겠습니다. 농어촌에 전기도 1977년에 가면 다 들어갑니다. 100%까지 달성할 수 있습니다. 이렇게 공장이 서고 여러 가지 산업시설이 늘어나면, 국민들이 모두 여기에 나와서 일을 할 수 있는 기회를 많이 만들어 주는 것인데, 그렇게 되면 국민들이 모두 기술이 있어야 되겠습니다.

직업교육을 앞으로는 대폭적으로 강화해서 '전국민의 과학화운동'에 박차를 가해 나가야 하겠습니다. 이런 것을 하는 데는 말로는 쉽지만, 굉장히 돈이 많이 드는 것입니다.

이런 돈을 어떻게 우리가 조달하느냐? 이것은 인플레가 생기는 그런 방법으로 조달해서는 안 되겠다. 비인플레적인 방법으로 조달해 나가야 되겠다. 그렇게 함으로써 안정기조를 흔들지 않고, 고도성장을 지속해 나갈 수 있다. 이렇게 보는 것입니다.

이와 같은 시책을 우리가 강력히, 꾸준히 전 국민들이 협력을 해서 밀고 나간다면, 80년대 초에 100억 달러 수출이라는 것은 절대로 가능하다 하는 것을 나는 확실히 이 자리에서 얘기를 해 두는 것입니다."

국가의 과학기술 진흥은 국민의 과학에 대한 이해와 관심을 바탕으로 이루어진다. 즉 과학기술의 발전은 우수한 과학자와 유능한 기술자가 힘을 쓴다고 해서 그들의 힘만으로 이루어지는 것은 아니고 전 국민이 직접적으로나 간접적으로나 이에 참여하지 않으면 결코 이룩될 수 없는 것이다. 불행하게도 우리나라는 근대적 과학기술의 유산을 물려받지 못한 데다가 국민의 비과학적, 비합리적 사고와 전통적 생활양식, 기술과 기능에 대한 천시풍조 등 전근대적 의식구조로 말미암아 과학기술 발전의 기반이 구축되어 있지 못했다.

따라서 과학기술의 발전을 위해서는, 과학기술이 뿌리를 내릴 수 있는 분위기와 기풍이 진작되도록 국가적 차원에서 거국적으로 추진할 필요가 있었다. 경제발전을 지원하고, 선도할 수 있는 과학기술 정책이나 연구개발 체제를 확립하는 것도 중요한 일이었다. 그러나 그보다 더 중요한 것은 과학기술 개발이 국가발전에 있어서 지상과제라는 투철한 이념을 확립하여 국민들이 일상생활에서부터 과학과 기술을 실천하는 것이었다. 전국민의 과학화운동은 바로 이것을 하자는 것이었다. 즉 그것은 과학기술이 생활화되도록 과학기술 지식을 널리 보급하고, 과학적 사고방식을 앙양하는 데 힘을 기울여 과학기술에 대한 지식과 교양이 국민의 일상생활에서 중요한 요소가 되는 데까지 전체 국민의 과학기술 수준을 향상시키자는 데에 그 참뜻이 있었다.

기능공양성 계획을 확대하고 기존계획은 앞당겨 추진해야겠다

1973년 1월 18일, 보건사회부 연두순시에서 대통령은 기능공의 양성계획을 더 확대하고 기존 계획을 앞당겨 추진하라고 지시하고 기능공양성은 어느 한 개 부처에 일원화시키는 것보다는 유관부처로 다변화시키는 것이 좋겠다는 뜻을 피력했다.

"보사부와 노동청에서는 경제기획원, 문교부, 과학기술처하고 협조를 해서 기능공양성 계획을 더 확대하고, 과거의 계획을 좀 더 당겨서 빨리 해야 되겠다고 생각합니다. 우리가 지금 추진하고 있는 수출계획이라든지 경제성장이라든지 중화학공업 육성계획이라든지 이런 것하고 발맞추자면 지금 현재 하고 있는 계획으로는 언제든지 기능공이 부족하지 않겠느냐 생각합니다. 아까 보고할 때 기능공양성의 일원화라고 했는데 그것이 어떤 취지인지 잘 모르겠지만, 전체 수요를 책정한다든지 어떤 내용의 기술에 우리가 우선순위를 두고 기능공을 양성해야 되겠다든지, 수요를 연차적으로 얼마만큼 확대하겠다든지 하는 데 대해서는 정부의 일원화된 계획이 있어야 될 것입니다. 그러나 기능공양성을 위해서 노동청에서 하는 것도 있고, 실업학교라든지 공업학교라든지 농업고등학교라든지 문교부 계통에서 하는 게 있고, 과학기술처 같은 데서 하는 것이 또 있고, 내무부 같은 데서 하는 것이 있다면, 전체

부산의 한독기술학교를 시찰하면서 학생들을 격려하는 박 대통령(1971. 11. 1)

종합계획 테두리 내에서 각 부처가 나눠서 할 수 있는 것을 나눠서 하는 것도 관계없다고 나는 봅니다. 일원화하는 게 어떤 취지요? 모든 걸 전부 가령 노동청이면 기술교육은 전부 노동처에서 한다, 안 그러면 문교부면 문교부에서 전부 한다, 그런 취지는 아니겠지요? 몇 가지는 통제할 필요가 있어요. 예를 들면 기계를 만지는 기능공양성을 노동청에서도 한다, 문교부 계통의 한독직업학교에서도 한다, 구미고등학교 같은 민간 공업고등학교 같은 데서도 한다면, 이런 종목에 대한 기술은 국가에서 시험을 친다든지 검사를 해서 자격을 줘야 될 거 아닙니까. 그런 건 일원화가 돼야한다 이겁니다. 노동청에서 합격증 얻은 사람하고 문교부에서 합격증 얻은 사람하고 기술에 차이가 난다고 해서는 안된다 이겁니다. 자격에 대한 권위가 없어진다 이것입니다.

그런 몇 가지 통일한다든지 일원화할 것은 있지만 부처별로 나눠서 할 것은 나눠서 해야 능률적이고, 하나로 묶기는 어렵지 않느냐고 봅니다. 그에 대한 예산은 경제기획원에서 종합적으로 배정을 하면 될 것입니다.

물론 일부는 통일을 해야 될 점도 있고 나눠서 할 점도 있겠고, 이런 것은 관계부처에서 연구해 보면 될 것입니다. 어느 부처에서 하든 하나의 부처에서 모든 걸 다 가지고 하는 것은 비능률적이라고 생각합니다. 문교부에서 다 할 수도 없는 거고 노동청에서 다 할 수 없는 거고 과학기술처에서 다 할 수 없는 거 아닙니까?"

제3장 과학자, 기술자 250만 명 양성하려면 학교교육을 대대적으로 개혁해야 한다

'국적 있는 교육'이 우리교육의 목표가 돼야 한다

1973년 1월 23일, 문교부 연두순시에서 대통령은 먼저 '국적 있는 교육'이 우리 교육의 목표가 돼야 한다는 점을 강조했다.

"나는 작년 3월 24일 전국교육자대회에서 우리는 우리의 국가현실에 알맞은 교육, 즉 우리 교육의 국적을 되찾아야 한다는 점을 강조한 바 있습니다.

국적 있는 교육이란 무엇인가? 이 나라에서 태어나서 이 나라에서 자라서 이 나라에서 살다가 이 나라에서 죽는다, 이 나라를 위해서 무엇인가 이바지할 수 있고, 봉사할 수 있는 인간이 되겠다는 생각을 가진 사람을 키우는 것이 우리 교육의 목표가 돼야 된다는 것입니다.

학교교육을 나무 키우는 것에 비유해서 말한다면 우리 교육은 묘목을 한 땅에 심어서 한국의 풍토에, 한국의 기후에, 한국의 강우량에 알맞게 자라서 커서 이것이 한국에서 열매 맺도록 해야 되겠다, 그 묘목을 우리는 동남아아시아 열대지방에 갖다 심는 것도 아니고, 만주나 시베리아에 갖다 심는 것도 아니고, 대한민국 땅에다 심어서 키우자, 그것이 국적 있는 교육이다, 나는 이렇게 얘기를 하고 싶습니다.

과거에는 묘목을 일본에 심는 것인지, 미국에 심는 것인지, 캐나다에 심는 것인지, 인도네시아에 심는 것인지 목적 없이 묘목을 키워 이 땅에 갖다 심어 키우려고 비배관리해 보아도 살지 못하고 시들어져 버리더라, 이렇던 것이 이제는 그런 데 대한 사고방식이 점차 정돈되고 통일되고 정립이 되었다는 것은 우리 교육을 위해서 만시지탄감은 있지만 대단히 다행한 일이라고 생각합니다. 앞으로 우리가 교육을 진흥해 나가는 데는 이런 방향이 결정되었으니까 어떤 내용의 교육을 해야 한다는 것도 벌써 명백해졌습니다.

생산과 직결되는 것, 또 이 나라에 이 사회에 이바지할 수 있는 그런 인간을 우리가 가르쳐야 되고 또 그런 기술을 가르쳐야 된다는 것입니다. 우리는 지금 공업입국을 지향하고 있기 때문에, 또 농촌근대화를 지향하고 있기 때문에 또 수출증대를 지향하고 있기 때문에 학교를 나와서 여기에 이바지할 수 있는 그런 인간을 대량으로 양성해야 되겠습니다."

교육자들은 우리의 처지에서 주어진 여건을 최대한 활용하는 자세를 견지해야 한다

대통령은 이어서 우리 교육자들은 우리의 처지를 기준으로 삼아 주어진 여건을 최대한 활용하는 자세를 견지해야 한다는 점을 강조했다.

"앞으로 우리는 교육에 처한 투자를 많이 해야 될 겁니다. 지금 현재도 우리나라 재정형편으로 봐서는 우리 교육투자라는 것은 다른 나라에 비해서 절대 적은 투자가 아닙니다. 상당히 많은 투자를 하고 있는데 다른 선진국가나 우리보다 앞선 나라에 비하면 아직도 뒤떨어졌다, 투자를 더해야 되겠다, 연구비라든지 이런 것도 더 주어야 되겠습니다. 그러나 우리가 한 가지 여기서 생각해야 될 것은 물론 정부도 그 점에 대해서 관심을 가지고 앞으로 예산을 뒷받침해야 되겠지만 역시 우리 교육을 맡는 사람들은 우리 국민교육헌장에 있는 그 구절과 마찬가지로 '우리의 처지를 약진의 발판으로 삼아' 우리가 현재 처해 가지고 있는 처지 이것을 어디까지나 기준으로 해야지 우리보다 국민소득이 몇

10배나 많은 미국이나 일본이나 서구라파 같은 나라와 비교해서 우리 것이 뒤떨어졌다, 이런 한탄만 항상 하고 있어서는 당장 어떤 결론이 안 나온다 이것입니다.

그러니까 우리가 처해 있는 처지라든지 형편이라든지 이런 것을 알고 우선 우리가 가지고 있는 시설 등을 어떻게 하면 최대한으로 이용할 수 있느냐 하는 방법을 연구해야 할 것입니다. 어느 지방에 공업고등학교가 하나 섰다, 학교의 실험시설이라든지 이런 것이 불비하다, 그것을 하자면 돈이 몇 천만 원이 들어야 되고 그런 예산을 확보할 수도 없다, 학부형들에게서 기부를 거둘 수도 없다, 그럼 어떻게 하느냐, 앉아 노느냐 우리 학교에는 없더라도 이 근처에 새로 선 어느 공장에 그런 시설이 없느냐 또 다른 어떤 민간에 그런 것이 없느냐, 만약 있다면 그런 기관 그런 공장과도 어떻게 관계를 맺어서 학생들을 데리고 가서 현장에 가서 그것을 보인다든지 또 거기 있는 기술자들을 불러 그 사람들로 하여금 그런 데 대한 기술을 학교에 와서 가르쳐 주게 한다든지, 이와 같이 우리가 할 수 있는 것, 또 우리에게 주어진 여건을 최대한으로 활용한다는 것, 이것이 어디까지나 일차적인 목표가 되어야 되겠고 다음에는 우리가 예산이 허용하는 범위 내에서 최대한으로 교육투자를 앞으로도 늘려 나가야 되겠다는 것입니다.

또 연구한 사람에 대하여는 연구비라든지 처우를 잘해 줘야 되겠다, 이런 자세를 가지고, 우리가 교육을 점차 확대해 나가야 되겠다 하는 겁니다. 어디 가든 돈타령입니다. 연구에도 돈, 뭣도 돈 그 소리만 해봤자 우선은 해결이 안 된다 이겁니다. 우리나라 국력이 어느 정도 커야 해결이 되는 것이지 또 그런 국력을 키우기 위해서 우리가 노력하고 있는데 지금 없는 것은 없는 대로 우리가 현재 우리의 주어진 여건을 최대한 활용해야 합니다. 실제로 주어진 여건을 우리가 100% 활용하느냐, 그런 점에서 볼 때 그것도 제대로 다 못하는 분야도 상당히 많이 있습니다. 과거 한때 어느 국립대학의 공과대학에는 AID원조였는지 뭐였는지 모르지만 그런 실험기구들이 상당히 와 있었는데 제대로 활용도 못하고 창고에 넣어 두어서 녹이 빨갛게 슬었다 하는 그런 얘기도 나는 듣고 있습니다."

농촌학생들이 도시 일류학교로 몰려드는 폐단을 없앨 방안을 강구해야겠다

대통령은 이어서 농촌학생들이 도시의 일류학교를 찾아 몰려드는 폐단을 없앨 수 있는 방안을 강구해야 되겠다는 점을 강조했다.

"우리의 교육투자와 경제건설, 이런 것도 우리가 한 번 검토를 해 볼 필요가 있지 않느냐 생각됩니다. 정부는 농촌에 대한 집중적인 투자를 하여 앞으로 몇년 내 농가소득을 적어도 130만 원 정도 수준까지 올린다, 우리나라의 국민총생산(GNP)이 1000달러 될 때에는 농촌은 적어도 130만 원, 그것도 앞으로 한 8, 9년 후의 목표를 세워 놓고 기금 추진하고 있습니다. 한쪽으로는 교육도 우리가 빨리 투자를 많이 해야 되겠고 농촌을 빨리 키워야 되겠다는 것입니다.

우리 농민들의 농가소득이 작년 연말통계로는 35, 6만 원~40만 원이 되었을 겁니다. 그런데 지금 시골에서 학생을 한 명 도시에 보내 공부를 시킨다, 고등학교나 대학을 보내면 아무리 자취를 하고 용돈을 아껴 쓰더라도 약 15000원 정도 든다 이겁니다. 1년에 벌써 이것이 약 15~17. 8만 원이 됩니다. 농가소득이 지금 30 몇 만 원이라고 해도 거기서 생활비와 이것저것 다 빼고 나면 실제 순이익으로 남는 것이 20만 원이 되기 어려울 것입니다. 그런데 농가에서는 자녀들 교육을 위해서 무리하여 학교를 보낸다, 여기에 우리 농촌이 빨리 일어서지 못하는 큰 원인이 있는 겁니다.

그렇다고 해서 농촌에 있는 자녀들은 교육을 하지 말라는 거냐, 농촌도 교육을 해야 됩니다. 이것도 역시 긴 안목으로 봐서는 경제성장에 대한 하나의 투자로도 볼 수 있습니다.

농가소득이 약 100만 원 정도 올라간다, 그러면 한 달에 자녀들 교육을 위해서 20만 원 내지 30만 원 가까이 농민들이 부담을 하더라도 큰 지장이 없다 그런 정도가 되면, 문제가 안 되는데 아직은 농가소득이 저수준이기 때문에 이런 교육을 하자면 무리가 간다. 그렇기 때문에 지금 농촌학생들이 도시에 자꾸 몰리는, 도시의 일류학교를 찾아서 오는 이 폐단을 없애기 위해서 지금 장관께서도 여러 가지 정책적인 구상, 시책을 구상하고 있는 것 같은데 아까도 얘기했지만 중3 병, 고3 병 이런 소리가 지금 우리 사회의 하나의 유행어처럼 되어 있는데 이러한 제도도 우리가 어떻게 연구를 해서 과감하게 시정해야 되지 않겠느냐, 지방의 학생들은 같은 고등학교를 가도 자기 고향 부근에 있는 학교를 가면 가까운 곳은 집에서 다닌다든지 또 거기서 하숙을 하더라도 시골 같으면 훨씬 더 경비가 적게 든다 이겁니다.

자기 집에 가서 쌀 몇 말 가지고 와서 자취하면 도시에 와서 하는 것보다는 훨씬 적게 든다, 이래서 농민들의 자녀들이 학교에 가서 교육을 하는 데 있어서 교육비 부담을 줄인다는 의미에 있어서도 지금 일부 폐단으로 되어 있는 일류고등학교만 가겠다는 이런 병폐는, 대학도 마찬가집니다만 이것을 우리가 앞으로 시정하는 데 여러 가지 정책적인 배려, 여러 가지 연구가 있어야 되지 않겠느냐, 이건 그전부터 오랫동안 연구 논의가 되어 있고 흔히 TV같은 데 전문가들이 나와서 얘기하는 것을 나도 아주 유심히 들어보는데 그 사람들이 지금 이야기하는 그 정도 가지고는 뾰족한 그런 대책이 안 되는 것 같아요. 몇 가지를 우리가 연구를 하면 방안이 있다고 보며 나는 나대로 생각하고 있는데 이 점을 한번 문교부가 금년에 잘 연구를 해서 이 폐단을 시정해야 되겠습니다.

과거에 초등학교 아동들이 중학교 들어가는 데 소위 시험공부 때문에 아주 큰 폐단이 있었는데 몇 년 전에 권오병 장관시대에 이것이 하나 시정되었는데 초등학교서 중학교에 들어가는 것은 어떻게 해소되니까 그다음에 중학교에서 고등학교 들어가는 데 대해서 아주 결사적으로 일류고등학교에 들어가기 위해서 또 일류대학을 가기 위해서 하고 있고 이 폐단도 우리가 언젠가는 시정해야 되겠다 하는 것을 나는 느끼고 있습니다."

한국학연구소 설립을 구상 중이며, 전문가들의 연구활동을 지원할 것이다

대통령은 끝으로 한국학연구소 설립을 구상 중이라고 말하고 전문가들의 연구활동을 지원하겠다는 뜻을 밝혔다.

"또 한 가지는 아까 한국사상연구소를 설립할 것을 구상 중이라고 그랬는데 한국사상연구소라 해도 좋고 한국학연구소라도 좋고 역시 그것도 지금까지 우리가 주장한 여러 가지 국적 있는 교육이라든지 올바른 국가관 민족사관의 정립이라든지 우리 전통문화의 창조적인 개발이라든지 이러한 견지에서 볼 때 나로서는 그것이 대단히 필요한 기관이다, 역시 그런 곳에서 권위 있는 전문가들이 모여서 우리나라의 역사라든지 우리나라의 고유 전통문화라든지 올바른 역사와 문화의 진수가 무엇이다 하는 것을 체계 있게 연구를 하여 국민들에게 많이 보급을 한다.

그것은 우리가 우리의 고유문화, 역사 이런 것을 올바로 알고 민족으로서 그만큼 우리가 긍지를 가지고 앞으로 새로 발전하고 비약하는 데 정신적인 하나의 바탕이 된다, 이것은 중요한 일이라고 생각합니다. 작년에 10월유신이 있었고 또한 교육헌장이 나왔고 교육자대회가 있었고 또 그동안 나도 기회있을 때마다 우리나라 교육에 대한 문제를 가지고 언급을 해서 특히 작금 우리나라의 교직자, 교육자들이 이러한 우리 교육의 나아갈 방향이라든지 기본이념에 처해서 상당히 인지도가 높아지고 사명의식이 높아졌다 하는 데 대해서 나는 대단히 기쁘게 생각합니다. 앞으로 정부도 우리나라 교육자들의 이런 의욕이 식지 않고 계속 자기가 하는 일에 교육자로서의 보람과 긍지를 가지고 일해 나갈 수 있도록 여러 가지 뒷받침을 해줘야 되겠다는 것을 느끼고 있습니다."

과학을 일상생활에 활용하고, 과학기술 교육제도를 대폭 개선해야 한다

1973년 3월 23일, 전국민의 과학화를 위한 전국교육자대회에서 대통령은 '국적 있는 교육'의 의미와 그 실천방향에 대해 설명했다.

"나는 작년에 있었던 제1회 전국교육자대회에서 여러분에게 우리 민족의 정통성과 확고한 국가관에 기초를 둔 교육, 즉 '국적 있는 교육'에 힘을 기울여 달라고 당부한 바 있습니다.

그러면 '국적 있는 교육'이란 무엇이며 어떻게 해야 하는 것이냐? 하는 그 실천방향에 관해서 이번 기회에 나의 의견을 제시해 두고자 합니다.

우리가 '국적 있는 교육'을 하려면, 먼저 우리의 과거와 현실을 올바로 인식해야 한다고 믿습니다. 과거와 현재를 올바로 인식해야만 비로소 미래를 올바로 파악할 수 있다고 봅니다.

그렇기 때문에 우리 민족의 과거와 현재를 올바로 보는 눈, 즉 민족사관의 형성과 이를 바탕으로 해서 대한민국의 민족사적 정통성을 올바로 인식하는 것이 곧 '국적 있는 교육'의 핵심이라는 것을 강조해 두고자 합니다.

우리는 지금까지 '민족'이라는 말을 자주 써 오고 있습니다만, 그 '민족', 즉 우리 민족은 어디까지나 하나라는 것을 먼저 똑바로 인식해야 할 것입니다.

그리고 그 '민족'은 연면히 이어져 내려온 우리 민족사와 더불어 추호의 변화도 없었다는 것을 알아야 할 것입니다.

외세의 침략을 당했을 때는 직업과 종파, 그리고 파벌을 혼연히 초월해서 모두가 일치단결하여 용감하게 외세를 물리쳤습니다.

그 단결과 용기의 표상을 우리는 오늘 행주산성이라든가 또는 칠백의총, 그리고 가까이는 3·1 독립운동에서 볼 수 있습니다.

그리고 문물의 융성을 가져오는 데 있어서도 신분의 귀천을 가릴 것 없이 모두가 각기 자기의 직분에서 재능을 계발하는 데 정진에 정진을 거듭했습니다.

그 실례로, 우리는 세종대왕의 한글창제와 향학의 발달, 그리고 금속활자의 발명 등을 자랑스럽게 들 수 있습니다.

그러나 불행하게도 이 모든 것을 민족의 것으로 보지 않고 오히려 계급투쟁의 관점에서 보려는 계층이 있다는 것을 우리는 또한 잊어서는 안 될 것입니다.

이것을 볼 때, 민족사의 정통성은 바로 우리에게 있다는 커다란 긍지와 무거운 책임을 느끼지 않을 수 없는 것입니다.

따라서 나는 민족사적 정통성이 바로 우리에게 있는 이상, 우리가 그 긍지를 더욱 빛내고 그 책임을 성실히 완수하는 길은 우리 모두가 우리 조국 대한민국을 위해서 최선을 다 하는 것뿐이라는 것을 강조해 두는 바입니다.

이것이 바로 '국적 있는 교육'의 시초이며 또한 그 모든 것이라고 믿습니다.

이러한 인식이 투철할 때, 국가관도 확고히 정립되고 우리 국가가 필요로 하는 쓸모 있는 인재를 양성할 수 있게 되는 것입니다.

나는 이 점이 바로 교육 분야에 있어서의 유신과업의 기본방향이라고 강조해 두고자 합니다."

대통령은 이어서 농촌의 획기적 발전과 중화학공업 육성 그리고 수출의 대폭신장이라는 3대 목표를 달성하는 데 있어서 과학과 기술의 진흥은 무엇보다도 긴요하다는 점을 강조했다.

"지금 우리 조국이 당면하고 있는 현실은 그 어느 때보다도 우리에게 국력배양의 가속화를 촉구하고 있습니다.

우리를 둘러싼 국제정세가 그러하고, 분단의 역사에 종지부를 찍으려는 민족의 소명이 또한 그러합니다.

이러한 현실 속에서 나는 국력배양의 기본은 중화학공업의 육성 발전에 있으며, 이것은 또한 국민의 과학화운동에 있다는 것을 명백하게 지적하지 않을 수 없습니다.

그렇기 때문에 나는 오늘 이 대회가 '전국민의 과학화'를 위한 교육자 대회로 그 목적을 뚜렷이 설정한 것은 시의에 알맞은 것이라고 생각합니다. 그러나 이것이 처음이고 새삼스러운 것은 결코 아닌 줄 압니다.

이미 오래전부터 국민의 과학화는 우리의 뚜렷한 지표로 되어 왔습니다. 다만, 이번 기회에 이 지표를 다시 한 번 강조하고 새롭게 그 의의를 인식하자는 것으로 압니다.

지금 우리는 농촌의 획기적 발전과 중화학공업의 육성, 그리고 수출의 대폭 신장이라는 3대 목표를 내세우고 국력배양에 매진하고 있습니다.

나는 이 3대 목표를 달성하는 데 있어서는 과학과 기술의 진흥이 무엇보다도 긴요하다고 믿습니다.

다시 말해서 과학과 기술의 뒷받침 없이는 이 3대 목표를 앞당겨 완수할 수는 없다고 믿고 있습니다.

그 한 가지 예증으로서, 우리는 앞으로 울산공업센터보다 규모가 훨씬 더 큰 공업지구를 여섯 개 더 건설할 예정인 바, 이 공업 지구에서만 필요로 하는 유자격 기술자의 수는 무려 84만 명에 이르게 됩니다.

이 84만 명의 기술자들이 바로 우리나라 GNP의 50% 이상을 만들어

내고, 수출 100억 달러의 50% 이상을 담당하게 될 중화학공업의 역군들입니다.

이것만 보더라도 과학과 기술의 뒷받침이 조국근대화의 3대 목표를 달성하는 데 있어서 얼마나 긴요한가를 쉽게 알 수 있을 것입니다."

대통령은 이어서 국민의 과학화운동은 우리사회의 각계각층이 자기의 직종에서 생산과 직결되고, 국력배양과 직결되는 과학기술의 생활화를 뜻하는 것이라고 말하고, 이 운동은 다음 두 개의 기본 방향에서 유기적인 연관성을 맺고 추진돼야 한다는 점을 강조했다.

즉 첫째는 과학을 일상생활에 활용할 줄 아는 과학적 생활풍토를 조성해야 한다는 것이다.

둘째는 과학과 기술교육제도를 대폭 개선해야 한다는 것이다.

우선 공업고등학교의 증설을 통해 실기능력을 갖춘 기술자를 많이 양성해야 하고 기능장제를 실시하여 공업기술교육의 내실을 뒷받침해야 한다. 국가고시제에 의한 자격제를 실시해서 직장인이 상급자격을 획득할 수 있게 하고 학생의 경우는 이론연구를 위해 진학할 학생과 생산직종에 취업할 학생을 이 고시제에 의해 적기에 구분하여 앞길을 보장해 줘야 할 것이다. 그리고 공업기술 분야에 있어서는 자격증 소지자만이 취업가능하게 함으로써 취업기회를 보장하고 생산성 향상을 기해야 한다. 이러한 제도적 개선과 생활풍토의 개선이 병행할 때 전국민의 과학화운동은 그 성과를 거두게 된다는 것이다.

"그러면 '국민의 과학화'란 무엇이냐?

우리는 '과학' 하면 흔히들 연구실과 정밀한 고급기기를 연상하게 됩니다만, 여기서 말하는 과학화는 반드시 그것만을 뜻하는 것은 아닙니다.

그보다는 오히려 사고방식과 생활습성을 과학화해서, 비록 간단하고 초보적인 과학지식이라 할지라도 이것을 새마을운동과 식목, 조림사업에 유용하게 활용할 줄 아는 그러한 국민을 만들자는 것입니다.

다시 말해서 어느 특정한 연구실에서만이 아니라, 우리 사회의 각계각층이 모두가 자기의 직종에서 생산과 직결되고 국력배양과 직결되는 과학기술의 생활화를 말하는 것입니다.

그렇기 때문에 나는 국민의 과학화운동이 다음과 같은 두 개의 기본방향에서 서로 유기적인 연관성을 맺고 강력히 추진되어야 한다고 믿습니다.

그 첫째는 과학을 앞세우고 과학을 일상생활에 활용할 줄 아는 과학적 생활풍토를 조성하는 일입니다.

우리 선인들은 이미 오래전부터 '실사구시'를 장려해 왔습니다.

이것은 "사실에서 진리를 찾아라. 진리가 다른 곳에 있는 것이 아니라 우리의 생활 속에 있다. 즉 사실에 있다"는 말입니다.

이것은 요즈음 우리가 사용하는 '산학협동'과 똑같은 말이라고 생각합니다.

우리는 이 전통적인 생활기풍을 오늘에 재현시켜서 과학적 생활 풍토를 조성하는 데 적극 힘을 기울여야 할 것입니다.

그리고 둘째는, 과학 및 기술교육제도의 대폭적인 개선이 있어야 할 것입니다.

나는 이 제도적 개선이 이론 위주의 연구교육과 생산위주의 기술교육이 서로 구분 파악되어야 한다는 것을 먼저 지적하면서, 몇 가지 정책적 과제를 제시해 두고자 합니다.

우리는 우선 공업고등학교를 대폭 증설해서 우리 국가가 요구하는 실기능력을 착실하게 갖춘 성실하고 자격 있는 기술자를 풍족하게 양성해야 하겠습니다.

그리고 체력장제와 마찬가지로 기능장제를 실시해서 공업기술교육의 내실을 제도적으로 뒷받침해야 할 것입니다.

또한 국가고시제에 의한 자격제를 실시해서 직장에서 일하면서도 상급자격을 획득할 수 있게 하고, 학생의 경우는 이론 연구부문으로 진학할 학생과 생산부문의 직장에 취업할 학생을 이 고시제에 의해서 적기에 구분하여 앞길을 보장해 줌으로써, 정신적 내지는 물질적 낭비가 없도록 해야 할 것입니다.

그리고 공업기술 분야서 있어서는 자격증 소지자만이 취업이 가능하도록 조처함으로써 정당한 취업기회의 보장과 생산성의 제고를 기해야 할 것입니다.

나는 이러한 제도적 개선과 생활풍토의 개선이 병행할 때, 우리가 제창하고 있는 전국민의 과학화운동도 훌륭히 그 성과를 거둘 수 있게 된다고 믿습니다."

과학자와 기술자 250만 명을 양성하려면 학교교육을 대대적으로 개혁해야 한다

1974년 1월 18일, 연두기자회견에서 대통령은 우리나라가 80년대 초에 중화학공업국가가 되려면 그때까지 과학기술요원, 과학기술자, 기술공, 기능공 등을 약 250만 명 확보해야 한다고 말하고, 먼저 고급과학자와 과학기술자 또는 고도의 두뇌산업에 종사할 기술자양성 계획에 대해 설명했다.

한국과학기술연구소(KIST), 국방과학연구소, 한국개발원, 한국과학원에서는 고도의 두뇌산업 개발에 종사할 과학기술자들을 양성하고 있다. 그리고 충남 대전 부근에 "제2 연구학원 도시"를 건설하여 7개 분야의 17개 연구소가 입주할 수 있도록 800만 평의 부지를 확보하여 연차적으로 추진할 계획이라는 것이다.

"80년대에 들어가면 우리나라는 중화학공업국가가 될 것이고 또 고

대덕연구단지에서 연구원의 설명을 듣고 있는 박 대통령(1978. 4. 19)

도산업사회에 들어가리라고 우리는 내다보고 있습니다.

따라서 우리 모든 국민들은 이러한 사회에 적응할 수 있게끔 지금부터 각자 자기생활 방식부터 하나하나 과학화해 나가야 할 필요가 있다는 것입니다.

1972년도의 우리나라의 이러한 요원은 55만 명이라고 합니다. 그러니까 이보다도 약 5배 가까이 더 양성, 확보해야 하는 것입니다. 정부는 필요한 과학기술요원 확보를 위해서 여러 가지 시책을 지금 추진하고 있고 또 앞으로 하려고 합니다.

고급과학자와 과학기술자 또는 고도의 두뇌산업에 종사할 기술자를 위해서는 한국과학기술연구소(KIST), 국방과학연구소 또는 한국개발원, 또 작년에 한국과학원 등을 설립하였습니다. 앞으로 여기에서 우리나라의 고도 두뇌산업 개발에 종사할 과학자들을 양성하고 있습니다. 또 그 밖에 지금 정부가 추진하고 있는 또 하나의 고급과학기술자, 또 두뇌산업에 종사할 요원을 위한 계획으로서는 충청남도 대전 부근에 '제2 연구학원 도시'를 건설하는 것입니다.

앞으로 여기에는 크게 나누어서 7개 분야에 17개 정도의 연구소가 들어가게 되며, 이를 위해 800만 평의 토지를 확보하여 연차적으로 추진하려고 합니다.

여기에 들어갈 연구소들은 선박, 해양 분야 또는 기계 분야, 전자, 전기, 석유화학, 식품, 보건, 농수산부문, 건설부문 등 7개 부문 이외에 서울에 있는 국립과학연구소를 점차 이 부근에 집결시켜서 하나의 연구학원단지를 만들 계획을 추진 중에 있습니다."

대통령은 이어서 학교교육의 대대적인 개혁계획에 대해 설명했다.

우리나라의 공과대학, 고등공업전문학교, 공업고등학교, 실업계 및 기술계 학교의 교육방침과 경영이 방만하여 중화학공업 시대에 필요한 과학기술요원을 확보하기가 어렵다. 따라서 이러한 학교를 나온 졸업생들은 중화학공업 시대에 필요한 과학기술요원의 수요에 알맞도록 지금부터 조절하고, 계열화, 체계화해 나가는 조정이 필요하다.

첫째, 공과대학은 재학 중에 두 개 분야로 나누어 교육해야 되겠다는 것이다.

둘째, 지방의 공과계통학교나 기술계통학교를 그 지역사회의 산업적인 특수성에 알맞게 특수화해 나가야 되겠다는 것이다.

셋째, 이공계학교는 교과과정을 개편해서 재학 중에는 이론보다 실습 위주로 교육해야 되겠다는 것이다.

넷째, 일반고등학교에 대하여는 '기술자격증제도'를 만들어 이것을 얻

정밀기계 기능인을 격려하는 박 대통령

은 재학생은 졸업 즉시 취업우대를 해줘야 되겠다는 것이다.

"그리고 또 앞으로 우리나라의 학교교육에 대해서도 일대 개혁을 해야 되겠습니다.

지금 우리나라에는 많은 공과대학과 고등공업전문학교 또는 공업고등학교 기타 실업계 기술계의 학교가 많이 있습니다. 그러나 지금과 같은 방만한 교육방침과 경영으로는 앞으로 중화학공업 시대에 들어가서 우리에게 필요한 과학기술 요원을 확보하기가 어렵겠습니다. 이러한 학교를 나온 졸업생들은 중화학공업 시대에 필요한 과학기술요원의 수요에 알맞게끔 지금부터 적절히 조절하고, 계열화, 체계화해 나가는 조정이 필요하다는 것입니다.

예를 들면, 공과 대학은 그 재학 중에 두 가지 분야로 나누어서 교육을 해야 되겠습니다. 한 계통은 주로 이론과 기초과학 분야를 위주로 하고 거기에서 나오면 대학원과 박사학위 과정을 거쳐 우리나라의 고급과학자를 양성하는 과정이 되어야 하겠고, 또 한 계통은 졸업을 하면 곧장 기업체나 공장에 나가서 직접 설계를 한다든지 또는 생산 분야를 직접 담당할 수 있는 기술자를 양성하는 과정으로 이 두 가지를 확실히 나누는 것이 좋겠습니다. 솔직히 말하면 지금 대학을 나왔다고 하지만 뚜렷한 기술자도 아니고 그렇다고 해서 뚜렷한 학자도 아니며, 따라서 중도 아니고 속환도 아닌 폐단이 있습니다.

그다음에는 지방에 있는 공과계통학교 또는 기술계통학교를 그 지역사회의 산업적인 특수성에 알맞도록 점차 특수화해 나가겠습니다. 예를 들면, 부산에 있는 어느 학교는 장차 그 부근에 생기는 여러 가지 산업의 특수성으로 보아 기계 또는 선박 중심의 학교를 만들어야 되겠고, 광주에 있는 무슨 학교는 앞으로 호남지방에 석유화학공업이 발달되니까 석유화학 분야를 중심으로 하는 대학 과정을 중점적으로 육성하며, 또 어느 학교는 앞으로 그 부근에 생기는 공업단지가 주로 전자공업을 위주로 하기 때문에 전자공업 분야를 주로 하는 교과로 바꾸어 나가는 등 이런 식으로 특성화해 나가자는 것입니다.

다음에 이공계통의 학교는 교과과정을 개편해서 재학 중에는 이론보다도 실습을 위주로 하도록 해야 하겠습니다. 또 학교에 실습 시설이 없을 때에는 부근에 있는 기업체라든지 공장 같은 데에 가서 현장실습을 할 수 있도록 의무화시켜 기업체와 학교를 잘 연결하여 산학협동 체계를 보다 더 강화시켜 나아가야 하겠습니다. 이것을 위해서 '산업교육진흥법'이 제정되어 있습니다.

기타 일반공업고등학교에 대하여는 '기술자격증제도'를 만들어 재학 중에 이것을 얻으면 졸업하자마자 기업체에 나가서 당장 취업할 수 있고, 또 이런 자격증을 가진 사람은 취업에 있어서 우대해 주도록 할 것입니다. 또 초등학교나 중학교 정도밖에 나오지 못하고 고등학교나 그 상급학교를 가지 못하는 사람들에 대해서는 '기능장제도'라는 것을 만들어 재학 중에 간단한 기초적인 기술을 학교에서 습득해서 '기능장'을 취득하게 되면 졸업 후에 공장에 가서 그것만 가지고는 당장 써먹을 수 없으니까, 그 공장에 있는 자체 기능공훈련소에 들어가서 몇 달만 더 단기훈련을 받으면 당장 일할 수 있게끔 이런 제도를 만든다든지, 또 큰 기업체에 대해서는 자체 내에 기능공훈련소를 설립할 것을 지금 권장하고 있습니다.

　또, 그 밖에 벌써 이런 학과를 나왔거나 훈련소를 나와서 지금 기업체에 취직하고 있는 사람들 중에 자기가 지금 알고 있는 기술보다도 더 상급 기술을 배우고 싶다 하면 그런 희망자에 대해서는 길을 열어 주기 위해서 그 부근에 있는 학교에 야간제 학교를 확충해서 그들이 기술을 배우고 상급 자격증을 딸 수 있는 그런 기회를 만들어 주자 하는 것입니다. 이상과 같은 기술 교육의 질적 향상과 저변 확대를 위해서 여러 가지 시책을 앞으로 병행해 나가려고 합니다.

　그러나 국민 모두가 이 과학과 기술을 존중하고 과학을 일상생활화하는 기풍이 무엇보다도 중요하다고 생각합니다. 앞으로 자원난 시대에 들어갑니다만 우리나라는 물질적인 자원이 대단히 결핍되어 있습니다. 거의 없습니다. 우리는 인적 자원을 비교적 많이 가지고 있습니다. 인적 자원이라는 것은 무엇이냐 하면 정신과 기술입니다. 그래서 우리는 앞으로 이 분야를 많이 개발하는 것이 우리 국가발전을 위해서 크게 도움이 되겠다고 생각합니다."

나도 초등학교 3학년 때 이광수의 《이순신》을 읽고 민족의식을 갖게 되었다

1974년 7월 11일, 정부 여당 연석회의에서 공화당은 '새 청소년상 진작 방안'에 관해 보고했다.

대통령은 이에 대한 강평에서 이 방안은 좋은 착상이라고 평가하고, 단계적으로 실시하되 하나의 활동을 통해 단결, 봉사, 헌신 등 여러 가지 덕목을 터득할 수 있는 방안을 강구하는 것이 중요하다는 점을 강조했다.

"공화당에서 마련한 전후 세대를 위한 새 청소년상 진작방안은 좋은 착상인데, 우선순위를 정해서 단계적으로, 연차적으로 실시하되 하나의 활동을 통해 단결, 봉사, 헌신 등 여러 가지 덕목을 터득할 수 있는 방안을 강구하는 것이 중요하다고 생각합니다.

예컨대 전국순례 행군을 통해서 듣고 보고, 느끼게 함으로써 애국심과 협동심과 예의범절을 가르치도록 해야 할 것입니다. 가장 중요한 것은 한국적 윤리관을 청소년에게 심어 주는 일입니다. 현재는 윤리관이 확립돼 있지 못하고 혼란상태에 있습니다. 정신적 양식이 될 수 있는 '양서'를 많이 보급해야 합니다. 정신적 감화를 받는 최선의 길은 독서, 강연, 설교 등이 있지만 독서가 가장 으뜸인 것입니다.

나의 개인적인 경험에 의하면, 나면서부터 일본말을 배웠는데 민족의식이 싹튼 것은 초등학교 3학년 때 이광수의 《이순신》을 읽을 때였습니다. 그때 나는 우리 민족도 위대한 인물이 있었구나 하는 감화를 받았습니다.

그다음 중요한 것이 '봉사활동'입니다. 가난하고 어려운 나라에 있어서 사회와 국가를 위해 봉사하는 것은 참으로 중요한 일이며 이것을 청소년들에게 가르쳐야 합니다.

영국에서는 고등학생에게는 매질을 가하고 있고, 텔레비전은 10시까지만 볼 수 있고 귀가는 10시 이전에 꼭 하도록 교육시키고 있는데, 우리나라는 멋대로 방임해 두고, 마음대로 자라게 한다고 운운하는데 이것은 곤란합니다. 청소년의 교육을 철저하게 해야 나라의 장래가 밝아집니다."

우리 교육은 보편적인 상식에 속하는 교육 본연의 목표와는 상당히 거리가 멀다

1975년 2월 7일, 문교부 연두순시에서 대통령은 먼저 우리나라의 교육은 보편적인 상식에 속하는 교육의 목표와는 상당히 거리가 떨어져 있는 상태에 있다고 지적하고, 학부모, 학교당국, 정부, 학생, 교육자들은 올바른 교육관과 올바른 자세를 가다듬어야 한다는 점을 강조했다.

우리나라의 인구 3300만에 학생수는 900만이니 국민 네 사람 중 한 사람은 학생이다. 그동안 국가와 학부모들이 막대한 돈을 들여가며 교육을 하는 목적이 무엇이겠는가? 교육을 받는 학생들이 뚜렷한 국가관이 바로서고, 교육 받고 사회에 나와서 국가와 사회를 위해 무엇을 해야 되겠다는 목표와 책임을 정립하고, 이러한 책임을 완수하기 위해서 학문을 닦고, 지식을 넓히고, 기술을 배우고 체력을 단련하는 곳이 학교다 하는 것은 보편적인 상식이다. 그러나 오늘의 우리 교육은 이러한 교육목표와는 거리가 멀다. 따라서 올바른 교육의 자세로 교육 본연의 목적에 알맞은 교육을 해나가야 하겠다는 것이다.

"통계숫자에 나타나듯이 우리나라의 학생수가 900만, 3300만이 조금 넘는 인구에 8, 9백만, 약 9백만이니까 전 인구 남녀노소를 전부 통털어서 초등학교 아동이든, 중·고등학교 학생이든, 대학생이든, 국민 네 사람 중 한 사람은 학생이라는 이야기가 나옵니다. 그만큼 우리나라의 교육이 양적으로 보급되고 팽창되고 그만큼 시장이 되어 왔다는 결과가 되겠습니다.

해방 직후에 140만 되던 학생이 그 일곱 배, 여덟 배 되었습니다. 인구는 그동안에 배 정도 늘었는 데 비하여 학생은 그에 몇 배나 더 늘어난 것입니다.

교육이라는 것은 숫자와 양만 늘었다고 해서 반드시 좋은 것은 아닙니다. 그동안 국가가 부담하는 것뿐만 아니라 학부형들이 담당하는 부담도 막대한 것이었습니다만 국가와 학부모들이 그런 막대한 돈을 들여가면서 교육을 하는 목적이 무엇이겠는가? 교육에 대한 목적을 재정립하자는 이야기가 오래전부터 나오고 있는데, 역시 양도 물론 느는 것이 좋겠지만 그에 못지않게 질적으로 교육의 내용이 향상돼 나가고 내실화되어 가야 되겠습니다.

교육을 받은 사람들이 뚜렷한 국가관이 바로 서고 또 자기들이 앞으로 교육을 받고 사회에 나와서 이 국가와 사회에 대하여 무엇을 해야 되겠다, 자기들이 책임이 무엇이다 하는 것을 교육을 받는 그 교육기간 중에 그러한 뚜렷한 생각이 정립되어야 하겠습니다.

그러한 책임을 완수하기 위하여서는 학교에서 공부하는 동안에 자기들이 공부를 어떻게 해야 되겠다, 학문을 닦고 지식을 넓히고 기술을 배우고 튼튼한 체력을 단련해서 사회에 나와야만 국가와 사회에 봉사할 수 있다, 그런 수양을 하는 데가 학교다, 이것은 다 알고 있는 하나의 보편적인 상식입니다.

우리 한국사회의 교육이라는 것은, 내가 볼 때 그런 것을 모두 부르짖고 있고 노력을 하고 있지만 그런 목표와는 상당히 거리가 떨어져 있는 상태에 있는 것이 현재의 실정이라고 봅니다.

우리가 앞으로 서서히 올바른 교육의 자세, 교육 본연의 목적에 알맞은 그런 교육을 해 나가야 하겠습니다. 전체 인구의 4분의 1에 막대한 돈을 들여가며, 하는 교육은 뚜렷한 목적이 있어야 하고 그 목적을 위해서 교육이 이루어져야지 숫자만 잔뜩 늘려 수만 많다고 해서 절대적으로 자랑할 것은 못된다고 생각합니다.

우리가 시정할 것은 모든 사람들이 다 반성을 하고 노력을 해야 될 것입니다.

첫째는 가정에서 학부모들이 교육에 대해서 올바른 생각을 가지고 교육에 대한 올바른 자세를 가져야 되겠고 또 특별히 교육을 시키는 학교당국이 그래야 되겠고 또 그런 교육이 이루어질 수 있는 사회환경을 만들어 주어야 할 정부도 그런 데 대해서 노력을 해야 되겠습니다.

하나는 직접 거기 들어가서 공부를 하는, 배우는 학생들 자신의 자세가 올바라야 되겠고 가르치는 교육자들의 교육관이 똑바로 서야 되겠습니다. 이런 여러 가지 노력들이 다 같이 병행이 되어야만 교육은 실효를 거둘 수 있습니다."

해방 후 유입된 외국의 사고방식, 사조, 풍조, 개념 등이 혼합되어 올바른 교육목표가 정립되지 못했다

대통령은 이어서 해방 후 외국에서 유입된 사고방식, 사조, 풍조, 개념 등이 혼합되어 올바른 교육목표가 정립되지 못했다는 사실을 지적하고 이제부터는 올바른 교육목표를 정립해 나가야 할 단계에 왔다는 점을 강조했다.

"하나의 사회가 발전되어 나가고, 계획이 되어 나가고, 민족이 발전되고 국가가 융성해 나가는 과정을 보면, 어떤 나무를 심어 놓으면 뿌리가 땅 밑에 자라나는 어떤 기간이 반드시 있는 것과 마찬가지로 그러한 교육이 이루어지는 기간이 반드시 있어야만 그 결실로써 그 사회발전이 나타나는 겁니다. 옛말에 백년지계는 인재를 양성하는 것이라는 이야기도 있었습니다만 교육이라는 것이 금년에 했다가 내년에 당장 성과가 나타나는 것은 아니고, 5년, 10년, 20년 노력해야만 그 성과가 나타나는 것입니다.

솔직히 말해서 해방 이후 여러 가지 외부에서 들어온 그런 사고방식,

사조, 풍조, 개념, 이런 것이 모두 혼합이 되어서 올바른 교육목표가 정립이 못되었는데 이제부터는 이것을 정립시켜 나가야 되겠다는 단계에 왔다고 봅니다. 최근 우리 문교당국에서나 또 교육을 맡고 있는 교육자들이나 학부형들의 자세라든지 이에 대한 인식도도 상당히 높아져 가고 있다고 생각하는데 그것을 꾸준히 밀고 나가야 되겠습니다."

앞으로 우리 교육은 국가사회에 쓸모 있는 인재를 만들어 내고, 주체성 있는 교육을 해야 한다

대통령은 이어서 앞으로 우리 교육은 국가, 사회에 쓸모 있는 인재를 만들어야 되겠다는 것인데, 이보다 더 근본이 되는 것은 주체성 있는 교육, 주체의식이 뚜렷한 교육을 해야 한다는 점을 강조했다.

"앞으로 우리 교육은 국가와 사회에 쓸모 있는 인재를 만들어야 되겠다는 것인데, 그것보다 더 근본이 되는 것은 역시 주체성이 있어야 되겠다. 주체의식이 뚜렷해야 되겠다는 것입니다.

해방 직후 우리의 교육제도나 교육행정면에 있어서도 미국식이다, 일본식이다, 구라파식이다, 별것이다 들어와 가지고 혼동되어서 주체의식이 뚜렷하지 못했습니다만 최근에는 그것이 하나하나 시정돼 나가고 있습니다. 몇 해 전에 우리가 큰소리를 했지요. 국적 있는 교육을 하자는 것이었습니다.

도대체 대한민국의 교육이라는 게 대한민국 국민을 양성하는 교육이냐? 아니면 세계인을 만드는 교육이냐? 막연하게 선량한 민주시민, 어디 구라파 사회에서 떠들던 그런 이야기를 거기 가서 공부하던 학자들이 듣고 와서 거기에 대한 뚜렷한 인식도 없이, 자기 나름대로의 소신도 없이 그것을 퍼뜨려 놓으니까 주체성 없는 교육이 되어 버렸습니다.

최근에 나도 중고등학교 교과서를 몇 번 봤는데 그런 생각들을 가진 사람들이 교과서를 만들고 편집을 해 놓으니까 교과서 내용이 뚜렷한 주체의식이 없는 교과서가 되어 버렸습니다.

가르치는 교사가 그런 식으로 가르치면 그 결과가 당장 나타나지는 않지만 몇 년 동안 그런 교육이 지속되면 그 결과가 반드시 나타나는 겁니다.

몇몇 무책임한 사람들이 자기의 아집을 가지고 내세우는 주장은 학자들끼리 앉아서 서로 주거니 받거니 하는 학술토론회 같은 데서는 해도 좋지만 교육행정이나 실제의 교육이나 교과서에 반영되면 반드시 그 결과가 나타나는 것입니다.

최근에 이에 대해서 반성이 있었고 또 재검토도 있었고, 교과서도 작년부터 청와대 특별보좌관실과 학자들과 교육자들이 함께 모여서 잘 검토하여 잘되어 가고 있는 것으로 압니다.

교육은 역시 올바른 교육관이 정립되어 목표가 딱 서서 그 목표를 향해서 주체성을 가지고 꾸준히 밀고 나가야지 이것저것 가지고 와서 이거 해봤다 저거 해봤다, 그런 소신 없는 일을 해가지고는 자라나는 다음 세대들이 혼동을 일으키고, 그들이 자라났을 때는 뚜렷한 민족의 주체의식을 가진 국민이 될 수 없습니다."

다음 세대들이 이 나라, 이 사회의 주인공이 될 수 있는 교육을 해야 한다

대통령은 이어서 우리 교육에 있어서 잘못된 것은 하나하나 시정해서 올바른 방향으로 꾸준히 밀고 나가고 다음 세대들이 이 나라, 이 사회의 주인공이 될 수 있는 교육을 해야 되겠다는 점을 강조했다.

"우리가 남의 나라 이야기를 해서는 안 되겠습니다만, 우리 집안끼리니까 하는 이야기인데, 일본의 요즘 젊은 청년들, 새로 자라나는 사람들 어떻습니까? 우리는 일제강점기 시대에 그 사람들 밑에서 교육을 받았고 또 학교에서 그 사람들하고 한 교실에서 교육받고 해서 일본 사람들의 과거의 교육이 어떻다 하는 것은 대략 아는데, 2차 대전 후에는 서구 민주주의다, 미국의 민주주의다, 이런게 들어와 일본교육이 이상한 방향으로 나가니까 오늘날 젊은 청년들이 방향감각을 잃은 그런 상태가 되어 버렸습니다. 과거의 일본 교육이 전부가 다 좋았다고는 나는 이야기하지 않습니다. 군국주의 일본교육이라는 것은 일본민족이 우월성을 가지고 타민족을 깔보고 누르려는 나쁜 점도 있었지만, 그 외의 몇 가지 문제를 빼놓고는 내용이 건실한 교육을 해 왔습니다.

패전 후 서양문물이 들어온 지 20년, 30년 지나니까 그 결과가 오늘날 일본사회에 나타나고 머리가 여자인지, 남자인지 모르는 젊은 청년들이 옷도 여자옷 같은 것을 입고 삐딱거리고 돌아가고 있습니다. 자기들은 그것을 자유민주주의가 난숙한, 행복한 사회의 젊은이들이 누리고 있는 낭만이라고 생각할지 모르지만, 일본의 먼 장래를 내다봐서는 절대로 바람직한 것이 아니지 않습니까?

남의 이야기만 할 게 아니라 우리 사회에도 그런 풍조가 조금씩 여기저기 나타나고 있지 않습니까? 그래서 교육이라는 것이 대단히 중요하다는 것입니다. 우리는 우리 교육에 있어서 어떤 잘못된 것은 하나하나 시정해서 올바른 방향으로 꾸준히 밀고 나가야겠고, 우리가 당면한 국가목표가 무엇이라는 것도 모두 잘 알고 있기 때문에 그런 목표달성을 위해서 다음 세대가 장차 이 나라, 이 사회의 주인공이 될 수 있는 그런 교육을 해야 되겠습니다. 그들이 습득해야 할 학문이라든지, 지식이라든지, 기술이라든지, 사상이라든지, 정신이라든지 이런 것을 우리가 교육을 통해서 인식을 시켜야만 앞으로 우리가 원하는 그런 훌륭한 국가, 훌륭한 사회가 될 수 있다고 생각합니다.”

기술교육을 위해 서울의 성동공고, 부산의 기계공고, 구미의 금오공고, 이리공고 같은 학교를 늘려나가야 한다

대통령은 끝으로 기술교육을 위해서 서울의 성동공업고등학교, 부산기계공업고등학교, 구미의 금오고등학교, 이리공고와 같은 학교를 늘려 나가고, 학교새마을교육을 내실 있게 지속시켜 나가야 되겠다는 점을 강조했다.

"지금 문교부에서는 학교를 지역사회 발전의 중심이 되고 또 지역사회에 있는 학교를 가급적이면 지역사회의 특성에 알맞은 특성화를 추진하고 있는데 이것은 그 취지가 대단히 좋고 또 성과도 대단히 좋다고 생각합니다.

이것도 앞으로 그대로 추진해 나가고 특히 기술교육을 위해 서울에 있는 성동공업고등학교, 부산에 있는 부산기계공업고등학교, 구미의 금오공고, 이리공고 그러한 학교를 앞으로 우리가 자꾸 늘려나가는 게 대단히 좋겠다고 생각됩니다.

그런 학교에 가보면 나는 우리나라의 장래가 아주 밝고 희망에 가득 차 있고 이 사람들이 사회에 나와서 제대로 모두 책임을 맡고 일을 할 수 있다면 우리나라의 국력이 눈에 보이지 않는 동안에 얼마만큼 자라겠느냐 하는 흐뭇한 생각을 가집니다. 그런 학교가 자꾸 늘어나야 되겠습니다. 문교부가 금년에 그런 계획을 구상하고 있는지 모르지만 이런 학교를 키우기 위해서는 예산의 뒷받침 등 여러 가지 지원책도 따라야 되겠습니다만, 가급적 이런 학교는 많이 우리가 육성해 나가는 데 노력해야 되겠습니다.

학교에서 새마을교육을 하고 있고, 또 새마을농촌에 가면 새마을교육에 지역사회학교의 교사들이 앞장을 서서 활약하고 있는데, 이 운동도 보다 더 내실이 있고 알맹이가 있는 운동으로 꾸준히 지속이 되어야 되겠습니다. 지역사회에 있어서는 학교란 게 대단히 중요하고 역시 지역사회 발전에 중심이 됩니다.

여러 가지 면으로 봐서 지역사회학교에 있는 교사들이 새마을정신에 모두 투철하고 앞장을 설 때는 상당한 성과를 거둘 수 있습니다."

한 세대가 얼마나 피땀 흘려 일하고 희생하였는가에 따라 그 나라의 국력 증강과 문화발달이 좌우되었다

1975년 12월 5일, 국민교육헌장 선포 제7주년 기념식에서 대통령은 우리 지식인들은 조국이 처한 현실을 직시하고 자신들의 사명이 무엇인가를 확실히 깨달아야 한다는 점을 강조했다.

"나는 오늘의 이 식전이 다만 교육헌장의 의의를 되새기는 의례적인 자리가 아니라 진정 조국의 현실을 직시하고 올바른 판단을 함으로써, 전환기에 처한 한국의 지성인으로서, 또는 발전한국의 내일의 주인공으로서 주어진 직분과 소임에 최선을 다해 왔는가를 심각히 반성해 보는 기회로도 삼아야 할 것이라고 생각합니다.

지금, 방방곡곡에서는 '새마을의 노래'가 우렁차게 메아리치는 가운데 우리의 농어촌은 이제 발전의 신기원을 이룩해 가고 있습니다.

그리고 산업전사들이 흘리는 땀과 정열과 헌신은 바야흐로 우리나라에 중화학공업 시대의 막을 열게 하고 있습니다.

이 거창한 변화와 발전은 한시라도 멈출 수 없으며, 앞으로도 계속 힘차게 이어져 나가야 할 민족의 대행진인 것입니다.

이 전진의 대열에 지금까지 우리 지식인들도 귀중한 기여를 해 왔다고 믿습니다.

그 산 증거가 바로 오늘 이 식전에서 영예의 수상을 하게 되는 수상자 여러분들입니다.

여러분들은 남모를 역경과 고난을 극복하면서 우리나라의 교육 발전과 국력배양에 다대한 공헌을 하였으며, 그 고귀한 노고에 대하여 나는 온 국민과 더불어 이 자리를 빌려 심심한 치하의 인사를 보내는 바입니다.

그러나 우리들 주변에는 아직도 주저와 회의의 심연에서 헤어나지 못하고 있는 지식인들이 없지 않다고 하겠습니다.

나는 그러한 사람에 대해서는 '우리의 창의와 협력을 바탕으로 나라가 발전하며, 나라의 융성이 나의 발전의 근본임을 깨달아, 자유와 권리에 따르는 책임과 의무를 다하여, 스스로 국가건설에 참여하고 봉사하는 국민정신을 드높인다'는 국민교육헌장을 다시 한 번 가슴 깊이 되새기고 이를 실천에 옮겨 나갈 것을 강력히 촉구하는 바입니다.

나는 이것이 곧 '나' 자신의 발전과 국가의 발전을 서로 병행시킬 수 있는 길이요, 국민생활의 지표라고 강조해 두는 바입니다.

국민여러분!

인류의 역사는 어느 시대 어느 국가를 막론하고 한 세대가 얼마나 진정한 애국심과 사명감을 지니고 피땀 흘려 일하고 또 값진 희생을 하였는가에 따라서 그 나라의 국력배양과 문화의 발달이 좌우되었다는 것을 가르쳐 주고 있습니다.

그렇기 때문에 우리는 이와 같은 역사의 산 교훈을 거울삼아 오늘의 한국이 처한 현실을 바로 보고, 우리의 사명이 무엇인가를 정확히 깨달아 우리의 후손들에게 영광된 통일조국을 물려줄 수 있도록 땀 흘려 일하는 희생의 세대가 될 것을 다 같이 다짐해야 하겠습니다.

우리 모두 국민교육헌장의 정신을 이어받아 너와 나의 구별 없이 민족중흥의 새역사를 창조하기 위해 함께 분발합시다."

제4장 고급두뇌인력에 대한 대학과 대학원 교육도 공업고등학교와 똑같이 혁신해야 한다

우리가 투자한 만큼 교육의 실효를 거두지 못하고 있는 데 대해 반성해야 한다

1977년 1월 12일, 연두기자회견에서 대통령은 가정과 정부에서 투자한 만큼 교육의 실효를 거두지 못하고 있는 데 대해 우리는 다 같이 반성해야 된다는 점을 강조했다.

"여러분이 잘 아시는 바와 같이, 우리나라 교육의 목표는 국가가 지향하는 방향과 시책에 합치하는, 또는 국가건설에 적극적으로 기여할 수 있는, 국가사회가 필요로 하는 유용한 인재를 양성하는 데 있습니다.

이러한 교육을 우리는 국적 있는 교육이라고 합니다. 가르치는 교사나 배우는 학생이나 가르치고 배우는 목적이 뚜렷해야 하겠다는 것입니다.

예로부터 국가백년대계는 인재를 양성하는 데 있다고 이야기했습니다. 인재양성은 무엇으로 하느냐, 역시 교육을 통해서 할 수밖에 없습니다.

따라서 교육이라는 것은 국가발전과 민족융성에 하나의 원동력이 되는 것이라고 말할 수 있겠습니다.

다행히도 우리나라는 다른 나라에 비해서 교육열이 대단히 높습니다.

정부와 국민이 자녀들 교육을 위해서 바쳐 온 물질적인 투자라든지, 또 정신적인 여러 가지 노력은 참으로 막대한 것이었습니다.

우리나라는 지금 인구가 3천 600만이 조금 넘는데, 3천 600만 명 중에 그 4분의 1인 900만이 학생입니다.

그러니까 네 사람 중에 한 사람은 학생입니다. 이만큼 우리는 교육열이 높고 교육이 많이 보급되어 있다는 것을 입증하고 있는 것입니다.

그러나 우리가 이만한 많은 학생을 가지고 있고, 교육에 열을 올리고 있고, 투자를 많이 하고 노력한 만큼의 교육의 실효를 거두고 있느냐 하는 문제에 대해서는, 우리가 다 같이 반성해야 할 문제라고 생각합니다.

물론 근래에 와서 학원 내에 면학분위기가 대단히 좋아졌고, 또 공부를 열심히 하는 학생수가 많이 늘었으며, 학교도서관에는 언제나 학생들이 만원이고, 새벽부터 도서관에 들어가기 위해 줄지어 기다리고 있다는 이야기도 들리고 있습니다.

얼마 전에 어느 대학의 교수를 한 분 만났는데, 그분 말에 의하면 작년 1년 동안 자기가 강의한 것이 과거 데모 많이 하고 학교 쉬던 그런 때에 비하면, 2, 3년분의 강의를 1년 동안 했다고 합니다.

이것은 대단히 다행한 일이고 좋은 일이라고 생각합니다. 그렇게 학생들이 공부를 열심히 한다는 것은 우리의 국력이 나날이 그만큼 커져간다는 것을 뜻하는 것입니다.

그와 반대로 과거에 우리가 데모나 하고, 공부 안 하고, 1년에 학교를 몇 달씩 문을 닫아 놓고 있을 때는, 그만큼 우리나라의 국력이 소모되고 손해를 보았으며, 눈에 보이지 않는 국력의 손실을 보았다는 것을 우리는 다시 한 번 반성해야 될 것입니다.

최근에 발족한 학도호국단도 창설된 지 일천하지만, 총력안보의 일익을 담당하고 자주국방태세 확립에 적극적으로 큰 기여를 하고 있다고 보고 있습니다.

이렇게 해서 우리나라의 교육풍토가 점차 정상궤도에 올라가고 있는 것을 우리는 매우 다행한 일로 생각하고, 또 우리 사회가 요청하는 가장 바람직한 풍토가 아니겠는가, 이렇게 생각합니다.”

청소년교육을 위해서는 학교교육, 가정교육, 사회교육이 같이 병행해야 한다

대통령은 이어서 청소년교육을 위해서는 학교교육과 건전한 가정교육 그리고 건전한 사회교육이 같이 병행해야 한다는 점을 강조했다.

“요즈음 우리 사회에서는 청소년교육 문제, 청소년선도 문제가 자주 화제에 오릅니다.

우리나라의 장래를 위하여 이것은 대단히 중요한 문제이고, 또 모든 국민이 여기에 대해서 각별한 관심을 가지고 이들을 선도해 나가는 데 책임을 느껴야 할 줄 압니다. 자녀들을 가진 사람이나 가지지 않는 사람이나 다 같이 책임을 느껴야 할 줄 압니다. 아무리 학교교육이 잘되었다고 하더라도 가정환경이 여의치 못하고 가정교육이 여기에 따라가지 못하면 그 학교교육은 좋은 성과를 거둘 수가 없고, 또 학교와 가정이 아무리 교육을 잘 시키더라도 그 사회 환경이 청소년교육에 좋지 못한 영향을 끼치는, 소위 말하는 여러 가지 부조리가 만연한다든지 불건전한 풍조가 사회에 들끓는다든지 할 것 같으면, 감수성이 많은 청소년들 교육에는 당장 이것이 감염되기 쉽고 교육에 큰 지장을 가져오게 됩니다.

따라서 청소년교육을 위해서는 학교교육은 물론이지만 건전한 가정교육과 건전한 사회교육이 같이 병행해야 한다고 생각합니다.

우리나라 고유의 미풍양속을 해치거나 불건전하고 퇴폐적인 외래 풍조라든지 사치와 낭비를 조장하는 풍조나 국민총화를 저해하는 여러 가지 지각 없는 행위, 또는 국가와 민족은 어떻게 되든 나만 잘살면 된다 하는 극단적인 이기주의 사조들도 우리나라의 청소년교육이라는 측면에서 볼 때 용납될 수 없습니다.

가정과 학교 그리고 사회 각 분야에서 이러한 것을 우리는 과감하게 추방해야 된다고 생각합니다. 이러한 운동이 지금 우리 사회에서 상당히 활발히 일어나고 있다고 나는 보고 있습니다.

나는 그것을 새마을운동이라고 말하고 싶습니다. 이렇게 볼 때, 새마을운동이라는 것은 나라를 사랑하고 민족을 사랑하고 우리의 다음 세대를, 후배들을 사랑하는 진정한 애국운동이다, 즉 새마을정신이란 애국정신이다, 훌륭한 교육자가 되자면 먼저 훌륭한 애국자가 되어야 된다, 나는 이렇게 이야기하고 싶습니다."

우리 교육의 기본이념은 전통적인 윤리·도덕의 근간인 충효사상에서 연역해 나가야 한다

1977년 2월 10일, 서울특별시 연두순시에서 대통령은 우리나라 교육의 기본이념은 전통적인 윤리와 도덕의 근간이 되는 충효사상을 바탕으로 여기서 모든 것을 연역해 나가야 한다는 점을 강조했다.

"앞으로 우리나라 교육의 기본목표는 도의교육과 80년대 고도산업국가 시대에 대비한 기술인력의 개발이며 여기에 특별히 힘을 써 줬으면 좋겠습니다.

요전에 내가 문교부에서 그런 얘기를 한 뒤에 일반 국민들의 여론을 들어봐도 우리나라 지식층에 있는 분들도 상당히 거기에 대해서는 좋은 반응을 보이고 있다는 얘기를 듣고 있습니다. 이것은 뭘 의미하느냐 하면 우리 모두가 그런 걸 생각하고 있었다. 우리 교육이 가는 방향이 뭔가 잘못 돼 있다. 이것을 바로잡아야 되겠는데 이대로 가면은 장차 어떻게 되겠느냐, 모두 염려를 하고 있다가 그런 얘기가 나오니까 당연히 그렇게 해야 된다 하는 그런 반응이 아니겠느냐 생각됩니다.

결국은 우리나라 교육의 기본이념은 역시 우리나라 옛날부터 내려오는 윤리, 도덕의 근간이 되는 충효사상이라는 것을 바탕으로 해서 여기서부터 모든 것을 우리가 연역해 나가야 되겠습니다.

교육이라는 것은 나무를 심는데 우리가 뿌리를 잘 심고 뿌리를 잘 가꾸는 것과 같은 거다. 나무를 심을 때는 뿌리를 잘 심어야지 그것을 잘 심지 못하면 우선은 잘사는 것 같지만 얼마 안 가면 나무가 말라 죽거나 영양실조가 되어서 잘 자라지 않습니다. 뿌리를 심을 때도 잘 심고 비료도 잘 주고 물도 잘 주고 또 이것이 어느 정도 크면 가지도 잘 쳐 주고, 병충해가 달라붙지 못하도록 약을 쳐서 방제를 한다든지 또, 바람이 셀 때는 방풍을 해서 잘 자라도록 해주어야 합니다.

교육이란 나무의 뿌리심기와 같은 것이라고 생각합니다.

그런데 그 뿌리가 뭐냐? 우리나라의 전통에서 내려오는 윤리, 도덕, 거기에 가장 근간이 되는 충효사상, 이것 없이 외국에서 들어온 것을 이것저것 흉내내다 보면 마지막 가면 위에 나무만 서 있지 밑에 바닥을 파 보면 뿌리는 다 썩고 없어져 버렸다, 그런 결과가 된다, 뿌리가 없어지면 결국은 위에 나무들이 죽는다, 국가 장래가 없다 이런 얘기지요. 요즘에 우리 교육계에 있는 분들이 거기에 관심을 갖고 노력을 많이 해서 우리나라 교육이 매년 좋은 성과가 나고 있다고 생각합니다.

최근에 누구한테 들었는데, 외국의 어떤 사람이 서울 시내버스를 탄 모양인데 만원이 된 이 버스에 노인이 들어오니까 지팡이를 짚고 있는 소아마비 학생이 일어나 '할머니 앉으세요' 하니까 그 할머니가 앉더라 이겁니다. 그러자 옆에 앉았던 다른 젊은 학생이 일어나 소아마비 학생에게 자리를 내주는 것을 봤다고 하면서 한국 젊은이들의 공중도덕이라든지 예의라든지, 노인에 대한 경로사상이 부럽다고 하더라는 것입니다. 이 얘기를 듣고 나는 대단히 흐뭇하게 생각했습니다. 이러한 기풍이 점차 늘어가고 있다는 것은 대단히 좋은 현상이라고 생각합니다."

야간학교의 학생과 교사를 도와줘야 한다

1977년 4월 19일, 대통령은 이날 저녁 영등포구에 있는 32개 중고등학교에서 청소년 근로자들을 위해 실시하고 있는 '야간학교'의 수업상황을 둘러보고 남녀학생들이 열심히 공부하고 있고, 교사들도 학생들의 열성에 감동하여 이들을 가르치는 데 보람을 느끼고 있다고 말하는 것을 듣고 눈시울이 뜨거워지고 흐뭇한 생각을 금할 수 없었다는 감회와 이들 학생들과 교사들을 위해 도와주어야겠다는 다짐을 이날의 일기에 기록했다.

"오후 7시 30분경 영등포구에 있는 청소년 근로자 야간학교 수업 상황을 시찰하다.

영등포공업고등학교, 영등포여자상업고등학교, 대방여자중학교 등 32개교를 구로공단 최명헌 이사장의 안내로 둘러보았다.

직장에 다니는 청소년들이었지만, 여학생 남학생 다들 머리를 학생형으로 단정하게 다듬고 산뜻한 교복으로 앉아서 진지한 태도로 열심히 공부하는 모습에 귀엽고 대견하기보다는 눈시울이 뜨거워짐을 금할 수 없다.

다만 한 가지 그들은 가정이 빈곤하다는 죄 하나만으로 남과 같이 그렇게 원하던 상급학교로 진학하지 못하고, 직장을 택하게 되었던 것이다.

친구들이 고등학교 학생복으로 학교에 가는 것을 보고 어린 마음에 부럽다기보다, 나는 왜 학교를 못가느냐 하고 자기 스스로의 처지를 원망도 하고, 부모와 가정을 원망하기도 하였을 것이다.

그렇게도 한스럽던 일이 이제 소원이 성취되었다. 야간이나 주간이나 자기 자신의 노력 여하에 달렸다. 가르치는 교사들도 그들의 열성에 감동하여 열과 성을 다하여 가르치고 또 보람을 느낀다고 하는 말을 듣고 흐뭇하기만 하다. 이 학생과 교사들을 위하여 무엇인가 도와주어야겠다고 다짐하면서 돌아왔다. 이들의 앞날에 행복이 있기를 마음속에서 기원하였다."

두뇌산업에 적응할 수 있는 인재들을 길러야 한다

1977년 1월 20일, 문교부 연두순시에서 대통령은 우리나라가 곧 진입하게 될 고도산업국가에 있어서 두뇌산업에 적응할 수 있는 인재를 많이 양성해야 되겠다는 점을 강조했다.

"과학기술 분야에 있어서 우리나라는 곧 고도산업국가로서 소위 두뇌산업 시대에 들어갑니다.

80년대에 들어가면 그것에 발맞추어 그 시대에 적응할 수 있고 그러한 국가적인 요청에 부응할 수 있는 인재들을 우리는 많이 양성해 나가야 하는데, 문교부 계획에도 이런 기술인력 개발에 역점을 두고 있는데 이것은 우리가 방향을 잡았다고 봅니다.

이 교육은 초등학교나 사립학교 등만으로서는 부족하기 때문에 산업체에다가 그 공장 안이나 회사 안에 학교를 세우도록 권장하고 공장에 다니는 근로자들을 위해서는 그 인근에 있는 학교에 야간학교를 마련해서 거기에 가서 공부할 수 있도록 하되, 이에 대해서는 정부가 지원도 하고 특별한 혜택도 주는 시책을 써야 합니다.

지금 몇 개 공장에서는 기업주들이 자진해서 좋은 학교를 만들어서 가정사정으로 상급학교를 진학하지 못하는 청소년들을 위해 야간에 공부할 수 있는 기회를 마련하고 있는 데가 여러 군데 있는데 기업체에 따라서는 그런 것을 할 만한 여력과 능력이 있는데 회사 운영상 너무 부담이 커서 못하는 곳도 있는 것 같습니다. 이런데 대해서는 정부가 지원하는 방법을 모색하는 것이 좋지 않겠나 생각됩니다. 관계부처가 협조해서 연구하고 협조해 보십시오."

과학기술을 개발하여 공업국가로서 선진국 수준에 올라가는 것이 우리의 목표다

1977년 2월 8일, 과학기술처 연두순시에서 대통령은 먼저 이제부터 우리는 과학과 기술인력을 중점으로 개발하여 우리나라가 고도산업사회로 진입하는 80년대에 대비할 수 있는 모든 준비를 갖추어야 한다는 점을 강조했다.

"먼저 장관 브리핑에도 나왔습니다만 이제부터 우리가 해야 할 일은 과학과 기술인력을 중점적으로 개발해서 80년대에 우리나라가 고도산업사회에 들어가는 그 시기에 대비할 수 있는 모든 준비를 갖추는 일입니다.

지금 정부가 이 문제에 대해서 추진하고 있는 여러 가지 시책은 내가 보건대 올바른 방향을 설정하고 추진돼 가고 있다고 생각합니다. 문제는 우리 산업계에서 여기에 적극적으로 따라와 주어야 되겠는데 요즈음 그런 것이 그전보다 많이 좋아졌지만 산업계에서 여기에 대해서 좀 더 관심을 많이 가지고 정부에 있는 연구기관이라든지, 또는 한국과학기술연구소라든지, 이런 데서 개발한 기술을 최대한 활용을 한다든지 자기 사내에다 이런 연구소를 만든다든지 또 외국에서 선진기술을 과감하게 도입을 한다든지 이런 것을 적극적으로 추진해야만 정부의 시책방향과 같이 맞아들어가 모든 것이 계획대로 돼 나가지 않겠는가 이렇게 생각합니다.

지금 우리나라에서 과학기술에 대한 투자가 옆에 있는 일본보다 적은 게 사실일 겁니다.

일본이 지금 GNP의 1%, 우리가 작년에 GNP의 0.5%라 했는데 물론 그 사람들의 1%라는 거와 우리의 1%라는 것은 금액으로 따지면 엄청난 차이가 있지만 우리나라는 지금 국방을 위해서, 금년 예산만 해도 GNP의 6.4%를 우리가 국방에 쓰고 있는 겁니다.

일본사람들은 지금 국방에 영점 몇 %, 1%도 안 쓰고 있다, 우리는 국방에 6.5% 가량을 쓰면서 또 이런 분야에도 한 0.5% 쓴다, 이런 걸 볼 때는 우리가 지금 그 비율이나 액수는 적지만 과학기술 개발에 대해 정부가 절대 관심이 적은 건 아닙니다. 다만 우리 능력이 아직 거기까지 따라가지 못합니다.

우리가 지금 국방에 일본사람 정도로 GNP의 영점 몇 % 정도 써가지고 해나갈 수만 있다면 국방에 쓰는 걸 이쪽에다 돌리면 GNP의 1%가 아니라 한 2%까지라도 쓸 수 있겠지만 우리는 그런 특수한 사정이 있는데도 불구하고 이만큼 하고 있는 건 우리 실정으로 봐서는 너무 적은 액수는 아니고 또 정부가 여기에 대해서 관심이 적어서 그런 건 아닙니다. 연차적으로 이것은 증대되어 나가리라 생각합니다.

문제는 정부가 여기에 대한 정책의 방향, 관심 또 일반산업계에서 여기에 대한 적극적인 참여, 관심 또 과학기술 분야에 종사하는 모든 사람들의 사명감 또 국민들의 관심, 이런 것이 한데 집결이 되어야만 과학기술 분야가 빨리 발견할 수 있지 않겠느냐 생각됩니다.

외국의 과학, 외국 기술을 과감하게 도입하자는 것은 아까 장관의 브리핑에도 있었고 나도 전부터 강조를 했는데 물론 외국의 기술이라고 무조건 들여오자는 게 아니라 선별적으로 우리한테 꼭 필요한 것은 좀 더 과감하게 들여와야 되겠습니다. 이것은 역시 그런 기술을 들여오는 데 대한 어떤 특혜적인 조치를 해주고 산업계에서도 적극적으로 자기들 스스로 끌어 들여와야 합니다.

정부가 아무리 가져오라 해도 산업계에서 그에 대해서 그다지 관심이 없다든지 또 일반기업가들이 그런 걸 들여오고 싶은데 그걸 들여오는데 여러 가지 제약조건이라든지, 세금이라든지, 무슨 부담이 너무 많

아서 못 들여온다, 이래 가지고는 안
됩니다. 정부의 지원과 기업의 적극적
인 노력이 잘 조화가 되면 이제부터
우리나라에 외국의 과학기술이 급격
히 들어올 수 있는 그러한 시기가 되
지 않았느냐, 이렇게 생각됩니다. 이
문제도 경제기획원, 상공부, 재무부,
과학기술처 이런 데서 잘 연구해 봐
주기 바랍니다."

대통령은 이어서 우리의 목표는 과
학기술을 개발하여 공업국가로서 선
진국 수준에 올라가는 것이라고 천명
했다.

"요즘에 우리나라는 80년대에 가면
선진공업국가 대열에 들어간다, 이런
소리를 하는데 80년대 초에 가면 우
리는 선진공업국가 대열에 들어가야
됩니다. 들어갈 것이다가 아닙니다.

그런데 요즈음 80년대 초라면 1980
년이냐, 1981년이냐, 82년이냐, 85년이
냐고 묻는 사람이 있는데, 그것은 이
렇게 생각해야 할 것입니다. 즉 부분적으로 어떤 분야는 벌써 80년에
가면 선진국가 수준에 올라간다, 어떤 분야는 81년이나, 82년쯤 가면
올라간다, 그래서 84년이나 85년경에 가면 아주 특수한 분야를 빼놓고
는 우리나라의 과학기술이 다른 선진공업국가 수준에 올라간다, 따라

간다, 그런 얘기입니다.

우리는 지금 그런 목표를 설정해 놓고 뛰고 있는데 정부, 과학자, 기술자, 산업계와 모든 국민들이 일치단결해서 밀고 나가면 이것은 반드시 달성할 수 있다고 생각합니다.

선진국가라는 말이 있고, 선진공업국가라는 말이 있는데, 우리가 도달하려고 하는 목표는 선진공업국가입니다. 그 차이가 어디 있느냐, 구별할 수 있는지 없는지는 모르지만, 예를 들면 저 남태평양 지역에 있는 뉴질랜드 같은 나라는, 나도 그 나라에 가 봤는데 확실히 선진국가입니다. 그러나 그 나라의 공업이라는 건 내가 볼 때는 우리나라보다 뒤떨어져 있습니다.

그러나 그 나라는 농업, 목축, 이런 걸로 해서 선진국가 대열에 올라살고 있습니다. 호주 같은 나라도 지금 공업 수준에 있어서는 부분적으로는 몰라도 전반적으로 따지면 우리가 앞서 있는 분야가 훨씬 더 많지 않겠느냐 생각됩니다.

우리의 목표는 과학기술을 개발해서 공업국가로서 선진국가 수준에 올라가자는 것입니다. 우리나라의 모든 여건을 생각할 때, 우리는 그 방향으로, 그런 길을 걸어갈 도리밖에 없습니다.

선진공업국가, 선진국가의 기준에 대해 학자들과 전문가들은 "1인당 GNP가 얼마 이상돼야 한다", "수출이 얼마 이상 돼야 한다" 이런 소리를 하는데 그런 기준이 아마 있을 수도 있겠지만 엄격한 기준은 없다고 나는 봅니다.

문제는 그 나라의 과학기술의 수준, 과학두뇌의 수준, 또 그런 인력을 어느 정도 가지고 있느냐, 그런 것이 앞으로는 선진국가 또는 선진국가가 못되는 나라를 구분하는 하나의 기준이 되지 않겠느냐고 생각합니다.

오늘날 지금 1인당 GNP가 만 달러 내지 2만 달러 올라갔지만, 아직도 우리가 선진국가라고 인정하지 않는 나라들이 이 지구상에는 여러 개 있습니다. 예를 들면 쿠웨이트 같은 나라, 내가 알기로는 1인당 GNP 가 지금 1만 5천 달러인가, 얼마인가 되지만 그 나라 사람들이 들으면 기분 나쁠지 모르지만 쿠웨이트를 선진국가라고 얘기하는 사람을 나는 보지 못했어요. 물론 1인당 GNP도 어느 수준까지 가야 되겠지요. 아직도 100불, 200불 하는 이런 수준 가지고는, 또 과학자가 몇 사람 있다고 하더라도 그거 가지고는 문제가 안 되는 것이고, 역시 전체 산업이 어느 정도 발달되고, 그 나라의 개인당 소득이 어느 정도 늘어나고 또 과학기술 분야가 어느 정도 발달되었는가, 이런걸 전부 종합적으로 봐서 이 정도면 이것은 선진국가다, 선진공업국가다, 아직 그 수준까지는 못왔다던지, 이제 겨우 그 초기 단계에 왔다든지, 이렇게 보는 거 아니냐 생각됩니다.

우리가 생각하는 80년대 초에 있어서는 우주개발이나, 소위 초강대국들이 앞서고 있는 특수한 분야를 빼놓고는 일반 서구국가들의 과학기술의 수준까지는 거의 따라붙어야 되겠다, 그것이 우리의 목표입니다. 우리는 거기에 필요한 정책방향을 설정했고 또 우리 국민들이 모두 그걸 이해하고 있고, 모든 과학자, 기술자들이 그러한 신념과 포부를 가지고 지금 노력하고 있기 때문에 반드시 되리라고 나는 생각합니다."

전국의 79개 공업고등학교 수준을 가장 우수한 공업고등학교 수준으로 끌어올려야 한다

1977년 2월 25일, 무역진흥확대회의에서 대통령은 81년에 필요하게 될 100만 명의 기술인력 개발을 위해서 지금부터 5개년계획을 세워 전국 79개 공업고등학교의 수준을 현재 우리나라에서 가장 우수한 공업고등학교 수준으로 끌어올려야 한다는 점을 강조하고 정부관계부처의 노력과 우리 대기업의 협조를 당부했다.

"이번에 지방순시 나가는 길에 충남기계공업고등학교를 가서 여러 가지 깊은 감명을 받았습니다. 그 학교는 지금 공업고등학교 중에서 상당히 우수한 학교로 시범공업고등학교로 지정돼 있는 학교입니다. 지금 전국에 공업고등학교 79개가 있습니다. 그중에서 부산에 있는 부산기계공업고등학교, 구미에 있는 금오공고, 서울에 있는 성동공고, 어제 가 본 충남기계공고, 천안공고, 이리에 있는 전북기계공고, 광주공고 등이 우수학교로 지정돼 있고 나머지 학교들은 그보다도 수준이 좀 떨어진 학교라고 봅니다. 충남기계공고는 기계 분야에서 작년 졸업생들 전부가 취직이 되었다고 합니다. 작업하는 실습장도 교장과 같이 둘러봤는데 기술을 배우는 학생들의 태도가 더없이 맑고 진지하고 배우려고 하는 열의가 기특할 정도로 모두 열심히들 잘하고 있어요. 이런 애들이 앞으로 기술을 배워 우리나라의 모든 기업체에 나가서 열심히 일하면 이것이 바로 우리의 국력이다, 이런 생각을 했습니다. 그런데 그 학교는 여러 가지 애로점도 있습니다. 앞으로 정부의 각료들, 고급공무원들은 자기소관 아니더라도 지방에 가는 기회가 있으면 한 번씩 둘러보면 여러 가지 느끼는 점이 많을 것입니다.

특히 기업가 여러분들도 기회가 있으면 그런 학교들을 찾아가서 실정도 보고, 수준이 어느 정도인가, 어떤 교육을 하고 있는가를 직접 보고 격려도 해주는 것은 교육이라는 의미에 있어서 대단히 좋겠다고 생각합니다. 이런 애들은 졸업을 하면 여러분들의 회사에 와서 일할 사람들입니다.

정부에서는 이번에 방침을 바꾸어서 공업고등학교를 나오더라도 성적이 좋고 학교에서 추천한 우수한 학생은 동계 대학에 들어갈 수 있는 길을 열어 주었습니다.

공업고등학교뿐만 아니라 다른 농업고등학교, 다른 실업계통 학교 학생들이 서울공대, 충남대학 이공대 같은 데 많이 들어갔어요. 그래서 그 학생들의 사기가 대단히 높다고 합니다. 공업고등학교에 들어가면 대학 가는 길이 꽉 막혀 버린다고 생각했는데 열심히 공부하면 그런 길도 터 있기 때문일 것입니다. 인문계 고등학교에서 올라오는 학생들 보다는 영어나 수학은 떨어지기 때문에 제도적으로 특별한 혜택을 줘서 기능사 자격이나 기능공 자격을 딴 학생은 그런 과목을 빼거나 아니면 아주 쉬운 문제를 출제해서 대학에 들어갈 수 있기 때문에 사기가 올라가고 열심히 하고 있습니다. 솔직히 말해서 같은 고등학교 학생인데 소위 인문계 고등학교 학생들 중에는 어딘가 그 태도가 외부 바람이 슬쩍 불어서 건들건들하고 무엇이 제대로 덜된 것 같은 애들이 많이 눈에 띄는데 기술 계통의 고등학교 학생들은 모두 진지하고 아주 티없이 맑고 구김살이 없습니다. 사람이 기술을 배우면 성격이 그렇게 달라지는지 모르지만 이런 걸 봐서도 우리나라 장래는 큰 희망이 있다, 이렇게 생각을 했습니다.

지금 이 가운데 있는 기업가 여러분 중에는 그런 학교를 한두 개 맡고 있는 분들도 있고, 앞으로 자기 회사 내에 사내훈련소 같은 것을 만들어서 이런 애들도 양성할 기회를 갖고 싶다고 생각하는 분들은 관심을 가져 주십사 하고 참고로 말씀드립니다."

대통령은 이어서 정부는 앞으로 5개년계획을 세워서 전국의 79개 공업고등학교들의 수준을 우리나라에서 가장 우수하다는 부산기계공고, 금오공고, 성동공고, 충남기계공고의 수준까지 전부 끌어올려야 되겠다는 점을 강조했다.

"아까 상공부에서 플랜트수출을 위해서 지금부터 81년까지는 기술축적이라든지, 훈련이라든지 기초적인 것을 하고 81년 후 즉 5차5개년계획이 시작될 무렵에는 우리나라도 플랜트수출을 본격적으로 해나가야 될 단계에 들어서게 될 것인데 이에 대한 준비를 해야 된다는 얘기가 있었습니다. 이러한 준비를 하는 데 있어서는 다른 것도 다 중요하지만 역시 아주 우수한 기술인력을 지금부터 많이 양성해서 배출하는 것, 이것이 무엇보다도 기초가 되는 게 아니겠느냐 생각됩니다.

지금 현재 79개 공업고등학교 중에 우수한 학교가 15개 내지 20개 학교고 나머지는 실험, 실습시설이 부족하여 좀 부실한 학교들입니다. 이들 학교에 금년에 들어간 학생이 약 5만 2천 명입니다. 1학년, 2학년, 3학년 학생수가 똑같지는 않겠지만 대충 계산을 해보더라도 현재 교육받고 있는 학생수가 약 15만 명 정도 됩니다. 그래서 1년에 약 5만 명 정도가 나옵니다.

기술인력개발은 이것뿐만은 아니고 보사부에서 추진하고 있는 직업훈련소 또는 큰 기업체들이 사내에서 설립해서 훈련을 시키는 사내직업훈련소, 예를 들면 정수직업훈련원이라든지 등등 많이 있습니다. 이런 것은 모두 앞으로 중견기능공을 양성하는 모체입니다. 그보다 더 높은 기술을 배우는 사람은 공업전문학교와 이공계 대학 졸업자 또는 앞으로 정부에서 추진하고 있는 전문연구소 같은 데서 훈련받고 나오는 사람들, 또 우리나라 과학원 졸업생, 거기다 더해서 우리 군에서 제대하고 나오는 사병과 장교들, 이런 사람들이 앞으로 우리나라 공업 분야에 나가서 일을 할 일선 역군들입니다.

이러한 기술인력을 81년도까지 약 100만 명 가까이 양성해야 되는데 현재 정부계획은 대충 이를 충족할 수 있습니다. 지금 있는 공업고등학교도 문교부에서는 5년 내에 교실을 몇 백 개 더 증설을 한다는 계획입니다.

숫자로 보면 4차 5개년계획에 있어서 기술인력에 대한 수급계획은 거의 맞아떨어집니다. 문제는 이 사람들의 수준을 끌어올려야 되겠다, 이걸 위해서는 정부도 노력을 해야 되겠고 각 학교에서도 힘을 써야 되겠고, 우리나라의 기업인 여러분들도 여기에 대해서 각별한 관심을 가지고 여러 가지 지도를 하고 선도를 해줘야 되겠습니다.

우선 경제기획원, 상공부, 문교부, 과학기술처 등 관계부처는 서로 협조해서 앞으로 5개년계획을 세워서 79개 공업학교들의 수준을 지금 우리나라에서 가장 우수하다는 부산기계공고, 금오공고, 성동공고, 충남기계공고의 수준까지 전부 끌어올리자는 것입니다. 그렇게 해놓으면 그것은 우리나라의 무서운 공업발전의 저력이다, 국력이다, 나는 이렇게 생각합니다."

대통령은 이어서 대기업들이 지방의 사립공업고등학교를 하나씩 맡아서 지원해 줄 것을 당부했다.

"문교부에서 실태를 전부 조사해 보면 전부가 다 다를 겁니다. 충남공고 같은 데는 다른 것은 거의 문제가 없는데 대전 시내에서 다니지 않고 먼 데서 오는 애들이 모두 집이 가난해서 하숙을 하기가 어렵기 때문에 학비에 고통받는 애들이 많다는 것입니다. 이런 고통을 덜어주기 위해서는 기숙사를 지어 주었으면 좋겠다는 그런 부탁이 있습니다. 선반이라든지 실습기구 같은 것도 앞으로 더 주

현판 휘호

면 좋겠지만, 지금 수준에서는 큰 지장이 없다고 봅니다. 또 다른 학교를 보면 실습기구가 없다든지, 교실이 부족하다든지, 교사가 부족하다든지, 그런 문제들이 있지 않겠느냐, 그래서 79개 학교 중에 20개 학교가 우선 해결된 학교라고 본다면 나머지 한 60개 학교에다가, 학교 사정에 따라 다르겠지만, 어떤 학교는 몇 천만 원만 도와주면 해결될 학교가 있고, 어떤 학교는 상당한 지원을 해야만 될 학교도 있을 것입니다. 이런 것은 앞으로 5개년계획 기간 동안에 연차적으로 우리나라에서 상위권에 속하는 공업고등학교 수준까지 끌어올리자, 이런 계획을 정부에서 추진해 봤으면 좋겠어요. 이것은 정부에서 할 일이고, 우리나라의 대기업가들, 이런 분들은 가능하면 지방의 사립공업고등학교 같은 데에 지원해 줬으면 좋겠습니다. 물론 무리해서 꼭 하나쯤 맡아 달라, 그런 부탁은 아닙니다. 자기 회사에서 조금 지원을 해주면 좋은 학교가 될 수도 있고 또 거기서 양성한 학생은 자기 회사에서 일하게 하고 남는 사람은 다른 기업체에 보낼 수 있다는 그런 생각이 있는 분들은 공업학교 하나 정도씩 맡아서 지원을 해 주면 정부는 부담을 그만큼 덜고 그런 학교는 좋은 학교가 되지 않겠는가 하는 생각에서 한 말씀 드린 것입니다.

기업가들이 하나씩 맡으면 정부가 지원하는 것보다도 훨씬 더 빨리 내용이 충실한 그런 학교가 되리라고 나는 믿습니다. 기업가 여러분들한테 강제로 떠맡기자는 얘기는 아니고 능력이 있거나 관심이 있는 분들은 해두는 것이 좋겠다는 이야기입니다. 우리나라의 몇몇 큰 기업들은 그런 학교를 맡고 있습니다. 대학을 맡은 기업도 있고, 고등학교를 맡은 기업도 있습니다. 지금 이런 학교의 이름을 대면 여기에 있는 기업가들이나 정부의 장관들도 그런 학교가 있었느냐 하는 정도로 모르는 게 대부분일거요. 원칙적으로 정부가 해야 되겠지만, 이런 학교를 5년 후 81년 4차 5개년계획이 끝날 무렵까지 적어도 부산기계공고, 서울의 성동공고, 충남기계공고의 수준까지 올려 놓으면, 그것은 우리나라의 무서운 국력이에요. 수출이고 무엇이고 그런 사람들이 있어야만 되는 게 아닙니까? 이 점에 대해서 정부와 업계에 있는 여러분들이 특별히 관심을 가져 달라는 것입니다.

이 애들이 왜 공업고등학교에 왔느냐? 대학에 못가는 것은 대부분 집이 가난해서 못 가는 것뿐이지 그 애들이 못났거나 머리가 나빠서 못 가는 것이 아닙니다. 아주 우수한 애들이 많아요. 그 애들한테 이번에 동계대학에 들어갈 수 있는 길까지 열어주었기 때문에 고등학교 때부터 기술을 배워서 공과대학이라든지 이런데 들어가서 이론을 배운 사람들 중에는 앞으로 아주 우수한 기술자 또는 과학자도 나올 수 있다고 나는 믿고 있습니다."

대통령은 그동안 과학기술 진흥과 기술인력개발에 각별한 관심과 노력을 경주해 왔지만, 정부의 진흥시책만으로 충분한 것은 아니라고 보고, 기업인 스스로가 과학기술의 도입과 개발에 보다 적극적이어야 하며, 유능하고 성실한 젊은 일꾼들에게 과학기술을 습득시키는 성의와 노력을 경주하고, 기술혁신과 인재양성을 위한 산학협동을 강화하는 데에도 기업인들이 자발적으로 나서 줄 것을 당부했다. 우리의 젊은 일꾼들에게 그들이 원하는 교육과 훈련을 받을 수 있는 기회를 확충하는 것은, 바로 우리의 경제성장을 촉진하면서 동시에 국민복지를 달성하는 길이라는 것이다.

대통령은 끝으로, 기술 분야의 학급을 늘리거나 전문학교를 많이 만드는 것은 재수생 문제를 해결하는 하나의 방안이 될 수 있다는 의견을 제시했다.

"공업고등학교를 보고 또 한 가지 느낀 것은 대학을 들어가려다가 문이 좁아서 못들어 가고 떨어진 소위 재수생 문제가 정부에서나, 학부모들이나 골치를 앓고 있는 사회문제의 하나인데, 이런 애들의 문제를 대학 문을 넓혀 해결해 주겠다, 이것은 되지도 않는 얘기입니다.

기술 분야의 학급을 늘린다든지 전문학교를 많이 만들어서 여기에 들어가 공부 열심히 하면 동계대학에도 들어갈 수 있다, 대학쪽으로 가는 것보다도 공업고등학교로 가는 것이 오히려 더 빠를 수 있다, 그래서 여기에 지원자도 많고 기술을 배워 국가사회발전에 직접 이바지할 수 있는 그런 길을 모색한다면 이것은 재수생문제를 해결하는 하나의 방안도 되지 않겠느냐 하는 나의 생각을 참고로 여러분에게 말씀드립니다."

공업고등학교 교육혁신 구상

젊은이들의 의지력과 창의력과 기업정신으로 세계를 지배하는 국가에서는 지난날이나 오늘날에도 실업교육이 활발하다. 실업교육은 책이 주지 못하는 자질들인 판단력, 경험, 창의력을 길러준다.

실업교육은 고전적 교육의 범위를 훨씬 능가할 정도로 사고능력을 개발하는 데 도움이 된다.

젊은이들은 공장, 광산, 건축 작업장, 농장 등에서 매일 연장, 재료, 작업, 고객들, 잘된 일이나 잘못된 일, 수지가 맞는 일이나 맞지 않는 일들을 보면서 눈과 귀와 손의 세부적인 지각을 얻게 되며, 그것들은 자기도 모르게 받아들여지고 말없이 다듬어진다.

이러한 개인적 경험은 젊은이들에게 사람과 사물을 다루는 다양한 방법에 대한 날카롭고도 정확한 이해력을 키워 준다.

영국의 교육은 책을 배우는 데에 기초를 두고 있지 않고 실물교육에 기초하고 있다. 예를 들어 기술자는 학교에서가 아니라 공장에서 훈련받는다. 이것은 각 개인으로 하여금 그의 지능이 허락하는 수준에 도달하도록 허용하는 방법이다. 만약 그가 더 이상 나아갈 수 없으면 노동자나 노동감독관이 되며, 그의 소질이 그 이상이면 기술자가 된다.

병원에서, 광산에서, 공장에서, 건축가나 법률가의 사무실에서 매우 어릴 때부터 일을 시작한 학생은 마치 법률서기가 그의 사무실에서 그리고 화가가 그의 화실에서 하듯이 한 단계 한 단계 견습기간을 보내면서 잡다한 기술적인 과정을 배울 수 있으며 그리하여 그가 얻은 매일매일의 경험을 착실히 종합하게 된다. 이러한 제도 아래에서는 학생의 재능에 정비례하여 실질적인 능력이 증가되고 또 그러한 능력은 그의 장래 일과 그가 앞으로 자신을 적응시키기를 바라는 특수한 일에 필요한 방향으로 발전한다. 이러한 방법에 의해서 영국의 젊은이들은 그의 능력을 최대로 개발할 수 있는 위치에 있게 된다.

그러나 우리나라의 학생들은 감수성이 가장 풍부한 나이에 7, 8년 동안 학교 안에 갇혀 현장에서 개인적 경험을 쌓을 수 있는 기회를 박탈당하고 있었다. 그리고 그들의 장래는 몇 시간 동안 치르는 대학입학시험에 좌우되고 있었다. 따라서 우리의 교육제도와 시험제도는 실업교육 또는 산업교육을 성장시킬 수 있는 방향으로 개혁돼야 할 필요가 있었다. 특히 1972년부터 중화학공업 건설을 위해서는 우수한 기술인력의 양성이 아주 시급한 과제였다. 따라서 교육정책은 과학교육과 기술교육에 중점을 둬야 했다. 그러나 그 당시 우리의 교육시설과 실습기자재 그리고 실업교사가 절대 부족했고 게다가 새로운 기술교재마저 전무한 상태였다. 뿐만 아니라 국가재정 형편상 교육재정의 지원도 충분한 형편이 못되었다. 그 당시 문교부는 의무교육의 내실화와 실업교육을 강화하는 중등교육, 그리고 국민경제력에 상응한 적정규모의 대학인구를 유지하면서 이공계열을 확충, 강화하는 고등교육이라는 3대 기본방침을 세우고 이러한 방침에 따라 과학교육과 기술교육을 중점적으로 추진했다. 경제개발 과정에서 가장 어려운 교육정책 과제는 국민의 교육욕구를 국가의 경제 규모에 맞추어 조정해 나가는 것이다. 왜냐하면 국민들의 과열된 교육열에 밀려서 대학 인구를 확대해 나가면 학력과잉이라는 사회문제가 생기게 되고 고급인력의 실업이 증가하여 사회발전을 저해하게 되기 때문이다. 그래서 대통령은 과열된 교육열을 억제하면서 중화학공업 건설에 꼭 필요한 이공계열의 인원만큼만을 증원하여 대학인구의 적정규모를 유지하도록 하였다.

대통령은 해마다 대학의 설립이나 학과의 증설과 증원을 일일이 확인하여 대학인구를 철저히 억제함으로써 국가의 인력수급 전망과 산업구조에 따른 인력양성이라는 교육정책의 기본틀을 확립했다.

그 당시 과학기술처의 인력수급 추계에 의하면 73년부터 81년까지 과학기술자, 기술공, 기능공의 총 소요인력은 1백 여만 명이었으나 교육기관에서 배출되는 인원은 27만여 명으로 73만여 명이 부족했다. 그래서 정부는 중화학공업 건설과 동시에 공업교육의 질을 혁신하고 그 양을 확충해 나갔다.

첫째, 고급기술인력의 대량공급을 위하여 공과대학의 신설 및 증과를 대폭적으로 실시하는 한편 1974년부터 공과대학의 특성화를 추진하였다. 당시 국립대학으로서는 서울대학교만이 선진국 수준의 실험·실습시설을 갖추고 있었다. 중화학공업의 전략산업별 전문공업단지에 인접한 지방에 있는 국립대학의 공과대학을 단지의 성격에 맞추어 특성별로 전문화하고 실험과 실습시설을 집중적으로 지원하여 선진국 수준에 도달하도록 지정하였다. 부산대학 공과대학은 기계공업 분야를 강화하여 특성화하였으며 경북대학 공과대학은 전자공업계로, 전남학교 공과대학은 화학공업계로, 그리고 충남대학교는 공업교육계로 특성화하였다. 특성화되지 않은 대학들에도

실습·실기의 강화를 추진하도록 정부가 지원해 나감으로써 공과대학 교육에 이론과 실기를 겸비하도록 하였다.

둘째, 공업전문학교 교육을 보강했다. 공학계 대학이 과학자와 상급기술자를 주로 양성하는 곳임에 비하여 공업전문학교는 실기를 중심으로 하는 보통기술자를 양성하는 곳이다. 공업전문학교 출신의 보통기술자는 공고나 직업훈련원 출신의 기능공과 공과대학 출신의 상급기술자의 중간에 위치하여 공업인력의 삼각 피라미드를 형성한다. 과거에 우리나라 공업전문학교에는 대학입학자격시험에서 탈락한 학생들이 입학하고 졸업 후 진로가 뚜렷치 않아 학생의 질과 사기가 저하되었다. 정부는 공업전문학교의 확충과 내실을 기하기 위하여 실험·실습시설과 기자재의 확보를 위한 국비보조, 금융지원을 비롯하여 장학지원, 그리고 대학진학 특전 등을 크게 확대했으며 국가기술자격법에 의한 기사 2급자격을 취득하도록 적극 장려했다. 기사 2급자격 취득자는 기업에서 경쟁적으로 채용하고 우대했으므로 공업전문학교의 사기가 크게 앙양되었고 교육의 질 향상에 더욱 박차가 가해졌다.

셋째, 공업고등학교 졸업자인 초급기능자의 자질은 공업의 기초가 되기 때문에 공업고등학교교육을 혁신했다. 재정상의 제약 때문에 단계적 중점육성책을 쓰지 않을 수 없어서 당시 70여 공업고등학교 중에서 우선 특성화기계공고와 시범공고를 지정하여 수요가 늘어날 것으로 예상되는 분야의 기능인력을 중점적으로 양성하고 잔여 공고도 연차적으로 육성해 나가도록 했다. 1973년 이래 정밀가공사의 대량양성을 위하여 금오공고를 비롯하여 11개교를 특성화기계공고로 지정하여 실습시설을 대대적으로 확충하고 실습비를 지원하고 우수교사를 확보하고 교과과정을 혁신적으로 개편함으로써 졸업 이전에 정밀가공사 자격을 취득할 수 있도록 했다. 그 결과 교장 이하 교직원의 열성적인 지도와 아침 일찍부터 밤늦게까지 자습·실습에 참여하는 등 학생들의 눈물겨운 노력으로 졸업 때까지 90%가 자격을 취득하는 놀라운 성과를 거두었다. 한편 해외진출기업에 우수한 기능인력을 공급하기 위하여 서울공고 등 11개 공립공고를 시범학교로 지정하여 중점 지원했다. 중동지역을 포함한 여러 나라에 진출하는 기업들이 대량의 기능사를 필요로 하였기 때문에 시설이 좋은 공립공고를 시·도별로 1개씩 지정하여 중점 지원하고 3학년 재학생 중 우수한 학생을 선발하여 6개월간 전문실기 교육을 중점 실시하고 병역상 특전을 주어 해외취업 기회를 주었다. 이들 해외진출 기능공이 땀 흘려 벌어 본국에 송금한 외화는 제1, 제2차 유류파동 때 국제수지의 악화를 방어하는 데 큰 기여를 했다.

넷째, 직업훈련을 혁신했다. 정규공업교육은 장기의 교육기간을 필요로 하는 정상적인 기술 및 기능인력 양성 방법인 데 반해 직업훈련은 단기간에 기능자를 양성하는 방법이다. 1967년 정규공업교육 외에 단기적인 기능자 양성을 위한 직업훈련법이 제정되어 1973년 중화학공업 정책선언 때까지는 군부대 내의 직업훈련기관, 법무부 내 직업훈련소, 그리고 사업체 내의 직업훈련소가 있었으나 훈련의 내용과 질, 그리고 양이 중화학공업을 추진하는 데 필요한 수준에는 크게 미달하는 실정이었다. 직업훈련 혁신의 필요성을 통감한 대통령은 1973년 2월 몸소 정수직업훈련원을 창립하여 설립에서부터 훈련·기숙사 등 일체를 직접 챙겼다. 정수직업훈련원을 효시로 하여 1973년 10월에는 춘천과 대구에, 1975년에는 인천과 광주에 각 1개씩의 직업훈련소를 추가 설립하는 등 연차적으로 도청소재지와 창원, 이리, 성남 등 공업단지에 설립해 나갔으며 훈련소장 이하 교직원의 열성적인 지도, 충실한 시설, 그리고 훈련생들의 피나는 각고로 1년의 단기훈련 과정인데도 불구하고 거의 대부분이 2급기능사자격증을 취득하는 놀라운 성과를 거두었다.

다섯째, 국가기술자격 검정제도를 신설하였다.

이 제도는 기능인력의 능력을 측정하여 인력을 규격화하고 그 능력 정도나 자격을 인정하여 사회적 공신력을 높일 뿐 아니라 자격취득자에 대한 우대조치를 함으로써 기술인의 사회적 지위를 향상시키고 그

서울 보광동 정수직업훈련원 개관식에 참석하여 원생들의 실습장면을 돌아보는 박 대통령 내외(1973. 10. 17)

활용도를 높이려는 것이었다. 그동안 우리나라에서는 신분이나 보수면에서 매우 낮은 수준에 있는 기능인들의 직업능력과 직무수행 능력을 공정하게 평가하는 제도가 미흡하였다. 1973년 12월 제정·공포된 국가기술자격법을 근거로 1975년부터 국가기술자격제도를 실시하였다.

국가기술자격법은 그 대상기술 분야를 기계·금속·화공·전기·전자·통신·조선·항공·토목·건축·섬유·광업·정보관리·에너지·국토개발·해양·안전관리·산업응용 등의 19개로 하고 기술계를 3등급으로, 기능계를 4등급으로 구분하여 자격을 평가하고 인정하며 자격취득자를 위한 각종 우대조치를 마련하였다. 즉 정부·지방자치단체·정부투자기관 및 정부산하의 기업체와 단체는 기능계공무원이나 종업원을 채용할 때 기술자격 취득자를 우선적으로 채용하도록 하였고, 기술연수를 위한 해외파견, 금융상의 지원, 장려금지급 등 이익을 부여할 때에도 기술자격

취득자에 우선권을 주도록 규정하였으며, 병역면에서도 병역의무의 특별규정에 관한 법률에서 국가기능검정 및 면허를 취득하고 기간산업에서 해당 기술이나 기능을 필요로 하는 전문 분야에 종사하는 자는 보충역에 편입할 수 있도록 하였다.

대통령은 중화학공업 육성을 위해서 정밀가공을 할 수 있는 우수한 기능사가 매년 5만 명은 양성되어야 한다고 보고 한 학교당 수억 원씩의 특별지원금을 공고 등에 배정해 기능인력을 양성하라고 관계부처에 지시했다.

대통령의 각별한 관심 아래 공고 중심의 기능공 양성책이 시행됐다. 기계공업을 육성하기 위해 금오공고, 부산기계공고 등 11개 특성화기계공고를 77년까지 만들었다. 공고의 교육여건을 개선하기 위해 각 기업체로 하여금 공고에 선반을 기증케 하는 '선반보내기 운동'도 벌였다. 각 국영기업체 및 민간 대기업체에 공고설립을 강력히 권했다. 포항공고, 광산공고, 수도공고(한전출자), 동아공고(동아그룹), 대림공전(대림산업) 등 여러 재단설립 사립공고가 생겼고 공고를 못 세우는 곳은 직업훈련소를 만들어 기능사 양성에 열을 올렸다.

육영수 여사도 서울에 정수직업훈련원, 창원에 한백직업훈련원을 설립하였다. 그리하여 각 도마다 직업훈련원이 들어섰다. 대통령은 지방순시 때 현지에 있는 공고를 빼놓지 않고 들렀고 기능올림픽 우승자는 올림픽 입상자와 같은 대우를 했으며 기능경진대회 우승자는 국전 입상자와 같은 대우를 하였다.

공고출신들에게는 병역특혜도 주어졌다. 공고재학 시절 3년 간의 고된 실습은 군대에서 실시하는 신병교육보다도 더 고생스러운 일이었다. 밤낮 가리지 않고 실기훈련이 계속되었던 것이다. 이 공고생들은 학도호국단에서 실시하는 군사훈련에도 충실했다. 인문계 고등학교와는 비교도 되지 않았다. 그래서 이들 공고출신들은 모범적인 일꾼이 되었다. 여러 기업체에서 다투어 채용하기를 원했는데 당시는 비상시국이었다. 방위산업체가 우선이었다. 방위산업체에서 일하는 것도 국가방위임무를 수행한다는 취지에서 방위산업체에 근무하는 이들 공고출신에 대해서 대통령은 병역을 면제해 주라고 지시했다.

대통령은 또한 실업계의 고등학생이 동계대학에 진학할 수 있는 제도를 마련하라고 지시했다.

해방 후, 우리나라의 교육은 양적으로 팽창했으나, 실업교육은 부실했다. 공업·농업·상업·수산해양계 등 실업계 고등학교를 졸업하여도 취직이 잘 안 되었다. 그래서 본인의 소질이나 가정형편에 관계없이 누구나 인문계를 지망하여 대학입시지옥을 만들었고 대학졸업자의 경우에도 실업자가 적지 않게 발생하고 있는 실정이었다. 대학졸업자의 실업은 교육비의 막대한 낭비였고 고교졸업자의 실업은 사회불안의 큰 요인이 되었으며, 실업교육의 저질은 산업발전의 저해요인이 되고 있었다.

대통령은 이 문제를 해결할 수 있는 하나의 방안으로 실업계의 고등학생이 동계대학에 진학할 수 있는 길을 열어주기로 한 것이다.

집안형편이 어려운 자녀는 우선 실업학교에 진학해서 대부분은 취직하게 하고 일부 우수한 자는 전문대학이나 4년제대학으로 진학하는 길을 열어주며, 전문대학에 진학한 자 중 일부 우수한 자이게는 졸업 후 4년제대학 3학년에 편입할 수 있도록 해주자는 것이다.

그러면 실업학교에 들어가면 대학진학의 길이 막힌다는 생각 때문에 우선 인문고교에 진학하려는 폐단을 막을 수 있을 것이고, 또 집안형편이 어려우나 소질이 우수한 청소년들이 실업학교에 진학하게 되어 실업학교 졸업생의 질이 향상되어 이들의 취직률도 크게 높아질 수 있을 것이며, 이공계 대학에 진학한 실업고교생들은 우수한 기능공으로 성장할 수 있지 않겠느냐는 것이다.

그리하여 문교부는 1976년 10월 10일 공업·농업·상업·수산해양 등 4개열의 실업계고등학교 졸업생의 동계대학진학 우대방안을 마련, 예비고사성적과 고교 내신성적 및 면접만으로 특별전형입학을 할 수 있는 등의 특혜를 받을 수 있는 실업계대학의 학과와 그 범위를 결정·발표하였고, 전문대학 졸업생의 4년제대학 3학년 편입도 제도화되어 실업계 동계진학의 길이 확립되었다. 공고졸업생이 동일계 대학에 진학할 때는 입학정원의 30%를 공고생에게 할당해 공고 졸업생들끼리만 경쟁토록 했다. 그런데 일부 대학에서는 이를 반대했다.

공업고등학교 출신의 대학진학제도는 과거 일본 등 외국에서 시행된 제도인데 대학입시제도 때문에 일부 대학에서 이를 문제삼은 것이다. 그러나 대통령은 이 제도를 그대로 강행하도록 했다. 공업고등학교 졸업생이라고 해서 머리가 나쁜 것은 아니며 1~2학년 때는 수학이나 영어가 좀 뒤떨어지겠지만 3~4학년이 되면 따라잡을 수 있다. 따라서 문제될 것이 없다는 것이다.

대통령은 이 문제의 근본대책으로 공고출신만 입학 수 있는 대학을 설립하도록 했다. 그래서 구미에는 금오대학이, 창원에는 기능대학이 설립되었다. 뿐만 아니라 공고출신만 입학하여 이론교육을 강화하는 특수대학을 많이 세우고 우수한 전문대학을 4년제대학으로 승격시켜 공단근처 중핵도시에 배치할 계획도 마련하도록 했다.

당시 기계공고에는 신입생 지원율이 매년 높아가고 있었다. 가정형편은 어려우나 명석한 두뇌와 특출한 재질을 가진 학생들이 우수한 기능인으로서 조국근대화에 기여하겠다는 푸른 꿈을 안고 경쟁적으로 입학했던 것이다.

76학년도 77학년도의 신입생 예를 보면 부산기계공고를 비롯한 전북기계공고, 금오공고의 경우는 출신중학교 성적이 상위 10% 이내인 학생이 거의 전부를 차지하였다.

그리고 이들 학생들은 기술훈련에 피나는 노력을 경주하였던 것이다. 치열한 경쟁을 거쳐 입학한 공고생들은 남다른 긍지와 각오로 힘겨운 실기훈련을 잘 감당해 나갔다. 보다 숙련된 기술을 습득하기 위하여 정규시간 외에 과외실습을 더 했다. 기본적인 동작과 인내력을 기르는 기초실습에서 학생들은 10㎝ 정도의 굵은 쇠뭉치를 실습재료로 삼아 '줄'을 이용하여 평면으로 곡면, 또는 다양한 각도의 면 등으로 깎아내는 훈련을 수없이 반복했다. 이 과정에서는 손이 부르트고 땀이 흐르는 어려움을 겪게 되지만 정밀가공사로서의 기본동작을 익히기 위하여 반드시 거쳐야만 했다.

2학년부터는 전공별로 고정밀도 과제를 이수하게 된다. 이 과정에서는 누구나 기준이 명시된 높은 정밀도를 낼 수 있어야 한다. 대부분의 학생들은 이른 새벽에 등교하여 밤이 깊어질 때까지 스스로 정성어린 맹훈련을 거듭했다. 학생들의 놀라운 열성과 집념은 지도교사에게 가슴 뭉클한 감명을 주었으며 공업한국의 밝은 전망을 갖게 해주었던 것이다.

대통령은 지방을 순시할 때에는 바쁜 일정에도 불구하고 새마을부락과 기능공을 양성하는 공업고등학교나 직업훈련소를 자주 찾아 격려했다. 학생과 훈련생은 하나같이 깨끗하고 늠름하고 진지하기 그지없었다.

'조국근대화의 기수'라는 휘장을 작업복 좌완에 달고 열심히 실습하는 공고생, 그리고 직업훈련생의 일사불란한 작업태도를 접할 때마다 대통령은 어깨를 껴안고 격려하곤 했다. 친자식같이 껴안고 격려하는 대통령의 얼굴에는 큰 감동과 흐뭇함이 역력했다.

지방순시차 부산에 들를 때에는 해운대관광호텔에 머물렀는데 대통령은 아침 일찍 일어나 맞은편 산 위의 부산기계공업고등학교 기숙사

생 전원이 아침 6시에 일제히 기상해서 6시 반쯤부터 모든 작업장에 전등이 켜지며 등교 전 촌각을 다투어 실습에 전념하는 광경을 바라보며 정말 흐뭇해하였다.

1950년 스페인에서 국제직업훈련 경기대회가 개최된 후 거의 매년 각 국에서 돌아가며 개최되고 있는데, 이것이 이른바 기능올림픽이라는 것이다. 전세계의 21세 이하의 젊은 기능자가 직종별로 기능을 경쟁하는 것으로서 기능올림픽의 성적은 그 나라의 기능수준을 반영한다. 선진공업국의 선수들이 상위권을 차지하게 되는 것은 당연한 추세이며 일본과 서독은 각 3년 연속 우승한 바도 있다.

우리나라 기능교육과 훈련은 1973년 이후 본격적으로 실시되어 그 역사가 일천함에도 불구하고 매회 좋은 성적을 거두었을 뿐 아니라 종합우승 7연패의 위업을 달성했다. 이것은 대통령의 지대한 관심과 각별한 지원, 각급지도자들의 열성, 그리고 공고생과 훈련생들의 피나는 노력의 결과였다. 이들 기능공들은 우리나라 산업발전에 큰 초석의 하나를 이루었다.

70년대에 공업고등학교를 방문했던 저명한 언론인 심연섭 씨는《밝은 내일을》이란 저서에서 다음과 같이 방문소감을 피력하였다.

"내가 한 공업고등학교 실습현장에 들렀을 때였다. 거기서 우리 민족의 앞날의 한 중요한 부분을 담당할 영웅들을 발견할 수 있었던 것이다.

중학교를 갓나온 학생들이 실기를 위주로 하는 교육과정에 따라 실습실에서 강판을 다듬질하고 있었다. 철부지로 뛰어노는 고1의 나이들. 강판을 다듬질하되 1㎜의 1천분의 7의 정밀도를 익히기 위해서 실습에 열중하는 학생들의 모습에 무단히 콧대가 '찡' 하는 것을 참을 수 없었다. 반만년 동안 가마솥의 누른밥처럼 누적된 이 나라 이 민족의 빈곤을 '활달하게 뛰고 놀아야 할' 너희들이 어째서 책임의 일단을 져야 하느냐 하는 생각이 들었기 때문이다. 공고 학생들은 항상 조국근대화의 기수로서 무거운 사명감을 가지고 남다른 긍지와 자부심으로 일상생활을 영위했으므로 그들의 학교생활은 언제나 단정하고 모범적이었다.

학생들의 모범적인 생활태도는 실습장의 일면에서도 엿볼 수 있었다. 현대식 대형 실습공장에 설치된 수백대의 고속정밀 공작기계의 소음 속에서 수백 명이 동시에 실습을 하면서도 언제나 질서가 정연했다. 주위 환경을 깨끗이 하고 실습기계를 내몸처럼 아껴 정성껏 손질하면서 기술연마에 열중했다.

정신교육과 체력단련으로 애국심과 협동심을 기르고 학도호국단의 운영이나 학교새마을운동 실천에 있어서도 다른 학교에 모범을 보였다."

공업고등학교의 실기훈련의 장면을 본 많은 외국인들은 감탄한다기 보다 오히려 믿지 않으려 할 정도였지만 이러한 실기훈련과 생활태도는 모든 공고의 공통된 모습으로 정착되어 가고 있었다. 이들이 학교에서 체득한 성품과 사람됨은 앞으로의 산업사회 기초요원

으로서 중추적 역군이 될 바탕이 되었다.

기계공고 학생들의 기술수준은 정밀가공사 자격취득뿐만 아니라 산업계의 기성기능사와 기능을 겨루는 각종 경기대회에서도 그 우수함을 인정받게 되었다. 76년 9월 부산에서 개최된 전국기능경기대회에서는 중공업 종목의 입상자 57명 중 공고출신이 42명으로 전체의 73.3%를 차지하였다. 이 경기대회에는 일본국가대표선수 27명이 찬조 참가하여 동일한 과제로 기능경기를 하였는데 우리나라 선수와 점수를 비교하여 본 결과 전종목에 걸쳐 우리 선수들의 기능수준이 훨씬 높았다는 것이다.

실업계 공업고등학교교육제도가 계속되어 왔다면 2000년대에는 우

수한 공고졸업생이 많이 양성되어 기능공 인력난은 근본적으로 해결되었을 것이다. 공장에서 필요로 하는 사람은 공업고등학교 졸업생이다. 공장이 늘어나고 수출이 늘어나는 데 따라 공업고등학교 수도 늘어나야 하고 학생수도 늘어나야 하는 것은 당연한 이치이다.

그러나 80년대에 들어와서 입시제도개혁 당시 실업계 동계진학제도가 폐지되었고 직업훈련에 대한 관심도 식어갔다. 80년 공업고등학교수는 100교였는데 90년에는 104개 교가 되었다. 10년동안 겨우 4개교가 늘어난 것이다. 입학정원은 80년에 7만 명이었는데 90년에는 오히려 줄어들어 6만 4천 명이 되었다. 인문계까지 합친 고등학교 전체에 대한 공업고등학교의 입학정원 비율은 9.4%에서 10년 후에는 7.7%로 대폭 축소된 것이다.

독일이나 이탈리아 등 유럽에서는 공업고등학교에 진학하는 비율이 50%가 넘는다. 결국 90년대부터 우리나라에는 기능공이 부족하다는 비명이 흘러나오기 시작했다.

중소기업의 기술수준을 국제적인 수준까지 끌어올려야 한다

1978년 1월 30일, 과학기술처 연두순시에서 대통령은 먼저 과학기술개발에 필요한 인력개발과 중소기업의 기술수준을 국제적 수준까지 끌어올리는 데 힘써야 되겠다는 점을 강조했다.

"앞으로 우리나라의 경제가 더 고도로 발전되고, 고도산업국가가 되기 위해서는 과학기술개발에 필요한 인력개발이 선행되어야 될 문제입니다. 이점 훌륭한 인재도 많이 양성해야 되겠고 기술도 많이 도입해야 되겠고, 이런 것에 대해서 앞으로 정부가 예산도 많이 투자도 해야 되겠는데 반드시 사람이 많고 투자를 많이 했다고 해서 그만큼 성과가 나는 것이 아님으로 가장 경제적으로 해야 되겠습니다. 특히 우리나라 모양으로 아직까지 모든 것이 넉넉하지 못한 나라에서는 이러한 것이 현 단계에서는 가장 머리를 써서 해야 될 일이 아니겠느냐 생각됩니다.

과학기술이라는 것은 아주 최첨단을 걷는 그런 기술뿐만이 아닙니다. 우리나라의 새마을 기술지원 계획도 있고 중소기업의 기술이 지금 상당히 뒤떨어져 있는데 이걸 정부가 어떻게 해야 빨리 국제적인 수준까지 끌어올릴 수 있느냐 하는 문제에 대해서 과학기술처에서도 상당히 관심을 가지고 연구해야 되겠어요. 그렇게 어려운 기술도 아닌데 정부에서 조금만 노력하고 조금만 지도하고 조금만 지원해 주면 될 수 있는 그런 것이 안 되고 있는 것이 상당히 많이 있습니다. 큰 기계라든지 고도의 기계도 중소기업에서 나오는 부속을 쓰게 되는데 기술이 뒤떨어져서는 기계 자체가 성능이 우수한 기계가 안 됩니다."

대통령은 이어서 정부에서 권장하고 있는 기술도입은 선별적으로 선택해서 받아들여야 한다는 점을 강조했다.

"지금 정부에서는 외국의 기술도입을 적극 권장하고 있는데, 우리나라가 고도산업국가로 들어가는 과정에 있기 때문에 어느 분야보다도 적극적으로 해야 되겠지만 이걸 받아들이는 데 있어서는 선별적으로 선택해서 받아들여야 되지 않겠느냐 생각됩니다. 요즘 보면 그동안에도 가령 어떤 기술을 어느 기업체에서 받아들이겠다고 하는데 정부 부처 안에서 서로 그것에 대한 견해가 같지 않아서 오랫동안 그냥 질질 끌고 있는 그런 예가 있습니다. 어떤 기술을 받아들이는 데 과학기술처 같은 데서는 그것이 좋겠다고 하는데 상공부에서는 그건 필요 없다, 이렇게 정부 안에서도 의견일치가 안 되는 것을 가끔 보는데 이건 우리가 상당히 신중히 검토해서 꼭 필요한 것을 받아들여야지, 불필요한 것을 받아들인다든지 상당히 뒤떨어진 기술을 가져온다든지 하면 국가적으로 손해가 될 뿐 아니라 앞으로 우리나라의 과학기술개발에 있어서도 큰 영향을 주지 않겠는가 생각됩니다. 특히 과학기술은 그야말로 전문 분야에 관한 문제이기 때문에 역시 전문적으로 잘 아는 사람들이 검토해서 결정지어야 할 텐데 이것을 앞으로 잘해야 되겠어요. 부처 간에 견해가 일치되지 않을 때에는 어떻게 조정하는 기능이라든지 합동으로 심의하는 기구라든지 그런 것이 정부 안에 지금 돼 있나요?

예를 들면 최근에 들어서 컴퓨터를 우리나라에서 만들겠다, 외국에서 들여오겠다고 과학기술처와 상공부가 의견이 맞지 않는다는 얘기를 듣고 있는데 그렇게 되었을 땐 경제장관협의회나 국무총리 주재하에 그런 위원회에다 회부해 최종적인 결론을 내리는 것이 좋지 않겠는가 생각합니다. 잘못해서 불필요한 것, 낙후된 뒤떨어진 기술을 가지고 들여와도 곤란하고 또 꼭 지금 우리한테 필요한 건대 업자들끼리 자기들 회사의 이해관계가 얽혀 있기 때문에 그런 것을 반대하거나 방해하는 일도 있을 수 있는 것 같은데 정부는 거기에 대해서 아주 공정하고도 현명한 판단을 해서 가부결정을 내려야 할 것입니다.

지금 정부에 있는 연구소에서 만들고 있고, 민간에서도 그런 걸 시작하는 단계가 있고 그리 많은 숫자는 아니지만 앞으로 자꾸 늘어날 텐데 국내에 있는 연구소는 정부가 만든 것이든지 민간이 만든 것이든지 이것을 유기적으로 서로 상호보안적으로 최대한 활용하는 그런 제도가 마련되는 것이 국가적으로 상당히 경제적이라고 생각합니다. 불필요한 것을 여러 개 만들어 국내에서 연구할 수 있는 기관이 있는데 그런 기술을 해외에서 들여온다든지 하는 일이 있어서는 안 되지 않겠느냐, 이런 이야기입니다."

공업고등학교 출신 처우를 다른 고등학교 출신과 같은 수준으로 올려줘야겠다

1977년 8월 25일, 무역진흥확대회의에서 대통령은 공업고등학교 출신에 대한 처우를 상업고등학교나 다른 고등학교 출신과 같은 수준으로 올려주도록 하라고 지시했다.

"전에도 한 번 말한 적이 있지만, 우리나라 기업체에서 종사하는 고등학교 출신자들 중 공업고등학교 졸업생에 대한 처우가 상업고등학교 기타 비공업고등학교 졸업생들에 비해 뒤떨어지고 있습니다. 얼마 전에 관계기관의 자료를 받아보니까 공고출신들이 상고출신들에 비해 훨씬 뒤떨어진다는 통계가 나와 있습니다. 이러한 현상의 구체적인 원인은 잘 모르겠으나, 잘못된 것이라는 점만은 분명합니다. 지금 우리가 공업입국을 지향하고 있는 마당에 공업학교 출신이 다른 고등학교 출신보다 처우가 나쁘다고 하는 것은 특히 기업체에서 가장 중요한 기술분야를 다루고 있는 기능공들의 사기문제를 고려해서라도 시정이 되어야겠다고 생각합니다.

상업고등학교 출신보다 당장 더 잘해 주는 것은 어려울지 모르지만, 적어도 같은 수준은 해주어야 하지 않겠는가 생각됩니다. 지금 당장 모든 공장에서 상업학교 출신의 수준까지 올리라고 하면 기업에 여러 가지 부담이 가는 등 문제점이 있을 것이기 때문에 일차적인 목표로는 지금부터라도 서서히 상업고등학교나 다른 고등학교 출신들과 같은 수준까지 올려주도록 해주는 것이 바람직합니다.

정부와 모든 기업가들은 이것을 공동목표로 삼아서 빠른 시일내에 도달되도록 노력해 줄 것을 당부합니다."

우리나라의 증강된 국력과 눈부신 발전은 교육을 통한 인재양성에 힘써온 결과다

1977년 12월 5일, '국민교육헌장선포' 제9주년 기념식에서 대통령은 먼저 그동안 우리나라가 모든 분야에서 힘을 알차게 기르고 눈부신 발전을 이룩할 수 있었던 것은 일찍이 우리가 교육을 통하여 인재양성에 남달리 힘써 온 결과라는 점을 강조했다.

"지금 이 순간에도 우리 젊은이들은 조국과 밝은 내일을 내손으로 건설하겠다는 원대한 포부로, 학교와 공장, 전방과 후방에서 불철주야 정진하고 있습니다.

이 모든 땀 어린 성과와 약진의 고동소리에는 오늘의 처지를 약진의 발판으로 딛고 일어선 겨레의 집념이 서려 있으며, 번영과 통일을 지향하는 우리 세대의 의지와 정열이 깃들어 있습니다.

일찍이 삼국통일의 위업을 이룩한 우리 조상들의 슬기와 힘은 신라 젊은이들이 오랜 세월 갈고닦았던 화랑정신에서 우러난 것이었습니다.

또한 워털루 전쟁에서 승리를 거두고 돌아온 개선장군이 승전의 요인은 바로 그들의 학교교육에 있었다고 술회했다는 고사는 유명한 이야기입니다.

이처럼 국민교육은 비길 바 없이 소중한 것이며, 국가발전의 원동력이 되는 것입니다.

더욱이 지금 우리는 민족사상 유례없이 이단자인 북한 공산주의자들의 끊임없는 무력남침 위협과, 국제사회의 치열한 국력경쟁 속에서 일면 국방, 일면 건설의 벅찬 과업을 수행해 나가고 있습니다.

안팎으로부터의 이 세찬 도전과 시련을 극복하면서, 민족웅비를 기하기 위해서는 우리는 남보다 더 노력하는 국민이 되어야 하며, 국민교육에 더 많은 정성과 노력을 기울여 나가야 하겠습니다.

우리 교육은, 교육헌장이념에 입각한 산 교육이어야 함은 물론 나라의 실정과 겨레의 특성에 알맞고 우리의 문제를 우리의 슬기와 힘으로 해결해 나가는 데 기여할 창의적이며 생산적인 교육이 되어야 합니다.

이를 위해서는 투철한 국가관을 바탕으로 반공애국정신을 함양하고, 민족사적 정통성을 계승 발전시켜 나가야 할 우리 세대의 역사적 사명을 명확히 체득하는 기본자세가 무엇보다도 중요합니다.

또한 고도산업국가 실현을 눈앞에 둔 우리 교육은 수준 높은 전문

기계공고 실습실에서 정밀도 실기훈련에 임하고 있는 학생들 오늘날 공업발전은 박 대통령이 계획하고 발전시킨 기계전문인력 수급계획에 힘입은 바가 크다.

지식과 고도의 기술을 몸에 지닌 인재를 배출하는 데 역점을 두어야 합니다.

우리 모두가 조국의 긴 앞날을 내다보며 교육헌장이념을 산 덕목으로 삼아 국민생활의 각 분야에서 꾸준히 실천해 나간다면, 우리는 땀의 결정과 더불어 값진 정신유산을 길이 후손에게 물려줄 수 있다고 확신합니다.

이렇게 하는 것만이 '스스로 국가건설에 참여하고 봉사하는' 헌장정신을 생활신조로 구현하는 길이 될 것입니다."

대통령은 이어서 우리 모두 나라사랑의 좌표를 정립하고 가정, 학교, 사회가 한 덩어리가 되어 국민교육에 힘써 나가자고 호소했다.

지난여름 안양지역 수해와 최근 이리역 폭발사고 후 재난의 상처가 아물기도 전에 일선교사들이 단시일 내에 정상수업을 회복했던 사례는 우리 겨레의 슬기로운 기질과 저력의 발로다. 우리 교육자들이 겨레의 스승이라는 긍지를 가지고 전진을 계속하는 한 우리민족의 장래는 탄탄대로와 같다고 확신한다는 것이다.

"친애하는 교육자 여러분!

지난여름 경기도 안양지역의 수해가 있은 후 아직 재난의 상처가 아물기도 전에 일선교사들은 수업을 서둘렀고, 최근 이리역 폭발사고시에도 인근 학교들이 막심한 피해에도 불구하고 단시일 안에 정상수업을 회복했다는 소식에 나는 크게 감동한 바 있습니다.

이와 같은 사례는 우리 겨레의 슬기로운 기질을 그대로 나타낸 것이며, 5천년의 장구한 역사와 문화를 이어올 수 있었던 민족적 저력의 발로라 해도 과언이 아닙니다.

나는 교육자 여러분이 겨레의 스승이라는 긍지를 가지고 전진을 계속하는 한, 우리 민족의 장래는 탄탄대로와 같다고 확신합니다.

우리 모두 더욱 분발해서 나라 사랑의 좌표를 뚜렷이 정립하고, 가정, 학교, 사회가 한 덩어리가 되어 국가백년대계인 국민교육에 힘써 나갑시다. 그리하여, 오늘의 이 귀중한 한 시대가 민족중흥의 장엄한 새 역사 창조에 밑거름이 되도록 합시다.

수상자 여러분의 노고에 대해 다시 한 번 치하를 보내면서, 전국 교육자 여러분의 앞길에 무한한 발전과 영광이 있기를 기원하는 바입니다."

지방대학 정원을 대폭 늘려서 고급기술인력을 육성하는 방안을 검토해야겠다

1978년 2월 2일, 문교부 연두순시에서 대통령은 전국의 79개 공업고등학교에서 1년에 5만 2천 명이 졸업한 후 전국의 공장과 기업에 들어

가는데 이들이 충실한 교육을 받고, 수준급의 기술을 습득하고 나가면 눈에 보이지 않는 국력이 눈에 보이지 않는 시간에 크게 신장될 것이라고 말하고 모든 공고의 수준을 이미 우리나라의 최고수준에 올라있는 금오공고, 성동공고, 충남기계공고의 수준까지 중점적으로 끌어올려야 한다는 점을 강조했다.

다음은 대통령이 문교부의 담당국장인 산업교육국장에게 질문하고 지시한 내용이다.

"대통령 : 작년에 우리나라에 공업고등학교가 일흔아홉 갠가 있었고 그중에 가령 금오공고라든지 서울에 있는 성동공고, 충남기계공고 등 아주 일류수준까지 올라간 학교가 있는가 하면, 아주 뒤떨어진 학교가 있는데, 이것을 일류공업고등학교 수준까지 끌어올리기 위해서 연차적으로 육성해 나갈 것이라고 장관 브리핑 때에도 나와 있는데 금년에 구체적으로 몇 학교를 중점육성하고 그렇게 하면 몇 개가 그 수준에 올라갈 수 있고 아직도 덜 된 것이 몇 개인가, 벌써 그런 수준에 올라있는 학교하고 합쳐서 몇 개나 되고 앞으로 육성해야 할 학교가 몇 개가 되는가? 담당국장 나와 있겠지요? 설명해 봐요.

담당국장 : 전체 학교 가운데 5개 단계로 구분하여 단계별로 육성토록 되어 있습니다. 학교별로 1단계에 속하는 학교는 기계고등학교 9개 학교하고 신설되는 기계공고 10개 학교를 합한 19개 학교를 1차적으로 70%선까지 끌어올리도록 되어 있습니다.

대통령 : 전체학교 중에 그 수준까지 올라간 학교가 많이 있지 않아요?

지금 내가 알기에는 구미 금오공고, 서울의 성동공고 그 외에 또 몇 개 있을 것 아닌가요?

담당국장 : 수준급에 있는 학교가 이리기계, 전남기계, 전북기계 그리

고 경북 구미공전도 금년부터 국립학교가 되어 궤도에 오르게 되어 있습니다.

대통령 : 벌써 되어 있는 것도 여남은 개 된다는데요?

열아홉 개 하고 합하면 한 삼십 개 가까이 되겠군요?

담당국장 : 예.

대통령 : 금년에 이어 매년 100억씩 해서 5개년 지원한다는데 금년 예산에 얼마나 책정되어 있나요?

담당국장 : 79억입니다.

대통령 : 대략 전학교가 똑같지는 않겠지만 한 학교에 어느 정도 지원해 주는가요?

담당국장 : 학교에 따라 10억 정도 가는 학교도 있고 적은 학교는 경우에 따라 1~2억에 그치는 학교도 있습니다.

대통령 : 작년에 충남기계공고에 가서 느낀 것인데, 평균 한 학교에 한 5억 원 정도만 지원해 주면 상당한 수준까지 올라갈 수 있나요? 물론 기숙사 같은 것까지 합치면 한정이 없는데, 학교시설이라 순교육면에만 하면 5억까지 안 들어도 그만한 수준까지 올라갈 수 있지, 한번 계획을 치밀히 따져서 빨리 그런 학교도 일류학교 수준까지 올려 놓아야 돼요. 공업고등학교에 들어가는 학생이 일년에 지금 5만명, 야간학교까지 합해서 결국은 일년에 5만 2천 명이 나온단 말 아닌가요?

이 사람들이 우리나라 전국의 공장이다, 기업체다 이런데 흩어져 들어가는데, 우리 눈에 보이지 않는 큰 국력이 우리 눈에 보이지 않는 시간에, 크게 올라갈 것이 아닌가요?

그 5만 2천 명이라는 학생이 전부 충실한 교육을 받고 어떤 수준급의 기술을 모두 습득해 나가야지 그렇지 못하면 큰 성과가 없을 것이다. 그래서 나는 일단 중점적으로 학교를 키워나가야 되겠다 하는 것을 강조를 합니다."

대통령은 이어서 재수생문제를 해소하는 방안으로 전문학교 졸업생에게 동일계통 대학에 진학할 수 있는 길을 열어주는 방안을 연구하고, 고급기술인력 양성을 위해 지방대학의 정원을 대폭 늘려서 많은 인력을 배정하여 중점적으로 육성하는 방안을 검토하라고 지시했다.

　"아까 재수생 이야기가 잠깐 나왔는데 금년에 대학정원도 상당히 많이 늘었고 또 금년에는 전문대학도 세우거나 학급을 증설해서 그 쪽으로 많이 흡수가 되는 것으로 아는데 재수생이라는 게 크게 줄지는 않았다는 거지요. 대학 문은 좁고 대학에 가고 싶은 희망자는 많아 그 일부는 들어가고 일부는 못 들어가는데 그 사람들이 문제야. 그런 사람들은 대학에 다 흡수하기는 어차피 당장에는 안 되는 거니까 지금 하고 있는 그런 전문학교라든지 기술을 배우는 분야에 가급적 많이 흡수해서 우선 기술을 배우고, 전문학교를 나와서 공부를 열심히 한다던지 어떤 수준급 이상의 기술을 가지면 동일계통, 어느 대학 같은 데도 들어 갈 수 있는 그 길을 열어주면 꼭 대학의 비좁은 문에 들어가겠다고 아우성을 안 치고 상당히 소화가 되지 않겠는가. 그런 방식을 연구해 봐요.

　우선 제일 좋은 방법은 대학에 학급을 늘려 대학에 오고 싶은 사람 다 넣어서 중간에 시험성적이 나쁘면 떨어뜨리면 되겠는데 실정이 그렇지 못하단 말이야.

　우리나라가 지금 아주 빠른 속도로 공업화가 되고 80년대에 들어가면 고도산업국가가 된다는 것은 다 아는 사실인데, 그렇게 되기 위해서는 우리나라의 아주 고급기술자, 그러한 인력이 대폭적으로 필요합니다.

　과학기술처에서 보고 들은 바 있는데 이런 사람들을 빨리 양성하고 확보해 두어야 국가가 지향하고 있는 그런 모든 계획이 순조롭게 되지, 그러한 기술인력 보급을 제대로 못하면 상당히 차질이 옵니다.

그렇게 하려면 특히 공업고등학교 같은 것도 중요하지만 대학에 있어서 고급기술자를 짧은 시간 내에 많이 양성해야 되는데 그건 결국 대학의 정원을 대폭 늘려야 됩니다.

지금 우리나라 대학의 그 절반이 서울에 집중되고 있는데 거기 있는 학교들을 그대로 국가수요에 맞추어 늘리면 정부가 추진하고 있는 수도 서울의 인구억제 정책에 역행이 된다, 결국 지방에 있는 대학의 정원을 더 대폭적으로 늘려 거기서 양성해야 된다, 그런 결론이 나오는데 금년에도 문교부 정책이 정원조정에서 반영된 것으로 압니다만 앞으로는 지방대학을 정부가 좀 더 중점적으로 육성해서 그 인력을 지방대학에 많이 배정하여 그것을 빨리 양성해 내면 이 문제는 해결된다고 봅니다."

고급두뇌인력에 대한 대학과 대학원 교육도 공업고등학교와 똑같이 혁신해야 한다

1979년 2월 14일, 문교부 연두순시에서 대통령은 기술인력 양성을 위해서 전국의 모든 공업고등학교의 수준을 국내의 최우수 공업고등학교 수준으로 끌어올리는 정부시책의 진도에 관해서 문교부의 실무국장인 산업교육국장에게 구체적인 질문을 하고 답변을 들으면서 앞으로는 고급두뇌인력에 대한 대학과 대학원의 교육도 공업고등학교와 똑같이 혁신하라고 지시했다.

"대통령: 우리나라 공업고등학교가 전부 한 90여 개가 되는 걸 연차적으로 지금 가장 수준이 높은 학교 수준으로 올리기 위한 운동을 하고 있는데, 정부에서 예산을 가지고 매년 지원해서 이와 같은 수준을 끌어올리는 게 있고, 또 문교부에서 올린 보고서를 봤는데 기업체하고 자매결연을 맺어 여러 가지 지원을 받아 학교를 그 수준으로 향상시킨 그런 학교가 작년에 한 33개 되던데 그건 참 대단히 잘한 겁니다. 전체가 90개 되는데 지금 현재 아직도 덜 된 학교가 몇 개가 되나요? 그 전에 된 게 있고, 또 이런 기업체들과 자매결연을 맺은 게 있고, 아직도 앞으로 해야 할 게 몇 개가 되요? 남아 있는 게?

산업교육국장 : 90개 공고 중에서 5단계 평가 중의 최상단계에 와 있는 것이 18개교입니다. 그리고 금년에 20개교를 만들어서 38개교가 5단계 최상위 단계에 돌입하게 되겠습니다.

저희가 전 공고의 우수공업화 방침에 따라서 하나는 국고와 차관에서 그리고 민간자본, 이런 걸 가지고 시설을 확충하는 것입니다. 그리고 또 하나는 대기업의 참여를 유도하는 것인데, 대기업에서 금년에 2개교를 신설하고 또 다른 학교가 3개가 되어 5개가 금년에 새로이 서서 신년도에는 95개 공고가 되겠습니다. 그리고 신설공고는 신설공고대로 풀어 나가지만 그 밖에 현재 있는 것에 자매결연을 맺어 42개 기업체가 33개교를 지원해서 금년에 19억을 지원한 바 있습니다.

대통령 : 작년이지요?

산업교육국장 : 예. 작년입니다. 금년에도 그 액수만큼 한 학교당 약 5천만 원 정도씩 지원이 될 것으로 예상됩니다. 이것은 제대로 추진되고 있습니다. 그리고 기업체들이 26개교를 더 신설하도록 계획되어 있는데 기업들로서는 학교의 입지조건이라든가 입지선정, 재원조달 등에 있어서 상당한 어려움이 도사리고 있어서 그 문제는 추진상황이 현재로서는 미정입니다 저희들로서는 적극 추진하도록 하겠습니다.

대통령 : 새로 신설하는 것도 중요하지만 있는 학교의 수준을 끌어올리는 것이 나는 쉽고 빠르지 않겠나 생각되는데요?

산업교육국장 : 90개 중에서 38개교가 되고 나머지 60여개교가 남게 됩니다. 그중에서 제일 어려운 것은 사립공고의 재정난, 영세성 그런 것 때문에 사립공고의 우수공고화는 상당한 어려움이 비치고 있습니다. 그래서 앞으로 차관액을 사립공고에 지원해 주기로 하고 운영비 지원

에 대해서는 국립과 마찬가지로 지원해 주지 않으면 안될 단계에 와 있습니다.

대통령 : 금년에도 가급적 기업가들한테 권장해서 결연을 많이 부쳐 주지요?

산업교육국장 : 예.

대통령 : 그 사람들이야 실력 있는 사람들 같으면 학교 하나 정도 맡으면 충분히 해 나갈 수 있고, 또 그래서 거기서 양성한 사람을 자기 회사에 장차 갖다 쓰면 되는 것이고, 그리고 저 벽지에는 기업가들이 결연 맺는데 그다지 매력을 느끼지 않는 그런 학교들이 있을 거예요. 그건 도리없이 국고에서 직접 지원해 주어서 해야지요.

작년에도 이야기했지만 지금 우리나라 공고가 90여 개 되는데 앞으로 더 늘어나는 모양이지만, 1년에 한 5만여 명 나오거든요. 금년에는 6만5천 명 나오지요.

산업교육국장 : 예.

대통령 : 야간까지 합쳐서, 그것이 대략 그 수준이 부산기계공고 또는 구미에 있는 금오공고, 서울에 있는 성동, 대전에 있는 충남, 전북 이리에 있는 전북기계공고라든가, 그런 수준까지 90개교가 올라가면 이건 대단한 힘이라고 생각해요. 그래서 빨리 그 수준까지 끌어올리자는 것입니다.

국고에서 지원도 하고 기업가한테 협조도 받고 말이지요. 80년대의 고도산업사회에 우리가 적응할 수 있도록 지금부터 그와 같은 기술인력을 우리가 아주 빨리 양성해 내야 되겠는데, 문교부시책에 그런 것이 많이 반영되어 있습니다만, 특히 이것이 제일 시급한 문제라고 생각합니다.

그리고 또 그뿐 아니라 고급두뇌인력에 대한 대학 또는 대학원 교육도 앞으로 똑같이 강력히 밀고 나가서 그러한 수요충족을 뒷받침해 주어야만 우리가 계획하고 있는 고도산업사회인 선진공업국가 수준까지 올라갈 수 있는 우리의 모든 계획이 계획대로 추진되리라고 생각합니다.

어느 시대 어느 사회이든 교육이란 것은 국가사회 발전에 하나의 원동력이 되고 있는 건 다 아는 사실이지만, 우리나라가 지금 급속히 어떤 목표를 세우고 거기에 도달하기 위해 전진하는 과정에 있어서는 이러한 인력, 특히 기술인력의 공급이 따라가지 못하면 모든 계획에 전부 차질을 가지고 오리라고 봅니다.

물론 여기에 나온 것은 학교에서뿐만 아니라 기타 기관에서 또는 기업체들이 자체회사 내에서 양성하는 것, 또 군에서 양성해서 배출하는 것 여러 가지 직업훈련소에서 양성하는 사람이 있겠지만 역시 근간이 되는 것은 학교교육에서 나오는 숫자가 가장 기본이 되지 않겠는가? 이 사람들은 신문에 발표도 하고 표창을 해 주지요?

장관 : 예.

대통령 : 기업가들이 이만큼 모두 적극적으로 국가시책에 노력하고 자기들 기업에서 학교를 하나씩 맡아 가지고 일년에 수천만원씩 뒷받침을 해서 이런 인재 양성에 힘쓴다는 것은 대단히 좋은 일이라고 생각됩니다."

오늘날 대학은 생산과정의 기계화, 조직화, 비인격화 등이 경제적, 정신적 재화의 생산을 지배하는 산업사회의 필요에 대처하게 되었으며, 이를 위해서 대학의 이념과 조직과 제도에 구조적 변혁을 이룩하게 되었다.

그리하여 철학으로서의 학문에 의한 교양에 대신하여 특수 전문과학의 사회기능적인 연구가 현대 대학의 두드러진 특징이 되었다.

오늘의 산업화사회가 요청하는 이 전문지식의 창출이라는 대학의 새로운 역할에 대한 요청은 대학 내부에서가 아니라 대학 밖에서 정부기구나 대기업에 의해 주도되었다.

대학은 교육과 연구를 통해 직접 경제 과정상의 여러 기능과 연관을 맺어야 하고 산업 사회의 요구를 충족시키기 위해 응용 가능한 지식을 전달하는 데 그치지 않고 이를 생산하여야 하며 행정부와 기업 등의 정책과 관련하여 자문을 제공해야 한다는 것이다.

오늘날 모든 산업사회에서는 고등교육에 대한 요구가 증가하고 있는데 이것은 학문연구나 교육상의 요구가 아니라 그것과는 다른 사회적 필요성과 사회적 가치에 바탕을 두고 있다.

즉 그 요구는 대학이 학생집단의 구성에 있어서 사회의 필요를 반영해야 한다는 것이며, 한 걸음 더 나아가서 오늘의 사회가 아닌 내일에 바람직한 사회의 필요를 반영해야 한다는 것이다.

지난날의 대학은 사회에서 초연한 상아탑으로서, 사회와 무관한 지혜의 저장고였고, 단기간으로는 기성사회 '엘리트'의 공급원이었으나, 오늘의 산업사회에 있어서 대학은 다방면의 주요한 '두뇌집단'이고 장기간 지속적인 사회개혁의 원천이 돼야 한다는 것이다.

국가가 대학에 바라는 것은 산업사회의 발전을 위한 교육의 유용성이다. 대학은 이제 순수한 학문을 그 목적으로 추구하는 자주적인 단체가 아니라 국가와 사회에 대한 유용성을 최고의 목적으로 하는 지식의 전수소가 돼야 한다는 것이다. 이러한 새로운 목적지향적 교육관에 따라 대학 본래의 교육이념은 후퇴하고 정부와 기업에 의한 대학의 지원과 관리의 시대가 열렸다.

특정한 목적이나 분야의 연구나 수업을 위한 장학금과 연구비가 정부와 기업들에 의해 대학에 지출되었다. 이러한 자금은 산업이 필요로 하는 전문 분야의 발전과 전문인력의 양성을 위해 사용되었다.

이러한 자금지원을 통해 정부와 기업은 대학교육을 정부와 기업의 필요에 적응시켰다.

대학에 있어서의 개개의 학문 분야가 직접 정부와 기업의 지원을 받고, 전문 분야는 산업사회의 필요에 부응하면서 성장할 뿐 아니라 그에 관계하는 사람들은 계약 상대인 정부기관이나 기업의 목표를 달성하는 데 크게 기여하게 되었다.

그 결과 대학의 자주성은 상실되었고 순수학문이 시들어 가게 되었다고 개탄하는 소리도 없지 않았다.

그러나 사회의 전문화 경향이 더욱 강화되고 확대됨에 따라 대학의 새로운 기능도 더욱 강화되고 있는 것이 세계적인 추세인 상황에서 그러한 비판은 큰 호응을 얻지 못하고 있다.

1967년 이스라엘의 벤구리온은 네게브사막 스데 보케르 지역 근처에 이 지역의 사막개발을 위해 한 대학촌을 건설하기 시작했다. 이 대학촌은 만 명의 학생과 이에 알맞은 학부교수를 위해 설계되었으며, 자연과학과 기술지식을 통해 훈련된 이스라엘 청년들을 사막개발에 활용하기 위해 구상된 것이었다.

따라서 이 대학촌의 제2차적인 목적은 장래의 사막산업에 필요한 요원을 양성하는 데 있었다. 그리고 이 사막산업은 과학지식을 많이 필요로 하지만 원자재는 거의 필요로 하지 않는 산업이 고려되고 있었다. 즉 이 지역의 산업생산은 최첨단기술에 의해 주도되도록 한다는 것이었다.

이것은 이스라엘이 대학을 사막지역산업화를 위한 전진기지로 생각하고 있으며 사막에 산업을 일으키는 데 있어서 대학이 그 도구로서 봉사하도록 한다는 것을 뜻하는 것이었다.

이스라엘의 이러한 실례는 현대산업사회에 있어서 대학의 기능과 역할이 어떤 것인가를 잘 설명해 주고 있다.

그 후 이 대학촌은 첨단과학기술의 개발에 있어서 눈부신 발전을 이룩함으로써 이스라엘이 이 분야에서는 선진공업국가들조차 부러워할 정도로 독보적이고 선도적인 국가로 성장하는 데 결정적인 공헌을 하고 있는 것으로 인식되고 있다.

1960년 초 제1차 경제개발5개년계획을 추진할 당시에 우리나라의 과학기술은 선진국의 과학기술 수준에 비해 형편없이 낙후되어 있었다. 그러나 수출지향 공업화를 통해 우리 경제가 지속적으로 고도성장을 거듭하는 과정에서 우리 기업의 투자활동이 활발했고 그 과정에서 신기계장비 등의 자본재가 미국과 일본 등 선진국으로부터 많이 도입되었으며, 이에 따라 신기술의 도입과 기술혁신도 활발했다.

특히 정부가 기업의 수출용 신기계설비 등의 도입을 적극 장려하는 정책을 펴 왔으므로 신기술 도입은 크게 촉진되어 왔다. 우리나라의 수출지향 공업화를 촉진시켜 온 주요 산업인 합성섬유, 전자, 전기, 철강, 석유화학, 조선 산업은 모두 선진공업국가들로부터 표준화된 기술을 도입하였고, 이러한 기술이 효과적으로 흡수되고, 정착되어 나갔다. 이 과정에서 우리나라의 과학기술은 20년도 안 되는 짧은 기간 동안에 크게 발전한 것이다. 특히 과학기술교육에 일대 개혁을 단행하여 고급기술인력을 집중적으로 육성하고 기술도입과 기술개발을 더욱 강화하여 중화학공업을 본격적으로 추진하기 시작한 1975년 이후에 우리의 과학기술은 급속히 발전했다. 이러한 토대 위에서 80년대와 90년대에 우리의 연구기관들은 새로운 산업의 주력이 되고 있는 반도체, 컴퓨터, 통신 등 정보기술, 신소재기술, 생명공학 등 첨단기술 분야를 중심으로 연구개발에 주력하여 메모리용 반도체(D-RAM)와 같은 첨단기술제품을 개발했다. 그리하여 우리의 과학기술은 기술의 모방단계에서 창조단계로 진입했고 세계 최초의 제품개발이나 새로운 산업을 일으키는 데 선도적 역할을 했다.

이러한 과학기술의 발전은 우리 경제의 국제경쟁력을 강화시켜 경제성장을 지속시킴으로써 우리나라를 낙후된 농업국에서 신흥공업국가로 탈바꿈시킨 원동력이 되었다.

장경순(張炯淳)

전북 김제군 만경면 화포리 출생. 배재중학교, 일본 동양대학 졸업. 육군중장 예편,
농림부 장관. 민주공화당 사무총장, 제6대~10대 국회부의장. 한국유도회 회장, 대한
민국헌정회 회장, 한국국가원로회의의장. 민족중흥회명예회장, 충무무공훈장(3회),
화랑무공훈장(3회), 보국훈장통일장, 청조근정훈장, 독일대십자훈장, 바티칸대훈장.

심융택(沈瀜澤)

고려대학교 법과대학 졸업. 고려대학교 대학원(법학석사). 미국 덴버대학 대학원 수
학. 대통령 공보비서관(1963~71). 대통령 정무비서관(1972~79) 역임. 제10대 국회의
원. 월간『한국인』편집 및 발행인 역임. 저서『자립에의 의지―박정희 대통령 어록』.

그들은 피, 눈물, 땀을 바쳤다
세계가 놀라고 감동한 박정희 한국경제 어떻게 성공했나
장경순 서장
심융택 지음
1판 1쇄 발행/2019. 5. 16
발행인 고정일/발행처 동서문화사
창업 1956. 12. 12. 등록 16-3799
서울 중구 다산로 12길 6(신당동 4층)
☎ 546-0331~6 Fax. 545-0331
www.dongsuhbook.com
＊
이 책의 출판권은 동서문화사가 소유합니다.
의장권 제호권 편집권은 저작권 법에 의해 보호를 받는 출판물이므로 무단전재와 무단복제를 금합니다.
사업자등록번호 211-87-75330
ISBN 978-89-497-1722-7 03320